铸梦大唐

——大唐东典教育品牌践行录

（第一册）

为留守儿童撑起一片蓝天

中国文史出版社

图书在版编目(CIP)数据

为留守儿童撑起一片蓝天 / 王勇基主编 . -- 北京 ：
中国文史出版社 ，2022.7
（铸梦大唐）
ISBN 978-7-5205-3539-7

Ⅰ ．①为… Ⅱ ．①王… Ⅲ ．①民办学校－学前教育－
郯城县－文集②民办学校－中小学教育－郯城县－文集
Ⅳ ．① G612-53 ② G632-53

中国版本图书馆 CIP 数据核字 (2022) 第 092185 号

责任编辑：窦忠如
特约编辑：邓文华　张幼平

出版发行：中国文史出版社
社　　址：北京市海淀区西八里庄路69号院　邮编：100142
电　　话：010-81136606　81136602　81136603（发行部）
传　　真：010-81136655
制　　版：北京方舟正佳图文设计有限公司
印　　装：廊坊市海涛印刷有限公司
经　　销：全国新华书店
开　　本：700*1000　1/16
印　　张：28
字　　数：414千字
版　　次：2022年9月北京第1版
印　　次：2023年2月第2次印刷
定　　价：120.00元（全3册）

大唐学府校长

王勇基 先生

教育助人、教育富民、教育强国

大唐学府校歌

演唱 全体师生

王勇基 袁 强 词
袁 强 吴 琼 曲

1=ᵇE 2/4

进行曲速度、自豪地

```
(0 1 | 4· 1 4 6 | i 7 6 5 - | 5· 5 5 4 | 3 2 | 1 1· 1 | 1 0) |
```

```
5  3· 2 | 1 5 | 6 7 1 6 | 5  -  | 6 6 6 5 | 1 2 5 | 3  - |
蒙山   巍巍 沂水  长，   银杏之乡 兴大  唐。
书声   琅琅 歌声  扬，   老师伴我 共成  长。
```

```
3 0 | 5  3· 2 1 5 | 1 2 1 | 6  - | 5 5 3 3 | 2 0 6 7 | 1 - |
和睦    和善 创和  谐，   百年学府 育栋  梁
成人    成才 成英  杰，   发展创新 铸辉  煌
```

```
1 1 | 4· 1 4 6 | 5  4 | 3  - | 5 5 5 | 5 5 4 | 3  - |
啊 诚 公 明 仁  达，    铭记 在 我们心 上，
啊 诚 公 明 仁  达，    铭记 在 我们心 上，
```

```
3 1 | 4· 1 4 6 | i 7 6 | 5  - | 5 5 5 4 | 3 2 | 1  - |
啊 爱 心 无 悔 成大  道，   桃李满园 吐芬  芳
啊 振 兴 中 华 绘宏  图，   面向未来 写华  章，
```

```
1  - : ‖ 5 5 5 5 | 6  - | 7  - | i  - | i  - | i 0 ‖
         面向未来 写   华   章。
```

为留守儿童撑起一片蓝天

二〇〇九年 慕增利

道德为帅、智慧爱国为帅一道德

慈爱自国为帅一道德

李燕杰

临沂市慕增利副市长为我校题字

首都师范大学李燕杰教授题字

大唐学府 和谐发展

王敏勤

2008.9.29

天津教育科学研究院基础教育研究所所长王敏勤教授为我校题字

共青团临沂市委俞阳书记一行来我校视察留守儿童教育工作

共青团临沂市委俞阳书记姜宁莅临我校视察指导工作

央视记者来大唐学府采访

县局领导来学府视察指导工作

著名东方文化学者董子竹先生来大唐学府讲学

原临沂师范学院院长杨燕钧教授来大唐学府给孩子们上课

大唐学府名誉校长王敏勤教授与王勇基校长合影

新东方外国语学校王修文校长向王勇基校长邀约

全国政协副主席 阿不来提·阿不都热西提 亲切接见第六届中国教育家大会部分贵宾

十届全国人大常委会副委员长 顾秀莲

十届全国政协副主席 张怀西

北京大学百周年纪念讲堂 2009.11.19

王勇基技长参加第六届中国教育家大会留念

大唐学府创业初期教干教师合影

应俞敏洪邀请，王勇基校长参加新东方扬州外国语学校 5 周年校庆

共青团郯城县委领导来学府视察指导工作

央视记者来大唐学府拍摄专题片

元旦文艺演出

千年大唐 百年学府

辉煌60年 红歌代代传

国庆节诗文朗诵会

放飞梦想

夏令营才艺展示

王勇基校长与我校安徽留守儿童在一起

东方文化学者董子竹先生来学府讲学

风趣幽默的老外教

人民广场的科普活动

名誉校长杨燕钧教授讲话

情系大唐学府

雪花带来的快乐

教学楼

台湾亲人，心系大唐

"心中有数，眼里有活"大唐工匠王忠和

校领导看文艺演出

团队的力量

带着篮球去上学

无间距晨跑

荷花池畔紫藤廊

水泥台上有欢乐

走进社会大课堂

紫藤廊下的博弈

军事课上——飒爽英姿

我自信我最棒——展示才艺

世界气象日科普活动

山大、海大优秀大学生牵手留守儿童

山大"爱 de 翅膀"支教团

秋季田径运动会

吉他弹唱

从小爱科学

到一中去比赛

舞蹈展演

运动会上的鼓号仪仗队

心系灾区人民

学府领导考察郯城地震断裂带

生活处处皆课堂

美丽生态校园

部分荣誉展示 1

二〇〇五年度

平安校园

郯城县教育局
二〇〇六年三月

第四届中国教育家大会

授予：山东省郯城大唐学府

2007中国教育创新示范单位

郯城县教书育人

先进单位

中共郯城县委
郯城县人民政府
二〇〇五年九月十日

二〇〇八年度学校管理工作

先进单位

郯城县教育局
二〇〇九年二月

第四届中国教育家大会

授予：山东省郯城大唐学府

2007中国校园文化建设创新二等奖

第六届中国教育家大会
The Sixth China Educationalist of the General Assembly

授予：山东省郯城大唐学府

2009中国教育创新示范单位

中国人才研究会
中国本体研究会素质教育分会 中国教育家发展委员会
二〇〇九年十一月

中国教育学会"十一五"科研重点课题

整体建构和谐教学实验

重点试验基地

临沂师范学院

教育教学实践基地

临沂市教育局
临沂师范学院

部分荣誉展示 2

笃心办学 大爱无憾

为留守儿童撑起一片蓝天

地上本没有路，走的人多了，也便成了路；

世上本来是没有大唐学府的，

留守儿童多了，就有了大唐学府。

王勇基校长曾经说过：

"我是农村长大的孩子，儿时就有一个梦想：

办一所学校，让农村的孩子享受好一点的教育……"

一所探索"留守儿童"教育规律的学校

（代序）

王敏勤

伴随着我国改革开放的大潮，大批农民远离本土，涌入城市打工，他们被称为"进城务工人员"。这一新的群体的出现给教育带来了前所未有的新问题，即农民工子女的教育问题。"进城务工人员"的子女被分为两种类型：一种是生活在城市的"流动儿童"，他们虽然生活比较简陋，但他们每天都生活在父母身边，能享受到家庭的温暖；在新的《义务教育法》的保护下，他们能免费进入城市的中小学，同城市的孩子一样享受着比在农村更好的义务教育。另一种是生活在家乡的"留守儿童"，他们大部分父母双双外出打工，自己和爷爷奶奶或姥姥姥爷生活，有的被寄养在亲戚家里。与生活在城市的"流动儿童"相比，他们有更多的缺失：首先是家庭的缺失，他们得不到父母的精心呵护，生活也得不到照顾。其次是感情的缺失，他们有了苦恼无处倾诉，有了心事无人交流。再次是教育的缺失，正在成长中的少年儿童，不但需要教师的教育，也需要家长的教育，需要家长的监督和引导。由于"留守儿童"存在以上问题，所以很容易导致他们在成长中的人格缺陷，有的"留守儿童"变得孤僻、消极、自卑；有的则变得放任自流、我行我素，沾染上许多不良习惯。如何弥补留守儿童的缺失并进行适当的教育，已成为我国当今基础教育领域研究的一个重要课题。而王勇基校长和他的大唐学府，为这一问题的探究提供了很有价值的经验。大唐学府最初建校的时候未必是专为"留守儿童"而建，但他们在办学的过程中发现了这个问题，他们逐步把学校的发展定位于面向"留守儿童"，为他们创办温馨的家园、学习的乐园。他们对"留守儿童"的教育经验不仅值得民办学校学习，也值得公办寄宿制学校借鉴。在他们的经验中，有三点给我留下了深刻的印象。

一、住宿家庭化，使孩子们找到了"家"的感觉

与一般的寄宿制学校不同，大唐学府针对"留守儿童"的特点实行"家庭式住宿"。所谓"家庭式住宿"，即打破传统的同班同舍的做法，把高年级和低年级同性别的学生搭配安排在同一宿舍，学生宿舍也用"家"来命名，如"鲁迅之家""诺贝尔之家""华罗庚之家""居里夫人之家""丁肇中之家"等。每个家庭分为若干个小单元，精心选配一位有文化、有亲情、有经验、会管理的生活老师担任家长，同时推举一名大同学任学长。"家长"负责这个家庭孩子的衣物换洗和生活起居，帮助孩子解决日常生活中遇到的一切问题，配合班主任、科任教师培养教育孩子成长。学长积极配合"家长"，密切关注家庭成员之间和谐的关系，管理这个家庭的学生。每个宿舍下铺住着低年级的小弟弟或小妹妹，上铺住着高年级的大哥哥或大姐姐，大同学自觉主动地照顾小同学。长期生活在一起，孩子们之间有了相互依赖感，小的称呼大的为大哥哥、大姐姐，大的称呼小的为小弟弟、小妹妹。

他们还注意家庭文化的建设。每个家庭的墙壁上都张贴着孩子们亲手制作的各种漂亮的剪纸和绘画作品，墙壁上开设了"真情沟通"栏目，上面写满了孩子对爸爸、妈妈和老师的真诚祝福。生活老师们在工作之余，和风细雨地给学生讲解新知识，倾心做好老师、家长、朋友三重角色。学校的一个个家庭让孩子们享受到了天伦之乐。每当早晨起床的时候，孩子们会向"家长"问好，亲切地称呼"爸爸、妈妈"，偎依在老师的身边，让老师给整整衣领、梳理头发。每当晚上从教室回到"家"的时候，总是缠着老师讲故事，老师早已给每个孩子打来了热水，让孩子洗脚。在爱的滋润下，孩子们逐渐养成了自己整理内务的习惯和互相关心、互相体贴、互相照顾的习惯。

这种家庭化的住宿是一种创新，适合于从小学到初中的九年一贯制学

校，高年级的学生得到了锻炼，低年级的学生有了依靠，而相互之间的亲情又营造了家庭成员之间的温馨。作为生活教师的"家长"，弥补了孩子们父母不在身边的缺憾。有的孩子拿着老师的照片回家，带着一种满足感告诉自己的爸爸妈妈："这是我在大唐学府的爸爸、妈妈，他们对我可好了！"良好的家庭环境，给孩子们创造了宽松和谐的成长空间；老师的言行，不仅教会了孩子怎样做人，还感染了孩子；每天的亲密接触，给了孩子爱的机会。孩子们在赏识和被尊重中，以自己的健康成长来回报社会、回报老师、回报父母、回报和自己朝夕相处的伙伴。长期生活在这样的氛围中，孩子们学会了关心长辈、爱护他人。

二、班级管理家庭化，弥补了学生感情的缺失

大唐学府对"留守儿童"的细致入微不仅体现在住宿方面，也体现在班级管理方面。他们针对"留守儿童"的特点，创造了许多行之有效的经验，使孩子们感受到家的温暖。如该校二年级班主任巩振荣老师把班级管理家庭化，取得了很好的效果。其具体做法是：

1. 班主任做"代理妈妈"

低年级的孩子对父母的依赖更强，乍离开家，他们的心神处于惶恐不安之中。针对这一现状，巩老师在主题班会上宣布："从今天起，我就是你们的妈妈，你们就是我的孩子，班级就是我们的家了。"在之后的生活中，巩老师给孩子们辅导功课，帮他们洗刷，和想家的同学谈心玩耍；对犯错误的同学苦口婆心，晓之以理，动之以情；对待学生的生活，随时注意天气变化，提醒他们增减衣服……同学们打心眼儿里认同了这个"代理妈妈"，有了委屈愿意向她倾诉，想家了也愿意在她面前撒娇。

2. 组长变成了"小家长"

巩老师把全班学生根据各自的意愿分成五个小组，每组选一个比较受欢迎的同学担任组长。但是，不再叫他们组长，而是给他们冠以"大哥""大姐"的称呼，称他们"小家长"。老师告诉全班同学，爸爸、妈妈不在身边，

都要听哥哥、姐姐的话。"小家长"们也要像爸爸、妈妈一样照顾自己的弟弟、妹妹。称谓的转变，使同学们充满了新奇，离家后的失落感得到了补偿。学习上，"小家长"检查督促学生作业；课间，"小家长"组织同学游戏；生活上，"小家长"帮助老师检查个人卫生……这些"小家长"在检查、督促其他同学的同时，也能够做到以身作则，自律意识明显加强。各小组同学在"小家长"的带领下，真切感受到了班级的温暖，精神面貌得到了很大的转变。

3. 人人有"家庭表现小档案"

巩老师给每个同学都建立了一个"家庭表现小档案"。"小家长"把学生每天的表现如实记录下来，记录时就以向爸爸、妈妈汇报的口气，如"妈妈，您的儿子××今天得到了老师的表扬，因为他作业认真，回家，您要亲他一下"，等等。这样的话让孩子们感到振奋，从而激励他们更加认真地学习。每当有家长来看望孩子，老师就让孩子自己拿着"小档案"去给父母看；每次开班会，都让"小家长"汇报"家"中的情况，作出以褒奖为主的评价。

4. 表现好的可以获得与家人通话的奖励

孩子给家长打电话是很正常的。但在学校寄宿的孩子如果天天给家长打电话就是问题，一方面会增加话费的开支，另一方面他们的父母都远离家乡在外地打工，经常打电话会使他们对孩子放心不下，不能安心工作。巩老师充分利用孩子们渴望给家长打电话的心理激励他们上进：只要表现好，就可以获得与家人通话的特别奖励。表现好坏的评定，要参照"小档案"的记录。孩子们为了获得这一特别奖励，他们克制自己对父母的思念之情，方方面面奋勇争先，努力表现自己。老师抓住这一教育契机，予以引导，然后兑现自己的诺言，让表现好的孩子给家长打个电话。而学生往往是先向家长炫耀自己得到的特别奖励，才与家人说其他内容。这一举措，使孩子们更快、更自觉地融入班集体中，充分体现了大唐学府"令家长省心、放心、开心"的办学目标。

5. 让孩子们在小游乐园中摆脱想家的烦恼

每天紧张的学习之后，低年级都有一节活动课。巩老师认为这是一个学生融入学校的好机会。刚入学时，一些学生想家，心情郁闷。可是当他们和同学们一起游戏时，这种心情很快就被抛到脑后，玩得不亦乐乎。因此，老师就充分利用游览、欣赏等特色活动课，组织学生开展丰富的活动。每天学生们在多彩的游戏中玩得乐不思蜀，已不再想家了。

三、穷人经济学，让家长愿意把孩子送到寄宿制学校来

一般说来，"留守儿童"的家庭是比较困难的，而作为民办学校的大唐学府也需要收取一定的学费。那么，是什么原因使"留守儿童"的家长愿意把孩子送到大唐学府来。王勇基校长说这是"穷人经济学"，任何一个送孩子来大唐学府读书的家庭，都没有因孩子花学费而使家境变得更贫困。究其原因是学校这种管理模式从宏观上解放了生产力，由过去一个妈妈照顾一两个孩子变为一个老师照顾五六个学生。妈妈从纯粹的财富消费者变为财富的创造者，她们的劳动收入一部分培养孩子，剩余的用于家庭开支，替代了爸爸劳动收入的一部分开支，结果家庭财富积累有了一个质的增长。更为可喜的是，学校办得好，家长放心，学生的妈妈随爸爸到城市工作，解决了两地分居的难题，使得夫妻双双共同学习进步、共同干事创业、共同为社会的和谐做出了贡献。王勇基称这是"穷人的经济学"，这就是他多年来从办学实践中总结出的经济账。所以虽然公办学校免收学费，但并没有影响大唐学府的招生，反而学校越办越好，学生越来越多，健康发展。这与他们实行"留守儿童"的家庭化管理有关。

大唐学府在探索"留守儿童"的教育方面积累了丰富的经验，读者通过阅读本书会有很多的启发。愿大唐学府在今后的发展中逐步壮大，为中国民办教育的发展探索更多的经验。

天津市教育科学研究院基础教育研究所所长，全国和谐教学法研究会理事长王敏勤

目 录

创新篇　　　　　　　　　　　　　　45~100

发展篇　　　　　　　　　　　　　　101~158

教师篇　　　　　　　　　　　　159~238

家校篇

317~382

思索篇

悠悠古郯四千载，中华文明亦东来。源源流长的沂沭河，绵延起伏的马陵山，广袤富饶的银杏之乡，学蕴深厚的郯子故里。千古圣人师，绿色梦田园。深厚的文化积淀，优美的自然环境，改革开放的春风，科学发展的雨露，孕育了郯城大唐学府。千年薪火相传，百年春华秋实，大唐学府诞生在世纪之初，伴随着21世纪的朝阳冉冉升起。以其科学的教育理念、独特的校园文化、严明的教风学风、创新的规范管理、优异的教育质量蜚声沂蒙，饮誉齐鲁，闻名全国。全校师生坚定信念，追求卓越，勤奋工作，全力打造绿色校园、文化校园、书香校园、和谐校园，给农村基础教育一个又一个惊喜……

追求卓越 和谐发展

——学校简介

　　山东省郯城大唐学府创办于 2004 年春，是一所经县教育局批准兴办的集学前教育、小学、初中为一体的寄宿制新型民办学校。学校占地面积 4 万平方米，可用建筑面积 1 万平方米，现有 30 个教学班，在校学生 1100 余人，教职工 188 人。校长王勇基，中国民主促进会会员、政协郯城县第五、六、八届委员，临沂市"关心下一代"工作先进个人，山东省优秀班主任、原山东省实验中学济南英才高中执行校长。荣誉校长两人——中国"和谐教学法"创始人、天津市教科院基础教育研究所所长王敏勤教授，原临沂师范学院院长杨燕钧教授。

　　大唐学府"立足县城、面向农村、服务百姓、关注留守儿童"，秉承"让更多的孩子接受更好的教育"理念，追求"教育助人、教育富民、教育强国"的教育理想，确立"和睦、和善、和谐"的校风和"诚、公、明、仁、达"的校训，明确"让孩子成人、成才、成杰，让家长省心、放心、开心"的办学目标，实行"以人为本、以德治校、科学管理、和谐发展"的治校方略，采取"封闭式管理、开放式办学、家庭化住宿、军事化就餐、项目化推进"的管理模式，积极实施素质教育，小班额授课，分层次教学，办学特色突出。从"人生、人情、人性、人和"的角度精心呵护每一名学生，使他们得以健康快乐成长。

　　大唐学府俊彦云集，名师荟萃，全体教师牢固树立"教学生一时、想学生一世"的教育观和"教育育人、服务育人、管理育人、环境育人"的服务观，人人胜任"父母、朋友、导师"多重角色，从不同角度、以不同形式对学生进行全方位教育，致力培养学生的优秀品质和知识技能，使每个学生的潜能得到最大的开发，让每个学生"静下心学习、张开嘴说话、抬起头走路、挺起胸做人"，使学生在学校"身有所安、心有所定、情有所依、志有所向、神有所往"。

学校十分重视文化建设，日臻丰富和完善学府文化。学校经常派团参加全国教育教学活动，与全国多所名校联谊，使学校的教育教学理念与时俱进，努力把学校办成"学生成长学校，给学生营造一个幸福的家；教师发展学校，给教师构筑一个发展的平台；家长提升学校，给社会提供一个满意的教育选择"。学校除开齐开足国家规定的教育课程外，还根据学生的爱好兴趣，开设了多种多样的选修课，满足了学生成长需求，张扬了学生的优秀个性特长，使学生得以全面健康发展。大唐学府自创办以来，先后被评为全县"教书育人先进单位""平安校园""2008 年学校管理先进单位"，被临沂市教育局、临沂师范学院选定为"教育教学实践基地"，被评为山东省"民办学校优秀办学单位""全国和谐教育先进单位""全国民办学校'守诚信·重教学质量'双保障示范单位""全国民办学校先进单位""2007年中国教育创新示范单位""2007 年校园文化建设创新二等奖"，学校被中国教育学会选定为"十一五"重点课题"提高教学效益，减轻学生负担，整体建构和谐教学实验"重点试验单位。中央电视台、《中国报道》、《新华月报》、中央党史研究所《和谐与创新》、《人民日报》之《教育文摘》、《光明日报》、《中国青年报》、《教育文摘》周报、《和谐校园指导全书》、《现代教育报》、山东社科院《学习》杂志、《经济视角》、《淮海经济》、山东电视台、临沂电视台、《临沂日报》、《临沂年鉴》、郯城县电视台等传媒先后对大唐学府关注留守儿童、为留守儿童撑起一片蓝天的事迹予以宣传报道。《中国教育报》《法制与生活》等报刊派记者到学府采风约稿，宣传大唐学府，解读大唐学府。

风雨中一路走来的大唐学府以其执着的教育追求、厚重的文化底蕴、精深的人文素养、扎实的教育成就彰显其无限的生机与活力。它背负郯城人民的嘱托与厚望，将一如既往地端正办学思想，牢记使命，执着追求，为国家育人、替政府分忧、给百姓解难，全力构建和谐校园，为留守儿童撑起一片蓝天，让孩子们健康快乐成长。

一位好校长就是一面旗帜

王勇基，男，1963年10月生。山东省郯城县人。研究生学历，中学数学高级教师，中国民主促进会会员，中国教育学会数学教育发展中心会员，中国管理科学院管理科学专业研究会特约研究员，政协郯城县委员。"2007年中国教育管理杰出人物"，山东省优秀班主任、首届"时代风采"人物，临沂市骨干教师、教学能手，临沂市关心下一代工作先进个人，郯城县首届十佳教育工作者、教书育人先进个人、"平安校园"创建先进个人。曾任山东省郯城实验中学教导主任，山东双月园学校教导主任、中学部主任，山东美澳国际学校科研处主任、中学部主任，山东临沂现代实验学校兰陵分校执行校长，山东临沂现代实验学校校长助理兼高中部主任，现代实验学校校长助理兼学生处主任，山东现代教育集团总裁助理、教学总监、培训部主任，山东省实验中学济南英才高中执行校长。现任山东省郯城大唐学府常务董事长、学校法人代表、校长。

王勇基参加工作以来，先后执教初中数学16年，高中数学5年。担任班主任工作14年，教导主任、学部主任、执行校长11年。在教育教学及管理过程中不断进行教改实验，并获得了成功，先后被评为中国教育管理先进个人、山东省优秀班主任、临沂市初中数学教学能手、临沂市先进教研组长、临沂市骨干教师、临沂市优秀跨世纪青年科技人才、临沂市教学科研先进个人、临沂市关心下一代工作先进个人、郯城县首届"十佳教育工作者"、郯城县"教书育人先进个人"，获"临沂市第二届十大杰出青年"提名奖。

1998年，王勇基应原临沂市教委副主任、教改专家、特级教师陈庆军校长之邀，投身于民办学校的建设与发展、教学方法的改革、师资培训、课程改革、学生发展及优秀特困生的救助工作。先后参与策划建设了三所投资过亿的山东临沂双月园学校、山东临沂美澳国际学校、山东临沂现代实验学校，以及在三年内发展到拥有6所高标准、高档次、高质量的大型现代化实验学校和一个高档次度假村的山东现代教育集团。

2001年，山东现代教育集团与山东兰陵企业集团响应《国务院关于基础教育改革与发展的决定》号召联合办学，将原兰陵企业集团职工子弟学校改制成"国有民营"的临沂现代实验学校兰陵分校。王勇基担任教育集团首席代表，双方改制项目负责人。协议签订后，他又担任学校执行校长。在他的领导下，学校参加了全国教育科研"十五"规划重点课题"培养学生"四会"能力的教育实验研究"，并大胆开设了一个由小学高年级潜能生组成的"无年级和谐教育实验班"和"零年级学前实验班"，皆取得了令人瞩目的成就。学校发展迅猛，教学质量深受家长好评，取得了良好的社会效益和经济效益。

2003年，王勇基调入现代实验学校总校及集团。参与集团人事改革工作、制订总校与兰陵分校的统筹人事方案。非典时期走访全体学生家庭，稳定学生及家长；暑假带领全体班主任家访；假期组织夏令营。他组织教干竞聘上岗；组织教师讲课比赛；举行各种教师座谈会；组织教师课题立项；组织教师参加各类教研活动；健全团组织、强化学生自我约束意识，指导学生开展自我管理、自我教育活动；让生活老师开设生活课；组织罗庄区第七届艺术节；组织本校第四届秋季运动会等。2004年，受陈庆军校长派遣，担任山东省实验中学济南英才高中执行校长。其间，更新教师教育观念、强化学生自我管理；加强学生诚信教育，开展无人监考活动；举行"单周考，双周清，潜能生转化"活动，深受家长和学生的欢迎！济南市教育局党委书记、局长刘元刚调研时给予高度评价！

2004年2月，王勇基胸怀"教育助人、教育富民、教育强国"的教育理想创办大唐学府。学校立足县城，面向农村，服务百姓，关注留守儿童。在全国开"家庭化住宿、学长制管理"先河，给学生特别是农村的学生创建了一个有知识、和睦相处的城里的家，让学生们在家的氛围中享受爱、传承爱、发扬爱；实施"三校合一"（学生成长学校，给学生一个幸福的家；教师发展学校，给教师一个发展的平台；家长提升学校，给社会一个满意的教育）寄宿制学校和谐发展策略；以"让更多的孩子享受更好的教育"为宗旨，坚持"四人"（关注学生的人生、人性、人情、人和）意识，实施"五所"（让学生在学校'身有所安、心有所定、情有所依、志有所向、神有所往'）教育的原则，采取"封闭式管理 开放式办学 家庭化住宿 军事化就餐 项目化推进"的管理模式，精心呵护每一个学生，为留守儿童撑起一片蓝天。

王勇基在工作之余写下了《让数学课堂焕发出生命活力》《围棋选修课课程方案》《1+1＞4——通过办学体制改革探索企业中小学分离的尝试》《大爱无憾》《敢为人先，勇攀民办教育高峰——山东省实验中学英才高中家长会汇报材料》《实施和谐教育，构建和谐学校——大唐学府参加全国教育规划"十五"教育部重点课题培养学生"四会"能力的实验课题汇报提纲》《三校合一 寄宿制学校和谐发展之路》等数篇几十万字的教育、教改及教学管理论文，受到了华东师大、天津教科院、全国和谐教学法研究会及中央教科所的专家、教授们较好的评价。

一所备受百姓青睐的学校

——山东省郯城大唐学府发展之路

张　莉

党的十七大提出"教育是民族振兴的基石"的发展战略。作为仅有短短五年建校历史的山东省郯城大唐学府，在办学工作中始终以"办好人民满意教育"为己任，励精图治，共铸辉煌，走出了一条"内强素质、外树形象、打造品牌、全速发展"的特色办学之路。该校在发展中之所以取得显著的成绩，关键是有一个与时俱进的领导集体；离不开全体教职员工的共同努力，离不开当地党委、政府和主管部门的重视支持。特别是在以王勇基校长为代表的开拓、创新、务实、勤政型集体的共同带领下，为山东省教育事业的发展作出了积极的贡献。

"让更多的孩子享受更好的教育。"2004 年，带着这样淳朴的育人理念，带着"教育助人、教育富民、教育强国"的教育理想，一所集学前教育、小学、初中为一体的新型寄宿制民办学校在山东省郯城县拔地而起。它的创建，为鲁中大地的教育系统添了一道亮丽的风景线，为当地莘莘学子提供了一个新的选择，也为众多的留守儿童带来了家庭的温暖。

目前，学校有 30 个教学班，在校学生 1100 余人，教职工 188 人。校园占地面积 40000 平方米，建筑面积 10000 平方米。为实现"教育助人、教育富民、教育强国"的教育理想，学校由山东省优秀班主任、原山东省实验中学济南英才高中执行校长王勇基担任校长，中国"和谐教学法"创始人、天津市教科院基础教育研究所所长王敏勤教授与原临沂师范学院院长杨燕钧教授任名誉校长。在他们的引导和感染下，大唐学府俊彦云集，名师荟萃。

自建校以来，大唐学府就明确了"立足县城、面向农村、服务百姓、关注留守儿童"的办学思想，确立了"和睦、和善、和谐"的校风和"诚、公、明、仁、达"的校训。为实现"让孩子成人、成才、成杰，让家长省心、放心、开心"的办学目标，大唐学府坚持实行"以人为本、以德治校、科学管理、和谐发展"的治校方略，采取"封闭式管理、开放式办学、家庭化住宿、军事化就餐、项目化推进"的管理模式，积极实施素质教育，小班额授课，分层次教学，突出办学特色。从"人生、人情、人性、人和"的角度精心呵护每一名学生，使他们健康快乐地成长。

与此同时，全校教师牢固树立"教学生一时、想学生一世"的教育观和"教书育人、服务育人、管理育人"的服务观，人人胜任"父母、朋友、导师"多重角色，从不同角度、用不同形式对学生进行全方位教育，致力培养学生的优秀品质和知识技能，使每个学生的潜能得到极大开发，让每个学生"静下心学习、张开嘴说话、抬起头走路、挺起胸做人"，使学生在学府"身有所安、心有所定、情有所依、志有所向、神有所往"，并落实"三三"原则，加强"四人"意识，实施"五所"教育，努力把学校办成"学生成长学校，给学生营造一个幸福的家；教师发展学校，给教师构筑一个发展的平台；家长提升学校，给社会提供一个满意的教育选择"。为此，学府经常组团参加全国教育教学活动，与国内多所名校联谊，使学校的教育教学理念与时俱进，紧跟时代发展的步伐。

严谨的管理和鲜明的特色，使得大唐学府教育教学质量不断提高。幼儿园重视特色建设，创设大美术教育环境，致力于和谐环境中多元智能开发，让孩子们在玩乐中学习、在快乐中成长；小学部强化品牌建设，夯实基础，激发兴趣，培养习惯，开发智力；中学部打造精品，在完成国家规定课程的同时，开设各类选修课，使学生优秀个性特长得到长足发展。学府积极开发富有特色的校本课程，编辑出版《大唐学府教师读本（学府文化及规章制度汇编）》《大唐学府家长会暨家长学校材料汇编》《大唐杏坛》等，开展丰富多彩的校园活动，逐渐变学校文化为学校文明，变教师特长为学校特色，拓宽了学生的视野，丰富了学生的知识，陶冶了学生的情操，提高了学生的综合素质。其中学府初中部在 2007 年、2008 年中考中均取得了优异的成绩。

学生在各级报刊、各类征文、各种绘画比赛中发表和获奖作品近百篇。教师有 30 余篇教育教学论文获得国家、市、县级一、二等奖，在中国教育学会和谐教学法研究会举办的讲课比赛中获得一等奖。大唐学府也先后被评为全国民办学校先进单位、全国和谐教育先进单位、2007 年中国教育创新示范单位、山东省民办学校优秀办学单位、郯城县教书育人先进单位等诸多荣誉称号，被中国教育学会选定为"十一五"重点课题"提高教学效益，减轻学生负担，整体建构和谐教学实验"重点试验单位。

面对成绩，校长王勇基在接受专访时表示："成绩只代表过去，希望寄托于未来。大唐学府背负郯城人民的嘱托与厚望，将一如既往地端正办学思想，牢记使命，执着追求，全力构建和谐校园，为在这里求学的孩子撑起一片蓝天，让他们健康快乐地成长。"

（2009 年 3 月 16 日《中国青年报》）

人的幸福取决于自己的勤奋

——在初中部升旗仪式上的讲话

大唐学府名誉校长　临沂师院原院长　杨燕钧

老师们、同学们！

早晨好！

我相信对年轻人而言，忠告很少能真正入耳，言之者谆谆，听之者藐藐，因此，我不想多提忠告。但是，有一个忠告我仍然得奉送给同学们，因为它是全部忠告之和，你们或许已经听过 1000 遍。然而，我必须再让你们听上那 1001 次。因为它是绝对正确的——那就是你们每个人毕生的幸福首先都取决于自己的勤奋。勤奋，包含着一个年轻人所具备的全部美德。

先说说"勤"。人之生命的价值就在于他对时间的珍惜，在于他的勤勉、执着和不懈的努力，这是一个人最好的品格。爱迪生说："天才，就是百分之一的灵感加上百分之九十九的汗水。"华罗庚说："勤能补拙是良训，一分辛苦一分才。"鲁迅先生说："时间，每天得到的都是 24 小时，可是一天的时间给勤勉的人带来智慧和力量，给懒惰的人只能留下一片悔恨。"这些大师们的话讲的就是勤。古今中外靠勤成就大业的人不胜举，在联合国教科文组织推荐的世界优秀儿童启蒙教材——中国的《三字经》中就介绍了许多这方面的生动的事例。"披蒲编，削竹简，彼无书，且知勉"，说的是西汉人路温舒和公孙弘，他俩出身贫苦，但十分好学。路温舒由于无钱买书，就在替人放羊时割取沼泽中的蒲萍，然后截成一段段的用来抄写《尚书》，再用线编串起来潜心攻读。公孙弘则在替人放猪时砍倒竹子，然后将竹子的青皮削去，露出竹肉回来抄写《春秋》，再用线编串起来日夜诵读，日后两人都成了担负国家重任的人。"头悬梁，锥刺骨，彼不教，自勤苦"，说的是西汉人孙敬和战国时期的苏秦，发奋读书，不分昼夜，十分疲倦，为了不使自己因疲劳过度而影响读书，孙敬用绳捆住自己的发辫吊在梁上，一打瞌睡就被痛醒；苏秦则每打瞌睡就用锥子扎自己的大腿，也被痛醒。俩人采用这样的方法坚持昼夜攻读，日后也都成了历史名人，孙敬成为一代儒学大师，苏秦成为战国时期六国的宰相。"如囊萤，如映雪，家虽贫，学不缀"，说的是晋朝人车胤和孙康，俩人皆因家贫无钱买油点灯夜读，车胤在夏夜捕捉几十只萤火虫，把它们装入白色纱囊中，利用萤火虫发出的光照明学习；孙康则在寒冬的夜晚来到户外，借用地面积雪的反光来照明读书。日后俩人也都成了国家的栋梁。"如负薪，如挂角，身虽苦，犹苦卓"，说的是西汉人朱买臣和隋唐人李密，都酷爱读书，朱买臣在挑柴回家的路上把书挂在柴担上边走边读，李密则在拜访名人的路上把《汉书》挂在牛角上边走边读，日后两人都大有成就，朱买臣成为汉武帝的文学侍臣，李密则成为隋末农民起义军瓦岗军的重要领袖。

再说说"奋"。有时候一个人欲想取得成功，光靠勤还不行，还要靠奋发精神，自强不息、百折不挠、勇于献身，一个人如果没有强烈要求成功的愿望而能取得成功，天下绝无此事，人间也绝无此理。巴甫洛夫说："科学需要一个人贡献毕生的精力。"门捷列夫说："终身努力，便成天才。"这些大师们讲的就是奋发精神。爱迪生一生遭受了无数苦难，为做试验被人打聋了耳朵；为发明电灯的灯丝，前后历经十年，耐热材料前前后后试验了 1600 余种，其中植物纤维碳化这一种材料前后就做了 6000 多次试验，从亮起只有 8 分钟、2 个小时，一直试验到发亮长达 1200 小时，终于获得了成功，照亮了人的生活，也照亮了整个世界。这种执着的精神终于使他成为"世界发明大王"，他一生活了 84 岁，发明 2000 多项，几乎每隔 15 天就有一项发明。高尔基的童年、少年和青年时期，几乎尝尽了人间的酸咸苦辣，刷盘子、洗碗之类的社会底层所干的苦活、累活他都干过，最后终于成为世人皆知的大文豪。贝多芬没有考上大学，后来又失去了听觉，在爱情上也遭到不幸，但他发誓要扼住命运的咽喉，结果成就为大音乐家。他的《英雄交响曲》《命运交响曲》成了传世之作。人们几乎忘记了贝多芬的奇丑（矮矮的个子，大大的脑袋，扁扁的鼻子，脸上还有麻子），都把他当成了"美"的化身。司马迁遭受宫刑，肉体上的痛苦、精神上的屈辱没有使他消沉颓唐，反而激起了他要"究天人之际，通古今之变，成一家之言"，中华民族五千年的文明史经他之笔写出了三千年之多的不朽之作《史记》，被鲁迅先生誉为"史家之绝唱，无韵之离骚"。相反地，在人类历史上，也存在着千千万万个遇到障碍、碰到困难、遭受打击之后，由于缺乏精神而放弃理想和追求最终宣告失败的人，给我们留下了人生历程上一个个沉痛的教训。

既勤又奋，毕生勤奋，会产生最伟大的力量，不仅在人类社会是这样的，就是在整个生物界亦是如此。大自然突发性的灾难，曾使不少物种灭绝：一场大冰雪使横行地球数万年的恐龙悄然灭迹；一场森林大火不知要烧死多少猛兽；一个旱季又不知会使多少凶禽折翼。大型动物都无法与大自然抗衡。世界上最小的昆虫之一蚂蚁却坚强地生存了下来，是什么原因呢？原来靠的就是蚂蚁的勤奋。蚂蚁的勤勉是人所共知的。其实还有一种牺牲精神在支持着它们：当大自然发洪水时，所有的蚂蚁会紧紧地抱成一团，处在外层的蚂蚁被水淹死了，但在内层的蚂蚁却得以生存了下来。联合起来的弱者会让大自然折服。自我牺牲的精神在某些时候是一种最伟大的力量。

老师们，同学们！在这金秋璀璨的晨光里，我这个年近七十的老人谈了一生悟到的一点道理。希望对同学们有所启发。特别是我真心希望那些暂时还处于落后状态的同学，你们只有十几岁年纪，还有许多时间，有的是机会，不要灰心，不要气馁，打起精神，尽快找到自己的自信，找回自己的自尊，自强不息，发奋图强，赶上去，做一个生活的强者，为自己争口气，为自己的父母、老师和学校争口气，为我们伟大的祖国争口气！

让我用《三字经》的最后两句话结束我的演讲："勤有功，戏无益。戒之哉，宜勉励。"谢谢大家！

实施和谐教育 构建和谐学校

——大唐学府在中小学培养学生"四会"能力简报

王勇基

各位专家、各位朋友：

你们好！

我自 1996 年加入王敏勤教授"和谐教育"系列课题以来，从未间断过学习、探究王教授和谐教育思想与方法，个人经历了几所优秀的公办学校、几所大型民办学校，并从 2004 年初创办大唐学府，于 2005 年正月因教学设施限制，学校挂牌宣告停止招生，可预定下学期座位。作为教学教研方面，自从 1996 年王教授到临沂做第一场报告后，"和谐教育"就在沂蒙大地开花结果，诞生了许多名师名校，在此我代表所有受益于王教授本人及"和谐教育"的广大师生向热心于"和谐教育"工作的专家们表示衷心的感谢！

今天我发言的题目是《实施和谐教育，构建和谐学校》，主要从以下几个方面汇报：一是办学的指导思想，二是学府的发展定位，三是和谐的管理模式，四是典型的教育个案，五是崭新的社会形象。

一、办学的指导思想

大唐学府的创办，实际上是创办者多年思考、学习探索的一个综合型、全方位、多角度的教育实验，是活生生的一篇有血有肉、有情有感、有灵气的大篇章。其目的是创建一所既不同于当前所有公办学校，也不同于其他民办学校的新型学校，旨在把学府办成是教师心情的桃花源、事业上的归属地、智慧和才能的舞台；也是学生学习、生活、成长的乐园、家园、智慧园；同时让家长感到自豪、幸福、津津乐道，更是教育专家、教授教育思想的实验田和传播地。

我们学校的校训是"诚、公、明、仁、达",校风是"和睦、和善、和谐"。

二、学府的发展定位

校长的定位：做一个新教育、新课程、新形势下的新型校长——思想和理论上引领学校的发展，言论和行动上是教干、教师的导演加服务员。我常说的一句话是："我不是校长，是教干、教师培训班的班主任。"

学校教职工的定位：是与校长一起创业的同志，是学校大家庭的一员。教师和校长资源共享，教师、家庭与学校共同发展，培养终身服务一个单位的主人翁意识，同时也在学习、生活、物质、文化等各方面让教师感受到团队的优越，共享的乐趣。我们的教风是：自觉觉人、成人达己。学校学生的定位（学子誓词）是：大唐学子，诚实勤奋，团结合作，发展创新，讲究孝道，为国为民，明理明德，成己成人。

学校定位：创办一所传承千年文化，实施现代教育，培养"静下心来学习，张开嘴说话，抬起头走路，挺起胸做人"的学生。争取 3 年内办成一所拥有在校生 1200 人，师资水平、校舍建设、校园文化等多项指标都粗具规模的十二年一贯制现代化学校。坚持滚动式发展，坚持办高质量、高水平、低收费的精品寄宿式学校：一年上路，三年成型，五年小成，十年中成，十五年大成。为我国中小城市、乡镇的教育发展提供一个可借鉴的发展个案，为愿意做教师的人提供成长学校。

三、和谐的管理模式

1.学校采取扁平式管理模式，采取"校长负责制、岗位责任制、结构工资制、末位淘汰制"的学校管理办法，职位能升能降，工资能升能降，优劳优酬、多劳多得。

2.建设教师发展学校，建立教师评聘机制，设有见习教师、实习教师、试用教师、合格教师、优秀教师、骨干教师、首席教师、专家教师、客座教师等岗位。培训教师，使其更新观念、提高认识、增强能力，实现教师对学生"全身心投入　全方位关注　全过程欣赏　全人格理解"，全方位多角度关爱学生，使学生尽快改掉不良习惯。

3. 建章立制、规范管理，尽快使学校进入良性循环。

4. 加强个别辅导，保底拔尖，使后进生进步快，尖子生更突出。

5. 实施愉快教育、成功教育、和谐教育的方式方法，使学生想学、愿学、乐学。

6. 研究学生身心特点，采取多种形式的奖励机制，激发学生的学习热情。

7. 开设选修课，培养学生的兴趣爱好和一技之长，启迪学生的灵性，让学生在学校感到学习好玩，愿意学习。

8. 举行丰富多彩的活动课，开展各项有益的比赛活动，使学生身心得到健康的发展。

9. 开创学生住校新模式，使学生有一个城里的家、有知识的家。实行家长制，使"成人"落到实处，有了具体的操作规程。

10. 加强教学常规管理，开展多种形式的教研活动，让教师们共享劳动成果，交流经验，互相借鉴，共同提高。

11. 搞好学校基本建设，配备各种生活用品，让学生有安全感、幸福感和责任感。

12. 实施"月考"制度，让质量提高贯穿在教学过程中，与国办名校联合考试，成绩突出。

13. 开展质量月、专题周活动，使校园生活丰富多彩，学生成长规范有序。

14. 内强素质，外树形象，采取多种形式进行宣传，制定有效措施，稳定学生情绪。

15. 学府发展要遵循的几条原则：治校原则：以人为本，以德治校，科学管理，从严管理。管理原则：封闭式管理，开放式教学，家庭化管理，军事化就餐。教学原则：量体裁衣，因材施教，自我加压，成人达己。发展原则：

坚持社会效益第一，学生成长第一，学校、家庭、教师、学生资源共享，共同发展。

四、典型的教育个案

典型教师：王学英老师。

"是大唐学府给了我新的生活！"王学英老师经常发出这样的感慨。王学英老师是 1989 年郯城师范毕业的高才生，毕业后就被分配到郯城县商业局教育科工作，虽然也是教育，但不是她想象的充满孩子们渴望的那种教育，她把心中的教育放在心底，仍然服从领导安排，干好本职工作。从教育科一般工作人员，到团委书记，到办公室主任，再到县百货公司副经理。随着职务升迁，她感觉离"教育"越来越远了，自己的孩子也开始从幼儿园到小学了。2000 年 9 月 23 日教育部颁布了《〈教师资格条例〉实施办法》，王学英才清醒地认识到自己不是教师的现实，这很难让她接受。痛苦之后，她下决心考取教师资格证，"还得做老师"！于是，她开始参加函授学习，在获得大专文凭之后，再努力学习《教育学》《心理学》，学习怎样备课、讲课，终于在 2003 年拿到了属于她自己的教师资格证。她热泪盈眶：自己又可以是教师了，可是到哪里去做教师呢？

2004 年春节过后，大唐学府开始创办，王学英老师是第一个来应聘的教师。她充满着幻想和渴望，同时又忐忑不安，师范毕业 15 年，没上过小学课堂，基本的教学方法都不熟。虽然有教师资格证，但没有教中小学的经历，招聘人员几句话就把她问走了。2004 年 11 月，大唐学府已经从当初的一个班 52 名学生，发展到了 7 个班 186 名学生。王学英老师再次来应聘。当我了解到她的奋斗历程和她渴望做一名教师的心情时，感到惊喜而又爱莫能助。惊喜的是居然有如此想当老师的人，并认定她一定能成为一位优秀教师；爱莫能助的是，一位工作了 15 年的副总经理，来当教师却是新手，一方面不符合学校对教师的要求，若真不适应的话，副总经理的职位也丢了。给一位热爱教育的人泼冷水不是我愿意做的事。我把难题给了她："我认为你一定能成为一位优秀的教师，但现在还不是，因为没有教学经验，不符合我校招聘的条件。你要做的首先是进修，有在中小学的教育实习经历。"她说："我到哪里进修？"我说："你可以到大学或到一所优秀的小学去见习。"她说："我也想过到大学，我丈夫也说过，但现实是我孩子还上学，需要我照顾，到哪所学校见习也不方便。"最后我说："你要有决心，回去把副总经理的工作辞掉，专心来当见习教师，不发工资，见习一段时间对你进行全面考评，如果合适，就录用为试用教师，工资也不高，每月400元到500元，看工作量而定。"就这么苛刻的条件，她居然答应了。第二天一早，她来了。我笑了："你还真的来了呀？！"于是她就像新毕业的教师一样见习，帮助老师们批改作业，辅导学生，整理教室，搞清洁卫生，为学生打饭，洗衣服，值班，看学生睡觉。老师们也特别关注王学英老师的"成长"。不到两个月，王学英老师就真的成为了一名"试用教师"，到现在不到一年，她已经成为一位比较称职的、适合我校要求的新型教师了。

两个特殊班级：零年级、七年级。

零年级：是我们针对一些不够上小学年龄而又上过幼儿园大班，或没上过幼儿园却跟不上小学一年级进度的插班生而设立的。其目的是对学生进行初步的养成教育，培养良好的学习习惯、生活习惯和个性品质，培养学生的合作意识，自立、自理能力，有一定的交际能力。力争使学生识字一千个以上，具有初步的阅读能力，能用完整的话表达自己的意思；能熟练地进行简单的口算，认识小学数学的学习方法；学会简单的英语对话、儿歌、歌曲等；在音乐、舞蹈、体育、美术等方面得到发展，为上小学打下良好的心理基础和学校习惯。实验的效果很好，一开始班内只有3个学生，现在已经有了11个学生，他们同时还可能成为我们的一年级小学生。一位从河南少林寺武校转来的小学生王××，春节过后来一年级插班，测验语文100分的题只考了2分，只好进零年级。现在他一切正常，这就改变了他的学习轨迹，成就了他的校园生活。

七年级：刚开始只有7个学生，来自各个不同的学校，有的是在其他学校上完初二又来重上的，有的是失学儿童。他们各有各的特点，但共同的特点就是学习习惯差。随着学校的精心设计，他们从一个个不懂事的孩子变成了全校各年级的大学长了。小学生的吃穿住、洗澡、睡觉，无处不有七年级学生的身影。小学生可以在七年级学生怀里撒娇，让七年级大哥哥背着去公园，晚上让上铺的大哥哥下来搂着给讲故事。七年级的同学现在发展到23人，他们已成为大唐学府近200名孩子的榜样和靠山，是老师们的得力助手。"穷人的孩子早当家。"大唐学府的孩子吃、穿、住、行、玩、乐、学都在校园，学长制管理使得七年级的大哥哥、姐姐们有了责任感和使命感，有了弟弟妹妹的"天伦之乐"，也有了成就感。

五、崭新的社会形象

学生说：我感到学校就是幸福的家；老师说：我在这里工作着，提升着，感到这里就是我们实现人生价值的理想平台；家长说：把孩子放到这样的学校，我们真是省心、放心、开心啊；朋友说：王勇基是校长中的一面旗帜，真了不起啊；政府官员说：这是一所育人理念新、办学条件好、具有鲜明特色的学校……

各位专家说，百年大计，教育为本；十年树木、百年树人！飞速发展的经济形势、教育形势和就业形势，为孩子们的发展提供一个较大的空间（生存空间、生活空间、思维空间），为他们创造一个较好的学习环境，无论从社会、家庭和孩子的未来等各个角度来讲，都应该是家长首要的任务，也是我们研究钻研的课题。愿大家携起手来，借"和谐教育"的春风，在这教育事业千载难逢的发展形势下大干一场。

2005 年 4 月 6 日

（在兖州召开的"和谐教育年会"上的发言）

自主学习"放羊论"

临沂师范学院教育与管理科学学院教授　李同胜

前几日，在附小讲了"促进学生自主学习的策略"专题，宋校长在总结时从"放羊"的角度谈了自己的体会和感受，被我戏称为是对自主学习融会贯通的最牛理解。玩笑归玩笑，想想很有道理。

宋校长讲，放羊有两种方式，一种是"圈养"，一种是"放养"。从自主学习的理论看，"放养"要比"圈养"好。因为"放养"可以让羊有更多的活动空间，可以吃到更多新鲜的草，可以学会如何找到更新鲜的草，等等。但是"放养"存在怎样"放"的问题，因为"放养"后羊的活动空间大了，活动方式的灵活性大了，怎样管理放开了的羊就值得研究。所以我们要有"放养"的本事，要掌握具体的"放养"方法。

想想也是，我们的教育本来是"放养"的，那时没有课堂、没有教材，甚至没有专门的教师。可是后来社会发展了，科技进步了，需要接受教育的人多了。为了更好地进行教育，让更多的人接受教育，慢慢地有了班级授课制，有了教材，有了专职教师和专门学习的场所——教室。这一切又慢慢地被制度化了、被模式化了，以至于有了赫尔巴特的"三中心"（教师中心、课堂中心、教材中心）。加上后来教育成为社会分层的机器，受教育程度高低左右着人们的社会地位，"考试分数"成了教育的唯一追求，功利性的"应试教育"就演变成了一个复杂的、难以克服的社会现象。

从这个意义上，我们就理解了山东省教育厅齐涛厅长的那句话：推行素质教育，不是改革，不是改良，也不是新政，而是教育的回归。

附：课堂教学"放羊论"

大唐学府　王勇基

　　我一直研究、学习魏书生老师的教学思想和方法，非常羡慕他外出讲学15 天，还不耽误教学，并且成绩还很好。因为我是教数学的，一开始感到数学是怎么也学不了魏书生老师了，感到很无奈、很羡慕。直到 1995 年的一天早晨，跟临沂师专李同胜教授搞数学教学课堂五步启发式教学近 5 年的我，把我在课堂上总结的一个体会写成纲要给当时的郯城实验中学王西常校长看，并给他绘声绘色地讲，王校长未置可否。但我仍按捺不住心头的喜悦，因为我的感悟就像我的新生儿一样令我惊喜，后来到李教授家又同样说了几次，都没被重视，因此就放置了起来。不过那时起已经开始庆幸自己是教数学的，否则只能跟魏老师走了。到 1998 年去罗庄听刘建宇老师的数学课后，感到震惊：我的即将成熟的想法，已经成为刘建宇老师的现实，并且他已经出了成绩，但他没用课堂教学"放羊论"这种说法。当时我已经在双月园学校工作了。后来在一篇论文中看到"放养论"的提法，最近看到李教授对"放羊论"的惊喜评价，又勾起我的兴趣。

　　我从小放过两个冬天的羊：生产队里养的一群羊有二三十只，负责放羊的是王爱庭和王忠心二人，他俩大约十七八岁，比我大十岁左右，但按宗族他俩都应叫我二叔，当然他们不会叫我二叔的，只叫小名。我是跟着他们放我自家的一只羊的，每天羊并群后就跟在二人屁股后面，给他们使唤，虽然多跑腿，但有安全感，当然他俩在我需要他们帮助的时候也会帮助我。

　　每天外出放羊，事先要想好放养的地域，设计好路线，准备好干粮和水，应该知道哪只羊怀孕了，哪只羊病了，哪只羊不好管，哪只小羊羔需要在什么时候抱着走一段时间，哪个地方有水可以饮羊，哪个地方有不适宜放羊的庄稼或青菜，哪个地方可以休息，有什么好玩的，筹划好今天是烧窑焖地瓜还是挖地洞打牌。一切准备停当，查好羊数，放开圈门，头羊带头，我们三个人控制羊群，到达目的地后，看着羊吃一会儿，进入角色后，我们就可以玩我们自己的了。时间长了，他们派我出去数数，看看有没有危险，若走远了就向回撵撵。

至于哪只羊吃哪棵草或哪棵苗，纯由它们自己选，吃多少也由它们自己定。壮羊吃得快，低头猛吃，基本不选择孬好；小羊活蹦乱跳，挑三拣四，时不时到母亲奶头边拱几下，它可不管吃草饱不饱，反正回家去也有奶吃；老羊身兼数职：保护小羊、生奶喂养、自己填饱肚子。它不勤奋不行，它无灵性不行，它不勇敢不行。吃饱了，饮水、休息。休息完了再吃，到时间了，就回家。

小羊长大了，母亲不给奶吃了，自己还玩，回家后挨饿、反思、总结教训。第二天小羊改邪归正，好好吃。它们虽然是一伙，但不是一个班的，进度不一样，它们当中无"差生"，因为它们的学习方式是"道场"式、"武馆"式、"带徒弟"式，可两年"学成"，可三年"学成"，可五年"学成"。它们自由自在，它们相依为命，它们幸福快乐。

说到这里，再说课堂教学的"放羊论"，就有点多了，其实就是一种教学策略和方式，注意几个原则，想办法调动学生的积极性，让他们自己学，比着学、飙着学罢了。我曾经用过以学习小组为团队积分的形式，也用过以小组长命名的形式，也用过分别给学生找竞争对手的方式，也搞过知识竞赛等，总之，让他们有兴趣。学生一旦真的学进去，体悟到学习的快乐，成功的喜悦，那就不用管了，要管，就是"出去玩会吧""怎么还不睡觉的"之类的话了。

2001年，我在兰陵现代学校当执行校长，一开始六年级招了4个学生，测试五年级的知识后他们的成绩都是几分、十几分。于是我们测试四年级的试卷，三十来分的、四十几分的，最后是4个人4个进度：有二年级下册的、有三年级上册的，有三年级下册的、有四年级上册的。我们当时就是采取"放羊论"的策略，即一个学生一个进度，用大师兄带二师兄的办法。老师坐在教室里，随时准备答疑，随时提供测试卷，满 90 分就晋级。我给这个班取名为"无年级和谐教育实验班"。一学期下来，学生从 4 人发展到 22 人，大多数学生能在一学期中学习三到五册书，我们兴奋得不得了。此班还被陈庆军校长邀请到临沂现代实验学校学习一个月，目的是让其他老师、学生参观借鉴。这个班我想李同胜教授该有所耳闻。当时的班主任是杜江山老师，听说他今年又带了一个六年级班，采用此策略，成绩很好。

我目前的由此发展的想法之一是"新概念数学、学习数学新概念，让所有的学生都不害怕数学、喜欢学数学、喜欢数学"，从而有良好的数学素养。

注意：研究放养，一定要研究游击战，要学习《亮剑》中的李云龙，信心、信息、经验、学识、胆识、智慧、机智、义气都很重要。

憨子办学

北京新东方扬州外国语学校　徐希明

我高中时的老师、也曾是我民办学校的同事，他叫王勇基，人长得有点憨。憨是农村话有点傻、不怎么精明的意思。当初，许多人一听说他要办学校，觉得可笑。

王老师的父亲也是一名教师，但到退休时，还没攒够盖房子的钱。王老师当初从实验中学教导主任的位置应邀加盟民办学校。他的父亲是大力支持的。在离开之前，王老师还有点犹豫，他问老父亲：辞职之后，干部身份、养老保险等有可能就丢失了怎么办？他的老父亲不悦："你还想这些，老想着靠国家养活你，没出息！"有他老父亲这句话，王老师毅然离开公办学校。

在临沂，我曾听到这样一个笑话："在某民办学校工作的教干都发了，除了憨子王勇基！"是的，当民办学校垮了的时候，许多教干都在临沂置办了房产。王老师空着两手回家了（当然他剩下一个笔记本电脑和许多书，这就是他在民办学校这几年的全部物质财富）。

这是他个人的不幸，却是临沂民办教育的万幸！临沂的民办教育至少还有希望！

他要回来办学校！其实他完全可以到其他地方继续做执行校长，有许多学校对他发出了邀请！他谢绝了。他要回来办学校，用他的话说：临沂民办学校大部分垮了，但教育精神不能垮，临沂民办教育的火种必须传下去！

他要活命，他要吃饭，他要自立，他想把多年积攒下的民办教育经验回报给家乡的父老乡亲、他想让更多的农村孩子接受更好一点的教育，他要证明自己的想法能成为现实！但他必须面对"一无场所、二无资金、三无设备"的现实，于是他把自己用了 20 多年的名字王永基（永远干基础教育）改回了少年时的名字王勇基（勇于干基础教育）。于是，他懦弱的性格就不得不冒风险，以身家性命去做担保，奋不顾身、勇往直前，按他自己的话说叫作："走上了一条不归路。"他的一位做校长的朋友这样说："王永基这回没有好日子过了！"

别人一听王老师要办学校，觉得不可思议：许多比他精明多的人都失败了，他一个憨子能办成学校？

然而王老师却真的开始了。没有钱只能借。当然也没人愿意借钱，没有人愿意承担这个风险。最后只借了 5 万元。借这 5 万元也不是别人，是他的哥哥借的，别人是不敢借钱给他的。后来每月借一万元，一直借到 20 万元。王老师的同学、朋友、同事、学生们看他真的干起来了，都知道他的为人和能力，就开始帮他贷款了。有两个长久在外地工作的郯城人回到郯城，看到街上挂着"大唐诺贝尔学府"的横幅。一个说："哪个疯子敢叫这么大的名字。"另一个了解王勇基的人回答：一定是王勇基，郯城没有其他人敢这样做！

王老师是敢想敢作敢为、敢于承担责任的人。暑假招生，为了宣传，他带领几十名学生扛着红旗围着市中心游行，招摇过市。王老师当时从没考虑自己的身份和脸面，他一直把武训当成自己的老师和榜样，他说他现在做的要比武训差远了。如此办学，能不成功？

许多民办学校不存在了，难道那些办学者不聪明？大唐学府在最困难的时候建立，却生存下来，不断壮大。

王老师办学成功不是偶然的，但也要靠机遇。他从 18 岁上大学时出于本能曾幻想办学，办一所幼儿园继而幻想办一所小学校，他的一篇日记就叫作《幻想》，写的是如何办学的想法，还列出了十多个教职员工，当然这些员工都是他已退休的亲戚本家。可以说大唐学府在没建立之前，在王老师心中已存在了 20 多年。

英国第一位盲人内阁大臣戴维·布伦克特曾说过："假如谁能把 3 岁时想当总统的愿望保持 50 年，那么现在他一定已经是总统了。"

但当学校一旦建成，王老师又不把它放在"心中"，当成自己的私有财产。王老师办学是认真的，是为教育而办学，而不像其他民办学校的创办者大多是商人或企业家。记得王老师在当我们高三班主任时曾说：当官不为民做主，不如回家种红薯。我若教不好你们，就回家养猪、种地、种果树！

是的，王老师养猪、种地也一定会干得很好。就像新东方董事长俞敏洪所说的那样：我即使做农民，也应是最好的，也应是最优秀的农民企业家！

到 2007 年，大唐学府进一步发展壮大，买下了新星中学的大部分股份。新星中学的创建人黄元江校长是王勇基老师的高中老师，可以说大唐学府购买新星中学是衣钵相承的传递，黄校长一直看好王勇基老师，这次并购令黄校长感到欣慰。

2009 年 4 月，黄元江老师携夫人再次来到联合成功的大唐学府，看到整洁的校园内花草树木郁郁葱葱，满校的学生生龙活虎，教师们的笑脸上洋溢着幸福，他看着日夜为自己也为学校担心的老伴深情地说："这回可放心了。"黄校长走在自己为之付出心血的校园里，好像从没有这么年轻过。

王老师在远处看着两位老人，自言自语地说："到时候，我要能有黄老师这个福气就好了。"他曾表示大唐学府绝不是王勇基的私有财产，主宰它的人将是酷爱教育的优秀教师！

这就是我的老师王勇基！

我所理解的"德"

王勇基

我是一个文学基础等于 0 的中学数学教师，由于比较热爱教师这一行，所以也经常思考一些教育问题，当然也可能不符合逻辑，但我就是这样理解的。

理解"德"，要先从"仁"说起，我认为"德"的"双人旁"是"仁"字的代表（或简化）。从字面上可以看出，"仁"是两个人在一起，"从"也是两个人在一起，它们却代表着不同的含义。我认为"仁"字很大程度上是站在对方的角度去思考问题，是人格平等、尊重别人、体谅别人，同时也不轻视自己。最近有个新词叫作"同理心"。我不知道是不是外来词，我感觉这"同理心"就近乎"仁"，但并不比"仁"的内涵丰富。"从"也是两个人在一起，显然不能两个人平等了！如果一个人有了"仁"，他就可以独行天下（"行"为一丁加"仁"）；如果有了"仁"，有追求的目标，再慢慢地积累，就会得到所要求的（"得"为"仁"加"日进一寸"）。还有很多类似的字可以供大家琢磨。我的意思很明白，"德"就是在"仁"的同时，要有"一十四个人一心"！我的理解这"一十四个人"就是指"很多人"。那么，如果很多人都认为某人"仁"，这人就是有"德"。如果很多人都认为某人不"仁"，这人就是无"德"或缺"德"。如果很多人都认为某个组织或团队"仁"，这组织或团队就是有"德"。如果很多人都认为某组织或团队不"仁"，这组织或团队就是无"德"或缺"德"。当然这里的"仁"随不同人们的人生观、价值观、世界观不同而不同，"德"的方向也就各不相同。但通常所说的"德"

是指向善的和向上的"德"。我是这样理解的，也是按这样的想法去指导自己做人的。

希望能得到善良的老师点评，谢谢！

2006 年 11 月 29 日

（发表于 2008 年 3 月《现代教育报》）

午夜随笔

山东大学支教团　刘　芳

支教归来已有五天，离开那些可爱的孩子也已有五天，但我时时处在思念中……支教生活的点点滴滴，如在眼前。

报名参加此次赴大唐学府支教时，其实对留守儿童并不了解，仅停留在道听途说的"内向孤僻"的层次，所以曾很担心孩子们的配合问题。后来才知道错得多么厉害，他们聪明坚强、乐观向上。对着那一双双热情的眼睛，我的心总是不由得颤动，不经意间一次次被感动着……

书到用时方恨少，我深恨自己才学有限，无法教给孩子们更多的知识。作为语文老师，我教他们诗歌、小说、对联，教他们写作，教他们做读书笔记。但我更希望的，或者说我竭力想要做到的是教给他们一种习惯、一种态度，将发散思维和创新思想展示给他们，将理想和希望的火种点燃，将他们的品德打磨得更加圆润美好。我教他们"大鹏一日同风起，扶摇直上九万里"，教他们"天生我材必有用"，殷殷希翼与期盼就蕴藏其中，不知孩子们可懂得我的深意？嗓子哑了、皮肤黑了、身体瘦了，但我心无悔。

每天常有惊喜等待，也许是一包饼干，也许是一瓶水，也许是一颗润喉糖，也许是一朵小花，件件都是孩子们的心意。我清楚地记得收到第一份来自学生的礼物时的惊喜与骄傲，那只是一把破旧的塑料梳子，论价值远不及我的牛角梳和玉梳，但因其承载的纯朴心意，成为令我爱不释手的宝物。我骄傲地向大家一次次展示，按捺不住激动狂喜的心情，在小小的办公室里来回踱步，直到大家以看疯子似的眼神瞅我。

从来韶光易逝，转眼离别在即，我仔细盘点能留下的东西，把预留在路上吃的口粮也一缩再缩，只希望多为孩子们再做点事，哪怕再轻微，也忍不住去做。以至大家打趣我说："你只差没把自己身上的衣服也扒下来送人了。"

离别那天，天降大雨，孩子们一大早冒雨相送，聚集在办公室门前。后来才听说，有的孩子一夜未眠，四点来钟就爬起来，生怕起晚了错过最后的相见。雨水洒落，一如孩子们洒落的泪水，我们一个个地劝，到最后，连自己也忍不住红了眼睛。车发动的时候，我伸出窗外的手依然被孩子们紧紧握住，握得那么紧，好像一直会这么牵下去。然而，手，终会分开的，终是分开了……

坐在车上，拆看临走时孩子们塞给我的信件字条，他们说，和我们在一起的这段时间，才知道了什么叫快乐；他们说，会记住我们的每一个微笑；他们说，勿相忘，勿相忘……含泪回眸，孩子们的身影已远，许多人，也许今生已无期再会。然，牵挂不绝，思念不绝，无论身在何处，海角抑或天涯，孩子们，我都为你祝福，愿你今生平安幸福，愿你梦想之花终会开放，愿你有个远大前程……

现在夜深人静，思念的丝线又一缕缕缠绕我的心房，太多太多的放不下：蚊虫肆虐，留下的花露水和红花油可还够用？会不会又有孩子不想按时吃饭？可还有因想家而哭鼻子的孩子？相处仅八日，却已是一生的牵挂。那一张张鲜活的面孔，那一次次含泪微笑的感动，将永远珍藏在我心中一个柔软的角落，在月亮升起的时候，来到我的梦中。

想念你们啊，可爱的孩子们！

自觉觉人 成人达己

——大唐学府教师应具备的素养

王勇基

"觉"，《现代汉语词典》中有一种解释是觉悟。我还有一种认识就是"在学习中发现"。大家看，这个"觉"字就是"学"下面有个"见"。"视而不见"的"见"是看见了没有意识到，而这里的"见"是学习了又意识到了，而且还有独特的见解。"自觉"的含义一是"自己感觉到"，二是"有所认识而觉悟"，我还把"自觉"理解成"自觉自愿"。比"自主、自强、自信、自立、自爱、自尊、自重"都高级。甚至是它们几个词的并集。"成人达己"就是成就别人幸福自己，这是一种精神上的追求、感情上的超越。只有高层次的人才会体会到。冯友兰教授的人生四种境界中，处于自然境界和功利境界的人都不行，而处于道德境界和天地境界的人才可以体会得到。当教师的人（优秀的）都属于第三境界——道德境界的人，比较注重精神的享受。很多企业家都越有钱越痛苦，最后说"我除了钱什么都没有了"，这主要是没走出第二个境界（利己）、没走出自我、没超越物质的原因。那些像比尔·盖茨、霍英东、曾宪梓、松下幸之助等真正大的企业家，他们已经不是在做企业，而是在做事业、做文化，超越了物质追求，超越了功利，进入了道德境界，以利他为乐，正所谓"待到山花烂漫时，她在丛中笑"。

我当了24年的老师，一直受到领导的赏识和老师们的帮助及学生家长的信赖、学生的爱戴。我认为当教师是高尚的职业，是神圣的职业。教师是不应该被别人当小人盯着、防着的职业。但我们又必须做好本职工作，教好学生，提高自己。所以，我研究了几年，把我们学校的校风定为"自觉觉人 成人达己"。"觉人"就是提醒人、影响人、感化人、帮助人、规范人，这里的"人"是学生，也是学生家长、是同事、是领导、是身边的人。"觉人"也有北师大校训"学为人师，行为世范"的意思。我们学校定位是把学校办成一所教师发展学校、也是教师心灵的桃花源。作为法人代表的我就整天思考学校怎样发展，怎样对待老师才能让老师们有归属感和成就感，有"在这里可以安身立命"的感觉。但大唐学府是给教师养老的地方吗？谁给教师养老？在哪里养老？怎样养老？我认为可以是给老师养老的地方。但需要自己来养，用一种积极的态度、互作的态度、相互依赖的态度，在未来合适的地方养老。但目前要积极积淀，储存能量。那么怎样做才能实现上述要求呢？我认为作为大唐学府的教师应该具备以下最基本的素养。

一、方向对、标准高，修身养性做人好

《现代教育报》记者曾国华曾报道《朱永新呼吁教师书写自己的生命传奇》，摘要如下：

"职业倦怠"是一个近年来曝光度极高的词语。面对职业倦怠，是自甘沉沦、随波逐流，还是勇敢救赎、书写自己的生命意义？这成了中国教师必做的选择题。新教育实验发起人、民进中央副主席朱永新日前在该实验的第九届研讨会上提出，教师要重建对自我的信任，以孔子为榜样，追求"老者安之，朋友信之，少者怀之"，以应对当前的精神危机。

教师产生职业倦怠的原因是什么？朱永新分析，从表层讲，是教育应试主义与市场主义合谋的结果。应试教育对竞争的病态强调，导致了师生之间、同事之间、亲子之间、知识与生命之间乃至于自我的分离，让师生陷入"囚徒困境"而不能自拔，使教师一天天地被格式化，丧失了对真理的追求以及对生命意义的探询。而更深层的背景则是中国超速现代化进程所导致的对人的异化。随着传统文化的边缘化，现代化的物质进步加强了物对人的控制和重新塑造。教师也在这种市场文化对人的塑造中日益丧失了对生活、自我以及未来的感觉与把握能力，日渐陷入恐惧、烦躁、孤独与焦虑之中。

面对职业倦怠，不同的教师选择了不同的应对方式：

一些教师选择了以社会认可的名利为人生目标，通过公开课获奖、发表

论文、出版著作等方式确立自己的价值。

另外一些教师神往心目中的美好教育，却在现实中难以看到实现的希望，无奈感和无力感让他们成为否定一切的虚无主义者。

还有相当数量的教师，或自觉地认同应试制度，把分数作为最高的要求，在你争我夺中寻找自己的存在价值，获得成功感；或采取一种犬儒的姿态，将教育职业视为一种谋生工具，视工作为一种不得已的交易……

朱老师提出的应对路径首先是重建信任——对于学生和自我的信任。

对学生的信任是指无限相信学生的潜力。无论学生目前多么愚笨顽皮，甚至不可救药，对他的未来要始终抱有信任，坚信他的生命具有无限可能性。只要用心寻找，一定能够发现开启学生生命之门的钥匙。对自我的信任是指相信自己的生命是有价值的，是独一无二的，"天生我材必有用"，我必将会成为真正的创造者，我必将成为学生生命中的"贵人"。

"在经历重重困难之后，成为一个愤世嫉俗者是很容易的；要成为一个仍然心怀梦想和信念的人，则是艰难的。"朱永新说，一个真正的教师，应该让学生，也让自己，在跨越重重困难以及怀疑之后，仍然能够建立起对于世界、人类和自我的根本信任、信念。有了这种信任、信念，就能够从容承受职业生涯中的任何考验。

另外，他希望新教育实验摸索出的"专业阅读＋专业写作＋专业发展共同体"的教师专业发展"三专"模式，能有助于每个教师将自己的生命演绎为动人的故事。

在报告中，朱永新阐释了新教育人对理想教师的理解。他认为，人们对待教师工作，有三种境界：

一是把教师作为职业。这种类型的教师，把职业视为付出劳动交换薪酬、养家糊口的谋生之所。既然是谋生之所，便少不了斤斤计较，患得患失。

二是把教师作为事业。这种类型的教师，把职业作为实现个人价值的舞台，他们渴望来自他人尤其是学生的肯定，工作往往会成为他们生活的核心，关系着他们的喜怒哀乐以及成就感。

三是把教师作为志业。这种类型的教师，把职业视为宗教，为意义之旨归，职业与生命融为一体。对于教师职业的深刻理解和执着信念，会驱使他们通过学生的卓越发展，使自己的生命得以丰富扩充。

新教育人更为欣赏把教师工作作为志业的教师，他们对理想教师的理解是，以孔子为职业榜样、人生典范；无论如何，对世界抱有一种开放的信任，对生命抱有一种坚定的信念，对职业抱有一种深沉的敬畏；既让自己的生命恒久地处于诗与思的状态，又不断地修炼自己的职业技能，以努力达到在教育教学之事上左右逢源的自由之境，并最终把这一职业生涯锻造成一部精致而隽永的历史……

很高兴看到这篇报道，因为我们经常给老师们培训的内容大致相仿，有了朱教师的观点，对照我们自己的要求，显然，我们大唐学府的教师自然要把教师工作当作自己的事业或志业了。

二、静下心、不浮躁，按部就班做事好

班主任的事、任课教师的事、家庭成员的事、单位人员的事、朋友圈子的事，要让各种事相得益彰、和谐有序、相映成辉。那么，学生走了好几天，学部主任、执行校长不知道，不能说做好了班主任的事；问你学生家的电话，你找不到就不能说你做好了班主任的事；对某个学生父母的情况一无所知就不能说你做好了班主任的事；某学生两周没有换洗内裤，就不能说你做好了班主任的事；也不能说你做好了生活老师的事；某次考试，别的班会做的题目你的学生不会做，就不能说你做好了任课老师的事；假若考试你千方百计去告诉学生，让他得高分，就不能说你做好了单位人员的事；你为了个人的小利，丢失了自己的修养，损失了学校的名声，打击了领导们的自尊，损害了全校师生们的利益，如果还认识不到位，就不能说做好了自己"修身养性做好人"的事。

三、勤学习、常思考，力争上游要提高

勤学习：读书、助人、做事。

常思考：研究学生、研究教学学法，想学生所想，急学生所急，想方设法提高学生的学习效率，提高学生的学习成绩，提高学生的品位。

四、顾大局、讲团结，精品意识记得牢

顾大局：遵守纪律、照章办事、落实常规、服从领导、尊重同事、关心家长、爱护学生；

讲团结：大事讲原则，小事讲风格；眼光要远，思路要宽；

精品意识：做最好的自己，做别人无法代替的工作。

现在是信息社会，信息社会的资本体现在三个方面：一是物资，二是知识（专业知识、眼光、社会知识）和能力，三是社会资源。

能力包括：社会影响能力、组织能力、胆量、分析能力、适用能力、承受打击的能力、应变能力、判断能力、沟通能力等。

社会资本（人脉）：家庭成员之间的关系、同学朋友之间的关系、领导同事之间的关系、家长与熟人的关系等。

我们如果教得好，学生及其家长对我们信任，甚至佩服，他们也很想把我们当成朋友，甚至更近一步，那么我们每个人的资本就增加了。

招生是每一所民办学校永恒的话题，我们的招生就体现在粉笔头上、备课本上、每天与学生见面的招呼上。老师们，简单的事情我们能做得不简单，平凡的事我们能做得不平凡，就是与众不同，就是我们应当具备的素养。让我们在新的一年里团结合作，积极进取，为提高每个人的生活质量而努力吧！

（此文为 2007 年 1 月教师校本培训会上的讲话稿，有修改）

当班主任与学生一起成长

王勇基

《新东方精神》杂志上有一句经典的话："为梦想而来新东方。"如果说北京新东方扬州外国语学校到了北京城，那大唐学府还在井冈山奋斗。我投身民办教育十年，研究民办教育十年，探索民办教育十年，当然少不了学习俞敏洪老师、王修文校长的创业、治校之道，梦想有一天能来新东方跟俞老师、王校长和在座的老师们切磋教书育人的技能和艺术、创业奋斗的甘苦。

今天我能在此与大家交流，首先感谢王校长的邀请，感谢北京新东方扬州外国语学校的领导和在座的各位抽出宝贵的时间来与我交流，与大家商讨，以祈探索班主任工作的艺术和技能。

我14岁立志做一名优秀的中学教师，18岁幻想办一所幼儿园及小学，26年来一直追求探索，从不懈怠。1998年3月投身民办教育，2004年2月从绝望中获得了一点希望，站在人生的"米"字路口徘徊许久的我，接管了一所创办2年而没发展起来的占地4亩，仅有一个班50人的私立小学，更名为"大唐学府"。我把多年的学习与思考、探索与实践整理归纳形成一套预设的"校园文化"和"规章制度"，把整个学校的发展变成了一项全方位、多角度、综合性的大型教育科研课题，运行中不断完善、丰富、改进学校的内涵，逐渐形成真正的校园文化。我们把学校定位是教师心灵的归属地、学生成长的乐园、家长提升的场所、教育专家的试验田；立足县城，面向农村，服务百姓，关注留守儿童，追求"教育助人、教育富民、教育强国"的教育理想。学校采取"封闭式管理、开放式办学、家庭化住宿、军事化就餐、项目化推进"的管理模式（好像与扬州外国语学校相似）。把校长定位是与教师、家长相互依赖的人，是同志与合伙人。要求教师做好"父母、朋友、导师"三个角色；站在关注学生"人生、人性、人情、人和"的高度，让他们在学校"身有所安、心有所定、情有所以、志有所向、神有所往"，精心呵护每一个学生，为留守儿童的健康成长撑起一片蓝天。

今天我主要汇报我做班主任 20 年的体会，也是我校要求教师做好"父母、朋友、导师"三种角色的内容，题目是：当班主任与学生一起成长。

一、做父母，给学生以幸福

1. 让学生在自己的班内有安全感和归属感。

a. 用最短的时间了解最多的学生信息：与学生一开始接触，就坦诚地、自信地给学生做自我介绍，并真诚地希望学生能成为自己的好朋友、好老师、好学生。

一是设计表格，让学生填写家庭及个人基本情况，并反复地阅读；二是在 1—2 天内把全部学生的名字牢牢记住，并经常询问，为了好记，我就把姓氏编成顺口溜；三是画座次表，并经常点名，让学生也尽快互相熟悉；四是经常与学生聊天，个别谈话，尽快走进学生的生活，走进学生的心灵，让学生愿意跟老师说心里话、说实话。

b. 讲清自己对学生的态度，对班级未来的设想和可行性分析，介绍任课教师的特点和长处，让学生意识到教他们课的老师个个都是有本事、高水平的，老师都值得他们学习。

c. 内强素质、外树形象，把班级工作当成一个单位去经营。班主任要以身作则，带头为班集体争取荣誉，特别是学习、纪律、劳动等一系列活动，尽最大努力去实现预先制定的目标。每个人都制定自己的近期目标，选择学习竞赛的对手。过一段时间再划分学习小组，分级分层管理，进行不同要求的指导。

d. 建章立制，培养会开展工作的优秀学生干部。让学生分组制定班级公约、组织讨论规章制度，通过不断修改，最后集体表决，然后严格执行。通常可以让学生针对不同项目，制定各项规章制度。

2.让学生在自己班内体悟人间真情。

a.坚持教育原则，注重个别谈话，关心学生成长。由于受家庭情况、文化背景的影响，每个学生都有自己丰富多彩的内心世界，每个人都渴望有知心朋友，都希望有自己的知己。作为教师要有第三只眼洞察每一个学生的内心世界，了解他的言行，把不该发生的事情消灭在萌芽状态，把每一个学生的闪光点发扬光大。

b.关心学生生活，做学生成长的引路人。大唐学府的特色之一就是让学生吃好、住好、玩好，这一点，我就不用多讲了。另一方面，人一生的各个阶段都会碰到许许多多的不如意和烦恼，特别是中小学生，他们在成长，他们的世界观在形成，他们有很多困惑和疑问，甚至是痛苦和不幸，老师都要明察秋毫，及时过问，给予安慰。个别学生学习有压力，老师要及时疏导。有的学生思想开小差，要及时点拨，指出其不对的地方，让其知其所以然。学生有病，老师就是父母！记住学生的生日，问候一声，适时搞一次集体生日聚会、庆祝晚会让学生的生活有所升华。

c.有些事情集体努力而不成功，更是老师因势利导的好时机。如我们利用2000军训会操失败的事例，生动地给全体师生讲了挫折教育的必要性和重要性。

二、做朋友，给学生以欢乐

学习是人的本性，更是学生的本性。学生文化课学不好，有其原因。但孩子依然要学习，特别是从老师身上学习他的品质、德行、气质和风度，在长期耳濡目染中孩子会不知不觉地变成了自己的缩影。这一点不举例，说明老师们也能知道。

给学生做朋友，是教师放下架子、走进学生生活的具体体现。当然，很多事老师都要起主导作用，老师能把学生看作朋友，学生的事就是老师的事了。除了知识不如老师，其他的事学生也许做得不比老师差。老师给学生欢乐，学生更会给老师带来意想不到的愉快。

1.换位思考，理解学生的难处。

与学生做朋友，主要是心态上接受学生，承认学生（特别是差生）。优秀的教师都能对差生的心理有所了解，对差生的言行网开一面。原因是这些孩子的生活空间较大，所受教育不正规，但往往这些学生能成为最忠实的学生，把差生当受伤的孩子去呵护，会起到意想不到的效果。我曾在网上给网友的一篇回复中说：

太多太多过着正常生活的学生，不会记起我在他们身上下了多少功夫，用了多少心，犯了多少难，因为他们那时小而现在普通。

他们的父母不会感激我，因为他们的孩子在我班里学习不好，常挨批评，又没考上高中或中专。

学校及上级教育主管部门更不会因他们而表扬我，因为他的存在使班级平均分下降，班级量化积分上不去。

社会、政府绝不会因为他们的平常、普通、遵纪守法而去表彰我，因为平常、普通、遵纪守法的人太多，他们的老师不可能都被表彰。

我不知道做"差生"工作的意义能否用上面的话语去表达一点点，更不知道我的同路人是否有此体会，但我确实体会到教师绝不是因为赚钱多才被称为"太阳底下最光辉的职业"的……

2.当好参谋，做学生终生可以信赖的贴心人。

当好学生做人的参谋。学生在学校或在家庭之中所遇到的事情，老师应推心置腹地说，舍身处地地做，让学生真正感觉到老师不是在演戏，而是实实在在地和他交流、交心，真诚地帮助他发展。

每个人一生要走无数个人生走的"十字"路口，自己拿不准时，往往要找人咨询，找谁？找有见识的好朋友——有可能就找到你。

三、做导师，给学生以美好人生

我原来学校的老校长总结人的一生认为：如果一个人一生能有"三好"那就是好运气。哪三个好呢？在家有一双好父母，上学有一个好老师，工作有一个好领导。这三个好一直让我在琢磨，一直在鼓舞、激励着我做好班主任，做个好老师。那么怎样才算有好老师呢？我是从以下几个方面努力去做的。

1.给学生以希望和方向。

学生千差万别，但各有志趣，都有梦想。老师应该像园丁一样欣赏千姿百态、各具特性的孩子。特别是当今社会强调素质教育、新课程理念，要让每一个学生都能感觉自己是被老师欣赏疼爱的人。通过主题班会、个别谈话、各类活动甚至让学生做点事情去彰显孩子们的个性和灵性，及时通报社会发展的变化和国家的新闻大事及英模事迹，使学生对社会、对自己的未来都有美好的憧憬，对自己的性情在潜意识中产生美好。

我在美澳教的学生，进入初三的数学摸底成绩：平均20多分。但现在大多数人上大学出国，起码是上民办大学，没上大学的学生也已经开上轿车或当经理了。走在大街上，见老师兴奋，请老师喝酒，组织同学聚会的人大多是成绩一般的学生。如果他们当年经常受到老师的欣赏和关爱，他们又该有多么幸福啊！

过去的同学有的已经是百万富翁，但到咱们穷教师面前仍有抬不起头的感觉，而我们穷教师在百万富翁面前也有抬不起头的感觉。都抬不起头来是谁的过错，是过去淘汰教育的罪过。我们应该淡化成绩意识，强化人本精神，让学生愉快地学习，健康地成长。当然有条件的一定要激励其斗志，向着自己的未来坚韧不拔地努力。

2.给学生以理想和目标。

理想是人生的航标，不仅青少年要有理想，中老年人也有理想。我父亲是退休小学教师，2002年74岁，正月在临沂老乡聚会上，号召与会人员"救救唐庄小学"，并倡导人们捐资助学。当时引起全村人的质疑，并遭到家族许多人的反对。两个月后查出了胃癌，当时他说再给他一年多时间，他就能办成。结果2004年元月，如愿以偿，家族集资83000元，作为唐庄小学永久性教育资金，每年付学校4000多元。其他人集资4万多元用于校舍改造。2004年5月5日，父亲临终前唯一嘱托的就是这笔资金的管理和6月1日前的奖学金发放……

哈佛大学有一个非常著名的关于目标对人生影响的跟踪调查，对象是一群智力、学历、环境等条件差不多的年轻人，调查结果发现：27% 的人没有目标；60% 的人目标模糊；10% 的人有清晰短期的目标；3% 的人有清晰且长期的目标；25 年的跟踪研究结果表明，他们的生活状况及分布现象十分有意思。

那些占 3% 者，25 年来几乎都不曾更改过自己的人生目标。25 年来他们都朝着同一方向不懈地努力，25 年后，他们几乎都成了社会各界的顶尖成功人士。他们中不乏白手创业者、行业领袖、社会精英。

那些占 10% 有清晰短期目标者，大都生活在社会的中上层。他们状态稳步上升，成为各行各业的不可或缺的专业人士。如医生、律师、工程师、高级主管等。其中占 60% 的模糊目标者，几乎都生活在社会的中下层，他们能安稳地生活与工作，但都没有什么特别的成绩。

剩下 27% 的是那些 25 年来没有目标的人群，他们几乎都生活在社会的底层。他们的生活都过得不如意，常常失业，靠社会救济，并且常常都在抱怨他人，抱怨社会，抱怨世界。

可见理想教育是何等的重要。

3. 给学生以策略和自信。

我 1979 年考大学语文考了 28 分，几乎没看过小说。教数学 20 多年，终于悟出了人为什么要学数学，学数学就是学会把复杂的事情简单化，把简单的事情条理化。无论做什么事都要像解一道应用题一样：先审题，再找已知量，未知量，已知量与未知量之间的关系，然后设计解题方案，再去落实方案，检验，最后下结论，如此而已。做任何事都一样，这就是数学素养。学生学习也是如此，不能见问题就蒙，而应该想办法。我对学生解证几何题有畏难情绪这一情况是这样解决的：每带一届学生，都告诉他们我有绝招，可让他们不怕几何，只要记住我的名言："解证几何题有困难请找辅助线。"到时别着急先用我的妙计，也让学生从无从下手引到慢慢思考上来。这就是策略，有寻找策略的习惯，逐渐地就有了自信，我在临沂美澳时总结了一句话——自信是上帝！这句话让我受益匪浅！回郯城办学，多亏了我那些过去没有考上学而又信任我的学生，他们带头把孩子送来上学。老师们：善待差生，善待生命啊！

4.给学生以方法和技巧

客观上把握好班委会、团支部，经常开展一些有意义的活动，比如，黑板报，班级日志评比，主题班会，学校搞的各项活动、纪律、卫生检查等。微观上把班内分成几个大组，由不同的学生轮流担任不同的角色，班会由学生总结。自1992年开始，我所当班主任的班级至少能出十几个班长、十几个学习委员、十几个卫生委员，方法是把班内分成四个大组，每组都有班长、副班长、学习委员、卫生委员、生活委员、纪律委员等。同时每个组负责打扫卫生一周，其余三组可以连续三个星期不用干活。下周一周前会，由上周值班的各位班干部轮流上来总结一周工作及需要改进的地方。每个职务都有4个组中的人轮流担任。4个人中的优秀者为本班常务职务（对外）。

卫生大扫除由《双层轮流值日表》排出，卫生委员负责调度，一周动一次，到时各人自己完成任务，什么地方出差错一看表就知道是谁做得不好。我女儿在美澳当了三年卫生委员，用起来都很方便。

老师做事善于动手、动脑，同时老师也动员学生多动手、动脑思考所解决问题，集思广益，民主和谐。老师是教练和顾问，同时还是评论员、裁判员。

我送高考时的班训就是八个字：三心（信心、决心、恒心）合一，四力（毅力、体力、精力、智力）同向！我在美澳教初二魔鬼班时的班训是：团结、勇敢、知耻、好学；初三时的班训为：诚、公、明、仁、达！根据这个班的特点，我还告诉学生：我们这个班除叫初三二外，还叫厂长、经理、董事长、国家干部培训班。现在他们多数在各类大学中成长，有的在国外，有的已经成了厂长经理。

5.给学生以安慰和鼓励。

任何人都不会一辈子春风得意，老师在学生遇到问题要适时、适度地给予安慰和鼓励。有时给学生破破气反而成就了他。

6.给学生以时间和空间。

有的学生可能基础较差，我们要站在他的个人基本情况的角度来分析他的发展前景。有的学生需要四年能考上大学，我们就从心理上给他四年的时间，也许他不能给我带来荣誉和奖金，但我们能给他的美好人生增添光彩。别跟学生太过不去了，他们还是孩子。有几句话说得很好，讲给大家共享。

> 把课堂还给学生，让课堂焕发出生命的活力；
>
> 把班级还给学生，让班级充满成长的气息；
>
> 把创造还给教师，让教育成为智慧的事业。
>
> 给知识注入生命，知识因此而鲜活。
>
> 给生命融入知识，生命因此而厚重。

7. 给学生以人格和能力。

严师出高徒，老师对学生要求一定要有所为有所不为。放手让学生做事，及时指导、点拨，并经常给学生当经纪人，组织运动会、球赛、书法展、联欢会演讲会、辩论会和远足、春游、摘水果、种菜园等，让学生紧张的学习生活充满着欢乐，忙碌中有所感悟。

8. 给学生以思想和理念。

针对不同学生，要有所变化，学生思想的形成来源于他崇拜的人或事，因此要给学生提供榜样和事例。让他们开阔眼界，敢于发表自己的见解，大家再评论。住校的学生有"卧读会"，因此就比走读的学生成熟。教师永远要给学生提供鲜活的知识和灵性，教师就应该永远成为终身学习的人。教师的定位是大树，是加油站，是方向标。

讲了那么多，我用十个字来概括，我把它称为班级的"十字真经"。

对差生：爱、泡、磨、导、善。

对优生：赏、启、激、美、达。

针对差生有四句话：

大爱泡其身，真情磨其心，善事明其理，信知导其行。

总结成四全理论：全身心投入，全方位关注，全过程欣赏，全人格理解。

各位老师，各位朋友，再次感谢大家能给我汇报的机会，不当之处会后再交流。老师们，你们是幸福的，你们船上坐，我在水下游。你们想休息就休息，可我只能勇往直前。

欢迎领导老师到地处鲁南苏北的"银杏之乡"——山东郯城做客，到大唐学府来指导工作、讲观摩课。

谢谢！

（注：此文为王勇基校长 2007 年 12 月 16 日在北京新东方扬州外国语学校《名人大讲坛》作报告时的讲话稿）

▌创新篇

让孩子成人、成才、成杰，令家长省心、放心、开心——明确的办学目标；树立"四人"意识，实施"五所"教育——全新的教育理念；"封闭式管理，开放式办学，家庭化住宿、军事化管理、项目化推进"——创新的管理模式；"诚、公、明、仁、达"——严谨的校训；"和睦、和善、和谐"——温和的校风；"成长是一种责任，优秀是一种感恩"——学子坚定的信念。管理规章日臻完善，校园文化日益丰富，校本培训越办越好，选修课程异彩纷呈，素质教育全面实施，教育教学特色鲜明……

大唐学府文化

教育理想：教育助人、教育富民、教育强国。

办学宗旨：让更多的孩子享受更好的教育。

办学目标：教孩子成人、成才、成杰；让家长省心、放心、开心。

治校方略：以人为本、以德治校、科学管理、和谐发展。

经营策略：学生成长学校，教师发展学校，家长提升学校。

教育原则：关注学生的"人情、人生、人性、人和"，　让学生"身有所安、心有所定、情有所依、志有所向、神有所往"。

管理模式：封闭式管理、开放式办学、家庭化住宿、军事化就餐、项目化推进。

校　　风：和睦、和善、和谐。

校　　训：诚、公、明、仁、达。

教　　风：自觉觉人、成人达己。

学　　风：团结、合作、发展、创新。

学子誓词：大唐学子，诚实勤奋，团结合作，发展创新、讲究孝道，为国为民，明理明德，成己成人。

宣传口号：大唐学府，铸造英杰！

千年大唐，百年学府！

走进大唐学府，步入理想人生！

大唐信条：大唐学府，和谐发展！（王敏勤教授题词）

知识改变命运，素质决定人生！

大唐学府无差生。

没有教不好的学生，只有不合适的教育。

二人行，必有我师。

不学习就是最大的错误！

不敬业就失业，不爱岗就下岗！

谁把苦和累推给别人，谁就把能力推给别人！

学校兴衰，我的责任！

建校 50 年内能培养出获诺贝尔奖的学生。

和睦·和善·和谐

——山东郯城大唐学府校风诠释

王勇基　徐敏水

古人云：君子和而不同。和，是一分宽容，一种气度，一种人性永恒的思想情操。大自然因和而产生无穷的魅力，音律因和而弹奏出美妙的旋律，人与人之间因和激发了高尚的情趣。大唐学府在以人为本，和睦、和善、和谐共生的理念下开垦教育这块圣洁的绿洲，出现了春有花、夏有荫、秋有果、冬有青的可喜局面。

大唐学府秉承"让更多的孩子享受更好的教育"的教育理念，确立"诚、公、明、仁、达"的校训与"和睦、和善、和谐"的校风，明确"让孩子成人、成才、成杰，让家长省心、放心、开心"为办学目标及"以人为本、以德治校、科学管理、和谐发展"的治校方略。坚持正确的办学方向，全面贯彻教育方针，积极实施素质教育。采取小班额授课，分层次教学，突出办学特色，关注每一个学生的"人生、人性、人情、人和"，为留守儿童撑起了一片爱的蓝天。

学府有一支厚德尚道、素质优良、业务精湛的师资队伍。全体教师牢固树立"教学生一时，想学生一世"的教育观和"教书育人、管理育人、服务育人、环境育人"的服务观。让每个学生在学校"身有所安、心有所定、情有所依、志有所向、神有所往"，幸福生活，愉快学习，健康成长，全面发展。

一、家庭化住宿，建设和睦温馨的美好家园

心理学认为："和谐、和睦是各方面完美的配合，协调多样中的统一，

在心理上使人愉快、满足，并唤起人们对生活的热爱。"让协调走进校园，打开学生心灵失落的领域，走进学生的心灵世界在现代学校教育中显得尤为重要。

　　大唐学府的学生来自不同的乡镇，这些学生长期在学校寄宿，眼前没有亲人的影子，亲情缺失，感情缺失，关爱缺失，缺少家庭所拥有的疼爱与呵护。因此，如何让这些孩子在大唐学府找到家的感觉，是大唐学府创办人王勇基校长最大的心愿。王校长根据多年的缜密思考和精心探索，针对学生的家庭背景、个性特点，成功地实施了家庭化住宿、学长制管理。将学生宿舍命名为"鲁迅之家""诺贝尔之家""华罗庚之家""居里夫人之家""丁肇中之家"等具有个性化的家庭，每个家庭分为五个小单元，精心选配一位有文化、有亲情、有经验、会管理的生活老师担任家长，同时推举一名大同学任学长，老师负责这个家庭孩子的衣物换洗和生活起居，帮助孩子解决日常生活中遇到的一切问题，配合班主任、科任教师培养教育孩子成长。学长积极配合家长，密切关注家庭成员之间和谐的关系，管理这个家庭的学生。每个家庭下铺住着低年级的小弟弟、小妹妹，上铺住着高年级的大哥哥、大姐姐，大同学自觉主动地照顾小同学，长期生活在一起，孩子们之间有了相互依赖，小的称呼大的为大哥哥、大姐姐，大的称呼小的为小弟弟、小妹妹。走进每个家庭，你会发现每个家庭文化氛围特别浓厚，墙壁上都张贴着每个孩子自己亲手制作的各种漂亮的剪纸和绘画作品，墙壁上开设了"真情沟通"栏目，上面写满了孩子对爸爸、妈妈和老师的真诚祝福。生活老师们在工作之余，和风细雨地给学生讲解新鲜的知识，倾心做好老师、家长、朋友三重角色。学校的一个个家庭让孩子们重新享受到了天伦之乐。每当早晨起床的时候，孩子们会向各个家的家长问好，亲切地称呼"爸爸、妈妈"，依偎在老师的身边，让老师给整整衣领、梳理头发，每当夜晚回到公寓这个家的时候，总是缠着老师讲故事，老师早已经给每个孩子打来了热水，让孩子洗个痛快。在爱的滋润下，孩子们逐渐养成了自己整理内务的良好习惯和互相关心、互相体贴照顾的高尚品德。家，让孩子们得到了温暖的归宿，让老师也得到了殷实的慰藉，那种一口一个爸爸、妈妈的奶声奶气，那种甜甜地亲老师一口的幸福感，足以让老师领会到"爱的最高境界就是爱别人"的深刻内涵。良好的家庭环境，给孩子们创造了宽松和谐的成长空间；老师的言行，不仅教会了孩子怎样做人，还感染了孩子。每天的亲密接触，给了孩子爱的机会。孩子们在赏识和被尊重中，以自己的健康成长来回报社会，回报老师，回报父母，回报和自己朝夕相处的伙伴。长期生活在这样的氛围中，孩子们学会了关心长辈、爱护他人。

人生中有许多美好的东西，不是靠别人的给予，而是靠自己的付出。大唐学府的教师们有一种健康向上的心态，那就是让所有孩子拥有快乐的人生，让孩子从每天的生活中感受到：人活在世上多么美好！善待、疼爱别人的孩子，用博大的胸怀接纳孩子，与孩子相伴，这是老师们境界的升华。车尔尼雪夫斯基说过："黎明虽然可爱、美丽，但在接踵而至的白天，那光和热却比黎明时分大得多。"让爱走进校园，让爱的阳光雨露沐浴滋润着每一个孩子，这是教育本质的真正回归。

二、开放式办学，营造和善友好的校园氛围

大诗人雪莱说得好："人有一颗产生感情的心，一个能思维的脑，一条能说话的舌。"要消除师生之间森严的壁垒，情感因素至关重要。感情留人，以情感人，实现人与人之间和谐的关系，才能至善至美。

在大唐学府，舒适温馨的校园环境，师生之间的浓浓亲情，留住了学生的心。孩子每月大休一次，每次休息四五天，老师们亲自把他们送回家的时候，师生之间总是那么难舍难分。孩子们在家休息的这几天里，对学校、对老师总是那么牵肠挂肚，哭着非要到学校和老师在一起。有的孩子依偎在老师的怀里，告诉老师："这辈子我是您的学生，下辈子我不光做您的学生，还要成为您的亲人。"有的孩子拿着老师的照片回家，带着一种满足感告诉自己的爸爸妈妈："这是我在大唐学府里的爸爸、妈妈，他（她）对我可好了！"有个初中生写信告诉他的爸爸妈妈说："这里的老师和家长是两个极其相似的概念。"这是老师的爱心和不断的付出拉近了与孩子的距离。和谐是一种最高尚的艺术境界。

　　大唐学府的宗旨是让每个孩子"静下心学习、张开嘴说话、抬起头走路、挺起胸做人"，倡导多鼓励、少批评，给予孩子更多的宽容与沟通，让师爱散发出诱人的香味。我们今天有幸成为学生的老师和知心朋友，就不能忘记我们的重任是在孩子心中播种爱、浇灌爱、传播爱。我们今天有幸培养孩子，就是要让孩子明白，他们的责任是发现爱、感受爱、发扬爱。我们这所学校的学生来源很广泛，大多数学生基础不扎实，学习成绩不尽如人意，但是由于老师们真诚地对待孩子，没有另眼看待他们，而是极为热情地关注每个孩子，经常利用各种机会和孩子进行深度交谈，让这些留守儿童及早消除自卑心理，正确地认识自己的特长和价值，平时多观察这些孩子的长处和微小的进步，多给他们表现的机会。即使做了三道题，只对了一道，老师们也会给予表扬："孩子，你太棒了，进步很大，三道题竟然做对了一道，真了不起！"然后帮助学生分析是什么原因没有做对那两道题。任何人都有希望被他人接纳、看重、欣赏的心理需要，这种需要在课堂上满足，靠的是教师与学生的相互给予。老师们不断激励孩子，不断鼓起孩子学习的勇气，唤醒孩子内在的力量，为了学生能够健康地成长，老师们建立了"学生成长擂台榜"和"学生成长档案"，及时将学生的点滴进步荣登光荣榜和档案。老师的爱是甘泉，通过眼神、笑貌、语言、爱抚等滋润着学生的心田，使他们更加自尊、自爱、自信、自强、自律、自我管理、自我教育，经常有一股幸福、欢乐、奋进的暖流在孩子们的心中荡起涟漪！多肯定、多赞美，久而久之，学生的不良行为便会在老师的赞美声中和同学们的包容之中被淡化。其实，孩子的心地是纯洁善良的，有缘每天跟这些善良、纯洁的孩子在一起，这是上天对我们的恩赐、对我们的馈赠。我们再也找不到另外一种职业能够和这么多善良的人在一起了，这可以说是一种福利，也可以说是老师们工作付出后获得的最好回报。有了这种意识，老师看孩子的眼光、目光、评价的方式就有了细微的变化。老师关爱学生，就上升到了一定的高度，爱到学生的心灵中去。和学生在一起，那种兴奋和欢娱，仿佛又让老师回到了童年。学生家长经常跟老师说：孩子跟大唐学府的老师就是亲，一回到家就想老师。和学生相处，特别是确立了这种具有亲情的师生关系后，老师们便拥有了生命之光，对学生的教育就更有信心。教育就是让人过着这样有人性的、有意义的生活。

马卡连柯说过："如果有人问我：我怎样能够以简单的公式概括我的教育经验的本质时，我就回答说，要尽量多地要求一个人，也要尽可能地去看一个人。"巴金老人生前曾经说过这样的一句话：我爱着一切的生物，我愿意擦干每张脸上的眼泪，我希望看见幸福的微笑挂在每个人的嘴边。如果我们都有这样的一颗爱心，对待我们身边的每一个人，对待一花一草，一山一水，那么世界将处处充满爱，处处是天堂！施与人性化教育，营造和善的校园气氛，从学生的心灵深处出发，真诚地对待每一个孩子，不加任何粉饰，让和善真正地走进孩子的心灵殿堂，教育才能散发出诱人的香味。

大唐学府的经营模式是："封闭式管理、开放式办学、家庭化住宿、军事化就餐、项目化推进。"让学生感觉到：在学校学得比在家轻松，成绩比在家优秀，吃的比在家好、住的比在家强、玩的比在家痛快。除开足开齐国家课程外，还根据寄宿制学校大多数是"留守儿童"的特点，开设了富有鲜明特色的个性化快乐作文、数学奥赛、书法、美术、舞蹈、艺体等选修课，精彩的选修课让学生耳目一新。这些来自四面八方的莘莘学子，不断地吮吸着新鲜的知识，不断地品尝着艺术的甘露。他们在知识的海洋里如痴如醉地遨游，探索，思考，创新。这所封闭式的学校，以独有的管理方式给学生营造了读书学习的广阔天地，学生没有封闭自己的思想，在和谐的校园里打开了眼界，进入了一种充满活力、充满真实情感的世界。

为了丰富孩子们的校园生活，学府每个月都举行生活自理展示、硬笔书法比赛、演讲比赛、广播操比赛、学习经验交流会等有益于孩子健康成长的活动。为了拓展学生广阔的视野，培养学生热爱大自然、热爱美好生活的情趣，学府举办了丰富多彩的绿色野营实践活动。孩子们带着一种神秘、一种好奇走进了万亩桃园，在桃林间穿梭，轻轻地拨开桃叶，亲自摘下几个水蜜桃，用水洗一洗，吃在嘴里，甜在心头。走进果园，三个一群，五个一伙地散步聊天，让橘红色的光波沐浴在身上，寻觅一份美好的心境和享受。大唐学府是孩子们放飞心情的美好世界、情归家园的温馨港湾、心驰神往的圣洁佛地、充实愉快的自由乐园。

三、艺术化培养，构建和谐相容的教育平台

沟通是一门艺术，沟通的和谐是对老师的默许，也是衡量学生人格的天平上最重要的砝码。于漪老师说过："课堂生活其实就是师生间心的沟通，情的交流。不到心心相通的程度，是教不好学生的。"因此，作为老师，除了和校领导、同事之间搞好人际关系外，更重要的是和学生之间建立一种和谐融洽的关系，全方位地关注学生，全过程地欣赏学生，即使是学生的缺点。学生是一个个有血有肉、活生生的人，在学习过程中，不仅不能机械地、被动地去接受，而是在原有思维逻辑、认识水平上的激活和重构，并渗透着他的态度、情感和价值观。我校教坛新秀黄蓓蓓老师课上得十分精彩！有一堂英语识字课，她利用学生的好奇心与识字教学相结合，安排了趣味横生、内容丰富的小动物坐火车游戏，每一节车厢坐着不同的家人，有中国人的名字，也有外国人的名字，让学生认领小动物进家，形式多种多样，一课堂四十分钟，学生在游戏中学会了十多个英语单词，课堂气氛十分热烈，学生在无拘无束中大胆地说，大胆地表演，丝毫没有进入事先安排的那种课堂结构，但是，却成功地完成了和谐的教学任务，三维目标达成度非常高。王莲花老师在零年级教学时让孩子们在玩中学、学中玩。孩子们在课间玩数白果游戏，从一数到十，当数到五十的时候，王老师另外拿来十个白果和学生已经数好的五十个白果搅在一起，让学生重数，当学生从一数到六十的时候，老师又将十个白果和刚刚数完的六十个白果搅到一起，让学生重数，学生已经不答应了，孩子们是很聪明的，已经数完的六十个白果不准让别人再动一下，你老师只管添，添多少，那已数好的六十个加上添加的个数就可以了。老师用自身的智慧创造了和谐教学，让学生在不知不觉中开发了智力，思维之花盛开得十分娇艳，这种平等对话的师生关系，调动了学生参与的积极性。徐敏水老师在语文课上，让学生结合课文内容，可以画，可以说，可以围绕着主体编故事，可以编顺口溜，可以改编为小品，可以自编、自导、自演课本剧。四年级积累运用有一篇短文是《雪化了后变成了什么》，答案应该是"雪

化了后变成了水"，可老师却让学生充分发挥想象力，运用远距离想象，让学生们给出不同的答案。学生们的回答也是多种多样的："雪化后变成了妈妈的吻""雪化了后变成了春天的使者""雪化了后变成了春天最美的音符""雪化了后变成了孩子的天堂""雪化了后变成了老百姓的希望"……这些富有想象力和颇具创造性的回答，老师都给予了肯定。学生的回答是很精彩的。正像世界头脑奥林匹克竞赛规则规定的那样："不要嘲笑任何荒谬怪诞的想法，这应该成为每个教育者的准则"。尊重学生，挖掘学生内在的感情因素，不遏制学生的个性发展，这不仅是师生之间交往的和谐，更重要的是教育上人与人之间沟通的和谐。

"求真、致善、唯美"是教育的目的，"和睦、和善、和谐"得以比较持久地在校园中完善和发展，这是教育的福祉，是学校的福祉，也是老师们和学生的福祉。

大唐学府是学生心灵温馨的家园，是孩子们成长的乐园，是师生不断探索与实践的智慧园，是家长和老师之间搭建的彩桥，是当地当时当下本土化教育的春天。像一艘航行在知识海洋里的渡船，它满载着远在北京、上海、哈尔滨、杭州、四川、宁波、绍兴、青岛等城市工作的学生家长及古郊人民沉甸甸的期盼，正扬帆起程，驶向光辉灿烂的明天！

（本文发表在 2008 年 3 月 31 日《现代教育报》，而后被《崛起中国》等多家大型图书转载）

教育至上担道义 人生无憾著文章

——大唐学府校训诠释

吕方彬

前言

时光只在有心人的脑海中刻下弥足珍贵的印记。踏入大唐学府，首先给我留下的深刻印象的是学府的校园文化，乍一看，似懂而又非懂。随着与学府的日渐交融，我对学府文化的理解从模糊到明晰，最终豁然开朗。我感动于倡者拯救时弊的良苦用心和热忱；惊叹于倡者通达世事后而显示出的教育智慧；而充盈于其间的历史责任感和担当感更让我仰止。情溢于胸怀而挫之于笔端，我就从学府校训说几句吧。

我和学府创办者王勇基有着多次深入交流。王校长从小就立志做一名教师，长大后如愿以偿考入师范院校并成为一名教师。从农村基层学校到城市中心重点学校，从公办学校到民办学校，再到自己办学校，他已经从教27年。王校长说在这二十多年的工作中，有一个问题一直在他的脑际萦绕盘桓，那就是教育的最终目的是为社会育人，然而我们的社会需要的是什么样的人？大唐学府就是他播种梦想、收获希望的田野，学府"诚、公、明、仁、达"五字校训就是他渴望在学校师生乃至于社会公众心田中生根发芽的秧苗。这五个字是学府的精神，有着深刻的内涵，它反映了学府的德才双育的办学理念，同时它还是一种训导和行为规范，警示和激励着学府的每一个师生员工，深刻砥砺着我们的品行。

诚

早在先秦时期，儒家就提出"诚"这个重要的伦理学和哲学概念。孟子曾经说："诚者，天之道也；思诚者，人之道也。至诚而不动者，未之有也；不诚，未有能动者也。"在这里，诚不但是天道本体的最高范畴，也是做人的准则。荀子则发挥了"诚"的思想，指出它为"政事之本"。他说："天地为大矣，不诚则不能化万物；圣人为知矣，不诚则不能化万民；父子为亲矣，不诚则疏；君上为尊矣，不诚则卑，夫诚者，君子之所守也，而政事之本也。"在《礼记·中庸》里，"诚"成为礼的核心范畴和人生的最高境界："唯天下至诚，为能尽其性；能尽其性，则能尽人之性；能尽人之性，则能尽物之性；能尽物之性，则可以赞天地之化育；可以赞天地之化育，则可以与天地参矣。"有了诚笃的品德和态度，就可以贯通仁义道德，成己成人，甚至能够尽人之性，尽物之性，赞天地之化育而与天地参，达到"天人合一"的境界。《大学》把"诚意"作为八条目之一，格物、致知、诚意、正心、修身、齐家、治国、平天下。"诚"成为圣贤们体察天意、修身养性和治国平天下的重要环节。到了现代，马克思主义伦理学批判地继承了"诚"这个范畴，确定"诚"是社会公德中的一个重要规范。每当提到这个字，我们的脑海中马上会跳出诚信、忠诚、诚实等日常生活中常用的一些词语。对国家、对民族、对正义的事业要忠诚；在生活中，对人讲诚信。这是对每一个社会成员的最根本要求，体现了一个人的道德水平。"诚"作为学府校训之一，就是希望我们做一个忠诚之人，讲诚信的人。

怎样才算是一个忠诚之人？诸葛亮"鞠躬尽瘁，死而后已"是忠诚；岳飞忠于复国职责而死难风波亭也是忠诚；英勇的战士为了保卫祖国流血牺牲是忠诚；运动健儿为了祖国的荣誉在赛场上拼搏，永不言败是忠诚；科学家为了人类的进步，默默无闻埋首苦干也是忠诚；滔天洪水中武警战士们用身体筑起人墙是忠诚；非典战役中的白衣卫士们为了人民的健康付出自己的生命也是忠诚……然而，忠诚并非位高权重、功业显赫者才具备的品德。作为普通人，我们同样有着表现我们忠诚的途径，那就是对自己的工作能够尽职尽责。校训"诚"字就是这一含义。只要我们能够全心全意工作，既不好高骛远，也不见异义思迁，脚踏实地，兢兢业业，这就是我们对祖国、对事业的忠诚。不违农时，春种秋收，辛勤劳作是农民的忠诚；保质保量，安全生产是工人的忠诚；为学生答疑解惑是教师的忠诚；救死扶伤是医生的忠诚；为民众排忧解难是行政部门的忠诚……然而说起来简单，做起来却很难。"天下兴亡，匹夫有责。"著名台湾忠信高级工商学校高振东校长曾经在多次讲演中把这句话改成"天下兴亡，我的责任"。他说唯有这个思想，我们才有希望。我们每个师生如果人人都说：学校秩序不好，是我的责任；国家教育办不好，是我的责任；国家不强盛，是我的责任……人人都能主动负责，天下哪有不兴盛的国家？哪有不团结的团体？所以说，每个人都应该把责任拉到自己身上来，而不是推出去。作为一个国家公民，我们怎能不忠诚于自己的职责？

"诚"就是信。《说文解字》说："诚，信也。"在儒家那里，诚与信往往是作为一个概念来使用的。信字从人从言，原指祭祀时对上天和先祖所说的诚实无欺之语。隋国大夫季梁说："忠于民而信于神"，"祝史正辞，信也。"孔子认为，"信"是"仁"的体现，他要求人们"敬事而信"。诚信是一个道德范畴，即待人处事真诚、老实、讲信誉，言必信、行必果，一言九鼎，一诺千金。汉代董仲舒将"信"与仁、义、礼、智并列为"五常"，视为最基本的社会行为规范。他认为"信"要求诚实，表里如一，言行一致。朱熹提出"仁包五常"，把"信"看作是"仁"的作用和表现，主要是交友之道。他说"以实之谓信"，其说与孔子、孟子基本相同。由此看来，传统伦理将诚信作为人的一种基本品质，认为诚实是取信于人的良策，是处己立身、成就事业的基石。

讲诚信首先是一种个人生活的准则。宋濂是明代开国文臣，小时候喜欢读书，但是家里很穷，也没钱买书，只好向人家借。每次借书，他都讲好期限，按时还书，从不违约，人们都乐意把书借给他。一次，他借到一本书，越读越爱不释手，便决定把它抄下来。可是还书的期限快到了。他只好连夜抄书。时值隆冬腊月，滴水成冰，"砚冰坚，手指不可屈伸，弗之怠"。因为他认为如果说话做事不讲信用，失信于人，是不可能得到别人的尊重的。又一次，宋濂要去远方向一位著名者请教，并约好见面日期，谁知出发那天下起鹅毛雪。然而他依然挑起行李上路，以至于"足肤皲裂而不知，至舍，四肢僵劲不能动"。就是这样守信好学，才使得宋濂得以名标青史，明太祖夸奖他说："太上为圣，其次为贤，其次为君子。宋景濂事朕十九年，未尝有一言之伪，诮一人之短，始终无二，非止君子，抑可谓贤矣。"

在与朋友交往中，也唯有诚信才能使我们得到真正的友谊。秦末有个叫季布的人，一向说话算数，信誉非常高，许多人都同他建立了浓厚的友情。当时甚至流传着这样的谚语："得黄金百斤，不如得季布一诺。"（这就是成语"一诺千金"的由来）后来，他得罪了汉高祖刘邦，被悬赏捉拿。结果他的旧日朋友不仅不被重金所惑，而且冒着灭九族的危险来保护他，使他免遭祸殃。《周易》说："二人同心，其利断金；同心之言，其臭如兰。"历史上有多少友情让后人传颂。管鲍分金的美谈，俞伯牙摔琴以酬知音钟子期。交往中，如果他们不讲诚信，怎么能够成为真正的相知？一个人诚实有信，自然得道多助，能获得大家的尊重和友谊。反过来，如果贪图一时的安逸或小便宜，而失信于朋友，表面上是得到了"实惠"，但为了这点实惠，他毁了自己的声誉，而声誉相比于物质重要得多。所以，失信于朋友，无异于失去了西瓜捡芝麻，得不偿失。

李世民在任时，对臣僚敞开胸怀，不行欺诈之术，臣僚也尽忠职守，不搞欺瞒哄骗的传统官场伎俩。在即位之初，李世民曾花大力气整顿吏治，下决心要在官场整治贪污受贿的不治之症。为了侦查那些暗中受贿和将来有可能受贿的贪官污吏，李世民令亲信暗中向各部官员行贿，结果还真查处了几个贪官。李世民在得意之余把他的谋略告诉了一位隋朝遗臣，没想到这位大臣当场泼了他一瓢冷水。他说陛下平时总告诫臣民要诚信待人，可陛下自己却先行欺诈之术，上梁不正下梁歪，臣民会一样用欺诈的手段报答你。李世民不但没发怒，反而认为大臣的话有很深的智慧，便欣然接受了这句逆耳的忠言。还有一次，李世民下令：年龄虽不满十八岁，但体格健壮的男子也要应征入伍。大臣魏征拒绝在诏书上签字。李世民解释说："这是因为奸民逃避兵役，故意少报年龄。"魏征回答说:"陛下常说我以诚信待天下,要人民不可诈欺;可你却先失去诚信。陛下不以诚信待人,所以先疑心人民诈欺。"李世民深以为然,并立即收回成命。贞观盛世的出现,和执政者李世民对自己的臣子、对自己的国民讲诚信是分不开的。当今和谐社会的创建,同样离不开讲诚信。在《八荣八耻》和《公民道德建设纲要》中,诚信都是最重要的内容之一。我们讲以人为本、以德治国,诚信正是我们所要坚守的道德操守。

诚实、守信一直是华夏民族引以自豪的品格。"言必信,行必果""人以诚为本,以信为天",这种优秀文化熏陶了我们几千年。人们讲求诚信、推崇诚信,诚信之风早已融入我们民族文化的血液。我们一定要把它传扬下去。

公

学府校训的提出是有针对性的。"诚"的提出是针对社会时弊现象,"公"则是针对当今社会成员信仰缺失提出。"公"字为我们的人生确定了一个高尚的价值取向。

《说文解字》这样解释"公":"公,平分也,从八从厶,八犹背也,韩非曰背厶为公。"从字形上看,上面是"八",表示相背,下面是"厶"——私的本字,合起来表示与私相背,也就是公正无私之意。今天我们所知的"公"字的含义如公平、公正、公开等,也是由来已久。如《大学》中有"平天下";《管子·形势》有"天公平而无私,故美恶莫不覆;地公平而无私,故大小莫不载"的说法;而在孔子所整理的《礼记·礼运》中则出现了"大道之行也,天下为公"的话语。在文章中孔子向我们描述了一个"大同社会";"选贤与能,讲信修睦。故人不独亲其亲,不独子其子,使老有所终,壮有所用,幼有所长,鳏寡孤独废疾者,皆有所养。男有分,女有归。货,恶其弃于地也,不必藏于己;力,恶其不出于身也,不必为己。"自此以后,实现"天下为公"的社会成为历代政治家的最高理想。伟大的革命先行者孙中山以"天下为公"作为自己的奋斗目标。中国共产党人把实现共产主义作为自己最高的奋斗目标。可以说,我们几乎都唱过"我们是共产主义接班人"，都曾经庄严地说过为共产主义奋斗终生。共产主义——几代人的共同信仰，一个至高无上的信仰。它是中国人建设伟大祖国的精神动力和源泉。如今，我们有着高精尖的科学技术，我们有着极大丰富的物质生活，我们有着让前人难以想象的丰富的娱乐生活，然而，崇高的信仰及崇高的信仰所带来的激情和精神愉悦，却是当今社会这一代人所缺少的。

我们所处的时代少数人情感缺失。拜金主义、享乐主义、个人主义侵蚀着人们的心灵。我们渴望充实的生活和发自内心的精神愉悦，就要重新确立天下为公的共产主义为自己的信仰。陶渊明的《桃花源记》中的桃花源的生活是不是让你心动？谁不想生活在这样一个社会中？共产主义社会就是我们未来的桃花源。当然，有的人会说，绝对没有这样的地方，共产主义绝对不会实现。你怎么知道绝对不会实现？作为伟大的哲学家，马克思预言了那么多的事情都实现了，你说他所说的共产主义能不能够实现？在你和马克思两个人之间，你觉得我该信谁的话。当然全面的高级的共产主义可能要很长一段时间。但是我们不能因为时间长就不相信它能够实现。对照孔子为我们描述的大同世界，我们可以发现共产主义的实现并不是一个幻想，也不是驴子看得见而吃不到、引着它使劲拉磨的胡萝卜。我们只需要克制自己的私欲，提高自己的道德修养，每个人都能够忠诚于自己的职责就可以。当我们都能尽职尽责，以现有的科技水平，完全可以为人类创造出足够的财富。当然，由于人类的私欲无极限，物质丰富与否只能相对而言。我认为实现共产主义的最大障碍是人的道德水平不高。如果我们的道德境界极大提高，没有私心，真正做到各取所需，绝不得陇望蜀。共产主义绝非镜花水月。"凡人之患，蔽于一曲而暗于大理。"我们总是从身边一些消极的情况来对远景进行推测，自然得不出积极的结论。在当今经济浪潮中，面对目前多元化社会价值观，部分人特别是青年人、未成年人的人生观、价值观出现偏向的现实。我们能够保持一种良知，重新找回我们曾经的共产主义信仰，凡事"公"字当头，大家能不能尝试着接受呢？

瓦是人们熟知的建筑材料，"瓦合""瓦解"也是为人熟知的词语。作为建筑材料，瓦因为其易合易解而发挥了它的作用，给人们的生活带来了极大便利。学府创办者王勇基校长则慧心独具，提出了"一片瓦精神"，即"团结协作、取长补短、忠于职守、大局意识"。他说："一片瓦只能覆盖很小的地方，而很多瓦彼此紧密勾连在一起的时候，就可以遮蔽起一大片地方。我们每位教师就是一片瓦，是一片完整无损的瓦，唯有我们都有公心，有爱心，才能为留守儿童撑起遮风避雨的一片天空。"大唐学府对"公"的矢志追求吸引了众多优秀的教师加盟。有人说，在经济浪潮的推动下，人每做一件事都在公利和私利之间摇摆选择，也就是《荀子》中所说"行衢道者不至，事两君者不容"之意。然而，我校教师站在"公"和"私"交叉的十字路口，都能深入领会并发扬王勇基校长所提出的一片瓦精神，当仁不让，公字当头，共同推动了学府的发展。

"公"字作为校训还包含着我们对社会公平、公正的追求。王校长所创办的大唐学府，是一所以留守儿童为主要招生对象的民办学校。把"公"字列为校训之一，在别人看来，似乎有标榜之嫌。君子坦荡荡，面对不绝如缕的"浸润之谮，肤受之诉"，我们"仰不愧于天，俯不怍于地"，完全可以泰然处之。对于学府以外的大千世界，我们力有不逮。在大唐学府，从学校的创办到逐渐发展，再到今天的辉煌，以至于未来的前途，公平公正是周流遍注、一以贯之的。

作为学校，"公"告诉学府教师，公平的教育首先是面向全体学生的教育。他们应尽其所能给予所有学生均等的教育机会。孔子说："有教无类"；捷克著名教育家夸美纽斯提出："教育的艺术是把一切事物教给一切人类的艺术。"在我们学府，有着这样的信条——没有教不好的学生，只有不合适的教育。我们从来都不否认学生身上有着种种不足。好孩子当然应当得到老师的喜爱，然而不以歧视的眼光对待差一点的学生才真正体现了教育公平。孔子认为曾参鲁钝，曾参却传了儒家道统；禅宗六祖慧能不识字，可是他说："下下人有上上智"，并以一句"佛性无南北"得以承受弘忍衣钵；盘山宝积禅师一日偶过市场，听到顾客与屠夫关于"哪块不是好肉"的对话而豁然开悟。在人生中，我们往往用自己先入的主观见解来判定事物的价值，但事物哪有绝对的价值呢？天生我材必有用，哪一块不是好肉，哪一个人不是最有价值的人？试问哪一个孩子没有向上进取的天性。盖棺方可定论，又有谁可以断言一个初长成的孩子是不可救药的呢？今天惠及世界数十亿人的杂交稻，最初也不过是袁隆平院士偶然发现、细心加以培育的一棵野稻。我们有着这样的办学信条——建校五十年能够培养出获诺贝尔奖的学生。实现这一宏伟目标的，说不定就是今天我们所以为的一棵"野稻"。

我们有着"有教无类"的教育公心和决心，但是并不意味着做到一刀切，整齐划一的雷同教育就真正实现了教育的公平。学生身心发展有着共同的特点，但是在性格、气质、知识和智力发展水平上又有着个体差异，因此教师必须从实际出发，针对个体性的教学，既有统一的要求，又要因材施教，这样才能有效地使每个学生都能发展，这样才是真正实现教育公平。朱熹在《论语集注》中说："夫子教人，各因其材"，"圣贤施教，各因才，小以小成，大以大成，无人弃也"。在教学过程中，教师的讲授活动和学生的学习活动客观地存在着相互适应。老师既要针对学生"因材施教"，还应允许学生"因材择学"，根据自己的能力、兴趣等特殊情况自由发展。

在主要的文化课学习上，我们做到"因材施教"。我校随时接受学生入学，各班学生成绩参差不齐，为了避免出现优等生"吃不饱"、中等生"提不高"、后进生"吃不了"的局面，老师首先对学生的一般知识水平、接受能力、学习风气、学习态度和每个学生的兴趣、爱好、知识储备、智力水平及思想、身体等方面的特点，都要充分了解，以便从实际出发，有针对性地教学。教学中既把主要精力放在面向全班集体教学上，又兼顾个别学生，使每个学生都得到相应的发展。针对学生的个性特点，提出不同的要求，分别设计不同个性特点学生成才的最优方案。由于我校实行的是小班制教学，低年级每班学生不过三十多人。这样可以使老师在教学中能够有足够的精力对学生进行分层次教育，把对教学内容的针对性讲解落到实处，避免流于形式，取得了较好的效果。

"因材择学"，就是学生根据自己的兴趣和特长选学自己喜欢的课程。学校应本着一切为学生服务的思想，在学校师资和设备条件许可的前提下，尽最大可能多地开设各类选修课，以满足各类学生的不同的需求。早在建校之初，学府就根据学生兴趣、特长并充分考虑自己的现有基础，开始了选修课的建设。到今天为止，我校共开电脑、舞蹈、篮球、田径、美术、书法、象棋、五子棋、乒乓球、武术、合唱、文学社、器乐、民乐等多种选修课。学校高度重视，同学们踊跃参加，老师们悉心指导。如今，我校选修课已经开出骄人的花朵，在各级各类文体活动中，我校学生多次夺冠，涌现出一批才艺新星。尤其是在"给留守儿童一个温馨的家——大唐学府 2009 年元旦文艺会演"中，孩子们面向社会各界展现出他们的风采。精彩纷呈的节目，感情真挚的表演，给人们留下了深刻的印象。嘉宾热烈的掌声，家长激动的泪眼，同学们雷动的欢呼声，是对我们的无上褒奖。如果我们没有对孩子们的教育公心，又怎能得到这些？

明

确定"明"为校训之一，缘起于儒家经典《大学》第一句："大学之道，在明明德，在亲民，在止于至善。""明明德"，前一个明是一个动词，意思是彰显，发扬；第二个明则是一个形容词，修饰后面的德字，意思是光明的，善良的，美好的。德的意思则是指万物的本性。明德就是指人的善良本性。"明明德"就是指的发展人的善良天性。古人认为，读书的宗旨就在于倡明人身上所具有的善，即"明德"，用现在的话就是提高自己的道德修养。当个人的道德修养达到一定的高度后还要发挥自己的榜样作用，影响周围的人，是他们能够涤垢除污、革故鼎新。"亲民"也就是"新民"，用现在话说就是共同进步，然后一起达到最为完善的境界。"止于至善"，这个时候整个社会必将风俗淳厚，天下太平和谐。把"明"作为校训，体现了我们作为一个教育者对人性的思考，对经济社会中人性发展的关注和要求，体现了我们对德育为首的教育理念的认同。

关于人性的认识，可谓久远。早在先秦时期，就有孟子的人性善和荀子的人性恶的辩论。孟子注重内心修养，他站在道德先验论的立场说："人皆有不忍人之心。"这个"不忍之心"，孟子称之为"善端"，认为是人的善良本性的开端。他对此进行解释说：“所以谓人皆有不忍人之心者，今人乍见孺子将入于井，皆有怵惕恻隐之心，非所以内交于孺子之父母也，非所以要誉于乡党朋友也，非恶其声而然也。”孟子认为现实生活中，有的人能够扩充它，加强道德修养，有的人却自暴自弃，为环境所陷溺，这就造成了人品高下的不同。因此，孟子十分重视道德修养的自觉性。他认为只要自觉修身，那么“途之人可以为尧舜”。而荀子则站在经验论的立场说：“今之人性，生而有好利焉，顺是，故争夺生而辞让亡焉；生而有疾恶焉，顺是，故残贼生而忠信亡焉；生而有耳目之欲，有好声色焉，顺是，故淫乱生而礼义伦理亡焉。”所以他重礼义教化，注重教育法制，“必将有师法之化，礼义之道，然后出于辞让，合于文理，而归于治”。这两种观点的分歧在于他们看待问题的角度不同，其实都把人性问题绝对化了。自从引入辩证法看待人性问题以后，人们都普遍承认人性是“善恶”并存的，人是善恶并存的个体。人有着最基本的两种属性：一是自然属性，也就是人的动物性本能，追求私利、征战竞逐等。二就是人具有社会属性，也就是作为群体性的高级动物，在长期的群体生活中所形成的一些习惯，一些为大多数人认可的规范准则长期积淀形成的属性，也就是我们平常所说的美德。应该说这种说法是最为合理的，应当引起我们教育者的警醒。我们现在提倡“以人为本”的教育理念，提出“教育要为了促进人的全面发展”。那么哪样才是全面发展，全面发展学生的什么？我们有时把“全面发展”理解为“德智体美劳”的全面发展？有时也可以理解为“身心”的全面发展，还可以理解为“共性和个性”的全面发展。我认为教育首先是发展学生的本性，具体而言，就是发展他们的善良本性。有人说智育不合格是次品，体育不合格是废品，而德育不合格则是危险品。经济社会的腐败和消极因素会深深地影响未成年人，使之思想过早腐败。如果不加以正确的引导和教育，将来他们真正踏入社会已经是与坏分子无异的人了。因此，把学生培养成一名道德合格的建设者，让学生保住一颗善良的心，以积极的心态踏入社会，应该是每一所学校，每一名教师的职责。从这个意义上来说，“明”就是“明德”。

有一副对联：“人心如谷种，满腔都是生意，物欲锢之而滞矣，然而生意未尝不在也，疏之而已矣；人心如明镜，全体浑是光明，习染熏之而暗矣，然而明体未尝不存也，拭之而已矣。"对学生物欲禁锢的心，因习染而浑暗的本性进行疏解拂拭就是校训"明"的题中之义。我们要使学生认识到自己身上有着先天存在并可以不断提高的"明德"。每个人都有着追求善的愿望，但是往往受社会环境的影响而做出一些有违道德的事，并且往往陷于各种不道德的诱惑中不可自拔。人本来就有着竞逐私利的自然属性，又恰逢追逐私利为能事的经济社会，当真是"小人穷斯滥也"。反观我们的社会，人们往往有意无意地做出一些不道德的事，以恶小而为之，以善小而不为。而对于对不道德行为，无意做出有效的惩罚。当我们对每日每时所发生的许多丑恶现象和不良的习气、习惯司空见惯以后，很快会麻木不仁，从此根本就不相信还有什么人之性善之说，还需要讲什么人格。大家都这样随波逐流，人的善性一天一天被欲望、邪恶所遮蔽污染，如同阴暗的天气竟能将明亮的太阳光遮住一样，人的本来具有的性善之光也逐日被不仁之流俗所遮盖，从而使本有的心光晦暗，光明的道德之光再也无法显现。作为教育者，我们的责任就是在引导学生保持、巩固、发扬美德的同时还要切实对他们进行引导教育，摒除他们身上的恶习，使他们从不良的习气、习惯，晦暗的流俗中转变过来，提高自身的"善"，促进"恶"性的转变。

"明"包含着我们对和谐社会的追求。什么样的社会是和谐社会？怎样建设和谐社会？和谐社会的建设需要每一个社会成员付出怎样的努力？我认为一个秩序井然的社会就是和谐社会；每一个社会成员都恪尽职守是实现社会和谐的最基本条件。早在两千年前，孔子就指出社会之所以礼崩乐坏、混乱不堪，原因就在于"名不正，则言不顺；言不顺，则事不成；事不成，则礼乐不兴；礼乐不兴，则刑法不中；刑法不中，则民无所措手足"。这句话集中体现了孔子的"正名"思想。在孔子看来"正名"的首要功能是使每一个权力各安其名分或权限。"正名"的目的在于确定社会秩序之道，"正名"的作用在于辨上下、定尊卑，明是非，其主旨在于人事。孔子认为每一个社会成员都要明确自身所应尽到的社会责任，都要端正自己的行为，以角色、名分和权限的规定严格要求自己。也就是"不在其位，不谋其政"。他希望每个人各安本分，在自己的位子上尽职尽责，都能够"思不出其位"，那么整个社会自然会秩序井然。比如说某人具有"教师"这一名称，则必须其人做到教书育人才可以说无愧于教师这一称号，也就是我们平常所说的"实至名归"的含义。因此，东汉经学家刘熙在他的《释文》中将"名"解释为"明也"。由此我们可知，校训"明"也就是"正名"。这一思想对我们今天建设和谐社会有着相当深的启迪。一个家庭，如果每个成员都能安守本分，父慈子孝、夫妇顺从、兄友弟恭，就是和谐家庭；一个单位，每个成员都能尽职自己的本分工作，"居之不倦，行之以忠"，当然是和谐单位……"求木之长者，必固其根本，欲流之远者，必浚其泉源。"我校"明"字校训告诉我们，明了个人的本分并能忠诚于个人本分就是实现和谐的根本和源泉。

当然，"明"还有其他含义。比如它提醒学府教师时刻明确自身的责任，它要求我们在生活中、在工作中有自知之明，有知人之能等，在此就不再细说。

仁

德育至上是大唐学府的教育思想，诚、公、明、仁、达五字也都是对人的道德修养所提出。"仁"是儒家所提出的一种完美的道德标准，它的意义其实涵盖了其他四个字。在这五字校训中，应该是中心。这个字始见于儒家经典《尚书·金縢》："予仁若考。"在这里仁指美好的道德。孔子则把仁作为儒家最高道德规范，作为自己心目中的理想人格。在《论语》中，"仁"共出现了109次，形成了以仁为核心的学说，构建了孔子的"仁学"体系。仁字从人从二，也就是人们互存、互助、互爱的意思，故其基本含义是指对他人的尊重和友爱。孔子把"仁"定义为"爱人"，并解释说："夫仁者，己欲立而立人，己欲达而达人"，"己所不欲，勿施于人"。"仁"还是一种理想的、体现个人美德一种行为方式。子张问仁，孔子回答说："能行五者于天下，为仁矣。"这五者为恭、宽、信、敏、惠。在孔子那里，"仁"的内涵极为深刻宽泛，小到个人理想人格的培养，大到治理国家的理想社会行为；有内在的如何达到"仁"的境界，有外在的如何实现"仁"的方式方法等。它包含着很多概念范畴，如孝、悌、忠、恕、礼、知、勇、恭、宽、信、敏、惠、爱人、刚、毅、木、讷、敬、温、良、俭、让、诚、义等。校训"仁"就是希望我们在生活中完善自己的行为，完善自己的道德，最终形成自己的完美人格。

作为最高道德标准，"仁"的实现有着最低和最高两个层次。"仁"的最低层次就是要求一个人能够做到孝悌。学问的根本其实是培养一个人的道德。孔子说："弟子入则孝，出则悌，谨而信，泛爱众而亲仁。行有余力，则以学文。"做到"孝悌"，还有余力，才去学文。由此可见，"仁"的形成起点是孝和悌。在《中庸》中孔子叫世人"修身以道，修道以仁"，又说"仁者人也，亲亲为大"。孔子的学生有若说："其为人也孝弟，而好犯上者鲜矣。不好犯上，而好作乱者，未之有也。君子务本，本立而道生，孝弟者也，其为仁之本与！""修道以仁"，又说"仁者人也，亲亲为大"，而自己的亲人无外乎就是父母兄弟，怎么对待自己的父兄？孝敬父母和尊敬自己的兄长。"孝悌"二字恰是"为仁之本"呀！"君子务本，本立而道生"，君子只要做到孝和悌这二字，那么道德修养的根本也就确立了。也就是说，孔子认为要想培养自己的高尚道德，必须从爱自己身边的人开始，也就是从孝和悌入手。从此，仁与孝成为是儒学思想中两个互为关联的基本概念。徐复观先生说："以儒家为正统的中国文化，其最高的理念是仁，而最有社会实践意义的却是孝（包括悌）。"这实际也是孔子所开创的儒学思想的基本方向。孔子在创立儒学时，一方面通过对仁的创造性发挥，使其成为人生的最高理想；另一方面将孝作为切实入手处，确立了"行仁自孝悌始"的思想方法，为我们确立了一种以仁孝为核心的理想人格。这一思想经过曾子发展，影响至今。赡养老人的"血亲孝"成为中华民族的传统美德。但是现在却存在很多问题。想想我们周围，有多少老人与子女分居，生活艰难而子女却不闻不问；有多少老人正卧病在床而无人照看；有多少老人独居一室，茕茕孑立，儿女却无法赶回来慰藉他们失落的心灵，在孤独寂寞中了此残生；多少老人的赡养因为分家产，帮忙料理家务中处理不当，被子女斤斤计较；更有多少老人因种种原因被子女虐待甚至遗弃……要想改变这种"血亲不孝"的悲哀，当从修养个人的道德开始。在全社会大力倡导"仁孝"，触动"血亲不孝"者的良知发现，让他们知道，"夫孝，德之本也""夫孝者，天下之大经也。夫孝，置之而塞于天地，衡之而衡于四海，施诸后世，而无朝夕"的道理。"仁孝"的观念逐渐深入人心的同时，配合强有力的法律审判和惩治，配合强势的道德揭露和谴责，一定会实现"血亲孝"向"仁孝"的转变。

"孝悌"只是为"仁"的最基本要求，或者说是一个先决条件。作为一种理想的行为方式，它还包含更多方面的要求。比如对人要讲信用，彬彬有礼；遇事要心胸坦荡，有大局观念，有自信心和担当意识；在生活中能安贫乐道，重义轻利，淡泊名利；善于改过反省，主动向他人学习；要自强自重，勤奋工作，对社会要有责任感……当然，一个人不可能同时具备所有的美德。作为一种理想的道德，"仁"的实现是一个长期的过程。人们在生活中时时事事修养自己道德的过程，就是逐渐向"仁"接近的过程。这一过程是长期的，反复的，绝不能一蹴而就。但是当一个人为了历史的进步作出重大贡献、为了人类的利益作出牺牲时，为了维护正义事业而舍弃自己的生命时，我们不需要计较其他的生活小节，可以说他实现了"仁"，也就是我们常说的"杀身成仁"，这是"仁"的最高层次。

今天的年轻一代，多为独生子女，从小生活在幸福之中，没经受过什么大的磨炼。然而这一代却是承担民族复兴重任的一代。"天降大任于斯人也"，为此我们要引领学生深入领会"仁"的含义，坚持正义，追求真理的献身精神，培养学生的民族气节，强化学生的爱国主义教育。让他们明白，具有理想人格的人，绝不能违仁、害仁，而必须为仁、成仁。一旦成仁需要，即使杀身也在所不惜。让每一个人都明白"杀身成仁"是一个国家公民的最高道德。今天，我们开展爱国主义教育、弘扬爱国主义精神，是要教育学生有理想、有道德、有文化、有纪律，为我们民族的振兴、祖国的富强和腾飞，而不惜贡献自己的一切乃至生命。这就是我们把"仁"作为校训的原因之一，我们期待每一个学生能够为民族复兴作出最大奉献。

当然作为最高的道德规范和个人的理想人格，"仁"的实现是一个长期的、不间断的、反复的过程。

曾子说："士不可以不弘毅，任重而道远。仁以为己任，不亦重乎？死而后已，不亦远乎？"从这句话可以看出，儒家以实现"仁"（天下归仁）为自己所追求的"道"，而这个"道"的实现需要"死而后已"，要用一生的时间去践行。曾子临死之前召集弟子们说："而今以后，吾知免夫，小子！"曾子一生小心谨慎，循礼行事，时时"战战兢兢，如临深渊，如履薄冰"，唯恐做出违背道德的事。临终时，他在为自己的一生善始善终而感到欣慰，才感到身心无比轻松。此时的他心中所想的仍然是道德的修养，并以此来教导自己的学生要勤于修持，不能半途而废，尽弃前功。

"为仁"是一个不间断的过程。孔子曾经称赞自己的学生颜回说："回也，其心三月不违仁，其余则日月至焉而已矣。"在《中庸》中孔子赞扬颜回说："回之为人也，择乎中庸，得一善，则拳拳服膺而弗失之矣。"三月，言时间之长也。颜回处于乱世之中，箪食瓢饮，居于陋巷，物质条件恶劣，在这种情况下，能不降其志，不改其乐，确令人敬佩。孟子后来概括类似情况为"富贵不能淫，威武不能屈，贫贱不能移"。颜回最为用心，心意最坚，所以能做到长时间心有仁德。至于众弟子，虽有孔子教诲，但人之本性，难以完全摒弃私欲，因此也只能"日月至焉而已矣"。当今社会，一些领域道德失范，拜金主义、享乐主义、个人主义滋长。在各种诱惑面前，我们应该认识到"为仁"的艰巨，保持对"仁"的追求热情，"无终食之间违仁，造次必于是，颠沛必于是"，时刻砥砺自己的心灵。

"仁"的践行中会出现反复。子曰："君子而不仁者有矣夫。""为仁"是一个长期的道德磨炼的过程，在这一过程中，人们往往会禁不住诱惑而犯一些错误，做出一些"违仁"的举动，使我们的道德修养退步。这并不可怕。《左传》云："人非圣贤，孰能无过，过而能改，善莫大焉。"孔子说："过则勿惮改"，要求人们"见贤思齐焉，见不贤而内省焉"。勇于改正错误，并能"不迁怒，不二过"，才是对待错误和过失的正确态度。

"为仁"绝对是一种自觉的内在情感行为，任何人都是无法替代的。它的实现首先取决于我们的态度，取决于发挥我们主观能动性的发挥。孔子说："仁远乎哉，我欲仁，斯仁至也。"这说明"为仁"只要自己态度端正，就可以达到"仁"的要求。孟子说："人之异于禽兽者几希，庶民去之，君子存之。"人与禽兽的区别在于人对道德的追求。既然任何人都有一种为"仁"的愿望，那么只要我们诚心诚意去求"仁"，那么就会得到"仁"。达到"仁"的境界的根源在于自己努力去做，而不是由他人来推动，只有主体自己的主动追求，才有可能达到"仁"的理想境界。

达

受儒道两家本位文化的影响，中国人的文化和人生模式是儒道互补的。儒道两家对待人生，可谓仁者见仁，智者见智，二者互补构成一种完整的、艺术的人生观。从总体上看，儒家倡导进取型的人生，道家则比较超然通达，故而给人以儒家入世、道家出世的印象。其实并不尽然。事实上，儒家的孔孟和道家的老庄都同时具有积极用世和超然通达两种心态，只不过孔孟更为用世些、而老庄更为超然些罢了。以老庄为主要代表的道家人物也具有很强的文化使命感和社会责任心，只是他们较多地以批评者的面目出现而有别于孔孟而已。孔孟在积极进取、追求事功的人生道路上也常怀有超然通达的心态，孔子主张"天下有道则见，无道则隐"，欣赏曾点式的超脱旷达，对"隐居以求其志，行义以达其道"的人心向往之，并认为"贤者辟世，其次辟地，其次辟色，其次辟言"，甚至萌发"道不行，乘桴浮于海"的念头。孟子也说"古之人得志，泽加于民，不得志，修身见于世。穷则独善其身，达则兼善天下"。孔孟这种矛盾心态或灵活态度是他们面对天下无道、人生常穷而不得志的社会现实时不得不采取的一种自我调节和心理准备。在这一点上，他们与老庄是一样的。

可以说，中国人的人生模式就是在顺境中多以儒家为指导、建功立业、以天下为己任；在困境和逆境中则多以道家为调适，超然通达，静观待时。作为这种思想的体现，校训"达"要求我们努力进取，有所作为，承担较大的社会责任，事业通达，获得成功；而同时，又能够在精神上悠游自在，超然旷达，生活得轻松洒脱，在与人交往中能够做到宽容豁达，摆脱烦恼。

先说事业通达之"达"。成功的标准，是人的价值观的反映。世界上没有完全统一的成功标准。不同的价值观，成功的标准也不同。在世俗看来，获得金钱和地位就是成功。有权的比无权的成功，权大的比权小的成功；有钱的比无钱的成功，钱多的比钱少的成功。这是人类社会最为悠久的传统价值观。但是无论是历史还是现在，有多少贪官酷吏留下骂名，有多少富贾豪强为富不仁、千载遗臭。那么在某一行业、某一领域作出突出贡献算不算成功呢？孔子作为"万世师表"，他开创的儒术，成为自汉以来历代王朝思想正统、官方意识形态的体现。然而，他在世时并不风光，在鲁国做官时遭人排挤，被迫去国，其后一直东奔西走；途经宋国时，又被人追杀，"惶惶如丧家之犬"；到了陈国，又遭人围攻，绝粮七日，险些饿死；周游列国十四年，得不到任用，潦倒终穷。司马迁，开纪传体史书之先河，用毕生精力撰写了《史记》。这部辉煌的历史巨著，被鲁迅誉为"史家之绝唱，无韵之离骚"。可司马迁却遭受了残酷的宫刑。李白，诗仙，"笔落惊风雨，诗成泣鬼神"，其诗作光耀千秋。然而，他却一生不得志，甚至在年近六旬时，因"附逆"而遭流放，生命的最后两年贫病交加，过着寄人篱下的生活。与李白并称的诗圣杜甫，一生穷困，为生存四处奔走，"不爨井晨冻，无衣床夜寒。囊中恐羞涩，留得一钱看"，时常为饥寒所迫。左丘明、陶渊明、关汉卿、曹雪芹、吴敬梓……这些在历史、文学、戏剧等方面取得巨大成就的人，生平都异常坎坷艰辛。在今人看来，他们获得了成功，然而，在时人看来，他们的人生也未必是成功的。更何况，在这个世界上，有许多行业是需要投入巨大的甚至毕生的精力才能取得成就。如果必须在某一方面取得多么巨大的成就，才是成功，那么几千年来，成功人士当真是寥若晨星了。毕竟，社会的进步绝不是某几个人、某几个行业所推动的。成功没有标准，就像幸福没有模式一样。在我看来，一个人，理想不分大小，通过努力得以实现，就是成功；技艺不分高低，通过学习能够掌握，可以靠其自立并服务于社会，就是成功。一个人只要能坚守道德，做自己喜欢的事，为社会的发展作出贡献，并能最终体会到身心愉悦，这就是成功。

"达"还要求我们在对事业成功孜孜以求的同时，保持恬淡超然，心情旷达。现今的社会经济繁荣，技术先进，科学发达，但人们所面临的社会问题并没有比千年前的古人少，相反还更多和复杂些。繁荣与萧条的社会情形的变换频繁，人所遇到困难和幸福在转瞬之间就发生了互移。这个社会，天天都有人间悲喜剧在上演。同样，身处其中的人们也时刻地经受或喜或悲。或富或贫、或生或死的折磨。我们固然要有成就大事的壮志，同时也要有超然出尘的逸志。调节自己的心态，坦然面前生活的考验。恬淡超然，心情旷达，我认为必须有一颗平常心。

说到平常心，道家的自然主义思想对我们有着指导意义。现代人所承受的社会压力虽然更沉重，但很多都是自寻的烦恼，我们本可以换一种轻松的活法。如果我们不把名利和社会地位看得过重，学会像老庄那样"恬淡为上"、知足知止、知进知退、从容豁达地对待人生，这何尝不是现代人的一种较为明智的生活选择呢？

"天下熙熙，皆为利来，天下攘攘，皆为利往。" 在个人生活方面，道家主张要顺其自然，从容豁达地对待人生，使自己生活得更轻松、更洒脱。不要勉强从事，不要把名利看得过重，不要成为金钱和名利的奴隶。老子最先思考了如何对待名利的问题："名与身孰亲？身与货孰多？得与亡孰病？"他提醒人们不要被名利牵着鼻子走，不要被身外之物所役使。庄子也说："名也者，相轧者也；知也者，争之器也。二者凶器，非所以尽行也。"在庄子看来，名利和智巧是倾轧争夺的"凶器"，所以他把为名利而奋不顾身的世俗之人称为"丧己于物，失性于俗"的"倒置之民"，而以"无己""无功""无名"为人生的最高境界。

道家这种自然主义的生活态度也就是今天我们所谓的"平常心"。它是一种生活的智慧，对于现代人类有效地缓解来自社会的精神压力、协调日益紧张的人际关系、在激烈的社会竞争中保持内心的超脱和宁静，都是一种十分难得的生活指导。"平常心"并不是要人放弃努力、甘于落后，而是要顺其自然，不勉强从事，不逼迫自己，以达观、平和的心态面对生活和事业。"平常心"虽然不给自己找压力，不给自己设定"只许成功、不许失败"的悲壮目标，却往往会赢得意想不到的成功。庄子在《达生篇》中说："达生之情者，不务生之所无以为；达命之情者，不务知之所无奈何。"认为通晓生命实情的人，不会去努力追求对于生命没有什么好处的东西；通晓命运实情的人，不会去努力追求命运无可奈何的事情。

《岳阳楼记》能传诵至今，打动和感染无数人的心，往往是因为其中"先天下之忧而忧，后天下之乐而乐"这句体现政治家悲天悯人、忧国忧民、将小我置于大我之后、终身为国为民谋幸福的崇高思想境界的话。这句话对我们的事业有指导和激励作用。然而人们却忽略了文章中对我们的生活同样有着非凡意义的话"不以物喜，不以己悲"。个人处在社会生活里，功名利禄富贵荣华无法天长地久，贫穷苦难有时也无法躲避与选择。个人的得失与荣辱在历史长河里如一滴水珠一般，浅薄得无法提起，为此大喜大悲实在是不值一说。洪应明《菜根谭·闲适》说："宠辱不惊，闲看庭前花开花落；去留无意，漫随天外云卷云舒。"在这个物欲世界中，无论身处腾达的风光，或是在落魄的潦倒，我们都要保持一份"不以物喜，不以己悲"的平常心，才能从容面对人生起落，把握自我。

有这样的说法——中国人有着儒家做人的原则，墨家的实践精神，道家处事的豁达，佛家对世人的宽容。"达"字就是领悟到佛家宽容世人思想而提出的。

"达"和佛家的慈悲为怀思想息息相关，它告诉我们对待他人要宽容大度。我们常说人心难测，兄弟姐妹之间、同事之间勾心斗角、互相猜忌，人际关系变得复杂，大家相互提防，这真的很累。但是，只要你有了慈悲心，你就可以站在一个更高的位置宽容地看待周围的一切，可以换一个角度来思考问题，那么别人之前对你的伤害或磕磕碰碰等所有复杂的事物也就拨云见日了。

佛家所说的众生平等、佛性平等思想对于我们教育者来说同样有所启发。佛教认为所有的人皆具备实现理想能力的佛性，所以对任何人应该平等的说法。如果我们都能真正理解众生平等，那么我们就能认识到每个人都有受教育的权利，就能实现教育的公平。既然众生平等，皆可成佛，那么每个人都有接受教育的能力，我们就不会因为其犯了一些错误而否认剥夺这些权利。大家都有这样的体会，学习不好的孩子，还特别不听话，还动不动就给我们惹麻烦。他们上课不认真听讲，作业也不认真完成，或是不完成，惹我们生气。对待好学生，我们当然是不由得满面春风，即使他们有点什么不是之处，也往往不予追究。而对于一些平日里的眼中钉学生，一旦他们犯点什么小错，我们就大动肝火、大张旗鼓、用各种手段予以处理，把这些学生吓得惶惶不可终日。我们经常说为了学生的一切，一切为了学生；没有教不好的学生，只有不合适的教育。对于一些我们怎么找也找不到合适的教育方法的孩子，怎么办？对于他们，我们切莫忘了"佛性平等"这句话。

结语

"诚公明仁达"这五个字，由于本身内涵的丰富，再限于个人水平，所以解释得并不很全面。我个人感觉，每一个字即使我们用一生的时间都未必能够做到。古人云："取乎其上，得乎其中；取乎其中，得乎其下；取乎其下，则无所得矣。"这五个字给我们每一个人设定一个较高的目标，让我们践行，并最终实现自己的完美道德。孟子说自己每天都在培养自己的浩然之气。这种正气最为伟大，刚强，充盈四方，无处不在。对它的培养，不能带有什么特定的目的，要时时刻刻记住，不能违背它的规律。我们如果能够时刻把这五字校训记在自己的心中，并能够自觉遵循，指导我们的生活行为并最终化为我们内心的自觉，就可以培养起我们的浩然正气。古人认为山中有玉存在可以使草木滋润，水潭中如果有珍珠，那么泉眼就会永不枯竭。玉在山而草木润，渊生珠而崖不枯，"诚公明仁达"的五字校训就是我们时刻铭记在心中、滋润你我心灵的珠和玉。

2009 年 7 月 16 日　星期四

三无立教，大唐学府渗透着传统文化

鲁东大学心理与教育系大一学生　王双双

说起"教育"，我总觉得它博大精深，颇有韵味。它汲取了古今中外各种思想文明的精华，像空气一样充斥在我们周围，以爱和无私为使者，传播知识，传承文明，塑造出一批又一批时代的弄潮儿。我觉得自己很幸运，出生在一个教育世家，从小到大听长辈谈论最多的莫过于"教育"了，但并没有系统地学习；初次正规地接触教育学，还是在上大学之后。教育是一片无边际的海洋，而初涉教育学的我，只能撷取其中一片浪花，写写我对教育中渗透的中国古代思想文明的些许理解。

中华传统文化源远流长，延续不绝。其博大精深的哲学、社会思想是教育学的思想来源。教育学因为有了儒家、道家、佛家等传统思想的支援才显得有血有肉，有内涵，有说服力。它们已经融为一体，不可分割。

一、无儒不成人

说起教育学的思想来源，我们就不得不提儒家思想。儒家是中国古代最有影响力的学派，儒家文化对中国文化教育的发展产生了极其深刻的影响，从第一次背诵"人之初，性本善"起，儒家思想就已扎根于我们心中，儒家思想是一个人成长的精神食粮。

儒家文化讲究"仁、义、礼、智、信"，其核心是"仁"，倡导的是一种"积极入世"的态度。儒家之所以两千多年不衰，是因为其指导思想是教化人们遵守一种秩序，讲究一种程序，做事要遵循一定的原则和方法。

在与人交往时，孔子教导我们积极奉行"己欲立而立人，己欲达而达人""己所不欲，勿施于人"的"忠恕之道"，以之来建立正确的人生观，正确处理人与人之间的关系。大家互相尊重、互相理解、互相学习、互相支持、互相提醒、互相帮助、互相谅解、互相换位思考、依赖着对方的依赖，体现着平等、信赖、承诺和尊重。孟子则以其"吾养吾浩然正气"的大家风范，教育我们应该做到"富贵不能淫，贫贱不能移，威武不能屈"，成为一个真正的大丈夫。

在学习方面，孔子在几千年前就替我们精湛地总结了一些行之有效的学习方法和治学态度的准则。"温故而知新""学而不思则罔思而不学则殆""学而不厌，诲人不倦""三人行，必有我师焉"……孔子以其谦卑的治学态度和"发愤忘食，乐以忘忧，不知老之将至"的热情激励我们乐观向上，坚持理想。荀子也以实用质朴、朗朗上口的名篇《劝学》勉励我们努力学习，"积善成德"，成为有知识、有修养的人。

儒家还特别强调孝悌。既要孝敬父母，又要友爱兄弟姐妹和朋友，这已经成为我们衡量人的道德水平的一个重要标准。我认为一些婆媳不和睦、继母虐待孩子等现象就是因为她们没有做到孟子主张的"老吾老以及人之老，幼吾幼以及人之幼"。如果每个人都能像爱自己的父母一样爱别人的父母，像爱自己的孩子一样爱别人的孩子，那么"儿撵村"将成为历史，街道旁也不会再有露宿的老人，当然也不会有那么多的孩子被继母或继父虐待。

儒家思想是我们做人的基本准则，所以老师和父母，作为学生的教育者更应当以儒家的精华为目标和做人准则，来约束自己的言行，为学生做出榜样。学生在学习和成长过程中，也要学习先人的哲理。乾隆年间著名学者纪晓岚曾经说："世间的道理与事情，都在国人的书中说尽。"所以学习儒学，才不至于走弯路，走下坡路，学习儒学，才能成为有思想、有道德的有用之人。

1988 年 75 位诺贝尔奖获得者的巴黎会议宣言，有这样一句话："如果人类要在 21 世纪生存下去，必须从二千五百年前孔夫子那里汲取智慧。"我们要借鉴儒家的刚健有为精神，来激励自己发奋图强；借鉴儒家的公忠为国精神，来培育自己的爱国精神；借鉴儒家的"以义制利"精神，来启示自己正确对待物质利益；借鉴儒家的仁爱精神，来培育自己热爱人民的高尚情操；借鉴儒家的气节观念，来培育自尊、自强的独立人格……

二、无道不成才

道家宗罗百代，广博精微，其思想和道理在政治、军事、教育、经济等方面，都可致用。它对历史人物的建功立业乃至对个人修养——修道、养气，以及立身、处世等，都大有用处。

我所理解的"道"一指自然。龚自珍在《病梅馆记》中表达了对天下之民"夭梅、病梅"的慨叹和梅花不能顺其自然得生长的惋惜，他在《己亥杂诗》中写道："我劝天公重抖擞，不拘一格降人才。"可见他对各方面人才的珍视。因为影响我们身心发展的遗传、家庭、区域文化环境和学校教育等因素是不同的，所以我们每个人都是独一无二的，每个人都有自己自然的发展方向，有自己的优势和劣势。

孔子说教育学生要因材施教。因为每个学生都有他爱好的方面，压抑其兴趣爱好就等同于扼杀他们的将来，所以老师和家长应当因势利导，发现其兴趣和特长并予以鼓励和培养。兴趣是最好的老师，一个人从事于自己感兴趣的工作才能事半功倍、有所建树。

舟舟，这个不识乐谱的天才指挥，是个先天愚型儿，终其一生，其智力也只相当于四五岁的孩子；但他从小偏爱指挥，当音乐响起时，他就会拿起指挥棒，挥动短短的手臂，像真正的指挥，直到曲终。舟舟像一株无人在意的植物，在乐团宿舍大院自由自在地生长着，音乐进入他的生命一如阳光雨露之于世间万物。从两三岁起，他就随父亲泡在排练厅里，像随意摆放的一张桌子、一把椅子，舟舟的存在再自然不过了。正是这种顺其自然的教育，使舟舟成了有用之才。假如他爸爸不顺应他的自然发展方向，一味想培养他成为三好学生，估计他很快就会被逼出抑郁症来。

如果我们硬要把数学家华罗庚培养成文学家，那恐怕付出几十倍的努力也不一定能成功。八仙过海，各显神通，如果我们按照每个学生的优势培养，显其"神通"，那么他们就能渡过通向成才的海，获得成功。

道家中"庖丁解牛"的故事说明：庖丁也是因为顺应了牛体结构纹理的自然来用刀，才奏出了和于"天籁"的解牛神曲。

二指规律。做教师就要做精品教师，培育精品学生，讲究策略和方法，即教育之道。老师在教学过程中要不断总结教育方法，如何让学生记得牢、学得快，如何学得轻松，如何讲得明白。研究和总结方法才能使自己的业务水平提高，成为精品教师。

家长要有做家长的"道"，比如言行一致、恪守诺言等。哈佛女孩刘亦婷的母亲就做得特别漂亮。小时候，刘亦婷的家里并不宽裕，家里有了好吃的，却是大家一起吃，为的就是让孩子不要特殊。孩子总是很快吃完然后盯住母亲那份。同所有的母亲一样，母爱的本能驱使她想把好吃的都留给女儿，但理智阻止了她。不仅如此。在孩子学习极其紧张的情况下，她仍然要求孩子尽其所能分担家务。事实证明，她的教育策略是成功的。她的女儿不仅考上哈佛大学，获得全额奖学金，尤其重要的是，分享和感恩已成为她人生观的一部分。而另一位母亲却痛苦地做着"苦行僧"，她对儿子百依百顺，好吃的全都给儿子，自己从来不吃一口。有一年冬天，儿子要吃香蕉，母亲冒着鹅毛大雪跑遍市区买回一串香蕉。回到家里，肚子饿极了，拿起一个香蕉才吃了一口，儿子就声色俱厉地叫道："吐出来！"她的悲哀在于她不知家长之道，而她的悲哀也是许多家长共同的悲哀。

同样学生要有学习之道。如果能够了解学习对象的特点并根据自身情况找到适合自己的方法，那他会像插了翅膀一样，在千军万马的竞争中轻松地脱颖而出。

鲁迅说："道家的哲学和思想，赋予中国人以特殊的素质和能力，成为积极、自主、宽容的中华民族精神的最坚实基础，创造了辉煌灿烂的文明。"我们要借助道家的智慧，培养更多的人才。

三、无佛不成杰

佛教对中国思想界也有不可磨灭的影响，佛教的慈悲、平等、无常、无我的思想，对中国人起了启发和鼓舞的作用。

林则徐在 23 岁时就曾手书当时流行的五种经咒，为了方便随身奉持课诵，抄写成单行本，字里行间，透出修养境界的博大与慈悲。其中就有《金刚经》和《心经》。这说明像林文忠公这样的大丈夫大英雄大圣贤，其浩然之气，胸襟气魄的养成当中，也有佛家的精神滋养。

一个"佛"字包含了太多韵味。

都说宰相肚里能撑船，那么老师的肚里应该能盛宰相。一个好的老师，应该具有大度量，容得下各种学生。老师能容忍学生的缺点，然后才能去爱他、欣赏他、教育他。曾有一篇文章叫《疯长的鱼》，讲了几条原先在鱼缸中生长的鱼，后来因为换水，就把它们在水池中养了几天，几天后那几条鱼就再也装不回原来的鱼缸了，因为它们在水池中疯长得比鱼缸还大。这则故事说明了空间的重要性。鱼如此，人亦如此，人的潜力是巨大的，所以教师应当使自己成为心胸宽广的人、博学的人，给学生更多的学习空间、生活空间、生存空间、思维空间和时间。

教育还要求老师有一颗博爱的心，教育的事业是就爱的事业。老师付出真爱，才能使学生"亲其师，信其道"。爸爸在做差生转化时，总是像大朋友一样和他们泡在一起，想其所想，思其所思，少批评，多鼓励，容忍他们的缺点并慢慢引导其改正，使许多学生在做人和学习方面都取得了巨大的进步。我妈妈在当班主任的几年中，从未打过学生，班级秩序照样很好，成绩在全校名列前茅说起原因，妈妈总说她的教育是爱的教育。

佛家思想还有克己观念。"克己"即克制自己，特别是克制自己的欲望、行为和意识。结束义务教育之后，我们的学习将以自学为主，这就需要我们有高度的自制力。世界上没有任何东西可以取代坚持，谁能做到克己，谁就能在人生的赛跑中领先于别人。

如果一个人能够有宽若海洋的胸襟，心海宁静，宠辱不惊，那么他将顺利渡过人生中的荆棘坎坷，侮辱打击；再加上高度的克己观念，他将成为人之豪杰。

儒家、道家、佛家等古代思想文明不论对古代还是现代的教育都有深远的影响，我们在构建现代化社会的同时，不要忘记了从中国古代思想文明中汲取精华。中国现代化需要传统文化，中国教育需要传统文化，让我们以圣贤为师，以经典为友，在儒家的精神食粮、道家的良药和佛家的慈悲智慧中，使自己成人、成才、成杰。

构筑一片蓝天，放飞教育理想

——大唐学府教育理想诠释

王勇基　刘瑞峰

"我是从农村长大的孩子，儿时就有一个梦想：办一所学校，让农村的孩子享受好一点的教育……"——摘自王勇基日记。

于是很多很多年以后，在古郯国这片古老的大地上诞生了一所全新的学校——山东郯城大唐学府。2004—2008 年，大唐学府诞生短短四年时间。它一路风雨，一路收获，从筹建时只有 50 名学生、七八位老师，神奇般地发展成为拥有 30 个教学班、在校生 1100 人、教职工 188 人、占地 4 万平方米、建筑面积 1 万平方米的现代校园。

《临沂日报》上发表了一篇题为《为留守儿童撑起一片蓝天》的文章，引起了《中国报导》、《新华月报》、山东社科院《学习》等报刊的关注并先后转载。山东电视台、《现代教育报》、《经济视角》等新闻媒体先后派记者来大唐学府专题采访报道。《中国报道》对大唐学府给予"祖国不会忘记，历史不会忘记，人民不会忘记"的高度评价。

于是大唐学府就有了"郯城县教书育人先进单位""郯城县平安校园""山东省民办教育优秀办学单位""全国和谐教育先进单位""全国民办学校'守诚信·重教学质量'双保障示范单位""2007 年全国教育创新示范单位""2007 年全国校园文化建设创新二等奖""全国民办学校先进单位"等一张张饱含心血、闪烁光芒的名片。特别是在 2008 年"全国农村教育发展与管理研讨会"上，凝聚着大唐学府全体师生智慧和辛劳的文字，已传到中国教育学会会长顾明远教授、国家副总督学郭振有教授手中，传到教育部基教司姜沛民司长手中，传到联合国科教文组织国际农村教育研究与培训中心主任、原中央教科所长朱小曼教授手中，还传到部分省教育厅厅长及大学教授、上百位市县教育局长、教育学会会长手中。网络记者把大唐学府"家庭化住宿，学长制管理"专门作为这次会议的经典推介给广大教育管理工作者。

于是就有了大唐学府"教育助人，教育富民，教育强国"的理想和追求。

一、教育助人，生命的愿景

当代的教育不再仅仅是"传道、授业、解惑"，更多的是"服务、激励、影响、帮助"。教育者和被教育者之间也不一定谁的年龄大、谁的职称高、谁的薪俸多、谁的辈分长。在这知识爆炸的信息时代，能者为师，愿学者则进步快，善行者感悟多，敢履险者体会深。所以大唐学府的教师既是引领学生如何做人、教学生学习文化知识的导师，还是学生吃、穿、住、医、生活方面的"父母"，更是学生游、玩、聊、乐、咨询的朋友。2007届初中毕业生张涛同学在给父母的信中感慨说："在这里，老师和父母是两个极其相似的概念。"学府确立"以人为本，以德治校，科学管理，和谐发展"的治校方略，校长把学校定义为一群追求教育理想的人团结一心、共同开展的一项多角度、全方位的教育实验。老师和家长是合作办学的合伙人，大家只是分工不同。教师在学校教育孩子、照顾孩子、关爱孩子、激励孩子；家长尽其所能，集中精力做事，挣钱供孩子上学、消费，自愿拿一部分作为孩子老师的酬劳。大家都是助人者自助、劳动者有收获，都是各司其职，发挥优势，送人玫瑰手有余香。谁都帮助别人，谁都被别人帮助，谁都不坐吃山空，谁都创造财富。这就是生存链条，这就是合作双赢，这就是生命愿景。

学校定位"立足县城，面向农村，服务百姓，关注留守儿童""为国家育才，替政府分忧，给百姓解难，为留守儿童撑起一片蓝天，让更多的孩子接受更好的教育"。高质量的教育服务，高品位的教学绩效，体现了大唐学府高度关注学生"人生、人性、人情、人和"的意识和使学生"身有所安、心有所定、情有所依、志有所向、神有所往"的教育原则。低廉的收费在精打细算、合理运作中效益发挥到极致。千方百计让学生吃的比在家里好、住的比在家里好、玩的比在家里好、学的更比在家里好。学生的学习好、心情好，家长、老师的脸上就都有光彩；家长满意、老师高兴，家校就和谐，社会就认可；家校和谐、社会认可，学校就发展；学校发展了，文章就出来了，校长也就有话可说了——无论是谁帮助谁，都是教育助人。

二、教育富民，穷人的经济学

中国是穷国办大教育，短时间内国拨教育经费不能满足迅速发展的教育需要。而改革开放以后，让一部分人先富起来，先富起来的人挣钱做什么？最有价值的是投资教育，培养孩子。在中国，孩子都是家庭的宝贝，每个人都不愿看着自己的孩子生活水平低于其他家庭孩子的生活水平，都不想有能力让孩子生活得更好些而故意限制他。何况，当今许多有眼光的家长已经把培养孩子当作教育消费，当作一种良好的投资。

公办教育是保障，体现党和政府的教育公平，高度关注民生。而民办教育是选择，彰显人们的实力、爱好和个性。现实情况下很难保证农村中小学与城市学校的教育资源、设备、环境都达到同一水平，但生活在大城市十多年或整天走南闯北干事创业的家长，都希望孩子超越自己，不再受穷、不再贫困，或继承发展自己的事业，或走得更远、发展得更好。在市场经济竞争日益激烈的今天，谁都想多几成胜算，最划算的渠道就是培养自己的孩子。最朴实的想法是起码别让孩子学坏了，别走了下坡路。另外还有"无人照管孩子""隔代抚养教育"等问题都会引起家长的茫然和深思。因此大唐学府这样的民营学校就有市场，就有生源，就有了生存和发展的空间。

谚语曰："人算不如天算。"始料不及的是：任何一个送孩子来大唐学府读书的家庭，都没有因孩子学费多而家境变得贫困。究其原因，是学校的经营模式从宏观上解放了生产力。变过去一个妈妈照顾一两个孩子为一个老师照顾五六个学生。妈妈从纯粹的财富消费者变为财富的创造者，她们的劳动收入一部分培养孩子，剩余的用于家庭开支，替代了爸爸劳动收入的一部分开支，结果家庭财富积累有了一个质的增长。更为可喜的是，学校办得好，家长放心，学生的妈妈随爸爸到城市工作，解决了两地分居的难题，使得夫妻双双共同学习进步、共同干事创业、共同为社会的和谐作出了贡献。

这就是穷人的经济学，这就是多年来从办学实践中总结出的经济账。算这笔账时，我们明白了为什么有钱的人花钱大方而总是有钱，因为他们的思维灵活精明，生活方式求新超前。

三、教育强国！心灵的呼唤

五四运动时期的教育救国今天已经过时，但教育强国无疑是每个政治家、领导者永远追求的政治抱负，更是每一位有良知的教师的心灵呼唤。

大唐学府把"没有教不好的学生，只有不合适的教育"和"建校50年能培养出获诺贝尔奖的学生"作为信条。一方面是我们坚守梦想、坚守职业情操，认真搞好教学教研，不断探索教书育人的方法途径；另一方面是我们把培养国家建设所需的高水平人才作为自己的目标、责任和办学指南，也充分展示了大唐学府教职工的精神追求。我们努力从祖国的传统教育、国学精粹中，从国内外当今教育改革家和学术流派中，从中外教育思想和教育实践中，从多年的苦苦思考和辛勤工作中探求着，总结着，提炼着……孕育出一整套学校运作方案，一系列全新的学校文化。

教育理想：教育助人　教育富民　教育强国

办学宗旨：让更多的孩子接受更好的教育

办学目标：让孩子成人、成才、成杰　令家长省心、放心、开心

治校方略：以人为本　以德治校　科学管理　和谐发展

经营策略：学生成长学校　教师发展学校　家长提升学校

教育原则：加强"四人"意识　实施"五所"教育

管理模式：封闭式管理　开放式办学　家庭化住宿　军事化就餐

校　　风：和睦　和善　和谐

校　　训：诚　公　明　仁　达

教　　风：自觉觉人　成人达己

学　　风：团结　合作　发展　创新

我们不断地践行着，充实着，丰富着，完善着……

我们不断地迎来新生：不仅只有山东的，还有江苏的、安徽的、四川的、辽宁的、北京的、河北的、黑龙江的、浙江的……他们有的是慕名而来，有的是看媒体宣传而来，更多的是亲友奔走相告而来……

我们不断地收获学生的各种喜悦和奖励：县级的、市级的、省级的……

我们不断地送走一批又一批学生：全县第一、全市第一……

我们不断地听到好消息：周建伟同学在全市少代会上发言，杨彬同学夺得中国青少年艺术英才大赛山东赛区声乐一等奖……

我们追求着，我们期盼着，我们等待着……

我们坚信：有丰厚而坚实人文底蕴的一届届大唐学子，将不负母校的重托，成长为强国富民的栋梁。

（转载于 2008 年 11 月 10 日《现代教育报》）

三校合一，大唐学府和谐发展之路

——留守儿童成长学校初探

山东省郯城县大唐学府校长　王勇基

山东省郯城大唐学府创办于 2004 年 2 月，地处沂蒙革命老区"天下银杏第一县"——郯城，是一所经县政府批准兴办的集学前教育、小学、初中为一体的寄宿制新型民办学校。学府占地 4 万平方米，建筑面积 1 万平方米，现有 30 个教学班，在校学生 1100 人，教职工 188 人。

大唐学府追求"教育助人、教育富民、教育强国"的教育理想，立足县城、面向农村、服务百姓、关注留守儿童；学府坚持正确的办学方向，全面贯彻国家教育方针，积极实施素质教育；采取小班额授课，分层次教学，突出办学特色；关注每一个学生的"人生、人性、人情、人和"，精心呵护每一个学生健康成长，为留守儿童撑起一片蓝天。学府创办以来，站在教师、家长和学生的角度，不断探求出一条富有校本特色的"三校合一"和谐发展之路，即"学生成长学校，给孩子一个幸福的家；教师发展学校，给老师一个理想发展平台；家长提升学校，给社会一个满意的教育"。

一、学生成长学校，给孩子一个幸福的家

时代在发展，社会在变革，这是不可逆转的历史潮流。社会已经发展到了市场经济、知识经济的时代。社会进步对教育提出了新的要求，传统的家庭教育再也无法让学生全方位、多角度地去享受成长的快乐。父母的工作、学历、阅历和生存压力都直接影响和制约着对孩子的教育。当今现代化交通、社区划分、计划生育、快节奏生活等因素使孩子们的生活空间、成长空间越来越小，因而孩子们成长最重要的场所就是快乐地生活在学校这个大家

庭中，尤其是"留守儿童"和"流动儿童"。大唐学府成立之初，我们反复分析论证，深入调查研究社会需求，选准角度，准确定位。我们的办学理念是"让更多的孩子接受更好的教育"，给农村的学生特别是留守儿童营造一个城里的家，一个高档次、有知识、温馨和谐的家。我们采取"家庭化"的管理模式，把学生宿舍分别命名为"鲁迅之家""诺贝尔之家""华罗庚之家""居里夫人之家""丁肇中之家"等，在生活上以家为单位进行管理。每家选配具有成功家教经验的优秀生活教师当家长，"家长"在遵循学校统一规定的基础上，分别负责"家庭"文化建设，制定"家规"，确立"家风"。每周根据"家庭"情况，组织召开"家庭"生活会，不断完善"家庭"文化建设。在每一个家中生活老师都与学生同吃同住，朝夕相处。学校为学生统一配发被褥、脸盆、牙刷牙膏等生活用品；宿舍内设有阳台、卫生间、浴室；夏天有空调、风扇，冬天有暖气。学府还设有公共浴室。对不同班级、不同年龄的学生实行大小搭配合理住宿、相互照应，并推选一名品学兼优的大同学担任学长。每天夜里生活老师定时为学生盖被子、叫学生起夜，还按时给学生洗衣服、晾晒被褥、组织洗刷等，努力给学生创设一个清洁、安全、舒适的居住环境。良好的"家庭"生活环境，给孩子们营造了一个宽松和谐的成长空间。生活老师的言行不仅教会了孩子怎样做人，还时刻感染着孩子。每天的亲密接触，给了孩子关爱别人和被人关爱的机会。孩子在赏识和被尊重中；以自己的健康成长回报老师、回报父母、回报社会、回报和自己朝夕相处的伙伴。

现在学生的课业负担重，思想成熟早，有许多问题令人担忧。例如学生"早恋"，称兄道弟"拜把子"；再例如大多数"留守儿童"学习成绩下降，性格孤僻、情绪不稳定等。如何培养独生子女，如何有效减轻学生的课业负担，如何教育"留守儿童"，是当前社会普遍关注而又亟须解决的问题。怎样才能减负增效，让学生健康快乐地成长？我们认真分析学生的心理，号准教师、学生的思想脉搏，找准"病因"，采取有效措施，及时调整教师和学生的心态，使教师明确教学目标、改变教学方法，让学生明确新课程理念下的学习目标，感悟学习方法。我们确立的办学目标是"教孩子成人、成才、成杰，让家长省心、放心、开心"。具体体现在"封闭式管理、开放式办学、家庭化住宿、军事化就餐"的管理模式上及"和睦 和善 和谐"的校风中。在教学中因材施教，培养学生的兴趣，彰显其个性，提高他们的综合素质。全体教师牢固树立"教学生一时，想学生一世"的教育观和"教书育人、管理育人、服务育人、环境育人"的服务观，要求全体教师人人胜任"父母、朋友、导师"的角色，着力培养学生的优秀个性品质和知识技能。从不同角度，以不同形式对学生进行全方位教育，使每个孩子的潜能得到极大的开发，让每个孩子"静下心学习、张开嘴说话、抬起头走路、挺起胸做人"。下面撷取大唐学府这个和谐大家庭中几个学生幸福成长的缩影。

——吴柳，一个11岁的活泼可爱又有点调皮的安徽颍上县小男孩，父母在浙江宁波打工。他曾随父亲在上海、宁波流动学习五年。2007年9月2日清晨，其父突然带他来到大唐学府，向老师们诉说带孩子打工之苦和对孩子培养的迫切期望，热切希望我们能留下他的儿子。因为我们没有思想准备，虽然留守儿童多达60%，但像他这样大休也不能回家的孩子还是第一个。我们紧急召集教干教师商量，最后还是留下了他。假期老师们轮流带他回家大休，他在我校学习、生活得很愉快，成绩进步很大，行为习惯改变了很多，逐渐成为学校的"小形象代言人"了，因为山东电视台、《现代教育报》到处都有他的形象，家长每次来看他都高兴得合不拢嘴，大休时他自己也学会了自己坐车到宁波看父母。2009年暑假后升入初二，因为教材不同、学籍等问题，他恋恋不舍地转回故乡就读。临走时他猛回头地大声说："我还会回来的，谢谢老师！谢谢校长！"看着他带着山东省委宣传部2008年印有校长揽着他的照片的《时代风采》纪念邮册，一步一回头的难舍之情，我们感觉到了做教育的幸福。

——高小敏，一个13岁的女孩，原来在我们县城一所重点学校读五年级，虽被评为"年级学习标兵"，但因过重的课业负担而对学习兴趣索然，拒绝继续到校学习，与家长僵持了7天。2006年元月，其父母万般无奈把她送到我们学校插入五六连读班。一个月后，她感觉到大唐学府的老师好，有人情味，学得轻松愉快，没有什么过重的负担，从内心喜欢上了我们这所学校，自己也由厌学转变为乐学。5月底家长会，她给父母的信中这样写道：在小学升初中考试中，报考我们县城最有声望的美澳学校、博雅中学、实验中学都取得了优异的成绩。总分全县第四、语文全县第二的成绩，被免费录取。

——宗向阳，一年级来我校学习。在来大唐学府前，南京一所医院曾告诉其父母，花30万元治疗也不一定能使这孩子恢复正常。入学时，7岁的他自闭，不说话，也说不好话，并且生活完全不能自理。到我们学校由其家长陪读，老师给予了特别的关爱，一年内学会了说话，学会了写字，生活上逐渐有了自理能力。两年后能自己与同学一起玩，做游戏，见到校长、老师能主动打招呼。更让人高兴的是，他还能主动到校长那里告诉××同学与××同学"吵架了"，校长激动得热泪盈眶。五年后的今天，他家长从有意识地减少陪护时间，到只是早送晚接，他的自立能力变得越来越强，每次考试他都能取得较好的成绩，对数学和信息技术特别感兴趣，见到熟人就问好。

——刘朝虎，在原学校经常打架、斗殴，对任何人都投以敌视、不信任的目光。来到大唐学府三个月后，经过老师的关爱与教导，他的思想和行为发生了很大变化，逐渐融入学校这个大集体中。对老师、同学由设防到亲近，并能与老师无拘无束地聊天，向老师敞开心扉，和同学一起玩耍学习，在宿舍里主动照顾小学弟。教师节那天，他还向老师献上了一份厚礼——一百多句的诗歌《老师的爱》。后来他以较好的成绩考入他理想的学校，上初三那年我见到了他，问他能否考上高中，他果敢地说"能"，现在他已经是我县一中的高二学生了。我想考高中难，考大学易，这孩子算是"成人、成才"了。

学校创办几年来，有近百名学生在国家、省、市、县各级各类报刊或比赛中发表作品并获奖：周建伟同学代表全校1000多名同学光荣地出席了临沂市少代会；幼儿园小朋友们的精彩演出轰动了整个县城；学校体育队在全县五年来的体育竞赛中均获佳绩。广大学生在老师的关爱下，在学校"身有所安、心有所定、情有所依、志有所向、神有所往"，幸福生活，茁壮成长。

二、教师发展学校，给教师一个理想的平台

一个人在当代社会要想获得发展与成功，再也不能单打独斗了，组建一支团队或一个组织，构建一个合作的平台，使每个人找准自己理想的发展平台，一展身手，才是当今社会发展的趋势与要求。农村的手工业者进行集约经营、规模经营，才能经得起风浪；"嫦娥一号"成功发射，是无数人协作的结果；大学、科研单位的专家、教授们搞科研都是在一个大课题下，好多人申请许多子课题，一起研究才能结题。学校要稳定、要发展，首先必须建设一支品德高尚、素质优良、业务精湛的教师团队，必须留住教师，稳定教师队伍，必须给教师一个成长的空间和理想的发展平台。

大唐学府的治校方略是"以人为本、以德治校、科学管理 和谐发展"，我们把学校与教师的关系定位为：校长与教师是合伙人，是相互依赖的关系，是同舟共济、荣辱与共的关系。学府实行人性化管理，想教师所想，急教师所急，支持教师工作，关心教师生活，为教师们搭建一个发展自我、展示自我的平台。学府努力做到感情留人、事业留人、待遇留人、文化留人。

第一，给教师创造一个优越的空间。为了让教师轻松地走进课堂，留恋学生和学校，学校从吃、穿、住、工资、福利和奖金六个方面提高教师的待遇。教师免费就餐，和学生享受同等待遇；每次大休开学后热热闹闹地相聚一次；每年至少一身校服；学校租赁房屋给教师居住，提供水、电、洗浴设施；每个月为老师增加工资。

第二，给教师一个美好愿景。学校实行小班额教学，每班定员40人，每个教师工作量不大。这样既降低了教师们的劳动强度，又缩短了工作时间，增加了休闲时间，让老师们教得轻松、舒心。同时也给老师留有足够的时间用于钻研教材，加强业务学习，提高能力，提升自己的教学水平。向教师推介教育教学和思想修养读物，让教师们开阔视野、增长见识，加强自我修养，提高品位，心情舒畅，胸怀美好愿景，树立精品意识，努力锻造自己。

第三，给教师插上思维的翅膀。学校要想持续长久地发展，仅仅靠提高教师的待遇是远远不够的，更重要的还是从思想上、观念上不断更新，要有

自己的精品意识，要与时俱进。可口可乐公司总裁曾经说过即使公司一夜之间化为灰烬，第二天也照样能依靠企业精神重新建起一个可口可乐公司。大唐学府自举办之初就注重确立自己的学校文化，现在学府校园文化已经形成了品牌，鼓舞并激励着教师。采取"请进来、走出去"的办法对教师进行培训，为教师充电、加油，经常组织教干教师参加全国性教育教学活动，到全国各地的名校参观学习、取经探宝，经常组织教师观摩名师讲课，仅 2007—2009 年三年就派团外出学习、参会、旅游 157 人次，2009 年 8 月两位年轻女教师到国家教育行政学院参加北师大组织的研讨会回来兴奋地说："三生有幸，大开眼界，就我们小，都关注我们，问我们是哪里的，可能这应该是年龄大的专家学者和大官才能参加的会议吧。"我们还经常请专家、学者做学术报告。学府设立专门的教学督导机构，制定听评课制度，坚持推门听课。根据和谐教育法研究会制定的《和谐教育教学法评课标准》进行评课，指导教师课堂教学，定期举行研讨课、观摩课，每学期举办一次公开课大赛。号召每位教师积极撰写教学札记、教育随笔、教育故事、工作总结、教研论文。每月进行一次校本培训，教师们在教育教学管理工作中的成功经验和方法在校本培训会上与大家一起分享，教师们互相学习、互相交流、互相借鉴，资源共享，全面提高。学校鼓励教师记录平时的教育、教学、管理心得，布置论文题目，指导撰写论文，并组织力量反复给予修改、推荐，参加评选。目前为止，有多位教师分别在国家、省、市、县论文评选中获得一等奖，对在各级获奖的教师学府还给予他们表彰奖励，增加工资待遇。学府为每一位教师订一份教学杂志，供教师学习，指导教学活动高效有序开展，开阔了教师们的视野，更新了教师们的观念，拓宽了老师们的教学思路，提高了教师们的教学水平。

第四，给教师树典范、做表率。校长做教师的教练和服务员，教干做教师的表率，做样子、带趟子。凡是大唐学府的教师，校长经常找他们谈心，担任他们心理咨询师的工作，在业务上给予点播和指导。让教师们学有榜样，赶有目标，兢兢业业地工作，快快乐乐地生活，使每一位教师保持一个健康的心态。这几年到大唐学府工作的教师，一年后都比刚来时成长了许多，进步了许多，年轻了许多。特别值得一提的是师范毕业生来我校实习、见习的十有八九都以优异的成绩考取教育局招聘的公办教师、公务员和研究生。很多人说你们成了教师培训学校。

三、家长提升学校，给社会一个满意的教育

学校兴衰与家长的支持和帮助密不可分，特别是民办学校。大唐学府办学目标中有一条非常重要，就是"让家长省心、放心、开心"。我们把家长定位为学校的参谋，学校的志同道合者，学校的董事长。家长把他们最美好的人生希望——让孩子健康成长的重任托付给我们，我们理应不负重托。怎样才能完成自己的使命？怎样才能"让家长省心、放心、开心"？这是我们在一直认真思考、认真探索、认真实践的崭新课题。我们除做好关爱学生、搞好教育教学外，还特别注重做好一个"玩"字：让学生"玩"学习，让教师"玩"工作。在民办学校，教师有"玩"的心态是非常不容易的。怎样让老师"玩"好工作，我们的做法是：充分调动家长的积极性，让家长们配合好教师、配合学校共同关爱、教育学生。学府成立了家长理事会，切实发挥其作用，由理事会成员协调学校与家长的联系，让家长关心支持学府的工作。凡是家长能做的，就让家长做。学生家长主动自发地帮我们宣传、招生，帮我们筹措学校发展资金，帮我们策划发展方略。调动学生家长的积极性就是千方百计把学校办成家长提升学校。众所周知，几乎所有的问题学生都是由问题家长造成的，多年的经验告诉我们，要想真正转变一个学困生，就要从转变学生父母的观念、习惯和他们对孩子的评价开始，家校联手，共谋孩子成人、成才、成杰大计。我们事事都站在家长的角度着想，努力做到让家长把孩子送进学校真正的省心、放心、开心。

当今，社会上有一种消费观念是明明白白消费。可家长真正投资于教育的消费，很多是雾里看花，他们是不明白的，但我们要让他们明白：

1. 每月给家长一张联系卡、一张报纸、一封家教联系信、一份孩子成绩单、一份学校工作大事记。

2. 每学期组织召开一次家长会，给家长一本教育资料汇报书，组织一次

家访。

3. 请家长听课、评课和监考。

4. 请专家给学生家长举办教育专题讲座，提高他们对孩子教育的认识，走出其中的误区，提高他们教育孩子的水平和能力。

5. 办好学校网站，加强教师与家长的联系沟通，让家长随时了解学校及孩子的情况。给留守儿童拍照片连同孩子对家长的留言发在学校的网站上，让远在他乡的家长在网上看望孩子、与孩子对话，解除家长的后顾之忧，放心地双双外出打工，促进社会和谐发展，实现我们"教育助人、教育富民、教育强国"的教育理想。

大唐学府办学五年来，教学质量不断提高，管理水平不断提高，育人环境不断优化，整体建构和谐校园，全力打造优质教育品牌，得到了广大家长的认可，受到了学生的爱戴，八方学子纷纷慕名前来就读。学校获得了良好的社会声誉，取得了可喜的社会效益和经济效益，学府先后被评为全国"和谐教育先进单位"、全国"民办学校'守诚信·重教学质量'双保障示范单位"、山东省民办教育"优秀办学单位"、全县"教书育人先进单位"、"平安校园"，2008 年被中国民办教育学会评为"全国民办教育先进单位"，2009 年初县教育局综合评估我们学府以 92.5 分领先第二名 10 分的成绩，获得"教育管理先进单位"。学府共青团委被评为郯城县"先进团委"。学校被中国教育学会选定为"十一五"重点课题"提高教学效益，减轻学生负担，整体建构和谐教学实验"重点试验单位，被临沂师范学院选定为"教育教学实践基地"，被山东大学选为学生社会实践基地。《新华月报》、《中国报道》、《学习》杂志及临沂电视台、山东电视台、中央电视台、《临沂日报》、《现代教育报》、《中国青年报》、《教育文摘周报》等媒体也分别报道了大唐学府关于留守儿童教育、生活、成长的经验和做法。

成绩只代表过去，昨天已凝成历史，"十七大"关于教育问题的重要论述，必将带来更加明媚灿烂的教育春天，也必将给大唐学府带来了新的发展契机，科学发展观早已成为我们行动的指南。新时期、新任务昭示着新的希望，学府全体师生坚定信念，勤奋工作，与时俱进，着力打造"绿色校园、书香校园、文化校园、生态校园、和谐校园"，实现又快又好的发展，再创大唐学府新的辉煌。

（发表于中国教育学会农村教育研究西安会议材料，略有修改）

知者不惑，仁者不忧，勇者不惧

吕方彬

知者不惑，仁者不忧，勇者不惧，这几句话是我国最早的教育家孔子在《论语·子罕篇第九》中说的话。孔子明确指出知的最高修为是不惑，仁的最高修为是不忧，勇的最高修为是不惧。闲暇之时玩味，颇有"斯人也有斯言"之感。的确，一个人领悟了做人的真正目的，他便会在生活中提高对自我的要求，冲破迷津产生智慧，进而坦然面对人生的喜乐，不庸人自扰，并能锻炼出大无畏的真勇气去面对遭遇的困顿与考验。

忽然想起了民办学校。经历了几年的辉煌，多数民办学校已经走到了尽头。"岁寒而知松柏之后凋也。"然而作为后起之秀，为留守儿童撑起一片蓝天的大唐学府，却在短短的几年间蜚声齐鲁，什么原因？新学期开始后，带着这个疑问，我加入学府，成为其中的一员。当和学府融为一体之后，我明白大唐学府之所以会取得如此成就，是因为它有着一支极为优秀的团队。这里的教师堪称知者、仁者和勇者。

用知者来称谓大唐学府的教师，并不过誉，因为在教学上，他们每一个人都是资深的行家里手。多年的教学生涯，每一个人都积累了丰富的经验。在这里，他们带领学生在知识的海洋里冲浪，答疑解惑，面面俱到而又点滴入微；他们带领学生访古探幽，使学生获得书本以外的知识，提高了他们的人文素养；他们利用点滴时间，不断学习，努力提高自身内涵，争做智慧型教师、专家型教师。"苟日新，日日新，又日新"，他们与时俱进，都是当之无愧不惑的知者。

仁者是儒家理想人格的化身，所以说学府教师都是仁者，因为他们都在自觉地践行着"仁"。"吾欲仁，斯仁至也。"在他们看来，"仁"其实很容易做到。它首先是一种人与人之间相互亲爱、相互友善的关系。学府教师集学生的"导师、朋友、父母"于一身。他们是导师，谆谆教诲，循循善诱；他们是父母，对学生倍加呵护，事无巨细、无微不至；他们是朋友，常与学生进行润物无声的谈心，如春日里的细雨，丝丝缕缕，却又沁人心田，为学生排遣忧虑，带去欢乐。"仁"也是人们生活态度的表现方式。孔子说："克己复礼为仁。""克己复礼"需要很深的"内省"与"慎独"功夫。只有自己态度端正，才可以实现"仁"的要求；只有内心以"仁"的标准严格要求自己，用"仁"的境界来考察自己的思想，才能达到"仁"的崇高境界。学府教师深刻认识到这一点。为了给学生树立榜样，他们从生活细节做起，不抽烟，不喝酒，严于自律；他们守时守信，诚实敦厚；他们乐观积极，不怨天尤人；他们内心时刻充盈，精神焕发；他们宽柔温淳，谦和有礼……桃李不言，下自成蹊。老师们用积极的言行和良好的精神风貌影响学生，带动学生，共同经营着和睦、和善、和谐的大唐学府。对于这些，他们经常说："我们做得好，因为我们特别用心。"对此，我不得不慨言："仁者自信，所以仁者不忧。"

恩格斯说过，人类是唯一没有满足自己目的性的存在。我认为只有人类中的勇者才无愧此言，勇者不惧就是对这句话的最好诠释。想当初，在质疑、嘲讽汹涌而至的困境中，王勇基校长带领几位教师，放弃舒适的生活和工作，凭借他们对教育的热情和独到理解，义无反顾地投身到学府的草创中去。漫漫办学路，他们上下四方求索。校址的几多变迁、优秀教师团队的组建、独特校园文化的形成、先进办学理念的引进……其中的辛酸甘苦唯有真正不惧的勇者才有资格品尝体味，才有资格一力担当。短短的四年中，大唐从最初的 7 名教师、几十个学生在发展到今天近 200 名教师、1000 余名学生的规模，也唯有不惧的勇者才能创造出这一光辉业绩。

今天的大唐学府已经在教育界拥有了一片土地。在古郯这片不断涌现奇迹的沃土上，它仿佛一棵劲松，用那柔韧的根须向下，再向下。我们期待它为大地撑起一片更大的绿阴，为人们奉献出一片更为永久的绿色。

读《叔向贺贫》有感

吕方彬

近日再阅《古文观止》"叔向贺贫"一文，颇有感触。文章选自《国语·晋语八》，说的是叔向进见韩宣子，宣子正在为自己的贫穷发牢骚，慨叹自己徒有卿的名号，却没有卿的实际收入，没有钱财交往各位卿大夫。而叔向却为此向宣子祝贺。叔向认为，居官贫不可忧，而应"忧德之不建"。他列举了正反两方面的例子阐明了这样的一个道理：居贫修德，能使国家强盛，人民安居乐业；而忧贫丧德，骄横放纵，便会祸国殃民，害己害人。文中"官不忧贫，忧德之不建"一语虽是针对"居庙堂之高者"而发，然而推而广之，用它来针砭我们的社会、我们的教育、我们的学生，也可谓一语中的。

改革开放 40 多年来，我国经济取得巨大发展，人民生活极大改善。我校多数学生家道殷实，大富之家也不鲜见。学生十余岁就远离父母，只身负笈求学，其志可嘉，父母对他们带有补偿意味的关爱，人之常情，可以理解。是以各类零食实其腹，入时的服装美其身，高档的玩具佚其心志……对于他们自是无贫可贺。然而，反观他们的种种行为，自私、虚荣、依赖、怕苦怕累、意志软弱……其德着实令人担忧。可以说奢侈淫逸的生活对学生的"德之失"推波助澜。

心理学原理有一个观点认为，人如果长期生活在一种"特别幸福"的空间里，就会造成"健康心理过剩症"。它有两个特点：一是对幸福的感觉明显降低，二是特别害怕、不愿接触人世间的艰难困苦，甚至会将一些平常的事也误认为是过于困难而神经过敏。我们不可否认，艰难困苦是生活中的客观存在，谁也不能消灭或回避它。今天，家长也许有能力帮孩子克服一些，那么，将来呢？能让孩子永远不离开自己吗？孟子说："故天将降大任于斯人也，必先苦其心志，劳其筋骨，饿其体肤，空乏其身，行拂乱其所为，所以动心忍性，曾益其所不能……故生于忧患，死于安乐。"苏轼在《晁错论》中说："古之立大事者，不惟有超世之才，亦必有坚忍不拔之志。"这都告诉我们：所有将来能成就一番事业的人，都必然要在内心和身体各方面经受一番痛苦的磨炼，以此来增长自己的才干。能吃的苦都吃过了，能经受的挫折都经受过了，以后即使再碰到类似的困难和挫折，便能处变不惊，临危不乱，冷静对待，设法克服和应对。人生旅途中，逆境催人警醒，激人奋进；而安逸优越的环境却消磨人的意志，使人耽于安乐，尽享舒适，常常一事无成，甚至自我毁灭。明代宋濂在他的《送东阳马生序》中自叙自己贫寒求学的历程："余幼时即嗜学。家贫，无致书以观，每假借于藏书之家，手自笔录，计日以还。天大寒，观冰坚，手指不可屈伸，弗之怠。录毕，走送之，不敢稍逾约……"某种意义上来说，是苦难成就了他名标青史。勾践卧薪尝胆，"十年生聚，十年教训"，最终灭吴为沼。商纣王酒池肉林、后主刘禅安于现状，最终都遭受了亡国之祸。

把一只青蛙冷不防扔进滚烫的油锅里，青蛙能出人意料地一跃而出，逃离陷境。然后把同一只青蛙放在逐渐加热的水锅里，这次它感到舒服惬意，以致意识到危险来临时却欲跃乏力，最终葬身锅底。我们的孩子是不是在这温水中浸泡得太久了呢？

发展篇

春日芳菲，夏木繁荫，秋盈丰实，冬之孕育。五年的躬耕不辍，五年的矢志不渝，年轻的大唐学府从无到有，从小到大，从弱到强，有了长足的发展。学府坚持科学定位：立足县城，面向农村，辐射全国，服务百姓，关注留守儿童，让更多的孩子享受更好的教育。构筑一片蓝天，放飞教育梦想，走出了一条"三校合一"的发展之路，实现又快又好的发展……大回眸五年的办学艰辛，我们总是很努力，总是很付出。大唐学府承载了厚重的嘱托和祈盼，耕耘了殷切的理想和希冀，采撷了诸多的甜蜜和幸福。于是就留下一串串深深的足迹，就收获了一个个厚重的激励：国家的、省里的、市级的……大唐学府关于"留守儿童"教育的探索为社会提供了一个可资借鉴的案例，也为热心教育的专家学者提供了一个研究实验的基地。

为留守儿童撑起一片蓝天

王勇基　王学英

因为父母外出打工，孩子留守农村，由家中的老人或亲戚监护；因教育方法不当、管理失控留守儿童在生活、学习、道德、习惯养成等方面的一系列问题，所以成为一个社会热点问题，引起了社会各界的广泛关注。由中国民主促进会会员、山东省优秀班主任、原山东省实验中学济南英才高中执行校长王勇基于2004年春创办的大唐学府，是一所集学前教育、小学、初中为一体的寄宿制新型民办学校，为留守儿童创建了一个温馨和谐的家园，撑起了一片蓝天。

大唐学府立足县城、面向农村、服务百姓、关注留守儿童。现有3个校区、2所幼儿园，共33个教学班，在校学生1200余人，教职工160余人。学校秉承"让更多的孩子接受更好的教育"之理念，实行"封闭式管理，开放式办学，家庭化住宿，军事化就餐"的管理模式，确立"诚、公、明、仁、达"的校训和"和睦、和善、和谐"的校风，明确"让孩子成人、成才、成杰，让家长省心、放心、开心"的办学目标和"以人为本、以德治校、科学管理、和谐发展"的治校方略。坚持正确的办学方向，全面贯彻教育方针，积极实施素质教育。学校采取小班额授课，分层次教学，突出办学特色，拓展教育范围，关注每一个学生的"人生、人性、人情、人和"，精心呵护每一个学生，成为留守儿童健康成长的家园。

留守儿童心灵的港湾

如果说教师是一种特殊职业，是爱的使者，那么，在大唐学府，教师则显得更为崇高。"教学生一时，想学生一生"是每一位教师的育人准则。教师人人胜任"父母、朋友、导师"三个角色。学校针对本校留守儿童多达百分之六十的现状，制定了相应的工作机制，采取特殊教育措施，让教师们走进学生的心灵深处，了解他们的内心世界，用真情去抚慰他们因缺失亲情而产生的性格内向、冷漠、孤僻、逆反心理、抑郁自卑、偏激情绪，使他们形成健全的人格。想其所想，思其所思，少批评，多鼓励，"把学生的'缺点'当作特点去经营"，容忍他们的缺点并慢慢引导其改正，学生不论在做人还是学习方面都取得了巨大的进步。例如学生颜美（化名），父母常年在上海打工，无暇顾及对她的教育。颜美学习成绩较差，并由此而自卑、性格内向，把自己封闭起来，从不与别人打交道。来学校后，班主任老师随时与她的家长保持联系沟通，并与其他教师成立了一个"帮扶"小组。学习上，老师、同学随时给予她热情帮助，补上落下的功课；生活中，班主任同生活老师一起，多次找她谈心，给她讲人生的道理，让她懂得感恩父母、尊敬师长、亲近同学。慢慢地，她的话多了起来，脸上的微笑多了起来，心中的自信多了起来，学习成绩不断地提高，上学期期终统考取得了优良的成绩。她的妈妈在电话中感激地对班主任说："是大唐学府的老师们给了我一个乖女儿。"在大唐学府，班主任与学生交朋友、任课老师与学生交心已蔚然成风。课堂上是导师，课堂下是朋友，生活中是父母。做父母：疼爱、关心、呵护学生，是学生的靠山和成长的依赖；做朋友：进行心灵沟通，互相学习，互相提醒，互相帮助，互相促进，互相超越，与学生人格平等；做导师：不仅传道授业解惑，还教做人的道理和原则，教做事的策略和方法。老师们把爱化作涓涓细流，滋润着留守儿童干涸的心田，真正做到了"全身心投入，全方位关注，全人格理解，全过程欣赏"。

留守儿童学习的乐园

学校面向社会选聘品学兼修、厚德尚道的优秀教师，汇四方名师，集八方俊彦。教育教学水平不断提高，教学成绩优异。小学部毕业生在县城中学招考中连续三年获得单科第一、综合考试第一、第二的优异成绩；初中部在市县统考、抽考中连续获得全县第二、第三名；今年中考，刚开始只有 7 名学生的初中首届唯一毕业班取得了优异成绩，34 名同学报考高中，30 名同学分别被郯城一中、二中、美澳学校录取。

学校还坚持以全面提高学生的综合素质为宗旨，以丰富多彩的活动为依托，挖掘学生的潜能，注重学生的特长培养，开设了多种选修课，有快乐作文、美术、书法、合唱、舞蹈、古筝、篮球、乒乓球、象棋、围棋等。2006 年 4 月，学校体育队在全县中小学春季运动会上获"体育道德风尚奖"。2006 年 5 月排演的舞蹈《祖国您好》《快乐宝贝》在全县庆"六一"文艺会演中获一等奖，学校获得"优秀组织奖"。2006 年 10 月，中学部篮球队获全县中学生篮球比赛第四名。2007 年 5 月，学府选送的《双簧——争功》《放学吹起嘀哩噜》双双获得郯城宣传部、教育局等九家联合组织的首届儿童才艺暨"檀都宝贝"大赛优秀奖，学府获得"优秀组织奖"。2007 年 7 月，杨斌同学在山东省少工委、山东青少年宫协会联合举办的"第四届'星星火炬'中国青少年艺术英才展示活动"中荣获一等奖。杜心玥、舒雅同学分别获得了全国少年书画大赛的二等奖和优秀奖；孙晗同学在中国教育学会、辽宁少年儿童出版社、《全国小学生优秀作文选》联合举办的全国万校小学生作文选中获得二等奖，王开健、孙永芹、李一方、李俊翰、徐慧、刘盼、宋安男等同学分别在国家、省、市级报刊上发表文章并获奖。

留守儿童温馨和谐的家园

大唐学府的教师对学生的关爱体现在粉笔头上、备课本上，给孩子掖好的被角中。简单的事情能做得不简单，平凡的事能做得不平凡。大唐学府被中国教育学会确定为"十一五"重点课题"提高教学效益，减轻学生负担，整体建构和谐教学实验"重点实验单位，先后被评为"全国和谐教育先进单位"、"全国民办学校'守诚信·重教学质量'双保障示范单位"、"山东省民办教育优秀办学单位"、全县"教书育人先进单位"、校团委被评为"郯城县先进团委"。学校在 2007 年 6 月被临沂师范学院选定为"教育教学实践基地"。

新的机遇，给大唐学府带来新的发展。如今，大唐学府的留守儿童和其他同学一起，在学校"身有所安、心有所定、情有所依、志有所向、神有所往"，如一株株幼苗，在大唐学府这片蓝天下，正沐浴着阳光雨露茁壮成长，他们必将长成参天大树，成为祖国建设的栋梁！

（发表于 2008 年 7 月 12 日《临沂日报》）

让留守儿童享受更好的教育

《教育文摘》周报记者　朱　毅

题记：

近年来，农村留守儿童教育问题已经引起了各级领导和社会的广泛关注，一批有着强烈社会责任感的有识之士用他们的爱与智慧为孩子们托起一片湛蓝的天空。山东郯城大唐学府校长王勇基正是这一队伍中的杰出代表。在大唐学府，我们看到了留守儿童教育的光明未来，更看到了中国农村基础教育的发展方向。

继先圣绝学，承齐鲁遗风，仰大唐气魄，创时代新声。山东自古就是人杰地灵、教化中原之地，更是中国教育的发祥之地。山东郯城大唐学府蕴积千年文化之沉淀，应人民真情托付而兴。自创办以来传承文明、栉风沐雨，迅猛发展，以强烈的历史使命、科学的教育理念、独特的校园文化、创新的规范管理成了中国农村基础教育中的一株奇葩。更为难能可贵的是，作为一所民办学校，它更是绝弃商业利益的追逐，扎根农村，服务基层，让留守儿童享受到了更好的教育。

一、大爱无憾，承托上大学时的梦想

"我是从农村长大的孩子，上大学时就有一个梦想：办一所学校，让农村的孩子享受好一点的教育……"这是大唐学府的创办者、校长王勇基日记中的一句话，纯净、质朴，纤尘不染，透着教育者的大爱与良知。

一位硕果丰盈、桃李满园的优秀教师，毅然放弃大好前途与都市生活，在小县城里，一切从头开始，为父老乡亲们创办了一所学校。他希望这里能够给予农村的孩子与城市孩子一样优质的教育，为此，他与他的团队付出了艰苦卓绝的努力，并最终将一个仅有七八名教师和52名学生的难以称其为"学校"的"学校"建设成现在占地4万平方米、拥有30个教学班、在校生1046人、教职工187人的一所集学前教育、小学、初中为一体的现代化寄宿制新型民办学校。今天的大唐学府正以昂扬自信的风貌毅然伫立在齐鲁大地上，吸引着一批又一批农村学子在这里奠基未来、放飞梦想。

理想是办学的气脉。"教育助人、教育富民、教育强国"一直是王勇基校长矢志不渝的追求，正是在这一教育理想的指引下，他在创办大唐学府伊始，就将"立足县城、面向农村，服务百姓，关注留守儿童"定为办学的基调，并提出了"让更多的孩子接受更好的教育"这一办学理念。

精神是办学的灵魂。大唐学府将中国传统文化融入自身学校文化的建设之中，确立了"诚、公、明、仁、达"的校训和"和睦、和善、和谐"的校风，以"让孩子成人、成才、成杰，让家长省心、放心、开心"为办学目标，坚持"以人为本、以德治校、科学管理、和谐发展"的治校方略，采取"封闭式管理、开放式办学、家庭化住宿、军事化就餐、项目化推进"的管理模式，坚持正确的办学方向，全面贯彻国家的教育方针，积极实施素质教育。学府采取小班额授课，分层次教学，突出办学特色，关注每一个学生的"人生、人性、人情、人和"，精心呵护每一个学生，为农村留守儿童的健康发展撑起一片蓝天。诞生短短5年时间，大唐学府一路风雨，一路收获，一路成长。厚德尚道、素质优良、业务精湛的大唐教师们在王勇基的带领下，牢固树立"教学生一时，想学生一世"的教育观和"教书育人、管理育人、服务育人、环境育人"的服务观，让每个学生幸福生活、愉快学习、健康成长、全面发展。

二、家校合作，共建孩子成长的乐园

大唐学府以留守儿童为主要招生对象，通过"家庭化"寄宿制管理给孩子们营造了一个温情、快乐的成长乐园。大唐的孩子们主要有两个特点，一是由于父母外出打工，他们缺少家庭的温情呵护。二是因为家长工作的不稳定性，学生的流动性较大。如何使他们在学府安心学习、健康成长，获得更好的教育？如何减少学生流动，以实现学校和学生家庭的效益双赢，落实"教育富民"的办学理想？大唐学府自创办以来，站在教师、家长和学生的角度，采取"家校合作"的个性化管理方式，创设一个家庭般温暖的校园环境，不断探求出一条富有校本特色的和谐发展之路。

关注学生成长，给孩子一个幸福的家。大唐学府创办之初，经过分析论证，深入调查研究社会需求，充分分析论证，准确定位。确立了"让更多的孩子接受更好的教育"的办学理念，给农村的学生特别是留守儿童营造一个城里的"家"，一个高档次、有知识、温馨和谐的家。针对现在学生课业负担重，思想成熟早，尤其是"留守儿童"普遍存在的成绩下降、性格孤僻、情绪不稳定等一系列问题，学府认真分析学生的心理，把准学生的思想脉搏，找准"病因"，采取有效措施，及时调整学生的心态；在教学中因材施教，培养学生的兴趣，彰显其个性，提高他们的综合素质。要求全体教师人人胜任"父母、朋友、导师"的角色，着力培养学生的优秀个性品质和知识技能。从不同角度、以不同形式对学生进行全方位教育，使每个孩子的潜能得到极大开发，让每个孩子"静下心学习、张开嘴说话、抬起头走路、挺起胸做人"。

不负家长重托，解除家长后顾之忧。大唐学府办学目标中有一条非常重要，就是"让家长省心、放心、开心"，并将家长定位为学校的参谋，学校的志同道合者，学校的"董事长"。通过建立家长理事会，切实发挥其对学校教育的辅助作用。同时，注重家校联手，转变家长观念、提升家长素质，共谋孩子成人、成才、成杰大计。为了真正做到让家长省心、放心、开心，学校采取了一系列措施：如每月给家长一张联系卡、一张报纸、一封家教联系信、一份孩子成绩单、一份学校工作大事记；每学期组织召开一次家长会，给家长一本教育资料汇报书，组织一次家访；定期请家长听课、评课和监考；请专家给学生家长举办教育专题讲座；办好学校网站，加强教师与家长的联系沟通等，让家长随时了解学校及孩子的情况，提高他们教育孩子的水平和能力，并让远在他乡的家长在网上看望孩子、与孩子对话，彻底解除家长的后顾之忧，放心地双双外出打工。

正是采用了这样一种人性化的管理方式，学校与家长之间建立了良好的互动关系，学校的教学质量也快速提高。建校五年来，已有近百名学生在国家、省、市、县各级各类报刊或比赛中发表作品并获奖；周建伟同学代表全校一千多名同学光荣地出席了临沂市少代会；幼儿园小朋友们的精彩演出轰动了整个县城；学校体育队在全县体育竞赛中获佳绩。广大学生在老师的关爱下，在学校"身有所安、心有所定、情有所依、志有所向、神有所往"。

三、追求卓越，探索农村教育的方向

针对农村"留守儿童"失学、厌学等问题，王勇基清醒地认识到，绝不能照搬城市重点学校的办学经验，而应该立足当地实际，针对"留守学生"及其家长的特殊性，探索一条适应当地教育现状的高质量办学之路。

"三校合一"的发展之路，"家庭化"的管理模式。为了打开"留守学生"心灵失落的领域，走进学生的内心世界，让这些孩子在大唐学府找到家的感觉，王校长根据多年的缜密思考和精心探索，提出了"三校合一"的特色化办学思路，即把学校办成"学生成长学校"，给孩子营造一个幸福的家；"教师发展学校"，给教师构筑一个发展的平台；"家长提升学校"，还社会一个满意的教育。正是在这种思路的引领下，学校针对现在学生的家庭背景、个性化特点，成功地实施了家庭化住宿、学长制管理。学校将学生宿舍命名为"鲁迅之家""诺贝尔之家""华罗庚之家""居里夫人之家""丁肇中之家"等，由经验丰富的生活老师担任家长，坚持与学生同吃同住，朝夕相处。通过老师们，制定家规、确立家风、召开家庭生活会等形式，营造出温馨和睦的家庭氛围。在生活上，老师们更是悉心照料孩子的衣物换洗和生活起居，帮助他们解决日常生活中遇到的一切问题。生活老师的言行不仅教会了孩子怎样做人，还时刻感染着孩子。家人般的亲密接触，给了孩子关爱别人和被人关爱的机会。孩子在赏识和被尊重中，以自己的健康成长回报老师、回报父母、回报社会，回报和自己朝夕相处的伙伴。建设稳定的高水平师资力量。农村教育人才的大量流失是造成教育质量滑坡的一个重要因

素，在王勇基校长看来，一支品德高尚、素质优良、业务精湛的高水平教师团队是推动学校发展的重要力量，更是学校教学质量的有效保证。正是以这种前瞻性的眼光，王校长将学校与教师的关系定位为：校长与教师是合伙人，是相互依赖的关系，是同舟共济、荣辱与共的关系。学府实行人性化管理，想教师所想，急教师所急，支持教师工作，关心教师生活，为教师们搭建一个发展自我、展示自我的平台。学府努力做到感情留人、事业留人、待遇留人、文化留人。办学五年来，大唐学府一直坚持从三个方面加强教师的队伍建设。第一，从吃、穿、住、工资、福利和奖金六个方面提高教师的待遇，努力给教师创造一个优越的工作生活空间；第二，给教师一个宽松的工作氛围、自我调控宽容的空间和愉快心情；第三，明确工作目标和任务，减轻工作量，留给教师足够的时间用于钻研教材，加强业务学习，提高工作能力，提升教学水平；第四，加强教师培训，每月进行一次校本培训；第五，校长成为教师工作与生活的服务员、学习与思想的排头兵。

营造"和睦、和善、和谐"的特色校园文化。"和"是一份宽容，一种气度，一种人性永恒的思想情操。大自然因"和"而产生无穷的魅力，音律因"和"而弹奏出美妙的旋律，人与人之间因"和"激发了高尚的情趣。王勇基将"和"这一中国传统文化精髓融入自己的教育理念中去，并着力构建一种以"和"为中心的校园文化。大唐学府在以人为本，和睦、和善、和谐共生的理念下开垦教育这块圣洁的绿洲，让"和"的观念深入每一位教师、学生和家长的内心。走进大唐学府，人们最先感受到的正是这样一种"和"的氛围与气息，师生之间和睦相处，每个人脸上永远带着和善的笑容。和谐更是渗透到了校园的每一个角落，学校始终呈现出一派春有花、夏有荫、秋有果、冬有青的其乐融融的景象，充满着歌声、笑声、琅琅的书声和生命的律动。

一位大唐学府的学生在给爸爸妈妈的书信中这样写道："爸爸妈妈，非常感谢您为我选择了大唐学府，我已被这里'和睦、和善、和谐'的校园氛围折服了。这里的老师与我们朝夕相处，是其他学校所不能做到的，在这里老师和家长是两个极其相似的概念。老师不仅传授我们知识，更重要的是茶余饭后教我们怎样做人。他们用情感化学生，用高尚的人格影响学生。他们像父母，更像是朋友，与我们之间相处得是那么友好、和谐，处处无不透着人性美。无论在教室，还是在宿舍，时时感觉到大唐学府像家一样温馨。"无须再用更多文字去赘述这所学校的特别之处，更无须更多溢美之辞的赞叹，发自学生肺腑的话语正是对大唐学府五年经营之路的最好注解。

（发表于 2009 年 6 月 8 日《教育文摘》周报）

为留守儿童营造温馨的港湾

——访新型寄宿制民办学校山东省郯城大唐学府校长王勇基

《经济视角》记者　陈付启　张　伟　　通讯员　李克成

随着社会经济的快速发展，越来越多的青壮年农民走进城市，他们的孩子也过早地离开了父母温暖的怀抱，忍受着孤独的煎熬，成为"留守儿童"。留守儿童因为缺少父母的照顾，出现学习成绩较差、人生观偏离等问题，有些甚至出现内向焦虑、悲观消极等心理障碍。留守儿童的教育已成为近年来广大农村一个突出的社会问题，引起社会各界的关注。

《中国报道》对大唐学府"祖国不会忘记，历史不会忘记，人民不会忘记"的评语，引领着我们走进新型寄宿制民办学校——山东郯城大唐学府采访了校长王勇基。王校长凭着对教育事业的满腔热情，对学生深切的爱，创办了大唐学府。大唐学府是一所集学前教育、小学、初中为一体的新型寄宿制民办学校，创办四年来，一直以提高教育教学质量为重点，以创办名优学校为目标，致力于做好留守儿童的教育，为政府分忧、为百姓解难。

访谈中，王校长向我们详细介绍了学府的情况：学校现已发展到4个校区，共33个教学班，在校学生1109人，教职工180余人。学校追求"教育助人、教育富民、教育强国"的理想，秉承"让更多的孩子享受更好的教育"理念，实行"封闭式管理，开放式办学，家庭式住宿，军事化就餐，项目化推进"的管理模式，确立"和睦、和谐、和善"的校风和"诚、公、明、仁、达"的校训，明确"让孩子成人、成才、成杰，让家长省心、放心、开心"的办学目标和"以人为本，以德治校，科学管理，和谐发展"的治校方针，追求"教育助人、教育富民、教育强国"的理想，在实施素质教育的同时，确保学生们能变"被动学习"为"主动学习"，变"要我学"为"我要学"，身心得以健康成长。

为留守儿童竖起成长的平面镜

古人云："以铜为镜，可以正衣冠；以古为镜，可以知兴智；以人为镜，可以明得失。"大唐学府注重加强教师的职业道德修养，铸造师魂，组织教师集体学习《中华人民共和国教师法》《中华人民共和国未成年人保护法》等法律法规，请校内外师德标兵作师德报告，派大批骨干教师到北京、天津、南京、扬州、烟台等地学习先进的教育教学思想和方法，用先进事迹激发教师教书育人的积极性。

"十年树木，百年树人。人生观决定一个人做人的标准，而培养学生如何做人，如何做一个对国家、人民、社会有贡献的人，则是基础教育'树人'的关键。"王校长深有体会地说，"做到这些的前提是让学生在老师的指点和引导下，正确认识自我、认识他人，会交际、懂感情。充分认识'他我'(他人眼中的我)，认识'自我'(自己眼中的我)和'真我'(本质的我)。"

为留守儿童筑起一处心灵的港湾

教师是一盏导航灯，不仅引导学生在知识的海洋里遨游，也照亮学生的心。大唐学府里的教师人人胜任"父母、朋友、导师"三个角色，着力培养学生的优秀个性品质和知识技能。学校针对留守儿童多达百分之七十的现状，制定了相应的工作机制，采取灵活的教育措施。教师们与学生同吃、同住、同学习、同玩乐，走进学生的心灵深处，了解他们的内心世界，从不同角度、用不同方式对学生进行全方位教育，使每个孩子的身心健康成长，潜能充分开发，让每个孩子都能"静下心学习，张开嘴说话，抬起头走路，挺起胸做人"，使学生在学校"身有所安，心有所定，情有所依，志有所向，神有所往"。

为留守儿童创建一所学习的殿堂

大唐学府重视教学过程的管理，课堂教学立足于"课堂精讲，及时训练，省时高效"的实际，将和谐教学、研究性学习引入课堂。让老师在课堂教学中坚持以学生为本的原则，将教材和学生实际紧密结合，帮助他们理解、消化。针对部分学困生，则采取"任课老师辅导功课，班主任帮扶行为习惯"的方式，促进学困生转化。学校还坚持以全面提高学生的综合素质为宗旨，开设各类选修课，结合丰富多彩的课外活动，挖掘学生的潜能，培养学生的特长，使每个学生都得到了最好的发展。

"春播一粒种，秋收万粒粮。"大唐学府小学部毕业生在县城中学招考中连续三年获得单科第一、综合考试第一、第二的优异成绩；初中部在市县统考、抽考中连续获得全县第二、第三名；2007 年中考，学府首届初中毕业生 34 人报考高中，要振、刘盼等 30 名同学分别被郯城一中、二中、美澳学校等学校录取。

为留守儿童构建一个温馨的家园

"孩子们正处在长身体的时候，一日三餐很重要。"在采访过程中，王校长这样告诉记者，"为确保学生在校能吃好、住好、学好、玩好，我校实行任课教师和生活教师'无缝对接'的管理模式，对学生全身心投入、全方位关注、全人格理解、全过程欣赏"。学校食堂配备蒸车、烤箱、恒温电饼铛等现代化炊事设备，并且聘有专门的厨师、糕点师、营养师。学府以服务学生为根本，本着让孩子"吃得饱、吃得好、吃得有营养"的原则，精心编制每周的食谱，鸡鱼肉蛋调剂吃，荤素兼顾有营养；在宿舍楼的每一家设一名生活老师负责督促学生按时起床、就寝、换洗衣服……对于每次大休接送学生，都选派责任心强、有较强工作能力的老师去完成。

大唐学府的教师对学生的关爱体现于粉笔头上、备课本上、给孩子掖好的被角中，简单的事情能做好不简单，平凡的事能做好不平凡。大唐学府创办四年来，先后被评为"全县教书育人先进单位""全县平安校园""山东省民办教育优秀办学单位""2007全国教育创新示范单位""2007全国校园文化建设二等奖""全国和谐教育先进单位""全国民办学校'守诚信·重教学质量'双保障示范单位""全国民办学校先进单位"。学校被中国教育学会选定为"十一五"重点课题"提高教学效益，减轻学生负担，整体建构和谐教学实验"重点试验单位，被临沂师范学院选定为"教育教学实践基地"，学校事迹被收入2007年《临沂年鉴》《临沂日报》《学习》《中国报道》，山东电视台等传媒纷纷予以宣传报道。从教26年来，王校长先后被授予"山东省优秀班主任""临沂市教学能手""临沂市先进教研组长""临沂市关心下一代成长先进个人""郯城县教书育人先进个人""2007中国教育管理杰出人物"等荣誉称号。

大唐学府为留守儿童教育提供了有益的启示

大唐学府的创办，还有着另外一层含义。当谈及创办大唐学府的初衷时，王校长敞开了心扉：创办一所能让学生快乐成长的学校，让学生们都能享受更好的教育，是我在18岁时就有的愿望。1981年，我将梦想写在了日记本上，如今，我终于圆了心愿。大唐学府为留守儿童撑起了一片蓝天，为当前留守儿童教育提供了有益的启示和借鉴。作为和谐社会的一员，我们有责任"关注弱势群体、关注留守儿童"，让留守儿童感受到社会的爱，为留守儿童和农民子女的健康成长献上一份绵薄之力。

青春无悔，拼却一腔情丝织就万里锦绣；红烛有泪，点燃一片希望照亮千秋征程。回眸过去，王校长坦言道："既然选择太阳底下最光辉的职业，就要做到与这个职业一样崇高。"王勇基正是在这个信念的感召下，用诚心、真心、良心、爱心为留守儿童创建了一个温馨和谐的家园，撑起了一片蓝天。

（转载于2008年8月《经济视角》）

对话郯城大唐学府校长王勇基

《淮海经济》记者　朱兆雷　　　特约撰稿人　朱林利

大唐学府是一所教育部门批准于 2004 年创办的自学前教育、小学、初中于一体的新型寄宿制民办学校，现有 4 个校区，占地面积 4 万平方米，建筑面积一万平方米，33 个教学班，在校生 1100 余人。天津市教科院基础教育研究所所长王敏勤教授，原临沂师院院长杨燕钧教授任名誉校长。

校长王勇基同志是中国民主促进会会员，政协郯城县第五、六、八届委员，山东省优秀班主任、原山东省实验中学济南英才高中执行校长。

大唐学府有一支厚德尚道、素质优良、业务精湛的师资队伍。全体教师牢固树立"教学生一时，想学生一世"的教育观和"教书育人、管理育人、服务育人、环境育人"的服务观，人人胜任"父母、朋友、导师"角色，使每个孩子的潜能得到极大开发。大唐学府实行"封闭式管理、开放式办学、家庭化住宿、军事化就餐、项目化推进"的管理模式，全力构建和谐校园，积极优化育人环境，努力提高教学质量，致力打造优质教育品牌。郯城电视台、《临沂广播电视报》、《临沂日报》、山东社科院《学习》杂志、山东电视台、《经济视角》、《中国报道》、《新华月报》、《现代教育报》、《人民日报》、《中国教育报》、《人民教育》等传媒先后作了专题报道。特别是《中国报道》杂志，对大唐学府关注留守儿童教育的做法给予了"祖国不会忘记，历史不会忘记，人民不会忘记"的高度评价。学校先后被评为"全国和谐教育先进单位""全县教书育人先进单位""平安校园""共青团郯城县优秀基层组织""山东省民办教育优秀办学单位""全国民办学校'守诚信·重教学质量'双保障示范单位""2007 年中国教育创新示范单位""2007年中国校园文化创新二等奖""全国民办学校先进单位";被中国教育学会选定为"十一五"重点课题"提高教学效益，减轻学生负担的整体构建和谐教学实验"重点试验单位，被临沂师范学院吸收为"教育教学实践基地"。大唐学府秉承"让更多的孩子接受更好的教育"的教育理念，追求"教育助人、教育富民、教育强国"的教育理想，确立"让孩子成人、成才、成杰，让家长省心、放心、开心"的办学目标和"以人为本、以德治校、科学管理、和谐发展"的治校方略，坚持正确的办学方向，全面贯彻教育方针，积极实施素质教育。采取小班额授课、分层次教学、突出办学特色；从"人生、人性、人情、人和"的角度，精心呵护每一个学生，高度关注每一个学生发展。近日，记者走进大唐学府，采访了民办教育专家、校长王勇基同志。

记者：王校长，大唐学府在您的领导下，率先提出了教育助人的教育理念，请问，您是怎样倡导一种和谐的教学关系的？

王勇基校长：当代的教育不再仅仅是"传道、授业、解惑"，更多的是"服务、激励、影响、帮助"。大唐学府的教师既是教学生学习文化课的导师，又是学生吃、穿、住、医、生活的父母，更是学生游、玩、聊、乐、咨询的朋友。

我通常把学校定义为一群追求教育理想的人团结一心、共同开展的一项多角度、全方位的教育实验。老师和家长是联合办学的合伙人，大家分工不同。教师在学校教育孩子、照顾孩子、关爱孩子、激励孩子；家长尽其所能，集中精力做事，挣钱供孩子上学、消费，自愿拿一部分作为孩子老师的酬劳。大家都是助人者自助、劳动者有收获，送人玫瑰手有余香。谁都帮助别人，谁都被别人帮助，谁都不坐吃山空，谁都创造财富。这就是生存链条，这就是合作双赢，这就是生命愿景。

我们学校定位"立足城市，面向农村，服务百姓，关注留守儿童，为国家育才，替政府分忧，给百姓解难，为留守儿童撑起一片蓝天，让更多的孩子接受更好的教育"。高质量的教育服务、高品位的教学绩效，体现了我们大唐学府高度关注学生"人生、人性、人情、人和"的意识和使学生"身有所安、心有所定、情有所依、志有所向、神有所往"的教育原则。在精打细算、合理运作中，低廉的收费效益发挥到极点。千方百计让学生吃的比在家里好，住的比在家里好，玩的比在家里好，学的更比在家里好。学生的学习好、心情好，家长、老师的脸上就有光彩；家长满意，老师高兴，家校就和谐，社会就认可；家校和谐、社会认可，学校就发展；学校发展了，文章就出来了，我也就有话可说了。无论是谁帮助谁，都是教育助人。

记者：请您谈谈，您从教育富民的实践中总结出来的那本经济账。

王勇基校长：中国是穷国办大教育，短时间内国拨教育经费不能满足迅速发展的教育需要。而改革开放以后，让一部分人先富起来，先富起来的人挣钱做什么？最有价值的是投资教育，培养孩子。孩子都是家庭的宝贝，每个人都不愿看着自己的孩子生活水平低于其他家庭孩子的生活水平，当今许多有眼光的家长已经把培养孩子当作是教育消费，当作一种良好的投资（个人体会）。公办教育是保障，体现党和政府的教育公平，高度关注民生。而民办教育是选择，彰显人们的实力、爱好和个性。现实情况下，很难保证农村中小学与城市学校的教育资源、设备、环境都达到同一水平，但生活在大城市十多年或整天走南闯北干事创业的家长，都希望孩子超越自己或继承自己的事业，发展自己的事业。在竞争激烈的今天，谁都想多几成胜算，最划算的渠道就是培养自己的孩子。最朴实的想法起码别让孩子学坏了，走了下坡路。另外还有"无人照管孩子""隔代抚养教育"等问题都会引起家长的茫然和深思。因此像我们这样的民营学校就有市场、有生源、有了生存和发展的空间。

谚语曰："人算不如天算。"意想不到的是，任何一个送孩子来大唐学府学习的家庭，都没有因孩子花学费多而家境变得贫困。究其原因是学校这种经营模式从宏观上解放了生产力。妈妈从纯粹的消费者变为财富的创造者，她们的劳动收入用一部分培养孩子，剩余的用于家庭开支，替代了爸爸劳动收入的一部分开支，结果家庭财富积累有了一个质的增长。更令人可喜的是学校办得好，家长放心，学生的妈妈随爸爸到城市工作，解决了两地分居的难题，使得夫妻双双共同学习、共同工作、共同进步，为社会的和谐作出了贡献。这是我多年来从办学实践中总结出的经济账，算这笔账时，我们明白了为什么有钱的人花钱大方而总是有钱，因为他们的思维灵活精明，生活方式求新超前。

记者：来采访您之前，教育局的领导向我介绍了您"三校合一"的办学理念。您是一位有名的民办教育专家，请问您是怎样探索这条民办学校发展之路的？

王勇基校长：三校合一，指的就是我们要办一所不同于其他学校，有着独具特色的全方位关注学生成长、教师发展及家长提升的新型学校。把学校办成一所具有三种功能的学校，即：学生成长学校，给孩子一个成长的家；教师发展学校，给教师一个理想的发展平台；家长提升学校，给学生家长一个素质提升的场所。

一、学生成长学校，给孩子一个成长的家

如今社会已经发展成为市场经济、知识爆炸和知识经济的时代。传统的家庭教育无法让学生全面地、多角度地去享受成长的快乐。父母的工作、学历、阅历和生存压力等，都制约着对孩子的教育方式、方法和思路。我们学校的管理模式是"封闭式管理，开放式办学，家庭化住宿，生活化德育"，给学生一个城里的家，一个高档、温馨、和谐、有知识的家，我们将每一个学生宿舍都分别命名为"鲁迅之家""诺贝尔之家""华罗庚之家""居里夫人之家""丁肇中之家"等家庭，学校以家为单位管理、关爱学生；每家配备了有成功家教经验的优秀生活教师为家长，负责本家的家庭文化建设、家规、家风的建立；推选一名大同学担任大学长。教师和学生住在一起，为学生发被褥、脸盆等生活用品，学生每间宿舍4—8个人，每周根据不同家庭情况，召开家庭生活会，不断完善家庭文化建设，每天夜里都安排生活老师轮流值班为学生盖被子、起夜等服务。生活老师还为学生洗衣服、晾晒被褥、组织洗澡等服务管理，创造了一个清洁、安全、舒适的居住环境。良好的家庭环境，给孩子们创造了宽松和谐的成长空间。老师的言行，不仅教会

了孩子怎样做人，还感染了孩子。每天的亲密接触，给了孩子爱人和被爱的机会，孩子在赏识和被尊重中以自己的健康成长来回报社会，回报老师，回报父母，回报和自己朝夕相处的伙伴，学会了关心长辈、爱护他人。现在的学生课业负担很重，思想成熟也比较早，留守儿童学习成绩下降，思想波动很大。那么，如何减轻学生的课业负担，如何培养独生子女，如何教育留守儿童，正是当前大家普遍关注而又亟须解决的问题。我想，梳理好学生及教师的心理，及时摆正教师和学生的心态，明确教师的教学目标和教学方法，让学生进一步明确新课程理念下的学习目标和感悟学习方法至关重要。

二、教师发展学校，给教师一个理想的发展平台

当今社会要想获得成功，再也不能单打独斗了，这就需要建立一个团队或一个组织，学校要发展、稳定，首先必须留住教师，给教师一个发展成长的机会。我们的定位是：校长与教师是合伙人，是相互依赖的关系，是真正同舟共济、荣辱与共的关系。我们采取的方法是：

1. 给教师一个宽松的工作氛围、自我调控的空间和愉快的心情。为了让老师们轻松地走进课堂，留恋学生和学校，我们从吃、穿、住、工资和福利五个方面提高老师的待遇。老师免费就餐，和学生享受同等待遇，每天一个水果，每次大休开学热热闹闹地相聚一次。每年两身校服。学校租赁房屋让老师们居住，提供水、电，增加了洗浴设施。每个月为老师增加工资，制定并实施了优厚的福利待遇。

2. 明确工作目标和任务，减轻工作量。我们学校实行小班额教学，每班定员 40 人，每个教师只带一门课，工作量不大，这样减少了老师们的劳动强度，缩短了工作时间，增加了休闲时间，让老师们教得轻松、舒适，同时也留给老师足够的时间用于钻研教材，加强业务学习，培养自己的能力，提高自己的教学水平。

3. 加强教师培训，开阔了老师们的教学视野，拓宽了老师们的教学思路，提高了老师们的教学水平。

4. 校长做教师的服务员。加盟大唐学府的老师，校长经常找他们谈心，

担负他们心理咨询师的工作，让每一位老师都有一个健康的心态。

三、家长提升学校，给家长一个素质提升的机会

我认为，要想减轻学生的负担，只要老师课上课下组织得好，让学生玩学习、教师自己玩工作即可。老师有玩的心态是不容易的，怎样让老师有玩的心态，我的做法是除了上述讲的以外，就是调动家长的积极性。学生家长能做的，就让学生家长做，让学生家长帮我们宣传、招生，帮我们筹划教学急需资金，帮我们策划发展。怎样才能调动学生家长的积极性呢？方法只有一个，把学校办成家长提升学校。大家都知道，几乎所有的问题学生都是由问题家长造成的，多年的经验告诉我，要想真正转变一个差生，非得转变学生父母的观念和习惯，以及对孩子的评价不可。站在家长的角度着想，让家长把孩子送进学校真的是省心、放心。大家都知道，社会上有一种观念，明明白白消费，可真正投资于教育的消费，他们是不明白的！所以，我们做了以下工作：（1）每月一张联系卡，一张报纸，一封信，一份成绩单，一份工作大事记。（2）每学期组织召开一次家长会，一本教育资料汇报书，一次家访。（3）请家长听课、评课和监考。（4）请专家给学生家长进行教育专题讲座，提高他们的修养水平。

记者：最近一段时间以来，大唐学府的办学成绩和办学特色引起了国家教育部门与各级新闻媒体的广泛关注，请您谈谈这方面的情况。

王勇基校长：我们大唐学府在短短四年时间内，从一所筹建中只有50名学生的郯城英才实验小学发展到今天拥有30个教学班，在校生1100人，教职工188人，占地4万平方米，建筑面积1万平方米的现代校园，是和我们所追求的教育理想密不可分的。大唐学府2007年7月12日在《临沂日报》上发表的《为留守儿童撑起一片蓝天》的专题文章引起了巨大轰动，《中国报道》、《新华月报》、山东社科院《学习》等报刊先后转载，紧接着山东电视台、《现代教育报》、《经济视角》杂志社等新闻媒体分别派记者来大唐学府作专题采访、报道。特别是《中国报道》对我们的办学予以高度评价"祖国不会忘记，历史不会忘记，人民不会忘记"，更让全体教师备尝"奋

发有为"的成就感。

从 2005 年获得"郯城县教书育人先进单位""全国和谐教育先进单位"，到 2006 年的"郯城县平安校园""山东省民办教育优秀办学单位""全国民办学校'守诚信重教学质量'双保障示范单位"，再到 2007 年的"全国教育创新示范单位""2007 年全国校园文化建设创新二等奖""全国民办学校先进单位"。特别是在 2008 年刚刚结束的"全国农村教育发展与管理研讨会"上，我们学校有两篇文章作典型交流。这两篇凝聚着大唐学府全体师生智慧和心血的文章，已传到中国教育学会会长顾明远教授手中，传到国家副总督学郭振有教授手中，传到教育部基教司姜沛民司长，传到联合国科教文组织国际农村教育研究与培训中心主任、原中央教科所长朱小曼教授手中，还传到来自全国各地大学教授及部分省的教育厅长、上百位市县教育局长、教育学会会长手中。网络上，有记者把我们的"家庭化住宿，学长制管理"专门作为这次会议的经典推介给广大教育管理工作者。

这些成绩的取得体现了大唐学府教师团结协作、奋力拼搏以及各级领导的关怀帮助和家长的信任，充分表达了我们"教育助人，教育富民，教育强国"的理想和追求。

当然，成绩与荣誉是一种压力，它会随时鞭策我们继续前进；成绩与荣誉也是一种动力，它会推动我们继续前进。

记者：感谢您在百忙中接受我们的采访，您个人讲话的逻辑性、条理性、辩证性和系统性给我们留下了很深的印象。祝大唐学府在您的领导下，取得越来越大的成绩，同时也期待您在民办教育工作中，能够探讨出更多的研究成果。

王勇基校长：感谢新闻界朋友对我校的关注，教育是大计，民办教育是不可或缺的组成部分，我愿意在这个领域贡献自己微薄的力量。

（转载于 2008 年《淮海经济》第 11 期）

大唐学府走进中央电视台

山东省大唐学府创办于 2004 年春，是一所集学前教育、小学、初中于一体的新型寄宿制民办学校。学校占地 4 万平方米，建筑面积 1 万平方米，现有 27 个教学班，在校学生 1068 人，教职工 166 人。学校立足县城，面向农村，服务百姓，关注留守儿童。在王勇基校长的带领下，追求"教育助人、教育富民、教育强国"的理想，以"让更多的孩子享受更好的教育"为宗旨，坚持"教育第一、健康第一、服务第一"的办学思想，全体教师树立"教学生一时、想学生一世"的教育观，对学生"全身心投入、全方位关注、全过程欣赏、全人格理解"。从"人生、人性、人和、人情"的角度关注学生的吃、穿、住、学、玩，让学生"身有所安，心有所定，情有所依，志有所向，神有所往"，为留守儿童营造了一个温馨的家园，走出了一条"三校合一"科学发展之路。

大唐学府坚持科学发展观，以人为本，以德治校，科学管理，和谐发展。坚持把学校办成"学生成长学校，教师发展学校，家长提升学校"的经营策略，采取"封闭式管理、开放式办学、家庭化住宿、军事化就餐、项目化推进"的管理模式，确立"和睦、和善、和谐"的校风和"诚、公、明、仁、达"的校训，在全校形成了"自觉觉人、成人达己"的教风和"团结、合作、发展、创新"的学风。先进的办学思想，厚重的校园文化，让学生在潜移默化中陶冶情操，砥砺品格，积淀丰厚的人生底蕴。一所好学校需要有一位好校长。大唐学府校长王勇基，是中国民主促进会会员、郯城县政协委员、山东省优秀班主任。一位好校长带出一个好团队。大唐学府全体教师人人胜任"朋友、家长、导师"的角色，倾听学生的呼声，走进学生的心灵，了解学生成长需求，多角度、全方位地关注、关心、关爱学生。在开齐开足国家课程外，还根据学生的兴趣爱好，开设了种类多样的选修课，开展丰富多彩的校园文化活动，致力于学生优秀个性品质的培养，使学生"静下心学习、张开嘴说话、挺起胸做人"。大唐学府全面实施素质教育，小班额授课，分层次教学，传学生以知识与技能，教学生以创新与思维，引学生以探究与成长。生活老师无微不至的关爱，同学间亲密无间的相处，使学生觉得虽远离父母，但时时感受到家的温暖，挥洒伙伴间真诚的友情，感受爱、享受爱、回报爱。一个好的教育团队能打造一所好学校。大唐学府牢固树立质量立校、特色兴校、改革活校、科研强校的意识，着力打造"绿色校园、书香校园、文化校园、生态校园、和谐校园"，以中国教育学会为依托，与全国多所名校联谊，经常派团参加全国性学术活动。学校建立了校园数字网络办公系统，学生们在微机室就可以查阅资料、学习知识、开阔视野；学校聘请美国外教，定期来学校授课；学校重视学困生转化工作，引领学生健康成长，实现"大唐学府无差生"的教育承诺；学校合理搭配营养，调剂饭菜花样，努力做好后勤服务保障工作；学校还毫不放松校园安全工作，警钟长鸣，杜绝了各类安全事故。大唐学府创办5年来，一路风雨，一路凯歌。管理水平不断提高，育人环境不断优化，整体建构和谐校园，全力打造优质教育品牌，受到了广大学生、全体家长、社会各界的广泛赞誉。中央电视台、《现代教育报》、《学习》月刊、山东电视台等各级新闻媒体纷纷予以宣传报道，八方学子慕名而来。目前，学校除山东籍学生外，还有来自北京、安徽、四川、江苏、黑龙江、浙江等省市的学生在校就读。学校被评为郯城县"教书育人先进单位"、"平安校园"，山东省"民办学校优秀办学单位"，以及"全国和谐教育先进单位""全国民办学校'守诚信·重教学质量'双保障示范单位""2007年中国教育创新示范单位""2007年校园文化建设创新二等奖""2008年全国民办学校先进单位"。学校还被中国教育学会确定为"十一五"重点课题"提高教学效益，减轻学生负担，整体建构和谐教学实验"重点试验单位、山东大学学生"社会实践基地"、临沂师范学院"教育教学实践基地",给中国农村基础教育,特别是民办学校带来一个又一个欣喜和惊奇。

发展进取中的大唐学府以其丰厚的人文底蕴,浓厚的校园文化,准确的办学定位,科学的教育管理,扎实的教学成绩,迎着朝阳昂首行进在中国农村基础教育的征程上……

郯城县教育科学研究规划重点课题

"对'留守儿童'成长教育的研究"子课题实施方案

一、课题基本情况

课题名称：对"留守儿童"成长教育的研究

课题负责人：王勇基

课题组成员：刘瑞峰、马保生、王树玉、徐敏水、徐涛

课题来源：郯城县教育科学规划领导小组

立项时间：2006 年 11 月 18 日

预期完成时间：2007 年 11 月 18 日

预期的主要成果：研究报告

预期的其他成果：

1. 发表部分关于"留守儿童"成长教育的理论文章和实验报告

2. 部分留守儿童成长的足迹

二、课题的提出（目的意义）

当前，留守儿童的教育问题一直被人们广泛关注。留守儿童长期地失去亲人的关爱，变得越来越不合群体。其孤僻的性格、浮躁的思想、暴躁的脾气、扭曲的心理以及知识的断层和成绩的不稳定性，越来越让人担忧。因此，关注留守儿童的身心健康成长，能不能有效地制定一些教育方略，让留守儿童重新找到家的感觉，重新享受到亲人的呵护与温暖，得到亲人的理解与信任，把属于孩子的一方净土还给孩子，让孩子快乐地去耕耘，把属于孩子的一方蓝

天还给孩子，让孩子拥有幸福成长的空间。对孩子实施爱的教育，我们进行了的三校立业，全方位关注学生、家长及教师三者之间的和谐关系。我们计划办一所既不同于其他学校，有着独具特色的全方位关注学生成长、教师发展以及家长幸福的新型学校，实施一种新的教育原则和教育方式。我们秉承三三教育原则，即：三无立教、三教立校、三校立业。把学校办成一所具有三种功能的学校，即：学生成长学校，给孩子一个成长的家；教师发展学校，给教师一个理想的平台；家长提升学校，给社会一个满意的教育。

1. 教学的首要任务是为孩子创造一个清洁、安全、舒适的居住环境，让孩子有一个良好的家庭环境，给孩子创造宽松和谐的成长空间，教会孩子怎样做人，怎样去感染孩子。让孩子感受到爱，尝到爱的甜蜜，同时，又能够用自己的行为和方式去爱别人，去回报他人，向别人实施爱。

2. 注重用情感化留守儿童，用健康的人格影响留守儿童。教师对待他们像是父母，更像是朋友，师生之间注重友好、和谐，透着人性美。无论在教室，还是在宿舍，处处感受到学校有着家的温馨。

3. 全面树立学生观，要求全体教师全身心地投入工作，热爱教育事业，满腔热忱地走进校园，走进学生的心灵，打开学生心灵失落的领域，树立以"学生发展为本"的新教育思想，充分尊重学生鲜明的个性，张扬学生的个性，设身处地地为学生着想，让学生走上正确的人生之旅。

三、可行性分析（课题预期达到的目标和效果）

本课题所要达到的目标是：为学生把握正确的人生方向，培养乐观豁达、心胸开阔、积极向上、有素养、心地善良的一代新人。

四、课题研究的内容和依据

（一）本课题研究的主要内容

1. 通过对留守儿童的教育和培养，摒弃今天的孩子自私、贪婪、倔强、懒惰的性格，让孩子树立正确的人生观和价值观，感觉到做个好人的价值。

2. 让孩子懂得，通过他人的帮助和自身的努力，可以征服一切困难；人生不止一条路，条条道路都可以通向理想的彼岸。

3.挖掘每个孩子的潜能，完善他们的道德，提升他们的人格，让每一个孩子的眼界都得到开拓。

（二）课题研究的依据

华东师大张文质教授《生命化教育的责任与梦想》系列书刊，倡导教育者多关注孩子的成长历程，能有所作为地让孩子感受更多的快乐，远离孤独和痛苦，呼唤人性的复归，呼唤教育的人道主义，呼唤教育对人的生命真挚诚恳。

对留守儿童成长教育的方法：1.秉承三三教育原则，即：三无立教、三教立校、三校立业。把学校办成一所具有三种功能的学校，即：学生成长学校，给孩子一个成长的家；教师发展学校，给教师一个理想的平台；家长提升学校，给社会一个满意的教育。

2.站在家长的角度着想，让家长把孩子送进学校真的是省心、放心。

3.让学生全面地、多角度地去享受成长的快乐。

4.封闭式管理，开放式办学，家庭化住宿，军事化就餐，给学生一个城里的家，一个高档、温馨、和谐、有知识的家。

5.建立一个团队组织，为人人搭建一个合作的平台。给教师一个发展成长的机会，让学校与教师相互依赖，相互生存，真正地形成同舟共济、荣辱与共的关系。降低老师们的劳动强度，缩短工作时间，增加休闲时间，让老师们教得轻松舒适，同时也留给老师足够的时间用于研究留守儿童，培养与留守儿童沟通、理解的能力，提高自己的教育教研水平。

五、课题研究的方法

1.对留守儿童成长教育教学实验法。采取和城乡留守儿童对照实验法，观察实验的效果。这样能保证实验的信度和效度，说服力强。教育实验是通过对某些影响实验结果的无关因素加以控制，有系统地操纵某些实验条件，然后观测与这些实验条件相伴随现象的变化，从而确定条件与现象间的因果关系。例如，影响学生成长的因素有很多，要具体分析学生的家庭因素、知识基础、智力因素、学习兴趣、读书习惯和积累、教学方法等。

2. 调查法、观察法、测试法。为了了解留守儿童成长的经历，还要采取调查法、观察法和测试法。对城乡留守儿童都要测试各方面能力。每个学期都要测试和调查，要注意保留好原始数据。

3. 个案研究法。在实验的过程中不仅要了解留守儿童的整体情况，还要研究个别学生的情况，如通过对个别学生的研究（包括座谈、观察、家访等），了解学生在实验中的真实感受，并做好记录。要通过事例说明实验的效果，并通过了解学生的情况不断改进实验措施。

4. 教育统计法。在实验的过程中要注意积累数据，在实验前对城乡留守儿童都要测试能力，作为实验的起点（前测），每个学期都要进行能力测试。每次测试和调查的数据都要保存好原始资料（包括成绩册和问卷表），不断进行对比，研究实验的效果，并不断改进。

六、对实验效果的评价指标

对实验的效果进行及时科学的评估，是课题研究正确进行的重要保证，是验证课题假说的重要手段。本课题的评价主要有如下指标：

1. 实验班和城乡留守儿童对比班的成长历程比较。本课题既要减轻留守儿童思想负担、心理负担和学习负担，又要提高教学成绩和质量。

2. 实验班和城乡留守儿童在综合素质方面的比较情况。实验班的学生如果能参加各种兴趣爱好活动，其综合素质应该有明显的提升。综合素质包括学生的道德修养、学习能力、交往与合作能力、审美与表现、运动与健康等各方面。这些都要与城乡留守儿童比较。学生的综合素质不能完全量化，可用等级制评定或成长记录簿来反映，通过典型案例来说明。

七、实施步骤和组织形式

（一）实施步骤

1. 确定实验学校，成立课题组（2006 年 11 月）。我们计划在大唐学府小学部和中学部探讨留守儿童教育实验效果（计划中具体到实验教师的名字、职称、学科，各实验班级的年级和人数，成立课题组，明确各自的分工，进行严格的对照实验）。

2. 培训实验教师（2006 年 12 月）。我们计划在寒假中培训首批参加实验的老师，通过多种形式，培训首批实验老师，要求实验教师在实验的过程中不断创新。

3. 写出留守儿童实验报告，撰写实验论文，便于在更多的学校推广。

（二）实验的组织形式

1. 每月召开一次留守儿童教育研讨会，在会上交流实验的经验和论文，举办学术讲座，不断提高教育水平。对本年度的实验工作要及时进行总结，对下年度的实验工作要提前拟订计划。

2. 2007 年 11 月撰写《研究报告》，接受郯城县教育科学规划领导小组专家鉴定。

子课题组

2006 年 11 月 18 日

大唐学府承担的研究课题

一、全国教育科学"十五"规划教育部重点课题《培养学生四会能力的和谐教育实验》（课题批准号：DHB010639）子课题"在义务教育阶段教育中培养学生四会能力的和谐教育实验"

批准立项部门：教育部

课题开始时间：2004 年 8 月

承担单位：山东省郯城县大唐学府

承担人：王勇基　王朝星

研究内容：在义务教育阶段教育中实施培养学生四会能力的和谐教育实验

研究方法：本子课题通过调查研究、行动研究和文献研究来形成三个模块的目标、内容、实施策略和评价体系，建构大唐学府和谐教育特色

研究成果：结合学生身心成长特点，培养学生四会能力，让学生在和谐的教育过程中健康快乐成长

结题时间：2006 年 4 月

获奖情况：课题（子课题）通过全国教育科学规划领导小组的专家鉴定，王勇基、王朝星获得课题试验先进个人

二、中国教育学会"十一五"科研规划重点课题"提高教学效率，减轻学生负担的整体构建和谐教学实验"子课题"在幼儿教育和义务教育阶段实施提高教学效率，减轻学生负担的整体构建和谐教学试验"

批准立项部门：中国教育学会

批准立项时间：2006 年 9 月

承担单位：山东省郯城县大唐学府

承担人：王勇基 王朝星

研究方法：

1. 理论研究

2. 对比法、跟踪调查法、观测法、综合考察法

3. 个案研究法

4. 理论与实践结合法

研究时间：2006—2009 年

三、郯城县教育科学研究规划重点课题"对'留守儿童'成长教育的研究"子课题

批准部门：郯城县教育局

批准时间：2006 年 11 月

研究方法：

1. 对留守儿童成长教育教学实验法

2. 调查法、观察法、测试法

3. 个案研究法

4. 教育统计法

承担单位：山东省郯城县大唐学府

课题负责人：王勇基

研究成果

通过研究得出：

1.结合大唐学府"三三"（三无立教、三教立校、三校立业）教育原则，把学校办成一所具有三种功能的学校，即：学生成长学校，给孩子一个幸福的家；教师发展学校，给教师一个理想的平台；家长提升学校，给社会一个满意的教育选择。

2.站在家长的角度着想，让家长把孩子送进学校真的是省心、放心。

3.让学生全面地、多角度地去享受成长的快乐。

4.通过"封闭式管理、开放式办学、家庭化住宿、军事化就餐、项目化推进"，给学生一个城里的家，一个高档次、温馨、和谐、有知识的家。

5.建立一个团队组织，为人人搭建一个合作的平台，给教师一个发展成长的机会，让学校与教师相互依赖，相互生存，真正地形成同舟共济、荣辱与共的关系。降低老师们的劳动强度，缩短工作时间，增加休闲时间，让老师们教得轻松，舒适，同时也留给老师足够的时间用于研究留守儿童，培养与留守儿童沟通、理解的能力，提高自己的教育教研水平。

（本课题已通过专家组论证并获得结题奖）

中国教育学会"十一五"重点课题"提高教学效率，减轻学生负担的整体建构和谐教学实验"实施计划

一、课题基本情况

课题名称：提高教学效率，减轻学生负担的整体建构和谐教学实验

课题负责人：王敏勤 天津教科院基础教育研究所所长 教授

课题来源：中国教育学会"十一五"科研重点课题（编号：0602137A）

立项时间：2006 年 5 月 8 日（见中国教育学会〔2006〕9 号文：《中国教育学会"十一五"科研规划重点课题立项通知》）

预期完成时间：2009 年 12 月

预期的主要成果：研究报告

预期的其他成果：

1. 发表部分关于整体建构和谐教学的理论文章和实验报告；

2. 出版和谐教学的专著和优秀论文、课例集；

3. 编辑出版中小学部分学科的知识建构图集；

4. 制作中小学部分学科的优质课光盘（整体建构和谐教学课）。

二、课题的提出（目的意义）

中小学生学业负担过重的问题，一直是困扰基础教育推行素质教育的难题。

要实施素质教育，减轻学生负担，除了社会各方面综合治理以外，教育自身也有责任。我们通过调查发现，有的老师课堂教学效率不高，许多应

该在课堂完成的教学任务实际完不成，只得课内损失课外补，校内损失校外补，靠加班加点、多布置家庭作业等来提高教学成绩和升学率，加重了学生的负担。能不能找到一种有效的教学方法或策略，使师生在课堂上高效完成教学任务，课后不布置或少布置作业，把课外时间还给学生，让学生充分发展自己的特长和爱好，实施真正的素质教育。我们进行的整体建构和谐教学实验就试图解决这一问题。

和谐教学整体建构思想既受西方的建构主义教学思想的启发，又与之有所不同。建构主义认为，知识不是通过教师传授得到的，而是学习者在一定的情境中，运用已有的学习经验，并通过与他人（包括教师和学习伙伴）协作，主动建构而获得的。建构主义教学模式强调以学生为中心，视学生为认知的主体，教师只对学生的意义建构起帮助和促进作用。在这些问题上，建构主义教学理论与和谐教学整体建构思想是一致的。不同的是，和谐教学整体建构思想强调以下问题：

1. 教学的首要任务是激发学生的潜能和责任感。和谐教学整体建构思想强调，教师一开始要把主要任务而不是次要任务交给学生，激发学生的潜能和责任感，因为人的潜能是很大的。

2. 和谐教学整体建构思想强调，教学主要是教给学生方法。一开始不要急于学习具体的知识，而是引导学生寻找某一类教材的规律和解决这一类问题的切入点。知识是讲不完的，练习题是做不完的，只要学生掌握了学习的方法和规律，就会自己去学习知识。

3. 和谐教学整体建构思想注重培养学生的自学能力和习惯。

4. 根据系统论的原理，和谐教学整体建构思想不仅把教学过程看作是一个系统，也把教学内容看作是一个系统，要求学生从整体上把握教材，让知识在系统中学习和记忆。如每个学段的开始，把一门学科的知识树（知识建构图）教给学生；每个学期，把一册教材的知识树教给学生；每个单元的开始，也把这个单元的知识树告诉学生。这样知识在头脑中总是以系统的形式存在，便于学生理解和记忆知识。

运用整体建构的教学思想，学生在一节课可以学习两节甚至更多的东西，能够大大提高课堂教学的效率，减轻学生的负担，而学习成绩比较好。

三、课题假说（课题预期达到的目标和效果）

本课题所要达到的目标是：通过提高课堂教学的效率，减轻学生的课业负担，逐步做到两个"还给"：一是把校外时间"还给"学生，意味着少布置或不布置家庭作业；二是把课外时间还给学生，意味着少布置或不布置课后作业。让学生有充分的时间发展自己的爱好特长，全面和谐地发展。

四、课题研究的内容和依据

（一）本课题研究的主要内容

1. 通过整体建构和谐教学的思想和方法，大幅度提高课堂教学的效率和质量，取消课堂教学中的无效活动，把课后作业提到课堂上来做。

2. 逐步减少学生课后作业的时间，做到两个"还给"。

3. 学生在课后由于作业少和没有作业而参加各种兴趣小组，开展课外阅读和科技活动，提高了综合素质，得到了全面和谐的发展。

（二）课题研究的依据

许多著名的特级教师如魏书生、孙维刚、何文浩、马芯兰等，他们的教学任务都在课堂上完成，课后不给学生布置作业，而学生的学习成绩和升学率却很高。我们往往把他们看作神人，认为他们自身的素质太高，我们可望不可即。事实上，在他们的教学经验中蕴含了一个普遍的规律——整体建构的思想，许多教师在教学中也在不自觉地运用并取得了很好的效果，但一致没有上升到理论上来并进行推广。前些年流行的《学习的革命》这本书中就提出了整体性教学的问题，由于没有可操作性的措施，因此没有引起人们的足够重视。现在我们提出了和谐教学整体构建的教学模式并进行了一年的实验，取得了比较好的效果，《中国教育报》2005 年 6 月 3 日第 5 版用一整版的篇幅报道了山东兖州孔子学府进行和谐教学整体建构实验的情况，题目是《学生掌握了规律和方法，想学不好都难》。《教育研究》杂志 2006 年第 1 期发表了王敏勤的论文《和谐教学的课堂教学模式》。《教育文摘周报》

2006年5月24日发表了王敏勤的文章《把课余时间还给学生》。事实证明：运用这一教学模式可以较大幅度提高课堂教学的效率和质量，减轻学生的课业负担。

根据系统论原理，和谐教学不仅把教学过程看作是一个系统，而且把教学内容也看作是一个系统，要求学生在整体感知教材、理解教材的过程中，尽快找到解决某一类问题的方法和规律，做到举一反三，提高学习的效率。不同的学段有不同的学科教学的具体模式，但整体建构的和谐教学有一个基本的教学模式，就一节课而言，教学环节如下：

1. 导入新课，明确目标；

2. 自学指导，整体感知；

3. 检查点拨，探寻规律；

4. 练习达标，拓展提高。

各个学段和学科可根据具体情况灵活变通。

五、课题研究的方法

1. 教育实验法。

严格的教育实验应采取对照实验法，即在平行年级中设置实验班和对照班，在实验班和对照班分别采取不同的教育教学方法，以观察实验的效果。这样能保证实验的信度和效度，说服力强。

教育实验是通过对某些影响实验结果的无关因素加以控制，有系统地操纵某些实验条件，然后观测与这些实验条件相伴随现象的变化，从而确定条件与现象间因果关系的一种研究方法。例如，影响学生学习成绩的因素有很多，如学生的知识基础、智力因素、学习兴趣、刻苦程度、家庭因素、学校条件、教师水平、教学方法等，现在我们要研究教学方法对学生学习成绩的影响，除教学方法之外的其他因素都是无关因素，都要控制。只是改变教学方法，看对学生成绩的变化的影响，这就是确定条件与现象之间的因果关系。在这里，教学方法是自变量，学生的学习成绩是因变量，其他因素是无关变量。在本项实验中，实验班每天要限定课后作业量，逐步减少；而对照班的作业量基本不变。

2. 调查法、观察法、测试法。

为了了解学生每天的作业量，还要采取调查法、观察法和测试法。对实验班和对照班的学生在实验前都要测试学习成绩、统计每天的作业量（多长时间的课后作业和家庭作业）。每个学期都要测试和调查，对比实验班和对照班在学习成绩和课后作业方面的变化。要注意保留好原始数据。

3. 个案研究法。

在实验的过程中不仅要了解班级的整体情况，还要研究个别学生的情况，如通过对个别学生的研究（包括座谈、观察、家访等），了解学生在实验中的真实感受，并做好记录。要通过事例说明实验的效果，并通过了解学生的情况不断改进实验措施。

4. 教育统计法。

在实验的过程中要注意积累数据。实验前，实验班和对照班都要测试成绩和统计课后作业时间，作为实验的起点（前测）；每个学期都要进行中期测试，包括学习成绩和课后作业量。每次测试和调查的数据都要保存好原始资料（包括成绩册和问卷表），不断进行对比；研究实验的效果，并不断改进。最后实验班和对比班比较的内容包括：学习成绩、课后作业量（时间）、学生的自学能力、学习兴趣，以及实验班学生由于课后作业少而开展各种兴趣小组、个性特长发展的情况。

六、对实验效果的评价指标

对实验的效果进行及时科学的评估，是保证课题研究正确进行的重要保证，是验证课题假说的重要手段。本课题的评价主要有如下指标：

1. 实验班和对比班的学习成绩比较。本课题既要减轻学生负担，又要提高教学成绩和质量，所以对实验班和对比班实验学科的成绩要进行比较，在实验前、学期末都要进行比较，用统一的考试题进行测试，成绩的比较包括及格率、优秀率和平均分。

2. 实验班和对比班课后和家庭作业量的比较。学生负担主要是指课后作业和家庭作业，在实验前要对实验班和对比班的作业情况进行调查统计，主要看每天的作业需要多少时间完成，对于家庭作业还要调查家长。在实验的过程中，要不断了解学生的作业情况并记录分析，在不降低教学成绩的前提下，看运用新的教学思想和方法能否减轻学生的负担。

3.实验班和对比班学生参加课外活动的时间和效果的统计比较。从理论上讲，现在的学生由于课业负担太重，没有时间从事各种兴趣活动。现在通过减轻学生的课业负担，实验班的学生应该有更多的时间参加各种特长活动。要进行观察和统计分析，要有统计数据，如学生每天在校内和校外能参加多长时间的兴趣活动，有什么进步等。

4.实验班和对比班学生在综合素质方面的比较情况。实验班的学生如果能减轻负担，参加各种兴趣爱好活动，其综合素质应该有明显的提升。综合素质包括学生的道德修养、学习能力、交往与合作能力、审美与表现、运动与健康等方面。这些都要与对照班的学生比较。学生的综合素质不能完全量化，可用等级制评定或成长记录簿来反映，也要通过典型案例来说明。

七、实施步骤和组织形式

（一）实施步骤

1.确定实验学校和实验教师、实验班级，成立课题组（2006年5—6月）。

我们计划在小学、初中、高中三个学段各落实几个实验学校，探讨整体建构和谐教学思想在不同学段和学科中的实验效果。（子课题组的计划中要具体到实验教师的名字、职称、学科，实验班级的年级和人数）。各实验校要尽快成立课题组，明确各自的分工。有平行班的学校最好设实验班和对照班，进行严格的对照实验。

2.培训实验教师（2006年5—8月）。

我们计划在暑假中培训首批参加实验的老师。2006年8月3—5日在江苏省宜兴市实验中学召开"全国第14届和谐教育研讨会暨中国教育学会'十一五'重点课题开题会"，在会上总课题组将通过理论讲座和观摩课、专家评课等多种形式，培训首批实验老师。以后根据实验规模的扩大，将逐步采取集中培训和个别指导相结合的做法，培训实验教师。实验教师要认真学习有关整体建构和谐教学文章和新课程的理论书籍，不仅要知道怎么做，而且还要知道为什么这么做，才能在实验的过程中不断创新。

3. 探讨不同学科的具体教学模式（2006年5—7月）。

根据和谐教学整体建构的基本模式，在实验的过程中各学校要根据本校的实际情况，探索出适合本学段各个学科的和谐教学模式；即使同一学科，也要探索出新授课和复习课、理论课和实验课、内堂课和外堂课等不同情况的教学模式，逐步形成具有本校特色的教学模式体系。

4. 实验教师整体把握钻研教材（2006年7—8月）。

根据整体建构的原理，实验教师不管是否教毕业班，都要把整个学段的本学科教材拿到手，认真研究本学段教材的编排意图和知识结构，在吃透教材的基础上设计出本学科整个学段的知识树（知识建构图）和每册教材的知识树。主要学科的知识树要张贴到教室的墙上，便于学生平时学习。每个学期开始，教师首先要引导学生学习整个学段的知识结构和整本书的知识结构，从整体上把握教材。

5. 逐步减轻课后作业负担。

通过改革课堂教学观念和教学模式，向课堂45分钟（或40分钟）要质量，提高课堂教学效率，在不降低教学成绩和升学率的前提下，逐步减少学生的课后作业。第一步，首先减少学生的家庭作业或没有家庭作业，所有的作业都在学校做完。第二步，逐步减少课后作业，让学生有充分的时间发展自己的爱好特长，包括课外阅读和参加各种兴趣学习小组。这里说的作业，主要是与教材有关的课后作业。

6. 编写出版各科的知识建构图集。

在实验的基础上，组织各校实验老师编写中小学各科的知识建构图（包括知识树），汇集成册出版，使研究成果能为更多的人使用和推广。

7. 录制各科典型课例光盘。

在实验的基础上，推选各科典型的模式课录制成光盘，便于在更多的学校推广。

（二）实验的组织形式

本课题的组织形式采取总课题组、中心课题组、子课题组三个层次。有三个以上子课题的区县教研科研部门可形成中心课题组。中心课题组负责人协助总课题组指导子课题组的实验工作。另外：

1. 从 2006 年下半年开始，总课题组每学期、分学段组织一次整体建构和谐教学的公开课活动，通过观摩课和专家点评，不断探讨整体建构和谐教学的课堂模式，培养一批骨干实验教师。各子课题组组织的次数应该多些。

2. 每年召开一次和谐教育研讨会，在会上交流实验的经验和论文，举办学术讲座，不断提高实验教师的水平。建议每个子课题组学校每年也要组织研讨会，对本年度的实验工作进行总结，对下年度的实验工作提出计划。

3.2009 年下半年撰写《研究报告》，接受中国教育学会组织的专家鉴定。

总课题组

2006 年 6 月 20 日

为孩子的一生幸福而努力

吴清欣

一、正确看待孩子成人与成才的关系

教育是培养人的活动。教育的首要问题是培养什么样的人的问题，即培养人才的规格与质量的问题。教育应培养什么样的人呢？许多家长可能都会回答：培养德、智、体、美、劳全面发展的劳动者。但实际情况是，当孩子的品行还没出现什么大问题时，关注的往往就是孩子的学习，即成才问题。事情的结果往往事与愿违！学生的品行出现问题后，他的学业也往往跟着荒废掉。更糟糕的是，直到孩子的品行恶劣到连父母的账都不买的时候，家长才开始反思教育子女过程中的偏差和错误，才开始懂得教育孩子做人是多么的重要！俗话说"十年树木，百年树人"。教会孩子做人是一个艰巨而漫长的过程。对于科学文化知识的学习，只要智力不是太差，积极努力，六年的功课两三年内完全可以补上。但是一个人的品行是一天天修炼出来的，绝非一日之功。一个人的品行一旦变坏，要想改变过来，是一件非常令人头疼的事。也有"浪子回头金不换"的古语，回头者有，但毕竟稀少。抽烟、喝酒、打架、盗窃、抢劫犯罪中有不少是辍学的学生。人说：不重视智育就会出次品，而不重视德育就会出危险品。同样，不重视体育就会出废品。要成才需先成人，只有先成人，才能成才，方可称为人才！否则只能是鬼才、坏才。纳粹头子希特勒没有才吗？他的演讲极富煽动性，他的领导才干、组织能力一般人不能与之相比，但他却给世界人们带来了灾难！大学四年级的马加爵没有才吗？他却人格扭曲，心理变态，丧心病狂地用菜刀连夺4位同学的年轻生命，给家人和他人带来了沉痛的灾难！自己年轻的生命之花也就此凋谢！教训是惨痛的。所以，《弟子规》中说：弟子规，圣人训，首孝悌，次谨信。有余力，则学文。意思是说：圣人告诉孩子们，上学首先要学会尊敬父母，怜惜比自己弱小的弟弟妹妹，然后再学会与人相处的法则：敏于事，而慎于言，讲究诚信等，这些都做得很好了，如果还有余力的话，在此基础上才可学习文化知识。而现实生活中是什么样的呢？许多家长都把让孩子学会做人放到一边去了，只看到学习成绩如何如何。有的人甚至一辈子都达不到可以学文的境地。让孩子成人比让孩子成才更重要。成人是成才的基础，我们的办学理念是先成人再成才。我们大唐学府，要求每位教师做好三个角色，即父母、朋友、导师，要求教孩子一天，想孩子一生！

二、正确科学地评估孩子的学习成绩与学校的教育效果

由于不同学校，或同一个学校的不同学生的起点水平、家庭教养、遗传素质等个性差异，家长在评价自己孩子时，最好不要只横向地与其他孩子作比较，而要更多地与自己的孩子的过去相比，看一看有何进步，进步多大。这不是自欺欺人，请相信，只要您经常这样引导孩子纵向地与他的过去比较，经常表扬、鼓励孩子，不断地增强他的自信心，您的孩子一定信心十足，进步越来越大！相反，如果您只是一味地拿他的弱项与别人的强项相比，只会越比越丧气，孩子逐渐失去了自信心，他的成绩会变得一团糟！所以说教育孩子要讲策略。另外，孩子在寄宿制学校里不仅仅是学习知识，他还要有健康的体魄，要增强自理能力，要学会交朋友，学会与人相处的原则和技巧，心理素质要不断提高；卫生习惯、学习习惯、行为习惯要逐渐养成；孩子受到人文气息的熏陶，其文明程度也相应提高。人生观、价值观、审美观都进一步确立，越来越远离野蛮和愚昧，说话做事更有礼貌、更文明，这才是教育的目的。所以说，评价学生在校表现，评价学校办学成果，不能只单单看学生的考试成绩，而应多方面综合考虑，并用增量法评估学生、评价学校。您若不这样科学、客观、全面地评估孩子，对孩子的伤害是非常大的。一个人能在社会上混出个样来，并非单靠学习成绩好就行的，要

靠综合素质。未来社会需要复合型人才，也就是说，复合型人才最有价值，当然其收入也最高。每个人要想把一件事情做好，除了要有一定的专业技术知识外，还需要有高尚的情操、文明的修养、健康的体魄、优秀的组织协调能力、领导能力、宣传能力、语言文字表达能力等，多方面配合，这样的人，才能被用人单位认可。我们学校选聘教师时，就非常注重教师人品，先选人，再选才。只要我们的孩子想留在这里读书求学，只要他每一天都能吃好、玩好、住好、心情好、学得好，一天天在长高，一天比一天更懂事、更有修养；一天比一天学会更多的科学文化知识，一天比一天视野更开阔、思维更活跃，更有创造性，只要孩子觉得是进步了，生活有规律、有幸福的感觉，我们就应该高兴、感到满足。孩子的进步变化既有显性的（比如考试成绩），也有隐性的。这不易觉察和衡量的变化往往对孩子将来幸福起到更大的作用。有人形容教学工作，就像一场春雨，是润物细无声的，老师的工作是默默无闻的。

话再说回来，孩子这次比上次多考了几分或少考了几分，又能说明什么呢？因为分数的高低不仅仅与孩子的学习情况有关，还直接由试题的难易程度、改卷的宽松程度、复习时知识面的宽窄等诸多因素共同决定。一次考好，就沾沾自喜、骄宠得不得了；一次考试失利就过分指责或打骂，都是对孩子的伤害。你要是真正爱孩子，您就不要这样做。

有一个孩子已经上七年级了，老师给他出了四道小学三年级的题，结果做错了三题！对这个孩子怎么能硬要求他与同班同学相比？事实上，这样的学生只要能锻炼出好的身体，能在学校里学会好好做人，将来他还是有一方用武之地的。所有家长都望子成龙、望女成凤，这种心情可以理解。然而，现实是无情的，你的孩子是什么材料，就要给他选择一个什么样的用场，不一定都要走考学之路。

三、正确看待学生的生活条件

孟子说：天将降大任于斯人也，必先苦其心志，饿其体肤，劳其筋骨。替孩子过分地追求物质享受，比吃比穿不利于孩子形成自力更生、艰苦朴素的优良品质。孩子在学校保障正常的营养供给、必要的卫生条件外，还要接受劳动教育、挫折教育、严格的体能训练，以增强其适应环境、适应社会的能力。被圈养的宠物、温室里的花朵是经不起风浪打击的。有的学校在军训时让学生在烈日下急行军，以锻炼体能；攀岩、蹦极以锻炼学生的胆量。而我们的父母，因害怕孩子轮滑运动摔伤而限制其参与该运动，这怕那怕，时间长了，孩子就养成了胆小怕事的性格。摔破点皮，受点皮肉之苦几天就恢复了，可胆小的性格一旦形成，要想改变却并非一日之功。宝剑锋从磨砺出，梅花香自苦寒来。自古雄才多磨难，从来纨绔少伟男。不经历风雨，怎么见彩虹？人有享不了的福，但没有受不了的罪。所以敬请家长朋友，不要溺爱孩子。孩子在这里一日三餐，中午还吃水果，晚上还加餐，您就不要再送零食来了。我们就有个同学因家长过多地送来零食，养成了乱吃零食的习惯，终于吃出胃病来了。学校就是一个塑造人、磨炼人的场所，家长朋友要配合学校把您的孩子塑造成坚强、勇敢、正直、诚实、有爱心、有文化、有知识、懂科学、讲文明、有品位的劳动者。

四、成才多元化

俗话说：条条大路通罗马、行行出状元。现代教育中学生成才之路也趋于多极化方向发展。对待学生要实事求是、因材施教，特生特教，特苗特育。为孩子的终生幸福着想，家长要切实分析孩子的实际情况，像伯乐相马一样善于发现孩子的特长和潜在品质，以便配合学校更好地发现人才、培养人才。李连杰之所以能够成为全国武术冠军，就因为上小学时被一位体育老师发现他做操很标准，于是让他领操，让他最终跟教练学武术，走上专业化发展之路，他才出了名的。国内外一些体操、跳水的世界冠军，往往年龄只有十五六岁，不走专业化道路是不会出这么好的成绩的。我们学校在开足开齐国家课程的同时，还开设富有本校特色的各类选修课，组织各种丰富多彩的文体竞赛活动，让孩子尽可能早地展现其才华和天赋，让老师及早发现苗子，多渠道培养人才，不耽误孩子的前程。

家长朋友们，请记住这样几句话：过度的保护会带来孩子的无能，过分的溺爱会带来孩子的无情，过高的期望会带来孩子的无望，过多的干涉会带来孩子的无奈，过多的指责会带来孩子的无措。

您把孩子送来交给我们，就请您放心，因为我们要求所有教师都以"父母、朋友、导师"三个角色对孩子负责。父母在与不在一样，我们教孩子一天，想孩子一生。我们为孩子的终生幸福而办学，为孩子终生幸福而工作。

我们把教育确确实实是当作事业来做的，我们有强烈的使命感和责任感，我们对待学生有孔子之热忱、基督之博爱、释迦牟尼的忘我精神！

追求卓越 和谐发展

刘瑞峰

悠悠古郯，巍巍学府，栉风沐雨，世纪薪火，不辍弦歌。风雨送走岁月，飞雪迎来新年。每学期一次的家长会又把我们联系在一起。大家欢聚一堂，共商孩子教育大事，共议学校发展大计，各位家长对大唐学府始终如一的关心、信赖、理解和支持，使学校迅速健康发展，焕发着勃勃生机，展现出靓丽的风姿。对此，我们致以真诚的感谢！

回眸过去，全校师生按照王勇基校长的办学理念和教育思想，坚持正确的办学方向，全面贯彻教育方针，积极实施素质教育，大胆进行教学改革，认真做好后勤服务，切实加强学校管理，办学规模日益扩大，教育质量逐步提高，学校得到长足发展。在民办教育资源重新整合、民办学校进行新一轮洗牌的形势下，大唐学府以其全新的理念、全新的教育、全新的质量、全新的管理崛起在古郯大地，银杏之乡。

发展篇——教育品牌正在形成

大唐学府创办三年来，在王勇基校长的精心运筹下，始终坚持教育创新，改革探索；始终坚持以德治校，育人为先；始终坚持质量立校，科研兴校；始终坚持科学管理，和谐发展。全体教职员工求真务实，扎实工作。学校规模日益壮大，迅速发展到有20个教学班、在校生近800人、教职工120余人的规模。大唐学府（东校）本学期以来根据学府的发展规划和治校方略，严格学校管理，突出办学特色，关注每个学生发展，教学成绩优异。全体师生牢固树立创新意识，全力打造大唐学府教育品牌。大唐学府先后被评为"全国和谐教育先进单位"，被中国教育学会确立为"十一五"重点课题"提高教学效率，减轻学生负担，整体建构和谐教学实验"重点实验单位，被山东省民办教育协会评为"省级民办教育优秀办学单位"，被县委、县政府评为"全县教书育人先进单位"、被县教育局评为"全县平安校园"。大唐学府名扬古郯，饮誉沂蒙。

本学期大唐学府（东校）立足县城，面向农村，服务百姓，关注留守儿童。凭着先进的教育理念，优越的育人环境，优秀的教师队伍，优异的教育质量，我们赢得了社会广泛赞誉，得到了家长的充分信赖，受到了广大学生的衷心爱戴。全县城乡及周边 10 多个市县的许多学生家长纷纷慕名而来，送子女到大唐学府读书求学。驻城各单位一些家长也相继送子女来大唐学府就读，许多社会贤达、知名人士、离退休老干部积极推荐亲朋好友子女来大唐学府上学。东校学生人数迅猛增长，学校规模迅速扩大。在校学生从去年的 220 人，猛增到 450 多人，从去年 7 个教学班增长到 5 个年级 11 个教学班，翻了一番还多。在民办学校市场疲软的大气候下，在没有大张旗鼓进行招生宣传的情况下，创造了学府创办以来招生的又一个奇迹，创造了大唐教育的神话。这是一个了不起的成绩，标志着大唐学府从创业到守业的转变。

随着大唐学府（东校）中学部办学规模的迅速扩大，学校切实加强了师资队伍建设，优化师资力量，从全省各地聘请了一批学博德厚，教学经验丰富的教干、教育教学专家、教研员，如高江汇校长、韦富余老师、冯文彬老师等，为中青年教师做出榜样，传授教学经验。一大批年富力强的优秀教学骨干脱颖而出，迅速成熟起来，如高奎善、耿华春、宿明启、徐涛、田学秀、徐爱芹老师等，成为大唐学府教师的中坚力量。一批品学兼优、充满朝气和活力的教学新秀在大唐学府迅速成长，如刘凤、曹开慧、陈晓慧、李芳、郁太伟、陈静老师等，成为大唐学府的未来和希望。学校初步建立起一支结构合理、素质优良、厚德尚道、业务精湛的师资力量。全体教师牢固确立"教学生一天，想学生一生"的教育观和"教书育人、管理育人、服务育人"的服务观，人人胜任"父母、朋友、导师"的多种角色。

管理篇——学校管理逐渐规范

近一个学期以来，大唐学府（东校）优化细节管理，致力打造教育品牌，高起点，高标准，高要求，发展创新，科学规范，讲求实效，严细管理。全体教职工进一步增强管理意识、育人意识、服务意识，逐步做到全方位关注，全身心投入，全人格育人，努力把学校建设成为学生成长学校，给孩子一个幸福的家；教师提高学校，给教师一个发展的平台；家长提升学校，给家长一个提升的空间。

1. 让流淌的汗珠弹奏出幸福的乐章。王勇基校长常说："当教师，与他人一起幸福。"大唐学府随着学校的发展，教职工队伍也日益壮大，东校共有教职工60余人。学校的责任就是让每一名教职员工都找到成功的位置，每一天生活在快乐与幸福之中，工作着，学习着，快乐着。东校本学期坚持王勇基校长的管理思想，以人为本，人文管理，用校长的人格魅力、敬业精神和深厚学养影响教师，用先进的教育理念和科学的教学方法去引领教师，用人性化的管理把教师的积极性、创造性发挥到极至，使有形的规章制度变为教师无形的自觉行动。建立健全教师的制约机制、激励机制，最大限度地调动全体教职工的工作积极性。

2. 健全完善学校各项规章制度。针对本学期师生人数逐渐增多、学校规模不断扩大、管理难度不断加大的实际，为了对学校工作和全体师生实施更有效的管理，东校从管理体制改革入手，强化了两个学部，成立了学生处，分工授权，明确责任。根据学校办学章程和已有的规章制度，重新修订和完善《课堂学生标准》《宿舍学生标准》《学生日常行为补充规定》《学生处分条例》《班主任、生活老师职责补充规定》《各科备课、课堂教学、作业检查评估标准》等规章制度，使学校的办学规章与时俱进，常变常新。同时，学校在平时管理工作中严格遵照执行，严肃兑现奖惩，加强教师的考勤、考核和评价，开展学习、生活、习惯养成月活动，加强全体学生的养成教育，使学校的规章制度变为全体师生的自觉行动，保证了学校的管理、教育、教学工作有章可循，健康有序地开展。

3.强化监督，加强检查。本学期以来，学校采取有效措施，加强对各项工作的监督检查。成立了以教干任组长、全体教师参加的综合检查组，对课堂纪律、卫生、三操、就餐、就寝等多项工作进行全方位、全天候的检查，及时量化积分，认真填写学校日志。还充分发挥学生自主管理、自我教育的主人翁作用，组织团员学生、少先队员、学生会干部固定时间对班级纪律、三操、卫生、宿舍进行检查。坚持开展文明班级、先进班集体、卫生优秀班级评选活动，颁发流动红旗，进行星级宿舍、文明餐桌的检查评比，在全校形成了比、学、赶、帮、超的良好局面和浓厚氛围。

4.扎实做好学校安全工作。不断优化育人环境，努力建设平安校园。在抓好教育教学工作的同时，统一思想，提高认识，坚持安全第一、预防为主的方针，高度重视学校安全与稳定，始终把安全教育落实到学校各项工作中，警钟常鸣，常抓不懈。成立了以校长为组长的学校安全工作领导小组，配备安全工作专职人员，完善了安全工作规章制度，建立了学校安全工作预警机制，添置了警安器材，层层签订了安全目标责任书。采取有力措施，认真抓好学生的学习安全、实验安全、生活安全、接送安全、健康安全、活动安全。防微杜渐，防患未然，杜绝一切安全事故。学校"建设平安校园"的经验和做法，被县政法委收录到《平安郯城》的专集中。

教育篇——教育质量稳步提高

教育质量是学校的命脉，教学成绩的优劣最终决定着学校的生存和发展。办学以质量求生存，以育人为根本，育人以教学为先，教学以质量为重。这个学期以来，大唐学府（东校）全体教师认真贯彻执行"让更多的孩子接受更好的教育"的办学思想，自觉养成扎实过硬的工作作风，积极构建勤奋、创新的浓厚学风。教育水平不断提高，教学成绩稳步上升。

1.认真开展校本培训。利用暑假集中培训和每月一次专题培训的时间，组织教师收看王文湛、魏书生、任小艾、王小平等全国著名教育家、专家、优秀班主任的报告录像，收看全国优秀教师的教育教学录像，王勇基校长和部分优秀教师分别赴山东烟台、江苏宜兴等地参加"中国当代教育家报告会"和中国教育学会"十一五"重点课题"提高学习效率，减轻学生负担，整体建构和谐教学实验"学术会议。请原临沂师范学院院长杨燕钧教授作新一轮课程改革系列报告。在每月一次专题集中培训时，王勇基校长和学府几位老教育专家分别作了专题培训报告，学校优秀教干教师轮流作学术报告、介绍工作经验、交流学习心得，学习先进的教育理论和教育改革的信息，全面提升教师的理论水平、工作能力和综合素质。

2. 坚持教科研兴校。本学期大唐学府被中国教学会确定为"十一五"重点课题"提高教学效率，减轻学生负担，整体建构和谐教学实验"重点实验单位，王勇基校长在课题开题学术大会上介绍了大唐学府教科研活动开展情况和经验，受到与会代表的一致好评，四位老师撰写的教学论文分别被大会组委会评为第一、二等奖。学校组织教师全员参加县教研室组织的全县小学语文、数学和英语三科教学教研活动。全体教师人人举行公开课，全员参加新一轮课程改革。在普遍参加和预赛的基础上，选拔八名优秀青年教师参加学校举行的新理念、新课程、新教法讲课比赛决赛。经常举行研究课、示范课、观摩课，加强课堂教学研究，开展听课、评课活动。定期召开教学会商会、学情分析会、教学研讨会，分析情况，找出问题，研究对策，采取措施，限期整改，促进教学水平的不断提升和教育质量的稳步提高。集中开展教学活动月、教研活动月专题活动，狠抓教学、教研工作，积极参加市、县开展的教育教学科研课题研究。制定检查评估标准，采取集中检查和平时抽查相结合的办法，对老师的备课、理论学习、作业批改情况进行检查，准确调控和把握教师的教学动态和工作情况。

3. 加强学校全方位教育。根据教育局和学校的统一安排，开展以"当教师，与学生一起成长""当教师，与学生一起幸福"为主题的师德教育活动，教育老师牢记宗旨，以德育德、以才育才、关爱学生、教书育人。涌现出了一批师德高尚、工作扎实、成绩一流的优秀教师，成为大唐名师、教师中坚、学府形象。在全体学生中开展以弘扬社会主义荣辱观为主要内容的德育教育，通过行为"习惯养成月"和"自我管理活动月"活动，利用思想品德课、升国旗、主题班会、集中军训、团队活动等学生喜闻乐见的形式，强化思想品德教育。教育学生人人遵纪守法，人人讲文明、知荣辱，人人争做德才兼备、品学兼优的好学生。按照国家规定开足开齐课程，选聘高素质的专职教师，重视音、体、美教学。经常组织学生开展文体活动，定期组织各类体育比赛、文艺演出、歌咏比赛，学生素质明显提高，德、智、体全面发展。在今秋全县中学生篮球比赛中荣获第四名的优异成绩，展示了大唐学子的崭新精神风貌和竞技水平，受到大会组委会的表彰奖励。在抓好国家规定课程的教育教学同时，还突出大唐学府的教育特色，加强校本课程开发，开设了英语、信息技术、写字、形体、礼仪等校本课程。根据学生特长开设了音乐、球类、美术、舞蹈、棋类等选修课。建立了写作、数学奥赛等促优补差兴趣小组，以满足不同爱好、特长和不同程度学生的学习需要。学校教育工作充满生机和活力，各具特色，异彩纷呈。

4.教育质量稳步提高。本学期以来，我们针对新生多、来源广、问题多、基础差的现状，采取个别辅导、集中补课、分层次教学、补差促优、整体提高等一系列行之有效的举措，千方百计整体提高教育水平，大面积、大幅度提高教学成绩，用实际行动践行大唐学府"让更多的孩子接受更好的教育"的教育思想，兑现"没有教不好的孩子，只有不成功的教育"的诺言，不让一个学生掉队。认真组织好每次考试，继续坚持请家长轮流来学校监考，严格实行单人单桌考试，严肃考场纪律，公平公正批阅试卷。从这个学期几次月考和全县期中统一检验考试的成绩看，横向比较大唐学府的教学成绩显著高于全县各乡镇中心中学、中心小学，与县直中小学成绩基本扯平，有的学科成绩优于这些学校，如九年级的语文期中考试成绩班平均92分，在全县所有学校中遥遥领先，数学、外语、政治、地理等学科考试成绩也名列前茅；纵向比较每个学生的学习成绩都比在原来就读的学校有了不同程度的提高，实现了教育质量、教学成绩稳步提高的奋斗目标。

保障篇——办学投入不断加大

过去的一个学期，学校增加办学投入，改善办学条件，提高办学效益，学校规模一扩再扩，在校人数不断增加。学校在管理、教学、后勤服务等方面舍得花钱，想方设法让学生学得好，吃得好，住得好，玩得好，幸福生活，健康成长。致力于细节管理，创办品牌学校，努力使每一个学生"身有所安，心有所定，情有所依，志有所向，神有所往"。

1. 增加投入，改善办学条件。本学期学校投资数十万元，增加校舍面积150%，全部硬化了校园，新建了标准篮球场、排球场、羽毛球场，购置了兵乓球台和大量的体育器材，满足了教学需要和学生活动需要；新建了学校图书阅览室，藏书五千余册，电子图书二万册；初步建成了初中理化生综合实验室，添置了实验器材和药品，初中理化生实验课全部可以进行演示实验，增强了教学效果，提高了教学成绩。办学条件的日益完善，为进一步提升大唐学府的办学品位，不断提高教育教学水平提供了物质保障，奠定了坚实的基础。

2. 建设优秀的校园文化。为了陶冶学生的情操、激发学生兴趣、培养学生的能力，本学期学校两次拨出专项经费创新和完善校园文化，深化班级文化，加强宿舍文化，优化育人环境。继续办好校园广播站、校刊《大唐杏坛》、班级板报、学习专栏。组织学生升国旗、唱国歌、国旗下演讲、操后演讲，诵读唐诗宋词、国学经典，向报纸杂志投稿，开展绿色郯城演讲比赛、教师普通话展示、书画展、作业展等，内容丰富多彩的活动，营造了和谐、和睦、合作的班风、校风，为学生的幸福成长构建了一个健康活泼、积极向上的校园文化。

3. 切实搞好后勤服务。后勤保障是学校工作的重要组织部分，是服务教学的有力保证，是师生生活的有效保障。本学期学校切实加强对后勤工作的领导，选配了优秀的生活老师和服务人员；加强对服务人员的管理、培养和教育，充分调动他们的工作积极性。增加投资，更新设备，改善条件；增加饭菜花色品种，合理搭配膳食营养；改革就餐办法，提高服务质量。积极做好学生的意外伤害保险、健康体检、卫生防疫、安全保卫等各项工作。

对大唐学府来说，丰硕的2006年将离我们渐行渐远，盘点和清算一年来的大唐教育，有许多可歌可泣的人和事会在记忆中沉淀，会在大唐学府发展的历程中成为路标，成为史鉴，成为肇始，成为终端。这学期是大唐学府

（东校）大发展、大变化、大提高的一个学期。学校管理、教育、教学、教研、后勤、生活、服务等方面工作有条不紊地进行，取得优异成绩，这是全体教职工齐心协力、辛勤工作的必然，也是社会各界、广大家长充分信赖、大力支持的结果。虽然本学期学校各项工作卓有成效，但实事求是地讲，随着学校社会信誉的提高，学生人数的增加，急需运作一个相当规模的学校；学校的办学条件、师资条件、教育教学、管理服务都需要与时俱进，不断改革，以适应学校发展的需要；新《义务教育法》的颁布实施也对学校发展造成一定影响。新学年，新形势，新任务，让我们家校联起手来，研究新情况，解决新问题，开创新局面，共同创造大唐学府美好的明天。

山东省郯城大唐学府名片

2005 年

全国和谐教育实验先进单位

郯城县"教书育人先进单位"

郯城县"平安校园"

2006 年

山东省民办学校"优秀办学单位"

郯城县"平安校园"

全县中小学体育运动会"体育道德风尚文明奖"

全县秋季中学生篮球、排球比赛第四名

2007 年

2007 年中国教育创新示范单位

2007 年校园文化建设创新二等奖

中国教育学会"十一五"重点课题整体建构和谐教学实验重点试验单位

全国民办学校"'守诚信·重教学质量'双保障示范单位"

临沂师范学院"教育教学实践基地"

郯城县"先进基层团组织"

郯城县"平安校园"

2008 年

"全国民办学校先进单位"

山东大学学生社会实践基地

郯城县"平安校园"

郯城县首届少儿才艺大赛中荣获"最佳组织奖"

山东省第三届青少年书信文化活动中获得优秀组织奖

2009 年

郯城县"五四红旗团委"

郯城县"学校管理先进单位"

▊教师篇

　　大唐学府近 200 名员工拥有一个共同的称呼——老师，拥有三个共同的角色——父母、朋友、导师。高度关注学生的"人生、人性、人情、人和"，"让学生身有所安，心有所定，情有所依、志有所向，神有所往"。全体教师全身心倾情呵护孩子们的成长，用如椽的巨笔书写着"上善若水，大爱无疆"，用激扬的文字记叙着自己的成长和 发展……

为留守儿童撑起一片蓝天

分组教学，分层指导，提高数学复习质量

王勇基

进入初三第二学期，初中数学的新授内容就基本讲完。如何带领学生有效地进行复习，是广大数学教师必须研究的课题。传统的复习方法是以升学为目的，大量演算习题。这种做法使大量中差生被遗弃，不适合目前素质教育的要求，同时也加重了学生的负担，影响学生的发展。

我在初三毕业班复习中，实行"分组教学、分层指导"的方法，发挥学生小组集体学习的优势，收到了较好的效果。

一、小组的划分与要求

以 4 级为例，教师确定 6 名素质较好的学生为大组长，他们在教师规定的 12 名成绩居于中上等的学生中，分别是自愿结合 2 人，这 12 人为小组长（大组长可兼小组长）。各小组长再自愿结合其他学生 2 至 3 人，组成 12 个学习小组，学习小组以小组长的名字命名。这样在班里形成了两个维度的学习组：纵向上 6 个大组，12 个小组，他们对应辅导、答疑；横向上 6 个大组长组成学习较好的 A 层，12 个小组长组成学习中等、中上等的 B 层，剩下的学习有困难的组成 C 层。

A 层学生负责两个小组的答疑和组织工作；B 层学生负责一个小组的讨论和答疑，代表本组同学反映复习中的问题；C 层学生要正视自己的不足，承认差距，努力钻研，争取赶上去。

对 A 层学生严格要求，这部分学生以自学为主，按照老师的复习程序，可以比教师早复习一两课时，他们独立阅读，概括内容，总结所学知识结

构，探索解题规律，独立完成作业。课上着重听自己在复习过程中所碰到的难点、教师强调的重点及注意事项，对于教师布置的选做题一定要做，同时对他们加强分析问题、解题技巧的辅导。

对 B 层学生的要求是，紧跟教师复习进度，上课认真听讲，课下独立完成作业，疑难问题及时解决。要熟练掌握当天复习的重要知识点和基本的解题方法及技巧，选做题可以选取做。对智力稍差但非智力素质很好的学生，要求多提问题，多讨论问题，加强灵活性训练；对智力较好但非智力素质稍差的学生加强规范化训练。

对 C 层学生的要求是，紧跟教师复习进度，上课认真听讲，课下可通过讨论完成作业。一定要理解当天所讲的基本概念和例题，能做一般的习题，不做选做题。

二、教材的处理

把全部初中数学内容分成45个课题，如《几何》包括"直线、相交线、平行线""三角形""四边形"等11个课题，最后加一个综合练习。将每个课题的教学目标、教学要求、知识点、重点、典型习题编成含有选择题、填空题或判断题的教案（也是学案），刻印成材料，并把本课题的作业也刻印出来，再通过教与学的三个课型使学生真正学好教材，正确运用所学知识演题。

三、三种复习课型

第一种课型是自学、辅导课。主要目的是掌握基础知识、基本技能。第一步自学，就是以教师印发的教案为提纲，进行阅读教材、思考问题，完成选择、填空、判断和计算题，记典型习题的解题思路，用来复习巩固所学知识；第二步讨论，大组长或小组长带领全组同学讨论答案，同时把有争论的答案或不清楚的问题，写在纸上交给教师；第三步回答问题，教师根据各组学生提出的问题进行回答。个别组提出的问题就对个别组讲，具有普遍性的问题就给全体学生讲。课上未能解决的问题，可抽时间给小组长讲。

第二种课型是自练、精讲课。目的是培养学生解题及分析问题的能力、综合运用知识的能力。首先让学生做 30 分至 35 分钟时间的作业。与此同时，教师把有针对性的几个例题抄在黑板上。然后用 10 分钟至 15 分钟的时间分析例题、强调重点、难点和在巡视时发现的知识漏洞，总结解题规律和解题技巧。如果这一部分内容多，也可适当增加时间。

第三种课型是讨论、讲评课。一般安排在单元结束之后；用一个或两个课时，形式和第一课型类似；但这是认识的再提高；目的是要求学生复习巩固所学知识，提高综合运用知识尤其是解决问题的能力。首先根据本单元各次作业情况进行讨论；各人根据自己的作业，提出疑难问题；第二步各人把自己的问题提出由全组讨论；最后组长讲解、总结。

在第二轮复习过程中也分三种课型：第一种课型学生做练习或模拟题。第二种课型学生讨论答案，提出难题并填写《试卷错解反馈表》，教师根据《反馈表》及学生所提出的问题分析试卷，并填写《试卷分析表》。每隔二、三次练习（或模拟）在第三种课型讲评一次，学生做对多的题少讲或不讲，突出讲评做错多的题及其考查内容。

在第三轮复习过程中，根据对《试卷分析表》的综合分析，针对学生易出问题和难理解的内容举办典型试题分析及解题方法辅导讲座。

四、实验效果

笔者在使用此方法时，得到了学生的好评，一致反映效果很好。由此可知，使用此法较受学生欢迎，绝大多数学生对数学有了兴趣，感到数学不像原来那样枯燥了。

笔者在 1986 年、1989 年、1990 年、1991 年、1994 年、1997 年、2000 年历届总复习中使用此方法，学生毕业会考的数学及格率均在 85% 以上，优秀率在 50% 以上，平均分超过同级全校平均分 10 分以上。1990 年所教农村普通高中高三文班学生，高考全县高分率第一、平均分第二；1994 年全校 8 个班在升学考试中有 24 人超过 96 分（实验班有 9 人），班平均分超过校平均分 15.7 分。实验表明，分组教学有以下效果：

1.有利于学生互相帮助。

分组教学打破了学生长期以来的封闭式学习模式，沟通了学生之间的联系，变个体学习为集体学习。学生们在合作中都得到了提高，改变了过去差生不好意思提问题，而优生不好意思给别人讲问题的局面；正如美国心理学家布卢姆所说的："学习小组定期会面，探讨学习过程中的难点是最有效的。它使得每个成员都能提出自己的困难，并通过不褒此贬彼的方法加以矫正。"小组研究为能力强的学生提供了机会，在解释与应用有关知识、方法以帮助其他成员掌握某种概念时，也巩固了自己的学习。

2.有利于调动学生学习的积极性。

在这种通过优化组合的网状学习组织形式中，学生增强了自信心及自制力，有了学习兴趣，形成了优帮差、差促优，互相学习、互相讨论、互相促进、互相启发的学习局面。从而加强了非智力因素的开发，起到了进一步掌握知识和提高智能的双重作用。由于印发了教案（学案）及作业，增加了课堂容量，同时也减轻了学生抄题的负担，并且进行了解题规范化的训练，提高了课堂教学效率。

3.有利于教师分层指导。

对 A、B、C 三层的不同要求，使优生能力得到了充分的发挥，增多了差生被辅导的机会。例如对于某些较简单的试卷或知识点，可只对 C 层进行讲解，而让 A、B 组上自习。于是，加强了针对性教学，使学习中存在不同问题的学生各有所得。

总之，学生在合作中增强了集体意识，加强了学生之间的思想交流和学习交流，加深了同学之间的友谊，锻炼了思维能力，提高了分析问题、解决问题的能力和语言表达能力，也有利于他们良好个性品质的形成，还增强了班级的凝聚力。

（此文发表于人教社《教与学 5》1997.）

给孩子一个灿烂的童年

周钰婷

童年是什么？童年是诗，是歌，是清风白云，是无拘无束，是趣味稚朴，是海阔天空。童年是什么？童年是老掉牙的故事，是奇幻莫测的传说，是星空下长辈们的娓娓道来，是《安徒生童话》里的游走，是动漫时间的凝眸。

童年是什么？童年是游戏，是舞蹈，是不明就里的鹦鹉学舌，是殚精竭虑的模仿，是不计后果的拆卸安装，是不着边际的异想天开。

童年是什么？童年是跌跌撞撞，是懵懵懂懂，是哭，是笑，是破坏，是创造，是幼稚的人之初，是天才的智慧园！童年是美好而短暂的。回忆童年，成人的嘴角总会浮起一抹最清澈纯真的微笑，那是我们记忆深处的芳草地。身为父母，你，又将给予你的孩子一个怎样的童年？你，爱你的孩子吗？你，真的会爱你的孩子吗？你，是怎样爱你的孩子的？

这是三个最普通不过的问题，但又是最让人难以把控、难掌其度的问题。中国父母之爱孩子，或曰之宠溺孩子，举世闻名。但是，会爱孩子、爱得其所的父母，却是少数。有一个最形象贴切的比喻，"爱孩子，那是母鸡也会做的事情"。但是，母鸡永远也飞不成雄鹰。你是愿意让你的孩子成为碌碌无为、终其一生的平地鸡，还是出落成翱翔天际、睥睨众生的雄鹰？

很明了的选择，却因此产生了新的矛盾——良苦用心与拔苗助长的矛盾。爱，是需要技巧的。望子成龙，也需要方式方法。前些时，某报报道一位普通的父亲培养出三个博士生女儿的消息。究其根源，并非遗传基因特殊优异，也非有何振聋发聩的秘技，而是由一副扑克牌设计游戏开始，不断地推陈出新，"玩"出新花样。于是，在"玩"中，培养了孩子的兴趣，引导了孩子的思路，锻造了孩子的自信，开启了孩子的智力，开阔了孩子的思路，开创了孩子美好的未来和人生。其他的案例，如"哈佛女孩刘亦婷"等，无不如此。

"玩"，是孩子的天性，也是孩子的权利，更是孩子智慧和快乐的源泉。但是，有很多孩子，他们的日期排得满满当当，游走于各种兴趣特长班。其中，一方面有孩子自身的兴趣和天赋的原因，另一方面则含有家长自身"想当然"的因素．在"培养孩子的竞争力"的旗帜下，把自己的喜好加诸其身。孩子，则失去了自由活动的时间和天地，更失去了本应属于他们的欢乐和笑声。也或许，更失去了在玩乐中勃发的灵感和创造力。

我在东营海培特长培育学校工作的时候，有一次年终艺术考级定级考试，我监考某美术考级班。考生均为6岁至8岁的孩子，命题是画菊花。很多孩子确实画得很不错，枝叶错落有致，菊瓣摇曳生姿，颜色清新淡雅，而且态度非常认真。但是，有一个胖乎乎的男孩，如坐针毡，身体始终乱摇乱晃。过去一看，但见他的考卷上，混乱不清地窝着一团颜色，应该是花朵，却极不协调地占据了大半个版面。美术老师告诉我，这个孩子是在其家长的再三恳求下勉为其难收下的，其实并不具备美术天赋。但是，他在这个学校里报了好几个兴趣班，都没能继续下去：学钢琴，经常如筛豆子般乱拨乱抖不分节奏；学笛子，找不准笛孔；学英语，上课睡觉……父母很头疼，说，只好学习美术了，再怎么着，笔还是能拿得住吧！其实，他分明是个好动的孩子，最适合的也许是体育。但是，家长非得让他学艺术，因为别的孩子都学，否则，他就要落后了……真是难为孩子了！

现在很多幼儿园，采用非常正统的小学化教学。小小人儿，却提前进入小学阶段，小肌肉群还没有发育完全的小手硬是要握笔写字，还要进行各种考试，放学后还布置家庭书面作业。而许多家长，选择幼儿园的标准就是"学的东西多不多""布置的作业多不多"。曾经有位家长，因为我们幼儿园不布置家庭作业而找来，问为什么？言语间颇有些不满。

其实，教育是有方法的。把时间进行统筹，把学习变成游戏，把灌输变成引导，调动孩子的潜在能力和积极主动性，每一个孩子，都会发展得相当优秀。

身为父母，我们都爱孩子，真正的爱，是尊重孩子的人格和天性，教会他自爱互爱及博大的爱，因材施教，因势利导，懂得放手，保护孩子的想象力和创造性。爱孩子，给他真正所需要的：为他营造愉悦的生活和学习环境，让他可以欢畅地玩，可以大声地笑，保护他的懵懂和天真，允许他犯这个年龄段都会犯的小错误，把他当作自己的朋友。

每一位父母，都应该用成熟的爱赋予孩子一个灿烂的童年！

让生命绽放出灿烂的花朵

梁绍莉

　　教育是培养人的事业，教育的根本目的在于教会人怎样做人，并从做人的基础上成长为各种人才。英国教育学家洛克说过："一切教育都归结为养成儿童的良好习惯。"素质教育的最终目的在于把道德观、价值观、人生观、行为准则、知识结构等一些外部的客体东西和谐地内化为学生内部的主体因素，使每一个学生和谐发展、健康成长，成为社会所需要的人才。江泽民总书记在《关于教育的谈话》中指出，"正确引导和帮助青少年学生健康成长，使他们德、智、体、美全面发展，是一个关系到我国教育方向的重大问题"。所以，我在做班主任的过程中，注重规范学生的行为，注重学生的养成教育，为学生的成功奠定坚实的基础。

班级文化促和谐

　　初中的教师们都知道，要想管好一个班级，关键时期在于初一，而初一的前两个月又是行为习惯养成的关键时期。所以，一开学我就进行独具特色的班级文化建设，利用各种形式对学生进行培训，使学生明白哪些是应该做的，哪些是不应该做的，从而达到育人的目的。在班级文化中，目标最重要。一个班集体首先要有目标，没有目标就像随波逐流的小船迷失了航向。我们班确定的目标是"愉快学习、幸福生活、健康成长、全面发展"。希望每一名同学在班集体这个大家庭里始终以良好的心态去学习，把学习当成一件快乐的事情。我让学生想象，如果让爸爸妈妈或者老师训了一顿，或者和同学闹矛盾、怄气，那么上课时是否能听进去，效率还高不高？我还告诉学生一个人在愤怒或忧虑的时候，如果用测量仪检测他呼出的气体，显示呈现灰色状态，其中 CO_2 的含量特别多，这不仅对身体有害，还特别影响学习。所以，要不断地调整自己的心态，以最佳状态投入到学习中，同学之间互帮互学，和睦和善和谐，每个人都感觉到大家庭的温暖，愿意生活在这个班集体里。初一时，我把全班同学和我的照片贴在了一起，起名："瞧这一家子！"同学们生活在这个大家庭里，身心愉悦，健康成长。目前，全校无论是实验班还是普通班，我班学生人数最多，并且无一人辍学，无一人有抽烟、喝酒、上网、谈恋爱等不良行为。我在班级内做民意调查时显示，全班同学 100% 认为学习是一件快乐的事情，每一个人都希望全面发展，成为一个德才兼备的有用之人。"勤奋好学、自强不息"的班训告诫同学们勤能补拙，天才出自勤奋。学习不仅快乐也很辛苦，所以需要有自强不息的精神和持之以恒的毅力，我要求学生把自己当成一个竞争对手，每天都超越自己，战胜自己。班内王景春同学初一进校时，因为基础差感觉学习很吃力，产生了畏难发愁的情绪。我及时找他谈心，对他讲了童第周从倒数第一到正数第一的故事，告诉他在学习的道路上，没有克服不了的难关，老师和同学都做他坚强的后盾，要自强不息，顽强拼搏，每天每时都勇敢地迈出一小步，一步步走下去。经过一段时间的努力，他的成绩终于有了可喜的进步，在暑假前全校语、数、英三科竞赛中获得了第二名。他在作文中写道："我在老师和同学们的帮助下，走出了困境，证明了自己，我蓦然发现，自强不息，战胜自己的过程是那样美丽，我的未来不是梦！""敬、竞、静、净"四字班风中的"敬"是尊敬的敬，要求学生尊敬师长，团结同学，讲文明懂礼貌，做到文明待人。无论何时何地，无论见了教自己的老师还是不教自己的老师，都要说"老师好"。"竞"是竞争的竞，要求同学们在思想、纪律、卫生等方面人人争上游，处处当标兵，在班内形成"比、学、赶、帮、超"的氛围。班内举行男女生之间竞赛，小组之间竞赛，同学之间对抗赛、自己与自己的竞赛……极大地调动了学生的学习积极性。"静"，安静，教室是学习的场所，学生是学习的主人，进了教室就要好好学习，做到"入室则静，落座则学"。不学习就是犯了最大的错误。如今，班内没有一个不学习的学生，数学老师高老师多次高兴地说："在十一班连傻子都知道学习"。当然，我们班也没有傻子。今年，我班进了一个中考451分（录取线为460分）的复读生，结果初三数学第一次考试，最差的就是这名同学。初一时，语文老师生病请了两个月的病假，同学们完全靠自学，结果期终考试班级平均分第一！我们班除了在初一上学期期中考试考最后一名外，其他的期中、期末考试成绩都是年级第一，班平均分数超过第二名20多分，八科一般都是六科第一名、两科第二名。虽然这是师生们共同努力的结果，但我觉得最重要的原因是受益于每个同学都在学习。"净"是洁净，即在生活中要爱清洁，讲究集体和个人卫生。每个人都在自己的桌子上粘一个挂钩，挂一个塑料袋装垃圾，每天放学时带走。因此教室里整洁干净，纤尘不染，值日生劳动量减少到最低。"勤奋 专致 博学 善思"的班风使我班形成了良好的学风，端正了学生的学习态度。我告诉学生天才99%来自勤奋，只要勤奋，铁杵可以磨成针；专致，要求学生学习时一定要学得投入、执着，做到"听课时零低头率，自习课上零抬头率"。不管哪位领导或者老师来检查都不抬头看、不分心。博学，告诉学生要博览群书，积淀人生底蕴，各方面都要涉猎一些，培养兴趣，张扬个性，做到全面发展。我经常利用班会时间教同学们唱歌、打球……"行成于思，而毁于随"，善思，是一种良好的学习习惯，要学会总结，学会反思。只有不断地思考，在思考中发现问题，解决问题，才能不断地进步提高。

班级文化建设在班级内形成了良好的学习氛围，我对学生又进行了"五五"培养，即"五学会"培养和"五心"培养。"五学会"即"学会做人、学会学习、学会创新、学会生存、学会合作"。"有德有才是精品，无德无才是废品，有德无才是次品，无德有才是毒品"就说明了做人的重要性。对于一个人来说，德是根本。在育人方面，我恪守"不求人人成才，但求个个成人"原则，先成人后成才；21世纪的文盲不再是目不识丁的人，而是不会学习的人，所以学会学习是关键；而创新是时代的灵魂，不创新就不能发展，就不能适应时代的要求，就不能与时俱进。求异创新是目的，因此要培养学生的创新精神，有了创新意识，才能更好地发展；一个人活在世上，不能凡事都靠父母、老师和他人，所以要学会生存的本领和技巧；会合作是生存的关键。学校王勇基校长有一个"一片瓦"理论，我认为很好，他说盖房子时一片瓦首先要忠于职守，而且还要和周围的瓦片搞好合作。否则，刚盖好的新房子也会漏雨。这个理论充分说明了合作的重要性，所以，我特别注重培养学生的合作能力。初一、初二时，我把学生分成4人一小组，面对面坐着，便于讨论和交流。同时，组内分工明确，其中一个学习较好、领导能力较强的学生当组长负责纪律；学习最好的一个当学习委员，负责批改4人的作业，作业全先由组长认真批改，每次作业都打上整洁分，对错得分及批改日期，老师抽查；一个学生负责小组卫生，另一个同学负责提问题。每组学生都编成1—4号，当老师提问时可以让每小组的一号到黑板前展示（教室里前后黑板都用上），然后由二号去批改；若三号展示，4号去批改。这样同学们参与和展示的机会就增多了，极大地调动了全班学生的学习积极性，同等水平的同学可以进行比较，组与组之间产生竞争。小组合作学习，可以使优等生更优，中等生游刃有余，差生也水涨船高不断进步。通过合作，同学们学会了交流，学会了沟通，学会了倾听和尊重，学会了包容和欣赏，也在合作中培养了能力，增长了知识，提高了学习兴趣。"五心"培养，即"爱心""专心""细心""诚心""恒心"。我教育学生在学习时既要专心，又要细心，还要有恒心；对待他人要有一颗诚实的心、爱人的心、感恩的心。要学会感恩父母给我们生命，感恩老师培养教育了我们，感恩他人给予了我们的关心和帮助，感恩学校给我们创造了优越的学习环境，将来还要感恩社会。每一次节日来临之际，学生都会主动地送上自己最真诚的祝福。今年教师节，我们班的同学自己动手，悄悄地准备了节日贺卡，送到办公室，献给每一位老师，感动得老师们直夸我们班级的同学既聪明又懂事，说我对班级管理有秘诀，要我介绍经验。

的确，我班同学通过规范行为，夯实了思想基础，养成了良好的习惯，取得了可喜的成就。两年来，在各项检查中，我班各方面从未扣过分，班级综合素质考评总是年级第一，"优秀班集体""文明宿舍"的流动红旗一直悬挂在我们班的教室和宿舍内，全班同学人人以在十一班为荣。近代教育家陶行知先生说过："什么是教育？简单地说，一句话，就是要养成良好的习惯。"作为一名班主任，就应该从规范学生的行为、养成其良好的习惯做起，让学生快乐着他们的快乐，幸福着他们的幸福，给学生一个充满阳光的人生。

真爱催得花儿开

"爱自己的孩子是人，爱别人的孩子是神。"我不是神，但我却真爱我的学生。东方一位哲人说"没有爱就没有世界"，苏霍姆林斯基说"教育技巧的全部奥妙在于如何去爱学生"。是的，没有爱就没有责任，没有爱就没有教育，更没有教育的成功。我们要给学生父母般的爱，真心地去疼爱、关心、呵护他们，成为孩子成长的靠山和依赖。真正走进他们的生活，走近他们的内心世界，从身体、学习、生活、思想、情感等方面进行"全身心投入，全方位关注，全人格理解，全过程欣赏"。尊重学生的人格，容忍他们的过失，承认他们的差异，一视同仁，平等对待，不偏爱优生、冷淡中等生、歧视学困生。相反，对那些家庭困难及思想学习上的学困生，多给一些关爱和鼓励，让他们在愉快的情感体验中接受教育获得成功。杨涛同学在小学时就小有名气，父母离异后他跟了父亲，而父亲在婚后一直在外地打工。因家庭变故，爷爷奶奶格外娇纵他，单亲家庭和留守儿童身上所有的问题都能在他身上明显表现出来，后妈根本奈何不了他，爸爸的拳头也征服不了他。来学校后，他几乎每天都要找一个理由或回宿舍，或泡卫生室。家长曾私下对我说："这个孩子我们是无法管了，没救了。"面对这样一个特殊的孩子，推出去就会给家庭乃至社会造成极大的伤害，作为一名班主任，不能眼看着自己的学生（尽管接触的时间短）这样下去，我的良心不忍，我的责任心不忍。但是，要改变他谈何容易，那简直就像在草原上要套住一匹马驹，不，还不如套一匹马驹容易。我暗暗寻找教育的切入点，和他较量着。机会终于来了，一名同学过生日，我利用晚自习的时间举行了一次晚会，晚会举办得相当成功，同学们尽情地欢乐着。晚会结束后，大家还兴奋地谈论着，他却不以为然地说："老师绝不会给我举办这样的生日晚会。"其他同学愤愤不平地告诉了我，我翻看了一下班主任工作手册，发现一个星期后正好是他的生日。一个星期悄然而过，他依旧桀骜不驯。到了他生日那天，我让同学从医务室把"生病"的他叫回了教室，他踏进教室门，一下子就愣住了，教室内生日晚会已经布置停当，他的桌子上放着生日蛋糕，同学们齐声喊道："祝你生日快乐！"一句句真诚的祝福，一个个微笑的面孔，深深地打动了他。确实，当时任何人都会感动不已的，更何况他根本没有想到。晚会结束后，他主动对我说："谢谢老师和同学们还想着我。今后，我一定不再让大家失望了。"他还告诉我说，这是他自父母离异后过得最难忘的生日，今天让他想起了妈妈。我趁热打铁，告诉他老师和同学从来没有放弃过他，在老师的眼中，54名同学好似54朵花朵，人人都有其可爱之处，老师最希望看到的是54朵盛开的花朵。第二天，他出人意料地早早来到了教室打扫卫生，还把邻班的走廊给打扫得干干净净。我协调各科教师和同学，对他组成了一个"帮扶"小组补习功课。我多次找他谈心，化解他心中的烦恼，实际上，他脑瓜很聪明，以前学习的内容也不是很差，短短一个学期就挤进了班内前15名，而且更让人高兴的是，他还和爸爸妈妈改善了关系，一家人和和美美，令邻居们称赞不已，家长更是高兴得不知说什么好。学校医务室的校医见了我说："梁老师，真服你了。你到底用的是什么招？"

鲁迅先生说过："教育根植于爱。"班主任只要有了爱，就会产生无穷智慧。班主任的爱，好似春风雨露，滋润着学生的心田；班主任的爱，好似春天播下的种子，在学生的心里发芽、生根，让学生鲜活的生命绽放出灿烂的花朵。

欣赏生命享欢乐

有了爱才有了教育，对学生内心充满了爱，心中就有了天堂。"教育学生欣赏学生享受学生"这是我常说的一句话，欣赏是一种美德，是一种胸怀，是对别人的尊重和承认，是用放大镜去看学生的优点，"把学生的缺点当成'特点'去经营"。与家长交流中，我告诉家长，要先学会欣赏自己的孩子，然后再去教育自己的孩子，不能只挑缺点，不去欣赏优点。每个学生都渴望取得好成绩，都希望得到老师的表扬和伙伴的认可，都希望得到别人的赏识。人也正是靠这种愿望的推动，才不断地发展进步，"班干部能做的事，班主任不做；普通学生能做的事，班干部不做"。目的是培养学生自理、自立、自强的能力，在班里真正做到了"班级的事，事事有人做；班级的人，人人有事做"。在班内，全面实行量化积分制，并提出"做了错事要加倍用做好事弥补"，这样既是对学生人格的尊重，又能激发学生获得成功、奋发向上的积极性。教师的称赞有助于学生自觉克服缺点，使其尽力和老师的评价保持一致。久而久之，教师的赞美和肯定就会内化为学生学习的动力，使其学得高兴，学得主动，从而不断地获得成功。教师还要学会享受成功，和学生分享成功的喜悦。每逢考试结束，我总会拿出自己的钱到银行批成新票子奖励学生；初二下学期，我买了54支钢笔和其他奖品从不同的角度对班内的每一名同学进行了表彰奖励；今年中秋节，我又买了16斤最好的月饼，每人一块，在班内举行了一次别开生面的十一班大家庭赏月活动，同学们高兴得又唱又跳，让闻讯赶来的县电视台记者都连喊感动。"不会微笑的人，不要做教师；没有爱的人，不要做教师；不会欣赏学生的教师，体验不到教育的快乐。"作为一名班主任，我积极为学生创造良好的成长环境，用真爱浇灌他们的心田，让生命绽放出灿烂的花朵，体验收获的快乐。做班主任真的很快乐！

（此文在全国班主任工作经验交流会上荣获优秀论文二等奖）

营造美好、和谐、积极向上的班集体

梁绍莉

一个优秀的班集体，应具有美好、和谐、积极向上的氛围。我们认为主要具备以下几个特点：（1）科学的管理制度。（2）强大的凝聚力。（3）人人有理想，集体有目标。（4）勤奋好学、积极向上的学风。（5）民主团结、宽松和谐、充满爱心、利于个性发展的氛围。如何达到以上要求呢？在近年来的班级管理工作，中笔者主要从以下几个方面进行了探索和尝试，并取得了一定的效果。

一、以制度建设为基础，激活管理机制

一个良好的班集体，首先要有明确的管理原则和科学合理的管理制度，以最大限度地调动学生自我管理、自我监督、自我教育的积极性和主动性，培养学生自觉、自制、自理的能力。我们遵循的原则是：学生能组织的活动，教师尽量不做，只当参谋或顾问。为此，我们实行了值日班长制并采取分层管理的办法。即每天设一名值日班长，全班同学按照学号轮流担任。值日班长主要有以下职责：（1）统计当天的出勤情况。（2）处理当天的偶发事件。（3）检查室内卫生。（4）组织学生做两操。（5）维持课前三分钟纪律。（6）组织学生上好自习课。（7）检查自行车摆放等。同时，把全班分为A、B、C三个小班，每小班选出一个班长。小班又分为若干小组，每小组三人，选出一个组长，组长负责三个人的学习、纪律、卫生、思想教育等。通过这些，给每个学生都提供了开展具体工作和施展管理才能的机会，较好地调动了学生的积极性和主人翁意识，真正做到了"班级的事，事事有人做；班级的人，人人有事做"，达到了通过制度开展工作的管理目的。

二、以班风建设为辅助，夯实思想基础

优良的班风能给人以愉快、信任、友爱、自豪等积极向上的情绪体验，给每一个学生强烈的归属感，使其自觉地维护这个集体的荣誉，并自愿地为这个集体的更加美好而积极付出，无私奉献。因此，班风建设是班级管理工作的辅助手段，它与其他管理工作相互作用，较好地承担起教育学生的职责。根据初中学生的思想实际，我将班风确定为"敬、竞、静、净"四个字，简洁易记，易于遵守。敬，即师生之间、同学之间要互相尊敬，多讲礼貌用语，做到文明待人；竞，即在思想、纪律、学习、卫生等方面要人人争上游，处处当标兵，形成一种"比、学、赶、帮、超"的气氛；静，即遇事要冷静，课堂要安静，言语要稳重，行为要慎重；净，即生活中要爱清洁，讲卫生，思想上要品质优良，情操高尚。通过实践，班风建设较好地规范了学生的言行，夯实了学生的思想基础，在学生的健康成长中发挥了重要的作用。

三、以开展活动为抓手，教授做人道理

在班级管理工作中，以开展活动为抓手是必不可少的。通过丰富多彩、积极有效的活动，不仅可以培养学生动手动脑的能力，而且可以展示各人特长，挖掘学生潜力。更重要的是，学生在活动中学会了做人的道理，培养了热爱集体、为集体争光，将来为国家争光的远大理想和集体荣誉感，从而营造出一种积极向上的班级氛围。比如，通过拔河比赛，学生懂得了一个道理：要想取得胜利，必须心往一起想，劲往一处使，形成强大的凝聚力；通过长跑比赛，学生明白了：要想达到一个目标，完成一项工作，必须锲而不舍，坚持不懈。另外，通过各种晚会和游戏等，让学生自己动手，互帮互助，培养和建立起一种热爱生活、热爱劳动的良好习惯，从而使整个班集体变得充满朝气和活力。

四、以自身带动为契机，发挥榜样作用

初中学生年龄相对较小，可塑性、模仿性较强。学生与老师朝夕相处，

班主任对学生进行教育的过程，其实就是班主任把自己的思想、行为和知识才能向学生自我解剖、公开展示的过程。哪怕是班主任的一次讲课、一次谈话、一次家访，甚至一个动作、一副表情、一种发型、一身穿着、一种嗜好，学生都会从中接受影响，效法模仿，从而吸取力量，受到教育。因此，班主任必须时刻注意自己的一言一行，要求学生做到的，自己一定要做到，给学生树立一个完美的形象，让学生觉得你就是天底下最好的班主任，由此崇拜你，效仿你。因此，班主任要把握住无时不在的教育契机，做好师表，当好模范，做到"随风潜入夜，润物细无声"。这样，既融洽了师生感情，又通过榜样的带动作用，使班集体变得更加美好。

五、以爱心投入为关键，增强教育效果

苏联教育家苏霍姆林斯基说过："教育技巧的全部奥妙在于怎样去爱学生。"作为班主任，要在班级管理工作中，投以爱心，首先要尊重、信任学生，做学生的良师益友。学生尊敬老师，老师才能充分发挥积极的教育作用，就会产生教育工作者的光荣感，就会更加热爱学生，热爱教育事业，更加自励自勉，以身作则，成为学生的榜样。反过来，老师也要尊重、信任学生，这样，才能激发学生的自尊心和上进心，才会更加尊敬老师，更加努力地学习老师传授的知识，仿效老师的品德。《中国青年报》上曾刊登过一篇"报复与报答"的文章。大意为：一学生开始只是贪玩，不完成作业，课上爱说话，结果被第一位班主任当作坏孩子进行污辱，骂其为猪，其家长不是"东西"，并进行体罚，严重损伤了学生的自尊心，导致学生产生了报复心理。后来又遇到了另一位班主任，其教育方法与第一位截然不同，他尊重、信任学生，无论学生犯了多大的错误，从不在大庭广众之下批评学生，更不点名批评，而是努力从学生身上捕捉闪光点，加以表扬。因为他的尊重、信任和欣赏，竟使一个在棍棒底下从不流泪，且变着法子和老师作对甚至报复老师的学生，以优异的成绩考上了一所重点中学，并发誓要以优秀的学习和成绩来报答老师。这就是尊重和信任学生的教育效果，尊重和信任在师生间形成了一种相敬如宾、充满温馨和谐的气氛。

其次要对学生一视同仁，平等相待。实践中不乏这样的例子：老师如果喜欢某些学生，对他们多一些关心和帮助，学生就会以积极的态度对待老师，对待自己的学习和行为，就会如老师所希望的那样有所进步；如果老师讨厌某些学生，对他们不报希望，也不进行帮助教育，学生就会感觉到老师的偏心和歧视，也会以消极的态度去对待老师，在学习和品行上"破罐子破摔"，不求进步，从而导致成绩和品行的下滑。因此，老师对学生要一视同仁，尤其对后进生，更要加倍呵护。但是老师对学生的关心和爱要适度，就像全国优秀班主任任小艾老师说的"以爱动其心，以严导其行"，对学生要做到爱而不溺，让爱和严巧妙地有机地结合起来，从而增强和提高教育效果。

新形势下的班级管理工作，是一项重要而迫切的任务。如何建立营造美好、和谐、积极向上的班集体，更是需要不断地探索和实践。

五小措施，营造温馨的家

——班级人性化管理初探

巩振荣

我们学校是一所以留守儿童为主要招生对象的寄宿制学校。这里的学生主要有两个特点：一是由于父母外出打工，他们缺少家庭的温情呵护；二是因为家长工作的不稳定性，学生的流动性较大。如何使他们在学府"身有所安、心有所定、情有所依、志有所向、神有所往"，获得更好的教育？如何减少学生流动，以实现学校和学生家庭的效益双赢，落实"教育富民"的办学理想？我觉得人性化管理学生，创设一个家庭般温暖的班级是关键。做到这一点，对于低年级班来讲更为困难，但是意义也更为重大。

在二年级二班，我采取了一些人情味十足的小措施，收益颇多，也积累了一些经验。在这里整理成文，供大家参考。

措施一：代理妈妈

低年级的孩子对父母的依赖更强，乍离开家，他们的心神处于惶恐不安之中。针对这一现状，我召开主题班会。首先我让孩子们尽情诉说自己对妈妈的思念，然后我又引导他们说出母亲对他们所寄予的厚望。最后宣布："从今天起，我就是你们的妈妈，你们就是我的孩子，班级就是我们的家了。"同学们情绪受到感染，都为我鼓掌。我清楚地看到他们的眼中闪烁着喜悦。在以后的生活中，我辅导功课，帮他们洗刷，和想家的同学谈心玩耍；对犯错误的同学，苦口婆心，晓之以理，动之以情；对待学生的生活，随时注意天气变化，提醒他们增减衣服……我的确如一个称职的爱心妈妈，不厌其烦。现在同学们都已经打心眼儿里认同我这个"代理妈妈"了。

措施二：小家长

我把全班学生根据各自的意愿分成五个小组，每组选一个比较受欢迎的同学担任组长。但是，不再叫他们组长，而是给他们冠以"大哥""大姐"的称呼，称他们"小家长"。我告诉全班同学，爸爸、妈妈不在身边，都要听哥哥、姐姐的话。"小家长"们也要像爸爸、妈妈一样照顾自己的弟弟、妹妹。称谓的转变，使同学们充满了新奇，离家后的失落情感得到了补偿。学习上，"小家长"检查督促学生作业；课间，"小家长"组织同学游戏；生活上，"小家长"帮助老师检查个人卫生……这些"小家长"在检查、督促其他同学的同时，也能够做到以身作则，自律意识明显加强。各小组同学在"小家长"的带领下，真切感受到了班级的温暖，精神面貌得到了很大的转变。

措施三：小档案

我给每个同学都建立了一个"家庭表现小档案"。"小家长"把学生每天的表现如实记录下来，记录时就以向爸爸、妈妈汇报的口气，如"妈妈，您的儿子××今天得到了老师的表扬，因为他作业认真，回家，您要亲他一下"，等等。这样的话让孩子们感到振奋，从而激励他们更加认真地学习。每当有家长来看望孩子，我就让孩子自己拿着"小档案"去给父母看；每次开班会，我都让"小家长"汇报"家"中的情况，作出以褒扬为主的评价。看到同学们被表扬后的兴奋劲，我也高兴极了。

措施四：小话吧

孩子闹着要回家，或是天天要给家里打电话，这在低年级常见。怎么办呢？我告诉他们只要表现好，就可以获得与家人通话的特别奖励。表现好坏的评定，要参照"小档案"的记录。孩子们为了获得这一特别奖励，他们克制自己的思念之情，方方面面奋勇争先，努力表现自己。我抓住这一教育契机，予以引导，然后兑现自己的诺言，让他给自己的妈妈打个电话。而学生往往是先向家长炫耀自己得到的特别奖励，才与家人说其他内容。这一举措，使孩子们更快、更自觉地融入班集体中，充分体现了我校"令家长省心、放心、开心"的办学目标。

措施五：小游乐园

每天紧张的学习之后，我们低年级都有一节活动课。我认为这是一个学生融入学府的好机会。刚入学时，一些学生处于对家的想念之中，心情郁闷。可是当他们和同学们一起游戏时，这种心情很快就被抛到脑后，玩得不亦乐乎。因此，我就充分利用游览、欣赏等特色活动课，组织学生开展丰富的活动。每天学生们在多彩的游戏中玩得乐不思蜀，我们班已经没有因想家而闹情绪的同学了。

这几个富有人情味的小措施，在班级管理工作中收到了意想不到的效果。看来，班级的人性化管理这一课题，我们在一线工作的班主任真得好好研究研究才行。

（本文获全国班主任优秀论文一等奖）

班级管理，学生展示交流的平台

杜美芝

陶行之先生说："解放儿童的大脑，使他们能想；解放儿童的双手，使他们能干；解放儿童的眼睛，使他们能看；解放儿童的空间，使他们能接触社会，接触自然；解放儿童的时间，不能把功课排满。"这段话每每给我以深深触动，启发我对工作进行反思。我带的班级是低年级，一直以来就如同孩子的"保姆"，包办着班里的一切事务。这种事必躬亲的做法，使自己为繁琐的班级工作所困扰，忙得不亦乐乎，效果却不理想。这种做法还束缚了孩子的思想与手脚，使孩子养成一种惰性。如何给孩子们提供一个展示交流的平台，让他们在交流中进行思维碰撞，迸发创新火花，发展创新思维，增强合作意识，提高合作能力，实现自身价值，获得自我激励。新学期开始，我更新班级管理观念，进行了一些有益的尝试。

1.让学生充分行使自己的权利，推选自己认可的班干部。从前我总以为，低年级的学生年龄太小，什么事情都要老师亲自过问。即使有班干部也多数有名无实，不起什么作用。班干部都是我指定，对班级行使绝对权利。其实，孩子们是有思想的，他们可以用脑去思考，用眼睛去观察，用心去体会。二年级伊始，我设计了一个表格，让学生选自己心目中的班干部。

姓名	职务	为什么选他（她）

孩子们得知自己可以任命班干部，感到很新奇。当他们看到老师宣布的班干部正是自己所选出的，更是兴奋不已。他们有了班级主人翁的感觉，同时和老师的心也贴近了很多。选出的几位小干部也都能自觉感受到同学们对他们的期望。他们定责、定制、定岗，每天带头打扫室内外卫生，整理桌凳，带领大家读书。他们严于自律，自觉接受同学们的监督，带领同学们把班级工作做得有模有样，有条不紊，真正发挥了作用，名副其实地成了我的小帮手。为了鼓励大家，我告诉同学们：我们在下个月再选一次，咱们也来个庸者下、能者上。如果你表现出色，只要你进步，下一次你也能当选。同学们听了我的话，更是跃跃欲试，劲头十足。

2. 让每个学生都成为管理员，参与班级管理。进入二年级后，学校配给我们许多书，我们办起了图书角。我问谁愿意当这个图书管理员，没想到二十多双小手都高高举起，使我一时无法选择。我不忍心让每位孩子失望，于是我宣布："每人当一天图书管理员，看谁最优秀。"孩子们听了我的宣告，兴奋得高呼："杜老师真好。"看到这样的情景，当时我的心中很是愧疚。孩子们这么需要老师的赏识和"重用"，他们需要老师给他们一个展示的机会和平台，而我做的却远远不够，有时甚至完全忽略了孩子们的这种正常欲求。接受"管理员"职务后，每个同学都尽职尽责，图书的发放、阅读、交换，到最后上交，这一过程中的每个细节他们都像爱护自己的新书一样，一丝不苟。小管理员之间交接班时，都要在同学们的监督之下，自发举行一个简单的交接。我留心观察每位同学接过书的刹那，脸上都洋溢着自豪的笑容，那感觉就好像接受一项神圣的任务。通过这件事，我认识到只要给同学们一个机会，参与班级管理，锻炼自己，他们就会十分积极主动地去探索创新，都会做得很好。

3. 让学生自己结对子，创建和谐班级。低年级孩子年龄小，琐事较多，你瞪我一眼，我碰你一下，你又踢我一脚，在孩子们眼中都是事情。他们会不分场合、不合时宜地向你告状。这是低年级教师最头疼、最难断清的"案子"。自己找同桌能不能解决这一问题？排位时，我告诉他们："老师可以让你们自己找同桌，但是要告诉我为什么你要和他坐在一起。"结果，我发现几乎每一个同学都和他平常最要好的朋友坐在了一个位子上。我问周奕萱为什么要和梁宇坐在一起，周奕萱回答我说："梁宇聪明好学，学习好，不会的问题可以问他。"我问徐桦为什么和邵雅茹坐在一起，他回答我说："我们是好朋友，比比谁学得好。"我问赵立为什么和杨慧萍坐在一起，他回答我说："杨慧萍乐于助人，我没有橡皮她借给我用。"接着，我告诉他们："你们这么想和自己的朋友坐在一起，你们要永远做好朋友。"孩子们齐声答应。在以后的日子里，同学们之间的小矛盾明显少多了。真是一群纯真的孩子，他们虽然年龄小，但是很有思想，知道自己需要什么。孩子们自己结对子，减少了同学们之间的摩擦，使我们的班级更加团结，更加和谐。他们的表现给了我太多的感动，也给了我一些意外的收获：孩子们更需要友谊和宽容。

4.让学生监督老师。俗话说："金无足赤，人无完人。"给老师找缺点，是每个孩子最乐意的事情。孩子们在课堂上经常给我找出一些"小毛病"——哪个字竖斜了，哪个字横不平了，哪个字发音不准……一开始，我感到很不习惯，有时还加以训斥。后来，我意识到这正是一个极好的教育契机。于是，我转变心态和做法，只要同学说得对，我都当面改正，直到孩子们满意为止。孩子们看到我竟然按照他们说的去做，都特有成就感。在给我找不足的同时，他们在书写或朗读时也都自觉地注意细节，逐渐养成了规范书写、善于思考的学习习惯。这一举动也使同学们向他人展现了自我，感悟到自身价值，体验到了成功的喜悦。这一举措也无形中拉近了我与他们之间的距离，使我更成功地扮演了"导师，父母，朋友"这一角色。

总之，一个合格的班主任，既要有太阳的热情，又要有月亮的柔肠，聚日月的光彩；既要有父亲的威严，又要有着母亲的慈祥，融合父母般的厚爱。爱生如子，生活上给予真诚关怀，学习上耐心指导，给孩子们创造一个宽松温馨的学习和生活环境。为孩子们真正撑起一片爱的蓝天，让家长省心、放心、开心，让孩子们在学校里展现真实的自我。

（本文获全国班主任优秀论文二等奖）

用"心"管理学生

高奎善

本着"教孩子一天，想孩子一生"的教师观，我以"爱心、耐心、信心、放心"去管理班级，即对待所有学生要有"爱心"；对学生工作应有"耐心"；转化潜能生要有"信心"；使用学生干部要"放心"。

一、爱心。陶行知先生说过："真的教育是心心相印的活动，唯独从心里发出来才能达到心灵的深处。"热爱学生，充满爱心，是教师素质的基本要求，是教师进行教育的情感基础。我在平时的工作中以爱心为出发点，时时处处关心学生，爱护学生，想学生所想，急学生所急；了解学生的思想，研究学生的心理，走进学生的生活，尊重学生的意见，尊重学生的人格，平等待人，不讽刺挖苦每一个学生。我们班级排座位，不是最后几排是差生，上课提问或上黑板，人人公平，好生差生机会是相等的。在叫学生的名字时，我总是以父母亲般亲切的叫法，如贝贝、莎莎、璐璐、虎子。通过这一系列的小事，使学生体会到老师是实实在在地爱他们。学生犯了错误，对学生进行批评教育，在尊重学生人格的前提下，以家长的爱心、朋友的爱心去批评，使受批评的学生感觉到老师的批评教育是恨铁不成钢，是真心希望他们能够健康成长，真心希望学生个个成才。人非草木，孰能无情。人常说爱是相互的，学生在理解老师的爱之后，也会以爱回报老师。他们回报的方式就是尽量让老师少为他们操心，自己尽可能地多为班级做一些增光添彩的事情。今年6月份的父亲节，我来到教室上课，刚一进教室，全班同学就齐呼："爸爸，节日快乐！"当时，我非常感动，感受到了学生们的爱。

二、耐心。俗话说：精诚所至，金石为开。作为民办学校的中学生，大部分是潜能生或问题生，对待这样的学生，工作时应该要有充分的耐心；反复抓，抓反复，在平时多与他们交流，了解学生的心理，同时把自己对社会对生活真实的体验告诉他们。如，我在平时利用课下、班会时间通过读一些以前学生给我的信，特别是其中的一封后悔信；遇到困难，不急躁，不厌其烦地做学生的思想工作，解决好学生的实际问题。

三、信心。信为万事之本。面对本班学生，我很有信心，我相信经过师生合力的作用，学生一定能够转化好。转化好学生必须经过师生的合力，因此，还需让学生充满自信心。

刚开始学习数学，学习了第一章《有理数》前两节内容，我出了一套试题考一考。考试前，我告诉学生试题中有部分题目是中考试题（实际上没有，题目非常容易，目的让学生明白只要认真听讲，中考题目做起来也很简单），如果哪几个组，哪位同学考好了都要受奖励。考完之后，有 10 个组受奖，奖给每组一本书；21 个同学满分受奖，奖给每人一本日记本。通过这次考试，大部分同学体验到了成功的喜悦，满足了学生渴望被别人认同的心理需求，让他们找回了自尊和自信心，使他们产生了积极向上的动力，扬起了奋进的风帆，如要成、许博、孙浩。平时我还不断地鼓励和表扬学生的每一点小小的进步，肯定他们的优点，激发他们的热情，使他们不断前进。

四、放心。使用干部要放心。俗话说得好："火车跑得快，全靠车头带"。一个好的班集体，班干部所起的作用不容忽视。对于班干部，只要信任他们，放手让他们去管理班级，学生工作会做得比老师还要好，还要细致，还要深入。我班的班委会成员有安明伟、王伟杰、吴云龙、滕启剑、徐贝贝。他们这几个人分工明确，责任到人，我只是告诉他们平时要注意的问题，要以身作则，身先士卒，从小事做起，只是有处理不了的事情才交给我。我经常和他们开碰头会，讨论班级内的情况，这样，班级内的事情我基本上不用操心。

总之，班级工作，虽然千头万绪，但只要我们把大唐学府当成自己的家，把这一事业看成自己的事业，脚踏实地，用"爱心、耐心、信心、放心"去管理班级，就能实现"让孩子成人、成才、成杰；让家长省心、放心、开心"的目标。

扎根沃土，潜心耕耘

孙慧丽

四年前，我怀着对教育事业的满腔热情，毅然决然地踏进了大唐学府。当时学府只有几十名学生和几名任课教师，而今学府已发展成为在校学生1000多名，教职工160多名的规范化学校。回顾走过的路，找不到可夸口的成绩，没有震撼人心的举动，也没有催人泪下的故事，只是默默地做着一个教师该做的一切，备课、上课、改作业、谈心、家访……我是在学府这片沃土上发展成长的，我深深懂得离开这一切，我将一事无成，我只有加倍努力，来回报学校的信任、学生的信赖、家长的重托，鞠躬尽瘁，绝不后悔！

关爱学生、开启学生的心灵

大唐学府的孩子不同于其他公办学校的学生，他们的父母大多数都在外地打工，这里的老师不仅仅是知识的传授者，同时担当着父母、朋友的角色。在我的日程表中，从来没有上下班之分，一切服从孩子们的需要，我常常很晚才拖着疲惫的身躯回到家中，有时很晚还要不厌其烦地与家长电话交流。面对因工作忙碌而受冷落的儿子，我常常独自流下愧疚的泪水，我也更加明白了身上的担子有多重——我担负的是几十名家长的重托！因此，我把全部爱心倾注到学生身上，热心为孩子服务。当学生遇到困难时，我给予热情的鼓励；当学生遭受挫折时，我送去亲切的关怀；当学生获得成功时，我投去赞许的目光……班里有一位同学，因家庭变故生活在单亲家庭，性格孤僻自卑，失去了学习的信心，我对他特别"偏爱"，经常找他谈心交流，开导他学会坚强，学会面对人生中的挫折。在我不断的鼓励关爱中，他逐渐变得坚强起来，并以优异的成绩升入初中。四年来，我养成了一种习惯，每天早晨走进教室，第一件事就是观察每个学生的表情，及时掌握他们内心的情感变化。有一次，我发现一个同学上课总低头，目光飘忽不定，精力不集中。经过了解，得知他因一时糊涂，拿了别人的东西，听说失主要来找他，内心慌乱，十分害怕，又不知道该怎么办。我对他这种行为及时进行了批评，并教育他要勇于承认自己的错误，主动向失主道歉。为了缓解他心中的压力，我带他向失主表示歉意，并赔偿了损失。他感到内疚，表示今后一定不会再拿别人的东西，要好好做人。在以后的生活中，他真的改变了，捡到东西都主动上交。当孩子犯错时，我不仅仅是制止这种行为，重要的是给孩子留出自省自悟的空间，教他们学会辨别是非，引领他们学会做人，不给他们贴上"坏孩子"的标签。爱一个孩子，等于培养一个孩子；讨厌一个孩子，可能会毁掉一个孩子。关爱学生是教育获得成功的基础，是学生能否健康成长的重要保障。作为一名班主任，我必须用自己的真爱、博爱去温暖每个孩子稚嫩的心。

真诚与学生沟通，架设心灵的桥梁

每接一个新班，我都给自己确定工作目标——努力帮助每一位学生获得成功，为他们找到适合自己发展的环境和土壤。我班有一个饱尝失败痛苦的学生，他的成绩一直徘徊在及格线上，他感到自己学习不如别人，总想在其他事情上表现一番，有时又害怕别人嘲笑自己，遇事就用拳头来捍卫自己的尊严。针对他自尊心强、好表现的特点，我多次找他交谈，引导他正确处理与同学间的关系，这样才能得到别人的尊重。我组织开展了"我为人人，人人为我"的主题班会，号召同学们取人之长，补己之短，发挥优势，树立以为班级服务为荣的意识。我任命他为教师助理，负责整队、带操。通过一系列的教育，增强了他对自身的约束。他的纪律性有了很大的提高，慢慢转变为一名优秀的学生。他的家长高兴地来学校说，从没有想到自己的孩子能变得这样乖，这样讨人喜欢，让左邻右舍称赞不已。其实，类似这样的事例不胜枚举。寻找最适宜的教育途径和方法，挖掘每一位学生潜能，欣赏他们，用耐心和真诚与孩子对话，点燃他们生命的火焰，是我永远不变的教育追求。带六年级时，面对班内一个聪明敏感多疑的女孩子，我没有采取批评说教的方法，而是留心观察，寻找教育契机。我以一个朋友的身份真诚地与她书信交流，倾听她心底的声音，了解她内心的烦恼，并对她谈了作为一个朋友应该提出的一些建议，让她试着去尝试、去努力。一年的时间内，我和她的书信交流多达两万多字，结果是许多人都改变了对她的看法，她的家长感谢之情溢于言表，现在我们师徒俩依然保持着联系。对待每一个学生，我都践行着学校的教育宗旨"教孩子一时，想孩子一生"。

营造和谐班集体

一个好的班集体，就好比一个强大的磁场，学生就像电子一样朝着同一个方向运动，使班集体出现团结、和谐、积极向上的精神风貌，推动全体同学奋发向上。因此，我每学期初都根据学校有关规章制度和《小学生日常行为规范》，组织学生讨论班级公约，对出勤、作业、听课、生活等各方面作出具体要求，明确个人和班级奋斗的目标；在教室里设置评比栏，让学生轮流写班级日记，记录班级故事；开展值日班长制，培养学生的组织能力，增强主人翁意识；定期召开值日班长座谈会，收集信息，总结情况，确定下一步工作；以组长和科代表为骨干，组成互助学习小组，使班内形成帮助别人就是帮助自己的良好学习风气。定期开展各种活动，以开展感恩父母、心灵的摄像机等活动为依托，为每个孩子创造参与和竞争的机会，营造高雅、生动、形象的班级环境，渗入精神文化教育，让学生在潜移默化中受到教育，开拓他们的精神世界。在"班级荣辱　我的责任"的班训倡导下，集体的荣誉感与责任感在每个人的心中扎下了根。

体验幸福，与学生一起成长

作为一名教师，在经历和见证学生成长的同时，自己的生命也在成长和变化着。我依依不舍地送走一届学生，又满怀信心地迎来了一批新面孔……我们在帮助学生发现和实现生命价值的同时，也在实现着自身的价值追求。

每年的教师节、春节等各种节日，面对学生一句句真诚的祝福，一种幸福感便从心底油然升起；面对学生获得成功的喜悦，一种无法表达的自豪感传遍全身。在体验幸福的同时，我也忘不了一路走来的艰辛。王校长一次次的培训，一次次"逼"写教育日记，老教师对我的关心帮助，让我对自己的工作有了更大的信心。为了提升自己，我经常阅读一些教育报刊，揣摩先进教师的教学经验，对工作及时进行反思。一天中，哪些事处理成功了，哪些事情失败了，原因在哪里，学着用笔记下和学生发生的一件件小事，不断地实践反思，积累，以求提高。说实话，有时也感觉挺累的，当我用心品味自己以辛勤换来的满园春色时，我感到生活是充实的，精神是富足的、快乐的。

扎根于大唐这片沃土，倾尽我的身心探求教育的真谛，做班主任工作，我感动着、努力着、快乐着！

（本文获全国班主任优秀论文二等奖）

孩子们是我的天使，我的爱

刘淑娟

6月，孩子们在欢歌笑语中向我们走来；6月，孩子们在鲜花的簇拥下向我们微笑。在此，我愿用最虔诚的心祝福天下所有的孩子：共浴阳光，快乐成长，祝愿在四川大地震中遇救的孩子们健康成长，早日成才。

本学期我接受学校安排，带了一个新班——四（4）班。开学那天，王校长对我说："是块硬骨头，不好啃！"听了王校长的话我没有再多问什么，我知道所有的语言都是多余的，最重要的是尽快投入到工作中去。

魏书生老师在给教师的12条建议里有一条写着："在课间跟孩子们在一起。"为了尽快融入到孩子们中间，我把办公桌设在教室里。第一天就有一个孩子怯生生地问我："老师，你又不是班主任，干吗也跟着孟老师一样在教室里看着我们呢？"我说："老师在教室不是为了看着你们，而是每时每刻都和你们待在一起，你愿不愿意呀？"这个腼腆的孩子虽然没有回答什么，但却露出一脸幸福的笑容——他叫赵沪生。

然而，接下来的问题却并不是我想象中的那么简单。尽管我上课使出了浑身解数，但每次下课孩子们都像小鸟一样围在孟老师身边，她那边是门庭若市，我这边却是门可罗雀。有时孟老师被他们缠烦了，就假装生气地说："求求你们，让我静一会儿吧。"可这些孩子不大一会儿又像一群小羊羔一样不离左右。看了这种情景，我这个当"后娘"的，心里酸酸的。一连好几个夜晚我都被失眠折磨着：怎样才能让孩子围在我身边赶也赶不走呢？怎样才能像磁铁一样深深吸引学生呢？

我决定从新学期的第一节作文课入手。大多数孩子怕上作文课，这节课我一定要用一种别开生面的方式吸引他们。上课时许多孩子手里随便翻看着作文选，嘴上却说："这节课写什么作文呢？"我一看：好家伙，他们早已摆好了阵势，就等着我说题目，然后抄完了事。我说："这节课不写作文，你们光动嘴说就行了。"此语一出，孩子们都大吃一惊，我以"话说喜、怒、哀、乐"为题，让孩子们在轻松愉快的气氛中度过了一节从未体验过的新鲜的作文课。于是第一个月的"大唐杏坛"上就有了我班学生杨佳慧的一篇作文——《一堂新鲜的作文课》见诸报端。那节课过后，每个星期四的作文课，孩子们都像盼星星盼月亮一样。

不知从什么时候开始，下课后，我的身边也陆陆续续围着一些叽叽喳喳的"小鸟"。有一次，翟汉祥趴在我耳边说："老师，我以前最喜欢上数学课，可自从你来了，我发现自己越来越喜欢上语文课了。"翟汉祥这个过分"亲昵"的动作被孟老师发现了，孟老师假装伤心地说："汉祥以前跟我最亲了，刘老师一来，这个孩子要移情别恋了。"孟老师话音刚落，教室里立刻爆发出一阵欢快的笑声，笑声传出窗口，在校园里回荡着。我知道自己眼中有一泓晶莹的东西，它的名字叫幸福。

现在孩子们都说，在学校里他们有两个妈，一个是孟老师，一个是刘老师。时光飞逝，日月如梭，转眼这个学期就要结束了，我深知自己的工作离学校要求还差得很远。但我相信距离是我努力的方向和动力。在此，我想对每一个人说："四（4）班不是一块硬骨头，这里有一群可爱的天使，有我的爱。"

让评价伴学困生成长

刘维侠

随着课标的实施，教师对学生的评价方式也有了一定的转变，这种转变既拉近了师生的距离，又激发了学生的求知欲望，如何利用评价帮"学困生"得到发展呢？

一、注重差异，尊重差异，对待学困生要用宽容代替质疑

1. 给学困生参与学习的机会。

学困生学习能力差，接受知识的速度慢，课堂上一般不积极参与学习。也许他们曾经试着思考过老师的提问，可屡次的回答错误使他们失去了信心，他们没有了参与学习的勇气。作为教师，如果我们尊重了学困生与其他学生的差异，就不会在课堂上用对与错这一种方法来评价他们。当学困生给出一个你并不满意的答案时，我们能否以理解的态度多说一句"你的勇气可嘉"，多问一句"你是怎么想的"？多抽一些时间帮助分析错误的原因。这简单的几句，多花的一两分钟既能抓住最佳时机给予他们最有价值的评价，又保护了他们参与学习的积极性，让他们领悟到错误并不可耻，消极才是大敌。

2. 给学困生获得成功体验的机会。

如果我们仅用知识与技能的掌握情况来评价一个学生的话，那么学困生将一无是处。让我们转变一下观念，每个学生身上都蕴藏着独特的个人潜能，哪怕是成绩最差的学生也不要把他看得一无是处，他可能在某个方面并不差，他同样有智力发展的潜能，如我们班的王涛同学，乘、除法问题他做

得一塌糊涂，但一学到平移、旋转时，他就很棒。他的空间想象能力强，每次拼、数、画他总是完成得又快又好。周迅同学对多位数求近似值的问题掌握较好，每次他都能用准确的语言来总结求近似值的方法，做题极少出错。其实，像上述这样的学生很多，教师身边都有，我们要做的就是注意学生在学习过程中各方面的表现，通过这些特别的关注，使他们有机会获得成功的体验，增强学习数学的兴趣和自信心。

当然，我们也可以根据学生的差异，设计一些学生可以有不同层次表现的开放题。让差一点的学生也可以有所收获，提出见解，解决与其思维水平相当的问题，让他们也有权享受独立解决问题的成功体验。

二、注重评价艺术，树立学困生的信心

评价用在学困生身上更应注重它的艺术性，要善于在学生的错误或不完美中找出积极因素，用赏识的眼光、发展的眼光来看学生，给他们以学习的自信心和成就感。

记得有一次上课做完练习订正时，我发现几个学生听得不认真，尤其是黄祥，虽然坐在那儿睁着大眼睛瞅着我，但从眼神中我知道他肯定没听进去，于是我停下来对大家说："同学们，你们看黄祥同学坐得多端正。"话音刚落，只见他一下挺直了腰杆，脸上流露出一种自豪，其他几位同学也马上坐好了，一直到下课。黄祥的姿势都没变，而且那双平常无神的眼睛也透出一份光亮。我相信，那节课他有不小的收获。

三、注重改进评价，让学困生进步

斯塔费尔比姆说过："评价最重要的意图不是为了证明而为了改进。"没有人一开始就是完美的。学生的智能也是在不断完善中发展成熟的。教师给予学困生的只有关注是远远不够的，他们更需要得到针对性的指导和帮助。在课堂教学中，教师应恰当地利用评价的改进功能，改进学生的学习方法，让他们终身受益。

在学习统计时，老师要求画出条形统计图，戴华就随便画出来并高举起

小手，我让他到黑板前画出来后，又对大家说："同学们，统计是一门严谨的学科，我们应抱着认真负责的态度来完成，否则就失去意义了。请戴华同学再来认真、仔细地画一遍。"这样不仅让他认识到了自己的错误，而且让全体学生体会到统计的真实性和严谨性，了解了数学学习的本质。

学困生是一个不容忽视的群体。利用评价促进他们的发展是一个循序渐进的过程。每个教师都应该清楚地认识到，评价不是教师的鞭子、法宝，而是帮助学困生把握成功机会、树立学习信心、反思学习状况、提升学习效果、实现全面发展的有效途径。有了这样的观念，我们就能合理地利用评价，使评价与学习过程之间形成相互促进的良性循环，从而使学困生不再把评价看成是对自己的终审与宣判，而将它视为进步路上不可缺少的支持与帮助。

让孩子更健康地成长

——记大唐学府的家庭化住宿

曹开慧

新课改使我们认识到，分数不再是衡量学生的唯一标准，教育的目的是把学生培养成为有合作精神、自主意识、有健康向上的积极心态的复合型人才。因而学校教育不能一味地追求分数，要注重孩子们的全面发展。

大唐学府的家庭化住宿有利于培养孩子的合作意识。家庭化住宿，当然是以家庭为单位。无论是走进华罗庚之家，还是走进居里夫人之家，单从家里的布置，就能体现出孩子们的合作意识。门上悬的千纸鹤，床头上放的各色彩纸花，以及墙上的"我爱我家"栏目都是孩子们共同努力的结果。学府的宿舍内制定了卫生、纪律评比制度，每到卫生大检查时，孩子们分工合作，有拖地的、有擦玻璃的、有洗抹布的，井然有序。家庭化住宿，处处锻炼了孩子的合作意识，比如冬天洗脚吧，小的同学怕烫着，于是大同学端热水、小同学端冷水、年龄再小的摆坐凳、然后一起高高兴兴地洗脚丫，那种场面很温馨、很感人。家庭化住宿从小就给孩子灌输了合作意识，对他们以后的成长有很大的帮助。

家庭化住宿增强了孩子的自理能力。现在的孩子，在家都是娇宝宝，父母根本舍不得让他们自己做事，洗衣、叠被子、甚至洗脸、洗脚都由妈妈帮忙。在家庭化的宿舍里，学生刚入校，就由生活老师教叠被子和摆放整齐的物品。年龄再小的，就教他们洗脸、刷牙。天天教，天天做，时间久了，即使是零年级的孩子也可以自己叠被子，摆毛巾。看着摆放整齐的物品，叠得方方正正的被子，很难相信是七八岁的孩子做的。宿舍定期举行自理活动大比赛。各家选出优秀代表，在操场上举行叠被子比赛，看哪家完成得又快又好，评出生活自理能手。这样做极大地提高了孩子们的积极性，生活上的自理能力培养得好，孩子们在学习上也逐渐自主起来。

家庭化住宿避免了独生子女惯有的弊病，有利于孩子们的身心健康。如今的孩子大多是独生子女，无论做什么事都以自我为中心。而大多数父母又陷入了溺爱孩子的误区，凡是孩子要的不管有没有用，都给；孩子们想做的，都依。孩子渐渐地养成了许多不良的习惯。著名思想家培根曾讲过这样一句话："你知道用什么方法一定可以使你的孩子成为不幸的人吗？这个方法就是你对他百依百顺。"但很多家长根本认识不到这一点。大唐学府的家庭化住宿，把孩子放在了一个大家庭中，家中有哥哥、姐姐、弟弟、妹妹，他们不再是家中唯一的孩子。做哥哥的要关心、照顾弟弟，做事要给弟弟树立榜样；弟弟要爱哥哥，听哥哥的话；姐姐帮妹妹梳头，妹妹帮姐姐拿镜子。他们相处得十分快乐、融洽。这样一个大家庭中，他们不再总是以自我为中心，不会再因为不合自己的意而哭鼻子，大的谦让小的，小的谦让更小的。他们明白自己有责任照顾好小同学。有新来的小同学不适应，哭着要找妈妈。大哥哥这时就像个小大人，搂着弟弟安慰，拍着他入睡。大姐姐变着花样让妹妹高兴，把自己的洋娃娃让给她玩，把自己最漂亮的头花给妹妹扎上，看着哥哥、姐姐拉着弟弟、妹妹的手，那种幸福感是由衷的。家庭化的住宿，让孩子们的心理更健康、更积极向上。

家，一个多么温馨的字眼。大唐学府的家庭化住宿，给了孩子们一个温馨的家。在这个大家庭里，他们学会了合作，有了一定的生活自理能力，并且懂得了关心他人。大唐学府的家庭化住宿，使孩子们更健康、更快乐地成长。

让数学课堂焕发出生命活力

——在民办学校中提高学生学习几何兴趣的实验

王勇基

问题的提出

随着市场经济的飞速发展，民办教育越来越受重视，民办学校风起云涌，特别在 1997 年 7 月 31 日国务院颁布《社会力量办学条例》之后，全国出现了一大批投资过亿，硬件建设"高标准、高起点"，大都是类似"培育高素质、高能力，适应未来社会发展和国际竞争的创造性复合型人才"为办学宗旨的大规模学校。

生源是民办学校的生命线，招得来、留得住，有提高、能发展是社会和家长认可的基本标准之一。

对于初二几何课来讲，怎样让学生感兴趣、怎样使学生不害怕几何课、不怕解几何题，是多年来让老师、家长头痛的问题，尤其是民办学校中必须解决的问题。而至今在这方面的探索还较少。我们决定在充分利用学校班额小、学生在校时间充裕的有利条件，充分发挥教师的积极性，采取教学实验的研究方法，灵活多样的组织方式，调动学生各方面积极性，挖掘潜力，成立课题组，边学习，边工作，边研究，边探索。

本实验从培养学习兴趣开始，逐渐深入培养学生学习、思考的方法，使之养成良好的学习习惯，再到培养其自学能力及分析问题、解决问题的综合能力，提高其数学素养。

本文旨在解决一个问题：探索在民办学校中如何提高学生学习几何的兴趣。

一、实验教师在教学过程中的指导思想

华东师范大学叶澜教授曾讲："课堂教学的丰富性主要是在过程中展现。若要使其丰富性发挥积极效应，则必须改变课堂教学只关注教案的片面观念，树立课堂教学应成为师生共同参与、相互作用、创造性地实现教学目标过程的新观念。也就是说，课堂教学要真正为实现上述新的教学目标的过程，不但要使师生的生命活力在课堂上得到积极发挥，而且要使过程本身具有生成新因素的能力，具有自身的，由师生共同创造出的活力。"

针对本学期所确立侧重培养学生学习几何兴趣的目标，我们把实验的指导思想确定为：以爱为教学的基础，以情为传授知识的载体，以生为教学的核心，以玩为学习的形式，以创新为教学的内涵，以发展为教学的目的。教师在调控教学过程中力争做到"无我而为，化我为场"，使学生在几何课上感到"学习即玩，玩即学习"。

二、实验过程中教师力求做到以下方面

1.爱。爱是教育的前提，爱是教育的动力。教师要爱学生、爱自己、爱学校、爱所教的学科、爱学习、爱钻研、爱生活、爱生命、爱社会、爱自然、爱学生所爱的一切。

A.爱学生。爱学生是热爱教育事业，有敬业精神、有责任感的具体体现。爱学生是优秀教师所具备的最基本的素质。所谓爱学生就是要求教师像爱自己的孩子一样深刻，不但要爱学习好的，更要爱学习上有困难的；不但要爱品行好的，更要爱那些言行上曾有过创伤的，这种爱需要教师付出较高的代价。教师的爱，要使学生自尊心得到尊重，学习的自信心得到加强，上进心得到激励，从而达到思路畅通、愿意学习、有效接受教师以各种形式传递的教育信息。课上教师要耐心、细致地讲解、点拨、启发、诱导，因材施教，因势利导。

教师讲课要充满热情和期待，同时充满自信和对学生的信任。给学生一种春风化雨、润物细无声的感觉，让学生感觉到老师更像自己的朋友或同

学，上他的课就像与他一起钻研、学习几何。

课下教师与学生打成一片，熟悉每一个学生的学习情况、身心特点，关心学生的衣、食、住、行及"成长的烦恼"，有机会就与学生一起玩乐、一起聊天，并常到学生吃饭、住宿的地方去看一看、问一问、聊一聊。学生倍感亲切，而老师自身也是一种享受。

B.爱自己。这里的爱自己，主要是指在与学生的交往当中，特别在课堂上与学生一起开展教学活动时也是教学的主体，教师的心理体验是幸福的、开心的。师生在教学过程当中所产生每一个创新点，都使教师也有一种满足感和成就感。教学过程是自我发展、自我完善的过程，而不是一种负担，更不是"燃烧了自己，照亮了别人"。

C.爱教材、教法。主要是想学习、愿钻研。由于实验教师热爱教学工作，当然对教材、教法的学习和钻研也就有信心和决心，时间一长，教材、教法便成为教师素养中的一部分了，运用起来就得心应手。

2.熟。熟是指教师熟悉所教的学生，熟练掌握大纲要求，熟悉教材的内容、习题的解法；不同年龄阶段及不同程度三维空间中应采取不同的教学方法，熟练运用各种教学技巧、教学艺术及教学手段。

A.熟学生。要做到爱学生，首先要熟学生。全面了解学生的基本情况，包括班风、学习基础、知识结构、认知特点、个性差异、身心特点。只有熟悉了学生，才能有的放矢，有良好的课堂氛围。

B.熟教材。熟练掌握教学大纲，认真钻研教材，分析教材的知识结构、重点、难点、规律，熟练掌握各类习题的思考方法及解题技巧，挖掘教材中的情趣，做到形中有数、数中有形。

C.熟教法，熟学法。教师通过近20年的教学探讨，基本掌握了课堂教学中的讲授法、谈话法、发现法及启发式教学的基本操作技巧；同时，注意总结不同知识的学习方法及思考方法，并注意在教学过程中灵活运用，及时指导和点拨。

D.熟练运用各种现代化教学设备及教学手段。

3.新。只有教师的观念新，才能使学生产生新的观念；教师的教法新，才能使学生在学习时感到惊奇和有趣。本学期在几何课堂教学中，不对学生提过高要求，不强化学生凭自己的毅力去苦学，而是力求使学生感觉好玩、有趣味而想学几何。

A. 新观念。平等的师生关系，朋友一样的相处，尊重每一个学生，努力去理解学生，经常换位思考、热心辅导、耐心地期待每一个学生不断地提高。让学生以玩的心态去学习，努力寻求几何中的兴奋点。

刚开始教这个年级几何时，在第一节课上，我就让学生记住一句我的"名言"："证几何题有困难请找辅助线。"这一句话从宏观上告诉了学生证几何题的解题策略，遇题先思考，而不是见到几何题就蒙，就无从下手了。

一个月后，我又给学生提出一句话："解几何题胜过吃糖块。"并要求学生今后注意用心体会，在教学过程中经常深化这个观点，如调查问卷中问同学是否有此体会。结果令人满意：对"当几何老师第一次提出'解几何题胜过吃糖块'时，我坚决不信，甚至有些生气，认为他是胡说"持赞同态度的有 24 人（占 55%），而后来对"'解几何题胜过吃糖块'这句话，我有过这种体验"持赞成意见的竟达到 35 人（占 80%）。由此可见在课堂教学中教师的观念对学生的影响之大。

B. 新方法。实验是以"定向激励、探究解析、追忆概括、练习反馈、系统强化"为基本授课模式，以概念教学、命题教学、习题教学、复习教学为基本课型，以探究法、谈话法、自学法、讲解法为基本教法。是根据初中生学习的心理特点，在教师的组织、启发、引导、促进之下，充分调动每一个学生的学习积极性，使其依照自己的思维方式，去重新发现、创造有关的数学知识，变传统的师生单向反馈结构的课堂教学模式、单纯追求学生记忆、简单模仿的记忆水平教学，为师生的双向、多向反馈结构教学模式，形成教师点拨引导、学生主动学习的领会水平教学。

C. 新形式。教师根据学生的程度划分学习小组，有时组织学生讨论，有时组织学生自行出"几何试卷"并要求写出答案，留得别的组同学测验用。绝大多数学生非常认真地编出一份很像样的试卷来，使学生在"出题"过程中有了主动性、创造性，复习了知识，增长了分析问题、解决问题的能力及判断能力。课堂上还经常开展"接过老师的教鞭"活动。期中、期末考试分别让学生写数学小论文和讲题比赛。

4. 巧。即在教育教学中巧妙地运用评价功能，以收意想不到之效果。

A. 巧用评价方法。在不同的场所、不同的氛围中，采取恰当的激励性评价法、引导性评价法、鼓励性评价法、诊断性评价法、鞭策性评价法、定性评价法或定量评价法，使学生既能受到激励和鼓舞，又能乐意接受教师的评价。如为了改变学生怕回答问题时，答错了不好意思，又怕别的同学笑话的心理，老师反复阐述了上课积极回答问题的好处，并规定：在课堂上回答问题时，答错了得 1 分，答对了得 3 分，若有创新性的见解得 5 分。时间一长，学生举手回答问题就很自然、很活跃了。

B. 把握评价时机，巧用评价机制，促进学生养成合作学习的态度。教学过程中，教师利用学生自评、小组互评、同学互评、个别谈话、写信等方式，对学生进行有效的评价。如我批改作业时，除了认真细致地批改作业（有时几乎在他们的作业本上重做一遍）以外，经常写出评论及批语和感叹语，使学生打开作业感到欣喜，有时还给学生写信夹在作业中发给学生，以鼓励学生学习。再如我在一天上课前宣读了我的教学札记——"今天，在初二（2）班讲课，刘夫雨讲一题，有板有眼，思路清晰，说明他确实学会解证几何题了，令我高兴得不得了啊！"——引起全班同学的兴奋，从而顺利地上完一节课。

三、实验中课堂教学各环节的具体做法

1. 定向激励：教师引导学生从已有知识或日常经验中发现、揭示矛盾，引起学生的认知冲突，进而提出问题，明确本课的学习任务，使学生从整体上了解该节课的学习目标，并产生为达到目的而急于学习的心理倾向。

实施这一环节的关键是如何恰当地提出问题，创造良好的问题情境，根据学生已有的实际生活经验和数学认知结构的水平，精心设计，做到通俗、形象、生动、有趣，力求新颖并富有启发性。

2.探究解析：根据教材的特点和学生的实际，通过"问题系列"规划数学知识的发生过程，组织引导学生的探究活动，经过一系列观察、阅读、想象、操作、计算，特别是思维等心理活动，使新知识纳入学生原有的认知结构，对知识的本质特征和结论的来龙去脉形成基本的认识，对于各种基本的教法兼收并蓄，使学生的心理活动方式与学习内容相适应，该听的听、该想的想、该说的说。

所谓"问题系列"，是一组相互联系、渐次加深的问题，它是引导学生进行认知活动的"路标"。学生在教师的指导下，通过多种心理成分的综合参与，解决"问题系列"中的各个问题，形成了新的认知结构。

进行这一环节的教学时，教师由"问题系列"把学生引入积极思考的状态中，先独立思考、探索思路，继而讨论一番（这实际上是优生向差生介绍自己的想法），最后或是老师问学生答，或是学生问学生答，或是学生问老师答，或是辩论。在总结时我们采用了一个重要的教学手段，即"出声思维"。所谓"出声思维"，就是把自己思考的过程随时说出来。我们还经常面对一个题目探索不同的解法，有时是教师故作糊涂，启发学生思考，学生想出方法。哪怕一步，就让他说，说不全另一个补充，大家互相启发、互相补充，一般都能解决问题。若学生的方法与老师的思路不一样，就告诉学生还有方法，令其思考，最后教师补充。当然老师应恰当地驾驭课堂，掌握启发、点拨的契机。对于基本概念、基本公式，教师先创设情景，引导学生发现、总结，得出结论，再逐步规范，然后设法要求记住，并在以后教学中，利用各种方式反复强化，使之形成新的知识体系。

3.追忆概括：引导学生对在第二环节的认知活动过程和结果进行追忆，总结经验，吸取教训，理顺思路，明确结论。主要达到以下目的：（1）使学生弄清新旧知识的联系；（2）分析说明新知识的各个基本点，明确强调基本特征，指出学生在运用数学语言表达新知识的过程中出现的错误和易忽视的问题；（3）评价学生思考探索中的经验教训，使学生了解所用思考方法的特点及适用条件；（4）正确评价和鼓励学生的思维，培养学生思维的全面性、深刻性、辩证性，逐步使学生形成良好的思维习惯。

通过这一环节的教学，充分发挥教师的主导作用，使学生不但"学会"，而且逐步达到"会学"。

4.练习反馈：将知识运用于各种具体问题情境中，巩固新知识，通过练习发现学生学习中存在的问题，进行及时评价，并采取矫正性措施，主要要求是：（1）克服"以多制胜""照猫画虎"的不良倾向。强调运用概念变式，配置应用环境等手段，组织变式训练，培养学生举一反三、灵活转换、独立思考的能力，提高训练效率，减轻学生课业负担。（2）练习方式多样。照顾各类学生，题目有选做、有必做、有口答、有书面答、有抢答、有板演并鼓励学生编练习题自己答。（3）及时反馈，及时评价，及时矫正。

5.系统强化：从学生已有数学知识结构中有关知识的背景出发，概括说明新知识，使学生明确新知识与已有知识的关系，以形成新的认知结构。引导学生总结、反思、概括学生思维过程中的认知策略，逐步形成学生的系统数学观点，提高数学素养。

如在讲三角形全等的判定时，可多次强调证明三角形的全等可按以下模式去写。

在△×××和△×××中，

×× = ××（　　　）

×× = ××（　　　）

×× = ××（　　　）

∴△××× ≌ △×××（　　　　　）

而在以后的应用时，只要先把所需的条件证明出来，再套上述模式即可。

这样学生就形成了自动化，学起来简单而且还能找到思考的重点。在课堂教学当中，老师的一言一行、一个手势、一个眼神，都是一个对学生影响很深的评价。恰当的评价，会使学生充满信心，会使他感到学习的快乐，发现新的惊喜。

实验的结果

通过四个月的精心实验，学生发生了巨大的变化。放寒假前的一个月，课堂上的学生们，一个个表现出自信的神态，脸上洋溢着幸福的表情。作为老师，每当看到一个学生从不敢抬头听讲到勇于举手、上黑板前讲自己的解题思路，并且自信地与别人争论时，就会感到成功的喜悦，胜似精心培养的花朵今天开一朵、明天开一朵给主人带来的欢欣。每当想起或给别人谈起我的课堂、我的感受时，我都情不自禁心花怒放、津津乐道，幸福得很。

1.学生学习几何的态度有了明显的好转。具体表现在他们态度诚实、实事求是地表达自己的想法和感情。他们能当面指出教师的不足之处。在调查问卷上出了几个可信度方面的题："我经常不交几何作业""前半学期经常抄别人几何作业，后半学期抄几何作业的事越来越少""我的几何学得很好，经常考前几名""我经常有与老师、同学所讲的解题方法不一样的思路"等，学生的答案与平时老师掌握的情况吻合，并且都在调查表上写上了自己的名字（老师规定写不写都可以）。

2.学生形成了良好的学习几何的兴趣。（见表一）

表一　学习几何兴趣的调查统计表（共44人）

序号	内容	A	B	C	D
1	上初一时，几何是我最喜欢的学科之一	3	15	13	13
2	当几何老师第一次提出"解几何题胜过吃糖块"时，我坚决不信，甚至有些生他的气，他这是胡说	16	8	7	13
3	当我接过老师的教鞭给同学讲题时，我确实很兴奋，有时没有把握都想上去试一试	21	10	7	6
4	有时出于对几何的兴趣，老师没要求我课前预习，我也预习过	16	12	12	4
5	"解几何题胜过吃糖块"这句话，我有过这种体验	28	7	6	3

续表

序号	内容	A	B	C	D
6	我上几何课时，总是没有时间的感觉，不知不觉就下课了	24	11	7	2
7	上几何课是一种乐趣	20	17	6	1

注：A. 完全符合自己的情况；B. 大体符合自己的情况；C. 有一些符合自己的情况；D. 完全不符合自己的情况。

由表一中可以看出，大多数学生，在这一学期中对几何学习产生了兴趣，同时也能看出教师在组织教学时，所采取的态度与方法对学生兴趣的形成起了很大的作用。

3. 学生学习几何的自信心增强了，逐渐有了学习自觉性，部分同学有了良好的行为习惯。知识水平有了很大的提高。（见表二）

表二　初二学生学习几何的自信心、自觉性调查统计表（44人）

序号	内容	A	B	C	D
1	刚来学校时，我对学好几何信心不足	16	5	14	9
2	我从来不与同学谈论学习几何或做几何题的事情	8	2	22	12
3	我经常不交几何作业	2	1	9	32
4	我从来不在几何课及几何自习以外的时间里，看有关几何的书或做几何题	4	10	21	9
5	我坚信期终考试时，我的几何成绩会比前两次更好	28	10	4	2
6	我学几何，心中有个奋斗目标，总想赶上某个同学	30	4	6	4

注：A、B、C、D含义与表一中的相同。

由表中可看出学习有自信心、自觉性的学生人数比例在不断提高，使教师感到满意并坚定了教好他们的决心。

4.改善了师生关系，营造了一个良好的氛围，为下一步传授科学的学习方法及培养良好的学习习惯打下了基础。在对师生关系的调查中，对"我不喜欢几何老师的性格，因为他有时像个孩子"持赞同意见的有4人（占9%），完全不赞同的有31人（占70%），而对"我希望能有时间单独与几何教师在一起，让他给讲几何题，最好也能一起玩"持赞同意见的有36人（占82%），完全不赞同的有2人（占4.5%）。（见表三）

表三　师生关系调查统计表

序号	内容	A	B	C	D
1	我不喜欢几何老师的性格，因为他有时像个小孩子	3	1	9	31
2	几何老师的最大优点不光是教我们知识，更重要的是教我们学习方法和思考的方法	39	3	1	1
3	几何课上我从来没被老师提问过，也没受过老师的表扬	1	4	8	32
4	我希望下学期换几何老师	0	3	1	40

注：A、B、C、D含义与表一相同。

在"我想给几何老师说的一句心里话"和"我想给几何老师提一个意见或建议"中，学生有几十种答案，有表扬鼓励老师的，有批评的，有想给老师交朋友的，有要求老师照顾的，有谈上几何课或解几何题的乐趣的；有谈困惑的，有替老师想主意怎样讲课能使学生有兴趣的，有用英语写"I love you""I like you and thank you"的，最令我感动的是一位同学写道"您是我的救星"。这一切都鞭策着我，也使我真心喜欢上了他们。

体会和反思

1.教师观念的更新，拓宽了教师自己的心灵空间、思维空间，使教师本身生活得幸福、愉快。同时也会更有效地做好工作，从而达到一种忘我的境界。过去的师生关系是"师道尊严""师徒如父子""一日为师，终生为父"

等，我认为这样让老师下不来台，活得太累，活生生地把长期混在一起的师生给硬硬地拆开，也太残酷；单独以分数论英雄使教师失去了人情味。课堂上的不平等使许多学生失去了自信心，导致了许许多多自己的学生恨自己、见了老师不说话。使许多没考上学的学生，在有了很大成就时仍怀疑自己是低能儿，不能自信，抬不起头。这是教师的悲剧！教育的悲剧！

2. 教师要有较深厚的专业知识，有一定的造诣。对于所教学科的教材要掌握透彻，做到高屋建瓴，并能够采取相应的、最适合学生的方法深入浅出地传授给学生。但所掌握的专业知识与科学家研究学问不同，该讲的讲，不该讲的不能讲，控制自己知识的流露，也是一种学问。在传授给学生知识时，自己应明白这些知识将来在什么时候有用处。同时，教师还要审时度势，把握教育的良机，把握住大纲要求和教学目标，采取灵活机动的教学方式组织教学，例如在讲《轴对称图形》一节时，由于在前两节课中对"两图形关于直线成轴对称"的有关知识掌握得比较熟了。本节课只让学生理解"轴对称"与"轴对称图形"的区别与联系，并能辨别哪些图形是轴对称图形，有几条对称轴即可。当讲完基本概念之后，发现学生很感兴趣，老师就放弃了教案上所准备的练习内容，而是采取让全班同学每人起来举一个轴对称图形的例子，并说明原因及有几条对称轴。对有的问题争论得相当激烈，如线段"有几条对称轴""圆弧是不是轴对称图形"，24 位同学举了 24 个例子（有一个错的），涉及许多领域的知识，如国徽、学校校徽、讲桌、几种特殊的四边形、圆、弧、扇形等有关内容。最令人兴奋的是全班年龄最大、个子最高而成绩最差的一个同学举出"椭圆"例子。

3. 教师要有较宽的知识面。除掌握本专业知识外，教师应尽量扩大自己的知识面，掌握较大的信息量。学生接触和学习的自然科学和社会知识面广，与学生在一起，他们就很可能提出与自己本专业无关的问题，如果经常回答不好学生的问题，必然会影响学生心目中的教师形象。大哲学家罗素说："人的爱好越多，发展的可能就越多。"事实上，一个人的知识面宽了，他借鉴的就多，解决问题的方法也就多了，与学生谈话的内容就丰富了，使学生产生一种敬佩感，从而自觉地以老师为楷模努力学习。教师应做一个

"通才"，作为实验教师尤应做到这一点。

4.教师要有丰富的教育科学知识。教师要熟知教育学、心理学及教育心理学、发展心理学的原理，懂得儿童心理学、青少年心理学的相应知识，掌握教育原理，并能逐步学会运用这些教学理论去分析解决问题。

5.教学中，教师要从不同角度发掘学生的闪光点，经常站在学生的角度去思考学生的问题，善于利用评价手段，对学生的每一点进步都要及时准确地给出评价，使学生彻底改变"害怕几何"的心理，建立起"只要学，几何很容易"的一个学习观念。才能使学生逐步产生学习兴趣，随着学习的深入、知识的增加和认识水平的提高，形成内驱力，从而更好地学好几何。

6.本学期存在的不足有两点：一是照顾了绝大多数学生特别是中下等的学生，而轻视了个别突出学生"吃不饱"的问题。全年级成绩最好的学生在调查表中表示出"不喜欢让同学讲题""不喜欢老师的教法"。究其原因是他失去了往日在课堂上的"主角"地位而真正的"吃不饱"，有浪费时间的感觉。另外，还有两名成绩最差的同学也有类似表示，究其原因是对他们的关心、辅导还不到位，这给今后改进教学方法、注重面向全体、加强个别化教学提供了信息。二是在教学过程中，对教法的研究及组织教学方面还存在不到位的地方，布置、批改作业还欠科学。

总之，要使每一个学生实现其人生价值，成为一个最好的自己，落实到每一个层面，每一个学科都有其不同的内涵。"几何"课的特点程序性很强，是训练思维能力的课，教师上不好就不会引起学生的共鸣，而死气沉沉则会使学生害怕几何，不敢接触。几何课要上好了，就能不断擦出思维的火花。也能使学生在课堂上学会合作，感受到和谐的欢愉、发现的惊喜及成功的自豪。

比较在公立学校及在民办学校工作的异同，笔者体会到：与公立学校相比，在民办学校中，"面向全体学生，促进学生全面发展"是学校生存的基本条件。使课堂教学生动形象是促进学生主动学习的前提。师生平等相处是由学校体制所决定的，也是学生及其家长所期望的。这就要求教师尽快转变观念、提高业务水平及能力，用非凡的能力、宽广的心胸和广博的知识，去赢得学生的尊重和爱戴。从而真正提高教育教学成绩，使学生健康地成长、愉快地学习。

下学期将继续开展这项实验，在保持学生学习兴趣的同时，着重传授学习方法、培养学习习惯、提高学习成绩。使学生掌握一些较科学的学习方法，养成良好的学习习惯，把握知识脉络，提高学习成绩，逐渐形成良好的数学素养。

简析影响小学生作文的几种因素

徐祗本

小学生作文水平的差异，主要是多种后天因素的影响的结果。本人试就与小学生作文质量密切相关的几个因素做些简析，以便从不同角度探究目前影响小学生作文质量提高的原因。

一、作文的心理因素

学生作文，往往受情感、意志、兴趣等非智力因素的支配和影响。我们从事小学作文教学，必须重视儿童写作的心理研究。

布鲁诺说过："最好的学习动因是学员对所学材料有内在的兴趣。"这就要求教师寓作文教学于活动中，使学生兴趣盎然地接受训练。比如说日出很美，学生平时就未必留心观察。如果老师组织观赏日出，学生肯定会欢呼雀跃，在活动过程中，只要适当点拨，学生的"无意注意"就变成有意注意，其感知就会更进一层，写出来的东西就会有血有肉、各具情态。但如果图省事，不管学生有没有东西写，喜欢不喜欢写，常出一些传统命题，老生常谈，不仅毫无新意可言，而且容易使孩子对作文产生厌倦情绪。可见作文命题也要把握学生心理，随着时代发展，命题赋予新意，与时俱进，做到叶老所要求的那样，学会"钻到学生肚子里出题"的本领。

二、作文的生活因素

生活是学生写作的唯一源泉，离开了生活，作文就成了无源之水、无本之木了。可以说学生有多么丰富的生活，就会写出多么有情趣的作文，可目前我们的学生多数写的是"遵命"作文，明明没有与作文题相关的生活，迫于无奈，却硬要逼孩子去"挤"、去"榨"，难怪不少学生反映："头脑里空虚得很，没有什么可写。"叶老说："我们要记着，作文这件事离不开生活，生活充实到什么程度，才会作成什么文章。"现在，我们每学期大小作文加起来要写二十次，整个小学阶段累计要写近百次作文，这需要多少生活积累和社会实践活动啊！而现在的作文教学却偏偏忽视了这个方面，须知，专业作家尚且要深入实际体验生活、从中收集素材，而我们的孩子究竟又有多少时间去接触社会、体验生活呢？学校和社会又为孩子创设了怎样的生活环境，提供了多少活动场所呢？这一切都值得学校关注，值得我们教师的深思。

三、作文的阅读因素

叶老曾经指出："阅读是写作的基础。"目前不少学校的课外阅读，无论是时间，还是读物，都很少。究其原因，一是学校不排阅读课，因为目前的作文质量检测的作文命题原则是"课本为本"，所以有些教师明知课外阅读重要，也不敢放手去抓；二是学生手中的课外读物少，许多学生手中无书可读；三是学生没有时间读，在校时间学生忙着上课，放学后忙着完成老师布置的家庭作业。

叶老说过："教材无非是个例子。"教材的容量总是有限的，学生只有通过课外广泛阅读，才能开阔视野，汲取新知识；才能发展思维，陶冶情操。以信息论的观点看，贮存信息量大，作文才能做到词汇丰富，素材充足，文从字顺，文思泉涌。当然，随着信息时代的到来，学生获取信息的渠道越来越广泛，但课外阅读仍是小学生获取信息的主渠道和基本形式。

四、作文的模仿因素

模仿是孩子的天性，其实人类的很多发明与发现也是先从模仿开始的，当然小学生的作文同样也离不开模仿这根"拐棍"。如何利用这根"拐棍"把学生引入作文之门，不失时机地让学生逐步丢掉"拐棍"，这是非常值得探讨的。一些富有远见的教师，在引导学生仿作的同时，加强发散思维训练，特别注意培养学生丰富的想象力，使他们的再造想象和创造想象得到充分发展，让他们的创新意识和创造精神得到提高和发扬。这样做不仅对学生作文水平的提高十分有利，而且必将影响孩子将来步入社会的工作成就和创造性发明的能力。但是，我们常常看到，有些学生的文路打不开，内容无新意，构思程式化。这恐怕不是范文的过错，而是和过于机械的模仿和长期在较低层面的重复训练有关。

从"模仿"到"创作"，这是初学写作的必由之路。著名作家茅盾曾经把"模仿"比作"踏脚石"，但是如果模仿不当，或一味模仿，"踏脚石"就会变成"绊脚石"，我们应该从这个生动的譬喻中领悟出一点真谛。作文训练是一种综合性较强的语言和思维训练，它受多种因素的影响和制约，因而，我们应该从宏观上对作文教学多作深层次研究，全面安排，才能收到事半功倍的效果。

创设有利情境，引领科学探究

刘忠铭

自然课程标准指出：通过义务教育阶段的学习，使学生在情感与态度方面能积极参与自然活动，对自然有好奇心和求知欲，形成实事求是的科学态度及进行质疑和独立探究的习惯。教师怎样在课堂教学过程中根据学生的心理特征，创设一种良好的学习氛围？如何引导学生科学探究，促进学生全面发展呢？下面结合自身的教学实践，谈几点体会。

一、创设愉悦情境，激发探究欲望

苏霍姆林斯基说："如果教师不想方设法使学生产生情绪高昂和智力振奋的内心状况，就急于传授知识，那么这种知识只能使人产生冷漠的态度，而不动情感的脑力劳动就会带来疲倦。没有欢心鼓舞的心情，学习就会成为学生沉重的负担。"所以教师在自然教学中应努力创设使学生轻松愉快、情绪高昂、智力振奋的愉悦氛围，从而激发学生探究自然的好奇心和求知欲。

1. 创设"问题"情境，引发学生的好奇心。"好奇"是儿童的天性之一。创设问题情境，就是把学生置于研究新的未知问题的情境中，诱发学生产生弄清问题的迫切希望，激励学生进行积极探究，形成解决问题的一种学习氛围。自然教学往往是从问题开始的，没有问题就没有自然现象。所以在教学时，要围绕教学内容，创设一定的问题情境来引发学生的好奇心和求知欲。如在教学《不倒翁》一课时，教师可先出示一个能发出"哈哈"笑声的不倒翁玩具让学生观察，然后问学生："你能扳倒它吗？为什么扳倒它后又能起来呢？你想知道它的秘密吗？"这一番问话，激起了学生的好奇心。创设这

214

样的问题情境，既使学生对新知识产生了探究的兴趣，又及时打开了学生思维的闸门。

2. 创设"操作"情境，产生探究的兴趣。教学活动中，操作和思维是不可分的，操作是前提，思维是关键，操作活动能引起和促进学生把外界的活动与内隐的思维活动紧紧联系起来。创设"操作"情境，能让学生直接参与知识形成的过程，激发学生探究的兴趣，诱发学生的求知欲，启发学生的思维，使学生感到自己是一个发现者和探索者，如教学《搭纸桥》，我让学生用厚纸片、小刀、直尺、图钉等工具，自己动手研制。学生们饶有兴趣地折、割、拼，动手又动脑，既了解了桥的原理，又亲身感受到了探究知识的愉悦。

通过操作情境的创设，不但让学生参与了知识的探究过程，产生了研究自然的兴趣，而且使自主探究的学习成为了可能。

二、营造民主氛围，培养探究情感

所谓民主教学，就是教师不搞"一刀切"。不"唯我独尊"，而是尊重、突出学生的主体地位。列宁说："没有人的感情，就从来不可能有人对真理的追求。"所以，教学中要给学生创设宽松、民主的课堂气氛。诱发探究学习的情感，使学生的思维更加活跃，敢于发言，敢于创新求异。

1. 针对差异，因材施教，培养良好的探究情感。学生个体之间的差异是实实在在的，这种差异有先天的，也有来自后天的教育环境的影响，因此，我根据学生的实际情况，采用不同的教学方式与方法，使他们在不同程度上都得到提高。如在教学过程中，当学优生回答问题正确或有了新奇发现时，我在表扬的同时，还要提高要求。中等生回答问题只要有一点正确，我首先给予充分肯定，对不足之处总是委婉地说："只差一点了，如果都回答出来就更棒了，大家一定会为你鼓掌。"对于学困生，即使回答错了，我不但不训斥，还要表扬他们勇敢发言的精神，让他们愉悦地坐下，得以保护他们的自尊心。这样做，才能使学生切实感觉老师对他们的关注和喜爱。这些真情实感的流露，可以促使学生产生良好的探究学习情绪，增强克服学习困难的勇气。

2．体现主体，引导参与，诱发良好的探究情感。自然课程标准指出：学生是学习的主人，教师是自然学习的组织者、引导者和合作者。所以，教师在自然教学中要放手让学生自己去探究，让学生直接参与到自然知识的形成过程中。教师要帮助学生获得成功，以成功的快慰克服消极情绪，建立积极乐观的学习情感，保证智力活动处于积极状态。如教学《平衡》一课，过去我们往往是采取教师讲解实验的方法，注意事项，然后学生去自由实验。这样看起来，好像给了学生充分的探究时间与自由，但实际上学生并没有学会自己主动去寻找实验的方法。对为什么这样实验，学生头脑中的认识也是模糊的。而新的课程标准则指出：注重让学生寻求探究活动的方法与过程。因此，在这儿我的具体做法是：（1）先让学生利用材料组装一个杠杆尺。（2）用一个钩码让自己的杠杆尺处在不平衡状态。（3）让学生说出使自己的杠杆尺平衡的方法。（4）学生按照自己的想法取钩码使自己杠杆平衡。（5）指导学生对自己的实验进行记录。（6）引导学生概括试验方法。这样既能达到自主探究、互相合作、共同提高的目的，又能培养学生良好的学习情感。

三、创设竞争情境，强化探究意识

恰当的运用竞争是对学生的一种激励，运用竞争策略能消除学生消极的学习情绪。

1．鼓励个体竞争，锻炼坚强意志。人的心灵深处，都有一种根深蒂固的需要，这就是希望自己是一个成功者、胜利者。人人都有好胜心。在自然活动中，适当开展竞赛，鼓励学生相互竞争，既能开发学生的潜能，又能磨炼他们的意志。在教学《轮子》一课时，在学生明白了轮子的原理和作用后，让学生之间展开竞争，看谁设计的轮子在生活中的作用最多。结果学生想出了新鲜的设计方法。有的说："我给书包设计上轮子，我上学时不用背，用手拉着就省劲了。"有的说："我给大桥设计上轮子，在我们需要过河时，就把它拉过来。"还有的说："我给马路装上轮子，在沙漠、沼泽中把马路拉过来供人们方便行走。"……通过这些竞赛活动，让学生动手、动口、动脑。既培养了学生独立思考的习惯、激活了学生的思维，又使学生的探究意志得到锻炼。

2. 提倡组际竞赛，培养合作意识。在自然课堂教学中，我们可以采取合作与竞争相结合的教学策略。如把学生分成若干个学习小组，让学生作为小组中的一员与别组竞争，这样作为学生个体不仅要完成好自己的任务，同时也要与其他组员密切配合，只有这样才能在竞争中获胜。此时，我们往往深切地感受到，每个儿童不仅对自己所要完成的学习任务是那样投入，同时还十分关注其他组员的成绩，他们会为同伴的成功欢呼，为同伴的失败惋惜，甚至捶胸顿足。

总之，在自然课教学中，教师要善于创设竞争的情境，让学生在竞赛中克服困难，磨炼意志，从而形成良好的意志品质。

四、营造质疑氛围，引发探究学习

"学贵有疑，小疑则小进，大疑则大进。"但是，在目前的课堂教学中，许多教师还是串讲串问，牵着学生走，没有留给学生积极思维的空间。要将"质疑"引入课堂，教师首先要更新观念，明确"提问"不仅是教师的权利，更应该是学生的权利。然后，善于营造质疑问难的情境，引导学生在学习新知的基础上，大胆质疑，积极探索。让学生以实事求是的态度积极参与自然学习探究活动、经历问题的提出和解决的过程。

1. 要给学生质疑的时间。爱因斯坦曾经说过："提出一个问题比解决一个问题更重要。"应允许学生有疑就问，不懂就问。这样不仅解决了学生的疑问，更重要的是增强了他们求知的欲望和学习自然的信心。只有给学生足够的思考时间，学生才能有所发现。要防止时间不够而造成学生"问"却一无所得，"惑"却悬而未决，使质疑流于形式。

2. 要面向全体学生。由于学生间存在着个别差异，在质疑问难时，许多学生往往不能提在点子上、关键处。所以，老师应以鼓励为主。消除学生的畏惧心理，激发他们质疑问难的热情，这对于学生显得尤为重要。即使学生提出的问题是荒谬可笑的，也不能进行批评和挑剔，要使学生心理上有安全感，敢于提出自己的疑问和发表见解，这样才能逐步形成科学的态度，引发学生探究自然科学知识。

总之，作为组织者、引导者和合作者的教师，必须在提高自身素质的基础上，为学生创设一种愉悦、民主、竞争、质疑的良好情境，不断培养学生科学探究的情感，形成不唯书、不唯上、实事求是的科学探究态度，开发学生的潜能，促进学生全面发展。

在小学数学教学中培养学生的情感、态度与价值观

姚欣兰

丰富的情感、积极的态度、正确的价值观是学生学习、生存和发展的重要基础。新的课程改革特别强调学生情感、态度和价值观的培养，也是《小学数学课程标准》中"知识与技能、过程与方法、情感态度与价值观"三维目标在数学课程中的具体体现。在小学数学教学中如何才能实现这一方面的目标，是我们每位数学教师值得关心并努力探讨的课题。下面就这一课题谈谈自己的认识与体会。

一、注重情感，激发学生的学习兴趣

1. 在游戏中激发兴趣。游戏对小学生来说具有特殊的吸引力，尤其是把课堂练习寓于游戏之中，是受小学生欢迎的一种教学方式。为此，作为教师应根据教材的内容，尽量采取游戏的形式，消除学生对数学枯燥乏味感，让学生能在"玩中学、趣中练"，在教学中穿插一些游戏，如"病例会诊""看得数、找朋友""给花朵浇水"等，这样通过游戏把枯燥的练习贯穿起来，犹如苦口的良药裹上了一层糖衣，使学生乐意学习练习。

2. 在童话中培养想象能力。没有丰富的想象就没有创造。教师应抓住教材中有助于学生的想的内容，最大限度地启迪学生联想和想象，培养学生的创造性、想象力。例如"教学100以内不进位、不退位加减法"时，教师结合学生的生活背景，让学生自编童话故事。教师启迪学生：小兔子、小猴子、小松鼠和小刺猬之间发生了什么事呢？请小朋友根据图话展开想象，编一个有趣的童话故事。咱们比一比，看一看，谁编得好谁将得到"故事大

王"奖，请大家试试好吗？在几分钟的沉寂后，孩子们展开了丰富的想象，他们纷纷登台发言。其中一名学生说："我编的故事名字叫《小兔请客》。小猴子、小松鼠、小刺猬上个星期天帮助小兔子种了一天萝卜。小兔子心想：我该怎样谢谢大家呢？有了！去果园摘一些新鲜的果子请伙伴们尝尝鲜。于是，小兔子就到果园里摘了五盘新鲜的果子，每盘10个，请同学们帮我算一算，小兔子一共摘了多少个果子？"看来，教师应做个有心人，及时指导点拨，着意训练和培养学生的创造性。

在课堂教学中，教师要运用多种激趣的方法，创设良好的氛围，使学生兴趣盎然地投入到探索之中，从而驱动学生内在求知欲，使之乐于学习，激发出创新的积极性。

二、调动情感，激发学生的学习动机

学习动机是学生对学习某种内容感到需要，是学生学习活动的基本动力。与学生学习有关的动机有学习目的动机、学习成就动机、与学习活动相联系的人际交往动机、对学习内容的认识兴趣等。就学习目的动机而言，小学生的学习动机正处于由与学习活动直接相关的短近目的动机向与社会相关的远大目的动机过渡阶段。在实践中，有经验的教师，既关注学生对课堂上学习内容和学习活动的需求，又努力把数学学习与社会发展和未来联系在一起，激发学生的学习动机。课堂上，教师可结合教学内容，用生动的、富有教育意义的现实材料、数学史料等，丰富学习资源，创设情境，让学生在学习活动中不断产生对数学的好奇和求知欲，同时不断迸发民族自豪感与为祖国努力学习的豪情。

例如，"比例尺"的教学，教师先请学生想办法在纸上画出两个景区之间的距离5千米，学生画出了5厘米、10厘米等长度的线段。针对这一活动，请学生给"5千米"与画的"线段"起名，让学生自己概括出"图上距离""实际距离"的概念。在这个基础上，教师说明：不管将实际距离扩大还是缩小，都涉及一个新知识——比例尺。进而，以"看到这个课题，你会想到哪些问题"的方式，请学生提出活动目标：什么叫比例尺？

比例尺是尺子吗？哪里有比例尺？比例尺有什么用？接着，组织学生探索解决所提出的问题。先给出本市的地图，量出市区到几个风景区的图上距离并告知其实际距离。请各组学生用已有的知识研究、探索一幅地图上"图上距离和实际距离有怎样的关系"，学生用图上距离是实际距离的"百分之几""几分之几"等不同的方式表示两者之间的关系。教师引导学生用"比"的知识来解决问题，帮助学生在探索中解决"什么是比例尺"的问题。接着，展示课前收集的带有比例尺的图片，请学生说出每张图片的比例尺，并说说"从比例尺中知道了什么"。学生在观察交流中加深了对比例尺的认识，领悟了比例尺的作用。学生学得积极、主动。显然，学生对活动的目标、要求越明确，进行学习活动的态度越自觉。短近目的动机能收到"立竿见影"之效。

再如，"年、月、日"的教学，教师请学生说出自己最难忘的一天，把"年、月、日"的知识与学生的现实生活紧密结合在一起，促使学生对学习内容产生亲切感，调动学生学习的积极性。教师借助多媒体为学生呈现一幅幅具有重大意义的画面：新中国成立、香港回归、申奥成功、"神舟"五号成功着陆……鼓励学生说出这些事发生的时间。"看看、说说"的活动情感色彩浓郁，学生进一步感受"年、月、日"知识的过程也是激发民族自豪感、增强爱国热情的过程。在让学生谈学习收获的过程中，教师特别请学生设想 20 年后自己将会做什么，把对时间单位的体会与自己的理想结合在一起。教师充分肯定、热情鼓励每个学生为实现自己的理想、为成为对社会有用的人而学习。这样，可以有效地促使学生产生强烈的求知欲望，并由此将学生对数学学习的需要转化为内在的动机。实践告诉我们，结合教学内容，从生活、生产和科研实践中选择素材引入数学知识、数学问题，使学生深切感受数学与人类生活的密切联系、对社会发展的作用，不断激发、强化学生学好数学的心理需要，对培养正确的学习动机是极为有效的。

三、积极参与，培养学生健康的学习情感

郭沫若先生曾经说过："教育的目的是养成自己学习、自己研究，用自己的头脑来想，用自己的手来做的这种精神。"这实际上就是要求把培养学生的素质放在首位，让学生真正成为学习的主人，而就要从"教师为中心"转变为"教为主导"。学习情感是学生对学习是否满足自身需要的内心体验。从课堂教学的意义上说，教师所创设的教学情境、设计的数学活动、营造的课堂氛围等能够满足学生求知欲望的需要时，学生就会产生愉快、喜爱的情感；反之，则会是苦恼、厌烦的情感。教学中尽最大可能满足学生数学学习的需要，才能有效地培养学生健康的学习情感。

例如，"对称"的教学，先呈现给学生"美丽的大自然"画面，教师说：咱们到大自然中寻找哪些是对称的。每个学生都想显示自己的本领，他们认真寻找、踊跃发言：熊猫、青蛙、蝴蝶、叶子……教师提出：你们是怎样寻找到的？学生纷纷讲述自己的方法：熊猫的眼睛、耳朵两边一样；蝴蝶左右翅膀上的花纹一样；对称的两边是一模一样的……教师又提出：怎样来断定这些都是对称的？引发学生积极思考、判断自己寻找的结果是否正确的方法。学生想出了"对折"方法后，教师按学生的选择来演示"对折"。当课件动态显示青蛙的左边和右边重叠时，学生情不自禁地鼓掌。他们为自己的发现自豪，更加兴奋地投入下一个学习活动。

接着，教师以展示自己剪纸作品的方式，诱发学生参与剪对称图形的兴趣和积极性。在请学生欣赏教师剪的作品的同时，以"猜一猜，老师是怎样剪这些图形的"，使学生主动探索剪对称图形的方法。当学生说出"把纸对折""画出图形的一半"等答案时，教师亲切地说："看，老师是按哪几位同学的方法剪的？"吸引学生注意观察教师剪对称图形的过程。教师完成新作品的过程，也是促使全体学生明确剪对称图形方法的过程，这就为学生独立剪对称图形做好了准备。学生在悦耳的音乐声中动手剪自己想剪的图形，不一会儿，学生手中的彩纸变成了小树、鱼、房子、小人等。教师请每个小组选出本组最漂亮的作品展示给全班同学，又说：认为自己的作品漂亮的也

可以贴在黑板上。然后，请没有把作品贴上去的学生举起剪好的图形"让老师和同学们看看"。给每个学生展示自己的机会，让每个学生体验成功的快乐，并由此生发积极健康的学习情感。

最后，让学生举出生活中的对称现象，并请学生欣赏教师收集到的一些图片。学生在交流和欣赏中了解对称图形在生活中的作用，明确学习的意义；在欣赏中感受对称的优美与雅致，陶冶学习情感。

从上述教学过程不难看出，教师精心创设教学情境来激发学生的学习兴趣，以巧妙的谈话或问题吸引学生的注意，调动学生积极参与的情绪，让学生在主动探索数学知识的活动中得到认知需要的满足；学生从"自己选择图形验证对折的方法""看老师是按哪几位同学的方法剪的""剪自己想剪的图形""自愿展示自己的作品"的活动中，感受到教师对自己的爱护、信任和尊重。课堂上，学生自己发现对称图形的特征，自己探索剪对称图形的方法，都有机会展示自己的作品，教师尽力满足了学生自我实现的需要。课堂上，融洽的师生关系、学生积极探索、踊跃交流的表现，以及学生静静欣赏对称美的神态等，显示了学生对心理安全与心理自由需要的满足。教师把学习情感的培养置于各项教学活动中予以落实。

四、形成规范，培养良好的学习习惯

"教育就是培养良好的习惯。"这句话突出了习惯培养的重要性。习惯影响着人的能力与性格的发展。就学习习惯而言，良好的学习习惯可以增强学生学习的兴趣，可以促进学生克服学习中的困难，更好地发挥学习的主动性。良好的学习习惯，将使学生终身受益。因此，课程标准把培养学生具有主动参与、克服困难、质疑、独立思考等良好的学习习惯，列为"情感和态度"方面的具体目标。

学生的良好学习习惯的培养离不开教师的引导和帮助。教学中，教师要发挥主导作用。例如，从学生入学的第一节数学课开始，教师就要结合教材上的图有意识地反复提问"还有什么"，让学生明确要认真仔细地观察，并通过对学生的表扬，让学生体会到这些是好习惯。又如，笔算教学中设计帮助小动物检查改正错题的活动，可使学生加深对笔算方法认识的同时，领悟到"计算时要细心"。再如，放手让学生寻求解决问题的方法，并给学生充分交流的机会，请学生表达自己的方法、评价伙伴的方法，促使学生学会质疑、学会思考，进而养成质疑和独立思考的习惯。在今天的数学教学中，还需要重视培养学生动手操作的习惯、合作交流的习惯、从生活中发现数学、应用数学的习惯等。因为，学生在探索数学知识过程中的动手摆摆、画画能够促进对问题的分析思考；合作交流可以开阔思路，丰富和完善其学习成果；从生活中发现数学问题，应用数学解决实际问题，可以让学生了解数学与生活的密切联系，感受数学的价值，逐步形成用数学眼光观察周围事物的能力和习惯。

良好的学习习惯的培养，不仅需要指导学生明确哪些行为是正确的，应该怎么做，还需要帮助学生纠正不良的学习习惯。因为，良好的学习习惯的形成，既离不开良好学习行为习惯的训练，也离不开与不良的学习行为习惯作斗争。综上所述，学生的情感、态度、价值观的培养，是一个由知识与技能的学习过程承载的启发、渗透和感染的过程。学生要通过参与数学学习活动去亲自感受、体验、领悟。只有日复一日的点滴积累，汇滴成溪，才能实现升华。教师要把情感、态度、价值观的培养装在头脑中，有意识地、自觉地贯穿于教学过程的各个环节之中，使其成为教学过程的灵魂！

谈如何培养学生对问题的解决能力

姚欣兰

《数学课程标准》指出：通过义务教育阶段的数学学习，学生能够初步学会运用数学的思维方式去观察、分析现实社会，去解决日常生活中和其他学科学习中的问题，增强应用数学的意识。现代学习方式也特别强调问题在学习活动中的重要性。一方面强调通过问题来进行学习，把问题看作学习的动力、起点和贯穿学习过程中的主线；另一方面通过学习来生成问题，把学习过程看成是发现问题、提出问题、分析和解决问题的过程。可见，培养学生解决问题的能力非常重要。下面结合对课程标准的理解和新教材的使用，谈一谈如何培养小学生对问题的解决能力的实践与认识。

一、引路点拨，使学生善于发现问题

现代心理学认为，课堂教学就其认知过程的实质而言，就是学生从有疑到无疑的无限循环的反复转化过程。"学起于思，思源于疑。"有疑，才能促使学生积极开动脑筋，去探索，去打开智慧的大门；善问，正反映了学生本身的学习在深入，智能在发展。作为倡导"问题解决"数学教学模式的第一步，应首先把"问题"收集起来。没有问题，谈何"问题解决"教学？问题哪来呢？事实上，数学不是从天上掉下来的，也不是数学专家和教材编写人员凭空想出来的，数学是从现实生活中抽象出来的，数学来源于生活，生活处处有数学。"问题"也就在我们的身边，借之服务于教学，能有效地提高学生问题解决的能力。但是，从当前多数教师的课堂教学来看，普遍重视教师的提问，而忽视了学生的疑问。因而课堂上就出现了老师问，学生答，以教师的思维代替学生的思维，以班中少数优生的思维代替全班学生的思维，不给学生发问机会的现象，这样就体现不出"学生在学习知识上的由不理解到比较理解到最后全部理解，在运用知识的能力上由不熟练到比较熟练到最后完全熟练"这一过程。因而，在学生学习新课前，需引导学生善于发现问题，这是"问题解决"的前提。如，在教学"年、月、日"时，我先布置作业：回家找几张不同年份的年历观察一下，看能不能发现什么？你能解释吗？有许多同学在家发现了关于2月天数不固定的问题。结果第二天，我一上班级，就有好几个学生争相告诉我关于2月的事。当时我特别高兴，表扬了这些同学善于发现问题，并鼓励其他学生向这些学生学习。学生通过自主参与，品尝到发现问题成功的喜悦，这样，不仅激发了学生学习兴趣，而且思维能力与创造潜能也得到了充分的发挥。

二、营造氛围，鼓励学生大胆提出问题

著名科学家爱因斯坦曾说过：提出问题比解决问题更重要。问能解惑，问能知新，任何科学的发现无不都是从提出问题开始的。因此，在数学教学活动过程中，教师不仅要善于设问，而且要满腔热情地鼓励学生学会提问。在传统的数学教学中，注重看书阅读，单纯地吸收知识，谈不上发现和创造。而现代教学论认为应该让学生在阅读教材时，不但要弄懂基本知识，还要有所发现，甚至有所创新。问题的呈现形式要注意多样性，可以由教师提出，但若能通过创设情境引导学生发现问题、提出问题，其潜能开发的价值就更大。开放的课堂更多是让学生来找出问题、提出问题。如在教学约数时，教师只要提示这节课中我们要来学习数学王国里的一位新成员——约数，接下来则引导学生大胆质疑："什么是约数？""学习约数要具备哪些已有知识？""应该怎样才能有效地学习好约数？""数在生活中有哪些用处？"……一连串的问题活跃了课堂气氛，集中体现了学生的求知欲望，提高了提问的能力，更由于是学生自己提出来的问题，所以他们迫切地想将之解决，大胆地说，这堂课已经成功一半了。

提出问题是一个人从已知伸向未知的心理触角，是"问题解决"必不可少

的环节。因而课堂上教师要给学生创造设问的情景，提供设问的机会，把提问权更多地从教师那里转让给学生。学生提出的问题可能是幼稚可笑、漫无边际的，但教师都要认真对待，妥善处理，或当堂答复，或引导讨论让学生自己释疑，或在课后做个别解释，切不可置之不理，更不能指责嘲笑。当学生提问题时，教师专注的目光与神情也是一种无形的力量，给学生创设一个和谐、民主、平等的学习氛围，给学生勇敢提出问题起着有力的推动作用。如在商不变性质的学习过程中，小结时，教师让学生随意地谈谈在本节课中的收获与不解之处，有一位学生提出："什么是性质呀？"这问题立即引起哄堂大笑。一笑之后，便是学生的思索。这一问题在数学课中的确是有点"意外"，但这个"意外"清楚地反映出这位学生现有的知识体系中没有"性质"这个概念，那我们学商不变性质、分数的基本性质、比的基本性质还会有什么意义？这个问题乍看似乎无关数学，可是在学生的头脑中一旦形成了这样一些问题，且没有得到较好的解决，必将对他解决其他问题带来影响，就本节课而言，学生对商不变性质还不能彻底地掌握。因此，在课堂中教师若碰到这样的问题，请不要指责他们，而应始终保护学生质疑问难的积极性，使学生获得心理的安全感，敢于表达自己的见解，使其思维处于积极活动的状态。反之，如果对他们加以训斥，或认为此问题与本节课重点无关而置之不理，必然会打击学生提问的积极性。长期以往，便极容易造成学生提问前先思考提出的问题老师是否会满意，提出的问题是否围绕本节课重点，是否正确等顾虑。学生有这样那样的顾虑又怎能提出自己的假设、自己的独到见解呢？可见，营造一个和谐、民主、平等的学习氛围，有利于学生大胆提出问题，有利于培养学生思维的创造性和独特性。

三、引导探索，形成学生自主参与"问题解决"的能力

1. 动手操作，亲历数学知识的产生。

《数学课程标准》对学生数学知识的形成过程作了明确的要求：学习数学知识应从学生已有的生活经验出发，让学生亲身经历将实际问题抽象成数学模型并进行解释和应用的过程。因此，在数学教学活动中，教师应激发学生的学习积极性，向学生提供充分经历数学活动的机会，帮助他们在自主探

索和合作交流的过程中真正理解和掌握基本的数学知识与技能、数学思想和方法，获得广泛的数学活动经验。

心理学家皮亚杰指出："活动是认识的基础，智慧从动作开始。"在课堂中为学生提供更多动手操作的机会，有助于学生更好地掌握解决问题的策略。我在教学"11—20各数的认识"中，首先让学生数出11根小棒，引导学生思考：怎样摆才能让人们一眼看出是11根？学生自己动手操作，从1根1根地摆、2根2根地摆，到左边摆10根、右边摆1根，再到把左边10根捆成1捆，表示一个"十"，此时"十"的概念已在学生头脑中形成，并清晰地建立1捆就是一个"十"的概念，由此轻松地理解、掌握"11"的组成。整个操作过程就是学生解决问题的过程，学生在操作探索知识中，亲身经历新知识的产生、形成过程，不仅能充分展示了学生的才能，突出了学生的主体地位，而且激发了他们学习的兴趣，使这一知识终生难忘。

2. 合作交流，加深数学知识的认识。

合作与交流是现代社会的需要，是人的素质发展不可缺少的因素。我们可以通过课堂讨论让学生学会交往，学会合作，要求学生努力学会表达自己的见解，学会倾听他人的意见，学会评论他人的观点，学会接受他人的意见。组织学生讨论，必须把握教材的重点、难点，越是教材的核心问题，越是要让学生主动去学习；只有学生积极参与进入角色，才学有成效。数学中的一些概念光靠老师的讲解和简单的下定义不行，学生不但印象不深，而且对概念的认识也肤浅。例如，"0不能作除数"，光是教师说说，学生往往知其然，而不知其所以然。假如教师能引导学生根据乘除法的互逆关系，通过假设除数是0的情况下将会出现什么样的后果展开讨论，学生对"0为什么不能做除数"的道理就有了深刻的认识。根据问题的难易程度，可分为同桌讨论、小组讨论，讨论的问题一定要有价值，要鼓励学生畅所欲言，使讨论有实效，不走过场。

3. 实践运用，体验数学应用的价值。

《数学课程标准》在总体目标中明确提出："初步学会运用数学的思维方式去观察、分析社会，去解决日常生活和其他学科学习中的问题，增强应用数学的意识。"因此，学生在小学学习数学，不仅要弄清课堂所提的问题，掌握现成的数学知识和技能，而且要知道如何运用课堂所想的问题，所学的方法自觉地、有意识地去认识和理解周围的事物，处理有关的问题，使所学的知识成为与生活和社会实践有密切联系的内容。

如一年级下册的"元、角、分"的教学，结合教材中的实践活动，我创设了"小小百货商店"的情景：把学生的文具、日常生活用品、水果、小玩具等标上价钱。学生四人一组进行买卖商品的模拟活动，让其中的一人当售货员，其他的同学当顾客，"顾客"要把选中的商品的价钱准备好再交给"售货员"，若给的钱数不对，其他同学要指出，角色要互换。然后，我拿着一支标价9元7角4分的笔，让学生进一步思考：你若想买这支笔打算怎样付钱？有几种不同的付钱方法？同学们情绪高涨，纷纷说出自己的想法。这样不仅有助于学生学习元、角、分的知识，而且还培养了学生实际运用知识的能力。

综上所述，数学问题从发现到提出、从提出到解决这个过程，能带动学生的知识和能力提升，能培养学生对问题的解决能力。因此，广大小学数学教师应积极鼓励、正确引导、科学指导学生，让学生会自行探究提出问题，合作讨论思考问题，动手操作研究问题，用创造思维方法解决问题，应用所学的知识解决实践性的问题。只有这样，才能培养出可持续发展的高素质的人才。

构建和谐课堂之我见

——天津之行谈收获

刘　凤

　　今年春天，我有幸和高江汇老师、高奎善老师、梁老师一行四人，带着领导和老师们的重望，奔赴天津那块育人的沃土，去取和谐教育的真经。这一次的天津之行，让我开阔了眼界，增长了见识，陶冶了心灵，解放了思想。徜徉于花团锦簇、古柳参差的校园，咀嚼着异彩纷呈的校园文化，欣赏着丰富多彩的校园生活，聆听着孩子们声情并茂的读书声，我不禁心潮澎湃。这一切都给我耳目一新的感觉。来自全国各地优秀教师精妙绝伦的教学艺术更让我回味无穷，他们教出了新意，拒绝了平庸；课堂气氛愉悦和谐，师生如沐春风。王敏勤教授精彩的报告，让我洞察了和谐教学的真谛，让我的灵魂接受了先进教学理念的彻底的洗礼。

　　每一堂课都给我留下了难以磨灭的印象，让我感慨万千，我不禁为执教老师们拍手叫好。在教学中，教师从容不迫，有条不紊，运用了不同的方法指导学生的阅读，并读出意境，使文中主人公的心、作者的心、教师的心、学生的心高度融合，产生了强烈共振。我想，这样既让学生深化了对课文内容的理解，又将课文表达的感情承载在语言训练中，可谓一举多得。在一节节优质的语文阅读教学课中，我看到了学生阅读状态的形成，感受到了学生阅读兴趣被唤醒，也似乎听到了学生心灵成长的声音。

　　通过学习，我更加深刻地认识到整体建构和谐课堂，就是把教学内容作为一个系统，本着先整体后部分、先宏观后微观、先框架后装修的原则，指导学生理解教材，引导学生站在系统的高度去学习知识，让每一个知识点都以系统的知识的面貌出现，让学生学会寻找教材的规律和解决某一类问题的方法，这才是和谐教学的真谛。在运用整体构建教学法时，也可以进行单元整体构建，把一个单元看成一个主题，围绕一个单元把课堂教学、课外阅读、综合实践活动及写作有机整合到一起。在学习每个单元的第一课时，教师就应该把一个单元的知识树呈现给学生，以便学生整体把握本单元内容，学习每个单元的其他几课时，依然要呈现单元知识树给学生，让学生进行单元回眸，从而深化对本单元内容的认识。

我由衷地感谢大唐学府给了我这次学习的机会，三天的学习生活让我又成长了许多，我由曾经的困惑变得明朗，我释然了什么叫整体构建，应如何进行整体构建，此行的收获为我今后的教学奠定了扎实的根基。学习携来快乐，收获成就幸福，我为能参加这次学习的盛会感到激动与自豪，也感到了自己肩上沉甸甸的责任。我相信，只要我们执着地追求、不懈地努力，明天的我们会更加优秀。

沐浴着和谐的春风，吮吸着先进教学理念的甘露，我坚信：大唐学府全体教师一定会披荆斩棘、乘风破浪，成就一方和谐的校园；大唐学府的学子们一定会快乐地学习，健康地成长。

浅谈语文教学中创新思维能力的培养

徐敏水

教育最大的意义，就是培养学生的创新能力。和谐教育是培养创新精神和创新人才重要的基地，是传播知识、塑造新一代创新英才神圣的殿堂。学生个性化发展与创新能力的价值取向是一种新的教育理念，是一种最高境界的精神追求，是一种生命化教育。教师，作为一个引领者，应该把更多的孩子引向更美好的未来：开启学生的聪明才智，润泽学生的成长历程，成就学生的美好人生。应不断营造校园创新情境氛围，激发学生的学习兴趣，培养学生的创新能力，着力让更多的孩子在自己的一方天地里学得有滋有味，让孩子完全舒展自己的心灵空间，让世界成为学生的课本，让社会成为学生的课堂，让学生感受到世界的丰富和美丽。应从培养学生的情感因素出发，提升学生的审美情操，让学生感受到自己心灵的真实，树立正确的学生观。应把学生作为学习的主体，让学生在学习中体验，在体验中洗礼，在参与中创造，为充分开发学生的潜能创造一个宽松的环境。

一、质疑问难，拓展学生创新思维

学生之所以能够保持长久的学习兴趣，既不是教师精彩的导课，也不是教师风趣的课堂教学过程，是因为学生对课文内容的深刻坦剖，是依据文本对问题的发现和对主题深层次的挖掘、探究，是学生长期形成的问题意识。于永正老师教了30多年小学语文，积淀了五句话：重感悟，重积累，重迁移，重情趣，重习惯。重感悟就是把学习的主动权交给学生，讲学生不懂的，教学生不会的，让学生主动地学情、理、法，要学生自己在读中悟，在悟中质疑问难。"唯有源头活水来。"老师应该是火源，主要职能不是自己燃烧，而是在学生心灵中点燃希望之火、智慧之火，激发学生的进步之情，引导学生进入积极的思维状态，让学生产生好奇心，让学生摆脱各种条条框框，张扬自己的个性，提出自己的观点。巴尔扎克曾说过："打开一切科学的钥匙都毫无异议的是问号，我们大部分的发现都应归功于'如何'？而生活的智慧大概就在于逢事都问个'为什么'？"基于此，我经常鼓励学生，让学生各抒己见，多问几个为什么。教学《田忌赛马》一课时，学生提出了这样的问题：同样的马，两次比赛的结果为什么不一样？孙膑为什么能独具慧眼，想出高招？而田忌却不能呢？对于这个问题，我首先让学生在熟读课文的基础上，自己发现两次比赛的结果不同，是因为比赛时马的出场顺序不同，让学生抓住"齐威王的马比你的快不了多少呀"这个关键语句来分析，孙膑之所以能独具慧眼，想出高招，主要是因为孙膑善于观察问题、善于仔细分析问题。质疑问难不仅仅是学生能够提出有价值的问题，更重要的是让学生在质疑的过程中活跃思维，获得成就感。学生从小养成了遇到问题主动思考、大胆创新的习惯，将来就能更好地适应社会发展的需要。教学《草原》一课，我让学生分组讨论时，有一个小组对欢迎远客那一节提出了疑问，这一组的代表说："汽车在草原上奔驰，怎么能用走呢？而且连用了三个走，汽车走了一百五十里，才到达目的地。再走一百五十里还是草原。草原上行走十分洒脱，只要方向不错，怎么走都可以。"这个学生说："老师，你看，连用了三个'走'。"我首先表扬了这个小组每个同学都有一双明亮的眼睛，都有一个善于思考的大脑，敢于大胆提出问题，我让学生再回到课文，结合上下文再一次讨论："三个走字矛盾吗？"学生展开了激烈的讨论，有的说突出了草原的一碧千里，有的说突出了草原辽阔无边，有的说"走"字衬托了草原的大、静、美的特点，有的说突出了草原茫茫无边、衬托了主人宽阔的胸襟……孩子们的思维被打开了。为了挖掘教材，拓宽学生的思维想象力，我让学生再往下找一找还有什么词语描写汽车？学生找到了"飞"字，我问学生："飞"是什么意思？有的说是飞快的意思，有的说是形容汽车开得快。我让学生把前面三个"走"字和这个"飞"字比一比，说明了什么呢？学生的思维活跃起来，有的同学说：说明汽车开得越来越快，想赶快到达目的地。有的神采飞扬地说：飞，说明人的心在飞。有的说蒙汉两族人民的心在飞，有的说蒙汉两族人民的感情在飞，蒙汉两族人民的团结友谊在飞。教材被挖掘开来，学生的理解上升到了一定的高度，同时，也培养了学生敢于说、乐于说自己观点的好习惯和能力。"让课堂充满问题"容易，"让问题充满思考"不容易。学生敢于质疑，敢于打破常规，敢于发表与其他人不同的见解，这就是一种创新思维，一种实质的创新精神。

二、形象感知，提供挖掘创新素材

面对新课程的改革，我们现在的教育重点是让学生在课堂中参与到课文的创造中来。创新，让学生在浸润语文情境的同时，在有一定的文化底蕴作为生长发育的土壤上，营造创新精神的气氛，这就需要不断提高学生的创新实践能力。创新是全面提高学生综合素质的源泉。阅读教学中，要紧紧围绕主题充分调动学生参与的积极性，让学生主动用真心去阅读，用真心去讨论，用真心去感悟；让学生用心灵和文本对接，让学生真正地走进文本，让学生与作者、与主人公同喜同乐，用情感丰富自己的想象，用言语哺育自己的心灵。调控好学生的情感因素，为学生展开想象的翅膀打下了坚实的基础。课文《可爱的草塘》用生动的语言向我们描绘了北大荒草塘的美丽可爱。教学时，我让学生先听配乐朗诵，体会课文的语言美，进而通过自己有声有色的朗读，感受绿色美、动态美、景象美和意境美。文中生动具体的妙语佳句，让学生反复朗读、品味，边读边想象，这样，既让学生创新理解了语言，积累了语言，又培养了学生飞翔的思维能力。为了再次让学生乘着想象的翅膀，在学生学习的兴趣正浓的时候，我又马上抛出让学生很感兴趣的话题：假如我是北大荒草塘开发有限公司的总经理，我应该怎么开发草塘，怎么写广告词，怎么写导游词，来吸引中外的游客呢？学生又来了兴趣，结果可爱的草塘成了人人向往的大都市最美的景观。想象力是生活的牵引力，没有想象，学生的思维就受到了禁锢和约束，更谈不上构思独特、智慧超人了。

三、发扬民主，努力营造创新氛围

在教学过程中，建立教师与学生、学生与学生和谐的民主关系，有利于学生学习的发展，使学生始终处于积极主动、乐观向上的发展状态。所以，在课堂教学中，把握民主氛围的营造至关重要。我从一进教室的那一刻起，就把所有的注意力都集中在学生的身上，用热情亲切的目光环视学生，面带微笑看着学生，来到学生的中间，亲切地和学生交流，我时常以商量的语气来征求学生的意见，启发他们进行思考。学生长期在这样的氛围中学习，觉得很轻松。我说的每一句话，都认真地投入情感；不管是优等生，还是学困生，我对他们的爱都一视同仁，从眼神、音容中流露出来，潜移默化中让学生感受到老师的关怀，感受到老师可以成为他们的朋友。学生因此才更加自尊、自爱、自信，才会亲近和信任老师，才会愿意对老师说心里话，才会乐于学习，才会敢于质疑、探究和发表自己的见解，课堂才会焕发出生命的色彩。学习《十里长街送总理》一课，学生在讨论思考体会"好像有谁在无声地指挥，老人、青年、小孩，都不约而同地站直了身体"时，有的学生说：我体会到人们对总理无比的崇敬和爱戴；有的说表现了人们失去周总理悲痛的心情；有的说，没有人在指挥，只是人们都不约而同地怀着同样的心情、一样的悲痛，来表达对总理真挚的感情；有的说，其实是有人在指挥，是人们对总理深切爱戴的心情在指挥……对此，我都给予了肯定，学生已经走进了作品。学习《秋天的怀念》，我让学生写《秋季随想》；学习《可爱的草塘》，我让学生进行写话训练，自己先写了下水文；在教学《少年闰土》时，我和学生一起背诵、一起默写、一起朗读，我先去做一下学生应该完成的学业，或多或少获得规律性的东西，以给予学生最有益的启发、最实用的经验。著名特级教师于永正老师说过："要蹲下来看孩子。"的确，我们有时候习惯于严肃地说教，却忽略了儿童的心理，我们已经铺好了一条平坦的大道，赶着孩子向前走，却忽视了路边的小草、小花也别有一番天地，它或许更适合孩子。

四、创设气氛，让孩子在轻松愉悦中学习

每堂课我都精心设计了教学思路和教学内容，采取多种教学手法和手段以激起学生的学习兴趣，营造浓厚的学习气氛，让学生以积极、欢快的情绪去从事学习。我在课堂上会适当地安排一些趣味练习、正方反方辩论赛、演讲等，以竞争的形式进行，激发学生的竞争意识，教学《月光曲》，我让学生脑海中浮现一幅画面，通过抑扬顿挫的朗读，体会月亮的动态美，感受大海波涛汹涌的景象，让学生和作者一同产生共鸣。教学《飞夺泸定桥》一课，我把战场搬进了教室，孩子们满怀着对英雄的崇敬之情，在教室里抢时间、攻天险，一组吹起了冲锋号，二组扔手榴弹，三组用大炮轰击，四组在一片喊杀声中冲向敌群，其余的同学选自己喜欢的角色表演，一时间，教室里发起了总攻，孩子们那节课别提有多兴奋了。进行系统训练到全册成语复习的时候，我让学生把全册的成语都找出来，再打乱成语在全册的顺序，按照描写景色优美的、天气恶劣的、描写心情愉快的、情绪低落的等，上台来进行表演或表情朗读，学生时而面带微笑，时而怒发冲冠，时而喜上眉梢，时而捶胸顿足，全册的成语在嬉笑间被记住，变成了学生们永久的知识。学生学习的情绪十分高涨，他们都体验到了一种收获成功的喜悦，体验到了自己智慧的力量，越学越觉得有趣。难怪在我们班教室外考试的五（2）班同学被我班的学习气氛和兴趣所感染，竟然在门外听得入迷。

五、依托文本，发散思维，拓展能力

学生的心灵不是一个等待灌输的容器，而是一个等待点燃的火把。抓纲靠本固然重要，但是如果不对教材深入地挖掘，学生的学习积极性就会烟消云散，思维能力也得不到发展。所以，在依托文本的同时，适当地引导学生自由发展的空间，才能调动学生的积极性，从而发展学生的思维能力。教学《白杨》一课时，我让学生除了抓住文中描写白杨特点的句子外，还让学生根据本课借物喻人的写法与人的某种性格、某种品格连在一起，将生活中的蜡烛、粉笔、垂柳、小草、落叶、竹子、桥等事物也赋予人的性格特征。

教学叶绍翁的古诗《游园不值》时，我让学生大胆想象园中的美丽景色。教学《跳水》一文，当小男孩不知不觉走上桅杆的顶端，时刻面临着摔到甲板上的危险的时候，采取怎样的办法才能保全孩子的性命，这正是求异思维的过程。这时只有否定通常的思维方式——让孩子自己走下来或人们爬上去搭救，不断扩展思路范围，多角度地思考，才能想出新的搭救办法。这样让学生在讨论交流中提高思维的敏捷性，提高应变能力及处理事物的能力。教学《放弃射门》一课时，针对于福勒两次放弃射门，让学生展开精彩的辩论，通过激烈的辩论，课文的内涵被挖掘开来，有的说福勒没有把足球直接射进对方的大门，看来有点遗憾，但他却把足球成功地射进了西曼的心门，射进了阿森那队的心门，射进了每一位观众的心门；有的说福勒是把主动放弃的举动、友谊第一的风范、公平竞争的精神射进了每一位观众的心门！这种放弃是一种美，一种人性美，一种遗憾美！

培养学生的创新意识是素质教育的核心，是课堂教学的主旋律。语文教学要让课堂焕发出生命的活力，就是要更新教育观念，在宽松、和谐、愉悦的教学氛围中，激活课堂教学，为学生提供广阔的思维空间，鼓励学生大胆思考，勇于创新，敢于创新，让学生在自主探究和合作学习中，迸发出创新的火花，让创新成为课堂教学的灵魂，从而培养学生的创新意识和实践能力。

（本文获由中央教科所、《教育文摘周报》社、北京三面向教育科学研究所组织的全国中小学教育教学论文大赛一等奖，作品符合国家级出版社出版要求，被选入《中国教育科学与实践》一书，该书被送往国家教育部、国家图书馆珍藏）

学生篇

　　"桃李无言，下自成蹊。"大唐学府在不断发展，在不断迎来新生。学生不仅有来自山东的，还有来自江苏的、安徽的、辽宁的、上海的、黑龙江的、浙江的。越来越多的孩子择善而从之。穷人的孩子早当家，大唐的学生早上路。有教育、有生活、有感悟、有自主的学生，用心、用情写出的文字，与城里的娇宝宝所写的就是不一样，也一定不一样。

让胸怀宽若海洋

郯城美澳学校学生　王双双

吃过午饭后，大师把一位爱发脾气的弟子叫到身边，问他："今天早晨起床后，你为什么发脾气？"

弟子："师兄睡梦中踢了我一脚，把我踢醒了，后半夜就一直也没睡着。"

大师又问："今天吃早饭时，你为什么又对你小师弟发脾气？"

弟子："师弟从我身边走过，把我的饭碗碰歪了，汤水溅了我一身，害得我饭也没吃好，灰溜溜地去洗衣服。"

大师再问："上午休息时，你又为什么发脾气？"

弟子："你对大家说我的那篇文章写得好，休息时两个师兄争着看，一用力，给文章撕坏了。"

大师听完后，端出一杯水，对弟子说："去抓一把盐放在里面。"弟子照办了。

"喝一口尝尝吧！味道如何？"

"咸。"弟子忍不住吐出一个字。

大师又吩咐弟子抓了一把盐放进附近的湖里，说："再尝尝湖水吧！"

弟子捧起一口水尝了尝。大师又问："尝到咸味了吗？"

"没有。"弟子回答道。

大师又对弟子说："人的一生，要遇到好多突如其来的烦心事，它们就像这盐的咸味。我们所能感受和体验到的程度取决于我们将它放在多大的'容器'里。"

弟子恍悟道："我明白了，你所说的'容器'就是指一个人的胸襟。"

"对！当遇到烦恼的时候，胸襟狭窄的人便觉自己身处困境，对生活充满了抱怨，为了一点小事就发脾气；而对于胸怀博大的人来说，一切琐碎平庸的烦心事都是微不足道的小事。努力拓宽你的胸襟吧！用一颗宽容的心去对待别人，你会别有收获的！"

弟子谢了大师，离开了。

以后的几天，那天上午发生的三件事在大师的安排下相继重演。

过后，大师把四名"肇事"弟子叫到身边了解那个弟子的表现。

一个弟子说："昨晚我使劲踢了他一脚，今天早上他告诉我后，我连忙向他道歉，等着他发脾气，他却说：'没关系，你又不是故意的，说不定哪天我也会在梦中踢到你，那时你可别生气呀！'说完便提水去了。"

第二个弟子说："我故意把他的饭碗碰歪，汤水又溅了他一身，没等我道歉，他就说：'不要紧，反正这衣服也该洗了。'"

另外两个弟子说："我们又撕坏了他的一篇文章，愣在那里等着他发脾气，他却只是一笑，幽默地说：'这说明你们都爱看我的文章。我这儿准备了一大瓶糨糊呢！'他的变化可真够大的。"

汇报完情况，四个弟子刚离开，那个爱发脾气的弟子又来找大师了。"我终于体会到能够宽容别人是件多么快乐的事了。宽容别人，不只能让心中的怒气消失，而且能让人心情舒畅。现在师兄师弟们都爱和我交往了，我感到了从未有过的幸福。"弟子高兴地说。

大师听完，欣慰地笑了，对他说："你的心中已可以盛下一潭湖水了，继续努力，把它拓展到像海洋一样宽阔！"

（这是一位高三女生写的作文。她爸爸王勇基是一位教师，好发脾气，看了女儿的作文，很受教育，特推荐给大家，共同品味！）

20 年后的今天

六年级　张梦晨

20 年后的今天，我已经成为一名世界级工程师了。

我居住在自己设计建造的摩天大楼里，大楼的东南角一棵枝叶茂密的返老还童树下，我正在吃着机器人从树上刚摘下的返老还童果，喝着从世界著名的大唐教育集团运送来的爽口型高级饮料。秘书 w—3 机器人叫来我的多功能小轿车，我亲自驾驶（注：我刚从宇宙交通公司考来驾照）着它前往母校——大唐教育集团，去看望我的老师和同学。

一路上，我百感交集，我能有今天的成就，多亏大唐学府的恩师和同学的无私帮助。想到这儿，我加快了速度。

净化空气的杉树飞快地向后跑去，我的眼前又出现了老师 20 年前讲课的情形：徐校长时而高谈阔论，时而娓娓道来；孙老师时而挥动右臂，时而用眼神和我们交流……老师们那些激励我们奋发向上的滚烫的话语，至今还在耳边回响。20 年了！徐校长该是一位白发苍苍的老人了吧！孙老师也该是一位五六十岁的老太太了吧！唉，想起这些年来只是一门心思地忙自己的事业，整天与工程项目打交道，很少去看望我这两位恩师，心里觉得不是滋味。

来到大唐教育集团总部，让我惊诧不已的是，老师和同学们竟然居住在我所设计的防震公寓里。袁爽，这位昔日如花似玉的小女孩，现在还是那么楚楚动人，她现在已经是一名出色的外交部长。为了世界和平，她的脚步踏遍了全球，这不，前几天才刚刚回国。20 年没见面了，我们激动得拥抱在一起，泪水模糊了我的眼睛。程美惠，当年的校花，现在已经是一位大名鼎鼎的科学家了，她制造出的"返春灵"药物获得了诺贝尔最高奖。徐校长呢？不但没有老，反而比20年前还年轻，他那幽默、风趣的话语还是令人百听不厌；孙老师比原来苗条多了，据说还获得过"大唐美教师拉丁舞"一等奖。我们的同学个个都很有出息，有的成为警官，有的成为跨国公司的总裁，有的在电影界享有很高的声誉。这群当年活泼可爱的小女生，都有了自己热衷的事业。

　　20年后的今天，真的让人羡慕！我想走进这20年后的风景！

Hi，good boy

六年级　杨子瑾

　　我，大名杨子瑾，一个黄毛丫头，在三年级时有幸认识了一位 good boy——张文浩，他是位出色的小男孩，因此成为我的超级偶像。

　　要说我是怎么认识浩子的，那还要从 2004 年暑假说起。

　　我是个酷爱美术的 gril，所以那年我就开始走上我的艺术之路了。当我背着画板走进教室时，看见的第一个人就是浩子。浩子一身草绿色的装束，映衬着白皙的皮肤，给人一种清新的感觉。那时我就觉得他的美术水平可以和我比个高低，我决定要让他见识见识我杨子瑾的厉害。"Hi, good boy，你的美术水平好像不赖嘛！"看到他画的山景，我的心里反倒没了底。只见他微微抬起头，嘴上露出了美丽的弧线："没错，哦，哦。"切，什么嘛！我心里说。不过，他画得真的好好哦，嗯！交个朋友，向他学习学习也不错。我心里这样想。

　　于是，我上前一步大声地对浩子说："good boy，我叫杨子瑾，交个朋友好吗？"我边说边伸出手去。

　　他慢慢地而且很酷地转过身来，用修长的手指轻轻握住我的手，笑着说："我叫张文浩，以后请你多多指教。"就是这次握手，注定我们成为好朋友。

　　浩子的美术是一流的棒！真正是 very very good! 他也让我的美术水平有了提高。所以，认识他真是我最大的荣幸。

　　我和他在班里一起学习、画画、打闹，那段日子成了我们最美好的回忆。不久，浩子和我被老师选去参加全县绘画比赛，于是，我们就经常一起去写生。

那时，初秋的凉风已经来到这里，我去画树林，浩子决定画秋天的田野。第二天早上，当我们把画拿出来时，我不禁目瞪口呆！浩子的那幅画意境非常美：初秋的早晨，天刚蒙蒙亮，空中还弥漫着轻纱似的薄雾；田野金灿灿的，有的地方还矗立着一两棵树。我似乎可以听见，上面有小鸟叽叽喳喳的叫声。再看看我的画，可就逊色多了。我倚在桌前，心里有说不出的沮丧。

浩子看着我，没有说什么，然后在欣赏他的画的人群中不声不响地离开了。一会儿，他端着一杯水走进来，漫不经心地在他的画前看着。忽然，一个不小心，他把水全洒在了他的画上面。顿时，初秋化作了一片杂乱的彩色。看到我惊讶地抬起头，浩子笑着拿起画抖了抖，说："你看，我的画湿了，不能参赛了，你代表我们班参赛吧！"我一把将他拖出教室，生气地吼道："浩子，我知道你是故意的，你为什么这样做？我的画就是没你的好啊，你不可以这个样子的！"

"就是因为我画得比你好，以后我的机会还多着呢！"他微笑着接着说，"好了，坏丫头不可以生气，走，把你那幅画交给老师去。"他一副认真而且毋庸置疑的样子，容不得我反对。

后来，我的那幅画在全县得了一等奖，可面对荣誉，我心里无论如何高兴不起来。浩子不由分说，硬拉着我去开庆功会，说让我请他吃最爱吃的羊肉串。

坐在石凳上，我不知该说些什么。仰头看着11岁的天空，我苦笑一下说："浩子，我们要分别了，对吧？"浩子一直低着头，半晌才答非所问地说："啊，啊，这两个月过得真快乐啊！" 然后，他顿了一会儿，似乎放松地继续说道："没错，坏丫头，我去了临沂后，会给你寄画的。"我看着他，勉强挤出一丝微笑。我嗫嚅了半天，只说了"好、好"！

那天，我们在石凳上坐了很久很久，也聊了很久很久。等到浩子走的那天，我却把自己锁在房间里，任黑暗迷失了双眼。

好不容易挨过两个月，终于等来了浩子寄来的一幅画：在白白的云朵之间，有一个穿淡黄色连衣裙的女孩，正在翩翩起舞。下面有一句话写道：送给坏丫头的第一幅画。

看着熟悉的字迹，我的眼睛再次被泪水打湿，心里不住地说着：Hi，good boy！

（本文刊登在国家级刊物《中国校园文学》杂志 2008 年第 2 期"名师点评"栏目）

丑小鸭变成白天鹅以后

七年级（2）班　赵　敏

可怜的丑小鸭经受了一连串打击之后，仍然不屈不挠，最终变成了一只美丽的白天鹅。

人们是多么喜欢这只白天鹅呀！它年轻、美丽、谦虚、忍让，在它的身上处处体现出君子的风度。孩子们把最喜欢吃的比萨和糕饼不假思索地给了它；大人们乐得与它亲近，跟它拍照、合影留念。"丑小鸭"已不再是它的代言词，因为它已经有了一个天底下最好听的名字——白天鹅。它永远不会忘记过去的。以前它所经受的磨难，让它刻骨铭心。虽然在过去的岁月里，它曾经灰心丧气过，在人生的长河里，遇到不少波折，可它挺过来了。"磨难是一种福分。"丑小鸭认真地总结了过去，心里有一种莫名的伤感。

丑小鸭成为白天鹅业已半年有余了，半年多来大家相安无事。突然有一天，天鹅家族要举办一个盛大的青春派对，在派对上还要选出一个最美的天鹅，冠以"天鹅王子"的美誉。消息一经传出，天鹅家族顿时热闹非凡，天鹅家族的帅小伙们更是跃跃欲试，摩拳擦掌，整个天鹅湖沸腾起来。大家一致举荐丑小鸭去参加，丑小鸭犹豫不决，开始认为自己不够资格，到后来经不住大家的怂恿，只好上阵。在派对上，丑小鸭向人们讲述了自己的悲惨遭遇，人们对丑小鸭深表同情。丑小鸭说到伤心处不由落下泪来，天上下起了桃花雨，小鸟奏起了《天鹅湖舞曲》，丑小鸭随着悠扬的旋律翩翩起舞，人们被丑小鸭的舞蹈折服了，最终丑小鸭一路过关斩将，摘取了"天鹅王子"的桂冠。

自从丑小鸭荣获了"天鹅王子"的称号后，腰板挺得直直的，头抬得高高的，经常光顾"天鹅美容超市""天鹅靓女模特队"，广告商纷纷找它做广告，有关生产美容护肤的公司不惜花重金请它作为形象代言，丑小鸭不断出入公众场合，它的博客点击率天下第一，丑小鸭完全沉浸在幸福之中。一天、两天过去了，三个月、五个月过去了，由于丑小鸭频繁出入各种场所，已累得心力交瘁，脸上也渐渐失去往日的光泽了，洁白的脸蛋仿佛镀上了一层橘黄色的光波，轻盈的身体变得臃肿起来。看着镜子里的自己，丑小鸭惊呆了！镜子里还是那只丑陋不堪连狗都不吃的丑小鸭！这时不知从何处传来一种声音：不懂得珍惜的人是要现原形的。

（本文荣获全国文学作品大赛中学生组一等奖）

春 风

七年级　胡金华

春风轻轻地吹
吹到远方广交宾朋
带来了客人绿色的祝福
和大好河山锦绣前程

春风轻轻地吹
吹进了果园
果树打起了节拍
唱起了动人的歌

春风轻轻地吹
吹进了树林
小树睁开了惺忪的睡眼
换上了新装
露出了迷人的笑容

春风轻轻地吹
吹醒了正在冬眠的小青蛙
小青蛙哈哈笑
对春风深深地鞠躬

春风轻轻地吹

将花草树木一并倒映在水中

春风迷失了我的双眼

我的眼前尽是美丽的风景

风景里有妈妈熟悉的身影

（本文荣获全国中学生作文大赛一等奖）

第一次登上讲台

六年级 邹翔宇

老师给了我一次讲课的机会。

"丁零零……"一阵上课的铃声让我的心跳开始加快，讲课马上就要开始了，老师的鼓励、同学们的支持让我镇定了下来，于是，我不慌不忙地走上讲台，开始准备讲课。首先，我向同学们叙述了一个美丽的画面：一条蜿蜒的小河向前流淌着，瞧！它穿越高山、平原，它浇灌田野、森林。花开了，草绿了，庄稼丰收了，树木更加茂盛了……心想，说的还不错，一定会把这节课讲好。然后，我向大家说今天要学习的课文是《小河的歌》。

顺着老师为我设计的思路讲了下去，越讲越感觉有激情，我仿佛也走进了这美好的画面中。接着，我让同学们看了看画面，听一听小河诉说什么样的故事：我是一条小河，我会独自经过险峻的大山、荒芜的沙漠，时常感到寂寞难忍，有时我忍受着炎热的天气，骄阳的炙烤，常常感到干渴。但是，令我惊喜的是我会使黄土重新滋润，草儿因我的到来绿了，花儿因我的到来盛开了，因而我又感到无比快乐。这段动人心弦的话语，让我陷入深深的讲课中去……我陶醉了。不知不觉下课的时间也到了。

课下，老师为我作了点评，说我讲得很好。我感觉心里美滋滋的，但我没有骄傲，因为这只是一点小小的考验。

这节课已经深深地埋藏在我的脑海里，我永远也忘不了。

（本文荣获全国作文大赛优秀奖）

感受读书的美好

八年级　孙永芹

　　我总爱徜徉于书海中，在书海里忽而走进波涛汹涌的大海中，忽而走到宁静的沙滩上，忽而聆听夏的成熟，忽而陶醉秋的收获……而今，闲来无事，就去读书。不为黄金屋，不为颜如玉，不为千钟粟，更不为追时尚，读书似乎已成为生命中不可缺少的一部分。早自习中的早读，课堂上的朗读，图书室里的默读，不同的读法有不同的感受，而我最爱的还是睡前的夜读。

　　想象一下吧，万籁俱寂，没有谁愿意划破这夜空的静谧，在柔和的月光下，品一怀香茶，独自在书海里随心所欲地遨游；读朱自清笔下父亲那深沉的爱，体验百姓平凡的生活，领略保尔·柯察金式英雄们大无畏的精神……而每每至此，白天的紧张与疲劳忘却了，心灵也得到了文化的洗涤、净化，使人冲出烦恼、忧愁，顿觉心旷神怡。是的，读书的时候，我拥有一片宁静和谐的心境；读书的时候，我哭、我笑，但我始终很清醒。读书是一种乐趣，只要你偷得片刻的闲暇，就能充分体会书的深蕴，而且当你步入了书的心扉，那种淡然的心境，同样令你与书沉浮……此种感受，也只有爱好读书者可以领会。在幽幽的书香中，心中自有一片温馨的感觉。好书，那是人间的一方净土，是一方寄放灵魂的乐土，是承载生命的活土！

　　读书吧，读书是人生的感悟，是生命的享受。

（转载于 2007 年 10 月《沂蒙晚报》"教育时代"专栏）

感受夏天

六年级　石婉婉

漫步于这片绿色的树林

享受着蓬勃的生命

听知了把沉睡的夏日叫醒

可爱的精灵

还在不住地称颂

烈日的炙烤

禁锢不了蝉火辣的歌声

眼睛里其实也在期盼着

夏日凉爽的梦

和伙伴共同奏响的夏日

欢快的风铃

（本文发表于 2008 年《中国校园文学》）

故乡情

五年级　宋瑞瑞

　　我的家乡既没有大都市那样繁华昌盛，也没有人们向往的神话般的天堂那样令人向往。我的家乡和一般的乡村一样，透露着浓浓的乡土气息。

　　我的家乡叫宋屯村，村子不算大。俗话说，一方水土养一方人，我在这里住了 12 年，每次到县城上学时，都要回头看一眼……

　　村庄的西头有一条清澈见底的小河，一年四季流水潺潺，村里的孩子一年四季都在那里嬉戏，玩耍。

　　春天，燕子纷纷赶来报到，小草露出幼稚的脸蛋，叶子绿得发光。"不知细叶谁裁出，二月春风似剪刀。"是谁在吟诗？原来是我的邻家小弟弟看到杨柳，不觉诗兴大发！粗壮的杨柳又长出嫩叶，想想儿时的我和小伙伴们玩耍时的情景……它曾经给我们带来了多少乐趣啊！

　　夏天，小河变得异常热闹了。快乐的暑假，孩子们都在河里洗澡，有的拿着罐头瓶去逮小鱼……

　　秋天，无情的风把树叶吹得不知去向，有的做成了大地的"美食"，一群群大雁排着"人"字形，飞向南方，给大地留下了注目礼。

　　冬天，原来热闹的村庄顿时安静下来，走路的时候，寒风打在脸上，像刀刻那样痛！孩子们整天待在家里，成了一朵朵温室里的花朵，而在大千世界里，却还有梅花凌寒独放！冬天的家乡，也那么美丽迷人！

　　家乡，我心目中真正的人间天堂！

　　（注：本文荣获由中央教科所、《教育文摘周报》社、北京三面向教育科学研究所组织的全国中小学作文大赛一等奖）

葵花笑了

四年级　李俊翰

　　伴着一阵春风，一场春雨，沉睡在学校花园里的几粒葵花子苏醒了，战战兢兢地探出了小脑袋。

　　"快来看呀，又长出葵花了！"果不出小葵花所料，几个同学随即喊了起来。小葵花苗不禁打了个哆嗦。就是去年，葵花子和他的兄妹们在妈妈的怀抱里还没有成熟，就被那些小淘气给偷偷地采摘了。它们呀，就是在小淘气们的忙乱中被弄撒到地里的。想一想真难过，门卫老爷爷为了让大家欣赏到美丽的葵花，也为了美化校园，从家里拿来了葵花子，种到花园里。可是，从小葵花们一出苗就受到了极大的"关注"，先是有同学拔出了几棵，后来有几个同学玩耍时折断了几棵当"如意金箍棒"，再后来就有几个同学偷偷地采下来吃——其实还不成熟！就这样，老爷爷的努力白费了……如今，小葵花又受到了关注。瞧，去年格外"垂青"它们的几个小鬼头凑到了一起，神神秘秘地嘀咕了半天。小葵花不禁为自己今年的命运担忧起来。

　　可是，小葵花越来越惊奇地发现，那几个"小淘气包"没有像去年那样淘气，反而格外地呵护起它们来：锄草、松土、浇水、捉虫子，还经常在课外活动时拿着书，到小葵花的旁边读书，守护着它们。有好几次，"小淘气"们的老师还在花园前表扬他们，这可是去年从没有的事情呀！小葵花纳闷了，晚上，就低头思索着，寻找着答案，这到底是怎么了？

　　今天，学校里召开大会。小葵花睁大了眼睛一看，原来是"大唐学府'学八荣八耻'表彰大会"，那几个"小淘气"榜上有名！上台领奖时，一个个还羞红了脸，显得很不好意思。学校的记者要给他们拍照片，地点就选在了小葵花的前面。一阵风吹来，"小淘气"们笑了，葵花更是开怀地 笑了……

校园里吹起了和煦的风儿。

（转载于2006年7月5日《沂蒙晚报》，本文获全县小学生"感知荣辱"作文大赛二等奖）

"乐"此不疲

英杰文学社　杨子瑾

1

谁都羡慕大都市的生活，于是王乐乐带着抑制不住的兴奋，和妈妈从乡下来到市里。

当她看见那里的高楼大厦时，才觉得眼前的一切是多么陌生。因为在乐乐的眼里，乡下的稻田、小河、破旧不堪的学校才是最亲切的。说到她的学校，只不过是一间近百年的土砖房。那里只有一扇窗户，光线灰暗，就因为这个原因王乐乐那高挺的鼻梁上才挂了一架圆圆的眼镜。乐乐很争气，学习一直很棒，就在 8 月底，她还以全市第一名的成绩考进了省里的重点中学，这可把乐乐妈高兴坏了。但因为那昂贵的学费她又感到非常头疼，村里的人都把钱凑在一起，才交齐了学费，王乐乐把这一切看在眼里。晚上一家子在院里乘凉时，她把自己的心里话抖了出来："妈，这书俺不念了，你把乡亲的钱还了吧，俺不想让你受苦，爹死得早，家里的担子你一人扛，现在又因为我念书而欠了债，这样你的身子会累坏的。"乐乐妈看着她的闺女这样聪明懂事，揪心地疼："乐啊，妈没什么，你爹他就是希望你能走出这旮旯，所以让你一定要上大城市去念书。现在你考上了，不去念怎么对得起你爹啊！"乐乐平时最听他爹的话了，听妈这样说，她也就没再说什么，就这样王乐乐和她妈来到了市里。

开学的第一天，乐乐妈觉得好的开头就要穿一身红，这样才显得喜庆，所以给乐乐拿了一套红衣裳。乐乐穿着新衣服，一蹦一跳地进了校园，到了班里，全班同学的目光齐刷刷地落到乐乐身上。一阵沉默过后，全班同学都笑得前仰后合，有人在座位上大声地说：

"那是谁啊，穿得可真土！"

"是啊是啊，一身大红，赶着去相亲啊，哦，对了，相亲也没那么夸张吧！"

"真是笑死我了……她是农村妹子啊，小妹妹，这里不是你来的地方哦！"

王乐乐的脸顿时火辣辣的，好像被谁打了一巴掌。她不敢抬头，因为她害怕看到同学轻蔑的眼神，乐乐在同学的嘲笑中走向了她的座位。她的同桌是个很漂亮的女生，和她坐在一起，让乐乐感到更加自卑。前面的李涛转过身来："哎，韩萧雅，你真太可悲了！"他一面说着，一面用一种不屑的目光看着乐乐，乐乐只是低着头，而那个叫萧雅的女生转过身来笑着对乐乐说："你别搭理他，他就这样！你不要放在心上。哦，忘了做自我介绍，我叫韩萧雅，今年13岁。"乐乐抬起头，羞答答地自我介绍说："俺叫王乐乐，今年也13岁。"韩萧雅上前一步："那我们以后就是好朋友了？"王乐乐吃惊地看着她，她不相信这是真的，这么漂亮的女生肯和她做朋友！吃惊过后，王乐乐还是露出了两个可爱的小虎牙。其实乐乐长得挺好看的，就是土气的衣裳掩盖了她美丽可爱的一面。

2

日后，乐乐还是坐着她学习第一的位子，班里的同学也对她改变了看法，萧雅和乐乐更是属于一条裤子俩人穿的那种好朋友。时间长了，乐乐也洋气起来，变成了一个时髦靓丽的妹子，可她渐渐地发现，萧雅疏远了她，一次不经意的对话见证了她的看法。

"萧雅，你现在怎么疏远乐乐了？"马立圆问道。

"别再提那个土妹子，现在她人缘好，学习好，可把她捧上天了，当时我和她好只不过是想衬托我而已，我才不稀罕她那傻妞！"

"萧雅，你这样说太过分了吧？！"

"哼！那又怎样？"

…………

3

"乐乐？你怎么在这？"圆圆的眼睛睁得大大的，一时不知所措。而萧雅那边传来了一个冰冷的声音："我以为谁啊，土妹子啊？哦，不，应该是王大 xiǎojiě！'"

"萧雅，你为什么这样？到底为什么？我做错了什么？"

"做错什么？你还好意思说？就因为你转来这里，就因为你学习比我好，就因为你不再土里土气，才让你夺走了原本应该属于我的东西，你给我滚！滚！……"

乐乐的眼泪再也止不住了，她跑了出去，一个人静静地躺在小树林里，想着萧雅说话时的表情，她怎么也没料到，自己一直渴望的友情竟是一个陷阱。她并不喜欢这里，她喜欢老家里的大黄狗，她喜欢老家里的小白杨，她喜欢隔壁的狗蛋、二丫和黑子，这里反让她觉得太累，但是为了爹，她要留在这儿，她是爹的希望，所以要勇敢地一直走下去。乐乐稳定一下情绪，起身看了看原本就不属于她的陌生的教室，大步走出花园一般迷人的校园。

王乐乐边走边想：既然改变不了环境，就要努力改变自己，走自己的路，让别人说去吧……

（本文荣获 2006 年全国文学作品大赛优秀奖）

绿色的思念

六年级　匡文佳

七月的雨
从天空飘来
滴在绿叶的思念里

七月的雨
从爱的海洋里飘来
飘在七月火红的岁月中

侧耳倾听七月的雨
交响着的是甘泉、童话
是隔了几个世纪的母女
相互牵挂的心声
这雨里有妈妈的重托
和晒不干的亲情

（本文发表于2008年《中国校园文学》）

妈妈的爱

六年级　徐　欣

妈妈的爱是不解之谜

轻轻地叫一声妈妈

妈妈就会感到很甜很甜

总也不知道妈妈为我付出多少

总也猜不透妈妈对我的爱是否搁浅

临行前

妈妈把沉甸甸的爱装满了我的行囊

轻轻地放开一个小口

便抖出滚烫的温暖

妈妈晒也晒不干的语言

是风雨

让我变得更加勇敢

妈妈的爱是甘泉

让我品完需要一生的时间

（本文荣获全国文学作品大赛小学生组一等奖）

麦小麦的春天

杨子瑾

一

女孩麦小麦是很平凡的，就像农作物冬小麦一样普通。

一天大清早，班主任张老师宣布了一个消息："同学们请注意，我们班转来了一位新同学，大家掌声欢迎！"

"大家好！我叫上官明澈，初来乍到，还请大家多多关照！"新来的是一位男同学，说话很有风度，也很有礼貌，那声音与名字听起来很美，但也很熟悉。麦小麦下意识地放下手中的书本，抬起了头。上官明澈？！是他！从小一起长大的邻居，一个长相很酷的男生，一个每门功课都是优的尖子生。她用没有神采的目光快速地扫了一下上官明澈，只见他穿着一身蓝色的运动装，腰杆笔挺，还是那么清爽、洒脱。咖啡色的眸子还是那么深邃，一张男长女相的脸上始终挂着笑容……没等细看，麦小麦就迅速地把脸垂下，心里寻思着，上官明澈怎么也转到这所学校里来了？尽管麦小麦不想让上官明澈注意到自己，可上官明澈还是注意到了她。

"小麦，我是上官明澈啊！你还好吗？"一下课，上官明澈就把麦小麦拽到了操场上。

"还好。"麦小麦在老同学面前怎么也抬不起头来，即便对他有好感，即便这么长时间没有见面。麦小麦只是淡淡地应了一句就匆匆地走开了。

从那以后，麦小麦总是有意识地躲着上官明澈，上官也为这件事苦恼了好久，以前阳光开朗的麦小麦怎么变成了这样？他百思不得其解，最后他决定查清楚这到底是怎么回事。

二

由于上官明澈的学习成绩非常优秀，再加上他那与生俱来的亲和力，很快就赢得了老师的赞赏与同学们的关爱，并被推举为班级的生活委员。

刚上任，有个同学告诉他，最近班里经常出现怪事：一个月前教室后面的玻璃被足球撞出了圆形的洞，不时有冷风吹进，经常有同学因为它而感冒，校方说派人来装新玻璃也不见行动。谁知今天一大早，一块晶莹透亮的新玻璃呈现在同学们的眼前，教室后面的旮旯儿处曾长期放置着几套"残疾"的木制桌椅，谁知这几天它们也焕然一新，先后"站"了起来，在教室的后方排成整齐的一队，而且一尘不染。

为此，上官明澈开始明查暗访。一个月过去了，上官明澈发现麦小麦总是不着急回家，甚至每次班里都没人了，她还那里低头做着什么。他私下里曾偷偷问过班长，班长说，其实同学们都曾觉得奇怪，但谁也没有真正在意过，因为同学们认为她天生就是一副怪脾气，有的同学甚至视她为异类。

于是，上官明澈与班长想出了一个好办法，他们以老班的名义向学校借来了一套旧桌椅，故意放在了教室右后方。

三

又是安静的一天，大家在校园彼此相安无事。麦小麦还像往常那样悄悄地留了下来，等同学们全部走完以后，她又溜进了教室。而她却不知道这回有一双眼睛在暗地里关注着她。

小麦进教室前警惕地向四周瞅了瞅，之后，迅速走进了教室，从书包里拿出锤子、改锥、螺丝、螺丝母等工具和零件，走到那套木制桌椅前乒乒乓乓地修了起来。上官明澈终于发现了事情的真相，但他仍然想不出她为什么要偷着做好事。只见麦小麦干到最后，身体似乎支撑不住了，只听"咕咚"一声，麦小麦晕倒在地。这可把上官明澈吓坏了，赶忙把她送到了医院。趁麦小麦输液时，上官明澈向医生询问了她的病情。所有的谜都揭开了，他第一次为麦小麦流下了眼泪。

原来，麦小麦一直患有先天性心脏畸形，走一会儿就会气喘吁吁，更别提干活了，可怕的病魔把一个曾经阳光健康的女孩变得自卑，再加上治病同时，因为长期吃药引起的皮肤过敏，使她的脸上长了许多小痘痘，所以她一直抬不起头来。命运虽然如此不公平，但是麦小麦却有着一颗善良的心，她一直在默默地为班级做着好事，因为她爱着这个班集体：在她学习遇到困难时，班主任经常为她单独辅导；在体育考试时，同学们曾轮流架着她的胳膊带着她跑，因此，她总想为班级做点什么。

四

第二天，被暂时抢救过来的麦小麦正在输液，忽然，病房的门开了，上官明澈左手拿着一束鲜花，右手藏在背后，脸上带着神秘的微笑向着她的病床走了过来。

"怎么样，小麦，好多了吧？"

"还好，不过医生说一会儿要给我做个手术。"

"给，这是送给你的。"上官明澈把鲜花插在了麦小麦病床旁的空花瓶里。

"我还有个礼物要送给你。""什么礼物？"

上官明澈把藏在身后的右手亮了出来，原来他手中拿着一张信纸，只见他装模作样地摇晃着脑袋念道：

"回味无边的田野，总想采一抹绿色给你 // 让你看一看生机盎然的麦苗 // 轻轻地理一理思绪 // 才知道你曾经装扮过春天 // 你生命的长河原本就奔淌不息。"

麦小麦听呆了！不知是被这首诗的内涵所感动，还是被上官明澈的才华所震慑，眼泪止不住地流了下来。

"这也是我们大家想对你说的。"一个熟悉的声音从门口传来，接下来楼道中响起一阵脚步声，只见张老师与同学们一人手里捧着一束鲜花鱼贯而入。看到这个场面，麦小麦呆住了，脸上绽放出红晕，不过，看着老师与同学们那一双双真诚的眼睛，好像在对她说："我们都知道了。"麦小麦笑了，笑得就像那饱满的麦穗。

麦小麦激动地把"那首诗"与鲜花一一接过，嘴里不住地说着："谢谢大家，我会好好活着的！因为我是麦小麦，能过冬的麦小麦！"她又破涕为笑了。笑声中，她仿佛来到了麦田里，随着绿茵茵的麦浪，蹲下身来，亲切地抚摸着那留给冬天的唯一一片绿色。

五

麦小麦带着老师和同学们的祝福走向了手术室。在她的脸上，不止看到了一个楚楚动人的春天！

（本文刊登于 2008 年《中国校园文学》第 9 期"新新小作家栏目"）

母爱的季节

六年级　步澜润

母爱是细雨

我就是细雨下的一片良田

是母亲给了我活泼的绿

是母亲给了我青春的花瓣

母爱是大海

我就是大海中的帆船

无论狂风怒吼

母亲永远是我偎依的港湾

母爱是阳光

我就是阳光下的秋菊春兰

是母亲沐浴着我

才使小小的蓓蕾初绽

有了母亲

雨幕中才有巧克力的味道

有了母亲

海面上才有鸥鸟快活的呢喃

有了母亲

寒冷的冬季也会变成春天

母爱在我的思绪里滴落

六年级 徐 欣

总想拥有春色

总想追逐彩蝶

是母亲

给了我生命的季节

总想撕下一片彩云

总想拥有流淌的小河

是母亲

给了我大自然组成的和谐

母亲的爱总在我的思绪里滴落

唤醒了小草

绽开了我甜甜的笑靥

染红了我岁月的长河

母爱吐露着芬芳

母爱是一朵带露的花朵

我的梦里有母亲

母亲的梦里总有我

（本文发表在 2008 年《中国校园文学》上）

秋季的随想

五年级　孙　晗

秋风一路哼着收获的战歌，不知不觉地来到我们身边，所到之处，美不胜收。

那满园的菊花受到了秋风的熏陶，成了秋唯一的美丽代言人，她们竞相怒放，有大的、有小的，有高洁淡雅的白菊，有朴素无华的黄菊，有热烈深沉的紫菊，有华丽高贵的紫红菊……它们正在秋风中开得烂漫旖旎，显示着自己的婀娜多姿。鸡冠花也在风中抖动着红极一时的皇冠，威风凛凛，好像在为自己的艳美而欢呼。风光了一夏的荷花现在已经被秋风折磨得不堪入目了。花儿们都低下了头在做着秋的美梦，梦想着自己在秋风中扭动着腰肢，摆动着纤细的小手儿，尽情地舞蹈。

草儿都耷拉着小脑袋，垂头丧气，被秋风欺负得面黄肌瘦。但是，它们在沉思着，到春天再得以复苏。柳树也被那粗野的秋风折腾得死去活来，变得骨瘦如柴，不如春夏那样光彩照人了。

路旁的杨树也苍老了许多，它那碧绿的短发被秋风剪短了许多。转眼间，杨树也成了年迈的老人，不再那么威武了。

这个季节，松树最为得意了，不管秋风多么狂妄，多么野蛮，依旧傲然挺立，像一个虎背熊腰的巨人，守护着这片大地。

这个季节是收获的季节，果园里各种各样的果树都为培育自己的农民献出了丰硕的果实。有咧开了小嘴的石榴，有脸蛋通红的苹果，有身穿黄外套的橘子，有脸上长满雀斑的梨儿，有穿着华丽舞服的红枣，还有众多的紫葡萄……数不尽的水果比比皆是。只要一踏进果园，就能闻到一阵阵扑鼻的果香。

走进树林，满地金叶铺成了一块巨大无比的毯子，像是在笑迎宾客。树儿们把自己的金发都献给了大地，顶着光秃秃的脑袋，呆滞地站在那里，不知自己身在何方。

秋阳随着季节的变化而变化，变得越来越冷漠，如冰那样的寒冷，没人敢靠近它，也没人愿意和它说话谈心。

秋天的到来，让云儿兴奋不已，秋像变戏法似的逗它。云儿一会儿变成小狗在地上奔跑着；一会儿变成又大又凶猛的雄狮，在追赶着灵巧的梅花鹿；一会儿变成红通通的，一会儿变成橘黄色的；一会儿好几朵簇拥着，像久别的一家人，再次亲热地重逢；一会儿又分散开来，像一对闹了别扭的朋友，谁也不愿意理谁，这些变化都是送给秋的极佳礼品。

鸟儿们被秋风的冷漠和无情吓坏了，急匆匆地收拾行李，飞向温暖如春的南方。大雁也排着"人"字形直奔南方而去。燕子随着远方亲戚的呼唤，只好弃下房屋飞走了。临行前还不停地回头，恋恋不舍地望着，最后，它们也在夕阳中消失了，只留下一抹淡淡的夕阳。

虽然鸟儿们都离去了，但是小溪还是那么欢快。哗！哗！唱着歌儿向前奔去。溪中，有许多金叶飘来，像一叶叶扁舟。金叶非常快乐，撒遍了小溪，溪水中尽是飘着欢乐。秋风习习吹过，漾起层层涟漪，欢乐也溢了出来。

秋天是美丽的，秋天是完美无缺的。

（本文被选入《全国优秀作文讲评》一书）

秋季采风

六年级　徐　欣

九月，冒着绵绵的雨丝，不声不响地勾勒出醉人的秋色。

穿了一个夏季迷彩服的小草，唱着忧伤的思亲曲，歌声燃红了西天灿烂的晚霞。舒展着的花的心灵抖动着歌声的翅膀，越过广袤的原野，想飞向日夜思念的花的故乡。一串红浸染着秋季迷人的倩影。鸡冠花穿上了最流行的红色礼服，亲昵地娇笑着，笑声散发出一阵阵诱人的秋香。五角星花，有的正抬头仰望天空归来的大雁，有的悄声细语，有的正睁开一双美丽的大眼，在凝望着等候已久的秋天。

秋天是收获的季节，秋天是播种的季节。果园里，每棵果树上都结满了成熟的笑声。苹果坠满枝头，丰满的面颊绽开笑颜。一串串葡萄你拥抱我、我拥抱你，远远望去，像是一盏盏耀眼的灯笼在点缀着秋天。柿子到了这个季节，深受大人和孩子们的喜爱，吃在嘴里，甜上心头。红高粱走过了一段激情燃烧的岁月，在秋的心头留下了灼热的印痕。农民伯伯将玉米堆成山头，把大豆、夕阳连同笑声推进了家院。秋风抚摸着山林，让每一棵树木都激动地吟唱着颂秋曲。山林兴奋不已，不时窥视水中自己迷人的倒影。

有时，秋天是一匹驰骋疆场的骏马。有时，秋天又是一位楚楚动人的少女，秀外慧中。

秋天是一部委婉曲折的影片，每一个镜头都摄下了秋的内涵。烤地瓜诱惑人的香味，飘满了芬芳的秋天。中秋的月亮、月饼让想家的人得到了团圆。秋天让妈妈收获了许多希望，秋天让我收获了许多笑声。秋天让孩子们的梦境溢着甘甜。

　　秋天在美丽的花园中，在广阔的原野上，在青山绿水中，在我的心中……

　　（本文荣获中央教科所、《教育周刊》月报社等组织的全国中小学作文大赛一等奖）

秋季随想

六年级 梅 寒

秋季是第三位奥运会长跑运动员，他已经迅速地把接力棒紧握手中，等待司哨的一声号令。嘟，只见这位运动员飞奔出去，早已遥遥领先。

秋天的性格是坚强硬朗的，有敞开心扉给人看的气派；秋的风格是雄浑爽快的，给人以铁马冰河入梦来的感受；秋的基调是昂扬向上的，给人以横扫千军如卷席的力量；秋的色彩是金碧辉煌的，是一幅遍地稻谷满山红叶组成的画卷。秋天是快乐的使者，她把蓝蓝的天、白白的云清爽爽、亮堂堂地奉献给大地。秋色是一块迷人的调色板，蓝得让人畅想，白得仿佛圣洁的雪莲。秋日太宽阔了，她不像夏日那么酷热，也不像冬日那么寒冷，她有着自己独特的性格：比春天更充实、更灿烂、更富足。

菊花以为秋天专门为自己举办了一场服装展示会，悄悄地把自己打扮成了美丽的金发女郎，那一头金色的烫发足以把人们迷得神魂颠倒、不知所措。但她没有想到，她也有竞争对手。美丽的鸡冠花穿上红色、玫瑰紫的套装，头上戴着一顶金色的皇冠，来到了菊花服装展览会上；她和菊花不相上下，各自把自己最美的一面展示给了大家，让人们大饱眼福。荷花在夏天抢夺了所有花的风采，出尽了风头，可在秋天已被渐渐冷漠，她并没有屈服，就算耗尽最后一点能量也要绽开花蕾。五角星花星星点点地开放着，她无暇争奇斗艳，只希望可以和蝴蝶姐姐玩游戏，和蜜蜂妹妹捉迷藏。

秋虫，三个一群，五个一伙，相约在一起嬉戏玩耍，那嘻嘻的笑声，荡起了一个开心的秋天。怎么没有知了的歌声？呀！原来知了的喉咙哑了，没办法只好回家养病了，等到明年夏天想再接着高歌。唉！是谁在叹气，哦，是杨树大叔，您不要伤心，等到了明年夏天您就可以再听知了唱歌了。咦，那些女孩子在一起做些什么？她们正在用五彩的毛线精心地编织着心中最美的梦想。看！那一串串红辣椒，串起了丰收的秋天。果园里，一个个红彤彤的苹果，绽开了笑脸，在清爽的微风中包蕴着整个秋天。

秋天是高远的、亮丽的。我爱秋天！爱属于你，也属于我的沉甸甸的秋天！

（本文荣获中央教科所、《教育周刊》月报社等组织的全国中小学作文大赛一等奖）

秋　韵

六年级　宋瑞瑞

　　炎暑逼人的夏天不情愿地离开了，不知不觉秋天已经来到了人们的身边。

　　瞧，菊花受到风的感染，扭动了她那动人的身姿，好像她就是秋天的形象代言人。菊花用它那长长的羽丝抚摸着这果实累累的季节。

　　鸡冠花穿上了一身红色的吉利服，红色是一种吉祥，她身旁的许多鸡冠花也效仿起来。鸡冠花身旁有些小草还在探出头来，想在秋阳的护送下梦想成荫。

　　蟋蟀知道秋天的到来，便一蹦一跳地到处呼朋引伴，又唱歌又跳舞，他们的歌声迷倒了一片听众。蝉叫了一夏，此时也败下阵来。

　　燕子突然感到天气变冷了，正通知它的那些邻居、伙伴，成群结队地往南方飞去。它们在天空中打着圈，还依依不舍地看着自己的老家换了季节。

　　池塘的荷花，已被秋风摧残得尽失往日的容颜，正低头沉思，是否在秋的心头美美地憩息。

　　清澈的河流虽然顿失激情却还在默默地流淌，载着对秋的嘱咐、对秋的期望，欢快地流向远方。它想流向属于自己的季节，它想迎接属于自己的第一缕阳光。闹了一夏的洪水在秋的岸边留下了深深的足迹。

　　吟咏了一夏的瀑布仍不惧风雨的打击，睁着一双迷人的秀眼想读懂秋天。

　　初秋的芦苇从秆到叶都不是那么鲜绿了，也不那么闪闪发亮了，每片叶子都在秋风的抽打下伤痕累累，它们临风摇曳，动作优美极了。

　　秋天，路旁的杨树，叶子开始有些变黄了，一片一片地飘落下来。有的落在溪流中，随着溪流而去；有的落在地上，为大地添加了许多养料。谁说蝴蝶没有秋天，瞧，满天飞舞的彩蝶在悄悄地握别这即将流逝的岁月。

河里的螃蟹，没过上几天的好日子就被人们扔进了锅里，原本是青色的肥蟹，现在变成了人们红色的吃的风景。

秋天是属于你的，也是属于我的，尤其是秋天染香的甜蜜。

（本文荣获中央教科所、《教育文摘周报》社、北京三面向教育科学研究所组织的全国中小学作文大赛一等奖）

日记一则

——快乐的作文课

七年级　张衍国

2008 年 9 月 19 日　星期五　晴

在今天的作文课上，徐老师问我们喜欢什么，我们全体同学异口同声地回答："做游戏！"徐老师把我们夸奖了一番，说我们很会享受，接着徐老师满足了大家的要求。听说做游戏，我顿时来了兴致。

徐老师先把我们班分成了四个大组，第一组要求在纸上写谁的名字，第二组写在哪里，第三组写怎么样，第四组写干什么。

分配好任务后，游戏开始了。徐老师让每组选出一位代表把自己写的词读出来，四个组四个人要合成一句话。这一合成可抖出了不少笑话！"杨康在天空中高兴地投胎。"老师随即兴奋地点评道："杨康真会选地方！"同学们笑得前仰后合。还没笑够，第二次合成的句子又出来了，"乔猛高兴地在厕所里睡觉。"老师打趣道："乔猛随遇而安的精神令人十分佩服！"大家都笑得喘不过气来。"王浩在被窝里难过地吃饭！"太多令人捧腹的句子了！本来想控制自己的情绪的，可是太刺激了，不由得"咯咯"笑出声来，有的实在憋不住了，钻到了桌子底下，有的将凳子笑翻在地。全班成了笑的世界。

这一节作文课让我感到太有趣了！之前的烦恼统统都抛到了九霄云外。有趣吧，还不快快加入我们的队伍？大唐学府的学习生活真好！

（本文荣获全国中小学作文大赛一等奖）

日记一则

三年级　汤　璇

2007 年 12 月 1 日　星期日　晴

太高兴啦，今天，爸爸带我们到邳州游玩！

早饭后，我们就上路了。一路上，我感觉眼睛不够用了，什么都是新奇的。听，天上的小鸟在为我们唱歌。瞧，高大挺拔的水杉树直入云天，分列在路的两旁，夹道欢迎我们。真快，我们一会儿就来到了桃花岛。岛上有小桥、古塔，还有许多美丽的风景，更有很多好玩的东西：在陆地上开着的小车，在水上行走的汽艇……最让我感兴趣的要数飞机了！我从来没有坐过飞机，趁这次机会，就在飞机旁边拍了很多照片，有单人照，有双人照，还有我们一家的合影照。我边拍照片边想，长大了我一定要开着飞机，带大家到天上去游玩。

游遍了桃花岛，我们就坐车来到了艾山。艾山脚下，公路的尽头是金碧辉煌的大门，大门里侧，有一条用汉白玉石铺成的甬道。那些汉白玉石上雕刻着精美的图案。各式各样的图案中，有的是二龙戏珠；有的是一只仙鹤，仙鹤的嘴里还叼着一只小鱼；有的是一群小孩子在骑牛呢！看他们悠闲的样子，一定是在星期天写完作业出来放松一下的！让我好羡慕！向前走了不远，我们就来到了铁佛寺。这座寺庙面积很大，一直通到山顶。寺里有十八罗汉，每个罗汉都像巨人一样站在那里，活像一个个变形金刚。我们来到了山顶，向远方看去，只见一座山连着一座山，此起彼伏，连绵不断，十分壮观。往下看去，山下的人儿变成蚂蚁般大小了。这时，我体会到登高远望的奇妙了。

下午三点多钟，天色不早了，我们依依不舍地离开了这里。邳州之行，尽管很累，但我感到很愉快，因为我长了不少见识。

（本文刊登于《沂蒙晚报》"教育时代"专栏）

生活真好

七年级　沈迁迁

　　生活是什么呢？有人说，生活是一杯酒；有人说，生活是一首歌；有人说，生活是一幅画。而我则认为生活是爸爸妈妈一个叮嘱的眼神，是朋友间的相互包容，是老师一句温暖的话。生活是春天怒放的花朵是夏季流淌的岁月、是深秋满天飘飘洒洒的枫叶、是寒冬洁白的瑞雪。

　　爸爸曾经跟我说过关于生活的一句话，让我至今记忆犹新。爸爸说："人一出生就等待着死亡。"不知是心血来潮还是爸爸从哪里看到的这一句哲理名言，这些都不怎么重要了，关键是我时常回味爸爸说的这句话的内涵。我碌碌无为时想起了它，心烦意乱时想起了它，失败的时候想起了它，阳光明媚的时候想起了它，风雨来临的时候想起了它。

　　人的生活并不是一帆风顺的，如果生活没有荆棘，不经历坎坷，没有酸甜苦辣，就不算是精彩的人生。缪斯女神之所以美貌绝伦，是因为她的残缺；小河之所以奏出动听的歌曲，是因为它走过了曲曲折折的路程。教育首富俞敏洪，曾经在北大读书学习，但很自卑，经历过很多挫折。他为了自己能够更好地生存下去，凭着顽强的毅力和聪明的头脑，创办了北京新东方公司，成为年轻的总裁，现在分公司遍布全国各地，身价50多亿！真的很了不起！

　　俞敏洪曾经说过：你愿意做一棵小草吗？虽然小草不断成长，但永远被人们践踏，因为人们看不见你。要么就成为一棵树，不断吸收营养，长成参天大树，引人注目。要想成功就得成为第一个吃螃蟹的人，因为你与众不同。《价值五百万的包子》《八岁赚二十万》《香港船王》等许多故事时时刻刻浮现在我的脑海中，激励我前进。他们之所以能够取得成功，是因为他们有着坚定的信念、有着宏伟的目标；他们热爱生活，在他们的眼里，生活就像万花筒，五彩缤纷；享受生活，是上天对他们的恩赐。

六年级毕业前夕，学校举行了一次升学考试三科竞赛，奖励前50名的学生。"工夫不负有心人。"经过我的努力拼搏，我入围前十名，我感觉生活真好，考试时的紧张刺激场面至今回忆起来仍然历历在目。你感受到了吗？雏鹰经过试飞的折磨，看到了天空的蔚蓝；梅花通过了风雪的考验，享受到了生命的真谛；运动健儿经受了多少艰难险阻，才让奥运赛场一遍遍奏起嘹亮的国歌，升起鲜艳的五星红旗。

啊，生活真好！它让你在坎坷中成长，在成长中不断接受风雨的洗礼。

（本文荣获全国文学作品大赛一等奖）

守望无私的季节

七年级（2）班　赵　敏

春天是五颜六色的，是无私的。守望春天，就等于守望无私的季节，等于守望快乐和幸福的童年。

守望春天，就等于守望满眼的绿、满眼的红、满眼的洁白、满眼的水灵灵。春天很美，美就美在她是一个绚丽多姿的季节，她没有夏的炎热、没有秋的萧条、没有冬的寒冷。它的世界是暖色的。在这个季节里，到处是青草绿，花儿香，蝶儿舞，小河叮咚流向远方。这个季节很有诗情画意。春天富有朝气，富有生机。她很会打扮自己：梳着一头美丽的秀发，长着一张漂亮的脸蛋，保持着一副好看的身材，唱出了永远也听不够的动听的歌曲。春天有着许多让人看不够的风景。

守望春天，你会有很多收获。你会收获春阿姨温柔的性格。过了二月，她就开始忙碌起来，带着各色的漂亮衣服，欢欢喜喜、风风火火地来到了人间。她要把手中这些精心编织的外套送给所有的植物。瞧！春阿姨遇到了树木，就仔细地挑选了一件绿色的迷彩服披在了树身上。树儿们穿上新衣以后，心里乐滋滋的，兴奋地抬起了头，挺直了腰杆，仿佛列队等候季节大阅兵。小草看见春阿姨来了，赶忙出来迎接，春阿姨被小草的热情感动了，急匆匆地选了几件绿色的外套送给了小草们，小草们于是浑身泼满了浅浅绿绿，精神倍增，都在一个劲地感谢春阿姨呢！草地上零星地长着许多不起眼的小花，这些小花正喷着香气，沁人心脾。缺点什么呢？春阿姨嘀咕着，"噢！对了，我还没给他们换上新装呢！"春阿姨记忆真好，马上拿出一件橘黄色的连衣裙送给了迎春花，迎春花的心里比吃了蜜还甜呢！春阿姨来到

282

花园里，这里的一串红、小鸟罐都争相开放，俨然举办了春天花的盛会。

　　春阿姨把各色的衣服全都送了出去，大自然像过节一般，红的花、绿的树、青的草，非常娇美。

　　春阿姨是闲不住的，她来到了我们的校园里，校园里到处都是新的。教室被我们打扮得越来越美了！打开新课本，彩页上的一群海鸥好像要扑棱棱地飞出来，欣赏这美丽迷人的春天。多日不见的同学们带来了春天的问候。爸爸妈妈也加入了赶春的队伍，把春的气息带到了校园。老师们整日忙碌的身影怎么也掸不掉春天的气息。

　　啊，春天，五彩的春天，无私的春天，我不由得对你另眼相看了！守望春天，就等于守望清澈的眼睛、甜美的笑容。春天在我的心里越来越鲜嫩了。

　　　　　　　　　　（本文发表于《中国校园文学》杂志 2009 年第 4 期）

思念，从七月的雨里走来

六年级　徐雯雯

窗外绿色的夏天

是思念的梦境

梦境里

有鸟儿为我衔来崭新的黎明

和妈妈满脸的春景

窗外已被夏天打湿的雨中

是扯不断的思念

是七月怀想的丽影

把妈妈盼入梦中

睁开眼是生活老师看着我

香甜入睡后才露出的笑容

思念从七月的雨里走来

思念在七月的花中、草中

（本文发表于2008年《中国校园文学》）

跳动的绿色

七年级　陈俊谕

　　隐隐约约的，我看到了不远处有几抹跳动的绿，这不停地跳动的生灵。虽然现在已经进入晚秋了，但仍然有那么多的小花小草在寂静处不想过早地萧瑟。我漫不经心地在校园的一角散步，真的想采摘那抹绿、那抹红、那抹独有的馨香，可是，我转瞬间打消了这个念头，我不想破坏这么好的景致，我只是想每天都来感受它们涌动的生命。

　　知道小草吗？从春天发出嫩芽，到经过一个夏天的风雨洗礼，即便是烈火焚烧也吓不倒它。在与风雨的一番搏斗之后，它又昂首挺胸，准备接受下一轮自然的挑战。古人说得好："野火烧不尽，春风吹又生。"晚秋的菊花开得最盛，小草不与它比美；晚秋的池塘水最清，小草不与它比纯；晚秋的学生最潇洒，小草也不眼馋，它只是默默地在一隅生长着，秋风吹来的时候，它有时给风做配角，有时给散步的同学捎带些风景。

　　不远处，我又发现了几抹浓浓的绿……

（本文荣获全国中小学作文大赛一等奖）

童　年

七年级　王鹏飞

自从我呱呱坠地的那一天起
就常常躺在被爱包围的摇篮
爸爸每天把我高高地举起
把我咯咯的笑声送上了蓝天
妈妈每天把我搂在怀里
我的童年里酸也是甜
苦也是甜

多少个日子
我高兴地嬉笑着
放肆地玩耍着
时而站在小溪边冲凉
时而看风筝飞向遥远

小溪边小花小草把我的快乐收拾
放风筝的线
紧紧拴在妈妈的心田

在绿色的麦地打滚
痴痴地看着春风与阳光聊天

屋前的小树也长大了
我和它一起告别了童年

我的童年里有七仙女的故事
我的童年有太上老君
没有炼完的仙丹
童年里有太多的过家家
童年原本就是不老的童年

（本文荣获全国中学生作文大赛一等奖）

我给老师当评委

九年级　王开健

听！"轻轻的我走了，正如我轻轻的来；我轻轻的挥手，作别西天的云彩……"一首《再别康桥》把我们引领到康桥边，去体味诗人的思绪。"惜秦皇汉武，略输文采。唐宗宋祖，稍逊风骚……"一首《沁园春·雪》让我们见识到毛泽东的雄才大略和远大抱负；"我在这头，母亲在那头……"《乡愁》带我们回到了生我养我的故乡，回到了疼我爱我的母亲的身边……就这样，我校老师们的演讲比赛开始了，而我就是今天的评委。

平日里，看到老师们评来点去，我感到特别羡慕。今天，能给老师当一次评委，我自然倍感荣幸，也欣喜若狂。当我听到"有请评委入座"的时候，我的心开始跳个不停，我似乎听见欢呼声在空气中流淌，掌声在校园里回荡。在我坐上评委席的一刹那，我感觉我是一名将军、一名成功的将军。突然间，一种莫名的自豪感涌上我的心头，面对台下的老师和同学，我抬头挺胸，那种姿势、那种神态，绝不逊于一位将军。猛地转过脸来，我看见校长正朝我们竖起大拇指。瞬间，一种前所未有的自信写在了脸上，占据了我的整个心田。我面带微笑，把身子坐得更直，头抬得更高了。

一阵欢呼请出了一位老师，一阵掌声宣告一位老师的演讲结束，每一位老师都是"八仙过海，各显神通"，他们都别出心裁、各有千秋。不知怎的，我感觉到老师们今天要比在课堂上更有风采！欢呼声、掌声足以见证了老师们演讲的精彩。当然，我们以公平、公正的态度为每一位老师的演讲打出分数。

最后，校长精彩的总结点评，获得了又一阵热烈的掌声。比赛在掌声中结束了，可是老师们所描绘的诗人神韵和英雄们的才略却永远留在了我的脑海中，尤其是难得的那份自信与自豪感，更不时地撞击着我的心灵。

（本文发表于《沂蒙晚报》"教育时代"专栏）

我给校长发奖

五年级 赵 云

开学典礼已经过去好多天了，可那激动人心的一幕还时时萦绕在我的脑际。这倒不是只因为我获得了"诺贝尔优秀奖"，而是因为我还坐在了主席台上并给校长发了奖。

开学典礼庄严而隆重。不必说老师们的发言满怀激情，语重心长；也不必说同学们的发言热情洋溢，信心十足；单说给校长发奖这一时刻。当主持人宣布"为校长发奖"时，我的心怦怦直跳，说不出是紧张还是激动。给校长发奖，这可是我走进校门从未经历过的新鲜事！

我理了理不知理了多少遍的衣角，从王校长手里接过装有奖金的红包。那红包沉甸甸的——这里面既饱含着王校长对东校各项工作的肯定与鼓励，又浸透着东校全体教师尤其是初中部九年级教师们的汗水啊！我郑重地走到我们东校刘校长面前，高高地举起了右手，向他致以少先队员崇高的敬礼！这时，我分明看到，刘校长那面带慈祥微笑的脸庞上又多了几道皱纹，头上又添了几根白发……我的心里涌起一股暖流，漾起一种说不出的感动！全场响起了热烈的掌声，那掌声经久不息，回荡在校园。

我永远忘不了这一天，在开学典礼上给校长发奖的这一天！

（本文发表于《沂蒙晚报》的"教育时代"专栏）

我的"爸爸"老师

六年级　杨　眉

有爸爸的孩子是很幸福的。

我很自豪地跟你说，我有一个非常心疼我的"爸爸"，他虽然不是我的亲爸爸，但是比我的亲爸爸还亲。他是一位语文老师，因为他在我的心目中有着一种十分特殊的地位，所以，我不想尊他太一般化的称呼——老师，我想送给他一个很亲切的称谓——"爸爸"老师。

爸爸老师叫徐敏水，人已经40多岁了，怎么看都不像个中年人，倒像个具有青春气息的小伙子。他的眼睛非常锐利，鼻梁高悬，嘴巴旁长着一围小小的胡子。他最大的特点就是不知道经历过多少风风雨雨，在头顶上开垦出了一块"不毛之地"。不过，这可是智慧的象征呢！徐老爸很爱说笑，再忙的工作也偷不去他满脸的笑容，我真羡慕他的心态怎么这么好。

要说我是怎么认识"爸爸"老师的，那还得从去年的夏令营开始说起。那是一节作文课，徐老爸来给我们讲作文。说实话，我是挺讨厌作文的，提起上作文课我就头疼。徐老爸一开始先跟我们闲聊，逐渐把话题扯到了说话上。接着又给我们讲了两个至今还让人捧腹的笑话，然后用说故事的形式把写作文的方法巧妙地传给了我们。我们都听得入迷了！徐老爸又让我们说一说描写面目表情的词语，看谁说得多。大家都争先恐后地举手发言，仰天大笑、眉开眼笑、抿嘴一笑、开怀大笑、回头一笑、泪流满面等几十个词语从同学们的口中蹦了出来。徐老爸不住地夸奖我们说："哎呀，孩子们，你们知道的词语真多，那么谁来演一演这些词语？演一个也可以。"这时候，我们班最爱搞笑的男生宋伟举手，示意老师要表演。宋伟表演的是"回头一笑"，开始走模特步，屁股一扭一扭的，可能是由于紧张吧，宋伟光注意走路了，没有看脚底下，被桌子腿绊了一下，摔倒在地，引起了全班同学的哄堂大笑。宋伟麻利地爬了起来，羞答答的，不过，他还没有忘记表演的主题，他刻意地放松了一下，脸慢慢地往后转，眉毛向上挑了挑，冲着全班同学笑了，他的脸好像在笑，眼睛好像也在笑，同学们都被宋伟的滑稽相逗笑了，有的咯咯地笑，有的前仰后合，有的喷出眼泪来，太开心了！这时候的徐老爸也被逗笑了，40岁的脸上简直就像5月盛开的芍药花，好美好美的。徐老爸激动地说："表演得真棒！既大方，又可爱，以后在影视方面很有发展前途。现在，请同学们把这一幕写下来，时间五分钟，看谁写得多，写得好，等一会起来读一读，好不好？"我们都迫不及待地写，写完后，徐老爸又让大家起来展示自己的作品，最后，徐老爸给我们的评价是："孩子们，你们写得真精彩！"之后的时间里，徐老爸让我们设计表情、绘画表情、展示表情、感悟表情、再写表情。本来让人讨厌的作文课，就这样不知不觉地过去了，我们全班同学都学得很轻松，写得很愉快。原来，我害怕写作文，但自从上了徐老爸的一堂作文课，我便对作文开始感兴趣，也爱上了他的作文课。一节作文课让我和徐老爸有缘相识了。以后的日子，我跟徐老爸学作文，作文水平像芝麻开花——节节高。

　　徐老爸的作文水平很高，他写过各种体裁的文章，我读过不少，散文《春季雨丝》《夏日随想》，诗歌《毕业班开始离校的夏夜》《母校》《夏令营畅想曲》，小说《我的四十三个孩子》《把握生命的每一个季节》，作文指导书籍《教你轻松写作文》等，随便抽出一篇或一部去参加全国作文大赛，保证可以拿个一等奖回来！徐老爸的小说《我的四十三个孩子》里有他原来的学生写给他的话："徐爸爸，今生我是您的学生，下辈子我不光做您的学生，我们还要成为亲人！我要成为您的女儿。"至今让人难以忘怀。徐老爸不光作文教得好，写得好，还是个改作文的高手呢！

　　有一次，我要写一篇关于礼仪习惯方面的演讲稿。写好之后，便请徐老爸给修改修改。我原以为自己写得挺好的，除了个别错字以外没有什么词语、句子、故事情节和语法上的错误，但经过徐老爸一改不要紧，竟改出了多处错误，改完后的文章读起来可舒服了。从徐老爸改过的作文中，我知道怎样写好作文了。

徐老爸很有才华，他随手写的诗就很有味道。有一次，徐老爸为班里的同学王格格举行了生日晚会，晚会上，徐老爸除了安排十几个节目以外，还即兴作了一首诗送给了过生日的王格格。这首诗很特别，开头的每个字串联起来就是：祝王格格生日快乐。不信，你瞧：

> 祝愿声声醉意浓，
> 王府楼台月明镜。
> 格古通今少女慧，
> 格调高雅品端行。
> 生香活色人间凤，
> 日移倩影玉玲珑。
> 快愉天使多学问，
> 乐游知识海洋中。

那天晚上，王格格一直沉浸在幸福和欢乐之中。她获得了徐老爸送给她的特殊的生日礼物。本来在北京工作的王格格的妈妈打电话来是想给王格格买生日蛋糕的，王格格却非常满足地对她妈妈说，老师已经为她举办了生日晚会。怎么样，我的徐老爸多有才呀！难怪他教的学生到了高中还逢人便说："我是徐敏水老师的学生。"宋瑞瑞大姐姐曾经对徐老爸说过："这辈子能够成为您的学生，我感到非常荣幸！"我也有这样的体会。

告诉你一个秘密：徐老爸现在所带的两个班级男同学都叫他徐爸爸，女同学都叫他皇阿玛呢！现在，他可是儿女双全、洪福齐天哪！

皇阿玛，你可要注意龙体哟！杨眉格格给您请安来了！皇阿玛吉祥！

（本文荣获由中央教科所、《教育文摘周报》社、北京三面向教育科学研究所组织的全国中小学作文大赛一等奖）

我和哥哥去"华康"

三年级 张 铜 王 伟

迎着初春的风，我和"哥哥"手牵手向"华康"走去。先说明一下，这位"哥哥"不是我的亲哥哥，而是七年级（2）班的一位学长，"华康"也不是什么超市、游乐园，而是学府西边的一家浴池。

我还是从头说起吧。2月24日，学府组织全体同学洗澡，为了让每个小同学都能洗得干净、清爽，也为了增进同学们之间的友谊，学府特意安排高年级的同学每人照顾一位低年级的同学。于是，我不但有了一位"哥哥"，而且在整个洗澡过程中得到了哥哥全方位的照顾：在路上，他紧拉着我的手，确保我的安全；在浴池，从脱衣、穿衣到系红领巾，他是那么有耐心。尤其是在洗澡时，我和同学们跳到大池里就只顾戏水、扎猛子、打水仗，全然忘了是来干什么的，哥哥好不容易地为我"解围"，"硬制服"我到淋浴下帮我洗头，洗完头后，"哥哥"又在我背上"涂"上香皂，用澡巾不厌其烦地给我搓洗，每搓一遍，我身上的灰就少了一层，可是，我们哥弟俩的感情就多了一层。当走出"华康"时，我情不自禁地叫了他一声"哥哥"！

哥哥带我去"华康"，让我感受到了学府中家庭般的温暖，同学间兄弟姐妹般的情谊。我喜欢上了这位哥哥，我也从内心里更爱大唐了。

我和校长下棋

五年级　张胜哲

下棋是我的兴趣爱好，我的生活离不开象棋。几年来，我与许许多多的人一起下过棋，最让我难以忘怀的要算和王校长下棋了。

在今年教师节的晚上，我与班中的下棋高手——梁宇一比高低，几个回合下来，我轻轻松松地赢了梁宇。当时我有点儿得意，心想：我的棋艺可真够高的了。就在这时，王校长带着满脸笑容走进了我们的教室，看到我们在下棋，就直奔我的对面坐了下来。

我们摆好棋，开始了比赛。我先把"马""车""炮"一齐调出来，气势汹汹地向王校长的"军营"攻击，王校长也摆布好"八卦阵"准备迎战。我用一"马"一"炮"吃掉了王校长的四个"卒"，哈，王校长只剩下一个"卒"了。此时，我虽然没有像以前那样哈哈大笑，但心里还是痛快极了。王校长看到我火力猛，就把他的"车"调出来助威。我急忙把大炮拖了出来，猛烈轰击，两军枪对枪、刀对刀地展开了"白刃战"……拼杀到最后，双方都只剩下一个"车"——这局我们和了。接着，第二局、第三局，因为我的棋艺和王校长相差甚远，我只好拱手言败了。

那局棋虽然是以我的失败而"收兵"，但是我却感到无比快乐。因为坐在我对面的校长就像我慈祥的爸爸，让我感受到了浓浓的父爱。一晚上我都沉浸在幸福之中，这份幸福将永远保存在我的记忆深处……

我和月亮捉迷藏

四年级　沙学莉

一天晚上，我闲着无聊，便来到阳台上看月儿。只见一轮明月高高地挂在空中，地面上满是银辉。室内的灯光柔柔的，与月光融合在一起，美得很。突然，月亮钻进了云层，有时露出半边脸，像害羞的小姑娘蒙上一层薄纱；有时，露出了整个脸蛋，笑吟吟的，不停地在欣赏着美丽的夜色。

我觉得月亮越来越神秘了，怎么老是看着我呢？是不是想和我捉迷藏？对了，干脆什么也不做，邀请月亮做个捉迷藏的游戏吧！当月亮满圆的时候，我就躲在床底下，藏得严严实实的，你不是亮吗？你的眼睛不是很迷人、很能看穿物体的吗？我藏了好久也没见月亮一丝的动静，月亮有些妥协了。我小心翼翼地探出头来，只见这时候的月辉比刚才暗淡了，我想，一定是月亮找不到我伤心了吧！我不能让月亮伤心，我要出来，不过，月亮得向我投降，想到这里，我一下子就从床底下钻了出来。这个时候的月亮好像没有看见我，她好像在地面上找，很仔细的样子，好像又在墙壁上找，在花朵上找，所到之处，都留下了美丽的影子。在我尽情地欣赏月亮的影子时，月亮又好像生了我的气，满天没有一点月光，原来是月亮躲起来和我捉迷藏了。我到处寻找，在屋里，在房子顶上，在花园里，一切都那么暗，月亮藏得可真让人难找，我急了，就在我准备宣布认输时，月亮又神不知鬼不觉地出现了，一脸兴奋的样子。"哇！"我高兴地大声嚷道，"我找到月亮啦！"原来月亮去梳妆打扮去了，不然，脸蛋变得怎么这么白，像刚刚搽上了一层粉。今夜的景太美了，是因为我和月亮的缘故吗？

夜已经很深了，我早已甜甜地进入了梦乡。在梦里，我依然在和月亮玩捉迷藏的游戏，不过，玩的地点移到了天上……

（此文在中央教科所、《教育文摘周报》社、北京三面向教育科学研究所组织的全国中小学生作文大赛中，荣获一等奖）

夏日风景

六年级　李一方

　　这场雨，让人们长舒了一口气，人们纷纷走出家门，四处乘凉。花草树木也不甘示弱，拼命地吮吸着这晚来的甘露。农民伯伯看着这场倾盆大雨，脸都笑成了麻花，好长时间没有这么开心地笑了，那种甜美的感觉，顺着雨水一直流到庄稼地里，要不庄稼怎么那么满足，抬起了头，挺起了胸，一夜之间蹿出了老高，这将预示着秋天又是一个丰收的季节。树上的蝉也来凑热闹，高兴地唱起夏的进行曲。

　　雨过天晴，火红的太阳高高地挂在天上，酷热难熬。大地就像一个大蒸笼，房子也好像矮了一半；各种各样的花儿被晒得弯下了腰，不再像以往那么娇媚，但它们却磨炼了斗志，依然在烈日下坚强地面对着人生；路边的小草被烤得没了水分，卷得一圈圈的，似乎一烧便着；树们也被热得低下了高贵的头，一片片绿叶没精打采的，伤心极了。虽然如此，可它们却没有气馁，因为它们相信，不经风雨，怎见彩虹。只要坚持下去，肯定还会遇到一场甘霖。

　　公园里，老人们拿着扇子，坐在树荫下，仍然大汗淋漓；不管怎么扇，都排遣不了浮躁的心绪。学校里，同学们似乎不知道换了季节，顾不上擦一把汗，捧着书本如饥似渴地学习着；在知识的海洋里徜徉，他们仿佛进入了另一个天地，分明是汲取了知识的甘泉，进入了宜人的春天。

　　河边，有人正在垂钓，尽管好长时间钓不到鱼，但仍十分专注地看着河面。即使钓不到鱼，也不要紧，因为在钓鱼过程中，他们享受到了一分安宁，心中自然也偷取了片刻的凉意。河水里，小孩子们在比赛扎猛子、捉鱼摸虾……整个小河成了孩子们美好的天堂。河面上，许多荷叶用一把把绿伞拥抱夏天，或亭亭玉立，或静静地漂在水面上，千姿百态，它们绝对是夏天一道美丽的风景线。

　　夏，是热的代表，是万物生长的季节。不论是谁，都希望再尽快地下一场清凉透彻的雨。

（**本文发表于 2005 年《沂蒙生活报》**）

相见时难别亦难

——在毕业典礼上的讲话

徐 欣

尊敬的各位领导、各位老师，亲爱的同学们：

大家好！今天我很荣幸站在这里，真是心潮起伏，思绪万千。在即将毕业的时刻，我代表全体同学在这里说说心里话。虽然只是短暂的离别，但是我的心里也很不是滋味。这里让我放不下的太多，让我忘不了的也太多。忘不了老师亲人一样关切的目光、谆谆的教导，忘不了同学们的声声笑语、阵阵欢歌。

我来到大唐学府已经三年了。三年的时光，春去秋来，花开花落。是老师您，教我学会了学习、学会了做人、学会了自己照顾自己。让我懂得了：只有努力学习，健康地成长，快乐地生活，才会坦然面对眼泪和笑脸。

想起刚到大唐学府的时候，我非常想家，老师看出了我的心思，及时安慰我，让我抛开想家的念头，好好学习，做个乖孩子。老师对待我就像对待自己的亲女儿一样，无微不至地关怀我。在老师的身上，我看到了爸爸、妈妈的影子。大休回家了，我就向爸爸、妈妈申请，叫徐敏水老师为爸爸。我的爸爸、妈妈高兴地答应了。没想到大休在家的日子是那样难熬，脑子里想的都是学校，心里念的都是老师，离开了大唐学府就像失去了半个家。

每位老师都那么热心地帮助我，我的数学成绩和英语成绩在王老师和薛老师两位老师的耐心帮助下，提高很快，也让我找到了学习数学和英语的方法，品尝到了学习的趣味。

当生活老师很不容易。老师，您为我们洗衣服、整理床铺、打扫卫生，没有一点怨言。想起我们曾经让您伤心地哭了的情景，我们真的感到很惭愧，老师，真的对不起！

"谁言寸草心，报得三春晖。"徐爸爸，我为有您这样的老师而感到骄傲，为有您这样的亲人而感到是一种福分。我喜欢甜甜地叫您爸爸。三年了，我不能忘记您对我们的抚育之恩。当我们感冒时，是您露出心疼的目光，带我们拿药、打针；我们受了委屈，是您放弃空闲的时间开导我们。多少个不眠之夜，您为我们认真地批改作业，多少回进出校门，您为我们迎来送往。您为了让我们在快乐中学习，把知识学得扎实，用了那么多的窍门！您为了我们费尽了心血！当我们取得一点点进步时，爸爸，您满意地笑了；当我们出现了一点小小的失误，您就语重心长地与我们交流谈心；当我们遇到困难时，是您在呵护我们、鼓励我们！每一次长谈之后，泪流满面的我们注意到了老师爸爸您双眼中那模糊的泪光。老师，您比我们的父母更了解我们，更知道我们的优点和缺点！您用心良苦，掩饰着自己的忧愁烦恼，忘掉自己的痛苦与疲劳。您说，您也有犯错的时候，您曾经跟我们说：也许，您曾经错怪了我们；也许，曾经忽视了我们；也许，曾经伤害了我们。其实，老师，爸爸，您的过错是您对我们另一种爱的方式，无论"精彩极了"也好，还是"糟糕透了"也好，都是您给予我们的厚爱。老师，爸爸，您知道吗？我有什么心事都想跟您说，您是我的知己。

老师，您知识渊博、教学严谨、教法新颖，我能够成为您的学生，成为您的亲人而感到很满足。无论我将来走到哪里，无论我将来有多大年纪，从事多么崇高的职业，您永远是我的老师，永远是我的亲人！虽然您衰老了容颜，却把美丽的青春无私地奉献给了我们。我们的昨天属于您，我们的今天属于您，我们的未来属于您，我们的一切都属于您。在这里，请允许我代表所有的同学向各位恩师说一声："老师，爸爸，妈妈，您辛苦了！我们感谢您！"

虽然我们毕业了，将要离开母校，离开各位恩师，但是，在我们的心中，大唐学府比北大、清华更伟大；比剑桥、哈佛更神圣。现在的心里真的有千万个舍不得，放不下。大唐学府，我的母校；亲爱的爸爸，妈妈，我们的童年就放在您这里，想我们的时候，一定拿出来看看！

相见时难别亦难。老师，我多想在母校再停留一段时间，多想再听一听您亲人一般的教诲、朋友一般的交流；多想在您的怀抱里再撒撒娇。可是这一切都已经成为美好的过去，我会好好地珍惜它。我们虽然结束了小学美好的生活，但是并不等于我们的求学生涯宣告结束。老师们，请您放心，我们会珍惜每一寸光阴，给母校大唐学府交上一份完美的人生答卷。真正做到：今天，我以大唐学府为荣；明天，大唐学府以我为骄傲！

（本文荣获全国文学作品大赛小学生组一等奖）

校园赏月

四年级　李慧云

今夜月色好白

我站在月下赏月

抬头看看天空

眼前连同整个心境都是一片蔚蓝

今晚的月亮又大又圆

像一张金饼

没有食欲也想咬一口这大大的圆盘

云儿也款款来到月亮面前

跟月儿说了一会悄悄话

便不情愿离去

走时也许许下再次相见的诺言

月光这时已非常柔和

星星也在不停地眨着明亮的双眼

那是远在他乡的妈妈最迷人的眼睛

我看着她，她也在看着我

我读懂了这目光

妈妈是让我做天上的星星、云边的月

默默地为他人送去光明

今晚赏月

心里感觉好甜

（本文荣获由中央教科所、《教育文摘周报》社、北京三面向教育科学研究所组织的全国中小学作文大赛一等奖）

心　愿

七年级　马路瑶

我多想变成一棵大树
和茂密的森林家族一起
让世界充满绿色
让世界到处都是美丽的风景

我多想变成一根蜡烛
照亮黑暗
照亮眼睛
让世界遍地充满光明

我多想变成滴滴甘露
洒向平原
洒向沙漠
让金色的沙滩也有树的身影

我多想变成一朵小花
开放在青翠的草丛
让世界变得妩媚
让馨香芬芳在每个人的心中

（本文荣获全国中学生作文大赛一等奖）

一次不公平的拔河比赛

四年级 徐 欣

不知不觉，一年一度的拔河比赛又开始了。这次拔河比赛，我们四年级对阵二年级，四年级选派十六名同学参加，二年级选派二十名同学参加比赛。

听说和二年级同学争夺低年级组冠军，我们班的同学个个都喜笑颜开，乐得手舞足蹈，还没比赛就已经沉浸在胜利的气氛之中了。只见我们四年级经过精心挑选的十六名运动员，个个精神抖擞，信心十足，你一句我一句地嚷嚷开了："和二年级的小鬼头们比赛，简直就是太侮辱我们四年级的大哥哥大姐们了，我们赢定了！"

比赛在一年级门前举行，双方运动员闪亮登场。我们四年级的同学用轻蔑的眼神瞟了瞟二年级的小鬼头们，脸上掩饰不住地露出得意的微笑。

裁判员王老师一声哨响，比赛正式开始了！二年级站在西面，我们四年级站在东面，争夺十分激烈。二年级的同学个个生龙活虎，不甘示弱，咬紧牙关，攥紧小拳头，喊着响亮的口号，用尽吃奶的劲，拉呀拉呀；我们这边，十六位猛将你抵着我脚，我抵着你脚，手握粗绳，使劲往后拽，嘴里不时发出吱吱的咬牙声。绳子中间的小红旗开始慢慢地向我们这边移动，只差那么一点点就过来了，我们就要赢了！可偏偏鬼使神差，中间的小红旗扭了扭腰肢，往二年级那边挪了。不管我们四年级用多大力气，使多大劲呼喊，小红旗依然往对方晃去，怎会这样呢？我没有参加这场比赛，专门在场外给我们班呐喊助威的，我挺纳闷，连忙跑到二年级那边看个究竟，一看才知道，二年级那边原来有几个老师在后边给帮忙拉，一个老师帮就不得了啦，居然有几个老师一块帮！太不公平了！这是学生之间的较量，老师竟然掺和进去！气死我了！我心里有说不出的委屈，眼泪不由得夺眶而出，刚才还在说大话的十六位英雄，此时已经泪流满面了，太不公平了！

第二个回合又开始了！我们换了位置站在西边，二年级站在东边，有我们的监督，那几个老师就没法上去帮助二年级，同学们感觉还有希望，因为，毕竟是三局二胜制。我仿佛看到了天上的白云在为我们暗暗地祈祷，小鸟在为我们鸣曲助威，第二个回合我们终于取得了胜利。

决胜局又开始了！事与愿违，不管使出浑身解数，绳子依然向二年级那边滑去，参赛的同学看出了端倪，大声地嚷道："太不公平了！我们这边太滑了，没有摩擦力，使不上劲，而对方的地面粗糙，使得上劲。"同学们又一次被这不公平的比赛气哭了。

一提起这次拔河比赛就让我心里不平衡，这里面有阴谋！我们的班主任徐敏水老师心态却非常好，不但没有生气，还让我们总结这次失败的原因。孩子们，看见你们一对对模糊的双眼，我好感动，谢谢你们为了班集体流下了伤心的泪水。徐老师激动地说："孩子们，你们今天表现得特别棒！你们是我心目中最棒的孩子！我们才是赢家，是不掺水分的赢家！"

教室里顿时响起了热烈的掌声，这掌声经久不息……

（本文在中央教科所、《教育文摘周报》社等组织的全国中小学生作文大赛中荣获一等奖）

语文，让我轻轻地走向你

七年级（2）班　陈俊谕

语文，让我轻轻地走向你

走向你的那一瞬间

我的心海荡起了一丝丝涟漪

是你给了我空间

让我读懂了风

读懂了雨

读懂了寒冷的冬季

语文，让我轻轻地走向你

我的生活发生了变化

每一天都有阵阵香风吹起

撩拨朱自清笔下的春意

感受着放弃射门中福勒善良的心地

凡卡那撕心裂肺的呐喊不时响在耳畔

眼前总浮现卖火柴的小女孩

瘦弱的身躯

语文，让我轻轻地走向你

看看你的眼神

多想洞察你的秘密

你让我感受到了
感受到了这个季节勃勃的生机
你让我感受到了
感受到了鸟语花香的时候
不能对着眼前有所痴迷
我的人生还要走下去
那么多的日子里还有更美的风景
我要做一个真正的自己

语文，让我轻轻地走向你
你是老舍笔下憨厚的骆驼祥子
你是《红楼梦》中林黛玉洒落的花雨
你是《阿 Q 正传》辛辣的讥讽
你是桑纳渴望丈夫打鱼的归期

轻轻地走向你啊，语文
也就走进了我成熟的花季

（本文荣获全国中学生作文大赛一等奖）

醉

九年级 刘 盼

有人醉于景，有人醉于茶，有人醉于酒，有人醉于钱，有人醉于权。而我醉于清晨，醉于黄昏。

我陶醉于清晨。故我喜欢早起。我喜欢清晨微凉的风，喜欢清晨奢侈的静，喜欢清晨时朦胧的黑白交织。那飘在天地间的白色寒气，像剑一样穿入夜的黑色，随着太阳的升起，瞬间将夜撕碎，继而荡然无存。我更喜欢看太阳升起，先是东方那漂亮的橘红色，颜色深却不刺眼，然后是一道道刺眼的光线穿出天际，最后太阳如可爱的精灵突然出现！那么亮那么白，干净得让人不忍心用手去挡那射来的光线。而我喜欢张目对日，然后闭上眼，享受那一瞬间的晕眩，深深地呼一口气，开始一天的学习。因为我知道生命的每一天都是由这些光线编织而成的。晚上，当它们消失时，我的生命也就消失了一天，我也就永远失去了那一天的所有。所以，我珍惜它们，我不想一无所有，不想任生命无谓地消失，我要留下生命的痕迹。

我捧着这份珍惜一直走下去……

我醉于黄昏。我喜欢黄昏洒在万物上的浅黄，温馨、恬淡、缓慢，像下雪一般，空气中弥漫着浪漫和暧昧的味道。我喜欢黄昏时坐在马路边，看着来来往往的人流，看着人们满脸的疲惫却恬静的表情，一如黄昏的安静，直到路上只剩下我，然后回家。黄昏是回忆的好时间。躺在床上，想着攒了一整天、储了满满一罐的幸福，感念着所有的甜蜜。沉沉睡去，梦里会遇到更加惊奇的际遇，醒来同样是我同样挚爱的清晨。原来幸福可以这样简单！

我爱上清晨，也爱上黄昏。又因为它们而爱上生命，爱上生活。其实，一切都很简单，我们一直都幸福，只是没发现什么是幸福；等有一天突然明白了这个道理，就会觉得复杂是多么的愚蠢。

（本文刊登于《沂蒙晚报》"教育时代"专栏）

又回大唐

——在 2009 年中考动员会上的发言

刘　盼

　　很高兴重回这里，这里承载了我太多的温暖的回忆。只有经历过寒冬的人才知道温暖对于一个人的意义。同样，也只有我自己清楚明白，大唐学府于我的温情和我对大唐的不舍。

　　还有一个月，中考会让你们离开，如我一般拾捡行李走向梦想。人的一生看似漫长，但紧要处只有几步，中考，算是每一个农村孩子人生的第一个紧要处，走好你的紧要处，努力使生命实现辉煌。

　　校长让我给你们传授些经验，学姐我顿觉惶恐，我自己都经验不足！所以只能给你们一些建议，如果能对你们有所帮助，那将是我莫大的荣幸。言归正传，对于中考，我认为最重要的是两个方面。第一就是对知识的处理问题。离中考还有一个月的时间，到现在为止，相信你们对所学知识都有了比较清醒的认识，也会有一个比较完整的知识体系，但我要说的是，不妨打乱你的知识体系。在大考之前，你需要一个新的知识体系，即知识价值体系。所谓的知识价值体系，就是把知识按照应考价值的大小进行编排组合，这样的知识体系更有利于在答题时搜索答题的范围和重点，从而不会出现大方向性的错误——答错题。第二就是心态的问题，首先你要对中考摆正心态。中考只是一场晋级赛，一场只要你努力就可以脱颖而出的海选，醍醐灌顶，不应有恨，不要抱怨你有多么辛苦，要相信，我们绝对不是唯一辛苦的，绝对不是！再者就是你要对自己抱有必胜的信心，没有任何万一，你绝对可以鱼跃龙门。不要怀疑自己，翻身上马，等待你的绝对是胜利的荣光。

　　"往日不可追，来者犹可追。"还有一个月，希望你们可以潜心埋头，深入其中。我高中的语文老师对我们讲：只有埋头，才能出头。你埋头是为了你的出头之日。我把它送给你们，希望你们同我一起悟其理、践其言。

际遇是一种美好的东西。是际遇让我遇见大唐，是大唐让我坐在这里。如果 2006 年的夏季没有大唐学府，我会在哪里？我在 2006 年成为中考的尘埃，一粒被重点中学不屑的尘埃。承蒙大唐学府不弃，给我再次腾跳的机会，也让我遇见恩师韦富余——一个改变了我一生、给了我一颗赤子心的老师。是韦老师让我重新看见了美好，是他让我懂得了生活，懂得了生命真正意义的价值所在。我是幸运的，你们同我一样，因为我们同是大唐人，身上烙着大唐印，骨子里有着大唐魂。

今天的你们如同昨天的我们，你我一起印证着大唐的足迹，走好我们的人生就是走好大唐的明天。让我们一起努力，共同创造大唐永盛的未来。在此，预祝学弟学妹们在中考中取得理想的成绩。

做妈妈的妈妈

六年级（1）班　孙　晗

是的，我最大的愿望，也是永远实现不了的渴求，是做妈妈的妈妈。妈妈怀胎十月，需要背负多少苦难；从牙牙学语，到不住的哭啼，我的生活都要妈妈照料。在妈妈的眼里，我永远是个长不大的孩子。风吹雾散，人世间许多琐事和感情都在不知不觉中流逝，都可能被时间消磨了痕迹，唯有母爱的长河里流淌着的爱的故事，持久而永恒。母爱是天地间最动人的曲子，是最清爽的茶。

谁都想报答母亲的恩情，而回报亲情的方式有千万种，几乎每一种都能通过自己的努力达到，唯独这一种做妈妈的妈妈，似乎是永远都无法实现的可能，但只有这样，我才能回报母亲伟大的恩情。

母亲，没有浪漫色彩，却有着美丽无比的形象；您是坚强的，是温柔的。如果真有来世的话，我要做妈妈的妈妈。尽管，我不相信轮回转世。

（本文发表于 2008 年《中国校园文学》杂志）

无花果树的四季

六年级　李俊翰

我家有一棵无花果树，从我记事的时候它就已经很高了，它给我带来了无限的乐趣。

在我的记忆中，无花果树四个季节各有不同的景色。

大雪过后的春天，小草偷偷地探出小脑袋时，无花果枝头也冒出了片片嫩芽，鹅黄色，透着光儿，我有时忍不住要折一枝放到花瓶里，妈妈拦住我说："可不能折它的树枝，无花果树会喊疼的，折了就不会结果实了。"于是，馋嘴的我缩回了手，盼望着结果的那一天。

炎热的夏天到来时，无花果树的嫩芽也长成了墨绿色的大叶子，蒲扇般在微风中晃动。火辣辣的太阳炙烤着大地时，我和小伙伴们躲在无花果树下，听知了鸣叫，悠闲地说着漫无边际的趣事……抬头望去，枝头上已经密密地结出了圆圆的果实，我急不可耐地伸手摸了又摸，总是硬硬的。问妈妈可以摘下来吃吗？妈妈告诉我说："不能吃，等秋天才能吃呢。"

秋天到了，许多树下都有了黄色的蝴蝶——落叶，无花果树枝头的叶子更绿了，颗颗无花果肚子里装满了我和小伙伴的好多好多的故事，涨得大大的，乐得张开了嘴巴——无花果成熟了，摘一颗放在嘴里，蜜一样甜，赶紧摘下来送给小伙伴们，让大家都尝尝，分享一番。

冬天，漫天大雪从天而降，无花果树枝头上挂满了厚厚的积雪，几只调皮的麻雀蹦来跳去，叽叽喳喳的叫声震落了枝头的雪花。我在窗内会心地笑了，小麻雀们在给无花果树讲一些远方的趣事呢，又一个美好的春天就要到了……

（刊登于 2009 年第 6 期《中国校园文学》）

家校篇

　　大唐学府是校长、老师和家长共同的事业。家长是董事长，是最大的"股东"；教师是学校的主力军，是学校发展的生命线；校长是学校发展思想上的领头羊，行动上的服务员。大唐学府用真诚、用教育、用真爱架起一座家校沟通的桥梁。家长他们说："大唐学府是孩子学习的殿堂，学生成才的摇篮；大唐学府是孩子无悔的选择……"

致学生家长的一封信

尊敬的家长朋友：

你们好！

值此大唐学府第十一届家长会暨"六一"国际儿童节到来之际，大唐学府校长王勇基携全校教职工向关心、支持大唐学府教育教学工作的各位家长和社会各界朋友致以亲切的问候和衷心的感谢！

大唐学府办学五年来，备受各级党委政府领导的关注和学生家长的青睐。学校办学规模不断发展扩大，教育教学水平不断提高，育人环境不断优化。全校教职工团结一致，奋力拼搏，致力打造优质教育品牌，给孩子搭建放飞理想的平台，给家长致富解决后顾之忧，给社会一个满意的教育。

学校全体教职工认真落实王校长提出的"教育助人，教育富民，教育强国"的教育理想。爱岗敬业，躬耕不辍，互勉共进。教育是事业，其意义在于奉献；教育是科学，其意义在于求真；教育是艺术，其意义在于创新。没有爱就没有教育，教师与学生面对面地交流，心贴心地沟通，全身心呵护每位学生的成长，精心雕刻每个学生的心灵，用满腔热忱哺育孩子们成人成才。

八方学子汇集大唐学府，他们"身有所安，心有所定，情有所依，志有所向，神有所往"。凝神聚气感悟书中奥秘，攻文析理成就胸中学问，艺体竞技一展学子风采。学习是竞争，每堂课都有孩子们的探索追求；有追求就会有梦想，学习在竞争中孕育远大理想，有理想就会有希望。少年志则国志，少年兴则国兴，少年强则国强，从孩子们身上我们看到了祖国的未来和民族的希望。大唐学府办学五年来，一路风雨坎坷，一路笑语欢歌，一路繁花似锦，一路成功收获。全校教师心手相连，不懈努力，追求卓越，播种希望，拥抱未来。五载创业，历尽艰辛，硕果华灿誉古郯；百年梦想，厚德育人，富民强国兴中华！

大唐学府校委会

2009 年 5 月 27 日

致全体教职工家属的慰问信

尊敬的大唐学府全体教职工家属：

您好！

新年的钟声即将敲响，春天的脚步正在临近。在这辞旧迎新之际，我谨代表大唐学府校委会向您真情地说一声：大家辛苦了！感谢一年来您对丈夫（妻子或孩子）的关心和照顾，对他们在大唐学府工作的理解和支持。并向您致以节日的祝福和亲切的问候！祝愿您新春快乐，身体健康，家庭幸福！

在过去的一年里，全校教职工团结合作，积极进取，无私奉献，取得了一个又一个优异成绩。学府先后被评为"全县平安校园""全县教书育人先进单位""山东省民办教育优秀办学单位""中国教育创新示范单位"。大唐学府的先进办学事迹先后引起《临沂日报》《淮海经济》《经济视角》《现代教育报》和中央电视台等媒体的关注，纷纷予以宣传和报道。这丰硕的办学成果里浸透着全体教职工的辛勤汗水，相信您也一定会为之自豪和骄傲。正是有了您的付出，大唐学府才有了今天的辉煌。

尊敬的教职工家属，有了您的付出，才能免除他们的后顾之忧，全身心地投入教育教学；有了您的支持，才能使他们信心十足，干劲倍增；有了您的奉献，才能有大唐学府的不断发展壮大。是您默默无闻地支持他们，给他们关爱和力量，无怨无悔地守护着家，为他们营造了温馨的港湾。您热情的眼睛关注着学府，勤劳的双手支援着学府，滚烫的心关怀着学府。您的这份真情，学生不会忘记，家长不会忘记，学府更不会忘记！您是全体教职工的坚强后盾，是学府发展的功臣。

新年新起点，和谐再发展。大唐学府的发展壮大依然需要您的理解和支持。真诚地盼望您一如既往地关怀丈夫（妻子或孩子），一如既往地关心大唐学府。我们坚信，有了您的支持和奉献，学校的明天会更加美好，学府的未来会更加辉煌！

祝：新春愉快，合家欢乐，万事如意！

大唐学府校长　王勇基

2009 年元旦

致学生家长的一封信

尊敬的学生家长：

你们好！

美酒杯杯辞岁，鞭炮声声迎年。岁月轮回，季节变换，中华民族古老的传统节日——春节，带着微笑，带着吉祥，带着祝福，匆匆忙忙地向我们走来。春节是一幅古老的年画，春节是一杯清醇的美酒，春节是人们绽放的笑脸，春节是家人团聚的年夜饭。

一年中，您工作忙忙碌碌，东奔西走，日夜操劳，忙于生计。春节的到来，拉近了家人团聚的距离。在家庭这个温馨的港湾，无论大人或孩子都会在心中期冀，让亲情早日重逢。万家灯火的都市里，行色匆匆的旅程中，总有一盏温暖的灯是为您点亮的。少一点应酬，不再留恋外边的漂泊，早一点回家吧！这是全家老少心底的呼唤和真情牵挂。要知道，在人世间，家人之间的亲情关爱是在相互给予、相互理解、相互和谐中越来越热烈，越来越深厚的。

新春佳节的到来，是亲情相聚的天赐良机。让亲情有时间去弥补，让亲情有条件去释放，让亲情在家人团聚时更浓，让欢笑声在亲情假日里更甜，让天伦之乐在亲情假日里再现！春节中全家人的关爱是心相印、意相投、情相知、脉相承的桥梁，是身脉相连绽开的心灵之花，是体现了大人、孩子之间相互依赖的依赖，是帮您完成信念中实现愿望的力量源泉。

在这亲情团聚、欢庆新春的节日里，大唐学府王校长携全校教职工，向关心、支持学校工作的各位学生家长和社会各界朋友，致以亲切的问候和衷心的感谢！大唐学府全体教职员工将在新的一年里，再接再厉，团结奋进，再创辉煌！

祝您：春节愉快，合家欢乐！

大唐学府校委会

2007 年 2 月 7 日

致学生家长的一封信

徐　涛

家长朋友们：

你们好！

五月的春天萌发着生机，承载着希望；又一年的春风雨露，见证着大唐学子的成长和进步。此时的您，一定又忙碌着与儿女们团聚。忙碌中浸透着深情挚爱，忙碌中洋溢着和谐与欢乐。我相信，此刻在您的心中，一定还有着更美好的憧憬，那就是"望子成龙，望女成凤"。

一学期以来，学校以教会学生"学会学习，学会合作，学会生存，学会做人"为办学理念，为学生发展创建良好的环境，塑造了一名名品质优秀、人格健全、个性鲜明、行为规范、具有一定创新精神与实践能力的新人。学校以养成教育为切入点，以"爱"为教育工作的主旋律，循循善诱，严格管理，形成良好的教风、学风，为教师的发展、学生的成才开辟了绿色的通道。

因为教育使我们相聚，为了这种缘分，我常常感动。同时又有一种沉甸甸的责任，那就是校长的信任、家长的尊重，还有学生的爱戴。所以我们不敢有丝毫的懈怠，每天忘我地工作，真正做到让家长放心、让学生开心、让领导放心。我常想：农民种地，因为种种原因，歉收了，明年可以再种；工人做零件，心没有尽到或技术不精，零件废了，第二天可以重做；而当老师的，耕耘在教育这块沃土上，如果教育不当就把学生耽误了，就是毁了他的一生，甚至是全家人的幸福。因此，我们始终坚持把每个学生培养成为一个健康向上、积极乐观的人。可以说，学生到校学习，首先学的是做人，其次才是学知识。只有一个会做人、会学习的人才能适应以后复杂的社会。而学校是学生学习和生活的乐园，优美的环境、和谐的氛围、活泼的生活、严而有序的管理，成为孩子们健康成长的重要保障。

您的孩子随着年龄的增大，学业上有了更高的要求。在学习习惯上，我们立足于三准，即"看得准、想得准、做得准"，就是看问题要看得明白，想问题要想到根本，做题时要准确无误。同时鼓励孩子在较短的时间内形成自我管理、自主学习的能力。这样的要求使学生在学习能力上也有了极大的提升。在每天的早自习，我都采取"轮流值日制"，目的就是给每一名学生以锻炼的机会，使每个人都负一份对自己、对他人、对集体的责任。在这种责任下，锻炼学生的组织能力、领导才能、合作意识，同时结合"班级量化积分"，对于小组进行公平公正的评判。不让一个学生掉队，开展一帮一互助活动，我们想让学生明白："一枝独秀不是春，万紫千红春满园。"他们很快就形成了浓厚的团队意识，这对于他们将来踏入社会、独立生存有很大的帮助。

您的孩子在校内也变得讲文明、懂礼貌、尊敬师长、团结同学、热爱学习，同时成绩都有不同程度的提升，综合素质有了明显的提高。有位文学家说过：世界上不可能有两片相同的树叶。每个孩子在这个世界上都是独一无二的，真正的教育是让每个孩子成为他自己，有独立的性格，有自己的兴趣、特长和爱好。有人说：如果优秀是一种习惯，那么懒惰也是一种习惯。人出生的时候，除了脾气会因为先天遗传而有所不同，其他的东西都是后天形成的。所以，我们始终注意着眼于孩子良好习惯的培养。在行为习惯上，我们消除了三个一，即"一念之差、一不小心、差一点"，同时注重学生的情商教育。百善孝为先，通过召开以"感恩父母"主题的班会；在母亲节给父母打个电话，送上一句温馨的祝福；每次大休回家为爸爸妈妈、爷爷奶奶做一件事，例如洗洗脚、洗洗头、剪剪指甲等一系列活动，让孩子明白：不孝敬父母的人不能与朋友相交。纪律约束让他明确："一个懂规矩并且能够自觉遵守规矩的人，才能够时刻按规矩办事，才能够使自己进步。违纪对自己、对他人、对集体都是一种伤害。"因为只有立规矩才能有自由。使孩子不断完善自己，修正自己，在学校里幸福愉快地学习。

您把孩子放心地交给我们，我们感激不尽。王校长常在会上说："爱自己的孩子是人，爱别人的孩子是神。"我们的老师在这里用深厚的情感和实实在在的行动来诠释这种"大爱"，用执着的信念塑造着大唐学府教师的形象。在这项极其复杂而又充满挑战性的工作中，我们享受到了成功的欢乐，也使我们懂得了终身学习的重要性，自我加压。我们提出了对待学习要有自己的见解，要有自己的创见，要有自己的发现。在教学中，我们认真反思自身教学的成败得失，研究学生，探索教法，通过集体备课、公开课、汇报课等多种形式的教研活动，结合我们参与中国教育重点课题的研究试验与参加临沂市教育科研试验等，以此树立起以学生的发展为主体的新课标理念。我们在课堂上能够以自主、合作、探究为主的教学模式，激活学生的好奇心、探究欲，培养学生主动思考、质疑、求索及善于捕捉新信息的能力，并把这种能力的培养定为课堂教学的终极目标。为了让我们能够始终走在着教改的前端，本着"走出去，带进来"的目的，学校组织了我们数十名教师外出参观学习，取真经，然后扬其长，结合我们自身的研究，创造出属于大唐学府的教学思路来驾驭课堂，提升自我，教育学生。

您的孩子就是我们的孩子。在对待孩子的生活起居上，我们做到了"用一颗负责的心来管理；用一颗勤奋的心面对学习；用一颗智慧的心创建课堂；用一颗温润的心哺育学生；用一颗乐观的心教育学生"。身教重于言教。课上，我们用导师的智慧带领他们登入知识的殿堂；课下，我们用父母的关爱引导他们步入理想的人生；生活中，我们用朋友的乐观开导他们快快乐乐。在这里我们胸怀坦荡，知难而进，用和谐促发展，使我们的学校实现了一个又一个跨越式的发展，实现了一个又一个教育理想。

孩子的发展就是我们前进的动力。您的信任是对我们莫大的鼓舞。孩子的成才是我们的辉煌。您的期盼就是我们的目标。在以后的工作中，我们凭借着勤勉，仰仗着创新，争做一名"敢立潮头乘风去，汗水浇铸成功碑"的新时代教师。

　　此致
敬礼

徐　涛

2007 年 5 月 30 日

给家长朋友的一封信

刘　凤

尊敬的家长朋友：

您好！

光阴飞逝，我们一起走过了生机盎然的春季，送走了绚丽多彩的夏日，度过了硕果累累的金秋，饱览了晶莹剔透的冬雪。新的一年又要在孩子们的欢声笑语中开始了。回首过去的岁月，学府留有您的笑容和足迹，留有您的祈盼与希望，甚至还有您最初的困惑和徘徊。然而，此时此刻，这些都成了您最美好的回忆。

孩子是您全家的希望，您渴望优质教育，期盼孩子成长，并把对孩子的期望寄托于我们身上；我们倍感荣幸，又深感责任重大，我们不能忘记您的期望和我们的责任，始终以最饱满的热情和高昂的斗志投身于工作之中。当然，学府也离不开您的大力支持，正是因为有了您的关心、配合和信任，孩子们才有了茁壮健康的成长，老师们才有了成熟、进步，学府也有了和谐发展。在我们的共同努力下，学府已跻身于"山东省优秀民办学校"行列，学府的跨越式发展亦为社会所瞩目。在此，向家长朋友们表示真诚的问候和衷心的感谢！

经过一个学期的学习和锻炼，您的孩子在各方面都有了不同程度的进步，对他们的表现，我们甚感欣慰。本学期，针对孩子的特点，我们开展了喜闻乐见、丰富多彩的活动。为了培养孩子顽强拼搏、自强不息的品质，开学之初，我们组织他们进行了军训；为了能使孩子领悟团结合作的重要性，我们举行了别开生面的拔河比赛；为了培养孩子多方面的兴趣，提高他们的整体素质，我们举行了校园卡拉 OK 大赛、普通话演讲比赛……艺术节上，文艺节目异彩纷呈，不时爆发阵阵掌声。

为了拓宽学生的知识面，陶冶学生的情操，大唐学府建立了图书阅览室，购买图书两万余册，为孩子们开辟了课外阅读的广阔天地。孩子们徜徉于书的海洋中，他们自己去探求，去获取，去寻觅。他们感受到了读书的乐趣，激发起了强烈的读书欲望，最终养成了爱读书的好习惯。通过阅读，孩子们了解了各地的历史文化、风土人情，他们不出校门也知天下事。富有人文精神的课外书，在孩子们的内心世界引起了震荡。范仲淹"先天下之忧而忧，后天下之乐而乐"的胸怀，文天祥"留取丹心照汗青"的豪情，让孩子们体味了什么是爱国、忠诚、勇敢、正直的精神。这开启了他们的内心世界，激荡起升化人格的内在欲望，达到"此时无声胜有声"的效果，远胜于教师口干舌燥的说教。其次，读课外书还有助于积累语言，"熟读唐诗三百首，不会作诗也会吟"，天长日久，孩子们在写作时就会文思泉涌，信手拈来。他们的写作水平也如同"芝麻开花——节节高"。

在大唐学府，孩子们还接触到了中国文化的精髓。我们组织学生诵读了《三字经》《弟子规》《大学》，因为这些国学经典中包含的道理，可以让他们终生受用。虽然孩子们在诵读中不可能马上领悟其中的道理，但是长期坚持下来，他们就能在平时生活中身体力行。本学期，学府还进行了新一轮的课程改革，改教法，改学法。因此，我们可以自豪地说："把您的孩子送到这里，我们不会辜负您。"请您相信：学习改变命运，大唐助您成功。

我们不断地完善，发展自我，努力营造和谐校园，以引导孩子热爱生活、乐于求知为出发点，关注孩子情感发展的细节。大爱之心从小事做起，为了塑造孩子们的人格、净化孩子们的心灵、升华孩子们的情感，学府用一个个感人的场面、一个个动人的故事、一个个精彩的镜头，让孩子露出阳光般灿烂的笑容，享受到幸福成长的快乐。他们逐渐学会了做人，学会了求知，学会了做事，学会了共处。他们快快乐乐学习，健健康康成长。一个个懂礼仪、会处事、爱学习、勇创新的大唐学子正从这里走向未来。

在大唐学府中，班级是一个大家庭；教师就是家长，要对自己的子女充满爱心。我们扮演着导师、父母、朋友的多重角色，让学生在校学习生活有一种家的感觉。课堂上，我们与孩子共同探讨知识；操场上，我们和孩子一起嬉戏玩耍；餐厅中，我们同孩子共享美味佳肴；宿舍里，我们与孩子共同沐浴着温馨的阳光。我们用情感、爱心创造孩子们的美好未来，用奉献和激情与孩子们度过一个个充实的日子。

大唐学府努力创设赏识教育的氛围，充分利用"学生作品展"，大力表彰学生的点滴进步，为学生多方面的才能提供展示的舞台，让学生作品发表、照片上报、名字上榜，从而使他们更加上进，相信他们"给点阳光能灿烂，洒点雨露能发芽"。

有人说，孩子的心灵是块神奇的土地，播下思想的种子就会有行动的收获；播下行动的种子，就会有习惯的习获；播下习惯的种子，就会有品德的收获；播下品德的种子，就会有命运的收获。家长朋友们，我们已在孩子的心灵播下了理想的种子，让我们耐心地倾听孩子的心声，和孩子交朋友，和孩子共同成长。只有这样，我们才能真正地找到爱的真谛，培养教育的有效方式。

孩子的成长和发展离不开教师的辛勤劳动，也离不开家长的密切配合，为了给孩子创造一个灿烂的明天，为了让孩子赢在人生的起跑线上，就让我们共同努力吧！

祝：新年愉快，幸福安康！

五年级（1）班班主任　刘　凤

2006 年 12 月 21 日

在家长会上的发言

杜建娣

没做老师之前，我常听到这样一句话："不会微笑的人，不要做老师；没有爱心的人，不要做老师；没有耐心的人，不要做老师。"我自信这三点都能做到。可当我真正踏上大唐学府这神圣的三尺讲台，面对下面 30 多双眼睛时，我犹豫了，心里没底了。这个讲台我真的能站稳吗？我真的能教导他们成才成人吗？也许是我太年轻，没有威严；也许是我初次踏上讲台，没有经验，孩子们一点都不怕我。有时孩子们放肆起来，我甚至连课堂都控制不住，面对这一双双毫无惧意，甚至有些挑衅的眼睛，我委屈极了：当一个有爱心、有耐心的老师怎么就这么难？有一段时间我都害怕走进课堂，虽然每次我都备课到深夜，课前也在反复研究备课，可计划没有变化快，写在纸上的教案是死的，可学生却是活生生的，我害怕学生出人意料的举动，我害怕自己会在学生面前没了面子。可当一位有经验的老师告诉我，学生在课堂上出人意料的举动往往会成为课堂的闪光点，你要放手让他们去说，不要束缚了他们的思想。学生都是纯真的，他们不会笑话你的！听了这席话，我豁然开朗，主动与学生交流，并告诉他们我也是个学生，只是从一所学校进了另一所学校，大家都是学生，遇到难题互相解决，我比你们大不了多少，大家不要将我排斥在这个群体之外。如果我也不会，可以去请教更有经验的老师……果然，以后的课堂安静多了，我的课也上得得心应手了。

教学是春风化雨、润物无声的工作，它不仅仅需要你的传教，更需要你有一颗宽容的心去理解学生，原谅学生，是辛苦而又平凡的劳动。特别是在大唐学府，这群以留守儿童为主的群体中，作为老师不仅仅需要脑力的付出，更需要体力的付出。因为远离父母的他们比其他孩子更需要关爱、关注。对这群孩子我总是以宽容的心对待他们，他们对我也有几分亲近。但有时付出与回报总是不成正比的。一次，一位较听话的学生当面顶撞我，虽然没有什么激烈语言，但我却委屈极了，我本就是个乐观但不坚强的大女孩，这个孩子的顶撞让我对他的耐心失去了一半，甚至产生了放弃的念头。当我在宿舍里默默流泪时，其他孩子关切的声音在门外响起，不停的敲门声夹杂着威胁声，我知道他们是怕我想不开。门开了，孩子们都拥进来，有的帮我擦眼泪，有的不停地开导我，有的甚至讲起笑话来，那一刻我感动极了！这是一群多么可爱纯真而又懂事的孩子啊！他们的调皮只是他们的天性使然，并没有什么恶意啊！我怎么能舍得离开他们呢？静下来我在反思，为什么那个孩子会当面顶撞我呢？"不能走进学生的心灵的批评；会带给学生更多的伤害，只有走进学生心灵的批评，让学生体会到一种善意，体会到一种关爱，才能引导学生向正确的方向转化。"也许这个学生的顶撞只是一种保护色，因为我已经在无意中伤害了他，这不能不说是我教学的一个失败！

"给学生一个微笑，学生就会把希望种在心头；给学生一个机会，学生就会成就一个梦想；给学生一个平台，学生就会品尝成功的快乐！"第一次月考，我们班的孩子个个都很聪明，只是有些学生学习方法不到位，学习观念没提高，成绩不理想。一天晚上，我与孩子们一起回宿舍，看着他们洗漱、入睡，当我正和学生谈心时，我们班一名高个子同学与一班学生打起来了，原因很简单，一班说我们班语文这次月考还是倒数第一。自尊心极强又冲动的他就挥起了拳头。没弄清情况的我和生活老师邹老师把他吵了一顿，结果他就要打电话，嘴里不停地说"不上了"。任我和邹老师怎么拉都不管用，那一刻我委屈极了，泪流满面，只是反复一句话："别人看不起你，首先你要看得起自己，证明给他们看，我们班不比他们班弱！"孩子们都哭了，都发誓一定要考个第一给他们看看。这群孩子是懂事的，他们真的说到做到了，期中考试成绩果然全年级第一！

各位家长，你们把孩子放在这里请放心，我会像对待自己的弟弟妹妹一样对待他们，我们会尽自己最大的努力来教他们，这是我的真心话！

把别人的孩子看作自己的孩子

陈　飞

　　我叫陈飞，是"丁肇中之家"的一名生活老师，到大唐学府工作已经半年了。半年来，我尽到了一名做妈妈的责任。也许有的人很看不起这份工作，我不这样认为，我觉得拥有这份工作很荣幸，每天和这么多活泼可爱的孩子打交道，一块分享孩子的欢喜和忧愁，一块分享孩子们的童心和幸福，心里感到非常舒服。

　　我认为，作为一名生活老师，不光要具备良好的心理素质，还要具备较高的道德素质，把别人家的孩子看作自己的孩子。自从担任"丁肇中之家"的生活老师起，我就严格要求自己，每天除了负责孩子的生活起居和换洗衣服外，我还时常解决日常生活中的问题。我家的上铺是五年级的孩子，下铺是零年级和一年级的孩子。这些孩子刚来时生活自理特别差，多数孩子家庭条件比较优越，依赖性很强。为了让他们从小养成良好的生活自理习惯，改掉不良的行为，我就不厌其烦地教他们怎么做，亲自示范，教他们怎样叠被子，怎样刷牙，怎样放置物品。高年级的孩子时间长了，生活自理能力不断提高，可是，对于零年级和一年级的孩子来说，仍然得手把手地教他们。零年级的陈洋洋等孩子都太小，连衣服都不会穿，不会脱，不是穿反就是穿倒，每天早晨和晚上我都亲自给他们穿衣服，把他们缩在袖头里的衬衣和衬裤给掏出来，让孩子们穿得很舒服。有时这些孩子哭哭闹闹不睡觉，我就像妈妈一样搂着他们，亲亲他们，哄他们睡觉。我家还有两个孩子尿床，为了让他们睡得温暖舒适，每天晚上我准时在11点、1点半、3点半叫他们起床，给他们把尿，然后再给别的孩子盖被子。每天晚上零年级和一年级的孩子回家早点，我就悉心地加以照顾，帮助孩子们洗漱、铺铺，等他们上床盖好被子后，我就这屋讲讲故事，那屋猜猜谜语，等大孩子放学后，我就安排他们使用热水洗手洗脚。洗漱完毕后，再给他们讲一些道理，让他们好好学习，对得起老师的苦心与爱心，更不要辜负爸爸妈妈的一片心血。每当看到孩子们进入梦乡的时候，每当看到孩子们一张张熟睡的笑脸的时候，我的心里总是酸溜溜的，这些孩子远离家乡，远离亲人，来到我的身边，我应该给予他们呵护与母爱。每每想起这些孩子，我觉得自己不仅仅是一名生活老师，更是孩子的妈妈。我的一言一行，要让孩子们感觉到他们的妈妈就在他们的身边，让这些孩子无时不感到生活的幸福和温暖。半年来，我深深地体会到，我的付出赢得了孩子们的尊重与回报，我在孩子们的心中占有了一定的位置。当我看见孩子们开心地追逐着、玩耍着、到处欢声笑语的时候，当孩子们三个一团、五个一群地扑到我怀里的时候，我觉得做一名大唐学府众多孩子的母亲是多么崇高。

说实在的，做一名生活老师确实不容易，但很值得。孩子们这次大休回老家以后，我会把孩子铺的、盖的都抱出来晒一晒，把"家"打扮得漂漂亮亮，收拾得干干净净，烧好热水，热情欢迎我可爱的孩子们回学校的家！

用爱心撑起一片天

徐荐玲

时值隆冬时节，一年之中最冷的日子，而大唐学府的校园里却如沐春风，到处充满了生机和活力。不必说教室里的琅琅读书声、欢快歌声令人陶醉，单是操场上变化多姿的活动身影，就仿佛键盘上一个个跳动的音符，正在尽情弹奏一曲优美和谐的乐章。感谢大唐学府的孩子们，是他们唤醒了沉睡的严冬，描绘出了一幅美丽动人的迎春画卷。

一、创建和协温馨的宿舍文化，给孩子们以家的温暖

青少年时期是人生健康成长的关键时期，对于四年级的孩子来说，精力充沛、求知欲强；但是非观模糊、辨别能力较差，需要家长、朋友的帮助和指导。来到大唐学府，孩子们远离了父母等亲人，他们的生活老师也就担负了孩子们父母的角色。宿舍真正成了孩子们的第二个家。我们生活老师立足本职工作特点，在学校倡导宿舍文化的创建中，充分利用学校提供的条件，装扮了具有家庭和文化融为一体的"莎士比亚之家"。为了让孩子们安定心来，认识到这个家，我用红纸剪贴了一个"家"字，又剪贴上一些孩子们每天吃到的蔬菜和水果图案来丰富这个"家"。为了让孩子们学会珍惜时间，做一些积极有意义的事情，我又剪贴了一个大闹钟，两边剪贴上书本钢笔、足球、笤帚及花草图案，目的是让学生学会珍惜时间，在人生有限的时间内多读书、学习、锻炼身体，多参加劳动的同时，还要多注意欣赏自然风光，陶冶情操。墙的侧面显眼处，我为孩子们设计了一棵"志愿树"，根据孩子们的理想，在树的枝干上填写上各小组成员的名字，叶上是小组名称，苹果

上是各组的理想成果，这样就把全家的孩子分成了七组，如自理小组的理想是研究生；积极小组的理想是硕士生；整洁小组的理想是飞行员；文明小组的理想是教师；纪律小组的理想是博士生；安静小组的理想是科学家；互助小组的理想是医生。树上几个硕大的红苹果围成一个大大的"心"形状，表示全宿舍的孩子心心相通，共同营造这个温暖的家。另外，墙的四壁张贴一些名言警句，时刻提醒孩子们要惜时、勤奋，不懈努力。还请学校的书法老师题写"创造明天的是今天，创造将来的是眼前"两句话，让学生明白珍惜时间的价值。孩子们也积极主动地动手动脑绘画，剪贴上墙，显示才艺。为了充分利用墙壁说话，我把孩子们各自分工，全员参与管理，人人肩负管理者与被管理的角色，培养锻炼孩子们的生活能力和意志。宿舍文化的兴办，果真调动了孩子们的积极性，孩子们能按时作息，互帮互助，生活自理能力也有了明显提高。

二、搭建心灵桥梁，用真心和学生对话

暑假刚开学的那段日子，天气炎热，中午近 3 个小时的午休，开始孩子们热得睡不着，我就运用《开启青少年智慧的 N 个哲理故事》这本书，用讲故事的方法引导他们静心休息。让他们先躺到床上，闭眼静听，一两个故事讲完了，孩子们仍还想听，我就继续讲，讲完四个或五个故事后，孩子们都能安静地躺在床上，在思考故事道理的过程中就睡着了。每次的午休，我们宿舍里都是鸦雀无声，任由外面的噪声再大，他们都不受影响。夏夜晚上，不光天气炎热，还有蚊子叮咬，严重干扰孩子们的正常休息。所以，每天晚上我都提前把蚊香点上，提前打开室内空调，待孩子们放学后便能很快入睡。夏天里，孩子们的衣物每天一洗，洗后叮嘱孩子们，穿不着的衣服要叠放整齐，并派专职同学检查。个别自理能力较差的孩子，我就示范教他，或指派其他做得很好的孩子跟踪帮助，直到这个孩子做好为止。随着一天天变得凉爽，夜晚较冷，我每夜都起两三次为孩子盖被子。直至现在，每晚帮孩子们掖好被褥后，夜里更需检查，小孩子睡觉没正形，两床被子盖好后，不久就变成了一条。每看到这种现象，我的心就被揪动一下，担心他们会着

凉，现在对一些夜间睡觉不老实、易掉被的同学我都做到了心中有数，夜里都作为检查的重要对象。如杨培玉、张杰、刘金生等。

作为一名母亲，我深爱自己的儿子，可是自从做了"莎士比亚之家"的家长后，我更加感觉到拥有这么多孩子所带来的无限欢乐。我的这个家里现在一共有40名孩子，他们各有所长，又性格各异。有聪明机灵、惯于搞笑的幽默孩子马剑恒、张铜、李俊、刘浩、许佳佳、徐伟、陈康宁；有含而不露、聪明智慧的庄计谋、黄河、程秋浩、张怀恒；有心灵手巧、善于做事的王键、陈志康；有勤劳善良、热心的张杰、卡培勇、丁建、郭昊鑫、孙乾坤、刘天祥等。每一个孩子都是一本蕴藏着巨大潜力和智慧的书，让人每天看到他们而快乐。当他们像鸟儿一样围在你左右向你讲解他们学到的新知识、听到的新故事、讲着他们在家里有趣的事或向你请教他们不明白的知识时，我都不由得想起鲁迅先生笔下的少年闰土。我感到他们每个人心里都有无穷无尽、稀奇有趣的事。一次在宿舍内，聪明的戚祥龙见我晃呼啦圈，说："老师，我说个脑筋急转弯给你猜，好吗？"我说："好啊！"他开始说："一个人晃呼啦圈，用了他最大的力气也没晃动那个呼啦圈，你说为什么？"我和其他孩子都想了半天也没猜对，最后他说出了谜底："原来那个晃呼啦圈的人特别肥胖，呼啦圈套在他身上正好，被箍住了。"我们都被他逗笑了。我随机表扬了他一番，赞扬他博览群书，善于观察，爱动脑筋。他美滋滋的，比以前劳动更积极了，衣服叠得更好，也懂得爱清洁干净了。看着孩子们一张张可爱的笑脸，我深刻体会到学府里的孩子们都是健康快乐的。这里有先进的教学理念，让孩子们感到学习是一件轻松、快乐的事，是一种享受；这里有丰富多彩的文体活动，如打篮球、乒乓球、羽毛球、排球、丢沙包等，学生活动，老师参与，使孩子们的激情更高。

作为生活老师，我们与学生同吃同住，对孩子进行全天24小时的跟踪监护。我们平时留心观察他们的思想动态，及时发现困难，尽量把问题解决在萌芽状态。孩子们的快乐，就是我的快乐。个别孩子不舒服了，感冒咳嗽不止，吃药一时不奏效，这时我就洗个水果递给他，告诉他吃水果可以镇咳，孩子吃着水果高兴的样子根本不像生病的样子。小孩子是最容易满足的，你对他们的疼爱，他们也会用同样的方式回赠你：他们会把自己的快乐与你分享，一句简短的问候，向你手里塞的好吃的点心，争先恐后地帮你做事……这些都让人感动。

三、善于发现闪光点，适时进行心理疏通

我的家里有一个孩子好斗要强，经常打架，不能按时作息，只因他个头高，年龄大，其他孩子也都有点惧怕他。他时常违反纪律，劝说批评效果不明显。我看在眼里，急在心头，认为他简直就是"害群之马"。所以，平时我就多留心注意他，从他身上找优点。有一次晚自习后，他和同学闹着玩，伤到了人家。由于当时其他原因，我没能及时处理，吃亏的孩子把电话打回家里，孩子家长的气愤是可想而知的。他立即打电话找到班主任，又找到了我。我于是让这个打人的孩子回电话，向家长赔礼说原因，他满口答应，回完电话后，他满腹委屈告诉我说，家长不理会他。他说："要是我爸爸就不会这样做。"我随机教育他："世界上没有完全一样的两片树叶，也没有完全一样的两个人，每个人都是这个世界的新事物，你爸爸和他爸爸不一样，那你和某某同学一样吗？"我为他列举了宿舍里一些表现优秀的孩子，让他自己去感悟比较。通过摆事实讲道理，他彻底认识到了自身存在的缺点和不足。在以后的生活中，我特别注意提醒他纠正缺点，并让他负责班级宿舍的洗漱监督任务，告诉他一些管理办法。同时，我每天在全宿舍孩子面前表扬他的优点：他爱干净，做事讲原则，能知错就改，自我管理能力不断提高。听到我的表扬后，他干劲更足。天气日渐寒冷，出现个别孩子懒于洗漱现象，我找到他商量解决这件事，并把准备决定任命他为舍长的想法和他说了。他听后高兴得不得了，说："我早就想当舍长了。"我又谈了我对他的信任和要求。现在，他的工作令我和同学们都非常满意。他不但把自身的缺点改掉了，而且还学会了关心别人，和别人友好相处，时常向我提出一些改进工作的方法。多看别人的优点长处，少指责批评，这是王校长多次在培训会上提到的，也是我进入大唐学府受益最深的体会。"罚子十过，不如奖子一功"也正说明了这个道理。

四、主动学习，提升自我

为了提高生活老师对孩子的教育管理水平，每次的大休培训、升旗仪式和周前会，生活老师也都参加。学习借鉴先进工作者的经验、措施和方法，逐步提升了管理能力。为了更好地适应本职工作，我们经常翻阅一些国内外关于成功家庭教育的资料，开阔了眼界，提升了自己。

家长朋友们，你们的孩子就是我的孩子，是我们所有老师的孩子。在这里，我会和其他老师一道去关爱呵护他。童年是色彩斑斓的，童年是如诗如画的。当孩子们情绪低落的时候、当孩子们做法有些离经叛道的时候，我会回首自己的童年，用自己的童年经验给孩子们撑起一片纯净的天空。大唐学府的孩子们好棒，将来必能撑起一片纯净的天空。

在家长会上的发言

邹德菊

　　这个学期将要被孩子们的笑闹声送走，同时家长会的帷幕也徐徐拉开。在这美好的时刻，我代表全体生活老师对家长朋友们的到来表示热烈的欢迎！谢谢你们顶着六月的骄阳，从繁忙的工作中，抽出时间来参加这次家长会。也非常感谢近年来你们对学校的理解、支持与信任。

　　我很荣幸担当大唐学府一名普通的生活老师。从踏进校门的那一刻，我就决心把这份工作做好，让孩子们放学回到宿舍，就像回到了亲人的身边、回到了自己的家一样。让温馨、舒心陪伴着他们，让爱笼罩着他们，让他们在这里幸福地生活、愉快地学习、健康地成长、全面地发展。这样才能让家长放心、安心，在工作中、生意上不分心。我所管理的宿舍是"郭沫若之家"和"莎士比亚之家"。五年级的学生，年龄都在十二三岁左右，他们似懂事又似不懂事，正处于人生道路上的转折点。因此，教育好这些孩子将来不论对社会、对家庭、对个人都非常重要。在管理过程中，我给宿舍确定的目标是：不打人、不骂人、不以强欺弱、多做好事、关心他人、看谁做得好。以自己的一言一行、一举一动教育、感化他们。从不起眼的小事做起，如宿舍的房门，关放时很费劲，而且声音很大，时间长了，门就变形了，甚至不能关了。我就用润滑油滴在门的每个关节上，这样一来，门关放时，既好关又好放，而且没有声音，同学们无不惊讶，有意无意间学会了爱护公物。当同学们骂人时，我就说："在你骂人的同时，你也被别人骂了，要想让自己不受到伤害，首先自己不要去伤害别人，因为谁都维护、尊重自己的母亲。"渐渐地，同学们都认识了这一点，不再随便骂人了。

生活老师的工作就像家庭过日子一样，事情零零碎碎的，看起来容易做起来难，要想把它做好，就更难。孩子们这个年龄，最好冲动，自我约束不强，打打闹闹是常有的事。哪个人不是从童年的打闹声中长大的？因为那是童年的乐趣，是童年生活丰富多彩的一幅幅画面。当你看到他们那滑稽可笑的表演、顽皮的鬼脸，听到那些不伦不类的俏皮话，会把你逗乐，你会感觉到，他们的天真无邪像活宝，是一副开心的良药。管理孩子关键是教育要得法，引导要得当，对不同的学生要采取不同的方式。有从别的学校转来的个别同学，他们认为确实是管不了了，才送到这里。通过长时间的观察、相处、沟通，我发现了这些学生内心的痛苦和彷徨，他们并不是我们一直认为那样无药可救。从他们身上，我学会了耐心和感动；从他们身上，我感到他们需要的不是棍棒相加、不是训斥、不是讲大道理、更不是纵容，他们需要的是我们一句鼓励的话、一个善意的微笑、一个欣赏的眼神、一个宽容的心态、一颗能让他们交心的心……这一点，是我们大唐学府每一位老师都能做到的，也正是别的学校和我们无法比拟的。

生活老师既是老师，又是"妈妈"，关心照顾好学生是义不容辞的责任。就在前几天晚上，十点多钟，我感冒发烧，吃完药刚躺下不久，五（2）班黄河告诉我，说柴继旺肚子疼得受不了了，我赶紧跑过去，看见他双手捂着肚子，双膝跪在床上，不是一般的肚子疼。我二话没说，用自行车带着他直奔县人民医院，经过医生的诊断、抽血化验、X光透视，不能排除是阑尾炎，又叫我带到外科门诊，初步诊断为急性肠痉挛。医生先给他打了一针，又把我们安排到一号病房观察，孩子躺在病床上翻来覆去，疼痛难忍，看着孩子那张痛苦的脸，我急得哭了，他才12岁呀！我把孩子抱在怀里，一边给他揉揉肚子，一边安慰说："刚打完针，过一会就不疼了，别怕，医生在这儿呢！"一个多小时过去了，孩子慢慢入睡，病房的气味特别难闻，蚊子又多，我不断用手给他驱赶着蚊子。看着孩子的脸从痛苦中转变过来，我知道他的肚子已经不疼了。我叫醒他，已经是凌晨两点多了。由于来的时候特别急，孩子只穿一件短袖衫，又刚睡醒，冻得直哆嗦，我就把外衣脱下来给他穿上。走在昏暗的路灯下时，我想了很多，尽管现在的人们一切向"钱"

看，但是有的时候、有些事情，不是钱多少的事，而是一种责任心的驱使，是无形中在孩子幼小心灵里树立什么叫责任心。家长朋友们，这与自己的孩子有什么区别吗？你们把家里最值钱的宝贝交给我们，我们知道怎样关心爱护。就在年前，我的女儿在南校得了急性肠炎，高奎善老师没有通知我，不是也用同样的方式关心、照顾好我的女儿吗？我也是母亲，是妈妈，想起来真是心痛又很是感动……这样的事情在我们大唐学府屡见不鲜，像刘建老师、王贵红老师等许多老师也有同样的经历。

沟通是老师走进孩子内心世界的桥梁，鼓励是孩子通往成功路上的加油站。五（1）班的刘龙龙，刚开学时，他爸妈把他送来，他哭喊着不在这里。经过一个上午的哄劝，我说："龙龙，这样吧，你妈先不给你交钱，你先在这儿上三天，如果你还想走，我们不留你，怎么样？"龙龙不哭了，睁大眼睛不相信地望着我说："你说话算数？"我高兴地点了点头："当然算数，三天以内，我保证让你喜欢我，喜欢这里的孩子，喜欢这所学校。"到了第三天晚上，是刘龙龙同学亲自打电话叫他爸爸给他交学费的。

作为一名生活老师很平凡，可是要把平凡的工作做好，必须具有足够的耐心和爱心。我们把每一个孩子都当作自己的孩子来疼爱，真的不容易。请你们将心比心，换位思考，我们生活老师的确需要家长朋友的理解。凭着一颗做母亲的心，我们在尽心尽力地照顾你们的孩子，不会让孩子受到一点委屈。夏天到了，有的孩子身上起了小红点。晚上，我就化点盐水给洗一洗，再涂上无极膏。有的同学腰、腿、脖子有点疼，我就给他们揉揉，按摩按摩就好了。还有的同学咽喉疼痛，口腔溃疡，我用盐水给他漱口，马上不疼了。同学们说："你给我们治病既不花钱又舒服。"天渐渐热了，晚上我提前半个小时打开空调，喷上蚊蝇药，操持他们洗漱，让他们在这里睡得舒服，吃得可口，玩得开心，学得愉快。

尽管我们的学校目前还存在着这样或那样的问题，条件不是很好，但困难是暂时的，请家长朋友们放心，有王校长的先进办学理念，有各级领导的支持，有各位家长、全体师生的共同努力，我们学校会一步步走出困惑，一步步走向希望和成功！

家长朋友们，随着大唐学府一天天的发展壮大，明天会更加辉煌！相信这儿是实现你们孩子美好梦想的起点。无论教育怎样改革，无论时代怎样变迁，知识都会是有用的，让你的孩子在我们这充满爱与温暖的大家庭里，健康、茁壮地成长！让每一位家长都能省心、放心、开心地去做事！

初为人师，体验伟大

杜玮琳

一、不要小看你们的孩子

有好多家长来看孩子时，总会对我说："我的孩子在家里什么都没做过，都是父母给做。"也同样希望我们生活老师能完全代理。我也理解现在的孩子在家都是娇宝宝，父母根本舍不得让他们做。然而现实却不是这样的，在我的家里，就有好多二年级的孩子比我叠被子还好，如田海丰、谢帅康、薛佳豪等。还记得一次卫生大检查时，程主任特别表扬我家孩子的衣橱整理得好，说实话那次都是孩子们自己整理的。但是我发现，30 多个橱洞我都给整理出来不仅很麻烦，而且每次整理完，有的孩子换一件衣服就能把我的劳动成果全部打乱，衣服也不能时常保持整齐，仅这一小项工作我就很头疼。我借着学校举行的新生自理活动比赛的机会，充分调动孩子的积极性，教孩子叠自己的被子、衣服，有好多孩子主动向我求教并让我做评委，看叠得好不好，衣服怎样放才显得美观不乱。找衣服换时，他们会小心地拿，洗过的衣服会叠得整整齐齐放在里面。从此我们家衣橱的衣服整齐划一，有的孩子甚至比我整理得还好，如张硕、张亚坤、宋文杰、田海丰等。我真打心眼里喜欢他们，为他们而高兴。还有的小同学不会洗袜子、刷鞋，我就天天在洗漱间陪着他们，挨个教他们，先给示范洗刷一只，另一只就让他们学着自己做，让他们和我比赛，看谁洗刷得干净。这样好多不愿洗刷的孩子也学会了洗刷。我家的杨维龙，家长很娇惯他，以前袜子也不洗，更别提其他的，而且时常顶撞我，根本不把我和其他孩子放在眼里，关系很紧张。初为人师的我心里有说不出的滋味，想想自己上完大学来干这些自己从来没想过也没做过的一切，只有把眼泪往肚子里咽。心想欲成大事者，必先苦其心志吧！每次他与其他人发生矛盾或不换洗衣服时，我都不厌其烦地给他讲道理，好几次说到他心坎里，他都眼泪汪汪的。现在他的进步很大，每晚来到就先洗漱，鞋子从不会刷到现在能刷得很干净，最值得高兴的是现在他知道该如何去团结其他室友，对我也特别尊重。这样的例子还有很多，我就不一一列举了。

看到孩子们的进步，我为他们高兴，为他们自豪。大唐学府家庭化的住宿，生活老师厚爱而不溺爱的管理模式，在我所知道的国内教育界是先进的。所以我敢大胆地说从大唐学府走出去的孩子，绝对是不一样的，绝对是出类拔萃的。

二、我绝对相信您的孩子在这里是最棒的

我是一名生活老师，也算是一名实习老师，所以和代课的老师交往比较多一点，了解到有些孩子不管在学习方面，还是生活自理方面都没有自信心，特别是与我同一时间来的吴岸隆同学，我让他做什么他都说自己做不好，甚至不去做。在学校，班主任多给他机会让参加学校举行的集体活动；在家里，我会帮助他、鼓励他，别人能做到的我们为什么做不到！心里要有一股向上的劲，不能没上战场之前，自己就把自己打倒了是不是？要虚心学习别人的优点，这才是进步的源泉。看到他脸上自信的笑容一天比一天多，我很为他高兴。这次重填的家庭档案中，有"我想对我的家长说一句话"的项目，令我没想到的是，他头脑中闪现的第一句竟是："坚持就是胜利，相信自己，你肯定能行。"虽然在这里说这个有点跑题，但我从中深深感受到他的内心变化是巨大的，是绝对有自信的。我要竖起大拇指为他表示祝贺。前两个月转来的新生，生活自理能力特差，我帮他们叠了近一个月的被子，他们也很愿意学。现在与我一室的凌虎、葛东已经叠得很好，甚至还帮刚来的新生叠被子。每当我夸奖他们时，看到他们小脸上绽放的自信笑容时，我特别为他们的进步而高兴。

三、做孩子们的家长、老师、朋友

作为孩子的"家长"，我不仅关心他们生活方面的事情，也同样关心他们在学校的表现、在学校的学习成绩，更关心他们的心理健康成长。他们生病时，我会时刻想着提醒他们吃药，给他们倒好开水，自己先喝一口试试冷热再递到他们手中；有的咳嗽晚上缺水时，我会半夜起来倒上两杯热水，叫醒熟睡的孩子喝完水再躺下，继续做他们甜美的梦；有哭闹或调皮的小孩子很晚不睡觉时，我会哄着、搂着他们一起睡。别人看我一个刚毕业的女孩这样做感到不可思议，但与他们朝夕相处久了，我感觉像与自己的家人相处一样，也不觉得怎样了，这是很平常的事情。

作为老师，我会严格遵守学校的规定，让他们按时作息，并教导他们只有会休息的人，才会学习。我充分利用我家的那块小黑板，时常写点名言警句送给他们，教他们怎样做人，怎样与人相处。作为朋友，我会与他们一起玩耍，无话不谈，是心贴心的好伙伴。

四、您的孩子来到我家就是我家人

有个别家长把孩子送来时感觉不怎么放心，我请你们相信，同时恳请你们也能理解我们的工作，我会和你们一样喜爱孩子。最近学校新生比较多，我家必须搬走几位同学，他们是舍不得离开的。看着朝夕相处的他们收拾行李，就像自己的孩子要离开家，酸楚瞬间涌上心头，泪水像关不住闸门的水奔涌而出。

学生从四面八方来到这个"家"，虽然不是传统意义上的一家人，但我们真真正正地生活在一个家里。虽然我们彼此没有血缘关系，但我们经过朝夕相处，共享高兴和快乐，从不认识到认识，从认识到相知，从相知到知己，我们彼此已经有了实实在在割舍不掉的亲情。

每晚入睡之前，我都要到每个孩子的床前与他们说两句悄悄话，与他们亲吻晚安，看着一张张可爱、带着笑容进入梦乡的小脸，我很满足，再苦再累再委屈我都觉得值得，谁叫我是这样爱着他们呢？

为孩子们撑起一片纯净的天空

唐东菊

作为大唐学府的一名生活老师，我每天负责孩子们的衣物换洗和生活起居；教孩子们怎样洗内衣，打扫卫生，怎样理床单；告诉他们怎样洗脸、刷牙、洗脚，让孩子们按时作息。干这份工作说实在话既简单又辛苦，出力不讨好，生活也乏味。每天守着一台洗衣机，看着那一包包待洗的衣服我愁得不知如何是好。为了让孩子们穿得干净、舒适，我开始一件一件地洗，洗不干净的就用刷子刷，用搓板搓，洗完后还要把衣服端到三楼顶上去晾晒。一天下来，累得腰酸腿疼，我真不想干了。就在这时，另一位生活老师皮老师的行为给了我很大震撼，当时一个叫赵敏的同学因练舞蹈的时候扭伤了脚，皮老师每天把她从教室背到三楼宿舍，再把她从三楼的宿舍背到教室，一直到赵敏脚好了为止。看见赵敏幸福地趴在皮老师背上的样子，我感动了。不久我又参加了由王校长主持举办的岗位培训班，王校长的至理名言深深地打动了我，王校长说："作为一名老师就要全身心投入，全方位关注，全过程欣赏，全人格理解。"从此以后，我端正了工作态度，找准了自己的位置，心情自然好多了，看见孩子们天真烂漫的笑脸，我也没了劳累和烦恼。

记得我第一次放下包袱走进孩子们中间的时候，孩子们那一张张可爱的笑脸都朝我善意友好地笑了笑，我也下意识地笑了笑。仅仅是这么一笑，孩子们突然像一群小鸟似的向我扑来，我们拥抱在一起，欢笑在一起。这时，我感觉我是那样的幸福，泪水顿时盈满眼眶，从此我和孩子们成了好朋友。每当清晨第一缕阳光照进窗口的时候，我知道孩子们应该起床了，看见孩子们还沉浸在甜蜜的梦乡时，还在梦中叫着妈妈的时候，我真不忍心叫醒他们，我在心里不止一次地念叨着："停一会，再停一会。"因为时间关系，没办法我只好叫醒他们，不能让孩子们耽误了上课。当我轻轻地叫了声："孩子们，该起床了。"话音未落一个个小脑袋都抬了起来，不大一会满屋子便充满了欢声笑语。她们一个个像小燕子似的扑到我面前、把头往我身上一靠，毫不客气地说："妈妈给我梳头。"这时，我真的没法用语言表达我此时的心情。只有在这个时候你才体会到作为一名生活老师的责任感、幸福感。这么多的孩子把我当成了自己的妈妈，我是多么自豪！确实，没做过生活老师，你不会有这样的感受。

每当夜幕降临的时候，我的心情便会特别激动。因为我在期待着孩子们早一点放学，让我早一点感受和孩子们在一起的欢愉。每天晚上，我只要在孩子们的床上一坐，我的脸上很快就会布满了一个个小嘴唇的吻，这个亲一下，那个亲一下，哪个做妈妈的享受过这么多孩子甜甜的吻？我习惯了享受孩子们幸福的吻，如果哪天没享受到，我就会感到很失落。工作虽然很辛苦，但真的很幸福。在我们这个大家庭里，这些孩子年龄特别小，生活自理能力不强，为了让他们从小养成良好的生活习惯，我每天不厌其烦地教他们。让大的帮助小的，让小的向大哥哥、大姐姐们学习。有几个孩子经常尿床，我摸清了这几个孩子的生活规律。每天夜里11点、1点和3点按时给他们把尿，再给其他孩子盖被子。看着孩子们睡得很香甜，我虽然很疲劳，但感觉幸福极了。

做生活老师的确很不容易，但是我却从中找到了乐趣，也从中得到了回报。我给予孩子们妈妈般的关心与照顾，让孩子们感受到了家的温暖。所以，孩子们大都叫我妈妈。别看孩子年龄小，但都非常懂事，心地善良。在放年假的头一天，他们做了一件让我非常感动的事，这件事让我一辈子难以忘怀。那天晚上，孩子们洗漱完毕后，我让他们抓紧时间休息，第二天回到父母身边，可孩子们迟迟不睡却一起向我围来，对我说："妈妈你等等，我们给你拜个早年，祝你新年快乐，全家幸福。"我激动地拥抱着孩子们，流下了眼泪。拥有这么多懂事的孩子，我是最幸福的，再苦再累也值得。

作为一名生活老师，我不光在生活上关心照顾孩子们，让孩子们学会自理，学会自己照顾自己。平时和他们在一块的时候，还帮助孩子们解决学习上的困难，有的孩子英语口语不好，我就教他们怎样发音，怎样进行英语对话，让孩子们在快乐中接受口语训练。有的孩子语文不突出，我就经常帮助他从思想上放下包袱，从字词句到阅读、作文训练，我都一一引导他们，让孩子们在玩中学，在学中玩。有的学生数学基础不扎实，我就充当起数学辅导员，让孩子们攻克一个个堡垒，迈向成功！

爱是无私的，爱是甜美的。在我当生活老师的这段日子里，我尝到了苦的甘甜、爱的神圣！不必说孩子们甜甜的吻，不必说孩子们的真诚祝福，不必说孩子们在母亲节送我的各种各样的贺卡，也不必说孩子们的撒娇，只要和孩子们在一起，你的心灵就会得到净化，你就会变得年轻，就会觉得快乐！

我常想：学校里每一个孩子既是我们所有老师的孩子，也是我的孩子。我会和其他老师一道去关爱呵护他们。童年是色彩斑斓的，童年是如诗如画的。当孩子们情绪低落的时候，当孩子们的做法有些离经叛道的时候，我会用慈母般的胸怀接纳他们，宽容他们，用爱给孩子们撑起一片纯净的天空。

我们像他们的父母一样神圣伟大

戚茂芳

尊敬的家长朋友：

首先感谢你们长久以来对学校的信任和支持。今天我们齐聚一堂共同探讨孩子的未来，这充分说明了你们对孩子成长的重视，事实也将会证明大唐学府是你明智的选择，你们的选择不会错！

我是一个刚踏入社会不久的大专毕业生。作为一名生活老师，我虽然没有做母亲的经历，却有着做母亲的深刻体会。在孩子眼中，我像他们的父母一样神圣、伟大。孩子衣服破了，袜子破了，鞋子坏子，首先想到的是让生活老师给缝补。曾经有一个孩子天真地对我说："老师，我鞋子小了，你不能给我修修吗？"我忍俊不禁。

每当早上清脆的哨声在耳边响起，整个宿舍便热闹起来，我便也忙起来。一会有人叫道："老师，我的纽扣扣不上了。"一会有人说："老师，我的被子叠不好了。"一会又有人说："老师帮我梳头。"这时的我恨不能有分身术，一边不断地帮她们解决问题，一边还要指导她们快速洗漱。每当夜幕降临的时候，宿舍变成了她们快乐的天堂。等到洗漱完毕，她们或是三三两两地做游戏；或是躺在被窝里读书；或是吃点家里带来的零食。这时我除了指导他们洗漱，还要检查低年级的小朋友衣服是不是该洗了。偶尔给他们讲个故事，或是教她们个别英语单词，抑或是跟她们聊聊天，听听她们的心声，再者就是听她们唱从学校学来的校园歌曲，欣赏她们自编的舞蹈，给她们鼓鼓掌、喝喝彩。日子就这样一天天从指间滑过，我们的感情也在日益加深。山与山之间，树是距离；树与树之间，风是距离；人与人之间，心是距离；我们之间，没有距离，因为我们是交心的朋友。小朋友的一句："老师，你最好。""老师你辛苦了。""老师，我不会再惹你生气了。"这些是我的动力来源，也是我的快乐源泉，更是支撑我坚持下去的唯一理由。

大唐学府是一个塑造全面人才的地方，它不仅教给孩子知识，更让她们懂得做人的道理。在独立、自主中学会团结合作。就拿宿舍来说，各宿舍分别安排了高低不同年级的学生，大同学照顾小同学，小同学以大同学为榜样。在家里她们习惯了被父母照顾，而在这里她们养成了照顾别人的习惯，她们再把爱反馈到自己的父母、朋友身上，那我们的生活教育目的就达到了。

大唐学府"没有教不好的孩子，只有不合适的教育"这一信条不是一个空招牌。不论是任课教师还是生活老师，我们都会做到平等对待每一个孩子，对她们投入了极大的精力，付出了真心的爱，不断开发她们的潜力，发现她们身上的闪光点，让每个孩子都能体会到家庭的温暖。

当然，对于我个人来说，在陪伴孩子成长的同时我也在成长着，其中的不足之处还望各位家长予以谅解，我希望家长能和学校联起手来，共同为孩子撑起一片无雨的晴空。

最后，祝你们工作顺利，阖家幸福。愿我们的小天使们健康、快乐地成长。

感悟大唐幼儿园

王　娟

一直以来，作为家长的我总想为大唐写点东西，今天，终于能够静下心来回顾孩子的成长历程，感悟大唐的魅力。

给孩子选一所好的幼儿园，这是所有家长的愿望，到底什么样的幼儿园是孩子幸福的摇篮呢？我个人认为，让孩子全面发展，能够最好地挖掘孩子潜力，让孩子在玩中学，即一切从儿童出发。这种先进的教学理念，大唐幼儿园做到了，并且做得很好。

我的孩子叫马凯，是属于那种很有灵性、活泼、爱动的孩子。我每天感觉孩子的生活特别充实、快乐。今天回家让我准备辣椒、米豆，明天回家让我准备棉花、黄豆等。做什么用呢？上手工课用的。做蔬菜宝宝，做绵羊娃娃，种黄豆，然后观察黄豆生长过程，知道种子是怎么发芽的。这培养了孩子的动手能力、观察力等。孩子还从家里移走了一株芦荟，放在幼儿园里养着。孩子学会了管理盆景，培养了孩子的责任感，同时孩子也非常有成就感。平时在家，孩子总是拿把小剪刀剪出各种漂亮的窗花，仅窗花就能剪出七八种。孩子总是有许多事去做，动手、动口、动脑，其乐无穷。

每到周末，孩子总是提醒我，让我给她洗干净园服，准备星期一升国旗。升国旗的前一天，我特意从网上下载了国歌，她在家里练习正步走，练习升国旗的动作，那认真的劲头、那可爱的样子，让我忍俊不禁。

去年9月29日，是一个值得特别纪念的日子。那一天仟村超市开业一周年，也是我孩子五周岁的生日。那一天晚上，幼儿园的孩子们在仟村超市门口演出。马凯演了好几个节目，我为孩子第一次面对那么多观众的精彩表演由衷地自豪！演出后，所有孩子都获得了一份奖品，孩子直到现在对这份奖品仍然格外珍惜，美其名曰"劳动成果"。以后孩子演出的机会逐渐多了，到西校、东校演出，元旦到电影院演出等。每一次演出节目，孩子就多一次成长的机会，孩子得到了很好的锻炼。今年3月幼儿园举办"故事大王"比赛，孩子每天回家就练习，普通话水平不知不觉得到了提高。

孩子在大唐幼儿园是快乐的、是幸福的。作为家长，能在孩子成长之初找到这么一所优秀的幼儿园很幸运，我也很欣慰孩子的潜能得到最好的发挥。

大唐学府幼儿园是学前教育中一颗耀眼的新星，是才露尖尖角的夏荷，我们感受到了她的芬芳。孩子在大唐的每一天都是快乐的、阳光的！

（本文作者是大唐学府幼儿园大班马凯小朋友的妈妈、美澳学校教师）

小荷再露尖尖角

周钰婷

儿子进入大唐学府四年级（3）班学习两周后，迎来了第一次大休，我去学校接他。一见面，儿子便似一只小鸟，叽叽喳喳说个不停，带着我穿梭于宿舍、教室、餐厅等各个环境之间，眉宇间充满了展示的自豪。

儿子的情绪感染了我。我长吁了一口气，原来担心他不适应而高悬的心悄然落下。在我的心中，儿子一直是聪明伶俐、可塑性极强的。然而，儿子原来所在的学校，班级人数近百人，学校的规范化教育虽然搞得很好，但没有突破科学先进的教育理念与现实义务教育之间矛盾的壁垒。儿子的作业负担很重，上学时常常郁郁寡欢或安静淡然，就像一只摆钟，在既定的轨道上惯性地前行。这让我担忧。我曾经做过老师，深知教育关系孩子的一生。在孩子的成长阶段，教育至关重要，"差之毫厘，谬以千里。"

大唐学府拥有人文素质教育的理念和专业敬业的教师群体——这是我选择大唐学府的原因。果然，儿子开始喋喋不休地向我叙说数学课上得多么生动有趣，老师读的《学习改变命运》多么发人深思，电脑课多么令人着迷，选修课多么振奋人心，生活老师怎样教他怎样叠被子，某日他和某某老师开了一个怎样的玩笑……儿子像哥伦布发现了新大陆，恨不得把数日来所有的新奇体验全部再现于我。幸福的光辉充溢于他的小脸蛋上，我似乎能看到他胸膛里那颗激动跳跃的心！

——这才是儿童应有的活力！

在儿子看来，这里的一切都是那么不可思议：学校像家园，和原来的学习生活相比，许多"不可能"变成了"可能"，许多"不可以"变成了"可以"，原来的"不敢"变成了"敢"，原来的"没有"变成了"有"，原来的"渴望"变成了"现实"……而这些，恰恰切合了儿子幽默的天性、灵活多项的思维模式和旺盛的求知欲、创造欲！

更可喜的是，假期里，儿子竟然主动帮我扫地、叠被子、洗衣服，兴致勃勃地买来象棋、军棋、围棋及相关书籍，说要和棋类老师共同钻研；练习打网球，因为老师说"健康最重要"；还和我订了"母子之约"——我给他们的校报投稿，他也投稿……

诚然，其中点滴，有些是儿子"应会"但"迟来的开端"，也有的仅仅是儿子美好的心愿。我也不会强行给他的未来描绘什么宏伟的蓝图，我只要他拥有属于这个年龄段应有的积极向上的健康心态，以及有益于健康成长的环境。孩子是最娇嫩的蓓蕾，需要温情的悉心呵护和科学的精心培育，才可能绽放花的笑靥。而学校和老师，则是最重要的花圃和园丁！正是学校优雅的环境和老师的努力，儿子才开启了健康的教育洗礼，又在大唐学府和谐的素质教育中渐露新角、摇曳生姿。

祝愿大唐学府所有的"小荷"都能根植于这块沃土，在似水般柔和的和谐的人文教育池塘里绽放出生机勃勃的"尖尖角"。

祝　福

八年级慕泊辰同学的妈妈　姜老师

儿子打来电话："妈，你不用惦记我，就当你儿子另外有个家。我在这很好，同学们很关心我，老师更是格外照顾我。你管好自己吧！"

放下电话，心中既有酸酸的感觉，又有略微的欣喜，但更多的是放下了心。心酸的是儿子不再需要母亲的呵护，认为这是一种唠叨；欣喜的是他已长大了，懂事了，知道关心母亲了；放心的是儿子在短短的半个月内，就把大唐学府当成了自己的家。

新春伊始，为圆孩子的求学之梦，怀揣无奈，带儿子踏上了几千里的山东之旅。因为不了解，所以忐忑不安，不知这种选择是否正确。初见大唐学府，没有宏伟的建筑和豪华的装饰，几处小楼和平房错落有致，校园内有篮球场地、乒乓球台、水池、甬路、凉亭、操场，与普通学校大同小异。见到了校长王勇基先生，寒暄几句之后，他没有急于表态，而是和我儿子进行了促膝交谈，平淡的话语之中蕴含着丰富的哲理。不知儿子是否听懂，但在他的脸上却看到了久违的笑容。他在内心接纳了这所学校，甚至担心是否收留他。随王校长参观了整个大唐学府，令我有了一个新的感觉，我真正了解了这所学校。它不仅具有初中部，还包含了幼教和小学部。无论走到哪里，都让我感觉到管理井井有条，教学严谨，处处都体现了他们全新的教学理念和教育宗旨：开发孩子的智力，培养孩子的能力；教给孩子做人的道理，让孩子成人、成才、成杰；让父母省心、放心、开心。每一处孩子生活的地方都让我有家的温暖。我很欣赏他们的信条：知识改变命运，素质决定人生；二人行，必有我师。有幸听取了他们的一次数学教研活动。每位教师都能真诚地交换意见，提出建议，吸取经验，指出缺点，体现了"三五X"的教学策略。遗憾的是我没有进入课堂，真正领略他们的教学精髓。

在大唐，我还感受到了山东人的热情。无论是校长还是老师，都那么和蔼可亲，平易近人。他们待人真诚，跟学生们的关系也很融洽。在他们的身上既体现了我们北方人的豪爽，又有南方人的细腻柔情，每一次细微之处的关心都让我感动。

两天的时间虽不是很长，虽然我是离家千里的异客，可我却没有离家的感觉。我在想：如果孩子从幼儿、小学，再到中学，都接受这一系列的教育，他的人生会怎样？我相信：儿子在这里一定会很开心，在学业上也一定会有所成就。因为从他的话语中，我听出了他的自信。Believing in yourself is the first step on the road to success.（自信是迈向成功的第一步。）

当我依依不舍地告别大唐学府，告别了所有老师，我把我的心留在了这里，不仅仅是因为儿子，而是大唐学府让我有了依恋。这的老师们那种勤奋执着的创业精神，那种爱生如子的师德之风更使我钦佩。

"山不在高，有仙则名；水不在深，有龙则灵。"虽然今天的大唐学府不是很有名，但是谁能说大唐学府培养出来的孩子们在将来不是一笔财富呢？他们在这里不光汲取了知识的营养，还懂得了做人的道理。这里的生活经历，会使他们更有勇气和能力去接受人生的挑战，经受生活的洗礼。祝愿大唐学府的未来更辉煌；祝愿王校长和老师们事业蒸蒸日上、身体健康；还要祝愿儿子——小宇和这里的孩子们珍惜现在，更自信、自立和自强。

我的选择是正确的

六年级学生家长　闫宗明

大唐学府全体教职员工：

您好！在春节即将到来之际，召开了这次家长会，能够和孩子的班主任、任课老师再次相见，和众多家长有缘相聚，我的心情很激动。

我来自西南偏僻的十三甲村，由于经济条件比较落后，思想观念也很陈旧，所以把一切希望都寄托在孩子的身上。我对孩子教育很重视，望子成龙之心比较强烈，希望孩子将来能在学业上有所成就，但是苦于求学无门，每天都在思考着，就是省吃俭用也要把孩子送到一所最好的学校去上学。去年春节前后，大唐学府的招生宣传车来到了我村，我被这所学校全新的教育教学理念所吸引。以前我也听说过大唐学府教学质量特别好，就是还没有拿定主意。今年3月，我抱着让孩子试读的态度，把孩子送到了大唐学府。当我走进这所学校的时候，我就被这所学校的教风和学风深深地感染了，看到一位位和蔼可亲的教职员工，看到一张张可爱的笑脸，我庆幸我的选择没有错。以后的日子，我常到大唐学府来，每每遇到忠厚善面、平易近人的王勇基校长和对待孩子亲如父母的班主任徐敏水老师，令我好生敬佩。通过这学期的实践证明，大唐学府果然名不虚传。以前我的孩子学习成绩不好，贪玩，吃饭也没有规律。自从来到大唐学府，学习进步特别大，思想素质提高得也很快。言谈举止文明礼貌、落落大方，每次大休回家村里人都夸不够，说这孩子有出息了，老师真会教育孩子。我经常对自己说，对别人讲：我送孩子到大唐学府上学这步棋走对了！为孩子找到了一条长大成人成才的好路子！知识改变命运，素质决定人生。一想起这所学校，想起那么疼爱孩子的老师，我就非常开心，也非常放心，我对孩子今后的前途就更有信心！

在座的每位家长都知道，孩子各方面的进步，都会花费老师不少精力和心血。家里有一个孩子就够忙活的了，面对几十个学生，既教孩子知识，又教孩子怎样做人；既当老师，又当父母，每天和孩子像朋友一样相处，真的不容易。在这里，我代表所有的家长对老师们的付出表示衷心的感谢！为了孩子的一切，您辛苦了！

大唐学府现在已经成为全县知名度最高的学校。我坚信：在王校长先进的办学理念指导下，在众多充满爱心、教育教学水平一流的老师的共同努力下，大唐学府会越办越红火。祝全体教职员工身体健康、桃李满天下！祝全体小朋友们新年快乐！在大唐学府温暖的怀抱里健康平安地成长！

2006 年 12 月 30 日

感谢信

尊敬的学校领导及全体教职工：

大家好！

我是五年级（2）班的学生田丰硕的妈妈，前几天，丰硕有病，需要治疗一周的时间。其间，每天滴水、服药五次。我和孩子都很着急，在家治疗虽然方便，但是耽误学习。学校了解情况后，安排在校治疗，这样就使孩子的学习不受影响。学校还为我的护理提供了极大的便利条件。几天过去了，孩子病情明显好转，现已完全康复。在此，我代表全家向学校领导、全体教职工、学校医务人员表示衷心的感谢。

在护理孩子期间，我看到学府的学生非常团结，相互照顾，相互关心。老师们身、言、力、行，尤其是薛老师无微不至的关怀及生活老师体贴入微的照顾，都使我深受感动。在这所学校里到处充满着温馨、和谐和文明。

希望老师们再接再厉，发扬光大；希望孩子们在这里努力学习，健康成长。

家长　陈静

2008 年 11 月 16 日

给孩子的一封信

五年级　解东同学的家长

我们最亲爱、最可爱的儿子：

你好！

来信已经收到。你现在还咳嗽吗？一定要多穿点衣服，不要着凉了，免得让我们担心，你健康是我们最大的安慰。我和你妈妈都很好，小丫也很好，我、你妈妈和小丫也一样都很想你的。我们的生意还可以，谢谢儿子的关心。

我写这封信的今天就是你的生日。我，你妈妈还有小丫在千里之外祝我们亲爱的儿子——小丫的哥哥生日快乐。我们一起为你感到骄傲，因为你是一个懂事而又快乐的好孩子。

小丫现在晚上也不乱跑了，从保育院回来之后，都是先做作业，做完了就在店门口玩。爸爸代小丫谢谢哥哥的关心。

我们要等过完年回家，到时我会打电话给你的。儿子，一定要听老师的话，努力学习，积极参加学校的各种活动，练就本领。我们在外已经深深感觉到没有知识、没有能力是不可以的。要把想我们的心意用到你的学习上去，你一定会有很大的进步。我们把你送到大唐学府很放心，也相信我们的儿子一定是最棒的。

回家一定要听姥姥的话，千万不要惹姥姥生气，你懂吗？好了，就说到这里吧！

代我们向你的老师、同学问好。祝我们可爱的儿子生日快乐，身体健康，学习进步！

爸爸　妈妈

2007 年 12 月 12 日晚

"老师、家长"，两个极其相似的概念

八年级　张　涛

亲爱的爸爸妈妈：

您们好！又近一月不曾相见了，您们在挥汗如雨地劳作，还是在灯下默默地洗衣？心中不免有了些许想念。

不知不觉来到大唐学府已经两个月了。在这短短的两个月里，我每天都在学习着、思考着、观察着、感动着，在这儿，我明白了很多，想了很多……

不知您是否记得以前的我，让您操心，让您失望。您满怀希望把我送到了城里上学，目的只有一个，就是想给您的儿子找一个城里的学校、找一个好的学习环境，让他将来能出人头地，光宗耀祖。可是，您的儿子不争气，没能把握好这个机会。也许是年龄小，经不住诱惑，慢慢地和一些行为不端的同学走在一起，满脑子想的不是学习，而是怎么去玩、上网吧、打架、下馆子，直至有一天和别人打架，被迫离开了那所学校。也是从那时起，您才真正了解了您心目中的"宝贝儿子"。看到您浑浊的泪水在眼眶打转，我却仍嗤之以鼻，桀骜不驯。

您们却不曾把我放弃，而是多方打听，最终把我送到了大唐学府。

爸爸、妈妈，您知道吗？我在大唐学府上的第一节课，就是老师给我宣读的校园学子誓词："大唐学子、诚实勤奋、团结合作、发展创新，讲究孝道、为国为民、明理明德、成己成人。"也就是从这一刻起，我开始认真反省自己。以前的我，太无知、太不孝，没能给您争光，还每次让您伤心、难过、愁眉不展。现在我明白了，要学会学习，必须学会做人！做人最根本的一点，就是孝敬父母、理解父母、体贴父母、怎样与人相处。

爸爸、妈妈，非常感谢您为我选择了大唐学府，我已被这"和睦、和善、和谐"的校园氛围折服了。这里的老师与我们朝夕相处，是其他学校所不能做到的。在这里，老师和家长是两个极其相似的概念。老师不仅传授给我们知识，更重要的是茶余饭后教给我们做人的道理。他们用情感化学生，用健康的人格影响学生。他们像是父母，更像是朋友，与我们学生之间相处的是那么友好、和谐，无不透着人性美。无论在教室，还是在宿舍，我处处能感受到大唐学府家的温馨。在这样的环境里，怎能不努力学习呢？以前的恶习我在渐渐改正，心情不再焦躁，我感觉突然间长大了，我懂得了人活着不仅仅是为了自己，还要担负起更多的责任，为自己、为父母、为后人。我的学习也就由被动变主动了，成绩也在期中考试时考了 722 分，进入了前 10 名。

爸爸妈妈您们放心，经过两个月的耳濡目染，今天的我已懂事，儿子不再让您们失望，我会把握住这次机会，认真学习，挺胸做人，做一个堂堂正正的人，我会成为您们的骄傲与自豪！爸爸妈妈，为我加油吧！

爸爸妈妈，天气热了，干活注意带些水，多喝水对身体有好处，这是我在生活课上学的。现在儿子无以回报，只能说声：身体健康！

您的儿子：张涛

2007 年 5 月 30 日

爸爸，您好

八年级　要　震

寒来暑去，算一算您离家在外工作已有三年多了，爸爸，您好吗？您不在家的日子里，说实话，我感到了一点自由，但却增添了一些剪不断的思念，它日夜缠绕着我。少了一个陪我到深夜的人，少了一个告诫我"挺起脊梁走路"的人，少了一个教育我如何为人处世的人。我以为可以好好地惯自己一把，本认为挣脱了束缚自由的锁链，却又被关进了思念的牢笼，我更加不习惯，盼望您早日归来。

在我的印象里，您总是那样严厉，甚至有些不在乎我。在您离开我的日子里，昔日和您在一起的一幅幅画面时常在脑海里浮现，我惊讶地发现，自己是身在福中不知福。当我和您顶撞时，本以为会僵持几天，可是，您依然会陪我学习到深夜；吃饭时，您照例会朝我碗里夹我爱吃的菜；夜里，您仍旧会像往常一样来帮我掖好蹬开的被角……也许，这就是人们所说的说不尽、道不完的父爱吧，只有胸怀宽广的父亲才能如此！我开始理解您了，开始敬佩您了。

虽然您不在家，但是我能够时刻感受到您对我的挂念，不是吗？您夜夜出现在我的梦境里：和我欢笑，和我谈心，给我教诲，给我信心；您为我加油，为我喝彩，叮嘱我好好做人，满意于我的进步。爸爸，您知道吗？这一切都得益于我有着"家长、朋友、导师"般的恩师们，您放心吧！

爸爸，您给我的一切将是我一生享用不尽的，我实在无法用语言来表达内心对您的那份思念，只好在心中默默地为您祈祷：爸爸，您好！

成长在大唐

六年级　王　琪

敬爱的老师、亲爱的叔叔阿姨：

大家上午好！首先我代表六年级的全体同学感谢叔叔阿姨们百忙中来参加家长会，坐到这里倾听我们的心声。爸爸妈妈，我非常感谢你们。不光是因为你们给予了我们生命，更是因为您给我们选择了一个好的学习环境。在大唐学府这个温馨的校园里，我们不仅获得了丰富的知识，还懂得了做人的道理。老师不仅陪伴着我们在知识的海洋里遨游，还常常和我们在一起玩耍，和我们谈心，让我们爱上了这个大家庭，爱上了学习。

语文课上，老师把一篇篇课文当作小故事来讲，让我们不知不觉中收获了知识；数学课上，一道道数学题让我们大开眼界，开阔了思维；英语课上，老师用一张张图画、一个个游戏，让我们在快乐中学习；体育课、自然课等都让我们强健体魄，收获欢乐。我们不离口的学子誓词"大唐学子、诚实勤奋、团结合作、发展创新、讲究孝道、为国为民、明理明德、成己成人"，让我们懂得怎样做人，告诫我们什么是对，什么是错。

爸爸妈妈、叔叔阿姨们，我们学校还实行家庭化住宿和军事化就餐。宿舍有和蔼可亲、嘘寒问暖的生活老师；饭桌上有香甜可口的饭菜。总之，走进了大唐学府就像走进了温馨的家，我们每个孩子的脸上总是洋溢着幸福的微笑。期终考试即将来临。我们有理由、更有信心打赢这一仗，你们就等着我们的好消息吧。

最后，让我代表我的兄弟姐妹，向你们说一声：爸爸妈妈、叔叔阿姨，你们辛苦了，我们永远爱您！

给爸爸妈妈的一封信

五年级　燕　超

敬爱的老师，亲爱的爷爷、奶奶、叔叔、阿姨：

大家上午好！我叫燕超，今天作为一名新生能够站在这里发言，我既高兴又激动。因为这样大的活动我还是第一次参加。转眼间我来大唐学府已经有四个月了，回首这四个月的学习生活，我有太多的感触，有好多话想对您说。

爸爸妈妈：儿子要告诉你们，我已经长大了，自从走进大唐学府，我懂得了许多道理，是学府教会了我求知，是学府锻炼了我的意志。大唐学府是我的第二个家，这里虽然没有亲生父母，却有老师们父母般的关爱；这里虽然不是家，却有家的温馨。我知道我是你们心中永远长不大的孩子，我是你们心中永远的牵挂。爸爸妈妈，在我的心中你们最伟大，你们的爱是最崇高。爸爸妈妈，儿子感谢你们，感谢你们给我的爱和关怀，更感谢你们把我送到这所优良的学府来学习。在这里我得到了充分的锻炼，各方面都很优秀，老师们一直表扬我，我还是老师的小助手、同学们的楷模呢！在大队长评选中，我以总分第一名被推选为少先队大队长。爸爸妈妈，你们为我高兴吗？

爸爸，您知道吗？老师说我很像你，我想这个"像"字不光是指外表，其实我的许多地方都和您一样，做什么事都想做好，不甘落后，有好胜心。爸爸，您说是吗？爸爸妈妈，我知道你们把我送到大唐学府一定下了不少决心，是百般踌躇后的决定。你们怕我从未离开家、自己不会照顾自己；你们怕我花了很多钱、还不好好学习；你们担心我不适应这里的环境；你们怀疑这里的教学质量……现在我想告诉你们，爸爸妈妈，我爱大唐学府，这里有爱我的老师，有亲如兄弟姐妹的伙伴。丰富多彩的课外活动，丰富了我们的学习生活，开阔了我们的视野。我爱大唐学府就像爱我的家。

爸爸妈妈放心吧！你看老师把我教育、照顾得多好，我是班里的学习标兵。我的成长要让你们骄傲。爸爸妈妈，在这里我找到了学习的快乐，得到了成功的喜悦，尝到了独立生活的趣味。在这个大家庭中，我受益匪浅。认识了这么多伙伴不说，我还懂得了许多道理，还学到了那么多课本中学不到的知识。

爸爸妈妈，现在我要郑重地告诉你们：我乐意在这里学习，因为这里有一个好的学习氛围，我们整天学得开心，生活得称心。学校处处从我们切身利益出发，就餐上营养均衡搭配，生活上有声有色。我们开展了许多有益的活动，如叠被子比赛、拔河比赛、跳绳比赛、作文比赛、十佳歌手比赛、知识竞赛等。这些活动既丰富了我们的学习生活，又帮助我们增长了不少知识。学校还给我们购买了二万多元的书籍，供我们课外阅读。你们知道吗？儿子取得的点滴成绩花费了老师多少心血。这里的老师是真诚加爱心的使者，他们真诚地对待我们，用爱心滋润我们，我们和老师之间不光是师生关系，还是朋友关系呢？在老师们爱的阳光下，我们能不好好学习吗？我们不好好学习，能对得起老师和你们的爱吗？爸爸妈妈：我会做一个好孩子，会做一名老师的好学生。你们都放心吧！我会努力的。

祝所有同学的爸爸妈妈永远年轻，心想事成，新年快乐，合家安康！

给爸爸妈妈的一封信

九年级 宋 琪

亲爱的爸爸妈妈：

你们好！

从来都没有想到过我会以信的形式跟你们说话。对于处于我们这个年龄阶段的青少年来说，叛逆心是非常强烈的。最怕的就是父母的唠叨，但是，对于大唐学府的学生来说，听父母的唠叨却是奢侈的，因为大唐学府的学生大多是留守儿童，父母都不在身边，同学们的衣食住行大都在学校。然而我们并不孤独，学校就是我们的家，老师不是父母胜似父母。

大唐学府的学生们在一起共同生活、共同学习。课上严谨认真、合作探究；课下自由选修、共同切磋。演讲、读书声声不绝于耳；运动、歌舞台台精彩丰富。有趣的课余生活，使我们增强了才干，培养了能力。我们在阳光下健康成长。懒散的我学会了独立，脆弱的我变得坚强。大唐学府的学生是幸运的，是因为大唐学府的校长和老师都在尽最大的努力让我们拥有最好的学习、成长条件。老师们如父母，给我们无微不至的关爱，让我们感受到家的温馨。不少同龄的孩子会因为饮食不搭配或者挑食而营养不良等，而长期生活在大唐学府的学生是不会有这种现象的。因为，餐厅的师傅们每天都精心为我们搭配伙食，为我们有一个健康的身体提供有力的保障。

俗语云：近朱者赤，近墨者黑。在大唐学府，每个学生都在努力提高自身素质，"成人、成才、成杰"是大唐学子不懈的追求。我是本学期刚来到大唐学府学习的新生，刚开始时，对这里的一切都有着太多的不适应。但每天早上看到同学们都早早来到教室读书，书声琅琅，学海扬帆，置身其中，再也不好意思偷懒了。现在，我终于明白了"昔孟母，择邻处"、三迁其家的良苦用心——就是要为了孩子的成才选择一个良好的学习环境。置身大唐学府，我走近了成人、成才、成杰的目标！感谢您，爸爸妈妈，我终于明白了您们的良苦用心。

妈妈，您知道吗？近几个月来，我懂得了不少，也成熟了很多，这都源于几个月前中考的失利。尤其记得2008年7月，我不幸中考落榜后，全家都笼罩着一层厚厚的阴云，每人都在为我的前程担忧，而您更是愁得吃不下饭、睡不着觉，为我四处奔走，为我联系学校。几天之间您苍老了很多，脸上多了皱纹，鬓间有了白发，身体明显消瘦了，您内心的挣扎与痛苦我全都了解。您对我的爱我永世不忘。您因为想让我有一个更好的未来，所以送我来大唐学府学习，这些我都明白。因为不想让您失望，因为想成为您的骄傲，所以我在心底默默许下了"含辛茹苦儿未忘，金榜题名报母恩"的誓言。

这誓言既是我的誓言，也是我们全体九年级学生的誓言，更是所有大唐学子的誓言。亲爱的爸爸妈妈、叔叔阿姨请您们放心，大唐学府的学子不会让您们失望，不会让您们的辛劳白费。

您的女儿　宋琪

2008 年 12 月 20 日

给父亲的一封信

七年级 顾 辉

亲爱的爸爸：

　　您好！近来您的身体好吗？不要过于劳累，做儿子的我会很担心的。爸爸，您是一位普通的商人，为了家庭，为了我拼命地劳作，本来消瘦的脸庞变得更加憔悴，可每当我问您累不累时，您总是说"不累"。

　　从小到大，您与我说的话不多，这是因为您常年在外经营，有话在电话中也是三言两语，可这并不是您对我不好，因为我知道，在我生命的旅程中，您一直是我的保护神。

　　去年冬天的一个晚上，我感冒了，高烧不止并且上吐下泻，浑身无力。您急坏了，自己草草地穿上衣服，却仔细地给我穿好大衣，把我扶到三轮车上，急急地蹬着车来到了村头的医院。此时已是深更半夜，您叫醒了医生，为我检查身体。医生给我挂上吊瓶，您默默地守在我身旁。第二天，您两眼布满血丝，看到我醒来，忙问我："好受点了吗？"我点点头，您宽心地笑了。

　　每次大休回家，我和您通电话，您总是对我嘘寒问暖，要我好好学习，听老师的话……爸爸，您对儿子的爱，我真无法用语言来表达！

　　在您博大的爱面前，我是多么幸福。爸爸，我时时感受到了您对我的殷切期望。儿子会谨记您的教诲，努力学习，回报您对儿子的爱，不辜负您对儿子的期望。

　　祝您节日快乐！

您的儿子：顾辉

2006 年 6 月 18 日

谁言寸草心，报得三春晖

六年级　尚振宝

亲爱的妈妈：

您好！好长时间不见，又有些想念您了。儿总以为您只是一本平凡的书，无须倾注任何感情去读它；总以为自己已经长大，而您只是一间古老的房子，只能给我的童年遮蔽风雨，但不会再提供新的风景；总以为您的嘱托是一种唠叨而不予理会；总以为您宽容的心无须儿子呵护；总以为……

是的，我进入了六年级才意识到，我和母亲之间竟然潜伏着无数盲点。

学习的紧张、考试的失败已让我没有时间去接触您——母亲。我不喜欢您无数次的叮咛，甚至有时顶撞您。每次您提起往事，我总是不耐烦地说："老提往事，你不烦，我还烦。"

当我快要毕业时，我才发觉，当自己急着环视世界时，有一双眼睛凝视着我——母亲的眼睛。我知道自己永远走不出母亲的视野。于是我发自内心地想读懂您——母亲。

您是世界上第一个认识我的人：何时长第一颗牙，何时说第一句话……往事则像长期不洗的底片，虽然暗淡却清晰地存在母亲的脑海里，期待着我们将它放大，放大……

我不知道以前为何逃避听母亲讲往事，为何不愿意迎接母亲宁静而温柔的眼神，真的是因为自己长大了吗？是不愿承认自己的弱小，还是不愿承载亲人过多的恩泽？我无暇多想，总以为母亲会永远陪伴在身边，总以为将来会有一天让母亲将一切讲完。

然而在某些时候，我体会到对母爱的诠释，是不能歇息的。

如今，我在悲痛中回头，才发现自己远远没有长大。

母亲从四年级把我送到大唐学府来，我却不好好学习，怎能对得起父母？现在，我的成绩一步一步上升，挤进来全班前十名，妈妈可高兴了。她以前总是愁眉苦脸，现在变为满面春风了，她为我的快乐成长而高兴。

还有一个多月的时间我就毕业了，学习也十分紧张。现在，我在学校中成长，在教室里读书、写字，而您却在田地中干活，这鲜明的对比，让我永远忘不了我的母亲。

我是一本没有结尾的书，每一个字都是母亲用心血写成的。我不想还未曾读懂它，作者早已撒手而去。从此，我面对书中的无数悬念和秘密，无法破译。我曾听人说过："学习，人生中的一大快事。"我国伟大的文学家、革命家鲁迅，晚年时仍如饥似渴地读书、学习，夜以继日地忘我工作。病重时，他还想着学习，他逝世前生着病，体温很高，可他仍然学习、学习……

我快乐时，您比我更欢喜；当我忧愁时，您比我还苦闷；当您远去的时候，我才大梦初醒：我驶不出母爱的长河。

我在困难中时，是母亲帮助了我；当我哭泣时，是母亲让我得到了快乐；当我不会做题时，是母亲把线牵引着我……

我知道刚来时，学习总提不上去，是母亲和老师教会了我怎样做人，我在学校中很好，母亲，您只需好好待在家中，等待着儿子，等待着姐姐，把一个个战胜品带回家中，凯旋。

我知道在人生路途中，不能一味地画着一个以别人为圆心的圆，那样，我将会迷失自我，永远走不出您的同心圆，那同心圆就是我们之间的默契。

我并不是无法写母亲，而是无法写出母爱的真谛。母亲把我送进大唐学府，只叫我好好做人。母亲真是用心良苦啊，而我只有好好学习，才能报答母亲；不好好学习，就对不起母亲的一番苦心……

"你摸过母亲的手吗？"，这句话中隐藏着玄机，母亲抚养我们，而我们却未摸过母亲的手，这是极大的不孝啊！

"谁言寸草心，报得三春晖"。今天，我才领会到了它的真正含义。

祝全天下母亲像山一样长寿，像晴空一样开朗！

您的孩子：尚振宝

2007 年 5 月 21 日

选择大唐，我快乐

周建伟

亲爱的爸爸妈妈：

你们好！

离家又近两个月了，望着窗外漫天飞舞的雪花，我陷入了沉思，我知道此刻您一定又对儿子多了几份牵挂。爸爸妈妈请放心，我一切都好。独在异乡为异客，我却一点孤寂的感觉都没有。自从踏上古老的郯城那一刻起，我就感觉银杏之乡有着与我们大蒜之乡不同的民风。

屈指一算，来大唐学府已有两年了，两年时间，白驹过隙。想起以前您为我的求学之路绞尽脑汁：先是从村公办小学转到村私立小学，又从村私立小学转到镇私立小学。但是结果都令我不高兴，令你们不满意。作为家里唯一的一个男孩子，你们寄予了我很高的期望，而我却不争气，改不了调皮捣蛋的习性，平时不遵守纪律，学习成绩平平。久而久之，你们不再对我抱有太大的希望。我也渐渐对自己失去了信心。每天看着你们那种失望的神情，我开始把自己封闭起来，在消磨时间中混日子。我就像一只折翅的小鸟，想飞但总是飞不起来，快乐离我越来越远。一个偶然的机会，你们从姐姐的口中获知了大唐学府，于是，我也开始了异乡求学之路。

来到大唐，我的第一感觉就是这里的老师更像朋友、更像父母。他们循循善诱的教导仿佛在我的心中点燃了一盏明灯。"最大的罪过莫过于自暴自弃。""九尺高台始于垒土，千里之行始于足下。""人生如矿藏，只要你肯潜心挖掘，定有光彩夺目的宝石。"这些都是大唐学府的老师们告诉我的。

耳濡目染，我明白了其中的含义。受伤的双翼开始渐渐愈合。我开始锻炼自己，从主持班会到代表班级参加学校组织的各种竞赛。今年"六一"儿童节的时候，我组织我们班排练的节目受到了学校领导的一致好评。经过一次次的磨炼，我重新认识到了自我，渐渐找回了自我。

现在我是七年级二班的班长，东校学生会副主席；上学期，我光荣地被评为"县级优秀干部"。这学期，我以市少代会代表的身份参加了临沂市第四届少代会。爸爸妈妈，这时儿子才感到了无比快乐。

爸爸妈妈，感谢你们为儿子选择了大唐学府；让我赢在了人生的起跑线上。选择大唐学府，我快乐。儿子不会辜负您们的期望，我会在这片沃土上沐浴着阳光雨露茁壮成长，让自己的人生更加辉煌！

爸爸妈妈请为我加油吧！

儿子：建伟

2006 年 12 月 20 日

致爸爸妈妈的一封信

七年级　朱　敏

亲爱的爸爸、妈妈:

　　您们好!

　　您们可知道女儿是多么感谢您们。是您们给了我一个健康的身体、美好的家庭和一个既懂事又可爱的弟弟,女儿从内心深处感谢您们。

　　爸爸,我在小学时,您知道我数学和英语不是很好,就整天陪我学习数学和英语,每天都要到很晚。我知道您是看在眼里,急在心中。您对我说:只要肯努力,就会有意想不到的收获。女儿,一定要加油!从爸爸的话语中,我深深体会到爸爸是多么关心我的学习。

　　我心中有一个强烈的念头:要勤于思考,努力学习。果然,功夫不负有心人。我小学毕业考试,进入了班级前 10 名。前 10 名,是爸爸您给了女儿很大的动力。女儿不会再让您为我担心的,会再接再厉的。

　　妈妈,女儿是如此感激您把我送到大唐学府。大唐学府的老师个个都很棒,女儿特别喜欢他们。虽然,我在大唐学府只待了两个多星期,但女儿可以感觉到自己的成绩又提高了许多,尤其是女儿的英语和数学。对了,说起英语,我还得感谢我的英语老师——陈老师。陈老师英语很棒,虽然和她相处的时间不长,但我可以处处时时感受到,她是那么和蔼可亲。

　　爸妈,您们帮女儿选择了一所理想的学校,在这里,我在老师的关爱下,愉快地学习着、幸福地成长着。您们帮女儿选择的这个学校真好,这就是我心中理想的学校。

　　爸妈,我会用实际行动,来证明我不会辜负您们对我的期望。我一定会好好学习的，以优异的成绩回报您们。相信我吧！

感谢您——爸爸妈妈。女儿永远爱您！

祝您身体健康！

您的女儿：朱敏

2006 年 9 月 1 日

给父亲的一封信

九年级　王佰乐

亲爱的爸爸：

　　您好！

　　离开您已经将近一个月了，在这短暂而又漫长的时间里，我无时无刻不在想着您，这是我在外求学以来第一次品尝到的思念的滋味。

　　爸爸，我永远忘不了在我入学的那天，您骑着从邻居家借来的自行车，带我去赶早班车，路上，您一直叮嘱我安心学习，不要想家里的事情，告诉我家里一切有您。

　　可是，爸爸，我怎能忘记，怎能不去想呢？尽管我不想去提及那件事情，因为它让您时常处在那件事情的阴影中，让您备受折磨与煎熬。爸爸，您不要怪罪妹妹了，其实她也不想那样，可是工作给她的压力，她是想躲也躲不过去呀，请您和妈妈不要把这件事情放在心上了。在这里，我先代妹妹说一声"对不起"。同时，您千万要注意自己的身体，因为，您是家里的顶梁柱，是我们兄妹的依靠。

　　爸爸，您可知道，对我来说，这个暑假，是有生以来最痛苦的一个假期。在这个假期里，我总是想办法让您高兴些，轻松一点。可是，我的努力又都被妹妹的事情给一扫而光……您为了妹妹的事情，想尽了一切办法，操碎了心。同时，您作为一个父亲，又是那么疼爱子女，尽自己的最大能力满足他们的要求。记得那天早上，妹妹说想吃西红柿，可是大热天，哪有卖西红柿的呢？但是您二话没说，便骑车出去了。您出去没多久，天公不作美，竟然下起了大雨。您想法买回了西红柿，自己却淋了个"落汤鸡"，病倒了……在这个暑假里，我有最伤心的两件事，您也许知道，也许不知道。不，您一定不知道！第一件就是我第一次看到了您的泪水，第二件就是我第一次看到您挂吊瓶。您为了让我放心，在我面前总是装得很坚强，把内心的痛苦深深地埋在了心底。这两个第一次，让我知道妹妹的事情让您多么操心，让我知道您是多么疼爱我们兄妹！让我深深地理解了"父母是子女的牛"这句话，也让我在心中暗暗地下决心发奋努力，为您争光。

当您把我送上汽车的时候，我终于忍不住流下了眼泪，为了不让您看见，又赶紧抹去，可等我回头看您时，发现您正扭头擦流下的泪水。爸爸，您的泪水并不影响您在儿子心中的形象！

爸爸，您说过，等妹妹工作的事情办好了的时候，您就给我来电话的。我在这里等着听电话呢。电话铃声，赶快响起来吧！

祝爸爸万事如意！

您的儿子：王佰乐

2006 年 9 月 15 日

致全体家长的一封信

沙学莉

尊敬的爷爷奶奶、叔叔阿姨们：

上午好！

我叫沙学莉，是三年级（3）班的学生。今天，我能作为学生代表发言，内心感到无比的高兴和激动。

转眼间，爸爸妈妈把我送到大唐学府这所理想的学校学习已经有四个月了，经过四个月的学习生活，现在我已经深深地喜欢上了这所学校。因为这里有和蔼可爱的、犹如父母的老师，指引着我们在知识的海洋里遨游；有亲如兄弟姐妹的同学在一起学习游戏；有丰富多彩的校园活动吸引着我。

在大唐学府，我真正感受到了学习的快乐，每节课都有声有色，让我们在轻松愉悦的气氛中掌握了知识。由于我学习刻苦，各方面表现都很出色，所以老师在组建班委时，同学们都投票选我当班长。当上班长后，我没有让老师和同学失望。在班里更加刻苦学习，并且还主动帮助学习有困难的同学。另外，我和其他班干部能自觉协助老师管好班级。杨老师经常说：我们三（3）班许多同学思想的转变及知识水平的提高，是与我和其他班干部的努力分不开的。听到老师的表扬，我心里甜滋滋的，学习劲头就更足了。由于表现突出，我在上个月还被评为校级学习标兵呢！

这里，无论是教课老师还是生活老师，对待我就像自家孩子一样。他们经常和我谈心。生活老师天天给我们洗替换的脏衣服。天冷了，在我们到宿舍前，老师就给我们打开空调。杨老师每天早晨到宿舍领我们，都不忘提醒我们要注意穿暖和些，别冻着。

我们学校的饭菜非常可口，鸡、鱼、肉、蛋经常调换着吃，我们班的不少同学在这里都吃胖了呢！

我们学校经常开展卡拉OK比赛、拔河比赛、广播操比赛、跳绳比赛、书画展、文艺联欢等。这些丰富多彩的校园活动，给我的童年生活带来了无限乐趣！

在这里，我想对我亲爱的爸爸、妈妈说："爸爸、妈妈，你们为了给我创造优越的学习生活条件，整天起早贪黑地忙碌，真是太辛苦了。你们就放心地工作吧！在以后的学习生活中，我会听老师的话，更加刻苦学习，不辜负你们及老师对我的期望！"

最后祝愿天下所有的爸爸、妈妈身体健康，工作顺利，新年快乐！

谢谢！

沙学莉

2006 年 12 月 26 日

附录一

大唐学府经营模式问答

1. 大唐学府是一所什么样的学校？

答：大唐学府是经郯城县教育局批准、由原山东省实验中学济南英才高中执行校长王勇基先生于 2004 年 2 月兴办的、从幼儿园到初中十二年一贯制的民办寄宿学校。学府实行小班额授课，以全新的教育思想、课程理念和教学方式组织教学。学府环境优美，教学设施先进齐全，师资优良，是一所高档次、高起点、现代化的新型学校。学府由著名和谐教育专家天津市教科院基础教育研究所所长王敏勤教授和知名大学校长临沂师院杨燕钧教授担任名誉校长。

王勇基校长治校严谨，办学思想纯正，坚持把社会效益放在第一位，所有收入都用于办学，保证学校始终处在良性发展的轨道上运行。

2. 大唐学府的法人代表与校长都是干什么的？他们能配合好吗？

答：大唐学府的法人代表与校长是同一个人王勇基。王校长出身书香门第、教师之家，从小就立志当一名老师。王勇基，中学高级教师，山东省优秀班主任。中国民主促进会成员，中国教育学会数学教育发展中心会员，中国管理科学院管理科学专业研究会特约研究员，政协郯城县第五、六、八届委员。1982 年毕业于临沂师专数学系，1988 年获曲阜师范大学五年制函授物理本科文凭，2001 年获华东师范大学教育原理专业研究生学历文凭。曾任山东省郯城实验中学教导主任，山东双月园学校教导主任、中学部主任，山东美澳国际学校科研处主任、中学部主任，山东临沂现代实验学校兰陵分校执行校长，山东临沂现代实验学校校长助理兼高中部主任，现代实验学校校长助理兼学生处主任，山东现代教育集团总裁助理、教学总监、培训部主任，山东省实验中学济南英才高中执行校长。

王勇基自 1982 年参加工作以来，先后执教初中数学 19 年，高中数学 5 年。送初三毕业班 11 届，高三毕业班 3 届，多次获中考、高考平均分、高分率、最高分全县第一。担任班主任工作 14 年，任教导主任、学部主任、执行校长 11 年，校长 6 年。在教育、教学及管理过程中不断进行教改实验，并获得了成功。1991 年被评为山东省优秀班主任，1992 年获临沂市初中数学教学能手称号，1993 年被评为临沂市先进教研组长，1994 年、1997 年连续两届被评为临沂市骨干教师，1995 年被评为郯城县首届"十佳教育工作者"，并获"临沂市第二届十大杰出青年"提名奖，1996 年被评为临沂市优秀跨世纪青年科技人才，1998 年被评为临沂市教学科研先进个人，2005 年被评为郯城县先进教育工作者，2007 年被全国第四届教育家大会授予"2007 中国教育创新杰出人物"奖，2008 年被评为"临沂市关心下一代工作先进个人"，同年被山东省委宣传部推选为首届"时代风采"人物。所撰写的教改、教育论文先后获得中国教育学会评选一、二等奖，并有多篇论文在国家级报纸、杂志上发表，主编数学教辅专著 2 本，2002 年 10 月、2005 年 4 月、2006 年 8 月分别在全国和谐教育年会上做典型发言。

王勇基校长一心探索农村基础教育的最佳经营模式，近年来初见成果，办学社会效益很好，得到了临沂市民进市委及当地教育主管部门、县政协、县人大、县委宣传部、团县委、县妇联、县文化局、县广播电视局的高度评价。全国农村教育发展与管理研讨会于 2008 年 4 月 27 日在西安召开，研讨会由中国教育学会、西安市人民政府、陕西省教育厅、《中国教育报》、《人民教育》杂志共同举办，全国各地 600 余名代表参会，大唐学府递交的两篇论文《三校合一，大唐学府和谐发展之路——探索农村留守儿童教育管理模式》《和睦、和善、和谐——大唐学府校风诠释》得到了专家的高度评价，并被收录为会议典型材料。会后，大唐学府的"家庭化住宿、学长制管理"

被"阳光在线"网向全国宣传推行。

2008 年，中央电视台来大唐学府采访并制作了 12 分钟的专题报道。2009 年 3 月，"中国青年报"以"一所备受百姓青睐的学校"为题，介绍了学府的办学事迹。2009 年 6 月，《教育文摘周报》以"让留守儿童享受更好的教育"为题，用整版篇幅全面报道大唐学府的教育教学和管理经验，王勇基校长被选为当期的《本期人物》。

3. 大唐学府的教师队伍如何？

答：大唐学府以中国民办教育协会为依托，常年参加天津教育科学研究院基础教育研究所所长王敏勤教授领导的全国和谐教育实验课题组科研，全力打造大唐学府高素质的教师队伍。新教师上岗前要经过严格培训，学校要求每位教师都能胜任"导师、朋友、父母"三个角色，关爱学生，热爱教育，真正成为学生的良师益友；学府每年还给教师提供外出参观学习的机会，让教师不断得以发展和提高。学校坚持"事业留人、感情留人、待遇留人、环境留人"的原则，为教师提供各种福利待遇，职称评定与晋级与公立学校教师相同，工资水平也稳步提高。

4. 大唐学府怎样提高教学质量？

答：第一，大唐学府严格遵守教育局下达的各种文件，严格按教育规律办学，坚决开齐开足国家课程、地方课程，创造各种条件开好校本课程。第二，在王勇基校长先进教育理念的影响下，省内外各地优秀教师云集。学府建立科学有效的管理与教师培训机制，不断更新教师的教育教学观念，打造了一支业务精湛、师德高尚、爱岗敬业的骨干教师队伍。他们不断创新，努力提高课堂教学效率，从而全面提高教育教学质量。第三，学府实行小班额授课制，有利于教师更深入地了解每一位学生，针对每一位学生的特点进行个别辅导，分层次教学，转差促优；小班化还有利于加强师生交流，建立融洽的师生关系，从而避免因班级人数过多而压抑学生个性发展的弊端。第四，学府平等对待每一位学生，根据学生的实际情况，实行分层教学及"导师制"，除课堂上加强辅导外，每天下午和晚上还安排时间由教师给学习困难和偏科的学生进行补课，不让一个学生掉队。第五，学府采取评选"诺贝尔奖学金""英语小博士""棋王""乒乓冠军""诺贝尔进步奖""诺贝尔文学特别奖""结对子奖"等形式表彰、鼓励成绩突出和进步快的各类学生，使他们感受到学习的快乐和成功的喜悦。总之，教师积极培养学生学习兴趣，增强其学习的主动性，使他们掌握科学的学习方法，养成良好的学习习惯，并不断提高自制、自理、自学和自我发展能力。

5.大唐学府是如何对学生进行外语教学的？

答：外语教学是大唐学府重要的教学特色之一。学府聘有多位高学历英语教师从事英语教学，注重口语训练。特聘原临沂师院英语系主任姚保慧教授为学府英语教学专家，特聘北京邓泽英语口语雕刻法创始人邓泽先生担任学府口语训练教师，聘请全国中学英语教学法研究会会员、全国优秀教师、中学高级教师、原临沂市著名英语教研员马保生老师任英语教学总督导。学府充分发挥外语教学的优势，扩大教学领域，开展以英语为主的课外活动，并且要求全校师生逐步能用英语会话，使用双语教学，以营造良好的英语学习环境。

6.大唐学府是如何进行学生管理的？

答：科学严格的管理是建立良好的学习秩序、形成优良行为习惯的重要保证。学府坚持"以人为本、以德治校、科学管理、和谐发展"的治校方略，本着"封闭式管理、开放式办学、家庭化住宿、军事化就餐、项目化推进"的管理原则，对学生进行严格的管理与训练。在生活、纪律、卫生等方面实行半军事化管理，高年级开设军体、内务、军史、军事常识等军事校本课程。在文化课方面，从预习、上课、讲评作业、考试等环节进行听、说、读、写、思的全面训练，让学生在掌握科学学习方法的基础上逐步形成良好的学习习惯。"不学习就是学生的最大错误。"对那些厌学、逃学、惹事生非的学生，教师给予耐心、热情的教育诱导、疏导、辅导，使其增长信心，认识错误，改正错误；对个别已形成严重不良习惯、短期内难以调教的学生，学校将与家长联合制定教育方案进行个案教育；对于屡教不改、错误重大的学生，或在某个领域很突出而我校条件不具备的学生，学校暂时没有把握教育好的学生，劝该生转入更合适其发展的学校，不硬留学生、不耽误学生的前途。

学校采取不同方式定期、不定期抽查各年级文化课学业水平，选修课及特长的水平，采取不同的评价激励措施，使学生进入积极主动的学习状态，使学校真正变成学生学习的地方、成长的乐园、幸福的家。

7. 大唐学府的食宿条件怎样？

答：大唐学府总结国内外寄宿制学校的成功经验与不足，开创学生住宿新理念："家庭化住宿"——在学校给学生一个高档、温馨、和谐、有知识的幸福之家。为学生提供以下服务：学校以家为单位管理、关爱学生，每家选派有成功家教经验的优秀教师为家长，负责本家的家庭文化建设及家规、家风的建立；选派与家长不同学科、不同年龄的优秀中青年教师为副家长，低年级教师住学生宿舍；每家住 20—40 人，中学生每间宿舍 6—8 个人，对个别需要照顾的小学生，家长可以让其住自己的房间，让老师多照顾一些，待心理成熟、有了自理能力后再移到学生宿舍。每周召开家庭生活会，不断完善家庭文化建设。宿舍夏天有空调、风扇，冬天有暖气。宿舍内设有阳台、卫生间、浴室；学府还有公共浴室。为学生提供被褥、脸盆、毛巾、蚊帐、牙具等生活用品；每天夜里都安排教师轮流值班，为学生盖被子、起夜等服务。小学宿舍生活教师为学生提供洗衣服、晾晒被褥、组织洗澡等服务管理，创造一个清洁、安全、舒适的居住环境，使学生身有所安、情有所依，有心理归属感。

学府拥有高档次可同时容纳千人就餐的餐厅，并根据不同年龄段学生身体发育特点和规律，由营养专家精心配餐。在保证伙食卫生和营养的基础上，注意饭菜品种、花样合理搭配，让学生每顿都能吃上可口、卫生、营养的饭菜。对于偏食的学生，班主任和生活教师注意在饮食方面加以特殊照顾，并努力帮助他们在集体生活中逐步改掉不良习惯，和其他孩子一样健康成长。

8. 大唐学府如何保障学生的健康？

答：医疗方面，学府设有定点医疗保健中心，中心配有先进的仪器设备，聘请经验丰富、医术高超的医生负责全校师生的医疗保健，学校同时设有卫生室。医疗保健以防为主、防治结合，经常对学生进行卫生保健、防病治病教育，培养学生良好的卫生生活习惯，提高其对各种常见病的免疫能力。为每个学生建立医疗保健档案，学生在校生病可以得到及时治疗。同时，学府为每个学生办理平安保险和医疗保险，以避免学生因意外事故而给家长造成经济上的损失。

日益进步的现代社会与复杂的社会大环境，使学生的心理与行为变得复杂，面对来自各方面的压力，不少学生的心理健康受到影响。学府对这一现象十分关注，专门成立心理健康聊天室，由专业教师负责与学生沟通、交流，及时解决学生心理方面的问题，并建立了《学生成长档案》及电子档案，坚持追踪记录每一个学生的心理状况，逐步完善对学生心理素质发展水平、特点及心理状态、发展倾向的测定与分析机制，使学生身心全面健康发展。

9. 大唐学府采取什么措施保障学生的安全？

答：学府拥有一支纪律严明、训练有素的保安队伍，24 小时保护学生安全。学府实行封闭式管理，对出入人员实行严格的登记制度，对学生实施 24 小时监护，不允许学生单独离校；学生因故外出必须经班主任批准，由教师、家长或校警陪同；学生集体外出要有校警和老师随行。为充分保障学生的安全，学府还对学生家长的身份、住址、收入、职务等予以保密。

10. 大唐学府怎样安排学生休息？

答：学府平时每两周小休半天。由教师组织丰富多彩的活动，或到工厂、部队、企事业单位参观访问，或到校外进行野炊、爬山、摘水果等集体活动。校内阅览室和文体设施全天为学生开放，每周举行家庭生活会，让学生愉快而充实地度过周末休息日。由于实行寄宿制，学生三至四周集中大休息一次，每次为 5~7 天，并由学校安排专车在教师的监护下接送。

11. 大唐学府怎样与家长联系，让家长及时了解学生的在校表现？

答：学府成立家长理事会和家长学校，与学校进行多方面沟通。学府还设立了家长接待日，由班主任及任课教师向家长如实介绍学生各方面情况，并接受家长的咨询与监督。学校每月印发一份《大唐杏坛》校报，内容包括学校大事记和校长、老师、学生的文章，以及家校联系的信件与专题活动报道，同时每月给家长一份家校联系卡，每学期至少召开一次家长会，向家长汇报学校教育教学和管理情况。学生家长每天都可以上网了解学校动态，查看学校相册，了解学校活动，在网上学习家庭教育常识、留言提出意见和建议，校长和教师虚心听取家长意见、建议，不断改进和弥补教育与管理中的不足之处，完善管理制度和措施。

12. 大唐学府怎样确保学生的升学出路？

答：学府通过加强管理，提高教学质量，同时还开设各类选修课、活动课，参与多种社会实践活动，使学生在学校学习期间有责任感、使命感，有方向、有目标、有上进心，学会动脑、讲效率、会思考、有感悟。通过加强个别辅导和心理疏通，使大多数学生能顺利考取理想的学校，对于升入高一级的学生，学府仍给建立成长档案，定期追踪服务，做好家长的家教参谋。家长可与学校建立长期联系，把握学生发展的动态，及时了解有利于学生发展的信息和建议，使在大唐学府毕业的孩子能享受优质的教育资源。2007年首届九年级毕业生34名学生报考高中，被一中、美澳、二中三所学校录取正榜生16名，副榜生15名；2008年第二届九年级毕业生41名学生报考高中，被一中、美澳、二中三所学校录取正榜生15名，副榜生18名；2009年九年级有73名学生参加中考，被一中、美澳、二中三所学校录取正榜生36名，副榜生31名。很多学生是在原学校厌学，家长没办法送来完成学业的，没想到自己的孩子还有高中上。对于中考落榜的学生，学校也热情帮助其考察学校、专业，结合兴趣爱好及家庭情况推荐学校，为其一生幸福打下良好的基础。

13. 如何报考大唐学府？大唐学府收费标准怎样？

答：第一，学生家长要征得学生同意，或学生本人想来上学要征得家长同意；第二，家长与学生考察学校的办学宗旨、学校文化、办学条件、管理机制、经营模式、寻访教师学生；第三，家长带学生的有关资料及户口本到学府填写报名表，参加学府考察及面试；第四，学校根据家长意见、学生情况给出该生教育的计划和方案，签订安全协议书；第五，学校根据情况录取学生为本校试读学生。具体办法见每年的招生简章。

学校严格执行物价局核定标准收费。结合我校和学生家庭的实际，实行菜单式收费，满足不同家庭的需求。具体办法视每年物价局批文及学生在校生活实际要求制定。

附录二

大唐足迹

2004 年

2 月 4 日，经郯城县教育局批准，大唐诺贝尔学府诞生。

3 月 2 日，大唐诺贝尔学府召开首届家长会。

5 月 28 日，学校参加县教育局组织的庆"六一"文艺调演活动，选送的舞蹈《南泥湾》、小品《网虫》等节目成功入选。

7 月 9 日，郯城博雅中学传来捷报，在博雅中学组织的全县小学六年级升学考试中，我校五六连读实验班孙炎、管聪聪、冯铁莹、于东方、韩蕊、李春霖等十三名同学跻身全县前六十名，被免费录取。

7 月 10 日，大唐诺贝尔学府首届"大唐之夏"夏令营开营。营员王双双的《走进大自然》被临沂市科协、市少年科技馆评为少年科技创新大赛优秀论文一等奖。

8 月 5 日，曹开慧老师赴苍山诚信中学参加市教研室组织的全市初中英语教师培训活动。

9 月 10 日，学校隆重举行庆祝全国第二十个教师节暨优秀教师表彰大会。

9 月 17 日，郯城县教育局原局长赵荣会来学校调研。

10 月 4 日，大唐学府举行专家报告会，特邀临沂市师范学院李同胜教授作"新课标下怎样上课"的报告。

2004 年 10 月 9 日，王勇基校长率数学教师参加全县小学数学教研会。

11 月 4 日，王校长随县教育局教研室领导去莒南参加全市中小学教研活动。

11 月 23 日，大唐学府校委会成立。

12 月 4 日，王勇基校长赴临沂参加市民主促进会年会。

12 月 11 日，大唐学府首届家长理事会召开，理事长戴广华同志主持了会议。

2005 年

3 月 18 日，郯城县教育局原局长孟凡信同志来学校调研。

3 月 18 日，郯城县安检局、郯城县交通警察大队、郯城县消防大队、郯城县教育局、郯城县卫生防疫站组成安全工作督导检查团来学府检查指导工作。

3 月 19 日，郯城县戏剧协会京剧爱好者组团来学府演出。

3 月 23 日，学府名誉校长杨燕钧教授、郯城县教育局原局长孟凡信同志来学校调研。

3 月 30 日，郯城县人大常委会原副主任杜成德来学府调研。

4 月 8 日，王勇基校长赴兖州参加全国和谐教学研讨会，并在会上作了题为"实施和谐教育，构建和谐校园"的报告。

5 月 11 日，郯城县审计局局长马学准来学府参观学生宿舍、校园环境、学生学习和就餐等情况，并高度评价了学校的办学模式和管理方式。

5 月 15 日，学校五位同学代表郯城赴临沂参加全市青少年七巧板大赛。

5 月 17 日，中国少年先锋队郯城大唐学府大队委员会正式组建。

5 月 18 日，郯城县体委田主任、办公室李主任在王勇基校长的陪同下察看了学府的体育课和学生活动设施。

5 月 30 日，大唐学府第三届家长会暨庆"六一"文艺会演在郯城县影剧院举行。出席家长会的特邀嘉宾有中共郯城县委宣传部原副部长、《郯城报》报社主编徐祇奎同志，郯城县教育局小学教研室原主任、特级教师徐祇彩同志，郯城县教育局王科长、杨科长。

7月4日，山东省阳谷县一民办学校一行五人在校长刘传印带领下来学府参观学习。

7月12日，郯城县中学教研室副主任张仲松来学府深入课堂指导教学。

7月15日，临沂师范学院刘成坤、李同胜两位教授来学府参加第二届"大唐之夏"夏令营闭营式。

7月24日，学校被评为"全国和谐教育实验先进单位"；徐校长、杨介英、徐涛一行三人自青岛参加全国和谐教学会回到学校。

8月13日，与单凤鸾、张利明等八位房东签订租房合同，大唐学府东校区诞生。

8月18日，教职工分两组开始军训，为开学学生军训做准备。

9月10日，学府被县委、县政府评为"教书育人先进单位"；王勇基校长被授予"先进教育工作者"称号。

10月17日，学府名誉校长、原临沂师院院长杨燕钧教授来学府为教师开设教育讲座。

10月20日，学府召开八年级会商会。

11月2日，教师培训会，学习洋思中学经验讨论会。

12月20日，大唐学府第二届家长理事会在八一大酒店召开。

12月26日，第四届家长会在人民礼堂召开。

2006 年

1月3日，教师培训会：让优质教育走进平民百姓家庭，让更多的孩子享受更好的教育，让"留守"的孩子有个幸福的"家"。

1月12日，《大唐杏坛》第一期定稿出版。

1月16日，月考并开创家长监考的新方法。

2月5日，在西校区召开校委会，王勇基校长主持会议并作重要讲话，分析、总结了学府上学期工作，对今后学校的发展和运作厘清了思路，校委会成员工作进行了重新分工。

2月6日，全体教职工在西校会议室参加培训。

2月14日，王勇基校长赴教育局参加全县中小学校长会议。

2月16日、2月18日，东、西两校区分别举行开学典礼暨表彰大会，向获奖同学颁发奖金和奖状。

2月21日，西校区"大唐之声"广播站创建并播音。顾辉、周建伟等同学被评为县级优秀学生干部，要震、赵敏、安勤军等同学被评为县级三好学生。

2月28日，团县委批复学府《关于成立"共青团郯城县大唐学府团委"的请示》报告，批准学府成立"共青团郯城县大唐学府团委"。

3月2日，共青团大唐学府首届团代会召开。共青团郯城县委副书记、郯城县教育局共青团委书记出席了会议并致辞。

3月5日，我校团委组织团员及各班积极分子代表到郯城镇敬老院开展"学雷锋，送温暖"社会实践活动。

4月11日，县卫生防疫站领导来学府检查卫生防疫工作，对学府卫生防疫、食品卫生等方面的工作表示由衷赞赏。

4月13日，省科协领导在县科协领导的陪同下，来学府视察学生科技创新活动开展情况。

4月20日，学府被教育局授予"平安校园"称号。

4月24日，共青团大唐学府团委被评为"先进团委"。

4月25日，郯城县中老年合唱团在西校区为师生们演出，学府师生也同台表演了背诵《三字经》、唱英语歌、笛子合奏、现代舞等节目。

5月9日，王勇基校长赴县教育局参加全县师德建设年工作会议。

5月15日，学府37名新团员举行了隆重的入团宣誓仪式。

5月20日，全县科普教育工作座谈会在大唐学府召开。王勇基校长在会上介绍了学校开展科普工作的经验。县科技辅导站"心理健康教育咨询中心"成立，并设常务办事处于学府教师事务所。

5月21日，临沂市经典教育推广志愿者协会一行来我校参观交流。

5月24日，学府艺术团参加全县文艺汇演彩排，节目《祖国您好》获最佳节目奖，被指定参加全县庆"六一"文艺调演。

5月30日，东、西两校区同时召开家长会，精彩的文艺会演，求真务实的工作报告，坦诚友好的交流，实现了预期目标。

7月7日，第三届"大唐之夏"夏令营开营式在西校区操场隆重举行。夏令营特邀外教 Geoffory 先生在开营式上作了热情洋溢的讲话。

8月11—16日，全校教职工在东校区参加校本培训。

9月1日，学府被评为山东省首批民办教育"优秀办学单位"。

9月5日，全县科普工作会议在我校召开；周建伟同学被推荐为临沂市少代会代表，成为我县唯一的民办学校少代会代表。

9月10日，大唐学府 2006—2007 学年度第一学期开学典礼暨上学期总结表彰大会隆重举行。

9月20日，临沂市安全工作检查团在县教育局领导的陪同下，来我校对安全工作进行了全面检查。检查团对我校重视安全工作，制度健全，措施得力，软硬件齐全表示赞赏。

9月22日，王勇基校长赴烟台参加当代教育家经典思想研讨会。

9月23日，学校举行军训成果检阅暨广播操比赛。

10月12日，校长办公会作出进一步强化常规教育和宿舍管理的规定。

10月14、18日，东校区中小部、初中部分别举行"我心中的绿色郯城"演讲比赛。

10月16日，校长办公会通过了学生处制定的《关于加强对班主任和生活老师管理的补充规定》。

10月18、19日，东、西两校分别举行"纪念红军长征胜利70周年校园歌曲卡拉OK大赛"。

10月23日，学府篮球队在全县中学生篮球比赛中获得第四名。

10月25日，教育局原局长孟凡信同志来学府搞调研；县卫生防疫站工作人员来学府为全校师生进行健康保健查体。

10月27日，马宝生老师、梁老师在九年级执教示范课。

11月8日，学府承接临沂市教研室《探究—体验—试验》教研课题，上报《立项申请评审书》。

11月16日，学府讲课比赛拉开了帷幕。本次比赛，特邀原临沂师院院长杨燕钧教授、原郯城县教育局孟凡信局长作为嘉宾评委。

11月17日，学府科技辅导员王老师赴临沂市参加全市青少年科技辅导员培训会。

11月18日，王勇基校长参加县教育局召开的全县"师德建设年回头看"总结会。

11月20日，王勇基校长随县教育局组织的参观团赴沂水、蒙阴参观、考察、学习。

11月29日，临沂市科协科普大篷车开进学府，给师生们送上一次丰盛的科普大餐。

2007 年

1月7日，全体教职工参加校本培训。王勇基校长作题为"自觉觉人，成人达己"的专题报告。

1月19日，孟凡信局长来学府进行语文教学调研。

2月1日，新区幼儿园加盟大唐学府，更名为"大唐学府新区幼儿园"。

2月27日，全体教师去美澳学校参加教育局组织的专家报告会。

3月4日，赴济南参加全国现代教育家经典教育思想报告会的冯文彬主任和郁允鹏主任满载而归。

3月10日，大唐学府新学期开学典礼暨表彰大会隆重举行。

3月12日，学府王星强、刘宝伟、王淑涵等九名同学在"齐鲁少年儿童书信比赛"中获得二、三等奖。

3月17日，举行大唐学府校歌比赛。

3月21—23日，学府刘瑞峰校长率华春、颜曲晨、李平仁等老师赴邹平参加天津教育考察团对邹平县中学语文教学改革的考察。

4月1日，刘瑞峰校长一行七人赴淄博市临淄三中参观考察。

4月2日，学府赴北京参加教学教研活动的十一人在北京师范大学亚太实验学校、北京王府学校参观学习，并分别与两所学校的校长就教育教学、学生管理等方面进行了交流探讨。

4 月 11 日，学校体育代表队参加 2007 年春季全县中小学体育运动会，获得"体育道德风尚奖"。

4 月 15 日，大唐学府新区幼儿园举行幼儿教育展示活动。

4 月 20—22 日，吴清欣校长随同郯城县科协、郯城县教育局基础教育科领导赴沂水县参加"翔宇杯"第 22 届山东省青少年科技创新大赛。

4 月 24 日，大唐学府和新星中学达成联合办学协议，大唐学府新星学校诞生；大唐学府再次荣获郯城县"平安校园"称号。

4 月 27 日，杨斌同学荣获山东省"第四届'星星火炬'中国青少年艺术英才展示活动"民乐类一等奖。

4 月 28 日，学校团委召开第二次共青团代表大会。

5 月 10 日，中国共产主义青年团大唐学府委员会被评为郯城县"先进团委"。

5 月 28 日，学校艺术团表演的节目双簧《争功》、歌伴舞《放学吹起笛哩噜》在全县庆"六一"文艺会演暨首届"檀都宝贝"大赛中获得一等奖，学校获得优秀组织奖。

5 月 30 日，大唐学府举行第七届家长会暨庆"六一"文艺演出。

6 月 11 日，学校举行首届初中毕业生毕业典礼。

6 月 22 日，大唐学府被评为"全国民办学校'守诚信·重教学质量'双保障示范单位"。

7 月 12 日，第四届"大唐之夏"夏令营举行开营式；《临沂日报》就学校对留守儿童教育的成功经验作专题报道。

7 月 15 日，中考传喜讯，学府首届初中毕业生 34 人报考高中，31 人分别被郯城一中、二中、美澳录取。

9 月 8 日，学校举行新学期开学典礼暨上学期总结表彰大会，王勇基校长致辞，各执行校长分别作总结发言。

9 月 13 日，学府被临沂市教育局、临沂师范学院选定为"教育教学实践基地"。

9月28日，大唐学府新区幼儿园应仟村超市之邀，举办"庆国庆"文艺演出。

10月5日，临沂市蒙特梭利双语幼儿园组团来学府幼儿园参观交流。

10月6—8日，学校体育教师参加教育局阳光校园集体舞培训活动。

10月11日，郯城县卫生防疫站工作人员来学府为师生健康查体。

10月16日，山东社会科学院《学习》杂志社副主编就留守儿童教育问题来学校考察。

10月19日，郯城教育局校园安全检查组来学府检查指导工作；杨燕钧教授来学校调研并为初中部学生举办了多场有关学习方法的讲座；山东电视台新闻记者来学府采访报道学府为留守儿童撑起一片蓝天的事迹。

10月21日，大唐学府新区幼儿园召开幼儿教育成果展示会。

10月27日，大唐学府少先队员赴临沂参加市世界语协会成立二十周年庆典大会，并向大会献词。

10月30日，王勇基校长率部分干部、教师到北京新东方扬州外国语学校参观考察。

11月3日，大唐学府幼儿园邀请国家一级播音员张弛老师开展普通话培训活动。

11月8—12日，学校派团参加第四届全国教育家大会和全国中小学班级管理创新暨优秀班主任经验交流会。王勇基校长获"2007中国教育管理杰出人物"称号，五位教师的论文分别获得一、二等奖；学府荣获"2007年中国教育创新示范单位""2007年中国校园文化创新二等奖"。

11月19日，本年度教师讲课比赛拉开帷幕，杨燕钧教授为特邀评委。

12月5日，大唐学府党员干部及优秀班主任代表会议召开。

12月15日，大唐学府小学部举行《阳光校园》集体舞比赛。

12月6日，王勇基校长应新东方教育科技集团所属北京新东方扬州外国语学校王修文校长之邀，到该校《名人大讲坛》作学术报告。

12月21日，王勇基校长应郯城县实验中学李培来校长之邀，为学校教师作"当教师与学生一起成长"的报告。

12月26日，大唐学府第五届家长理事会第一次会议召开；大唐学府"为留守儿童撑起一片蓝天"文艺演出在县影剧院举行。

12月30日，大唐学府第八届家长会隆重召开。

2008 年

1月14日，经县教育局电教科和基教科联合考察验收，学校作为2008年中考信息技术科目考试指定考点。

1月21日，初中部参加由市教研室组织的期末质量检测。

2月22日，学校少先队六、二中队被共青团临沂市委、临沂市教育局、临沂市少工委授予2007年度"临沂市少先队优秀中队"称号。

3月1日，大唐学府2007—2008学年度第二学期开学典礼暨上学期总结表彰会隆重召开。

3月10日，赵云、王继德同学被评为2007—2008学年度县级三好学生。

3月22日，幼儿园举行故事大王比赛和花样道具操比赛。

3月22—26日，学府派语文、数学教师到徐州市参加全国小学语文、数学课改教研活动。

4月6日，学校教学督导组进行教学常规检查。

4月11、12日，王勇基校长率学校教学质量检查组部分教师参加在滨州召开的全国和谐教学研讨会。

4月15日，济宁市博士源学校董事长马老师率学校颜校长一行十人来学校参观考察。

4月24日，刘瑞峰、徐祇本校长赴曲阜参加"第三届中华文化（曲阜）教育论坛"。

4月27日，王勇基校长参校由中国教育学会、西安市人民政府、陕西省教育厅、《中国教育报》、《人民教育》杂志在西安举办的"全国农村教育与管理研讨会"，学校提交的论文《三校合一，大唐学府和谐发展之路——探索农村留守儿童教育管理模式》《和睦和善和谐——大唐学府校风诠释》

得到专家高度评价，并被收录会议典型材料。

4月28日，学校被评为"全国民办学校先进单位"。

5月4日，共青团郯城县委宣布大唐学府自2008年秋季开始将资助八名农村面临失学的优秀女生在大唐学府完成初中学业；学校艺术团参加由中共郯城县委宣传部、共青团郯城县委、郯城县精神文明建设办公室、郯城县电视台共同举办的郯城县"第六届'十大杰出青年'颁奖典礼暨新亚助学金圆梦行动"启动仪式文艺演出。共青团大唐学府团委被评为"先进基层团组织"，王淑涵等六名同学被评为"优秀共青团员"。

5月11日，学校共青团、少先队、幼儿园组织各类活动，让学生感恩母爱、回报母爱，加深对妈妈的感恩之情。

5月12日，根据学校发展需要及进一步优化学生学习环境指导思想精神，六年级师生安全有序地搬迁到大唐学府新星学校。

5月13日，大唐学府幼儿园冯苗苗小朋友、小学部徐硕等同学获得"寻找美丽的中华，奥运在我身边——'读书郎杯'"齐鲁少年英语口语电视赛郯城赛区选拔赛优秀奖。

5月19、20日，大唐学府举行"胸怀祖国寄深情，留守儿童献爱心"——为地震灾区捐赠活动，共青团郯城县委副书记杜玉民参加了募捐仪式，并将首批所捐善款21194.5元转交希望工程办公室。

5月21日，柏路遥、王光志等六名同学在由共青团郯城县委、郯城县教育局、郯城县邮政局联合举办的"山东省第三届青少年书信文化活动"郯城赛区中，分别获得一等奖、三等奖，学校获得"优秀组织奖"。

5月27日，大唐学府新区幼儿园举行"庆'六·一'健康成长"文艺演出。

5月28日，大唐学府第六届家长理事会第一次会议暨第一次家长学校开学仪式在大唐学府新星学校召开。

5月29日，幼儿园艺术团应仟村超市之邀举行演出。

5月30日，大唐学府第九届家长会在各校区召开。

6月12日，学校举行防震及突发性紧急事件安全撤离演练。

6月13—20日，初中部举行第二届初中毕业生、六年级毕业生毕业典礼。

7月9日，山东大学赴大唐学府支教团二十名同学来学府开展为留守儿童献爱心支教活动。

7月11日，"'迎奥运'暨第五届'大唐之夏'夏令营"开营仪式隆重举行。

7月20日，全体营员在辅导员老师带领下，到郯城气象局参加社会实践活动。郯城县电视台做跟踪采访。

8月4日，共青团郯城县委书记石启立和杜玉民副书记一起来到大唐学府，调研学校共青团和关心下一代工作委员会工作。

8月7日，共青团临沂市委纪书记、段部长在共青团郯城县委书记石启立、副书记杜玉民的陪同下来学府调研。纪书记和"关工委"的领导们对学府倾情关注留守儿童，关心青少年健康成长的做法十分赞赏，对学府在留守儿童教育中进行的积极探索表示由衷的赞叹，指出学府成功的教育模式为当今留守儿童教育问题做出了有益的探索。

8月26日，来自全国各地的千名学子汇聚大唐，开始了崭新的学习生活。

9月9日，学校被《中国和谐校园全书》收录，《全书》向各界推介了大唐学府浓厚的校园文化及和谐校园建设经验。

9月10日，学校隆重举行开学典礼暨上学期总结表彰大会；学校开展各种活动，庆祝第24个教师节。

10月7日，大唐学府少先队员到郯城镇敬老院慰问演出。

10月11日，郯城县实验中学黄主任、刘主任、陈主任应邀来学校分别举行品德与思想教育、英语、数学公开课。校长王勇基号召大唐学府全体教师努力学习，进一步提高教科研意识，做一名科研型、专家型教师。

10月13日，校长王勇基被临沂市市委、共青团临沂市委、临沂市少工委授予"关心下一代先进工作者"称号；在"尚城·嘉园杯"郯城县首届少儿才艺大赛中，杨斌、杜心月两位同学分别获得三等奖，学校获得"最佳组织奖";李慧敏、朱婷婷同学分别被评为郯城县"百名优秀少先队员""十佳少先队员"。

10月14日,大唐学府加盟幼儿园——金太阳幼儿园在郯城县港上镇隆重举行开园剪彩仪式,王勇基校长出席了剪彩仪式并作重要讲话。

10月18日,小学部举行新生生活自理能力比赛。

10月21、22日,郯城县教育督导室副主任乔闪、教育局普教科副科长诸葛军堂,职成科科长王磊等领导分别来大唐学府检查"学校管理规范落实年"开展情况和学校安全工作,并参观了学校宿舍、餐厅、活动室,对大唐学府的各项工作给予了充分肯定。

11月5日,学校篮球队在2008年郯城县中学生篮(排)球赛中获得"体育道德风尚奖"。

11月6日,刘瑞峰校长率团赴北京参加"第三届全国中(职)小学班级管理创新暨班主任经验交流大会",学校七位教师提交的论文分别获得一、二等奖。

11月8、9日,大唐学府首届体育运动会在学校体育场举行。运动会期间,有375名运动员参加了89项次田赛、径赛和体育娱乐项目的比赛。

11月16日,王勇基校长赴北京参加第五届中国教育家大会,学府提交的论文《构筑一片蓝天放飞教育理想》获与会专家热评,被评为一等奖。

11月27日,郯城县教育局年检检查组一行十人来到大唐学府检查指导工作。

11月27、28日,中央电视台派记者来学府采风,将镜头对准大唐学府师生,以中国改革开放30年基础教育发展纪实的视角,为社会各界献上一份厚礼。

12月1日,董子竹先生来大唐学府参观考察,并为师生作了精彩的国学报告。

12月2日,王勇基校长应省委宣传部《理论学习》杂志社邀请,赴济南参加《理论学习》杂志编委会座谈会,并受到省委宣传部张传新副部长的亲切接见。

12月4、5日，学校举行教师课堂教学艺术展示赛，经过激烈角逐，评选出了"十佳课堂教学标兵"和"课堂教学能手"。

12月6日，小学部、初中部分别举行古诗文朗诵会和大唐学府校歌比赛。

12月20日，小学部举行"迎元旦师生才艺展示赛"。

12月26日，大唐学府第七届家长理事会第一次会议在大唐学府初中部召开；大唐学府"为留守儿童营造一个温馨的家"文艺演出在县影剧院举行，政协郯城县委文体卫生委员会王玉雪主任，中共郯城县委宣传部刘琪瑞副部长，郯城县妇联王志红副主任，教育局基教科胡汉亮科长、高贵林副科长莅临剧场观看了演出，并看望了全体演职人员。

12月31日，大唐学府第十届家长会在各校区隆重举行。

2009 年

1月12日，中央电视台7频道播出对大唐学府留守儿童教育的采访报道。

2月2日，学校校委会召开工作会议，研究部署2009年学校工作，提出在新的一年里，进一步强化管理，提高教学质量，提升学府教育品牌。

2月8日，千名学子汇聚大唐，开始新的学习征程。

2月10日，幼儿园举行体操比赛。

2月18日，学校分别举行各年级学情分析会。

2月21日，县教育局普教科胡汉亮科长、诸葛军堂副科长，职教科王磊科长、罗振方副科长四位领导来学府初中部突查学校常规管理工作，并对学府工作表示由衷赞赏。

3月9—13日，新区幼儿园举行快乐课堂教学观摩课和蒙氏数学教学观摩课。

3月13日，学校举办校园安全知识专题讲座。

3月15日，学校召开法制报告会，聘请东关派出所徐春光所长为法制副校长聘请北关、南关、西关派出所所长为法制辅导员。

3月16—23日，小学部举行全体同学生活自理能力展示赛。

3月17、19日，小学部、初中部分别举行安全逃生演练。

3月20日，新区幼儿园举行趣味游戏进课堂探讨教研活动。

3月22日，王勇基校长赴枣庄市参加由王敏勤教授主持召开的"薛城区高效课堂建模专家报告会"。

3月23日，小学部举行校园安全文明礼仪展示赛。

3月27日，县教育局安全办公室张方伟主任率安全检查组来学校检查工作。

3月28日，初中部举行学习经验介绍会。学校往届优秀毕业生代表要振、刘盼同学应邀到会介绍了学习方法。

4月5日，学校教学督导室对全体教师进行教学常规督导检查。

4月9日，大唐学府召开深入学习科学发展观党员干部会议。

4月10—12日，按照郯城县委深入学习科学发展观领导小组办公室要求，学校参加在人民广场举办的郯城县改革开放成果展。

4月17日，学校组团赴河南安阳参加全国初中提高课堂教学效率和谐教学研讨会暨安阳七中教改经验交流大会；幼儿园举行"学做理财小能手——逛超市"的社会实践活动。

4月18日，小学部举行春季歌咏比赛；六年级举行广播体操比赛。

4月19—22日，大唐学府名誉校长杨燕钧教授来校调研。

5月4日，大唐学府共青团委被评为郯城县"红旗团委"。

5月12日，学校举行防震减灾安全演练及四川汶川"5·12"大地震周年祭活动。

5月16日，小学部举行学习经验交流会；初中部举行校园歌曲卡拉OK赛。

5月20日，初中部艺体类考生参加专业考试，成绩优异。

5月27日，大唐学府第十一届家长会在各校区举行。

5月31日，新区幼儿园应仟村超市之邀举办"迎'六·一'快乐成长"文艺演出。

6月10日，学校举行2009届初中部毕业典礼。

6月20日，学校举行2009届小学部毕业典礼。

6 月 30 日，中考传佳讯，学校九年级毕业生报名参加中考的 73 名同学，被一中、二中、美澳三所重点中学正榜录取 36 人，副榜录取 31 人，升学率高达 92%。

7 月 8 日，"祖国万岁"——第六届"大唐之夏"夏令营举行开营式，山东大学"爱的翅膀"支教团 21 名同学参加了开营式。

7 月 18 日，共青团临沂市委副书记在郯城县组织部张部长、共青团郯城县委书记石启立、副书记杜玉民的陪同下来学校调研。

7 月 28 日，共青团临沂市委及临沂市三区九县的团委书记在郯城县委组织部、共青团郯城县委领导的陪同下，来学府参观考察留守儿童教育。

8 月 1 日，集教育咨询、科技制作、课程辅导于一体的大唐东典明理书屋成立。

8 月 15 日，临沂市人民政府慕增利副市长为学府题词"为留守儿童撑起一片蓝天"。

8 月 21—26 日，全体教职工参加校本培训。

8 月 26 日，来自全国各地的千名学子汇聚大唐开始了崭新的学习生活。

8 月 27 日，新学期军训拉开了帷幕。

8 月 31 日，学府举行军训成果汇报表演暨军歌演唱活动。

9 月 6 日、7 日，大唐学府 2009—2010 年度第一学期开学典礼暨上学期总结表彰大会分别在小学部、初中部举行。王勇基校长在会上发表了热情洋溢的讲话。

9 月 8 日，在全县教师节表彰大会上，大唐学府被郯城县委、县政府授予"教书育人先进单位"称号。

9 月 16 日，学府名誉校长杨燕钧教授来学府调研，并为师生举办多场教育讲座。

9 月 19 日，学府师生参加由市、县科协联合在人民广场举行的郯城县 2009 年全国科普日启动仪式活动。

铸梦大唐

——大唐东典教育品牌践行录

（第二册）

为留守儿童营造一个温馨家园

中国文史出版社

图书在版编目(CIP)数据

为留守儿童营造一个温馨家园 / 王勇基主编 . -- 北京 ：中国文史出版社，2022.7

（铸梦大唐）

ISBN 978-7-5205-3539-7

Ⅰ . ①为… Ⅱ . ①王… Ⅲ . ①民办学校－学前教育－郯城县－文集②民办学校－中小学教育－郯城县－文集

Ⅳ . ① G612-53 ② G632-53

中国版本图书馆 CIP 数据核字 (2022) 第 092186 号

责任编辑：窦忠如

特约编辑：邓文华　张幼平

出版发行：中国文史出版社

社　　址：北京市海淀区西八里庄路69号院　邮编：100142

电　　话：010-81136606　81136602　81136603（发行部）

传　　真：010-81136655

制　　版：北京方舟正佳图文设计有限公司

印　　装：廊坊市海涛印刷有限公司

经　　销：全国新华书店

开　　本：700*1000　1/16

印　　张：27.5

字　　数：408千字

版　　次：2022年9月北京第1版

印　　次：2023年2月第2次印刷

定　　价：120.00元（全3册）

大唐东典教育集团董事长
大唐学府校长

王勇基

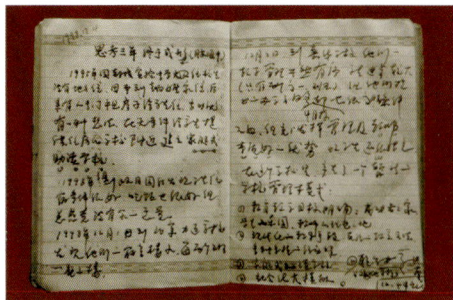

初心：让更多的孩子享受更好的教育
（初心——王勇基校长办学前早期日记）

坚持党对教育事业的全面领导

使命：教育助人　教育富民　教育强国
（办学以前，上下求索，追寻教育大道）

坚持把立德树人作为根本任务

开基创业兴大唐

助孩子成人成才成杰
使家长省心放心开心

大唐东典教育集团注册商标

大唐学府校徽

大唐学府校歌

演唱 全体师生

进行曲速度、自豪地

王勇基 袁强 词
袁强 吴琼 曲

蒙山
书声

巍巍沂水长，银杏之乡兴大唐。　和睦和善创和
琅琅歌声扬，老师伴我共成长。　成人成才成英

谐，百年学府育栋梁　啊诚公明仁达，　铭记在
杰，发展创新铸辉煌　啊诚公明仁达，　铭记在

我们心上，　啊爱心无悔成大道，桃李满园吐芬芳。
我们心上，　啊振兴中华绘宏图，面向未来写华章，

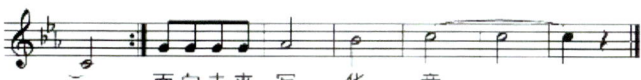

面向未来写华章。

市委副书记李峰、县委书记刘纪民等领导来我校参加临沂市首批"留守儿童爱心家园"启用仪式

省关工委常务副主任张秉德、临沂市关工委主任朱绍阳、郯城县委书记刘纪民来我校调研留守儿童教育情况

临沂市妇联主席向启荣、郯城县委书记刘纪民等领导来我校开展留守儿童"新年圆梦行动"

共青团郯城县委领导及爱心人士来我校开展助学助困志愿服务活动

郯城县妇联领导来我校开展"爱在，生日不孤单"活动

山东省党外知识分子联谊会常务副会长王晓炜、临沂市委统战部部长张广敬一行来我校参观党外知识分子示范基地

郯城县委统战部领导来我校指导工作

郯城县武装部领导来我校关爱贫困学生

民进中央社会服务部副部长刘文胜、民进山东省委秘书长郭永军在市人大常委会副主任冯安、县委书记刘纪民陪同下来我校视察并捐献图书

郯城县教体局副局长杜伟来我校指导工作

郯城县第三届台属联谊会第二次会长会议在我校召开

郯城县教体局局长朱怀亮、职成教科科长郭金平等领导来我校参加留守儿童爱心家园启用仪式

王勇基校长随叶研会基础教育考察团去台湾考察

王勇基校长赴台湾参加首届鲁台家庭教育研讨会

王勇基校长参加全国文化教育发展论坛

王勇基校长做客中央电视台制作专题访谈节目

王勇基校长赴北京中央社会主义学院参加新社会阶层人士研修班

王勇基校长与民进中央副主席朱永新一起在徐州考察基础教育

大唐学府教干外出学习合影

王勇基校长赴美国考察基础教育与大学教授合影

王勇基校长参加全国文化教育发展论坛

著名教育专家包祥校长来校传经送宝

《德育报》演讲团副团长吴碧先生给老师作报告

著名幼教专家杜玉琴来我校介绍管理经验

临沂市副市长仇景阳来我校介绍积分制管理

江苏著名书画艺术家来大唐学府笔会

全国优秀教师、优秀班主任蒋自立先生来我校讲学

王敏勤教授来大唐学府给老师们作报告

陶继新教授来大唐学府给老师们作报告

临沂大学刘清波教授来我校给青年教师
讲怎样做一名好老师

新东方外国语学校校长王修文聘请王勇
基校长为荣誉顾问

王勇基校长向专家介绍异步教学分层指
导的理论与实践

王勇基校长在第十届中国教育家大会上
发表《教育是我的信仰》演讲

序
教育是一种信仰

王勇基

有一个梦想，办一所学校，让农村孩子享受好一点的教育；

有一种责任，为留守儿童，撑起一片蓝天；

有一种力量，时刻作用于他的行动，那是他对教育的崇高信仰。

中国基础教育的一个崭新品牌——"大唐东典"（"大唐东典"是2009年3月在国家工商总局商标局注册成功的一个教育品牌，内涵是：爱心课堂、微笑教学、和谐教育、科学发展）

2012年9月30日，中秋节。当大部分国人在享受国庆、中秋双节长假的时候，山东郯城大唐学府的师生却在一起共度中秋。在这个象征团圆的节日里，热烈的气氛中，却隐约透出一丝感伤。因为这些学生中大部分是"留守儿童"。

留守儿童，是指父母双方或一方外出打工，而自己留在家乡生活的孩子们。他们一般与自己的父亲或母亲中的一人，或者与上辈亲人，甚至父母亲的其他亲戚、朋友一起生活。

据全国妇联春节前统计，全国约有留守儿童5800万人。从我县的情况看，留守儿童也是很多，因为百分之三十多的儿童的父母都在外打工。

很多人一听到留守儿童，首先想到的是：家庭贫困、物质条件匮乏。然而，造成儿童留守的现实因素很多，例如区域经济发展的不平衡、城乡差别、户籍制度、教育政策、社会福利等，相对贫困只是直接表现出来的原因之一。由于这些问题在短期内无法从根本上解决，以致留守儿童现象还将长期存在，他们的安全问题、教育问题、身心健康问题便成了人们关注的焦点，因为这关系到一个家庭的幸福、社会的发展甚至中华民族的未来。

山东郯城大唐学府的法人代表兼校长王勇基，出生在农村的他，上大学时就有一个梦想：办一所学校，让农村孩子享受好一点的教育。参加工作后，他先后被评为山东省优秀班主任，临沂市初中数学教学能手；临沂市先进教研组长，临沂市骨干教师，郯城县首届十佳教育工作者……直到2004年，他亲手创办了大唐学府。关于创办大唐学府的初衷，王勇基说：世界上本来没有大唐学府，留守儿童多了，就有了大唐学府。二十多年教育一线的工作实践，助力王勇基实现了大学时期的梦想，虽然办学重点从"让农村孩子享受好一点的教育"到"为留守儿童撑起一片蓝天"，中间发生了细微的变化。

大唐学府的教育是建立在爱的基础上，从而形成了"和睦、和善、和谐"的校风，"教孩子成人、成才、成杰，让家长省心、放心、开心"的办学目标，更有"诚、公、明、仁、达"的五字校训。大唐学府针对"留守儿童"的安全问题、教育问题、身心健康问题，不断探索其中的教育规律，勇敢地承担起了留守儿童的"学校教育""家庭教育"以及"日常生活"的全部责任，相应的管理模式和教学安排也在这个基础之上渐次展开。

王勇基校长经过多年的缜密思考和精心探索，推出了"封闭式管理、开放式办学、家庭化住宿、军事化就餐、项目化推进"的办学模式，让学生在学校学得比在家轻松，成绩比在家优秀，吃得比在家好，住得比在家强、玩得比在家痛快。针对"留守儿童"的家庭背景、个性特点，成功实施了家庭化住宿，学长制管理。将学生宿舍命名为"鲁迅之家""诺贝尔之家""华罗庚之家""居里夫人之家""俞敏洪之家"等具有个性化的家庭，每个家庭精心选配一位有文化、有热情、有经验、会管理的生活老师担任家长，负责这个家庭孩子日常生活中的一切问题，配合班主任、科任教师培养教育孩子成长。

学校中一个个家庭，让孩子们重新得到家的温暖和归宿，老师也从中得到了殷实的情感慰藉。一口一个老爸、老妈的奶声奶调，甜甜一吻的幸福感，足以让老师领会到"爱的最高境界就是爱别人"的深刻内涵。

良好的家庭环境，给孩子们创造了宽松和谐的成长空间；每天的亲密接触，给了孩子爱的机会。原本家庭中的爱走进校园，像阳光雨露沐浴滋润着每一个孩子。孩子们在被赏识和被尊重中健康成长，学会了回报社会，回报老师，回报父母，回报和自己朝夕相处的伙伴。家庭化住宿，弥补了留守儿童的亲情缺失、关爱缺失、友情缺失、感情缺失，使孩子们找到了"家"的感觉，共同建设、呵护这个和睦温馨的美好家园。

王勇基校长经常说，孩子的心地是纯洁善良的，有缘每天跟这些善良、纯洁的孩子在一起，这是上天对我们的恩赐，再也找不到另外一种职业能够和这么多善良的人在一起了。有了这种意识，老师看孩子的目光、评价的方式就有了细微的变化；老师对学生的关爱，就上升到了一定的高度，爱到学生的心灵中去。确立了这种具有亲情的师生关系后，老师们便拥有了生命之光，对学生的教育就更有信心，教育便散发出诱人的芳香。

巴金老人生前曾经说过这样一句话："我爱着一切的生物，我愿意擦干每张脸上的眼泪，我希望看见幸福的微笑挂在每个人的嘴边。"大唐学府除了开足开齐国家要求的课程外，还根据寄宿制学校大多数是"留守儿童"的特点，开设了富有鲜明特色的个性化快乐作文、数学奥赛、英语口语，书法、美术，音乐、器乐、舞蹈，象棋围棋、乒乓球、篮球、田径，科技制作等选修课。精彩的选修课让学生耳目一新，丰富着孩子们的课外生活，使大唐学府成为孩子们放飞心情的美好世界、情归家园的温馨港湾、和善友好的自由乐园。

著名特级教师于漪老师说："课堂生活其实就是师生间心的沟通，情的交流。不到心心相通的程度，是教不好学生的。"大唐学府的教师和学生之间建立起一种和谐融洽的关系，教师全方位地关注学生，全过程地欣赏学生，挖掘学生内在的感情因素，不遏制学生的个性发展。这不仅是师生之间交往的和谐，更重要的是教育上人与人之间沟通的和谐。充满艺术的教育培养模式，构建了大唐学府和谐相容的教育平台。

"和睦、和善、和谐"在校园中不断完善和发展，学生在充满爱的教育中健康成长，教育也因为有爱而更加鲜活。大唐学府关于"留守儿童"教育的探索为社会提供了一个可资借鉴的案例，也为热心教育的专家学者提供了一个研究实验的基地。鲁迅说得好："地上本来没有路，走的人多了，也便成了路。"在王勇基看来，教育不仅是一种工作、一种职业以及自己的事业，教育更应该是一种信仰！世界上本来没有大唐学府，留守儿童多了，就有了大唐学府。

目　录

家

125~246

社会　　　　　　　　　　　247~390

▍学校

导语

　　为了孩子，我们做教师，用爱撑起一片蓝天。

　　为了未来，我们建学校，用汗水铸就一个品牌。这里是道德的圣地，这里是知识的殿堂，这里是教育的沃土，这里就是崛起在沂蒙这片红色土地上一颗璀璨的民办基础教育的明珠——郯城大唐学府。

　　当千万个外出打工的父母把自己的孩子留在村庄、留在家里时，也就是把更多的责任推给了学校，对贫瘠土地上的学校而言，这似乎是一种不可承受之重。一个学校，一个人的力量固然有限，但只要走进大唐学府，你就会发现这个特殊的教育群体为乡村基础教育，为农村广大"留守儿童"而坚守，撑起了一片蓝天。

　　在喧嚣的世界中保持清醒，将所受的恩惠铭记在心，并念念不忘回报，即便热闹和喝彩不再，依然不骄不躁，经营自己的希望，经营农村渴望接受良好教育的孩子们的期待，经营广大在外打工父母的热盼，这不仅是王勇基校长和他的教育团队的希望，也是千百个乡村、千万个家庭的希望，更是当代教育的希望。"日月之行，若出其中；星汉灿烂，若出其里。"大唐学府是文化与教育的海，海的胸怀是博大的，海的力量是神奇的，海的青春是永恒的……

太阳笑了

小学部　刘维侠

　　记得曾看过这样一段话：学生对老师而言，他可能是普通的，但对家长来说，他却是唯一的。教师在一定程度上影响着一个家庭的喜怒哀乐。

　　开学之初我班来了一名叫灵灵的同学，个头很大，留着一头短发，听她妈妈介绍，这个孩子在家是个娇宝宝，从来都是说一不二的，可是却从不愿和人交流、玩耍，唯一的玩伴就是家中的小狗，家人怕她封闭了自己，就送这儿来了。妈妈在这儿陪了她一天。妈妈走后，她开始抽泣，怎么也哄不好，晚饭也不吃，只是哭，于是我就带她和另外一位女生去体育场玩，在那里，她也只是站着，不说也不玩。回来时与她聊天，她也很少回答，只是问到"你原来的老师有哪些优点"时，她很干脆地回答了两个字："没有"。

　　"为什么？"我问。

　　"不好。"她说。

　　听得出这孩子有点偏激。怕她饿着，我买了些零食，可她一点儿也不吃。此后的两天，她每天天不亮就起床到保卫科门前坐着，上课趴课桌上睡觉，就餐时也不吃不喝，任老师们怎么劝说，她也不为所动。我急了，这样下去怎么得了？于是打电话通知了家长，爸妈把她带回了家。我想这回肯定不来了。没想到第二天一大早，灵灵就来到了学校，她爸妈激动地说："刘老师，进步很大呀！孩子去饭店吃饭能自己去拿饭了，零食包也知道送垃圾桶了，我感觉孩子在这儿三天比在家三年还要强！我问她到哪上学，她说还要在这儿上。"我也很高兴，只要家长认可了，孩子回来了，就证明工作有效了。

可是人虽来了，状态却依然如故，不吃不睡不参加任何活动。每当看见站在窗台前她孤零零的身影，一种责任感便从我心底涌起：一定要想办法让她与同学一样正常学习、生活。联想到爸妈对她的百依百顺，我改变策略，采取理性处理的方式，上课、吃饭不再特别关注她，对她和其他同学一样，有时不吃也不强求，只是让同学把饭菜给端到教室。几天过后，我发现她的情绪有所好转，上课有时也能打开课本了，有时还会露出一点笑容。我又发动班里的同学与她一起做作业，一起处理班级的事务。刚开始她排斥，后来也不说话，再后来，有时能听见她与别人争论的声音了！同时她也愿意与同学一起打扫卫生了。王校长说："这个孩子改变了！"我悬着的一颗心也放下了一半。

学校举行红歌演唱会，灵灵也和同学一起排练，老师们看到她都惊奇地说："哈，你班这个女孩也参加了？"我激动地点点头。在比赛中，她神情专注，用心去唱，在后来的班会上我点名表扬了她，她有些不好意思，一下子把头趴在桌上。

借此机会，我就在课堂上让她单独发言，谁知她却不理不睬，同学鼓了几次掌，她都置若罔闻，于是我不再提问。过了一段时间，灵灵又开始和同学一起回答问题，我心中窃喜，终于有一次，我语气平淡地说："下面请同学到前面板演，某某同学做第一题……灵灵做第四题。"话音刚落，灵灵拿着课本来到了黑板前。同学们瞪大了眼睛，有的同学激动得又想鼓掌，我赶紧用眼神示意，同学们也就装着若无其事的样子，看着她板演。订正时，灵灵做对了，这时热烈的掌声响了起来，灵灵笑了，看得出这次笑得很快乐！我感觉得到，灵灵开始喜欢这儿了，喜欢这儿的老师、同学了。这次大休回来，灵灵更像是换了一个人似的，每天精神抖擞、有说有笑，同学们不再把她当特殊生看待，改选班委时，她被选为副班长。即兴演讲时，她落落大方地走到前面说："谢谢大家对我的信任，我一定努力干好我的本职工作！"此后她像大家一样，开始行上课礼，开始做操了！终于，这位被宠得迷失方向的"小太阳"开始正常的学习生活了。

常听说一把钥匙开一把锁。细细品味，教育学生也是如此，只要找准路子，用对方法，即便是冰山也有融化的一天。灵灵在家里受到的关爱细腻而繁多，在这种宠爱下，她忽略了别人的感受和需要，总觉得任何人都得听她的，任何事情都要由着她；而老师却用一种平等的爱去关心每一位同学，让她受到了震撼。这儿的每一个人都是一样的，没有特殊之说，加之班级的各种活动丰富多彩，让她感到新鲜、惊奇，慢慢由旁观状态转变到主动参与的状态。虽然只是短短两个月时间，灵灵的转变都是迅速的、令人惊奇的。而作为老师，看到孩子由哭泣到微笑的转变，看到她的家长由相互埋怨、争吵到舒心地开怀大笑，我享受到了教育孩子带给我的幸福！心里的喜悦、成功感是无法言表的。这位独特的小太阳笑了，相信不久的将来她会笑对一切，笑迎明天！

做学生喜欢的老师

小学部　巩振荣

我们学校的办学定位是立足县城，面向农村，服务百姓，关注留守儿童。由于留守儿童的父母长期在外，孩子交给老人或亲戚监管，感情缺失，引发其生活、学习、品德、习惯等一系列问题。本学期针对班内留守儿童人数增加，学习基础弱，行为习惯差等现状，我致力于对孩子全方位关注，全人格理解，全过程欣赏，全身心投入，实行人性化管理，做学生喜欢的老师，让孩子有一个幸福的家。

一、寓教于乐，既塑造了孩子的美好心灵，又让孩子对学习充满兴趣

在班级管理中，我常常采用讲故事、打比方的方法来引导孩子，寓教于乐。这样既塑造了孩子的美好心灵，又激发了他们的学习兴趣。前几天，班上××同学发生了一件事。当时，我刚上课，他举手说："老师，我要上厕所。"我想：孩子年龄小，课前贪玩，对于低年级孩子出现这种现象很正常，便同意他去了。由于我的疏忽，课上到一半时，我才发现他还没回来，于是我便找了一名同学去看看。这名同学回来后告诉我说："他还在厕所里蹲着。"我们继续上课。不知不觉一节课过去了，我又找个同学去把他喊出来。他见到我说："老师，我才拉了一半。"听到后我差点晕过去。当时我很气愤，这不是在逃课吗？但当时我想：不能发火。我给他讲了一个故事，叫作《胆小的小毛驴》。故事内容大概是：主人让自己精心喂养的一头毛驴拉车。毛驴看到车上的货物，就赖在那里不动，主人牵也不走，拉也不走。主人忍

无可忍，抽了毛驴一鞭子。毛驴蹭地一下跑了起来，毛驴这时才意识到这车货物并没有想象的那么重。其实，学习没有你想象的那么难，只要你认真地去做每一件事，没有什么是做不好的。之后，我又问他："现在你在学习、生活中遇到了两个敌人，知道是谁吗？"他摇了摇头。我告诉他这两个敌人是无形的，你看不到的，一个叫"懒"，一个叫"困难"。

"你想打败你的敌人吗？"

"想，就是不知道怎么去打。"他说道。

"这很简单，如果你认真听讲，肯动脑筋、勤思考、注意卫生了，愿意做每一件事了，'懒'不用去打就吓跑了。"

"老师，就这么简单吗？"

"对！如果在学习中遇到困难怎么办？你是被困难吓倒还是想办法克服？"孩子没吱声，但我不难想象出孩子会怎么回答。

通过讲故事、打比方，一点点地感召学生，一步步地贴近学生，我感觉到学生在学习上、生活上发生了很大的变化。

二、妙用档案袋，记录成长过程，让孩子体验成功的快乐

在班级管理中，我成功地使用档案袋，记录孩子成长中的亮点，适时地给予鼓励，让每个孩子都体验到健康成长的快乐。我首先给全班的孩子都发一张用卡纸做的小星星、小月亮。把孩子比作一颗颗小星星，先放入成长档案袋中。再准备许多小红花、小智慧星等，平时上课回答问题积极的学生奖智慧星一颗，发现孩子闪光点奖红花一朵，这说明孩子有进步。档案里的红花、智慧星太多了，那就采用升级或过关的方法，一颗星、一朵花叫升一级或过一关，三朵花三颗星叫升三级或过三关。必须升三级或过三关才能得到一颗大星星，也可得到老师一两句在红纸条上赞扬的话语，赞扬的话语也可以让班长、组长、小家长任意一个同学来写，然后装入成长档案里，我把这种方法叫作"小鬼当家"。我利用这种方法有效地激励着孩子们在各方面积极进步。

三、巧施鼓励，重视自尊，让孩子拥有自信

俗话说"金无足赤，人无完人"。孩子们天真烂漫，充满好奇，犯错误在所难免，允许出错，但不放纵孩子过错，既要让他们认识到自己的错误，又不伤害他们的自尊心。试想一旦一句教师不经意的话说给了学生，刺伤了他们的自尊心和自信心，就像冻伤的庄稼、枯萎的小花，那得下多大力气才能把他们"救活"呢？因此，他们需要鼓舞，需要激励，需要持续不断地扶助。

新学期初，我班来了个新生，学习习惯不好，有上课爱做小动作、自由随意的毛病。做操时比画都不比画一下，站在那里一动不动。怎样使良药不再苦口呢？一连几天，我在寻找教育的契机。有一天，机会终于来了。晚饭后，他在快速奔跑时摔倒了，看样子摔得不轻。我急忙跑过去扶起他，发现他眼泪在眼眶里打转，我忙说："男子汉要勇敢，你一定不会哭的。"他控制情绪后，破涕为笑。我当场送上一句："你真棒！"我拉着他与他谈心："听同学们说，今天早操时，你做了一个特别优美的动作，老师相信你明天一定能做几节漂亮的广播操，肯定比大家好。"然后，他和我拉勾、击掌。这一招真管用，第二天早操时，他果真认真地做着每一个动作。同学们都用惊奇的目光看着他高呼："××会做操了！"我又在课堂上表扬他。同学们及时送给他掌声。就这样，他改掉了不少坏习惯，成绩提高了很多。

管理和教育孩子是每位教师义不容辞的责任。在教育中，要抓契机、觅方法，把生脉，既要改变他，又让他感觉到老师对他的疼爱，这样学生也就更加地喜欢你。是的，做一名低年级的老师难，做学生喜欢的老师更难。这不仅需要老师的学识和文凭，更需要的是老师对孩子的那颗心——关心、细心、爱心、恒心、耐心、苦口婆心，但千万别有溺爱之心。我深深地感觉到只有把平凡的工作做到细处，把全身心的爱倾注于学生，大唐学府的学子们一定会更加茁壮地健康成长。

永不言弃

宋振凤

作为这个星球上最有智慧的高等动物——人，有爱的能力和爱的本能。任何事情只要建立在爱的基础上，就有快乐，有幸福感。教师要在教育岗位上感到快乐，感到幸福，同样离不开一个"爱"字。

在本学期，我带五年级二班。这是一个新组合的班级，新生占多数，学生的各种习惯养成差，学习基础弱，这对于我来说是一个新的挑战。但我继续用爱的教育方式去经营我的班级，我的团队，永不言弃。因为我坚信：我的弟子终有蚕蛾破茧的美丽时刻。

一、用爱的关怀感染学生

有人说："关怀是飘扬在空中的小夜曲，使孤苦无依的人获得心灵的慰藉；关怀是照射在冬日里的暖阳，使饥寒交迫的人感到生活的温暖。"作为一名班主任，我经常从生活上、学习上、身体上多方面关心呵护学生。例如，根据季节交替情况提醒学生加厚衣服，亲自带学生买衣服、看病，督促其按时吃药，有时亲自喂药。我还经常观察学生身体及时判断病症。一次，星期一的升旗仪式上，我发现赵某脸色苍白，行动踉踉跄跄。我吃惊地问他有什么感受，他说胸闷，我知道他昨天有轻微的咳嗽，就问他是否口渴，他轻轻地点点头。我搀扶他到宿舍，让他慢慢地躺下，然后倒了一杯水送到他的面前，孩子端起来一饮而尽，再端一碗又是一饮而尽。我劝他慢慢喝。等孩子稳定下来，我发现他的脸色有些好转，就轻轻地问：现在感觉好点了吗？赵某点点头，又过了大约十分钟，我发现孩子有了精神。校医来了以后，拿了些药，孩子渐渐好了。这样的事时有发生，慢慢地，我班的学生养成了善于观察、乐于助人的习惯，发现有谁不舒服，及时报告，或者直接带到医务室去看，有的同学还亲自陪着小伙伴打点滴，送水、送饭，那份真挚的情感在我的心头久久不能散去。

二、用爱的言行激励学生

陶行知先生说过一句话："你的教鞭下有瓦特，你的冷眼下有牛顿，你的讥笑里有爱迪生。"他在告诉我们：千万不要对那些基础差、纪律松散、总要你操心的学生失望，乃至高举教鞭，横眉冷对，连连讥笑。因为每个学生身上都有闪光点。读了陶行知的文章我感触颇多，是呀，人是需要鼓励的；成人如此，成长中的孩子更是如此。开学初分班，我抓了末号，学生对我说，老师，好学生都走了，就剩这些差生了。孩子们个个垂头丧气，无精打彩。我就鼓励学生：要相信自己是最棒的！通过一段时间努力，你也会成功，你也会成为优秀的学生。成绩只能代表过去，要把眼光放远些。有一天，你将是展翅高飞的雄鹰。

我班有一位男生很聪明，但有些"歪"心眼。听他原来的班主任介绍，他经常与原来的数学老师顶牛。如果他不喜欢哪位老师，就会鼓动其他学生给这位老师打低分，甚至不愿意学这门功课。了解这一信息后，我时时留意他的举动。我发现他很喜欢运动，爱打篮球。我就根据男孩的特长，让他当体育委员，并鼓励他带动班里男生练篮球。数学课上，他回答问题积极，我就及时表扬。课间的时候，我找他谈心。当他犯小错时，我会微笑着指出，他也会很诚恳地接受。在与其父母的交流中得知，孩子变了，原来就很喜欢数学，现在变得特别喜欢上数学课。由此我体会到：善于发现别人的优点，用爱的言行激励别人，不仅给别人快乐，也给自己快乐。俗话说得好："赠人以言，重于珠宝。"当老师真诚地表扬，这份真诚流淌、滋润到学生的心田时，也许在你面前站着的便不再是丑小鸭，而是正欲展翅的天鹅了。

三、用爱的宽容善待学生

王校长经常说：宰相肚里能撑船，大唐学府的老师肚里能装宰相。这就要求大唐学府的老师具备宽广的胸怀，有一颗宽容之心。

杜某是一位新生，刚来时由于想家，常常躲在角落里哭，天天往家打电话，还鼓动学生与他一起逃学。我和李老师就经常盯着他，学生监督着他，一时看不见他，我紧绷的神经就更紧。但他妈妈的态度很坚决：你再不好好表现，妈妈就不要你了，你就不再是我的儿子。杜某听后，竟气得用拳头击打墙壁，并号啕大哭。我一边打电话与其母亲联系商讨对策，一边找他继续谈心：妈妈那是气话，如果你安心在这上学，好好表现，让妈妈没有后顾之忧，没有了烦恼，妈妈会回来看你的。孩子，你现在是求知的大好年龄，妈妈也很忙，既要担心你，又要顾家，还牵挂在外工作的爸爸，哪能天天来陪着你？一个优秀的孩子是不让妈妈操心的！虽然你处在陌生的环境，但你毕竟有熟悉的同学做伴，你妈又能经常来看你，看到妈妈，对比我们班那么多同学，你是幸福的。有的同学半年，甚至好几年也没有看到自己的妈妈了。你的心情我理解，我知道你是一个懂事、感情丰富的孩子，让我们想一个好办法行吗？以后我就经常找他谈心，又让老同学去找他玩，渐渐地，杜某与同学亲近了，与老师亲近了。笑容时常荡漾在他的脸上，现在他已成为我的得力助手了。

又如，我班有一位女同学，学习基础不好，反应又慢，作业常常出错。但她思想好，待人热情又真诚，有礼貌。虽然数学成绩不好，但我经常给她补课。每一次出错，她都对我说，老师，对不起，我以后改。有一次大休回来，我检查数学作业，发现她躲躲闪闪。改完后一数，少了几本作业，我当时火冒三丈：竟敢不做数学作业！找到他们是谁，非得狠狠揍上一顿。我怒气冲冲地赶到教室，女孩走过来了，哇地一声哭了："老师，我不会。"面对孩子，我猛然惊醒过来：这个女孩，反应一向比别的孩子慢，今天上午讲的下午就忘，下午讲的隔一宿就记不起来，我早就知道这种情况，为什么要让她与其他同学做同样的作业呢？我冷静下来，细细想了想，然后说："孩子，对不起，刚才老师太激动了，你不会，老师再给你讲好吗？"从那以后，不管怎样，我一如既往地给她补课——虽然她不能从学习上做得很好，最起码不能背负很重的思想包袱。

由此可见对待特殊学生不能太苛刻，应该用一颗宽容的心去对待孩子。虽然她不是完美的，但我们应该用最大的耐心和宽容之心去温暖孩子脆弱的心。我庆幸：我差一点丢失了宽容之心，幸亏我把它找了回来。

班主任的工作是琐碎的、繁杂的。但对待自己的学生，无论我们采用怎样的教育方式，都应该充满爱！

精诚所至　"朽木"可雕

——谈谈"待优生"的转化

杜森山

一个班级几十名学生，每个学生都有自己的个性和优缺点，也就不可避免地出现优秀、一般、较差等不同层次。要使每个学生都能健康地成长，教师就必须做好对"待优生"的转化工作。

一般来说，差不多自有教育以来，就存在"待优生"。"待优生"只是一个相对变化的概念。一个原来学习成绩不错的学生，由于家庭出现了什么变化或者本人思想、身体发生点什么问题，就有可能变成"待优生"。这些事情都是常见的。所以，明确了这一点，对于正确认识"待优生"具有重要的意义。

值得注意的是：待优生并不等于"弱智学生"。他们只是在学习和品德方面暂时落后的学生，他们的神经、思维过程都是正常的，只是在成长过程或智力发展的某个阶段形成了不良的习惯和行为，缺乏学习欲望，不能集中精力，不会学习，后来就会逐渐发展成为待优生。由此可见，待优生不是天生的，只要教师不对待优生有厌弃的情绪，不对他们丧失信心，待优生是可以转化的。

一、师不歧，师生融

"亲其师，信其道"。教师对待优生的爱、信任和尊重是使他们转化的条件。融洽的师生关系所孕育的教育潜力是大的。心理学表明：学生的潜力水平本来没有太大的差异，但教师的态度不同，学生在以后的发展中就会形成不同的发展水平，有些学生就因此而成为待优生。这是因为：学生十分关心他们在教师心目中的地位，一旦他们感到教师对自己充满了真挚的爱和希望，就会增强自尊心和上进心。也就是说教师的爱和信任将激起学生智力、情感和个性的发展，学生也会对教师产生深厚的情感。反之，就会造成师生关系对立，就会使部分学生成为待优生。比如我班的×××同学，由于是家中唯一的小男孩，加上家庭生活条件优越，父母、亲友对他很娇惯，所以养成了任性顽皮、好动的性格，并且极不合群，喜欢和同学打架，但却非常聪明。虽然今年刚刚11岁，上小学四年级，却已经转了五个学校。他每到一个学校，最多两个星期就会被勒令退学，哪个学校也不敢要，哪位老师也不喜欢他，并且提到他的名字就感觉头疼，成了人人敬而远之的"孤雁"。老师歧视他，同学远离他，因此他和老师、同学的关系越来越生疏，学习成绩每况愈下，他也产生了厌学的情绪。自他到我们班后，老师对他就像对待自己的孩子一样，关心他、帮助他、教育他、温暖他，使他感觉到老师就像自己的父母，对他是疼爱的，是喜欢他的，于是重新激起了学习的兴趣，消除了对老师的敌意。现在他已成为一名品学兼优的好学生了。因此，教师不要歧视待优生，要热爱和理解他们，消除他们的对抗情绪，建立融洽的师生关系。只有热爱和理解待优生，才能教育、转化待优生，这是转化后进生的先决条件。

二、情理通，兴趣生

人非草木，孰能无情？越是待优生，教师就越需要以诚挚的情感去感化：从生活上关心他们，从学习上帮助他们，使他们从内心为之感动，愿意接近你、信任你、听你的话，从而解除师生之间的心理隔阂和对抗情绪，这是动之以情。另外，还要对他们晓之以理，以理服人。给他们摆事实，讲道理，使他们先认识到自己的不足，这是思想的转化。在晓之以理的过程中，教师要耐心细致，以表扬鼓励为主，要实事求是，不要伤害他们的自尊心。要启发诱导，不要用训斥、命令、讥讽等言辞，力争让学生口服心服。理也晓了，情也动了，我们最终的目的是提高待优生的学习成绩和思想道德水平。为此，教师首先要从自身的教学方法、方式上找一找问题：是不是学生对你的那一套教案不适应；是不是你的教学方法呆板，不利于学生主动性和创造性的发挥；是不是你的教学内容枯燥无味，不能适应因材施教的需要。教师找出了自己的问题，就要根据实际情况进行教改，力争缩短与学生之间"教"与"学"的距离。

教师讲课生动了、活泼了，就必然激起学生的学习兴趣，待优生也不例外。愉悦的情绪是心理健康的表现，可使人的身心活动处于积极向上的状态，学生对此充满信心，这就能为学生创造良好的心理环境，调动起内在的学习诱因，使"要我学"变为"我要学"，激发他们的求知欲望，增强他们学习文化科学知识的意志，提高他们辨别是非的能力。同时，还要帮助他们补功课，扫除学习上的障碍，教给他们学习方法，还可以根据他们的特长和爱好，让他们参加课外学习小组或各种兴趣小组。总之，让他们亲自看到自己的点滴进步，体验到学习成功的乐趣，树立起学习的信心，逐步提高学习成绩。对待优生在学习中取得的成绩，教师要及时给予表扬和鼓励。对班级里的优秀生要奖励，对待优生在学习中取得的点滴进步，更要进行奖励。可以给待优生设立"进步奖"，使其真正看到自己经过努力取得的成绩得到老师和同学的承认，这无形中会进一步激起了他们学习的潜在动力。

三、勤鼓励，信心增

待优生的学习兴趣被激发出来了，但他们有没有提高学习成绩的信心呢？信心是一个人做好一件事必不可少的条件。一旦待优生有了自信心，他们就会坚定信念，在学习的道路上，执着追求，奋斗不息。

那么，怎样才能培养待优生的信心呢？我认为应当从以下两点入手：首先要对待优生倾注爱心，以唤起他们的自信心。"爱"是联系人与人的一座桥梁，是人们身上普遍存在的一种心理需要。在所有"爱"的含义中，"师爱"是一种纯正的、崇高的、社会的情感，它在我们教育工作中有着神奇的作用和力量。对待待优生更应该有亲切感，而不是以盛气凌人、高高在上的态度把自己所要求的标准强加给他们。

其次，教师要经常加强对待优生的心理疏导，消除他们的不良心理状态，使他们具有坚定的自信心。疏导，就是开启学生的心扉，拨动学生的心弦。在心理疏导过程中，我认为应当做到以下几点：一是要坚持以情动人，情动理通，使疏导工作具有情感性。二是要坚持实事求是，使疏导工作具有客观性。三是要坚持家校结合，互相配合，使疏导工作具有全面性。四是要坚持以表扬为主，激励奋进，使疏导工作具有鼓励性。五是要坚持培养学生的爱好，照顾个性，使疏导工作具有兴趣性。只要做到了这几点，那么对待优生的心理疏导就一定能成功。

心理疏导成功了，就必然能提高学生的学习信心。比如我班的×××同学，由于转来的时间较晚，基础没打好，成绩一直不理想，以至于她对学习丧失了信心，甚至产生了厌学的情绪。我在教学中根据实际情况，抓住她的点滴进步，及时给予表扬，并多次强调她是一个难得的聪明的孩子，鼓励她只要更加努力，一定会取得更好的成绩。经过多次鼓励，×××对学习的信心逐渐增强了，学习的劲头大了，兴趣浓了。由原来的"厌学"到现在的"爱学"，她在思想意识上有了一个"质"的变化，最终在期末考试中取得了优异的成绩。

此外，教师还要给待优生创造成功的机会，激发学生的求知欲并使其不断上升。学生在学习上的成功，并不是一步登天，特别是对于待优生更是难上加难，他们更需要一个"起始—形成—改善—再改善"的渐变过程。教师要注意抓住他们点滴的进步，及时给予肯定、表扬，绝不能操之过急。要让他们时常品味到成功的欢乐和喜悦，以巩固他们对学习的自信心。

四、集体情，暖差生

在班级中，待优生由于学习差，纪律不好而常遭到教师不同程度的批评，在同学中也常常成为取笑的对象，因此自尊心或多或少都会有一些挫伤。在班内的地位低，情绪经常处于自卑、不安、紧张中，他们就会对学习失去信心，产生厌倦情绪，甚至出现"破罐子破摔"的思想。如果让这种思想持续下去，就必然会出现恶性循环，即：成绩差—失去信心—厌学—不学—成绩更差。

待优生虽然有很多缺点和不足，但也是班集体的一部分，因此，教师要教育学生不能把他们孤立在班集体之外，不能歧视他们，应当使每个学生都明白"一朵鲜花不是春，万紫千红春满园"的道理。让学生自觉地把待优生纳入集体之中，并且依靠集体的力量把他们的思想转变过来，要让他们多参加班集体的活动，并在活动中受到锻炼。要让班干部多关心、照顾、开导他们，让他们遵守班级的纪律，维护集体的荣誉，提高自己的思想认识，不断改变自己的不良言行。

教师还可以利用班级中的优秀生和待优生成立"助学组"，开展助学竞赛活动。在"助学组"内，让待优生定期写自己思想上和学习上的自检"病例"，教师经过一番细致的分析"诊断"，而后"对症下药"，就能及时纠正他们思想和学习上出现的问题。

热爱学生是教师的天职，全面提高学生的素质是教师的责任。对学生的热爱，就是热爱未来。关心下一代，这不仅是教师献身教育事业的内在动力，也是教师教育智慧赖以生存的土壤。待优生的转化工作极其艰苦而又复杂，这需要教师要有特别的耐心和不知疲倦的精神，只要循循善诱、耐心启导，就是再"锈"的"锁"也一定能打开。我们坚信：只要精诚所至，"朽木"定可雕。

营造成长的空间

徐　涛

学生工作是学校管理的重要组成部分，是确保学校正常教育秩序、教育工作顺利进行的基础工程，是学校提高教学质量最直接、最有效的手段。

一、落实制度：抓好学生的常规教育

良好的行为习惯影响一个人的终身发展，对小学生而言，教师的教育引导可以促进学生的养成教育。而初中生的养成教育不能依靠口头的说教，需要一系列规章制度来约束学生的言行，逐渐养成良好的行为习惯。暑假期间我校修订了《大唐学府规章制度汇编》，学生处组织全体同学认真学习、教育学生严格遵守。为了加强对新生的养成教育，使其尽快适应学校的生活，利用开学前对全体班主任老师进行短期的强化军事训练，开学后的一周时间内，在教官的示范教学，正副班主任的严格训练下，对学生的生活、学习、出操等养成教育严格要求，结合国学经典教育和常规学习，促使学生转变思想，重视自身习惯养成，落实学生日常行为规范，真正实现家庭化住宿、军事化就餐的管理理念。

校园安全是孩子们健康成长的保障，也是学校一切教育工作的前提。为了增强意识，强化安全责任，在安全教育周里，我们组织安全演练，学习逃生自救方法，让安全时时系于师生心间。为了让养成教育常抓不懈、贯穿始终，学校开设军事课，由军事教官对学生的养成教育进行长期训练指导、督促。为了落实学校工作计划，精心设计开展每周主题教育。卫生习惯养成周时，在宿管科的统一协调下，组织全体学生对个人卫生和环境卫生自查和抽查；礼仪习惯养成结合二十四孝主题活动，号召全体学生写观后感，教育学生学会感恩，真正把中华优秀传统孝文化落实到行动和思想中，达到素质和行动同步提升的目的。

二、健全组织：让学生在自我教育中成长

学生不仅是被管理者，更应该是学校建设的积极参与者。他们在学校管理中有直接参与或间接参与两种方式。主要通过各种委员会直接的监督检查、社会组织的自我管理、自我服务对学生自我行为规范进行自我监督。为了充分调动学生自我管理、自我监督、自我教育的积极性，学生处努力构建自我管理的平台，建立健全各种学生组织，如共青团、少先队、学生会组织。在各种组织参与管理的过程中，通过规章的引领，青年教师、学生干部的模范带动形成了浓厚的教育氛围。参与学校管理的学生，思想和行为改变较大，有些平时调皮又特别聪明的同学，形象发生了质的变化，共青团组织和学生会在学生处的统一安排下，热情参与学校的卫生、纪律、就寝、就餐的检查，以身作则、严以律己、公平公正，少先队组织积极参与小学部的各项检查，在大队委的统一安排下，把各中队统一分成 3 个大组，每天负责两天的三操、卫生、就餐、就寝的监督检查，真正做到干干净净、整整齐齐、有条不紊。为了实现学校工作横向管理和纵向管理相结合，从学生团队到社团组织、从学校到班级、从学校领导到每位教师实现了全覆盖、互查和自查、前勤和后勤互查等有机结合，在全校形成了一个组织管理网络系统，形成了教育合力。

三、开展活动：给学生丰富的校园生活

我们始终秉承"为学生终身的发展而奠基"的办学理念，注重丰富多彩、寓教于乐的课内外问题活动，努力构建最适合学生成长的教育环境。开设了军事特色课、多种选修课、启智故事课等。课余时间开展了强化能力培养的生活自理能力自理比赛，倡导运动的广播体操、耳目一新的趣味运动会，展示特长的科技艺术节等，全方位、多角度地挖掘学生潜能、培养学生

的特长，让学生发现自身优点、寻求发展优势、树立自我信心。每个学期，我们依据教师的专业特长，有选择地开设 30 门选修课程，让每个学生根据自己的爱好特长选择 1—2 门，在教师的精心培养下，发展特长，健康成长。学校组织对选修课进行检查和评比。"象棋冠军""乒乓球冠军""小小舞蹈家""篮球健将""小小演奏家"等纷纷脱颖而出，让每一个在校学生的个性得到张扬，特长得以培养。家长会前，在满怀喜悦地盘点一学期工作的同时，艺术节"新年"文艺会演拉开了帷幕，它成了学校工作中不可缺少的文化大餐，也成了学生特长展示的舞台。

四、营造氛围：给学生正确的人生导航

国学经典中强调："幼儿养性，童蒙养正，少年养志，成年养德"，它阐述了一个人成长的历程。虽然我们不是孩子的父母，不能左右学生三岁前的教育，但进入大唐学府后的培养，乃至终身的培养我们却有不可推卸的责任。我们关注学生的人生、人性、人情、人和，从小帮助学生树立正确的人生规划。

理想达成离不开良好的行为品质，我校校本课程中，有国学经典教育培养，其中"百善孝为先"中强调孝道教育的重要性。为了在全体学生中弘扬"孝"文化，结合"二十四孝"对学生进行教育，10 月初在小学部开展"二十四孝"故事演讲比赛。传统的二十四孝故事经过教师的精心设计改编、学生声情并茂地演出，感人至深，催人泪下。学校号召全体学生写观后感，开展社会调查，参加孝道实践活动，让学生懂得孝道的内涵在于感恩，生命意义在于奉献，从而关爱他人、感恩社会。

一个学期以来，始终坚持"学校是我家，管理靠大家"的管理理念。一切工作以学生成长为主线，以学生成才为目标，以日常教育和管理为重点，进一步改进和完善优秀班集体和文明宿舍的考核制度，强化服务意识，促进学生全面健康发展，才使我们的学校更有了学校的样子，老师更有了老师的样子，学生更有了学生的样子。

快乐校园 美丽人生

——大唐学府选修课侧记

徐彬勤

"百年大计，教育为本。"教育是国家发展的基础，事关民族兴旺，人民幸福和国家未来。只有一流教育，才能培养一流人才，建设一流国家。国如是，家亦然。一个家族的昌盛，一个家庭的幸福，希望全在孩子。孩子是未来社会的建设者和接班人，必须把他们培养成德、智、体、美、劳全面发展的高素质人才。故今日之学子既须努力学习科学知识，又要积极陶冶文明素养；既要努力增加知识积累，又要积极加强品德修养；既要努力锻炼强健体魄，又要积极培养良好心理素质，真正实现全面发展。

如何培养高素质的人才，是2010年全国教育改革创新的一个重要课题。学府领导准确把握当前教育的阶段性特征，把学校工作与党和国家教育的大局紧密相连，把握世情、国情和教育阶段性的特征，坚定不移地推进教育改革创新。

首先是转变观念，树立全面发展观，树立人人成才和多样化人才的观念，面向全体学生，创造适合学生的教育和健康成长的环境，促进学生自觉主动、生动、活泼地发展，以教学生一时、想孩子一世的教育理念为指导，促进学校德育、智育、体育、美育有机融合，教育学生学会知识技能，学会动手动脑，学会生存生活，学会做事做人，让校园成为学生的乐园。

其次是创新培养模式，深化课程教材和教学内容的改革，遵循学生身心发展规律，深化教学方式方法改革，注重学思结合，倡导启发式、探索式、讨论式、参与式教学，鼓励学生大胆质疑，挑战权威，营造独立思考、自主探索的良好环境，让学生大胆同文本对话，同编者交流，注重知识统一，坚持教育与实践结合，课内与课外结合，传授知识与培养情感技能结合。注重因材施教，关注不同特点和个性差异，充分展示学生特长，挖掘学生优势潜能，使全体学生身心健康不断得到发展。个个乐观向上，人人充满生机活力，具有远大的理想和追求。

再次是加强校本课程开发，全面提升选修课的质量。结合学校实际，学校开设了军事、武术、体育、音乐、舞蹈、科技等近20种选修课程。军事课重点是增强学生的国防观念，培养铁一般的纪律，把学校的军事化就餐、军事化住宿做到实处。科技制作开启了学生智慧之门，点燃了他们心中热爱科学、投身科研的明灯，在一次次研究制作中，他们查阅收集相关材料，感受了失败的痛苦，也分享了成功的喜悦，心中印记了这样的信念：科学来不得半点的马虎，严密、慎重的是科学的精神。选修时分，校园沸腾了，师生们各做各的科目：田径场地的跑、跳、投、掷，生龙活虎；篮球场上的攻防拼杀，龙争虎斗；绿茵场上的颠、踢、挑、搓，争先恐后；乒乓球台前的推挡抽拉，左右开弓；武术散打的刚柔相济，虚实结合，动静有序，快慢自如；几回回反败为胜施巧计，一个个精神抖擞展雄风。棋类的博弈更是有趣味，对弈者"心似蛛丝游碧落，身如蜗甲化枯枝"，楚河茫茫哭生灵，汉界狼烟兵车行。局与局碰撞，无人能懂，棋里棋外，谁是谁的棋子？输，弈者悟，胜，弈者思。方如行义，圆如用智，动有呈才，静如随意，方圆黑白之间蕴涵丰富、哲理深邃。然而我们不可忘记打开人类智慧宝库的金钥匙——音乐，那更是让学生们神往、陶醉。一个个跳动的音符，迸发出金玉之声，急如高山流水一泻千里，缓似杨柳春风涓涓细流。一歌一舞唱出理想之音，蹈出喜悦与自信。一台台歌舞、小品、相声，一阵阵欢愉欢呼。校园在运动中磨炼着意志，在博弈中感悟人性，在欢歌中陶冶真情，在丹青书画里描绘人生。那些"两耳不闻窗外事，一心只为绘风景"的小画家，把自己对理想的追求、对生活的思考都凝注于笔端，描绘在画图中。一期期的书法绘画展，展示出了大唐学子对生活的热爱，对美好人生的追求。

校园生活是快乐的，快乐的生活滋润了孩子美好的人生。在快乐中学生用汗水洗礼毅志，用心志决胜千里，用五指张扬青春，用心灵歌颂人生。他们用眼去发现美，用心去感受美，用脑去思考美，用手去描绘美。他们是在描绘未来美好的人生。

"十年树木，百年树人"，丰富多彩的选修课程研发，充分发挥了学生的特长，激发了学生的潜能，焕发了生机活力。各种训练、竞赛、展示、评价，不仅丰富了知识，而且陶冶了情操。在其中他们有失败的沮丧，也有成功的喜悦，既有合作的愉悦，又有竞争的残酷，竞争中他们学会了合作，合作中他们建立了友情。失败中他们学会坚强，锲而不舍，他们享受成功。磨炼了胜不骄败不馁的意志。

大唐学府是学生学习的乐园，在辛勤园丁的精心呵护下，无数棵幼苗将乐观向上，自主自立，成人、成才、成杰。

真情育得花儿艳

李玲玲

春节过后，我原来的班级进行了解体分组，分成了两个班。分班以后，又陆陆续续来了一些小朋友。迄今为止，我班已有二十多人，其中 2006 年出生的小朋友有两位，也就是说三到四岁的有四位，这给我的教育教学活动带来了不少难题。

我以前从事的就是学前和小学低年级教学，对学龄前到入学这段时间的教育教学有着很浓的兴趣，这些年也积累了点经验。在零年级的教育活动中，我注意抓幼小衔接这一环。我发现幼儿园和小学在教学形式上存在着很大的差异，教材的教法也不一样。我在教育活动中注重帮助幼儿在情绪、智力上日趋成熟，让他们正式进入小学一年级就读时能很快适应。为此，我查阅了大量幼教书籍及材料，主要从以下两个方面入手。

一是改变幼小衔接工作只停留在表面的现状，对幼儿进行有目的、有计划、足够长时间的社会学习适应教育，真正减缓学前教育和小学教育两个阶段的坡度，而不是在幼儿入学前做一些突击性的训练或做一些诸如改变课桌摆放形式、延长课时等浅表性的工作，将精力集中放在对幼儿进行入学前的心理准备教育，培养良好的学习习惯和学习的坚持性，注重思维与能力的训练等方面。

二是突出理念上的衔接，反复研究学前和小学教育目标与课程方案的教育理念，保持教育理念的一致性和连续性，这一部分还需加强。

在实际工作中，我把以上两方面融入教学中，针对我班幼儿情况，照顾不同年龄段的幼儿。对准备入小学的幼儿，实行衔接教育，平时各项要求高一些；对于四至五岁的幼儿，尽量让他们在学习上感觉宽松一些，做一些针对其年龄及生理特点的教学活动；而对于最小的几个三岁多点的孩子，一般不要求他们书写，让他们多看、多听、多玩。为此，每设计一个活动，都要考虑到全体的幼儿，让他们都能感受到老师的爱和关注。

幼儿年龄越小，自理能力越差。我和生活老师每天都要交接几次，不仅是人员交接，健康状况及衣着都要进行交接。吃饭时，我把班内最小的和挑食的孩子安排在我这一桌。每次吃饭要把各方面考虑到，稀饭碗摆放在什么位置不容易洒，哪条凳子高低正合适，帮他们掰馒头、加菜，激发他们的食欲。看到挑食的孩子多吃一口饭菜，我就高兴，就有成就感，还得注意几个特殊的学生。文某胃不好，有些饭菜应注意；庄某易便秘，蔬菜稀饭督促他多吃些……这些小事不胜枚举。其实，累一些忙一些都没什么，我最担心的是孩子们的安全及健康卫生。

上下课时，我都把学生纳入视线内，一发现潜在危险便加以制止。每天给孩子做体检并进行记录，教室内每天下午消毒。孩子年龄小，免疫力差，我就收集了一些预防流行性疾病和季节性疾病的方法，在日常生活中实施。安全健康是第一件大事。

平常我经常和家长沟通，及时采纳家长的建议，了解每一个孩子的生活习惯、脾气性格和身体素质，及时调整自己的工作方式方法，让每个孩子都能得到最适合的教育，让每位家长放心。

在很多人眼里，我们干的就是看孩子的活儿，简单得很，也浅显得很。其实，不接触幼儿教育，常人难以理解我们的工作。成人面对成人，只要有学科知识，传授与交流常常没有多少障碍。而面对孩子，绝对没有那么简单。在一定意义上，这个教育教学的过程，更复杂、更艰巨、更具有挑战性！一个幼儿教师，面对着这样幼稚的却又在事实上蕴含了太多人类成长奥秘的娃娃，你既要会说、会唱、会跳、会画，又要有生理卫生学、幼儿心理学、脑科学知识，还要有最基本的保健学、营养学、医学儿科等方面的常识，特别是还要有足够的爱心和耐心，具备这些，你才能游刃有余地工作。

学校的特殊性（全寄宿制），决定我们不仅担负着学校的教育责任，还担负着大部分的家庭教育责任。既要注重孩子的智商开发，又要注意情商教育。

一直以来，在踏踏实实工作的同时，我不断地总结、反思、学习，力求让孩子各方面都能得到健康、长足发展，让各位家长满意、放心。

大爱无痕 细心呵护

宋振凤

时光荏苒，日月如梭。不知不觉间，我接手四年级二班快一年了。我班原有的 30 人发展壮大到现在的 49 人，其中女生 11 人。有人说：一个好班主任就是一个好班集体。但班主任的工作是琐碎的、繁杂的。班级无小事，事事皆教育，处处渗透着教育的艺术。

一、常规习惯，常抓不懈

儿童心理学家朱志贤说：学生在学习中出现的问题常与行为品德有关。"不从根本上去抓品德教育，就不能促使他们健康成长。"所以在上学期和本学期，我首要的任务是继续抓常规。它必须贯穿在整个管理过程中，一开始，我就强化一个"狠"字，落实一个"细"字，制定出详细的班规，要求学生对照执行，使学生做到有规可循，有章可依，并分项专人负责，做好记录，及时公布情况。学生在学风、班风、班纪等方面发生了显著的变化。本学期开学后，我及时调整了工作思路，使管理水平又上了一个新台阶。

二、重用班委，指挥有度

刚一接手任四（二）班的班主任，我就花了不少心思，对班干部进行调整：先是留意全体同学，再是全体同学民主选举。接着试用上岗，最后拍板定案。选出了一批（像吴萍、孙舒婷等）有责任心、有威信的同学。进而对他们进行上岗培训，告诉他们应明确班干部职责范围，应全心全意为班级服务，处处以身作则，大胆地放开手脚去干。我还把每个星期日的中午作为班干部的会议时间。在这个时间里我会第一时间把我的工作思路，以及学校的会议精神及时贯彻、传达给他们，并及时肯定他们的成绩，同时指出不足。我的这些爱将认真地分析我所说的每一句话，认真地讨论交流，并写成书面材料。在下午的班会课上，班长吴萍主持，副班长王康宇、英语代表诸葛福盈、语文科代表马慧敏、数学科代表卢香溢、文娱科代表徐嘉宇、体育科代表孙舒婷、卫生科代表于志富按照各自的分工对上周的工作进行总结，对下周工作进行部署，其中有表扬，有批评，其他学生暗暗佩服。学生的班集体荣誉意识、向心力增强了。各任课老师纷纷夸赞我班的班干部能文能武，尽职尽责！即使我临时有事开会，学生也管理得井井有条，有秩有序。文艺会演准备节目，也是吴萍他们精心组织，而我却轻松了。大多数时间，享受着他们反馈给我的信息，及时引导。对这些小精灵们，我心存感激！是的，可爱的孩子们分担了我的重任，使我从繁重、琐碎的工作中解脱出来，有更多的时间潜心研究教学。同时，也提升了班干部的管理能力，组织能力，增强了班级的凝聚力、向心力。

三、言传身教，树立榜样

俗话说，榜样的力量是无穷的。是的，班主任是全班同学所敬仰和模仿的对象，班主任对学生的教育影响是极其深远的。所以，班主任在班级管理中，要为学生树立楷模，言传身教。在实际工作中要严于律己，才能赢得学生的尊重与爱戴，才能真正成为学生的榜样。在实践工作中，我发现树立榜样进行赏识教育的作用是教师口说无法代替的。平时，如果教室地面上有一张纸片，我会在众目睽睽下，弯腰把纸捡起来；地面脏了，我随手拿起拖把拖地；学生生病了，我会当着其他学生的面给他量体温，指点吃药。餐厅里安静地吃饭……老师的一言一行对学生起着潜移默化的作用。老师的每一个举动、每一句话，都会在孩子心目中留下深刻的印象。现在，一下课，值日生就忙着拖地、扫地，其他同学争先恐后地排桌椅板凳；餐厅里吃饭静悄悄，值日生卖力地拖地（餐厅卫生常常受到后勤老师的表扬）。同学生病了，主动带着到医务室……

四、大爱无痕，细心呵护

在教学过程中，给孩子们以健康的思想、健康的心理、健康的身体，教孩子以自信，在他们心头播撒激励，嫁接信心，呵护自尊，体验自豪，是我在班级管理中的一套原则。所以，无论是在班级管理还是在生活中，我始终向孩子传递"我爱你"的信息。在学生面前，我不是高高在上，神圣不可侵犯的老师，而是他们中不可或缺的一员，是他们亲密无间的妈妈和老师。功夫不负有心人，我所带的四（二）班在各方面都发生了可喜的变化。更为可贵的是，孩子们都建立起了强烈的集体荣誉感，他们把班级当作自己的家，以班为荣，以学为乐。每次大休，开开心心来到学校，快快乐乐回家去，从未有哪个孩子因想家而哭泣。在我欣赏鼓励的目光中，那些曾经看到我胆怯、躲闪的孩子能主动亲近我了，甚至还趁我不注意时把自己喜欢的零食悄悄放在我的抽屉里；在我严爱相济的教育中，那些课堂上总不能安分的小活猴们，终于围绕课堂上的思路，学会静心思考和踊跃发言……在我关注细节的养成教育中，那些乱扔垃圾，桌洞里塞满食品袋的现象不见了……每每想到孩子们这一学期为我带来的感动，我便如数家珍。正因为孩子不懈的努力和爱学校、爱班级的行为，本学期的先进班集体的流动红旗常常落在我班，吴琼老师选中我班作为大合唱的主选人员，才有了王旭东乒乓球比赛中优异的表现，才有了英语单词默写 3 个全对，到 40 个全对，拔河比赛中的险胜……看到孩子们一次次的进步，我一次次向他们竖起大拇指，并一次次把赞许、信任、鼓励的目光投向他们。

五、老师尽职，成绩飞扬

我班学生不光在卫生、活动方面表现突出，在学习方面也让人竖起大拇指。现在我班学习蔚然成风，这归功于我们各科尽职尽责的老师。教语文的杜老师，为了第二天的新课，提前三四天精心准备，把每一节课当作公开课来上，学生学得轻松。在每次的考试中，语文成绩特别优秀；年轻的李芳老师是我的老搭档了，她对工作一丝不苟，让连 26 个英文字母都不会写的学生，英语成绩提高了一大截。我带本班的数学，顶着换几任数学老师的压力，在摸清学生的底子后，凭着二十年来的教学经验，设计了一套适合本班的教法，精心设计每一节课，因材施教，尽量做到在每一堂课上充分每一个层次学生的需要和学习能力，让各个层次的学生都能得到提高，并在课下耐心辅导潜能生、学困生，关注新生，一学期下来，学生的数学成绩有了大幅度提高，现在学生普遍反映喜欢上我的课。

班主任的工作千头万绪，诉也诉不尽，道也道不完。尽管做班主任苦了些，累了些，事务繁杂了些。但，如果说每个孩子都是一颗小星星，我愿用真诚与热情为他们撑起一片挚爱的晴空，让他们各自闪烁出最灿烂、最动人的光辉！为了让班级充满活力与创新，为了能更好地塑造孩子们的心灵，让他们得到全面的发展，我还会更加努力。

细想一下，哪一位家长不望子成龙？哪位家长不望女成凤？哪一位老师不希望自己的学生有出息呢？既然家长、老师都有一个共同的愿望，那么让我们携起手来，同心协力，把你们的孩子、我们的学生教育好。

在激流中拼搏向前

朱 虹

一位著名教育家曾这样说："班级像一个大家庭，同学们如兄弟姐妹般相互关心着、帮助着，相互鼓励着、照顾着，一起长大了，成熟了，便离开了家庭，走向了社会。"因此，一个良好的班集体对每个学生的健康发展有着巨大的作用。

身为一名初中一年级的班主任，我经常扪心自问：怎样做才是一个称职的班主任？面对初一的学生，我们班主任最应该培养学生什么？针对这一百多天的班主任工作经历，我总结了以下几点。

一、身先士卒，做学生的榜样，培养学生的责任感

因为我们学府的学生大多数是留守儿童，他们与父母一起生活的时间较少，所以我更有必要让每位学生认识自己在今后一个阶段所必须承担的责任。学生明确了责任，必将为责任付出行动；有了行动，必定有回报。

我深知，一名负责任的班主任，不一定能教出负责的学生，但一名不负责任的班主任，必定造就一大批不负责任的学生。因此，我每天心甘情愿地待在这个小小的教室里，与身边几十位同学朝夕相处。就这样，老师承担教的责任，学生承担学的责任，师生同甘共苦度过了一百多天，我们彼此都从中感受到了幸福和快乐。

二、加强学生的纪律性，培养学生的规划意识

初中阶段，是学生初步形成相对完整的人生观和世界观的关键时期。所以，在我接手班主任的第一天，我就着重地告诉每位学生：不管进行什么游戏，都必须遵守相应的游戏规则，每一个人都应为自己的过错承担责任。由于很多学生都是在不懂规则的情况下违反的，所以我利用各种时机，让班级所有学生明白各种规则以及违反规则所要承担的责任。

三、培养学生讲诚信、守信用

身为人母的我感觉，一个孩子开始有意识地对父母或老师撒谎时，往往正是他走向堕落的开始。要想让每个学生诚实守信，并非易事。所以，我就要求自己平时尽量做到"诚信"二字。作为班主任，如果能够成功地教会学生如何做人，那么学生自然也会知道如何学习。一个班级犹如一支军队，班级的正气犹如军队的士气。思想上的诚信，可以促进行为上的端正。而一旦形成端正的班风，班级学生自然形成一种强大的凝聚力，这种力量对于学习成绩的提升作用是无穷巨大的。所以，每每到了校考、县统考，我往往不抓纯粹的学科复习，而是狠抓班风学风。

事实证明：在端正的班风、严谨的学风里，学生的成绩能屡屡给人惊喜。

四、班级管理的法宝——交流

在每个平平淡淡的教学日子里，交流无处不在。为了获得更多更新的班级学生的动态，我时刻观察着教室内外发生的各种现象和细微变化，对于美好的、激人奋进的事情，我会在第一时间向全班学生表达自己的喜悦，鼓励进步，表扬先进：对于不良的丑恶的苗头，同样需要进行迅速且有效的制止和扼杀，避免恶性事件的发生和个别学生的自我放弃。

除了生生交流、师生交流之外，我还多次和家长交流。把学生的在校情况如实地告知家长，这样既让学生感受到班主任教师的一片苦心，同时也能从家长那里收集到孩子的信息，推动班级管理工作。

五、不以成绩论英雄，充分调动学生的积极性

作为班主任，我掌握了每一个学生每一科的每一次成绩，对他们进行真实、客观、合理的鼓励性评价。由于孩子的个体差异，他们的成绩免不了有好有坏。因为偷懒导致成绩差的，我就给予适当的批评教育。但有的孩子平时很努力，成绩却不怎么理想的，我就和他单独面谈，寻找原因，给他信心，用电视剧《士兵突击》里的"不抛弃，不放弃"来鼓励他，提高他的学习热情和积极性，让他放下包袱，开动机器，重新绽放出灿烂的笑容。

回顾三个多月的班主任工作生涯，我深深地感觉到了班主任工作的琐碎、繁忙，但是跟着孩子在一起的每一天，也给我带来了无尽的快乐和幸福。我会为学府的明天，奋力扬起进步的风帆，在激流中拼搏向前！

"五心"育桃李

薛映梅

班主任工作是一项烦琐而又辛苦的工作，韩愈曰："师者，传道，授业，解惑也。"然而，作为一名寄宿制学校的班主任，更要担负起父母、朋友、导师三种角色。回想起这几年的班主任工作，有苦，有累，有烦恼，但是，伴随着学生的学习快乐成长，我感到非常充实和愉快，也感到非常欣慰和满足。以下是我在班级管理工作中的几点心得体会。

一、责任心是班主任管理好班级的前提条件

"班级无小事，事事皆育人"，班主任是这个集体的带头人和家长，是学生的组织者和管理者。因此，在班级管理中，班主任必须有高度的责任心，不仅要对学校负责、家长负责，更要对每一位学生负责（包括学生的学习、生活和思想），尤其是在我们寄宿制学校，学生的衣、食、住、行都在学校，所以作为一名班主任，更应该对学生有一个全面的了解，及时掌握学生的思想动态。所以，我在班级内设立了班主任信箱，学生有什么想法和困难，都可以给我写信，便于我及时掌握情况，及时解决问题。对于有思想波动的学生及时做思想工作，确保班级各项工作得以顺利开展。

二、爱心是班主任管理好班级的必要条件

马卡连柯说过："爱是教育的基石，没有爱就没有教育。"虽然古语也说"严师出高徒"，但是，在班级管理中，不仅需要严，更需要爱的滋润，严可导其行，爱则动其心。因此，班主任在工作中必须有爱心，不仅要爱品

学兼优的学生，更要去关爱那些学困生、后进。爱可以使你走进学生的心灵，激发学生的学习兴趣。爱并不需要有多么伟大的举动，它往往表现在身边的每一件小事上，当你为学生整理衣领，提醒他们添加衣物，在宿舍里为他掖掖被角，在感冒生病时说几句安慰的话语，哪怕仅仅一个鼓励的眼神，都能表现出对学生的爱。爱的付出，必有回报。每一年过教师节或春节时，我都会收到学生的祝福，今年中秋节，虽然学生们都是在家过的，但是，许多的学生纷纷给我打来电话，或通过网络和短信给我发来祝福的信息，开学时学生给我送了一小盒月饼，说："老师，祝你中秋节快乐。"感冒时会有学生送药，并写上纸条："老师要记得吃药哦，希望你快快好起来。"爱与爱是互相的，爱在班级管理中是必不可少的。

三、细心是班主任管理好班级的基础

教育无小事，事事皆教育，班主任在工作中处处要细心。尤其现在的学生思维活跃，自尊心较强，自理能力较差，家庭教育比较娇惯，习惯以自我为中心。所以往往琐碎的小事也较多。因此，班主任应该做个细心的人，无论是在学生的学习上，还是在生活中都要处处留心，事事细心，做一个有心人，主动地走进学生，和学生交流，全面、细致、深入地了解学生。为了做好这一点，我在班里为每一位同学建立了成长档案，让他们把自己的想法，对老师、同学的想法，对生活和学习的感想都写出来，放在自己的档案袋里，老师不定期地去查看，从学生的总结中，去捕捉学生平时表现不出来的思想，了解学生的思想波动、心理需求，以便于及时解决学生出现的问题，并使问题在最初得到解决，让他们更加愉快地去学习。

四、耐心是班主任管理好班级的保障

作为一名班主任，在班级管理中，要有足够的耐心，对学生在学习和生活中出现的每一个问题，都要耐心去处理。我们的校长曾在教师培训会上讲到，对待学生要做到：爱、泡、磨、导、善。我认为其中的磨与泡就是要求班主任做到有耐心。在五年级新学期开学初，我班来了一名新生，不仅基础

差，而且行为习惯较差，刚来第一天就打了好几位同学。由于是不了解学生的脾气性格，我只是简单地教育了他几句。没想到没过两天，他又和同学打架，并把玻璃打碎了，VCD也给摔坏了；在与班内同学熟悉以后，三天一大架，两天一小架，有时一天要与同学打上好几架，而且不服从班干部和组长的管理，几乎天天有同学到办公室告他的状，着实让我头痛。我找他谈了几次话后，效果也不大，并且他还不服气，因为他认为自己与别人打架都是别人的错，即使发生矛盾也是别人引起的，自己没有错。于是我就改变方法，除了做必要的谈心和教育之外，我就天天盯着他，每做一件事，无论是学习还是活动，都亲自督促他去做，并把他闲散的精力慢慢引到学习上来，在课堂上让学习成绩好的同学主动去帮助他，提醒他，平时只要我有时间就和他谈话，做他的思想工作，严格要求加鼓励。一个学期下来，他无论是在学习习惯上，还是在生活上都进步了许多，他妈妈高兴地对我说："老师，我看到了儿子的进步。由于家里做生意较忙，儿子大休回到家放下书包，就把院子打扫得干干净净，屋里也收拾得整齐，碗筷也给涮得干干净净，把家里收拾得井井有条，并且也不到处乱跑了，没事也帮我看店了。"听到家长这么说，我也感到很欣慰，我一个学期的磨与泡没有白费。

五、宽容心是班主任管理好班级的推动力

古语说："金无足赤，人无完人。"说明每个人都有自己的缺点，更何况一个有着四十多人组成的班集体。每个学生都有着各自的性格特点，行为习惯也不尽相同，都有这样或那样的缺点和不足。因此，班主任必须有一颗宽容的心，包容他们的缺点和不足，并根据各自情况，耐心地处理好每一件事情。我班有一位学生从小由于家庭情况特殊，来到我班时行为习惯较差、成绩差，学习上进心也不强，有种破罐子破摔的思想。通过一段时间的观察，我发现他很讲义气，而且别人要是对他好一分，那他就对别人好两分，甚至三分，特别容易感动于别人对他的好，所以他的人缘非常好，我抓住他的这个优点，让他担任我班的纪律委员。我的做法令许多的学生不理解——他们认为干部应该是品学兼优的学生。当天他就在班级工作日志中写道："令

我最兴奋的一件事是今天我当上了纪律委员，我一定不辜负老师和同学对我的期望，把我班的纪律管好，并且我一定要好好去学习。"平时我从生活小事去关心他、照顾他，尽量调动他的学习积极性。他也不断地进步，与同学的关系也越来越融洽。后来他随爸爸去了南方，不到两天就给我发来信息说："老师你放心，我一切都好，我一定会按照你说的话去做的，请您不要担心我。"至今他不管有什么事，都会打电话来征询我的意见。

罗曼·罗兰说过："要散布阳光到别人心里，先得自己心里有阳光。"老师的阳光就是一颗爱学生的心，有了爱心面对学生才会多赞扬，多激励。用爱心、宽容心、耐心、细心和责任心努力使学生处在自由、民主、开放的环境中，在生动快乐的氛围中，去学习和生活，这样才能陶冶他们的情操，发展他们的智力；才能更好地管理班级，建设和谐、健康、积极向上的班集体。

爱宽容感动

田学秀

我是七（二）班的班主任，与大家分享工作中的几点见解。

一、学会宽容，学会爱

新型的师生关系提倡民主、平等、和谐，我愿意做学生的朋友。在以前我给学生的感觉是严厉和敬畏，用王校长的话说是又敬又怕。可不知从何时起，我那看起来刚硬的性格逐渐变得脆弱。一位同事曾这样说过我："从什么时候变得爱哭了？"

我曾读过这样一则故事：一位在山上修行的老禅师月夜散步归来，发现一个小偷在他的茅屋偷东西，老禅师知道小偷在茅屋找不到值钱的东西，便从容走进屋里，脱下自己的衣服披在惊魂未定的小偷身上，并平静地说道：你走老远的路来探望我，总不能空手而归啊！望着消失在夜色中小偷的背影，老禅师感慨地说："但愿我能送他一轮明月，照亮他在夜晚的前行。"第二天一睁开眼睛，发现那件披在小偷身上的大衣叠得整整齐齐地放在门口。这则故事给人启示良多。

从升到初中以来，我们七年级四个班一致要求学生 6：20 准时进教室读书，我班的某某同学老是来晚，对本班的规章制度充耳不闻。一天早晨，他又一次迟到，此时我改变了以往训斥的态度，说："今天早晨这么冷，快回去加件衣服吧。"起初他云里雾里地瞅着我说："老师，我以后绝不迟到了。"我装作没听见，继续说："快去，别感冒了。"这名学生终于明白我语出真诚。直到此时，孩子转身离去的眼神清晰地印在我的脑海里，其中跳动的是羞愧，而更多的是惊喜的火花。这么简单的一句话，就解决了一个一直以来就让我头疼的问题。此后这个孩子从未迟到过，而且每次几乎他都是第一个走进教室。

著名教育家夏丏尊说过："教育没有情感，没有爱，如同池塘没有水一样，没有水，就不能成其为池塘，没有情感，没有爱，就没有教育。"爱的真谛是宽容。

二、感动自己，感动学生

苏格拉底说过：教育不是灌输而是点燃火焰。

学生时代初读《背影》时，我和所有学生一样冷漠，心灵激不起半点涟漪。老师为学生的冷漠而寒心，只有感叹现在的孩子都怎么了？为什么如此冷漠，不会感动？可时至今日，再读此文时内心的感受却与以往大相径庭。是经过岁月的洗礼，还是身临其境的感触？课下与几个学生共赏此文时禁不住潸然泪下，而身旁的学生竟也眼圈红红的。我惊诧了。

本班学生薛雨秋整日沉默寡言，课堂课下跌宕起伏的情境丝毫激不起他情感的波澜，整日眉头紧锁，没有微笑，一副懒散麻木的表情。尽管他的家庭情况我从其他老师那里有所耳闻，但看到他萎靡不振的样子，最终我还是决定亲自找他谈一谈。他说："我是一个无依无靠的孩子，爸爸进入监狱，妈妈离家出走。我只与年迈多病的爷爷生活在一起。大休期间，自己做饭，姑姑也早已去世，学费都是由姑父东家西家凑的。"他可能习惯了，对于如此惨境竟能平静冷漠地说，脸上没有丝毫的表情，眼睛空洞无神，可我却流泪了。起初这孩子看到我的表情很惊讶，继而号啕大哭。是啊，孩子，你不是没有情感，是家庭数次无奈的变故致使你冷眼看待一切，你的冷漠麻木不是你心灵深处最真实的体现。现在你终于知道有人因你的不幸而为你流泪，与你分担这份苦痛，你长期压抑的痛苦终于一发不可收拾地得以释放！

事后不久他告诉我，以后他一定好好学习，将来让爷爷过上好日子，让姑父过上好日子。

记得古罗马一位诗人写过：只有一条路可以打动人心，就是向他们显示自己首先被打动。是啊，不是学生不会感动，而是我们没有用自己的教育触及学生的灵魂。而情感的迸发，不是单靠简单的开关就能控制的，一定需要共鸣，需要磁场，需要相同的情感一道催化！所以走向学生之前，扪心自问：我是否有一颗善于感动的心？在学生感动之前，我被打动了吗？是什么打动了，我该拿什么感动学生？用自己的真情和感动，努力让学生感动，相信终有一日青涩的果子一定会成熟，学生会因我而感动。

有爱的奉献，就有爱的收获

杜森山

今年暑假后，来我校就读的新生比较多，仅四年级就有40多人。学校领导为了让这些新生尽快适应学校的生活和学习，特意组成了一个新班级，那就是四（3）班。我有幸和徐校长做搭档，教这个班的数学。我非常珍惜这个机会。几个月来，在与这些孩子朝夕相处一起生活和学习的过程中，我感到年轻了许多，我的感触也很多。

一、首先抓好对学生良好生活习惯的培养

由于本班都是新生，孩子来自全县各个乡镇，多数为留守儿童，他们的许多习惯有待规范。例如早晨不洗脸刷牙，晚上不洗脚，随地吐痰，乱扔垃圾，喜欢追逐打闹，爱说脏话，不勤换衣服，等等。老师就要从一点一滴做起，逐步对学生进行说服、教育。并且工作中不能操之过急，否则学生会产生抵触情绪。这就要求老师细心和耐心，要讲究艺术，让学生在不知不觉中接受教育。

四（3）班刚组建不久就遇到了学校组织的卫生大检查。虽然孩子们都努力去打扫了，但由于这些孩子没有经验，不知道物品该如何摆放，结果虽然成绩是94.6分，但却是全校排名倒数第一。孩子们很沮丧，心情很不好，纷纷找我诉苦。我知道，这些孩子在家里很少打扫卫生，衣来伸手，饭来张口。在这儿能把卫生打扫到这种程度就已经不错了，再看到他们具有的强烈上进心，我从心里感到非常高兴，于是抓住这个机会做孩子们的思想工作。告诉孩子们说："其实，我们这次卫生打扫得很不错嘛，得了94.6分，不是

很优秀吗？我们排名倒数第一，说明别的班级更优秀，我们与他们多少有点差距。只要我们努力，下次一定能超过他们！"孩子们笑了。果然，等到第二次卫生大扫除时，名次有了明显的提高。不仅如此，孩子们的个人卫生、生活习惯同时也有了很大的改变，逐渐适应了学校的生活。

二、要逐步培养孩子良好的学习习惯

四（3）班是个新生班，生源来自四面八方，孩子们的基础各不相同，知识程度参差不齐，学习习惯更是千差万别。怎样培养孩子良好的学习习惯，这就需要老师多方面、多层次地指导孩子，规范孩子，对孩子的点滴进步都要给予表扬和鼓励，使他们对学习充满兴趣，对未来充满信心。

要想提高孩子的学习兴趣，首先要让孩子尝到成功的滋味。例如，孩子语文比数学好，做作业时，就应该让他先做语文，然后再做数学。如果先数学后语文，不光数学做不好，连语文也不会有进步。做数学时，首先让他做简单的题，增加他的信心，然后再让他做较难的题。孩子有了点滴的进步，我们都要多加表扬。有人说：孩子的成绩不是教出来的，是夸出来的。我认为这句话并不过分。人人都需要赞美，如同人人都需要吃饭一样。没饭吃，你就会产生饮食的饥渴；没赞美，你就会产生精神上的失落。赞美属于精神食粮，属于满足。赞美是雪中送炭，赞美是使别人喜欢你的秘诀。我们很多孩子缺少的不是批评，是赞美，是表扬。很多家长都感觉到批评孩子的效果越来越差，那你何不尝试多给孩子表扬和鼓励呢！

有些孩子不是缺少缺点，而是缺少优点。所以，我们家长和老师要多发现孩子的优点，少提孩子的缺点。少提缺点并不是包庇孩子的缺点，而是为了提高孩子的自信心，使孩子看到自己是个好孩子，是个优秀的孩子。一个人必须感觉到成功，才能成功，如果只看到失望，那他成功的机会就很少。教学的艺术不在于传授的本领，而在于激励、唤醒、鼓舞，教育不是要改变一个人，而是要帮助一个人。孩子在老师和家长的期待与激励中获得信心和力量，当然会情不自禁地投入学习。

为培养孩子的上进心和自尊心，我在班级工作中采取"纵向比"，而不是"横向比"。"纵向比"就是把孩子的过去和现在对比，"横向比"就是把这个孩子和那个孩子作对比。如果把这个孩子的缺点和那个孩子的优点相比，往往会使孩子产生自卑心理，而且会不知不觉比掉他的自尊心和上进心。因此，在教学中遇到每次测评，我只把孩子本人的这次成绩与上次的成绩进行比较，哪怕提高 1 分，也要进行大张旗鼓的表扬，以增强孩子的自信心。通过这几个月的努力，我们班有了明显的收获，孩子们的学习兴趣明显增强，成绩不断提高。第一次月考的平均成绩是 72 分，期中考试的平均是 83 分；第一次月考 90 分以上的只有 2 人，而这次期中考试 90 分以上的达到 10 人。因此，我们认为"教师像蜡烛"，作为一种教育精神值得提倡，作为一种教育思想却不值得称道。教师应该是火柴，是打火机，主要职能不是自己燃烧，而是去点燃学生的希望之火，智慧之火，激发学生的激情，增强学生的学习欲望。

三、多亲近学生，在生活中拉近与学生间的距离

"亲其师，信其道"。把学生当作自己的孩子去爱，把学生当作自己的孩子来教，就没有教不好的学生。这就是我们学校正在开展的"爱心课堂"教育。曾经有位新来的学生家长跟我说："孩子在原校太调皮，不爱学习，成绩不理想。"我说："孩子调皮，正说明这个孩子是很聪明的，他之所以不爱学习，是因为他对学习没有兴趣，兴趣是最好的老师嘛，他对学习没有兴趣的原因是与老师有距离，不喜欢与这位老师交流和谈心。"这位家长笑了，说："不错，他不喜欢这位老师，而且一看见老师就躲开了，更谈不上交流了。"由此可见，如果学生因为一位老师的存在而愉快、开心，那么，这位老师的教育就成功了一半；如果学生因为一位老师的存在而痛苦、拘束，那么这位老师的教育就已经失败了。一个不笑，不会笑，成天板着面孔的老师绝不是好老师。可能有的家长和老师感到委屈，说："我不是没有给孩子爱，也不是不喜欢孩子，可孩子就是不喜欢我，不愿意接近我，我也感到很苦恼。"那问题出在哪儿呢？你不是爱得不够，而是爱得不对，你的爱可能太"凶狠"了，也可能爱的方式不够，也许是单向的爱，所以没有回

馈。爱也需要方式、方法，爱也需要艺术，爱存在于平凡的一点一滴的生活中。刚开学时发生的一件小事，我感到就是这种平凡爱的体现：有一个聪明的孩子，发现老师上课时没有教杆。于是，他就在课余的时间给老师找了一个挺漂亮的小木棍放在讲桌上给老师当教杆。我很高兴，表扬了这个孩子。上课的时候有把教杆，确实很方便。可是有一次，当一个孩子违反纪律时，我非常生气，只想拿教杆敲这个孩子，幸亏我控制住了自己。课后，我想：教室里有教杆确实有方便的地方，但也会给老师犯错误提供方便之门，于是，我当众把教杆扔掉了，并告诉孩子们说：老师上课不喜欢用教杆。一直到现在，我们教室一直没有教杆。每当有孩子惹我生气后，我就庆幸教室里没有教杆，我又避免了一次错误。

四、家长和老师要多给孩子一些魅力，少给孩子一些压力

作为四（3）班的班主任老师，我认为：班主任老师更要树立起自身的良好形象。一个学校的校长三天不到校，对于学生来言，是感觉不到的，而一个班的班主任老师一天不到校，这个班的学生就会受到一定的影响，这说明班主任对学生的作用是巨大的。

榜样的力量是无穷的，家长和老师是学生的楷模，有什么样的老师就会教出什么样的学生。在生活和学习中，老师要用人格魅力去影响学生，做到言行一致，表里如一，对人真诚，办事诚信，使自己的品行在学生身上产生潜移默化的影响。教师还要用语言魅力去启迪学生。"良言一句三冬暖，恶语伤人六月寒"。教师在与孩子的交往中，特别要讲究语言艺术，要富有人情味和趣味性，对学生多一些鼓励，让学生更加自信，要多带点幽默，让学生乐于接受。另外，教师还要用自己的行为魅力去塑造学生。"己所不欲，勿施于人"，教师要求学生做到的，自己首先要做到。教师的人格魅力和行为魅力将影响学生一生。一定要让学生喜欢你、学习你、模仿你，最终达到让学生去崇拜你。

总之，教育是一个复杂的过程，作为学生的家长和老师任重而道远。孩子的一点一滴的进步，我们都应该感到骄傲和自豪。"教育无大事，教育非

小事"，是呀，在教育中确实没有惊天动地的大事，但对孩子的教育实实在在不是一件小事呀。"世间自有公道，付出就有回报"。只要我们有爱的奉献，就一定有爱的收获！

主角配角

陈 静

　　魏书生先生说过一句极有见地的话：不做班主任的老师不是完整的。这句话强调了班主任工作的重要性，虽然不能依据拿破仑那有名的句子来理解成"不想当班主任的老师不是好老师"，但其中道理不言自明。寒假过后，我有幸成为三年级二班的副班主任，作为一名体育教师，能参与到班级的管理，这对我是莫大的鞭策。以我的理解，副班主任与班主任的工作在本质上是一样的。我在做班主任的工作上有以下三个心得。

一、不做"团长"，做好"政委"

　　电视剧《我的团长我的团》倘若套用在一个班级上，班主任就是团长，副班主任就是政委。政委的职责是做好思想工作。如果班主任给大棒，那么副班主任就要给胡萝卜；如果班主任给板子，副班主任就要给糖果。一个黑脸，一个红脸，方能刚柔并济，双管齐下，效果才好。副班主任做好弥补工作，防患于未然。我班的学生徐庆轩，既懒惰又贪玩，完不成作业还时常在楼下玩，任课老师也很头疼。我就找准时机和他谈话，表扬他在学习之外的进步，然后再谈到学习，让他一步步感受到老师对他的关注，增强学习的信心。每天都督促，几天下来，他明显有了改变。我在想：只有点亮学生们的心灯，才能激发他们的奋斗热情，只有拥有奋斗的热情，我们才有可能创造奇迹，赢得最后的胜利。

二、甘当绿叶，衬好红花

老师要甘为人梯，副班主任要甘当班主任的绿叶。要维护好班主任的权威、形象，避免另立山头。不要让学生对班主任形成抵触情绪。做操时，班主任在前，副班主任在后，维持队形。打饭、检查卫生等活动，要多分担，多担当，不居功，不抱怨。刚进入这个班时，协助班主任整理整顿了班级卫生、纪律，很多以前注意不到的细节我一一指出并做了改善。作为班级的领导者，应精心导航，要善于调动一切积极的因素营造团结奋进的集体。

三、要有主人翁意识

副班主任虽然是政委、绿叶，但关键时刻也要绿叶的独特作用，让绿叶也绽放出光彩。家长会要召开了，班级也要搞一些活动迎接家长会的到来。作为一名艺体组的成员，为班里编排节目是我义不容辞的责任，我就利用闲暇的时间认真组织编排，融入班级中去，让每个学生都发挥特长，让每个学生心里都充满阳光。

"一屋不扫，何以扫天下。"我一定从具体的、琐碎的基层小事做起，达到"润物细无声"的教育境界。只有从角落才能走向舞台中央，小事做好了，大事才做得好。一个人是这样，一个学校也是如此。

我在大唐学府当老师

宋　娜

　　我是 7 年级 3、4 班的英语老师，也是 3 班的副班主任。作为一名刚踏上讲台不久的年轻教师，特别是做一名副班主任，刚接手时心里有些发毛，常常不免有许多莫名的压力，幸好有位很有经验又平易近人的正班主任——侯老师，让我有了坚实的靠山，工作起来也有了几分底气。在他的指导下，我们班同学的学习和学校开展的各种活动都取得了优异的成绩，我也从他那里学到了很多宝贵的工作经验和育人之道、处事方法。在这里我特别感谢他。真诚地道一声：谢谢您，侯老师。

　　都说初中是孩子成长的叛逆阶段，假如教育方法不当可能会带来很严重的后果。如何与这群孩子和睦相处，打成一片？这个问题一直在我的脑海中萦绕，说心里话真想和他们成为好朋友。

　　我们班淘气的孩子比较多，刚接手时，孩子们看到如此年轻的老师兼班主任，话语间表情上流露出几分轻视。虽说当时没太放在心上，但我也多少能看到其中的玄机，能猜到他们的心思。我告诫自己，一定要防患于未然，时时事事想在他们的前面，好多孩子对我的"挑战"都以失败而告终。平时与学生相处时我总摆出一副很严肃的样子，这样持续了一段时间，有一种错觉，感觉孩子们对我好像有一层隔阂，又敬又怕，不愿意和我接近，我怎么也走不进孩子的心灵。就在我不知所措的时候，发生了一件让我很感动的事情，改变了我和孩子们的关系。

　　记得我生日那天，我和同室的老师们聊天时，说今年的生日又没时间过了，期待明年好好给自己庆祝庆祝吧。谁知到了晚上自习时，我在班里上完课，刚到 4 班时，班里有个孩子把我叫出去，当我走到他面前时，他突然和我说了一句："祝老师生日快乐！"我很惊诧，他怎么会知道今天是我的生日呢？当时我也没放在心上，敷衍了声谢谢，就去给 4 班的学生上课了。

下课时，我看见了班里的团支书和英语课代表在 4 班门口等我，看见我说："老师，我们刚知道今天是你的生日，请你到班里吧！"我很纳闷地问："今天是我的生日，你们怎么知道的？"其中一个同学说："你和老师在办公室聊天我无意间听到的。"于是我和孩子们一起进了教室，全班同学突然齐刷刷地站立起来，一起大声说："祝老师生日快乐！"当时我特别感动，下意识地连声道："谢谢！谢谢！"随后就下了楼。谁知我刚到办公室，就听见外面有点吵，我起身出去看了一下。班里的好多学生都跑来手拉手唱起了英文生日歌，他们还一个劲地说："老师，我们知道得太晚了！没有准备。"居然把他们舍不得吃的加餐都给了我。那种真挚、那种甜蜜、那种幸福油然而生，简直无法用言语来表达，真的把我的心都给甜透了！我当时感动得一句话也说不出来！我流下了幸福的眼泪，学生拉着我的手说："老师今天一定要快乐啊！"大家都笑了！

晚自习下课后，我刚回宿舍，就听见有人敲门，当我打开门时，全班的女生蜂拥而上，把她们自己舍不得喝的牛奶放入我的怀中，还买了许多棒棒糖做成了一朵美丽的花，中间折了一个心形，上面写着：祝老师生日快乐！越看越漂亮。真是太感动了，我真的不知道，怎样来形容当时的心情。这是我长这么大以来过得最有意义、最让我感动的一个生日，我的心早已被孩子们感动得一塌糊涂，久久不能平静下来。事后心底默默地和自己说，我的孩子们，老师为你们这群可爱的孩子而感动而幸福而努力！

刚带班时，我的"外貌"给不少家长带来误会。记得最清楚的一次，有个家长问我带什么学科，我回答是英语老师。当时那位家长就有些瞧不起地说："你是不是刚毕业？以前教过课吗？"我被弄得茫然不知所措，有一种被人藐视的感觉。难道我在家长的心中就这么不成熟、不值得相信吗？此时也想起曾有一个学生对我说过，老师你是我的主课老师中最年轻的一位。虽说听着心里也挺别扭，有一种不被学生和家长认可的委屈，但冷静下来想一想，自己确实年轻，知识、能力、教法、经验确实不足，无法与老教师比。也确实要好好学习，扎实工作，努力教书育人，尽快成长起来，成熟起来，这样才对得起教师这个神圣的职业、学生，也才能为自己正名。我上课时不敢有一丝马虎和懈怠，对知识哪怕有一点含糊，都认真去查资料，请教老教师、上网查，一定把问题弄清楚。讲课时，也努力争取让每个学生都听懂学会。如果不明白，就用孩子们最容易接受的方法继续讲，直到掌握为止。学习英语主要靠平时的积累，这是个长期努力才能有效的学科，你松懈，成绩也会毫不客气地还以颜色。茶余饭后，我都要带学生背课文、默写单词，把学习任务化整为零。开始时学生都喊累，要求太严，时间太紧，有时还和我闹点小情绪。我就苦口婆心地对学生们说，想学好必须要刻苦，必须要坚持，再刻苦！再坚持！可是还有个调皮的孩子不听话，他是班里很聪明但有点懒散的孩子，其他科成绩都挺好，就是英语有点差，每次默写都不过关，上课也不太认真听讲，真要是偏科就可惜了，我提醒自己一定要把这孩子的英语成绩提上去。不信东风唤不回！每次默写不过关就重新写，直到过关为止。几次下来他有点不乐意，时不时地和我要个小脾气，常常叫我哭笑不得，我有时还真有点泄气。过后一想，我一定要坚持，这是对我的挑战，我应该把他们教育好，把他们的英语成绩提上去，我相信自己一定行。平时我经常和他谈心，告诉他上大学必须学好英语。精诚所至，金石为开，慢慢地，他被我感化了，征服了，经过一个学期坚持不懈的努力，他的英语成绩从上学期七十多分提到这学期期中考试104分，总成绩也一跃成为班里第5名。我们班的学生，对英语课渐渐产生了兴趣，看到学生们特别有激情的学习，并对它们产生了浓厚的兴趣，我心里说不出的高兴，我的一番苦心没有白费。

　　大唐学府的教书育人实践，渐渐磨去了我的稚嫩，让我收获自己教育生涯中的一个又一个的成熟。没有了伤心、没有了自卑、没有了茫然，有的是自信、有的是快乐、有的是收获！有了感悟教育的真谛，有了自觉觉人、成人达己的幸福。大唐学府是我教育生涯中的一次转折和洗礼，也是我无怨无悔的人生选择。在这里我由衷地说一声：谢谢您，大唐学府！

感受艺术

小学部　房　静

作为一位美术老师，我一直在摸索，到底怎样的教学才真正适合孩子的发展？获大奖的孩子就一定能成为画家？技法纯熟的作品才是真正优秀的儿童画？……其实不然。儿童美术教育目的不是培养小画家，而是通过艺术的教育，培养孩子对事物的直觉感受，培养他们独特的思维方式和审美情感。

您也许发现了，孩子什么都敢画，用他独特的线条，在画上刷刷几下就搞定，有时我们看不懂，他却能滔滔不绝自圆其说地说上很久。试想，我们大人谁敢这么自信，这么大胆地去做？相比之下孩子是多么伟大啊！这是因为，他们的思维没有受到限制，他们有自己独特的感受。我们要怎么帮助他们保持这种优势，并指导其不断发展、不断进步呢？我是这样做的：

一、童话引路，大胆想象

在小学二年级下册教材中有一课叫《假如我是巨人》，本课的设计灵感就来自《格列佛游记》中的格列佛来到小人国发生的故事。上课时，我选择了其中的一个片段，内容是这样的：我（格列佛）在小人国里是个不折不扣的巨人，国家的首都只有戏剧舞台上的城池布景般大小，我的手掌上可供五六个小人儿跳舞，孩子们可以在我的头发间捉迷藏。当皇帝下令让他的厨师和管家把酒菜送给我时，就命令用一种轮车把饮食推到我能够得着的地方。我接过这些轮车，一会儿就把上面的东西吃个精光。二十辆车装满了肉，十辆车装着酒，每辆肉车上的肉足够我吃下两三大口；每辆酒车上有十个小陶罐的酒，我把它们倒在一起，一饮而尽；剩下的几车我也是这样吃掉的。

当童话把他那充满魔力的故事场景展现出来时，带给学生的就是无尽的启发和想象。学生通过阅读激发了兴奋点，再通过创作会发现原来大与小是通过对比表现出来的，而孩子们在创作时也会选择自己最喜欢的场景和熟悉的表现主体，做属于自己的独特构思。一段小故事，让学生在想象的王国尽情驰骋。教师只需要在关键的地方稍作引导即可。一节课，教师教得轻松，学生学得愉快，而学生作业也各有特色，画面对比极尽夸张，充满童趣，鲜有雷同。

二、想象飞扬，创新是灵魂

"老师，我可以画自己想象的吗？"这是孩子在课堂上常常问的一个问题。孩子画画就有一个特点，愿意画的，画得很起劲，不让画不行；不想画的，逼着画也不干。"行，你大胆想吧，老师就想从你的画中学点什么呢！"我们认为，儿童画的成功就在于想象和创造，如果没有想象，没有创造，没有独特的思考，那么作品是没有生命力的。

什么是创新？心理学家对个性与创造之间关系的研究表明，创新不仅仅是认知与智力的问题，而是关系到人的整体发展的问题。创新的个性品质包括对自己能力的自信、行动上的独立性、能较好地调控自己的情绪、善于自我激励、不盲从、喜欢用自己的观点判断问题、对事物有持久的探究欲、有幽默感等。在人类所有活动中，最能体现创造性的莫过于艺术了，而从属于艺术的美术教学对促进儿童创造意识的发展有其独到的功效。美术教育不但可以培养学生的审美情趣，而且对学生的观察力、想象力、创造力的培养和发展都有非常大的作用。只要引导得当，这些品质在孩子画画的过程中都能得到很好发展。在我的课堂里，我常常会站在儿童的角度，引导他们走入神奇的美术世界，如"彩色线条去开会"等。

三、体验思考，欣赏中感悟

我们要求孩子的作品尽量原创，并不是说拒绝临摹，放任自流。我们从未放弃让孩子亲近高尚的美。教材中有大师的作品，我也引导孩子学会欣赏学习大师的画。这种艺术的熏陶让孩子的作品中隐隐约约出现了梵高的灿烂、毕加索的变形、马蒂斯的色彩、莫奈的光晕、克利的稚拙……

记得让孩子第一次欣赏版画，他们的评价让我吃惊："啊，这么丑""好马虎，一点都不好看！"但我没有妄加指责，也没有硬塞给他们该如何欣赏版画的知识。孩子还小，他的审美水平、心理特征、阅历决定了他还不懂得如何去欣赏版画独特的肌理效果。之后我给他们上了一堂简单的纸版画，经过制版、上色、拓印等一系列烦琐的过程，作品终于完成了，他们的脸上露出了欣喜的笑容，这是一种成功的喜悦！"做版画很麻烦，可也很有趣！""原来画画也可以这么画呀！"往后的制作课，同学们都细心琢磨，没有多余的语言，通过体验的感受最真切，孩子们自然而然就有了自己欣赏的观点。

有句话说得好："有空看看天，看雾升霞起，花开花落，感受万物，涵养感觉、磨炼眼光、勤学苦练、必成大器。"就让我和孩子们共勉吧！

后进生转化的点滴感想

胡振宇

我班有个学生张某，他上课无精打采，要么搞小动作，要么影响别人学习，提不起一点兴趣。他下课后追逐打闹，喜欢动手动脚；作业不做，即使做了，也不完整，书写相当潦草……于是，我找他谈话，希望他能遵守学校的各项规章制度，以学习为重，按时完成作业，知错就改，争取进步，争做一个他人喜欢、父母喜欢、老师喜欢的好孩子。他开始是一副爱理不理的样子，后来口头上答应了，可还是一如既往，毫无长进，真是"承认错误，坚决不改"。此时我的心都快冷了，算了吧，或许他是根"不可雕的朽木"。但又觉得身为副班主任，不能因一点困难就退缩，不能因一个后进生无法转化而影响整个班集体，必须面对现实！我内心一横：不转化你，誓不罢休。他没有进步，或许是他并没有真正认识自己的错误，没有真正要做个他人喜欢的人的念头。

为了有针对性地做工作，我决定先让他认识自己的错误，树立做个受人喜欢的人的思想。于是我再次找他谈话。谈话中，我了解到他心里十分怨恨二年级的班主任老师。我心里一喜，让他认识错误的机会来了。我轻声问他："你为什么会恨那个老师？"他不好意思地回答："因为她常常批评我。"我顺着问："老师为什么会常在课堂上批评你，你知道吗？"他说："因为我经常违犯纪律，没有按时完成作业，书写也不工整……""你已经认识了自己的错误，说明你是一个勇于认错的好孩子，但是，这还不够，你觉得应该怎样做才好？""想改正错误吗？想做一个受他人欢迎的孩子吗？你要怎样做才好呢？""我今后一定要遵守纪律，团结友爱，认真完成作业……""那你可要说到做到哟！""好！"后来，他无论是在纪律上，还是在学习上，都有了明显的进步。当他有一点进步时，我就及时给予表扬、激励他，使他处处感到老师在关心他。他也逐渐明白了做人的道理，明确了学习的目的，端正了学习态度。

为了提高他的学习成绩，除了在思想上教育他，感化他，我还特意安排一个责任心强、学习成绩好、乐于助人、耐心细致的女同学跟他同桌，目的是发挥同桌的力量。事前，我先对这个女同学进行了一番谈话：为了班集体，不要歧视他，要尽你自己最大的努力，耐心地帮助他，使其进步。此同学满口答应，并充分利用课余时间或课堂时间帮助他，教育他。有时，这个同学也会产生一些厌烦情绪，说他不太听话，不太乐学……此时，我就跟她说：要有耐心，慢慢来。后来，他取得进步时，除了表扬他，我还鼓励他们说，这也离不开同学们的帮助，特别是某某同学的帮助。在同学们的帮助下，他各方面都取得了不小进步，成绩也有了很大的进步。我会心地笑了。后来，有一次我找他谈话时，他说："老师，凯悦同学这样关心我，爱护我，帮助我，如果我再不努力，对得起她吗？"我笑着说："你长大了，懂事了，进步了。我真替你高兴。"

在第一学期期末考试中，他取得了 173 分的好成绩。我为了鼓励他，奖励给他一个日记本。奖品虽少，但能表达老师的一点心意。第二学期，他学习更努力了，在期中测试中，他取得了 292 分的好成绩。

一、以人为本，付出师爱

作为一个教师，都应"以人为本"，尊重每一位学生。教育是心灵的艺术。我们教育学生，首先要与学生之间搭建一座心灵相通的爱心桥梁。如果我们承认教育的对象是活生生的人，那么教育的过程便不仅仅是一种技巧的施展，而是充满了人情味的心灵交融。心理学家认为"爱是教育好学生的前提"。对于这样特殊的后进生，我放下架子亲近他，敞开心扉，以关爱之心来触动他的心弦。"动之于情，晓之于理"，用师爱去温暖他，用真情去感化他，用理去说服他，从而促使他主动地认识并改正错误。

二、同学互助，友情感化

同学的帮助对一个后进生来说，是必不可少的，同学的力量有时胜过老师的力量。同学之间一旦建立起友谊的桥梁，他们之间就会无话不说。同学是学生的益友。在学生群体中，绝大部分学生不喜欢老师过于直率，尤其是在批评他们的时候太严肃。因此，我让张同学与其他同学交朋友，和凯悦同学一起坐，让他感受同学对他的信任，感受到同学是自己的益友。让他感受到同学给自己带来的快乐，让他在快乐中学习、生活，在学习、生活中感受到无穷的快乐！同学的教育、感染，促进了情感交流，在转化后进生工作中就能有事半功倍的效果。

三、因材施教，循循善诱

"一把钥匙开一把锁"。每一个后进生的实际情况是不同的，要求班主任深入了解弄清学生的行为、习惯、爱好及其后进的原因，从而确定行之有效的对策，因材施教，正确引导。张某的情况比较特殊，主要是自制力差，对自己的错误、缺点认识不足，对老师的批评教育有厌恶、憎恨心理。因此，我就以爱心为媒，搭建师生心灵相通的桥梁。与他谈心，与他交朋友，使其认识错误，树立做个好学生的念头；充分发挥学生的力量，编排一个责任心强、学习成绩好、乐于助人的同学跟他坐，给予学习和思想上的帮助；自己面批作业，让他感到老师的关心、重视用关爱唤起自信心、进取心，引导并激励他努力学习。

通过一年的潜心努力，精心转化，终于取得了令人可喜的成果：张某摇身一变，由后进生转变为先进生！他无论在哪里见到我，都会亲切叫上一声："老师，您好！"我总是报之一笑，并说上一声："你好。"

演绎作文新课堂

刘铭俊

每当下午作文课时，大家都很疲倦，个个满脸倦容，像七月天里烈日下的庄稼，怎么也提不起精神，有几个同学趴在课桌上似睡非睡。一个闪念，我们可以玩个小游戏来提提神！

"我们来玩个游戏吧！"大家一下来了兴致，身子也坐直了，笑容也灿烂了。"我说一个词语，找同学来表演"。大家一致推荐班长，游戏正式开始。

"微笑"，他面对同学微微地笑着，含蓄腼腆中不失从容大方；紧接着我又说"大笑"，于是他一改刚才温婉的风格仰脸大笑起来，引得其他同学也跟着哈哈大笑；"苦笑"，他立即沉下脸来嘴一撇哼了两声，那种无奈之情溢于言表；"奸笑"，他一改刚刚的无奈与忧愁，又加上眼睛的一瞥、嘴巴的一翘，把那种奸诈与蔑视的神情表现得淋漓尽致。这哪是初一的学生？简直是个专业演员，同学们被逗得合不拢嘴。接下来，我们又表演了"呲牙咧嘴""东张西望""指手画脚""痛哭流涕""交头接耳""怒目圆睁"等词语，同学们一下被激活了，都想上台表演，于是我们又玩了一个集体表演，表演了三种状态，同学们用自己喜欢的方式尽情宣泄着。

"高兴"，同学们立即进入状态，比演员还迅速，他们根本不需要酝酿的时间。小徐笑得前仰后合，"哈哈哈"，连气都喘不过来了；小马使劲拍打桌面，"嘣嘣嘣"，尽情宣泄自己；小刘和小宋，你一拳我一脚，"打"起来了；小田和小李，相视大笑，拍腿、拍桌子，这是男生们表达快乐的方式——无羁无束、洒脱自然。文雅的女孩子可不好意思太放肆，只是微微地笑着，脸憋得发红。

"难过"，哈哈哈，轮到我忍俊不禁了，刚刚还沉浸在快乐的海洋中，现在看你们怎么转换情绪？还是不需酝酿，同学们立即捶胸顿足、泪流满面，当然是动作演示，但是号啕大哭声却真是此起彼伏。教室里乱了，赶紧收！

"安静"，进入角色的孩子开始用多种方式提醒同伴，而且还能不出声。瞧，左手在上，右手食指在下，暂停符号！食指放在嘴边，使劲"嘘——"再瞧，使劲将右手从嘴的右边拉向左边，仿佛给嘴装了拉链！两手食指交叉在嘴巴上，大大的叉号！好佩服这些孩子，一个词也能演绎出这么多彩的内容！

同学们玩得很尽兴，可玩归玩，我们的任务还不能忘了，"今天我们来写一篇记叙文，记一件事情，可以是难忘的、影响深远的，也可以是有价值、有意义的，题目自拟……"话音刚落，同学们一改往常谈"文"色变的状态，只听见笔在纸上"沙沙"地行走着。

听评课的关注点应在哪儿

皮现武

听评课活动是教师专业成长不可或缺的一种常规的、容易操作的教学研究形式。我校初中部把听评课活动作为本学期教学教研管理中的一项重要工作，评课是这项活动中至关重要的一环，因此弄清楚听评课的关注点应放在哪里是非常重要的。传统的听评课，我们大多把目光集中在教师身上，看教师的导语设计，看教师的讲授、提问，看教师的教学流程，看教师的教学基本功和课堂组织能力……而学生的表现常常被忽视。而今，教师的角色变了，教与学的方式变了，我们听评课时关注的重点也要随之改变。

一、关注学生的课堂表现

"以学论教"是现代课堂教学评价的指导思想。因此，在听评课时应从重点关注教师的教学转向关注师生互动、关注学生的学情，以学生在课堂教学中呈现的几种状态作为评定课堂教学质量的重要依据。听评课时应重点关注学生以下几种状态。

1.学生的情绪状态。观察教师能否激发学生的学习动机和兴趣，学生能否以饱满的精神状态投入学习之中，对学习能否保持较长的注意力，是否具有好奇心和强烈的求知欲。以往我们经常发现一些上课教师自己讲得激情洋溢、如痴如醉，而讲台下学生却昏昏欲睡，这样的课不能算是一节好课。

2.关注学生是否全员、全程和全身心地参与教与学活动。有经验的教师从不把学生看作容器，而是看作期待点燃的火把。而今教师们都意识到课堂上不能再一味地包办代替，不能再唱独角戏了，要想法为学生的参与提供时间和空间。课堂上学生动起来了，课堂气氛活跃起来了，小组讨论、合作探究的学习方式也用起来了。可在听课中我们发现，有些课还停留在表面形式上的热热闹闹，教学活动设计有温度、无深度，学生思维缺乏深度和广度，多数学生人云亦云，缺少独到的见解和精彩的生成。要提高课堂教学质量，教师就要面向全体学生，要激发学生的深层思考和情感投入，鼓励学生大胆质疑、独立思考，引导学生用自己的语言阐明自己的观点和想法。

3. 关注学生的交往状态。教学是教师与学生交往互动的过程。因此听评课时要关注教师能否有意识地营造民主、平等、和谐的课堂氛围。看学生在学习过程中能否科学合理地进行分工合作，是否会倾听别人的意见，是否能够自由表达自己的观点，遇到困难能否与其他同学合作、交流，共同解决问题。

二、关注教学目标的达成

好课的一个重要标志就是课堂教学目标达成度高。临沂市"三五 X 教学策略"提倡课堂教学目标要把知识与技能，过程与方法，情感、态度与价值观三者真正统一起来，使学生在获得知识、技能的同时学会学习，形成正确的价值观和人生态度。因此，在听评课时，我们要关注教师能否按照课程标准和教学内容的体系进行有序教学，完成知识、技能等基础性目标，同时还要注意学生发展性目标的实现。任何割裂三维目标的做法都是不可取的。在听评课过程中，我们发现一些教师只关注知识的灌输和技能的训练，或为活动而活动以及贴标签式的情感、态度与价值观教育，这些都不利于促进学生的全面可持续发展。

三、关注课程资源的开发

过去，教师常把"教教材"作为教学的重点，认为只要把教材中涉及的知识点讲全、讲深、讲透、讲细就行。新的课程观认为"世界是学生的教科书"，新教材具有开放性的特点。因此，在听评课时，我们要关注教师是否善于用教材去教，能否依据课程标准，因时因地开发和利用课程资源，注重联系学生的生活实际。过去仅凭一本教科书、两支粉笔就可以走上讲台的做法显然已经行不通了。当然，任何事情单方面走过了头都是可怕的。在听评课过程中，我们发现有的课上出现了教学内容泛化的现象，学科特有的价值没有被充分挖掘，学科味不浓，一节语文课可能会被上成艺术课、历史课、政治课，等等。显然，这种做法也是不行的。

四、关注教学策略的选择

关注教学策略的选择和运用主要是看教师在课堂上能否运用有效的教学策略使学生对其所教学科爱学、会学、善学。教学组织策略很多，我们在听评课时需要重点关注教师如何组织学生自主学习、合作探究，以及教师对学生的即时评价是否具有发展性和激励性。

1. 自主性教学策略。关注教师的自主性教学策略主要看：学生能够自学的内容，教师是否让学生自学；学生能够自己表达的，教师是否鼓励学生去表达；学生自己能做的，教师是否放手让学生去做；在课堂上教师能否不仅解放学生的耳，还要解放学生的脑、口、手。

2. 探究性策略。要改变课程实施过于强调接受学习、死记硬背和机械训练的现状，倡导学生主动参与、乐于探究、勤于动手的学习方式。因此，在听评课时要关注教师是否能够有效地组织和引导学生开展以探究为特征的研究性学习，使接受与探究相辅相成，学生的学习境界更高，学习效果更好。

3. 激励性教学策略。关注激励性教学策略主要看教师能否对学生的学习过程及情感、态度及时给予有价值的反馈，发挥课堂评价对学生学习的导向、激励、诊断和反思提高的作用。对学生的激励既不形式化，又具体、诚恳。对于学生出现的错误，也要及时以恰当的方式指出纠正。

低年级识字教学随笔

张怀蕾

识字教学是低年级教学的一个至关重要的环节，一个学生识字的多少将直接决定他今后的阅读与习作水平。一年级的学生年龄小，活泼好动，对新鲜事物感兴趣，注意力持续时间短，因此要采用灵活多样的教学方法激发学生的识字兴趣，调动学生的识字积极性。

激发调动学生的学习积极性包括哪些方面呢？

一、猜谜语识字

学生年龄小，如果让他们单调地读、记生字，效果很差。如果教师编字谜，让学生猜字谜，这样能增强学生的学习兴趣，使学生乐学、爱学，激发学生的求知欲望。如："三人同看日出是春""一口咬掉牛尾巴是告""一半水里游，一半吃青草是鲜。""左边三，右边三，11正中间。"我发现，在让学生猜字的时候，就连一些学习差的学生也跃跃欲试，露出了灿烂的笑容。我想这个方法是可行的，受到了学生的欢迎。

二、利用新旧知识联系法进行随机识字

我们知道，新知识的获取往往建立在旧知识的基础上。同样，学生认识新字的过程，也往往是建立在已有的知识上。在教学过程中，我常常利用儿童已经学过的笔画、部首、熟悉的字，采取加加、减减、换换、编字谜的方法来引导学生随机识字。

三、比较识字法

有一些形声字或象形字，可以把它们放在一起比较着来记忆。如清、情、晴、蜻，这几个形声字，形旁表义，声旁表音。声旁都是"青"，它们的韵母都是"ing"。"晴"的形旁是"日"，表明这个字与"日"有关，是天气晴朗的"晴"。再如"火、伙""半、伴"，虽然这两组字读音相同，但意思不同。还有"妈、奶、姐、姑、娘"，因为妈、奶、姐、姑、娘她们都是女的，所以这些字都是女字旁。运用这种方法能使孩子牢固建立音、形、意三者之间的联系，提高学生的识字效率。

四、教会学生在阅读中巩固识字

儿童识字，认得快，忘得也快。因此，不断复习再现是提高识字能力的重要方法，而把认识的字放到语言环境中巩固，效果比较好。阅读心理学认为，阅读不是单纯地被动接受的过程，而是阅读主体积极参与的过程。教学中我利用各种教学手段，采用多种形式，反复朗读课文，随课文识字，即在语言环境中识字，做到字不离词，词不离句，便于理解字词的意思，有助于建立字词在音、形、义上的统一联系。

五、注重课内外结合，引导学生在课外识字

语文来源于生活，生活源于语文。美国的一位教育家指出："课堂的外延与课外的外延相等。以课堂学习为核心，能动地向学生的学校生活、家庭生活、社会生活等各个生活领域自然延伸和拓展，使课堂训练与课外行为训练形成有序、有趣、有力、有效的结合，取得语文教学的整体效益。"在平时的教学中，我引导学生留心观察，随时随地识字，课外书、同学的姓名、学校各处的字、电视都是学生的识字场所。

给力课堂，圆梦殿堂

——在第十一届家长委员会上的发言

王锦华

各位家长代表，各位老师：

大家早上好！

我今天汇报的题目是《给力课堂，圆梦殿堂》。各位家长朋友，虽然你们来自不同的地方、不同的行业，但大家有一个共同的梦想——子成龙、女成凤！大家是为圆梦而来！凡上过学的人都有此体验：课堂是学生在学校里度过的主要生命时光，每堂课对孩子的生命成长格外重要，一位优秀教师带给孩子的是智慧的课堂、充满情趣的课堂，孩子们在这样的课堂里如沐春风，情智大开，享受着成长的快乐；反之，孩子们如坐针毡，如坠云雾，在煎熬中苦度时日。鉴于此，大唐人本着对孩子终生幸福高度负责的态度，以"提高孩子生命质量、让孩子快乐发展"为宗旨，以打造充满魅力的高效课堂文化为目标，积极建构爱心课堂、智慧课堂、和乐课堂，现将该项工作的开展情况向大家作一汇报。

一、建章立制，经营课堂

学校把打造高效课堂作为工作的重中之重来抓，凭着"事争一流、人争一流、业争一流"的精神，以慢不起的紧迫感、等不起的使命感、坐不住的危机感，全力以赴经营课堂。着力于科学化、民主化、人本化的课堂管理运行机制的建立和健全，运用机制来保障课堂、经营课堂。学校修订完善了《教职工奖惩条例》《大唐学府人事聘用规定》《干部推门听课评课制度》《教师听课评课制度》《大唐学府落实教学常规的实施意见》《大唐学府集体备课的规范化要求》《学生评教制度》等规章制度，这些管理条例均凸显了教师课堂教学效果的量化权重，对于课堂效果好、学生满意度高的教师，学校及时给予奖励和奖赏，对于不负责任、成绩平平、学生意见大的教师，学校视其程度分别予以通报批评、降薪、解聘等处罚。学校加强了课堂教学过程监控，成立了教学督导室，两位督导老师采用"不定日期、不定班级、不定学科"的方式，随机推门听课，听课后，及时逐一进行评课，就"教"和"学"两方面的实情，提出存在的具体问题，并提出有针对性的整改意见，定期在校报上将阶段听课情况予以通报。课堂教学管理运行机制的修订完善及实施，大大激发了教职工工作的积极性和创造性，全校初步形成了"领导服务课堂、教师创新课堂、学生活跃课堂"的新格局。

二、笃行仁和，爱涌课堂

每个家长都有一个心愿——自己未如愿的理想由孩子来实现，以此来改变家庭的命运、提高家庭的地位。学校每年多一名或少一名学生考入高中对学校自身的发展无关紧要，但对一个家庭来说就是百分之百，要么是百分之百的成功，要么是百分之百梦想的破碎。学校盼家长之所盼，急家长之所急，旗帜鲜明地提出了"大唐学府无差生""没有教不好的学生，只有不适合的教育"的信条，要求教师人人做导师，学生个个受关爱，尊重"每一个"，关注"每一个"，适应"每一个"，发展"每一个"，张扬"每一个"，精彩"每一个"。学校大力推行"微笑教学"，用微笑点亮学生的心灯，驱散学生心中的阴霾，用微笑来创设"和睦、和善、和谐"的民主化课堂氛围。在课堂上要求教师低重心运行，为学生提供生命发展所需要的养分和"土壤"，认真践行"三化"（个性化、亲情化、智慧化）、"四导"（思想引导、学业辅导、生活指导、心理疏导）育人策略，为全体学生提供展示的机会，使所有学生有尊严地在校学习、生活，老师在课堂上以善心诱导学生，以细心开发学生，以耐心感动学生，以恒心磨砺学生，以信心激励学生。目前，爱涌课堂、情溢课堂已成为大唐学府的一大景观。

三、和乐成长，活力课堂

学校以"能争第一争第一、不争第一争唯一"的执着的教育情怀，在课堂改革领域进行了激情探索。一是初步建构了"草根式"课堂教学模式——自主学习"放羊论"。"放羊论"凸显学生在课堂上的主体地位，采用"自主、合作、探究"的学习方式，把舞台让给学生，做到"心里有阳光，脸上有笑容，课堂有笑声"，追求轻松愉悦的有效教学环境，由"要我学"变成"我要学"，学生在课堂上"小脸通红、小眼发光、小手直举、小嘴常开"，真正让学生动起来，课堂活起来，质量高起来。教师在课堂教方法、传习惯、讲规律，教给学生"点金术"，课堂上师生、生生深度沟通，思维在碰撞中激活，智慧在研磨中迸发，情感在沟通中交融，能力在交流中提升。二是开设了选修课。为保护学生天性、张扬学生个性、弘扬学生德性，学校积极提供适合学生发展的教育，小学部、初中部分别给学生提供了20种、22门选修课程，学生根据自己的兴趣、爱好选择自修课程，每周一、二、四、五、日下午第四节课，学生离开自己的行政班到选修室学习，学校聘请了一批选修课教师，建立了选修课检查、考核制度，对选修课的计划、备课、师生出勤、教学效果等及时检查、考核，其结果及时予以公示，并纳入教师的量化考核之中。目前，选修课已成为新课程的"营养套餐"，学生在选修中提高了能力，愉悦了身心，陶冶了情操，张扬了个性，弘扬了德性。山东省"1751"课题组成员、泰安市实验中学崔成林主任来学校听课之后，非常激动地说："走进大唐课堂，我终于看到了陶行知先生所描述的乡村校园，简朴的校园里实施的是大教育、真教育，因人施教、多元发展、和乐发展在这里落到了实处。"

四、发展教师，角逐课堂

"台上十分钟，台下十年功"，开放高效的课堂必须以教师过硬的教学基本功和精深渊博的知识为前提。为此，学校实施了"三促一带动"策略，搭建平台，促进教师专业发展，引领教师角逐课堂，决战课堂。"三促"：

一是"以赛促教"。开展了"赛课"活动，该项活动，教师全员参加，自下而上，历经"教研组—学部—学校"层层选拔的过程，学校成立了由业务干部、骨干教师参加的课堂教学水平评选委员会，各科评委教师依据《新课程课堂教学评估标准》现场给选手打分。一批教艺高超、效果良好的优秀教师脱颖而出，全校共评出了 10 名讲课能手，学校及时对其进行了隆重表彰奖励。二是"以研促教"。①放假期间，组织全体教师集中进行业务研修，尤其对青年教师、班主任进行重点培训。②每次大休上班的前一天组织全体教师进行校本研训。围绕在课堂教学改革中遇到的突出问题进行针对性的研究、讨论，利用集体智慧拿出相应的解决办法。③"走出去，请进来"。学校委派部分骨干教师先后赴北京、济南、泰安、临沂、郯城一中、美澳中学等参加国家、省、市、县教育业务部门组织的新课改研讨、"同课异构"展示观摩等活动。学校建立了《外派教师学习、考察汇报制度》，返校后，外出学习的老师及时写学习心得，作专题汇报，有的老师还执教了示范课，有效发挥了骨干教师的引领、辐射作用，达到了资源共享的目的。先后邀请《创新教育》执行主编陶继新先生、临沂大学李同胜教授、临沂兴华双语学校胡顺远校长等来我校作课堂教学改革系列专题报告，专家们带来的新颖的教育理念、鲜活的教学案例大大开阔了老师们的视野，提升了老师们的实践能力及人生境界。三是"以练促教"。组织教师大练教学基本功活动，小学部每人每天展出一板粉笔字，每天进行评比，其结果及时纳入教师的量化考核之中。该项活动有效地促进了教师内功的修炼。"一带动"：实施课题带动战略。开展"行动研究"，树立了"教学即研究""问题即课题""成长即成果"的教科研理念，着眼于课堂教学"瓶颈"的破解，把一批具有前瞻性、可行性的焦点性问题作为课题来研究，目前，有 3 项课题在国家教科研机构正式立项，学校制订了实施计划，引领教师在"做中学""学中做"，促进了学校内涵的发展。教师的专业化发展，提升了教师的品位，近年来，有 2 人被评为省级"讲课能手"，有 11 人被评为市、县级"讲课能手"，这些老师已成为区域及学校的新课改领军人物。

五、亮点纷呈，给力课堂

课堂教学的改革，促进了教育教学质量的良性攀升。近两年中考升学率分别为94%、95%，优秀率（考入重点高中的比率）分别为85%、87%，综合成绩连年位居全县领先位置；本学期期中考试初中部有22科次的平均分、27科次的优秀率超过县实验中学，综合成绩在全县名列前茅；2012年9月，在临沂市举办的科技创新大赛中，我校张也同学荣获市（科幻画）一等奖，朱琳同学荣获县（科幻画）一等奖；在郯城县举办的"乐居临沂杯"少儿才艺大赛中，我校张运棋同学表演的巴乌独奏夺得第三名，杜新玥等7位同学表演的《留守的孩子》喜获第五名，受到县组委会的隆重表彰和奖励；2012年9月，在临沂市组织的第五届全运会上，我校受郯城县体育局委托，组织了举重、柔道两个项目组代表郯城县参赛，举重组、柔道组分别夺得5金4银、3金4银，两个项目组均获得团体总分第三名。优异的成绩为学校赢得了系列荣誉和赞赏，学校连年被县教育局评为"教学工作先进单位"，在县政府综合督导评估活动中，综合成绩连年位居全县第一，连年被县委、县政府评为"教书育人先进单位"。10月份，中国教育学会常务副会长郭永福先生一行5人来我校考察。在深入课堂听课、了解学校系列成绩之后，郭永福先生非常感慨地说："你们为八百多个留守儿童家庭解决了实际困难，更重要的是探索出了一条行之有效的农村教育特别是留守儿童教育的好路子，其经验值得在全国推广！"

"人才与国相终始，千古兴亡鉴青史"。国家与国家之间的竞争实则是人才的竞争，家庭与家庭之间的竞争亦如此，大家比孩子的发展，比孩子的成就，孩子的成功是家长最大的成功！这种成功体验是你个人事业上的任何成功体验都无法替代的。在座的家长朋友把孩子送到大唐，这是你最明智的选择，走进大唐，即走进了圆梦的殿堂。希望大家常来大唐走一走、看一看，及时与我们沟通，特别是多给我们提一些课堂教学改革的建设性意见，家校联手，共同建构起孩子通往成功的"立交桥"，以孩子的"成人、成才、成杰"，植起你光宗耀祖的家族栋梁，擎起中华复兴伟业的民族希望!

  愿所有家庭的孩子学有所成,学有所乐,梦想成真!恭祝各位家长朋友在新的一年里身体健康、阖家幸福、万事如意!

承托"希望" 求实创新

刘维侠

记得新生何文峰的家长曾这样说过："孩子是我的希望，现在我把家里唯一的和全部的希望交给您了，请老师们多费心了。"是呀，每一个孩子都是一个家庭的希望，当四十三位家长把他们的希望交付给我时，我的心沉甸甸的。怎样把这四十多份希望照顾好、教育好，是我和我班的几位老师共同面对的难题。因此，作为班主任，本学期，我承托"希望"、求实创新，主要做了以下两方面的工作。

一、班级管理方面

1.进行知恩、感恩的教育。

经常听到孩子给家长打电话时说："你明天快来看我！"和学生聊天时，也经常听到他们说爸爸又给他们买了什么好玩的，妈妈又给买了哪些好吃的，我会问上一句："有了好吃的，你能想到让爸妈先吃吗？"大多数孩子会摇头微笑。是呀，这就是在蜜罐里长大的孩子，他们认为，有了好吃的让孩子吃，有了好穿的让孩子先穿，这是天经地义的事，也是父母必须做到的，毋庸置疑。这样下去，孩子的感恩意识、责任意识从何而来？因此，我就利用班会及时与同学们讨论这个话题，让孩子们明白，学会感知父母对我们的爱和希望，从而激发起孩子对父母的感恩之情和用自己的实际努力争创佳绩，回报父母的责任意识。现在孩子们不仅能感知、体会到父母的关爱，在学校里，也能感知老师的爱。有的同学说："老师对我们关心是爱，严格也是爱。"只要学生能体会到父母、老师的爱，孩子的教育问题就变轻松了，孩子的转变也是令人意想不到的。我班邵勇祥同学表现最为突出，以前像个娇宝宝，总是让爸妈来看他，学习积极性不太高，成绩提升不明显。本学期中，他有了转变，能体谅爸妈的辛苦了，学习态度有了改变，学习成绩有了新的提高。听他妈妈讲，每次大休回家，他还主动承担家务，扫地刷碗、整理床铺，比他姐姐都勤快，把他妈妈感动得不得了。

2. 常规常态化教育。

俗话说，没有规矩不成方圆。为了管理好班级，还得在常规上进行具体落实。通过开学初的《一日常规》《就餐制度》《宿舍管理制度》《出操制度》等各种常规的学习，同学们明确了每天该做什么事及怎么做事。但这种明确还仅仅停留在理论学习阶段，真正落实到行动中去时，却是件非常难的事。很多同学往往只有三分钟热度，时间一长就松懈了。我告诉同学们，要想锤炼自我、提升自己，还得把常规常态化。即每天每时都要做到，刚开始我们得让班委监督，后来同学们相互监督。现在同学们都基本已形成习惯，站队做到整齐、有序，不管老师在不在场，体育委员都会喊着口令、认真指挥队伍，同学们也会甩开胳膊，迈着整齐的步伐，跟随口令向前进。每次下课后，同学们都会把书本摆放整齐、桌凳排好才出去。我们班自三年级起从不设垃圾筐，地面上却依然干净整洁。所有这些，只因为同学们已把常规要求常态化、自然化了。

3. 班级管理方法的教育。

在班级管理的具体落实中，班干部起着重要作用。由于班干部们年龄小、经验不足，极容易出现处理问题不得当、出力不讨好的现象。对此，我们专门开会商讨班干部的工作方法，让班干部们在一起交流、分析，商量对策，树立"身正为范"的意识，让班干部们明白，只有自己带头先做对，做得好才有说服力，同学们才能信服。因此，要求同学做到的，班干部同学要率先做到，一般同学做到后，班干部同学要做好！为了激发他们的工作热情，增强竞争意识，本学期中，我班除了设立常务班委会外，还增设了两个体育委员、两个文娱委员，他们轮流值班、轮番竞岗，效果很好。

4.关注细节的教育。

本学期中，我班从临沂转来一对双胞胎，她们无论长相还是衣着都是一模一样，很难区分。刚开始几天，我发现姐姐总戴着一个白色圆帽形发卡，而妹妹喜欢彩色发卡，于是凭借发卡，我能正确叫出她们的名字。后来有同学问我："老师你怎么区分出她们的呢？"我就把我的小发现告诉了她。不承想，她竟告诉了杨雨、杨雪姐妹俩，这两个小调皮把发卡一换，站到我面前说："老师，你说我们俩谁是杨雨？"当时我正在改作业，一抬头看见了那个小帽子发卡，指着杨雪脱口而出："这还用问，你就是杨雨！"周围的几个小女生又蹦又跳："老师上当喽，老师上当喽！她们换发卡了！"这件事对我的启发很大，我就想，"对呀，总不能光从她们的穿着上分辨呀，一定要找出她们最本质的区别。"后来我就注意观察，发现她们的长相上还是有细微差别的，性格也是一个好动、一个爱静。现在，我已经能正确分辨出哪个是姐姐，哪个是妹妹了。后来我把这件事讲给大家听，同时告诉同学们，无论做什么事情都要关注细节，很多时候，细节能帮你见分晓、细节能决定成败，学习上也应如此，一个数字的颠倒、一个符号的疏漏，都会改变本质，因此，一定要从细节上下功夫，做到尽善尽美。孩子们在我的影响下，特别是练书法的影响下，都开始关注细节，争做有心人了。

5.班级活动彰显个性的教育。

班主任大多有这样的体会：一个性格内向的学生，当他在多项活动中获得满意角色而尽力参与并在发挥特长和智慧之后，他就变得比以前活泼、开朗，也喜欢与人交往了；而每一个性格外向，热情却不踏实的学生，当他在班级活动中多次承担较复杂、细致的任务后，他会变得冷静、实在。我班的安梦雨同学、路雨同学就是很好的例子。安梦雨同学刚来时不爱说话，学习很用功，一次成绩提高得很快，但就是不愿表现自己。国庆节时，我班排练诗歌朗诵，我试着让她领读，经过一遍遍揣摩、纠正，她表现得特别出色，爸妈都不相信她的表现。运动会中，她又一次展示了自己，在50米和接力赛中发挥得特别出色，赢得了同学老师的赞赏。现在这个孩子一改往日的扭捏，说话干脆利索、做事大大方方，在担任轮流值日的体育委员期间，更是得到了极大锻炼。路雨这个孩子就是属于热情不踏实的一类，她什么都想做，但总是做不好。学校举行运动会时，各班要推选一名领队，我认为这是个锻炼她的好时机，便对她说："咱们班要选一名同学当领队，你知道吗？"她一听，连忙举手说："老师，我去。"我说："可是当领队非常辛苦，得始终保持一个姿势，我怕你做不来呀。"她赶紧说："老师，我一定行，我保证不动，你就让我去吧！"我给她演示后，她就上场了。看着她双手伸直、昂首挺胸的样子，我又有点担心，她能坚持多久呢？结果从入场到退场一个多小时里，她都始终是一个姿势一直没变！我班同学的眼光始终聚焦在她身上，许多男生高喊："路雨是全校二十二个班里最帅的领队！她的姿势最规范！"我把同学们的评价说给她听，她羞红了脸，我告诉她："如果在学习上你也那么坚持、那么稳重的话，你一定会有进步的。"她狠狠地点了点头。后来，我发现做题时，她不再那么急三忙四、错误百出了。期中考试时，她的成绩又有了提高。由此看来，丰富多彩的班级活动会促使某些学生良好个性的形成，把开展班级活动与发展学生良好的个性结合起来，会取得很好的效果。

二、教学方面

本学期，我又接受了四（3）班的数学教学任务，学生多了，班情不一，这就要求我要有更高的驾驭教材的水平及课堂调控能力，因此，我虚心向有经验的王清雨老师、宋振凤老师学习，同时不断钻研教材、研究教法，最终形成了有效的分组竞赛学习法和加星评价机制，极大地激发了学生的学习热情，增强了他们的竞争意识、合作意识及荣辱意识，有效地提高了课堂的效率。让学生对数学产生了浓厚的兴趣，从而愿学、乐学。对于班级中成绩不太好的同学，我利用午休或活动课时间，耐心辅导，这些孩子也慢慢转变了学习观念，增强了自信心，取得了良好的效果，其中，侯章杰、黄振玺同学经过努力，都有了较大的进步！

作为班级中的第一直接管理人，我感到以自己现有的能力和水平，是远远不够的，因此，在今后的教育教学中，我会扬长避短，踏踏实实地做、认认真真地学，在做中思，在学中悟，不断进取、不断创新，争取不负家长的重托，将这些希望之星托得更稳、举得更高！

春风化雨

马宗顺

　　光阴似箭，日月如梭，转眼间，我来大唐学府已经五年了。前四年一直担任副班主任工作，协助班主任管理班级。今年秋季开学两天后，由于学校安排的班主任突然辞职，第三天（即9月2日）我就被王校长扶正了，成了五（3）班的班主任。

　　刚接管班级，我对班级情况了解很少，当时又正值学校军训期间，正可谓任务很重，困难重重，我还是坚持下来了。

　　几个月以来，我是怎样做的，简要回顾如下。

　　本班在上学期的表现很一般，一年中有两个班主任辞职，班内纪律涣散，学生卫生习惯、学习习惯不好，部分学生行为不端，班内所谓的"难缠户""愣头青""刺儿头"不少。学生流失比较严重。

　　上任伊始，我的开场白是这样的：孩子们，咱们这个大家庭，我是家长了。但是咱们是朋友关系，我是你们的老朋友，你是我的小朋友。大唐学府的老师担任三重角色，家长、朋友、老师，我能不能扮演好这三重角色，靠实践检验。今后，我将严守学校各种规章制度，说到做到，我做不到的，我不要求你们做到。请大家监督我！

　　我的开场白没有迎来热烈的掌声，但大家还是基本认可。说实话，我是个单纯的，善良的，做人老老实实，说到做到的人。来到大唐学府五年了，才"混"上了班主任这个职务，我是格外珍惜的。

　　怎样当班主任，记得王校长在教师培训会上讲过，概括为五个字：爱，泡，磨，导，善。我对王校长的班主任经验不敢解读，我就在"爱"字上下功夫。

俄国大文豪高尔基曾说过，爱孩子，那是母鸡也会做的事。我想，我们应该会比母鸡做得好吧。工作中，我敢身体力行，因为我能吃苦。平时我遵守学校纪律，和孩子们一样，只要大休结束，接来孩子们，我就和他们泡在一起，等下次大休把孩子们送回家后我才回家。

早晨一到五点我就起床了，简单洗刷后，也就在六点左右，我第一个到卫生区，拿起扫帚扫地，我多干点孩子们也就少干点。值日生也就先后来到了卫生区，我们共同打扫卫生。当时正是深秋，地上的落叶很多，打扫卫生很费时间。每天如此，孩子们能不看在眼里记在心里吗？我是每天都到，孩子们是每周轮一次。不几天，早晨打扫卫生区时，孩子们都争先恐后了。

班级管理要走动式管理，不断发现问题，不断解决问题，解决问题的过程不断创新。江泽民主席曾说过，创新是一个民族的灵魂，是取之不尽，用之不竭的动力。开学才几天，我发现教室后面物件放置很乱，原班留下一个铁皮垃圾桶，三个塑料垃圾筐，桶和筐内外沾满了泥巴，笤帚、扫帚、拖把在后墙歪歪斜斜站成了一排，很不整洁。

一天下来三四个垃圾筐内都有垃圾，值日生要打扫和倒掉垃圾很费时间（因为我们教室在二楼）。认真想想，这些垃圾不都来自学生吗？垃圾筐不就是垃圾的源泉吗？平时打扫卫生，大多数学生都不想当值日生，不想倒垃圾。发现问题的存在，得想办法解决。观察了几天，我当即决定在军训结束后，9月10日撤掉室内垃圾桶、筐。那么孩子们的纸屑、果皮怎么处理？要求每个孩子天天当值日生，自行处理自己的果皮、纸屑。

开始，大部分孩子还不习惯，果皮、纸屑随手扔。问题来了，那是没人监督。我们及时召开班干部会议，由班干部监督，每两人一天，轮流值日，他们都做得挺好。

现在，你走进我们的教室，你只能看到教室后面有几把笤帚挂在门板上，门后只有一个扒斗，两个拖把。无论什么时候，不会在室内见到一块果皮，一片纸屑。因为加餐时的果皮已被孩子们自觉装进衣兜内，下课后扔到楼下的垃圾桶了。短短几个月时间，孩子们都形成了保持环境卫生的好习惯，我们教室的卫生一直保持得很好。

大教育家苏霍姆林斯基说过，没有爱就没有教育。我们的孩子都是寄宿的，一个学段在校学习 16 到 18 天，这么长时间孩子不可能没有个头疼脑热的，如果在白天，我们可以带他到学校卫生室找杨医生诊疗。一旦到了晚上，杨医生下了班，尤其是晚自习后，学生如果有恙，我们只好用车驮着该生外出到英庄卫生室求治疗。几个月来，晚间带孩子到校外求医就有三五次。每次回校都是晚上八点多了。有一段时间，夜间还在医院陪床，给孩子端屎端尿。我感到很高兴，因为我为孩子们服务过。

记得一位名人说过，爱自己的孩子是人，爱别人的孩子是神。在工作中我也常常享受做神的快乐。

我始终和孩子们在一起，研究孩子们想什么，需要什么，有什么问题，我该为他们做什么。中秋节前一天（农历八月十四日）是星期六，下午第一节课后学校是不给孩子们加水果的。正巧那天下午我领到学校发的福利放在小学部办公室，其中有 20 块月饼。下午第一节课后，负责领加餐的孩子端着盆要去领水果，有个同学说不加餐。我听到后问大家："想吃点东西吗？老师发月饼给你们吃，但是只有 20 块。"说完，我派宋庆辉把月饼提了上来。每两人分一个，孩子们吃得香香的，甜甜的，连月饼渣都吃了。大部分孩子可能是今年第一次吃月饼，是因为那天八月十四。看到孩子们很高兴地吃月饼，我的心里也是甜甜的，美美的，我感觉我像个称职的家长。

教师像蜡烛，燃烧自己照亮别人。当老师干的都是良心活，不能误人子弟。当了班主任我始终想着，在有限的时间内尽量为学生多做点什么。

进入大唐学府几年来，我不论带哪个班级，班级的作业都超量完成。本学期我打算完成 30 篇习作，大作文 12 篇，小作文 18 篇。现在我们已经完成 15 篇小作文。但学校发给我们的小习作作业本仅有 26 张纸可用，容不下 18 篇习作。我不想向学校申请第二个小习作作业本（是因为其他班不需要）。我不想麻烦校长，也不想麻烦后勤的老师为十几本作业往城里跑，就自己掏腰包买了四十本小习作本。

班集体是盆花，我就是那养花人。侍弄盆花，需要耐心，每天早晨把花端出去晒晒太阳，晚上端回室内保温。每天不停地跑也是一种享受。

在班级管理中，即使有孩子犯了错误，我也不暴风骤雨般训斥，而是和风细雨地就事论事，给孩子指出不足，提出要求，一如既往地喜欢他们。说实话，我也得感谢这样的孩子。他们丰富了我的管理经验，孩子也因犯错而在成长。

几个月时间以来，我的坚持赢得了孩子们的信任。班集体有了凝聚力，孩子们都能自觉学习，主动学习了。

我就是阳光

孙玉侠

2012年9月，大唐学府迎来了第九届新一年级：一批新的宝贝。用"含在嘴里怕化了，捧在手上怕摔了"来形容这群宝贝一点也不为过。宝贝们来到这个陌生的环境，将与陌生的伙伴们一起生活，这对于他们是一个多么大的考验！"孩子，你在学校过得还好吗"成了我们和家长关注的焦点。哭与不哭，只是我们看到的表面，怕的是内心的孤独、焦虑、惶恐给孩子留下成长的阴影，更怕情绪的反复给孩子身体带来伤害。所以，孩子入学初期情绪的稳定对于他们的成长非常重要！

一、老师就是阳光

"老师只是这个世界上的一个普通人，但是对我们的孩子来说，我们就是全世界。"虽然有些夸张，但是你真的时时可以感觉到他们对你的无限依赖。孩子们来到这个陌生的环境，首先接触到的就是你，接触最多的也是你，你的一个举动、一次命令、一句赞美对于他们都很重要，所以你应该有微笑的面庞、上扬的眉角、轻盈的步伐、自信的神态、动听的话语及不轻易发火的好脾气，最重要的还是要有爱心。这都是让他们产生安全感的重要因素，同时，教师自身良好稳定的情绪会感染孩子。

这之前也许你非常疲惫，也许你刚遭遇烦恼，但是你走进教室的一刹那，你就是乐观向上、充满激情的代名词。我的口头禅是："看谁最棒！"哪来那么多的最棒，只有靠自己去搜肠刮肚地发现，但绝不是编造，如：我发现每次下课了都有人把黑板、讲台擦得干干净净！把桌凳排齐，把周围纸屑捡起来。课堂上王晨同学坐姿端正，赵一彤同学写字的样子可爱极了，李珊、王越奇的字写得是那么工整……

二、让学生知道：我是小学生了

从老师的话语中，从自己对生活变化的感悟中，孩子们一次又一次地接收到这样的信息：我们是小学生了！不再是幼儿园的孩子了。我们可以学习好多知识，可以戴上鲜艳的红领巾了，自己的事情可以自己做了！让孩子们认识到自己角色的变化，有意识地唤起孩子们的自我意识，激发他们作为一名小学生的自豪感，他们就学会用小学生的标准来要求自己、约束自己了。比如，开学初，我班的李正、颜俊杰自我约束能力较弱，比较贪玩，上课铃一响就往厕所跑，如果不让去，就两手一捂，一副憋不住的样子。还有一次大家都在写作业，而李正却在下面围着同桌的围巾，一副自我陶醉的样子，我过去轻轻地拍了他一下："快写作业，让妈妈也给你买一条。"他高兴得很快把作业写完了。由此可见，在约束孩子的行为时，并不是非得强制，换一种方式可能会更好。

三、帮助孩子迈过每一道坎

有些事情在我们眼中看来是不值一提的小事，但是在孩子的眼中可能就是人生中的一道很难过去的坎。如怎样用直尺连线，怎样用橡皮擦掉错字，怎样收拾桌子，怎样放餐具，怎样系鞋带，怎样不把鞋子穿倒……一步一步讲解，一次一次示范。你帮助了他，就让他尝到从不会到会的成就感；你训斥他这么简单的事情都不会，他则会恐惧这样的新生活，以后遇到比这稍大一点的困难，就会不知所措。

四、培养学生集体观念

集体是什么？刚入学的孩子不懂。来自不同地方的 27 个孩子组成了这个班级，面对一盘散沙，你如何才能让他们凝聚起来？

"同学们，你们在趣味运动会上精神饱满，奋力完成自己的任务，在龟兔赛跑中争得第一名，这是通过我们每一个同学的共同努力得来的……"学校的活动是丰富多彩的，每一次活动后趁热打铁做好总结，激励学生为集体荣誉凝心聚力，再添一份柴，再加一把火。

扣分事件、小组竞赛，生活中每一件事情都可以演绎成集体教育的素材。激发孩子的自尊心，提升学生的荣誉感，让每个学生在集体中找到归属感、价值感。有了这份对集体的认同和依恋，他就会接受集体的规范，服从集体的管理。

五、寻找可爱的孩子

一个刚组成的新班级需要各方面的榜样，孩子的心灵，具有从众性、模仿性，更有一种与生俱来的、难能可贵的上进性，这些都成为向上的动力。

每天我都会在班里问："可爱的孩子在哪里？"然后我会将自己的观察说出来："今天我发现了几个可爱的孩子，你们猜猜是谁呢？""今天有同学将柜子收拾得整整齐齐，大家回头看一看，他就是李珊、井晓悦，我觉得他们真可爱！""王越奇同学每次作业都得到了两颗星，别看他平时活泼好动，可是老师发现他写作业时好认真，真可爱！""赵天润能够主动帮助同学系鞋带，真可爱！""杜逍遥看到地上的垃圾就连忙捡起丢到垃圾箱里，那样子真可爱！""李珊说'老师，我在学校里想妈妈，在家也想你！'那神情真可爱"。

"寻找最可爱的孩子"让他们有了明确的认识，知道哪些行为是值得赞许的，哪些是同学们和老师不喜欢的。

总之，在这学期中，我与孩子们在一起，觉得时间过得很快，虽然每天都是忙忙碌碌的，但是我忙得高兴，忙得开心，今后，我将更加努力工作，不断完善自己，提高自己。

一身兼多职 权小责任大

李文芳

人们常说班主任是天下最小的主任，但就这小如滴水的班主任却责任重大，要具备各种才能方可胜任。我在做班主任的工作中学到了很多，感受也颇多，现在谈谈本人的体会。

一、做学生的良师益友

八年级是学生个性形成的时期，是整个人生历程的关键时期。此阶段孩子的生理、心理发展变化迅猛，处于人生成长的转折点，应给予足够的重视。这一时期的学生不信任父母，却容易受朋友影响，加上心智发育尚未成熟，往往对周围的事物缺乏识别能力，容易在感情上出现困惑，有的还会养成吸烟、喝酒等不良习惯。另外，这一时期的孩子易叛逆，不好教育，容易较劲。原因很简单：他们往往想在这种尝试中获得一种肯定：我独立了。所以，家长与老师都要高度重视对这一关键期和危险期的监护和把控。要多和孩子交流和沟通，多关注孩子的各种变化，正确地引导孩子的成长。没有什么比他们的健康成长更重要。重视他们，对孩子多关注，了解他们的需要，学会理解他们，尊重他们，既要做良师也要做益友，引导他们学会自我教育。要让孩子感受到来自老师和家长的爱。苏霍姆林斯基说过：追求理想是一个人进行自我教育的最初的动力，而没有自我教育就不能想象会有完美的精神生活。所以，教会学生自己教育自己，这是一种最高级的技巧和艺术。做学生的良师益友，引导他们学会自我约束、自我管理和自我教育，学会有所为、有所不为，这才是教育的真正目的。

二、做好学生的航行舵手

大唐学府的学生衣食住行学都在学校，作为老师，尤其是班主任要关注的面就多了。从早晨起床进教室，上课学习，站队吃饭，打扫卫生，上操跑步，午休晚休，上课迟到，完成作业，同学相处，组织班级活动等等诸多事情，没有哪一件不用操心，所以总觉得责任重大。在生活上，要引导学生学会自理，按时起床、按时休息，勤换洗衣服，督促他们做好集体卫生和个人卫生。这些男生不如女生做得好，有的男生有点懒散，老想着玩，等着大休背一大包衣服回家让妈妈洗，希望家长能够正面引导他们学会自己的事情自己做。

在学习上要培养学生良好的学习习惯，正确的学习方法，训练学生的自主意识、竞争意识、合作意识、吃苦精神，引导学生学会合理安排时间，学会自我教育和自我约束。在老师和同学的共同努力下，大多数学生的学习能力有所提高，学习成绩也有所进步，尤其是数学成绩进步较大。但是也有个别学生学习态度不端正，平时表现得很懒散，上课时不愿动脑，不肯动手，作业老是拖拖拉拉的。这就需要多与他们沟通和交流，教育他们要做有才能的人，要让他们明白社会并不需要无用的懒汉。

在思想上要正确引导学生学会如何做人，懂得感谢父母的养育之恩，老师的教育之情，学会宽容同学和朋友的缺点错误，做一个有良好品质的人。著名教育家陶行知说过：千教万教教人求真，千学万学学做真人。学会做人是第一位的，然后才是长知识长本领。应把孩子如何做人放在首位，注重培养学生的各种良好的品质。

要培养学生的责任心。做人首先要有责任心，教育他们要学会对父母的期望负责，对自己的前途负责，对自己的一言一行负责，凡事要考虑后果，学会有所顾忌，不可有盲目冲动行为。

要教他们学会尊重。尊重上级是一个人的天职，尊重下级是一个人的美德，尊重所有的人是一个人的修养。要尊重父母的劳动，尊重老师的劳动，尊重自己的荣誉，不做有损自己家庭、国家荣誉的任何事情。

教育学生要做一个正直的人，要有正直的品质。要学会爱憎分明，要分清是非曲直，不做损人利己的事。但是，有时有的学生在处理同学关系时简单粗暴，这是一种很危险的举动，后果难以预料。俗话说一辈同学三辈亲，同学们能在一起学习也算是缘分，要像亲兄弟那样团结合作，友好相处。

三、做家长的好帮手

作为班主任，一方面是学校的工作者，另一方面是家长的忠实帮手。说忠实是指对家长对学生绝无二心，说帮手是指要站在家长的角度对待学生，像对待自己孩子一样进行管理和教育，培养他们成人成才。所以要当好这一角色是很不容易的，要做到与学校的发展同步，与家长的期望同步，与其他老师配合同步，与学生的成长同步。有时一天要扮演多个角色：在课堂上是传授知识的老师，在课下要当关心孩子的妈妈，搞集体活动时又是班级的指挥员，学生之间发生矛盾冲突时又要当一回法官。其间有辛苦、有劳累、有委屈、有烦恼，也有欣慰和快乐。例如我班刘宇同学对她妈妈说：在家里有个妈妈，在学校也有个妈妈，听到这话，我的一切付出都觉得很有意义，很值得。当被学生或家长误解时，也会难过，但是我很幸运，因为我觉得我班的很多家长都很通情达理，很配合管理自己的孩子。所以这就要求我们教师与时俱进，不断从各方面去充实自己，让你自己在家长面前"有形象"，有人格魅力，让家长佩服你。

四、做一名爱教乐教的园丁

在课堂这一块百花齐放的园地里，我力求让所有的学生都能得到阳光雨露的滋润，尽量做到让每个学生都是在快乐的氛围中，愉快地、自觉地去寻找自己学习的兴趣。我一直推崇的爱心教育和快乐学习，是以培养学生的学习兴趣为目的的。因为在我看来，兴趣盎然才有可能形成创造力，而创造力的运用正是许多新鲜事物产生的原因，也是具有创造力个体的人最憧憬并最难以忘怀的一种幸福的享受。"责任"二字是刻在教师心底与良心相伴的，人们常说一个人要讲良心，本来是每个人做人的底线，但由于在经济高速发展的今天，人们追求物质的欲望无限膨胀而显得有些力不从心。所以我不得不提一个本不该提的话题——作为教师的我是凭良心去做好我的教学工作的。而且我认为教师的责任不单单是教书，更是育人。带着快乐教，学生也带着快乐学。教育就要坚守公平的原则，尊重每一个学生。我尊重学生体现在细微处：一是多关注每个学生的学习态度；二是多听听他们的意见，让他们自己解决自己的问题；三是善于听取所有学生的意见，绝不厚此薄彼；四是适时夸奖学生，制造机会展示学生的个性；五是利用学习小组提倡互相帮助。总之，就是要让学生在教学相长中享受快乐的校园生活。

五、学做容纳百川的海洋

王勇基校长说过：宰相肚里能撑船，老师肚里盛宰相，班主任要比老师还大度。宽容也是一种爱，这是我在教育工作中体会最深的一点。每当学生犯了错误，我都是在充分了解真实情况的基础上，采取宽容的态度。如果学生都很听话，如绵羊般地温顺乖巧，那要我们教师干吗？学生年幼，犯点错误是必然的正常的，不犯错误的小孩是绝品。所以我对待学生，很多时候是宽容的，但宽容不是放纵，必须有张有弛，得心应手，像海洋容纳百川那样宽容学生的错误。经过不断磨炼，自己学到了很多，也成长了很多，经过多年班主任工作体验，充分感受到了班主任虽然权小，但是责任重大，同时也感受到了作为一名教师的幸福。

"老兵"新"战场"

管宝玉

一、教学工作

我来大唐已半年有余，可以说是一位"老新兵"。我教的是3—6年级13个班的学生写字，包括选修课。历来的中小学语文课程都很重视写字教学，其目的主要是培养学生书写的基本技能，强调书写正确、端正、整洁、流利、美观。为使学生从小养成认真书写的习惯，我主要做了以下几点工作。

一、要求学生掌握正确的书写姿势。

铅笔、钢笔等硬笔字书写的好坏，与书写时的姿势有着密切的关系。硬笔书写姿势分为坐姿和执笔两个方面。安足端坐、背直肩平、挺胸微俯、头端纸正、左手按纸、右手执笔、双眼离纸面一尺左右，这样才可使全身各部位舒展、灵活、轻松。如果头歪纸斜、随意书写，既不利于练字，也不利于身体健康和视力保健。正确的执笔姿势，会给各手指留出自由伸缩的空间，有利于运笔的灵活和笔力的发挥，并能提高书写速度，且手指不易产生酸痛的疲劳感。我把正确的书写姿势教给学生，从严要求，不仅上写字课这样，上其他课也得如此，无论何时何地，只要提笔写字，姿势不能变样。

二、细研教材、制订计划。

写字教学对于我来说是有自己的东西可以讲的，但只有要求没有教材的课是不好上的，有了完善的教学内容和教学要求，教学有了很好的方向；

有了教学用书，就有了很好的依据可以参考，教学就能很好地开展。我现在参考的是中国硬笔书法协会首任会长田英章的《钢笔书法实用教程》，该书以楷书基本笔画为中心，以偏旁部首和间架结构为依托，循序渐进，可摩可临。通过仔细研究，结合三至六年级语文课本生字情况，先以基本笔画教学为主，后以偏旁部首和间架结构为主，精心备课，为教学指出了方向，也为教学打下了坚实基础。

三、课堂教学扎实牢靠。练习写字，不能很快出结果，也不是一朝一日就可以练就的，它是一个长期坚持的过程，所以，课堂教学必须扎实。

第一要精讲多练。课堂上尽量采用通俗易懂的口语给学生讲解，绝不生搬硬套教材，特别是笔画教学中容易出现的错误更要形象化，让学生一次就能记住它的特点，有些笔画通过形象的比喻让学生在轻松愉快的环境下记住形状，一般情况下，我讲课时间掌握在 15—20 分钟，主要把所教字的偏旁和结构特点以及基本笔画的写法教给学生，重要的是辅导学生练习。

第二要巡视指导。在学生临写练字时来回巡视，发现学生书写时坐姿、执笔方法不正确立即纠正，笔顺及运笔方法上出现问题给予指导，对书写不规范者予以示范，书写困难者手把手地教写。

第三批改作业要面面俱到。学生在课堂临写时不可能个个指导，课后就要全面批阅，发现不规范的书写给予标出，从笔画、偏旁到结构，面面俱到，一丝不苟，在确实不像样的字的旁边再写一个作为示范，使学生都能知道不足之处。

第四要激励表扬。在写字教学活动中，以柔和、信任和期待的态度对待学生，观察学生的细微变化，寻找学生写字过程中的闪光点，把优秀的进步大的学生在下节课一开始予以表扬，让其他同学课后看看他们具体好在哪里，让学生自己的作业和第一次对比，很多学生看到自己的进步，脸上洋溢着灿烂的笑容。

第五要结合实际因材施教。3—6 年级的学生，不同的年级不同的年龄，不同的教学内容，因而要采取不同的教学方法，进行分类辅导，从而激发学生的写字热情和潜能。

通过半年多的写字教学，我体会到学生的确是聪明的，模仿能力强，从学生写字情况看，姿势不正的明显少了，练字卡上的字一次比一次漂亮，看到学生进步如此之大我很自豪，感觉这是我最大的收获。

解读"思维碰撞"课堂

——泰安市实验学校学习汇报

皮现武

走进泰安实验学校，令我们眼前一亮的是学校文化。

"做别人的榜样"的校训首先映入眼帘；"学而时习之，不亦乐乎？有朋自远方来，不亦乐乎？人不知而不愠，不亦君子乎？"诠释着"根植传统、传承创新、开放办学、合作共进、潜心育人、无怨无悔"的办学方略；楼顶上、过道处、楼梯间、走廊里，处处都以亲切的语言，如父辈的叮咛，童诗般娓娓道来，让孩子倍感亲切；特别是运动场四周的栅栏上，篮球、排球、摔跤、柔道、跆拳道等各项体育运动的起源、历史、发展，世界最好成绩，中国运动员在该项运动中的表现等一目了然；更让人叫绝的是，每班墙壁上都挂有班名，"非同一班""春笋班""扬帆班"……班级门口的班级名片，成为每个班彰显个性的标签。每班教室内必有的四个内容是学习小组成员基本技能、学习小组组长工作技巧，成功从一言一行开始。"小组合作学习评价标准"展示了该校课堂改造的成果。"思考长知，虚心长智""碰撞激发思维，思辨凝聚智慧""问题是思维生成的起步，差异是思维碰撞的燃点；辩论是理性思维的互动，对话是科学思维的交流"等个性化的标语比比皆是。润物细无声，墙壁会说话，花草也赋诗，设施能启智，学校的一草一木、一砖一瓦都成为知识的载体。通过精心设计，把教育目的和科学文化知识，融进校园的每一个角落。制度文化、环境文化、长廊文化、活动文化、班级文化、教师文化六大支柱的校园文化体系，让我回味良久。这所学校历史积淀深厚，文化内涵丰富。午后休息时间走进这里，偌大的校园少了学生的喧闹显得静寂无声。而喧闹过后，地上没有留下一片纸屑、树叶……到处干干净净，连垃圾桶都被擦拭得一尘不染。放眼校园的角角落落，处处都折射着"儒雅和诗意的韵味"。行走在学校的一台一阶，欣赏着那一步一景，聆听着那一字一句，我感受到的是"轻松、雅致、高效"，也禁不住被那精致和谐、大气开放而又充满深厚文化底蕴的校园文化所折服。

一、我听到的"思维碰撞"课堂

这次活动让我最真切的感受就是，学习是一件终身要做的事情。面对着一堂堂精彩异常的课，面对着不同老师带来的不同设计，再一次的感受到自己所拥有的还远远不够。这次活动中我一共听了7节课，5节课是同课异构课，讲的是鲁教版八年级第七单元"Would you mind keeping your voice down?"当中的阅读课。

五位老师上了同一节课。虽然我们所用的版本不同，但阅读课的基本教学环节我非常熟悉，五位执教者从全新的角度出发，依据新课程理念，紧密联系学生生活，动口表达，动脑思考想象的环节比较多，课堂上精彩纷呈。

教学中每位选手课件制作精美，教师精神饱满，学生积极参与、体验。教师能够关注学生学习过程和状态，以学生的"学"为中心，因此课堂上的"生成资源"比较丰富，"三维"目标落实得比较好。5节课各有所长，鼓励表达是五位老师的共同特点。听了这5节课，我很赞叹这个学校学生的口语表达，思维清晰，语言精练，铿锵有力，这样的素质一定是环境和积累的结果。精彩的课堂在有效落实"三维"目标的前提下，应该是师生之间、生生之间思维不断交流、碰撞的过程，学生有学习的欲望和动力，思维始终处于积极状态。也就是说精彩来自学生真正的思维，来自思维的参与度，来自思维激发后的深度和广度。

24日，泰安实验学校的常态课堂向与会的所有老师开放，我先听了一节九年级的英语课，然后我想最能显示"思维碰撞"魅力的应该是数学课。我去了八年级16班听了一节数学课，刚开始上课的时候觉得这节课没有任何修饰，非常普通，但是随着课堂的逐渐深入，我感到这位老师是非常优秀的。老师的思路非常清晰，他用最简练的语言去"引导"学生，本节课的全部内容及解题思路，全部是班里不同的学生在说，然后再由其他同学补充、反驳、肯定。更让我佩服的是学生，每个学生的声音都是异常的响亮，回答问题流利、流畅、清晰、完整，并且有自己的想法。每一位学生的发言清晰条理，自信，有自己的见解，不盲从，有因有果。有时候就像一场激烈的辩论会，让听课的老师瞠目结舌，一个劲地在心里为这群孩子叫好。学生的问题意识、快速思维、语言表达能力是平等平等再平等的师生关系所激励培养出来的。这位老师对学生放得开，课堂上学生是真正的主体，学习新的计算方法注意先让学生充分地讲自己的想法，说计算的过程，及时梳理学生用到的数学思想方法，在这样宽松和谐氛围里学生的思维积极活跃。由衷地佩服老师对学生数学思维清晰表达的训练与培养，学生们早已适应了这位老师的这种紧张、有效的学习方法，整堂课跟随着老师的引导，发挥着自己的聪明才智，既紧张，又动脑，又敢说，真的成了课堂的主人。

二、"思维碰撞"的整体认识

为了践行"让学生健康、阳光、幸福地学习成长"的办学理念，泰安实验学校开始改造课堂行动，提出了以"组织学习"为基础，以"思维碰撞"为亮点，构建"个性化课堂"思路。

在思维碰撞课堂改造中，他们有两个靶子：一是应试教育下的专制课堂，二是新课改后的异化课堂。课堂改造瞄准的是学生独立思考和创造性思维的能力，通过开展思维碰撞课堂改造活动，期望达成的三个目标。

1. 打破"教师控制课堂"和"班级授课制"下"唯个体学习"这两块坚冰；

2. 突破"自主无法，合作无序、探究无效"及"德育为首口头提，教书育人两张皮"这两个难题；

3. 推翻"年级越高课堂越闷，年龄越大个性越失"这一悖论，还课堂以生命力。

三、听课后的几点启发

1.改造我们的课堂从改变我们的备课开始：在备课时要在问题的设计和活动的设计上下功夫，在作业布置中模仿"前置导学"注意布置学生自学的内容。

2.改造我们的课堂从改变学生的学习状态开始：引导学生课堂上学会倾听，努力听懂别人的发言有无道理，别人发言不随便打断，有不同意见要等别人说完再提出。

3.努力减少假学习现象，即没有思维的随口乱喊；没有"真会"的完成任务式的学习；人云亦云的课堂发言；不理解解题思路的做作业；课堂回答问题或上黑板做题先思考，会就会，不会就不会，不要装会。让学生明白学习知识，实质上是理解其中的意义，不理解的假学习等于没学。

4.鼓励学生自由表达，鼓励学生说出自己的真实想法，敢于围绕问题阐述自己的思路，敢于有理有据地质疑同学甚至老师的答案。只有持之以恒地坚持这样做，才能培养出有批判思维能力的学生。

"馨园"里的心愿
——"一片林、一块园、一棵树"活动纪实

杜森山

　　去年，大唐学府开展"每个年级一片林，每个班级一块园，每个学生一棵树"的活动。我班分到了一块"自留地"，我们给她起名叫"馨园"，意思是：大唐学府是温馨之源。"馨园"即：心园、心愿、心缘。愿同学们在"馨园"里有"新愿"，结"新缘"。愿自己栽种、呵护的花草、树木、蔬菜和自己一样健康、茁壮成长，愿自己的梦想在大唐学府起航。

　　自从有了"馨园"，孩子们很高兴，纷纷和我商量栽种什么作物，有的说种黄瓜，有的说种茄子，还有的说种辣椒。突然有一个孩子调皮地说："老师，我喜欢吃姜片，我们能种姜片吗？"这话引来了同学们的一片笑声，而我的眼睛却一亮：对呀，"馨园"里种植一些平常能够见到的瓜果蔬菜，对孩子们来说，没有什么新鲜感，可是如果种生姜，虽然孩子们都吃过，但是见过生姜生长全过程的孩子还真不多，我们何不种植生姜，让孩子们了解一下生姜的习性呢？

　　想到这里，于是我就说："孩子们，刚才这个同学说种姜片，其实姜片不是直接种出来的，它的原材料是生姜，就是用咱们平时家里做菜用的生姜制作的。你们知道怎样种植生姜吗？"孩子们都说没有。我就大声告诉孩子们："我们今年就种生姜，行不行？""好！"孩子们全都欢呼起来了。

　　说起来容易，做起来难。首先要解决的是姜种问题。种植生姜不同于其他作物，姜种其实就是姜的地下块茎。姜生长的好坏，首先与姜芽是否健壮有关。而姜芽是需要培育的，这个培育过程技术含量非常高。培育壮芽是获得生姜丰产的首要环节，因为只有健壮的幼芽，才能长出茁壮的幼苗，才

能为生姜的旺盛生长奠定好的基础。所以栽种前一定要对姜种进行必要的处理，以培育壮芽。

刚提到姜种，一个孩子说："老师，我见过小麦种子，见过花生种子，姜的种子啥样的呀？"经他这一问，孩子们都睁大了眼睛："是呀，老师，姜的种子是啥样子的呀？"看到孩子们对生姜的知识如此匮乏，对生姜生长习性、繁殖如此一窍不通，使我更加坚定了种植生姜，以便增长孩子们的知识，拓宽他们视野的决心。

为此，我代表全班同学特意邀请有过多年栽培生姜经验的刘庆贞老师给我们上一堂课，专门讲一讲有关姜种的事。刘老师很高兴地接受了我们的邀请。他告诉我们：姜是利用地下块茎繁殖的，这个块茎就是我们所吃的生姜。不过直接把姜块栽种到地里是长不好的，必须先进行催芽，使姜块长出芽来，才能栽种，因此培育姜芽是种姜的首要步骤。要想培育壮芽，通常按3个步骤进行：第一是"晒姜困姜"。在播种前（北方在清明前后，南方在春分前后）从储藏窖内取出姜种，去掉姜块上的泥土，平铺在草席或干净的地上晾晒几天，傍晚收进室内，以防夜间受冻。晒种主要有以下几个方面的作用：提高姜块的温度，促进内部养分分解，从而加快发芽速度；减少姜块水分，防止姜块腐烂，有利于选择健康无病姜种。

姜种晾晒后，就将其放置在室内堆放起来，姜堆上覆盖草苫，以促进养分分解，称"困姜"。一般经过2—3次晒姜、困姜，便可以开始催芽了。

刘老师又着重强调说：必须注意，晒姜时要注意适度，切不可晒得过度，尤其是较嫩的姜种，不可暴晒，中午若阳光强烈，可用席子遮阴，以免姜种失水过多，姜块干缩，出芽细弱。

第二是选种。"晒姜困姜"过程中及催芽前必须进行严格的选种。选种时要选择姜块肥大、饱满、皮色光亮、肉质新鲜、不干缩、不腐烂、未受冻、质地硬、无病虫危害的健康姜块做种，严格淘汰瘦弱干瘪、肉质变褐及发软的姜块。

刘老师继续说：晒姜、困姜、选种都做好了，那么第三个环节就是催芽了。催芽可促使种姜幼芽快速萌发，使种植后出苗快而齐，因而是一项很重要的技术措施。催芽方法各种各样，在我们郯城用的是"厨房烟熏催芽法"。方法是在席篓、长筐等容器四周及底部垫上3—5层草纸，将晒好的姜种平放其中，排好之后，将口封严，然后在厨房里用木棍搭成架子，把篓、筐放置其上，利用每天生火烧饭时产生的热气来提高温度进行催芽。

催芽的时间根据温度的高低而定。温度高的，用的时间就少；温度低的，用的时间就长。在20℃~21℃摄氏度条件下催芽，芽长、芽粗达到要求，就可以播种了。

刘老师的课讲得声情并茂，同学们听得津津有味。不知不觉下课的时间到了，同学们还是争先恐后地向刘老师提出各种各样的问题。我连忙给刘老师解围："同学们，你们想了解更多的关于生姜的知识，那咱们就亲自种一种，在实践中学习吧。"

由于我们班级不具备生姜催芽的条件，就恳请刘老师帮忙，在他家里催芽。刘老师爽快地答应了我们的要求，同学们都很高兴。

接下来的工作就是整地。按照我们掌握的知识，种地前是一定要把地整平的。于是，我们利用课余时间，把整块地都用铁锨翻了一遍，用铁耙子细细地搂平。同学们虽然累得汗流浃背，但却都是兴高采烈地干着。本来我打算只让几个个头高的男孩子干，可是其他孩子不愿意了，我班的"4朵金花"也不同意，都想干。我只好分期分批地让他们到地里去实践一下。不一会儿，一些孩子的脚上、手上，甚至脸上都沾满了泥巴，却没有一个叫苦、叫脏、叫累的。

但令我们哭笑不得的是：我们刚干完，刘老师来了。他连忙说："你们不能这样整地，种姜的地不是这样整的，要用开沟法种植。生姜的根系不发达，在土壤中分布浅，吸水吸肥能力差，既不耐旱又不耐涝，所以要采取沟种的方式。在沟内施肥、浇水，既节约水肥又省时省力，这是一举两得的好方法。"

我们傻眼了，汗白流了。孩子们互相打着趣儿，却没有一个说后悔的。刘老师又具体地给我们讲开沟的方法、要领，并亲自示范：在平整的地块上按东西向开沟，沟距48—52厘米，沟宽25厘米，沟深15厘米左右，为便于浇水，沟不宜太长，一般以 20 米以内为宜。

刘老师一边指导我们开沟，一边讲解一些关于农作物的知识和谚语。当他讲到"庄稼一枝花，全靠粪当家""施肥一大片，不如一条线"时，有个孩子提出了问题："刘老师，你说的第一个谚语我懂，但第二个谚语我不理解，什么'一大片''一条线'的呀？"她的话引起了孩子们的共鸣，纷纷要求刘老师再给具体讲一讲。

刘老师的谈兴很高，说："其实我们今天的开沟种姜法就是根据这条谚语做的。由于姜的根系不发达，吸水吸肥能力差，施在离根较远的肥料，生姜根本吸收不到，造成了浪费。我们集中沟内施肥，既可节省肥料，又可以使作物能够吸收充足的肥料，既减少了成本，又增加了收入。这是两全其美的事呀。"

同学们都赞成这个观点。在刘老师的指导下，我们很快把沟开好了，并施足了底肥，只等天气暖和后就播种了。

等待是最让人着急的事。自从孩子们把我班"馨园"的土地整理好、开好沟后，就天天盼着栽姜，可刘老师总是笑呵呵地说："不要急，不要急，现在天气冷，把姜栽早了会受冻的。"

看到"馨园"的"左邻右舍"们都长出了农作物，有的都已经绿油油的了，我也有点沉不住气了。那么到底要到什么时候才能栽姜呢？我和孩子们又向刘老师请教。刘老师告诉我们：生姜起源于南方热带森林地区，长期发育形成了喜温暖、不耐寒、不耐霜的特性，因而要将生姜的整个生长期安排在温暖无霜的季节。我们郯城一带多在立夏至小满播种。若播种太早，地温低，热量不足，种姜迟迟不能出苗，极易导致烂种或死苗；若播种过晚，则出苗迟，会缩短生长期而造成减产。因此适时播种最重要。听了刘老师的一席话，孩子们的心渐渐平静下来，不再那么着急了。

盼望已久的时刻终于来临了！5 月 8 日一大早，刘老师给我们带来了一大纸箱子姜种。孩子们一下子围了上来，争先恐后地想一睹姜种的"芳容"。刘老师打开纸箱后，孩子们一看："哇，原来姜种是这个样子的！"只见肥大嫩黄的肉质姜块上齐刷刷地长满了乳黄色的肥芽，就像一个个小春笋，真让人"馋涎欲滴"呢。

"好漂亮呀！这么漂亮的姜种很贵吧？"一个孩子睁大眼睛问。"这么大的姜块难道就直接栽到地里去？这是不是太浪费了呀？"另一个孩子又道出了大家的疑问。

刘老师听到后，笑呵呵地说："姜种再贵，我也不要同学们的钱，只要你们能管理好，能从中学到知识，老师就高兴了。"接着刘老师又对另一个孩子说："你说得对，这么大块的姜种是不能直接栽到地里的，在栽种前还要进行掰姜种的过程。"接着，刘老师又给我们讲解掰姜种的要求，他告诉我们：掰姜种的过程，实际上就是进行块选和芽选。掰姜种时一般要求每块姜上只保留 1 个短壮芽，少数姜块可根据幼芽情况保留 2 个壮芽，其余的幼芽全部去掉，以便使养分能集中供应主芽，保证苗全、苗旺。掰姜种时若发现幼苗基部发黑或姜块断面褐变，应严格剔除，因为这是病变的姜。

在刘老师的具体指导下，不一会儿，我们就把姜种掰完了，接下来就是栽种了。孩子们的兴致很高，还没等刘老师下命令，就纷纷拿着姜种来到开好的姜沟旁，左手扒土，右手放姜种，热火朝天地栽起来。

刘老师连忙叫停了孩子们："不行，不行，不是你们这样栽的！"我一看，也笑了起来，只见孩子们把姜栽得乱七八糟：有的姜芽是横着放的，有的是竖着放的，还有的是倒着放的，姜距也是大小不一，有的离得很远，有的却挨得很近。

刘老师接着说："同学们，你们先听我讲讲栽种的方法，然后再栽。首先要将姜块水平放在沟内，使幼芽的方向保持一致，我们挖的是东西向沟，姜芽要一律向南，放好姜块后，用手轻轻按入土中，使姜芽与土面持平即可，然后随手扒下部分泥土，盖住幼芽，两株姜种之间的距离为 19—20 厘米，姜种上方覆土 4—5 厘米，栽完一沟后，用铁耙子搂平荡细就可以了。"

听完刘老师的讲解，孩子们又都忙开了。由于有刘老师亲临现场的指导，时间不长，孩子们全都保质保量地完成了栽种任务。接下来，刘老师又让我们浇了一遍"透犁水"，就在孩子们都认为大功告成，准备休息时，刘老师又说话了："同学们，我们现在还不能休息，我们还要给姜遮阴呢。"

"遮啥阴？""为啥？""姜还怕晒？"孩子们七嘴八舌地议论着。刘老师告诉我们：生姜为阳性耐阴植物，不耐高温，不耐强光，在花荫状态下生长良好。生姜的幼苗期正处在初夏季节，天气炎热、阳光强烈、空气干燥，如无遮阴措施，则姜苗矮黄，生长不良，会影响产量。

听了刘老师的讲解，孩子们又增长了许多知识：虽然说"万物生长靠太阳"，但是也有的作物是喜阴的，是需要避开阳光直射的。在刘老师的建议下，我们因地制宜，把校内的几棵大杨树的枝叶取下来，插在姜沟的旁边，作为姜苗的遮阳物。遮阴工作很快就完成了。这一阵子的忙碌，在家里很少干活的孩子们都感到有些累，但兴致很高，没有一个喊冤叫屈的，笑意都写在了脸上。

接下来的工作就是田间管理了。自从"馨园"栽上姜种后，孩子们天天都到这儿来，盼望姜苗快快长出来。可是盼星星、盼月亮，一个星期的时间过去了，姜苗没出来，小草却长出来了，并且长得还很茂盛，整个"馨园"简直变成了"草原"。

这是怎么回事呢？难道我们栽种的姜种出问题了？带着疑问，我和学生们一起请教了刘老师。他告诉我们：生姜幼苗期生长缓慢，要半个多月才能出苗，而这期间气温回升，姜地又比较湿润，这正好适合小草的生长。所以在姜幼苗还没出苗之前，小草却已经绿油油的了。若管理不及时，极易造成草荒，以致大量杂草与姜苗争水、争肥、争阳光，使姜苗得不到正常的营养而生长不良，造成减产。因此在姜苗幼期，及时除草是一项很重要的管理措施。

听了刘老师的话，我们悬着的心放了下来，知道姜出苗比较慢，也就不再担心姜种的问题了，转而是抓紧时间在"馨园"里拔起草来。人多力量大，不一会儿，小草就被我们消灭得干干净净，"馨园"又露出了黑黄的泥土地来。

两周时间过去了。在这期间，我们集中拔了两次草，浇了三次水。孩子们天天去观察，时时盼着姜出苗。

有一天，第一个到"馨园"的李芸告诉我："老师，我今天早晨去拔草的时候，看到我们'馨园'里长出了一棵小竹笋，我没舍得拔掉，它能不能长成大竹子呀？"听了她的话，我马上想到：这绝对不会是竹笋，很可能就是姜苗。于是我邀请刘老师和我们一起到"馨园"去看看。

来到"馨园"，在李芸的引领下，我们看到了这个小"竹笋"：它黄黄的、嫩嫩的，有7—8厘米高，底部很粗壮，顶部很尖锐，很是讨人喜欢。刘老师马上说："这就是刚出的姜苗，这样看来，咱们的姜苗在最近四五天内就能出齐。"听了刘老师的话，同学们一下子高兴起来，蹦着、跳着、欢呼着。

这几天，我们的"馨园"里就更加热闹起来了，只要是课余时间，就会有人前去参观：有我班的学生，有其他班的学生，也有部分老师前来。许多人都说从没见过生姜的幼苗，很稀奇姜苗的形状。有的人还趴到姜苗的跟前，用鼻子深深地嗅了嗅，连声说：好清香呀！看到本班"馨园"里的人气这么旺，孩子们浑身都充满了一种骄傲和自豪的幸福感，逢人就说："看，这是我们班种的生姜，好不好！"

一周的时间过去了，"馨园"里的姜苗都出齐了，许多前来参观的低年级学生都认为是小竹子，这让我班的孩子费了不少口舌去做解释工作。

面对充满勃勃生机的姜苗，我们有些得意忘形，没有做好苗期的管理工作，致使个别姜苗出现了焦头现象。刘老师及时发现了这个问题，他告诉我们：姜的幼苗期植株小，生长慢，需水不多，但幼苗期对水的要求比较严格，不可缺水。幼苗前期以浇小水为宜，浇水后趁土壤见干见湿时，进行浅锄，松土保墒，有利于提高地温，促进根系发育。幼苗后期，正处在炎夏季节，天气干热，土壤蒸发量大，适当增加浇水次数，既防土壤干旱，又可降低地温。要注意的是，夏季最好在早晨和傍晚浇水，不要在中午浇水，以防由于地温骤降，引起姜块腐烂，对姜苗生长不利。

听了刘老师的话，真让我们大开眼界：原来浇水还有这么多的学问！这是我们以前从没想到、从没听说过的，真是"听君一席言，胜读十年书"呀！

随着姜苗的一天天长高，姜苗的分枝也越来越多，需要的养分也越来越多。刘老师又指导我们进行了三次追肥。特别是在施用钾肥时很有讲究，他告诉我们：生姜地下块茎的生长是需要大量钾肥的，因此钾肥的施用量要大于氮肥和磷肥。我们施用的钾肥要以硫酸钾为主，而尽量不用或少用氯化钾。因为施用氯化钾的姜块味道会改变，品质会变差，如果想进一步提高生姜的品质，施用腐熟的豆饼及微量肥料锌和硼的效果会更好。

按照刘老师的指导，我们减少了氮肥和磷肥的施用，增施了硫酸钾及土杂肥，还施了一小部分豆饼。"馨园"里的姜苗越来越旺，分枝也越来越多了，有的一棵姜苗都分了6—7枝。每天早晨，当我们来到"馨园"时，都能闻到一股淡淡的清香。

几天后，刘老师又让我们给姜培土。这让我们很是惊讶：在姜苗周围培上土，姜苗还能再分枝吗？还能正常生长吗？看到我们疑惑的眼神，刘老师耐心地给我们做了解释工作：生姜的根茎不能裸露在土壤外面，否则，它只分枝而不长茎块。根茎必须埋在土壤里，在黑暗湿润的条件下才能良好地生长，因此必须对姜株进行培土。当然，培土也是需要在一定时间范围内的，过早过晚都不行。也不能一次性培土太多，这样会影响分枝。正确的做法是：在我们郯城地带，一般在立秋前后，结合拔草和大追肥进行第一次培土，把原来沟背的土培在姜株基部，变沟为垄。7—10天后，结合浇水进行第二次培土，再培高10厘米。当第三次培土时，要求培成18—20厘米的土埂，逐渐把垄面加宽、加厚，绝不能将根茎露出地面，这样才能为根茎的生长创造适宜的条件。

真是生活处处皆学问呀！刘老师真不愧是"种姜专家"，我们从刘老师身上学到的知识，是在任何教科书上都没有的。我真庆幸当初选择了种姜，才能让孩子们学习到这些难得的知识。

孩子们按部就班地在刘老师的指导下除草、浇水、施肥、培土，"馨园"里的生活似乎就这样一天天过去了，生姜离收获的日期也越来越近了。

可是"天有不测风云"。有一天，孙奇浩和李世新同学发现有一棵姜的叶子萎缩了，就告诉了我。我和其他几个孩子一起来到"馨园"里，看到确实有一棵枝叶萎缩了，而叶子却没有变黄，依然是青绿的，与它相邻的枝叶也很茂盛。我们反复观察了几次，始终没发现是什么原因造成了这种现象，只好再去请教刘老师。

刘老师看到后，马上就说："这是病虫害，是钻心虫造成的。这种害虫的危害性很大，它从叶鞘与茎秆缝隙或心叶中钻进姜的茎秆里，蚕食茎秆的上半部分，形成茎秆空心，使水分运输受阻，造成茎秆上部凋萎或折断。这种害虫生活在茎秆内部，所以我们从外面很难发现它。"

刘老师随手把这株茎秆折下来，剥开外层皮，一条鲜活肥胖的虫子就呈现在我们的眼前了："啊，姜茎里真有虫子呀！""再狡猾的狐狸也逃不过猎人的眼睛。""刘老师，你真厉害啊！"孩子们都向刘老师竖起了大拇指，称赞刘老师真是庄稼的"神医"。

刘老师又告诉我们，大田地发现这种害虫后，要进行药物防治，而我们种植得少，用人工捕捉就可以了。于是在刘老师的指导下，我们把"馨园"里所有的姜苗都检查了一遍，又捉到了十几条钻心虫。看着被捉的害虫，孩子们很有成就感。再联想到钻心虫的这种隐蔽、狡诈的生活方式，但最终还是被我们识破了，我们为能够探索大自然的奥秘而兴奋不已。

炎热的夏季来临了，学校要放暑假了，孩子们要回家了。那么谁来照顾"馨园"呢？我正在为这事犯愁的时候，几个住在附近的孩子，主动提出了要在假期中承担照顾"馨园"的任务。住校的李玲玲老师也提出了帮我们看护"馨园"，并多次给姜地拔草、浇水。所以，虽然暑假的时间很长，但我们的生姜没有受到一点委屈，长势一直很好。

阵阵秋风送来了成熟果实的芳香。经过无数次的浇水、拔草、施肥、培土、捉虫，我们的生姜长得非常茂盛，有的姜棵分枝都达到了二三十个，连"种姜专家"刘老师都夸我们的姜长得不错。眼看着离收获的日子越来越近了，孩子们常常询问刘老师什么时候收姜，他总是神秘地说："还不到时候呢。"

10月27日的夜间，一场寒风席卷了齐鲁大地，温度骤然间降了下来。第二天一大早，刘老师刚到学校就告诉我们：今天就必须起姜了。我们问为什么，刘老师说："生姜对温度反应很敏感，它属于喜温暖性蔬菜，不耐寒冷也不耐霜冻。昨夜的一场冷空气，使气温降低了许多，明天早晨一定有霜冻！生姜最怕霜冻，经过霜冻的姜块不耐储藏，味道也会改变，品质相应下降。为保证生姜的质量，必须在霜降前起姜。"

听了刘老师的话，我们恍然大悟：原来起姜还要看天气变化呢。刘老师真是种姜行业的"诸葛亮"呀！他迟迟不告诉我们起姜的时间，那是因为他在观天看天气，想尽量延长生姜的生长时间，以提高产量，但是还不能对生姜品质造成影响，这就需要及时掌握天气的变化，也只有长期有生姜生产经验的人，才能恰到好处地做到呀。

说干咱就干。孩子们找来了铁锨、镢头、剪刀、编织袋准备大干起来。刘老师又讲解了起姜的要领：先用铁锨或镢头把土质挖松，用手抓住茎叶整株拔出，轻轻地抖掉根茎上的泥土，然后自茎秆基部用剪刀剪去地上茎叶后，把茎块再轻轻放在地上，堆在一起等待装袋。

小学部的十几位老师也前来帮忙，大家一边干着活，一边笑着讨论着关于生姜的各种问题。泥土的醇香、生姜的清香，加上孩子们天真欢快的笑声，构成了一幅优美的画卷。那种掺和着快乐、喜庆、自豪的丰收情景，如果不是身临其境，是无法用语言来表达的。

真是人多力量大，不到一个小时的时间，我们就把生姜全部收完了。看到堆在一起足有一百来斤的鲜姜，每个人的心里都是美滋滋的，每个人的脸上都充满了笑容。

分享劳动果实的时刻到了：所有帮忙的老师每人一斤，学生们每人一块，其余的全部送给了学校食堂。食堂的师傅们直夸我们的姜种得好。孩子们听了心里乐滋滋的，那种感觉真是比吃了蜜还甜呢。那几天的饭菜，孩子们吃起来也非常香甜，因为那里面有我们自己的劳动果实。

大唐学府的"每个年级一片林，每个班级一块园，每个学生一棵树"的活动实际意义在于：激发孩子们的求知欲望，唤起孩子们的集体主义荣誉感，引起孩子们对世间万物的仁慈大爱之心，更让孩子们从劳动中找到乐趣，从小培养孩子们热爱劳动的思想，这样长大后才能为祖国的建设事业作出应有的贡献。这也就是我们为班级的"一块园"取名"馨园"的心愿吧！

如何让学生在快乐中学习数学

程汝芳

有人说数学很难，是一门非常抽象的学科，没有语言那么有趣、丰富多彩。但在我看来，数学是神奇的，它带领我们走进一个奇妙的世界，感受数学带来的无限乐趣。数学也是深奥的，它带领我们走向一片开阔的天地，享受符号带来的无穷奥秘；数学更是快乐的，它带领我们走入一片浩瀚的海洋，体验文字图形带来的妙趣横生。

如何让学生在快乐中学习数学？以下是我在教学实践中的点滴体会，与同行共同探究。

一、激励评价，拓展兴趣

人人都希望别人赏识，对于七年级孩子来说更是如此。课堂上，我把学生当作平等的朋友来对待，热情关心、循循善诱，最大限度地去挖掘学生的优点，进行"激励式"的评价。"你们听，这位同学说得多完整啊！老师真佩服他！""你说得真好，如果声音再响亮一些，就更好了！""太棒了，还有谁能超过他！"……这些话语在我的课堂教学中使用频率最高。这些激励式的评语在学生的内心深处形成一股强大的心理推动力，在潜意识中产生向表扬目标努力的追求，对学习的态度是乐意的、主动的。当学生遇到困难、回答不出问题时，我便说："你肯定行，再动动脑筋，好好想一想！"如遇到沉默寡言、不愿意回答问题的学生，我更是一次又一次满怀期待地说："你先试一试，轻轻地说给老师听一听""真不错，声音稍微响亮一些，同学们就听到了。"这一切都让学生感受到自己被高度尊重、高度信任，学生在一种高涨、激动的情绪中进行思考和学习，感到学习是一件开心的事。

二、真诚关爱，主动学习

爱是一门艺术，能爱是一个层面，善爱则是另一个层面。作为教师要做到能爱、善爱。要爱学生成长过程中的每一微小"闪光点"；要爱他们具有的极大的可塑性。"爱"要以爱动其心，以严导其行；"爱"要以理解、尊重、信任为基础；"爱"要一视同仁，持之以恒；"爱"要面向全体学生。"金凤凰"固然可爱，而"丑小鸭"更需要阳光，多给他们一份爱心，一声赞美，一个微笑，少一些说教。每一位学生都渴望得到老师的爱，尤其是那些家庭有过特殊变故的学生，我更会多和他们谈心，帮助他们查找"后进"的原因，真正做到对症下药，在学习上和生活细节上关心他们。有了爱才能建立和谐的师生关系，而和谐的师生关系，是促进学生主动学习数学的强劲动力。

三、因材施教，促进发展

快乐数学教学要让每个学生学习起来都有信心。由于各个学生的基础不同，对知识掌握和理解的程度都不同，要让每个学生学得快乐，对每个学生都要因材施教。课堂上对基础差的学生我就由浅入深提出问题，对于学习好的学生则提出更大难度的问题，按照循序渐进的原则，精心设计练习的层次，由易到难，环环紧扣，新旧知识紧密相连，逐步拓展学生的思路。另外，我还设计一些综合性较强的练习，以促进学生技能技巧的转化，让每个学生都得到自我展示，心理需要得到满足，体会到成功的快乐，从而有信心去克服困难，更加努力地投入到学习中去。

四、反思总结，提高能力

在教学训练中我注重教会学生反思、总结。总结是为了使知识系统化，反思是为了进一步提高学习能力。所以，要教会学生反思。反思今天学了什么知识？哪些已经掌握，哪些还有疑问，怎样解决？反思每一道题有哪些解法，哪一种解法为最优解法？反思这题还能得出什么结论？反思怎样记住这些结论……并把反思结果总结下来，从而让学生觉得学到很多，体验反思带来的快乐。

数学是奇妙的又是有趣的，作为教师要不断学习，提高自身的素质，培养高尚乐观的精神风貌，为学生创造良好的学习环境和氛围，教会他们学习，培养良好的学习习惯，带动他们在快乐中轻松学习数学。

纸上得来终觉浅 绝知此事要躬行

——大唐学府学生科技活动访问记

吴清欣

大唐学府学生的科技制作是一般学校所不常见的。科技活动室陈列架上既有腾空展翅的飞马、上下戏珠的舞龙、巍峨壮观的城堡建筑群，也有慈祥和蔼的圣诞老人、情趣逗人的卡通人物，还有飞船、轿车、挖掘机、礼品盒、小饰品等学生作品，真可谓丰富多彩，琳琅满目，栩栩如生。近日，记者走访了大唐学府科技活动室，就有关科技活动问题采访了科技辅导员吴老师。

记者：吴老师你好！看到每天都有不少学生兴高采烈地到科技室里来，放学了还恋恋不舍，不忍离去。我想知道他们来这儿都干了些什么，是什么东西这么有魅力，吸引着他们？

老师：学生非常喜欢到科技室这儿来，可以说是兴致勃勃，流连忘返。有些家长误以为纯粹是来玩的，是凑热闹。这其实是不了解情况，是对现代学习方式的一种偏见和误解。

学生每天科技选修课时间到这儿来，有着丰富的活动内容。在此我想向您作一简要介绍。我们的科技活动主要包括以下形式：参观体验；科技制作与科学实验；聆听科普讲座与观看科普电影；进行科学考察与撰写科学论文；参加科普知识竞赛与操控竞技。

为什么对他们有这么大的吸引力？我想这主要得益于我们采取的教学形式。我们倡导在做中学、学中做、寓教于乐、以玩促学。即以动手为主，以动手促进动脑，达到眼、手、脑、体并用，从而促使心智得到更全面、更科学、更有效的发展。每个学生在这里都能将书本上学到的抽象理论联系到具体的生产生活实际；反过来又以实际真切体验印证书本上的理论，所以他们学得生动有趣，乐此不疲。这比单纯的书本学习效果要好得多。而且许多活动极富挑战性、创造性、趣味性。学生在这里能体会到创新的激情与成功的快乐，所以他们很愿意到这儿来。

记者：**您所说的这种教学模式在欧美国家是很受重视的，他们的许多课程也都是这个方法。目前我国尤其是落后地区是做不到的，看来您的理念还是挺先进的。其实，也只有这样才更有利于创新人才的培养、有利于复合型人才的成长。你如何看待科技活动科技制作的前景？**

老师：随着国家的发展，人们认知水平的提高，中小学科技活动必将在中华大地上盛行起来，我相信不远的将来我国也会涌现大师级杰出人才的。这也是大唐学府的一个信条。

记者：**您能详细介绍一下您所说的那五种活动吗？**

老师：当然可以。

第一种是参观体验。它包括参观科技室里的实物、模型、展板以及带学生外出实地进行科学考察。

第二种是科技制作与科学实验。包括科学小实验、玩具制作、电子制作、模型设计与制作、实用新型科技产品的发明与制作等。

第三种是科普知识讲座与科普电影。内容包括以弘扬科学探索精神为目标的科学家、发明家故事系列；以了解科学技术发展与推动社会进步为宗旨的科技史实系列；以爱国主义教育、增强责任感、使命感为宗旨的国内外最新科技前沿系列；以感悟身边科技、保护环境、热爱自然为教育目标的"身边的科学"系列；有培养创新能力为主旨的"青少年科技创新思维与方法培养"系列等。

第四种是科学考察与撰写科技论文。包括本地生态问题考察、本地环境污染与环保措施考察、交通与用电安全考察、传感器应用与人类生活的关系调查研究、光污染的现状与对策、电磁辐射对人类健康的影响、校园燃烧垃圾造成危害的调查研究、丢弃废旧电池所带来的污染研究、电子垃圾与重金属污染的危害、白色污染与限塑令调查、化肥农药的使用与地下水资源保护、银杏树的买卖与森林植被保护的研究等。

第五种是科普知识竞赛与操控竞技。包括举办理化科技晚会、车模、船模、航模的制作、改进、操控、竞赛，十字飞行器投掷比赛，无线电测向与定位，智能车与机器人大赛等。

记者：看来内容的确是很丰富的。我在科技活动室里看到许多有趣的展品，像锥体上滚、听话的潜水员、平衡鸟、饮水小鸭、水箭、弹性转桶、吸大的气球、小孔成像仪、潜望镜、电子元器件示教板、电铃、功放、直流电源、电磁感应演示器、电动机原理说明器等。这些器材都能深入浅出、形象生动，直观地反映出物理或其他科学的基本原理，看了还想再看。请问您是从哪儿弄来这些有趣的器材元件的？

老师：这些展品绝大多数都是我们师生用捡拾来的废旧材料、废旧电器经拆装巧妙组合制作的，只有极个别的小玩具是从市场上买的。

记者：利用废旧物品创造出让人惊奇的东西，真是不简单。像"听话的潜水员"就是废旧的饮料瓶加上圆珠笔帽，这么简单的东西，效果却这么神奇。原来里面还蕴含丰富的科学知识，设计得真是太巧妙了，太有创意了！

老师：有许多创意都来自学生，学生的突发奇想、美妙的创意常常让我不得不佩服。

记者：这个饮水小鸭确实太妙了，我看不像是自己制作的，是买的吧？在哪里买的呢？我也想买一个回家，给小孩子们看看，为科普工作作个贡献，嘿嘿！

老师：这个饮水小鸭是从市场上买的。我热爱科普工作，所以我平时走路时、逛商店时就非常留意这样的小玩意儿。价钱不多但又富有科学知识，所以顺便就把它买下来，拿给学校科技室。说真的，在学校资金紧张的情况下，购买成套的科技展品，几乎是不可能的，筹办咱们这个科技活动室，就得靠平时处处留心积累。这里面从市场上购买的玩具、展品都是个人掏腰包买的，没花学校一分钱。因为如果当时不买下，有可能再想买时就买不着了。我买的饮水小鸭就是这种情况。

记者：像这些立体纸雕、立体纸刻作品，件件形象逼真，活灵活现，令人耳目一新。校车的制作设计图样也很有新意。你能谈谈它们的制作过程及其技术层面的问题吗？

老师：立体纸雕是欧美、日本等发达国家非常热门的一项手工、美工制作。其制作过程是先设计，再制作。设计都是用电脑的三维软件设计出三维立体模型，再用软件将三维模型生成平面展开图，再用平面设计软件美化，最后用卡纸把彩稿打印出来，就完成了设计过程。制作可分为三步，即一剪、二折、三粘贴。学生按照山谷线、山脊线、剪切线、粘贴点进行认真操作就可完成。

记者：学生通过设计和制作能学到些什么呢？操作上是不是有一定难度？

老师：任何设计都是动脑动手的综合过程，学生不仅要掌握电脑软硬件使用的相关知识，更要有一个灵活的数学头脑、敏锐的观察能力、抽象的空间想象能力，还要有良好的审美趣味。只有这样才能设计出合格的作品。

制作时更得认真、细心，还要有耐心、恒心以及专注的精神，粗枝大叶、半途而废是做不好东西的。学生在科技活动中培养锻炼出来的素质，对于文化课学习是非常重要的。这里既有智力素质，又有非智力素质。

记者：这些科技制作的知识含量与技术含量看来是挺高的，但有人说纯粹就是手工功夫，是雕虫小技。你怎么看待这个问题？

老师：对于一个外行人，尤其对没有亲自设计制作一件作品的人，他们这样评价我们又能说什么呢？我想《论衡》中的一句话说到了点子上，所谓"涉浅水者见虾，其颇深者察鱼鳖，其尤深者观蛟龙"。

记者：学校领导是出于什么考虑来开启这些活动的？

老师：这个问题要得到准确答案最好问学校领导王校长。作为选修课的辅导老师，我可以将自己的见解与您谈谈。

选修课是相对于必修课而言的。开设选修课是为了满足当今学生全面发展、个性发展的需要，是落实素质教育的具体体现。另外，门类众多的选修课也给学生创造了机会，找到自己的兴趣所在。学生有了多样自主的选择，更有利于发现自己的潜能、认清自己特长，为确定将来的发展方向提供现实可能。开设选修课对学生更为实惠的是丰富学生生命成长的元素，增加童年美好记忆，从而提高学生在封闭式学校中生活的幸福指数。

培根说：凡有所学，皆有性格。选修课都是根据学生自身的兴趣和需要由学生自主选择的，学生参加任何一门选修课对学生自己的一生都有非常重要的意义。科技选修尤其是这样。

科学技术是第一生产力，大力发展科技教育是基本国策。国际上综合国力的竞争归根结底是人才的竞争，而人才的培养靠教育。培养手脑并用、理论联系实际的复合型人才尤为重要。教育学生从小学科学、爱科学，用科学的思维、科学的方法、科学的世界观看待和处理问题，这对学生的健康成长一生都是重要的。苏霍姆林斯基说："儿童的智慧就在他的手指尖上。"这充分说明了动手操作的重要，所以我校也开设了科技活动选修课。

记者：谢谢您接受我们的采访，大唐学府的科技选修课确实有极其先进的教育教学理念支撑，有无比丰富且深厚的内涵。从您的科技活动选修课上，我看到了中国教育的未来和方向。

老师：谢谢您的理解，感谢您对我们的关注。

老师，你的学生还投稿吗

陆琴华

作文课，我让学生写一篇作文，教室下面立马传来唏嘘声："又写作文了。"那时是新学期刚开始没几天，那次作文也是那个学期的第一次作文。对于他们的唏嘘，我很不明白。对学生说："我做你们语文老师没几天，过去我什么时候让你们写作文了？今天有不少同学嚷嚷着又写作文了，这不是胡说八道吗？"这虽然是个笑话，可也道出了不少学生视作文为洪水猛兽，如临大敌。学生害怕写作文，还会向报纸和杂志社投稿吗？

投稿的前提是学生必须写。学校规定了，每学期每个学生大作文不少于8篇，小作文呢？也不少于8篇。所谓大作文，就是要求语文老师详批详改的作文，所谓小作文就是略批略改的作文。学生会把这16篇作文投给报社或者杂志社吗？我调查了一下，还没有一个把这16篇作文投出去的。这也难怪，在老师指导下的作文，在报刊上很难发表，特别是在日报和晚报的副刊上很难发表。不少有识之士说"作文在高考中夺得满分的，肯定在报纸副刊上发表不了。而在报纸副刊上发表的文章，在高考中肯定得不到高分，更得不到满分"，为什么呢？很大程度上是因为在老师指导下的作文有套作之嫌。这样的文章结构呆板，表现手法单一，无细节渲染，无情节曲折多姿，写的东西不是他们亲身经历的事，而是胡编乱造。有的为了吸引人的眼球，不惜成本编造一些离奇的故事。比如写一篇反映同学之间互相帮助的记叙文。有个学生是这样写的——

小明腿有残疾，我每天背他上学。上学的路上有一座大山挡着。那天天气阴沉沉的，像要下雪，我背着小明艰难地爬山。爬到了山顶，天下雪了，而且越下越大。这时预备铃响了，我和小明都担心迟到会影响学习，怎么办？雪一阵紧似一阵，我和小明心急如焚。忽然，我灵机一动，就紧紧地抱住小明从山上滚了下去……这个故事够感人的吧？可是你稍稍一想，就知道这个故事是学生凭空想象出来的，没有一点生活的基础。

写到这里，或许有的学生感叹：我们整天足不出户，哪有什么感人的事情可写？就是有，我们的学生能即兴写出来吗？说真的，学生因灵感而写的作文寥寥无几。因为他们每天有做不完的数理化作业，有背不完的史地资料，有涂不完的英语答题卡。教师狂讲，学生狂练，学校狂考，早已把他们压得喘不过起来。就拿一个高中生来说，三年里各科考试都在一百次以上，一点儿也不夸张。考前要练，考时要做，考后要分析和总结，供学生自由支配的时间能有多少呢？

有一次，县里有个环保征文，征文对象是全县中小学生。我发动和组织学生去参加这个征文活动。能够参加的只有十几人。我从这仅有的十几人当中挑选了三篇作文送到了县里，竟然都获奖了。学生很开心。我说："从此，要给编辑部投稿啊！"学生问："怎么投稿？"我说："现在不少编辑部都提倡无纸化办公，同学们发电子邮件就可以了。"瞧学生踌躇满志的样儿，我也很高兴。可是很快学生写稿和投稿热情又被狂讲、狂练和狂考的大浪所淹没。

当代作家母国政的妻子是中学语文教师，有一次，作家问他的妻子："你的学生中有喜欢文学的吗？有人向报纸杂志投稿吗？"作家的妻子说："90年代还有，极少。90年代以后，一个也没有了。"作家的妻子认为：90年代以后的中学语文课，以夺得中考和高考分数为唯一目的，哪里顾得上培养学生对文学的兴趣呢？兴趣是对某一事物的过度关注，是自我精神或个性的自然流露。如李白一生爱好带剑，嗜酒，赏月。这是因为剑是李白个性的象征，酒是李白精神的支柱，月则又是他理想的归宿。

生活丰富多彩，时时都有令人感动的人和事。老师，你的学生会用笔记录这些感动吗？会向报社投稿吗？

谈孩子的叛逆

杜奎之

现在常听家长说，我家的孩子不听话了，我家孩子变了等之类的话，这都是家长对孩子的无奈之话，更是家长对孩子教育管理束手无策的表现。随着社会的进步，现代化进程的加速发展，人们生活水平不断提高，孩子在家中的位置尤显重要，对孩子的培养教育更是家中头等大事，家长可以不惜代价、不惜财力、不惜物力对孩子进行培养教育。但是事与愿违，很多都没有取得理想的效果。特别有些孩子不听话、不学习、行为异常，甚至顶撞家长，长期泡吧，有的甚至走向犯罪道路致使家长深感头痛。于是有的家长打算放弃孩子，或者禁锢、软禁孩子，不让孩子出门。这些简单的做法是不对的，更是不科学的。我要告诉家长的是，孩子的异常表现是孩子的叛逆行为，是属于正常的心理发展特征。

一、叛逆产生的原因

首先我们要知道什么是叛逆。叛逆是孩子为维护自尊心或面子，对对方持反对意见的一种心理表现，这是人性的本质，是孩子心理走向成熟的一种表现，是人在成长过程中的必然阶段，是人的心理、生理发展的必然过程。因此，对孩子的异常表现不要大惊小怪，更别惊慌失措，要冷静对待，妥善处理。这就像一棵刚栽的小树一样，有时发芽后又枯萎了，后来又发芽了，树有时有假死现象，有一个还阳期。人的成长也是这样，从不懂事，听话到不听话，再到听话，这是人类的本性所决定的，即人类野性的进化。因此，家长遇到孩子的异常行为，要冷静思考、认真对待、正确把握、准确引导，帮助孩子慢慢度过这个时期，健康地成长。孩子产生叛逆的原因是客观的，但是也有许多主观原因。首先，家庭的不和睦、不和谐会造成孩子叛逆严重，特别是单亲家庭孩子容易严重叛逆。其次是受环境不良因素的影响，像家庭环境、学校环境、社会环境都可能对孩子的叛逆产生影响。再次是受同类群体的不良影响，像流氓团伙、盗窃团伙等。他们之中的成员对孩子的影响更大，孩子听他们的堪比听家长的和老师的。最后是当今社会受网络、媒体的不良因素影响，像黄色小说、录像、游戏等，因为他们迷恋这些，更把自己身临其中，置外界一切而不顾。这些主观原因都能使孩子产生严重叛逆，做出常人不能理解的事情。

二、叛逆的特点

孩子的叛逆是有特点的，正确掌握孩子叛逆的特点，把握孩子成长的过程，了解孩子的心理感受，判断孩子的行为表现对于孩子正确度过叛逆期，健康成长有积极的作用。

1. 年龄特点。

孩子的叛逆期有一定的年龄阶段。孩子在 10 岁之前一般比较听话，也非常可爱，非常活泼，可以说是言听计从。但是到 10 岁之后，逐渐变得不听话、不活泼、不可爱，甚至出现了同大人顶撞、离家出走的现象。在大人看来，孩子变了，不是从前的孩子了，大人就开始迷茫了。但是在这个时间，孩子不听话的时候少，听话的时候多，因为这只是叛逆的开始。孩子到 14 岁左右，叛逆达到高峰期，表现为经常不听大人的话、经常与大人顶撞、还经常和大人说谎，严重者逃课、上网、喝酒、吸烟、谈情、盗窃等。这时的孩子爱好社交，有了知己朋友，可能彻夜不归，学习、做事精力不集中，说话颠三倒四，显得与常人不一样，家长极为担心，也没有了好心情，只有烦恼、无奈、气愤。孩子回家后，家长没有好话、没有好脸、没有好气，轻者说个没完，重者打骂相加，赶出家门。但是你不知道，你越是这样，孩子就越反感，叛逆就越严重，家长气得唉声叹气，孩子还是我行我素，不能改变，甚至孩子心理有快感。表面上双方都不高兴，更加激化矛盾，不能解决问题。为什么呢？因为那个时间段的孩子头脑非常简单，生理发展极快，心理十分空虚。他们的思维是直线思维，他们自我认为已长大成人，想有自己的思想，想自我发展，自我独立，想有自己的空间。在他们看来，他们所听到、所看到的自己不感兴趣的东西，几乎全是错误的。

2. 性别特点。

孩子的叛逆具有性别特点，有性别差异。一般男孩的叛逆比女孩严重，男孩容易冲动，因为男孩性格刚强，毫无遮掩，遇到不顺心、不愉快的事，不管是谁，不问是啥地方，可随时爆发，释放内心不快，可能采取更加极端的措施，更不计后果。但是，这种行为，家长可以控制。而女孩内秀、含蓄，心理感情不愿外露，往往能克制住自己，把一切压在自己心里。但是，如果女孩一旦发泄，比男孩更严重、更可怕，有的可能会轻生。这是因为她的积怨太多、太久、太深，她的自尊心太强，这要引起家长的高度重视。

3. 性格特点。

孩子的叛逆和性格也有很大关系。人的性格各不一样，最常见的是内向型和外向型两种。内向型孩子不善言语，不好沟通；外向型孩子善于表达，有啥说啥。在孩子叛逆时期一般外向型孩子表现突出，内向型孩子表现不突出。但是如果内向型孩子一旦发泄，产生叛逆，比外向型孩子更加严重，所做的事情更令人不可思议。

4. 攀比特点。

攀比也可能使孩子叛逆加重，家庭的攀比、生活的攀比、学习的攀比都可能使孩子产生叛逆。例如，学习差的孩子比学习好的孩子叛逆严重，因为学习差的同学，上课听不懂，作业不会做，考试成绩差，这样在学校得不到教师的赏识，得不到同学的欣赏，更得不到家长的赞誉，自己觉得没有面子，自尊心受到极大伤害，他们就想从另一方面挽回面子，从而得到自尊心的满足，于是就做出一些不可思议的事情，让人们不可理解。同时他们也有破罐子破摔的想法。而学习好一点的同学，专心想着学习，无其他事情可做，即使叛逆，表现的行为也甚少。

5. 其他特点。

学习、生活环境对叛逆有重大影响。学习、生活的环境不好，管理过松或管理过严，都会让孩子叛逆严重。孩子在叛逆时，往往自我封闭，不愿交流、沟通，想要自己的空间，花钱大手大脚，非常注重自己的打扮，经常外出，有时夜不归宿。如果孩子出现这种现象，家长要及时掌握，与其谈心，化解其心里矛盾，调整其心理情绪，使其平安过渡。

三、如何面对孩子的叛逆

孩子出现叛逆征兆，家长应如何应对呢？如果孩子出现叛逆现象，首先，家长不能坐视不管，不闻不问，也不能操之过急，意气用事，要妥善处理。其次，要承认这是孩子成长过程的自然规律，要正视现实，不能把一切"罪过"全部放到孩子身上。再次，要做一些细致工作，帮孩子渡过"难关"，健康成长。

1. 正确对待、坐下谈心、进行心理疏导。

发现孩子有叛逆行为，不要恐慌，也不要怨恨，更不能训斥打骂孩子，要清醒认识，正确对待，并坐下来，和孩子平等交谈，切记不要以大人自居训斥孩子，要让孩子把自己的想法和做法全部说出来，家长沉下心来，当忠实听众，不管孩子讲得对与错，一定让孩子把话讲完，再和孩子一起交谈，和孩子一起分析原因、找出问题，共同探讨解决问题的办法，得出正确的答案。要让孩子自己认识到自己的想法、做法是对还是错，让孩子自己意识到问题的纠结和问题的答案。在这个时候，家长要最大限度地给孩子面子，给孩子自尊、自信，让孩子有一种愉悦的感觉和满足感。俗话说得好，浇花浇心，处人处心。要让孩子明白道理，不做错事，行为上真的改正就得让孩子"心里服，思想通"。并不是让孩子口头上屈服，而实际内心怨恨，若是这样的话，对孩子的成长百害无益，要和孩子实现真正心灵上的沟通，心对心地碰撞，两颗心产生共鸣，碰出火花，才能达到教育之目的。叛逆中的孩子思想单纯、直线思维、行为诡异，就像河沟中的流水，我们不能堵，只能疏，因为我们要堵的话，水满而自溢，对于孩子教育也是如此，不能堵，只能疏。

有些家长不是这样，发现孩子异常行为，大惊小怪，不理解孩子的感受，不站在孩子角度思考问题，不问青红皂白，抬头就骂，抬手就打，不给孩子说话、辩解的机会。孩子本来想和父母解释，不容孩子说话，孩子的一些思想表达不出来，压抑于心中，这个时候，许多孩子为保护自己，违心地服从了父母，口上一定改正，心里极其怨恨。他的思想没有改变，这是最危险的教育方式。而父母认为孩子改了，这是表面现象，而根本问题没有解决，只是治标不治本。

记得有一次，我在郯城褚墩中学当校长，孩子跟着我上学，因打篮球和别人产生了矛盾，俩人打了起来。我知道此事后，没问啥原因，对自己的孩子狠狠地训了一顿。当时我认为自己是一校之长，孩子和别人打架，不管是因为什么，自己孩子是不对的。孩子表面上非常听话，并下决心，今后不再发生类似事情。我当时很满意，也很高兴。但是，未过几天，又发生了类似事情。这一次，我静坐下来，认真思考了一会儿，找到孩子，和孩子心平气和地交谈了一次，问清了事情经过和原因，和孩子讲了做人的道理。原来在打篮球时，为了争球，孩子碰了另一个同学，另一个同学张口就骂，并说了很多难听的话，孩子并没还口，还说了对不起，可是另一个同学不但不接受道歉，反而变本加厉，就打起来了。通过和孩子交谈，我感觉孩子没有过分之处，觉得冤屈了孩子，我就诚恳地向孩子道歉，做了检讨，又和孩子在其他方面进行了沟通，讲了很多做人的道理。孩子从那时至今也没有和别人产生过矛盾。

2. 家庭和谐、平等相处、办事力求民主。

家庭是人生旅途的港湾，是避风港，是社会大家庭的组成部分。要想使社会和谐，每个家庭必须和谐，家庭的和谐也是帮助孩子顺利度过叛逆期的主要因素。反之，家庭的不和谐是孩子叛逆严重的最大原因，这也就是环境育人吧。

孩子在外面难免有看不惯、想不开、受冷落、自尊心受到伤害的时候，在这个时候孩子的情绪非常低落，他第一个想到的就是家庭和父母，因为他们需要心灵的抚慰，更需要倾诉对象。当孩子回到家的时候，家庭中正发生战争，家长气势汹汹，面无笑容，家庭中无任何温暖可言，那不正是给孩子心灵火上加油吗。再试想，如果孩子在这样的环境中成长，成人后将是啥样子。父母的离异，对孩子的叛逆更是雪上加霜，因为孩子缺失一种伟大的爱，这种爱的缺失对孩子是最大伤害，对孩子的心灵是极大摧残，孩子从未享受过家庭的温暖，就像植物长期没有阳光照射一样，将会慢慢枯死。因此，家庭一定要和谐，要给孩子一个完整的家，一个温暖的家，一个充满阳光的和谐之家，让孩子健康成长。

家庭气氛好了，各成员的心情就好，才能和睦相处。但是，做任何事情，要讲民主，因为社会进步了，孩子成长的起点高了，孩子所接触的新鲜事物比大人还多，他所懂的道理甚至多于家长。不管让孩子做啥事情，最好征得孩子意见，哪怕是在做样子，不要把孩子当孩子，以命令的口气让孩子干这干那，这样会伤害孩子的自尊心。当家庭中商量问题时，孩子会自然过来问，家长会不耐烦地说，大人之事，小孩别问，该干啥干啥去。这会大大伤害孩子自尊心，因为孩子认为自己已不是小孩，应该参与家庭的事情。在这个时间应该和孩子讲啥事情，并征求孩子的意见，孩子能讲出自己的见解，这不仅锻炼了孩子独立思考的能力，也是对孩子心灵的最大安慰。更能增强孩子的自信心、进取心，为孩子今后的健康成长打下良好的基础。

但是，有些家长不是这样，认为家长就是家长，孩子就是孩子，孩子必须无条件服从大人，父母让孩子干啥孩子就得干啥，如果孩子稍有不从，轻者训骂，重者棒打，这样孩子的心灵会受到重创，会使孩子产生怨恨报复心理。而这种情绪又不敢发泄，慢慢地孩子的心灵被扭曲，就会走向不良之路。同时，孩子还会产生极端思想，事态会更加严重。因为孩子在外面所做的一切事情，家长毫不知晓，孩子做事不计后果，有可能走向犯罪道路。正确的做法是，要和孩子平等交流，和平相处，引导孩子走向成熟，健康成长。让孩子安全度过叛逆期。一旦孩子长大成人，就要放手让孩子去做事情，让孩子在蔚蓝的天空中自由飞翔，真正体现海阔任鱼跃，天高任鸟飞。

3. 管要有限、爱要有度，道理力求明白。

现在的家庭中，每家只有一个孩子，每家七八个大人看一个孩子，放在高处怕摔着，放在低处怕踏着。每个人都爱自己的孩子，爱孩子是对的、是无可挑剔的，但如何去爱，就要把握度的问题，要把爱和溺爱分开。有些家长一味地满足孩子的各种要求，无论孩子的要求是否正确。如果孩子在外面吃了小亏，哭着回家，大人不问什么原因，就去指责别人的孩子，让自己的孩子打回来、骂回来。从表面上看是爱孩子、疼孩子，但事与愿违，这从小就滋生了孩子的不健康心理，使孩子的叛逆变得越严重。还有的家长，孩子要买什么就给买什么，对孩子的花钱毫不含糊，如果孩子一时达不到要求，孩子便哭、便要赖，家长也没办法，只能按照孩子要求去做，满足孩子私欲。这不是对孩子的爱，而是对孩子的伤害。

对孩子必须管理，对孩子一定要有爱，但是，管理要有限度，要讲究方法，要科学引导，不能管死，要给孩子一定的发展空间，让其发挥自己的特长，开发自己的智力，培养自己的创新能力。对孩子一定要有爱，但是爱要有尺度，要真心地爱，要真情地爱，不能溺爱。要让孩子感受到爱的力量，爱的伟大，让爱来冲淡心中的不快，让自己健康快乐地成长。在孩子行为不对时，切记不能打骂，要给孩子讲清道理，动之以情，晓之以理，给孩子讲明白，讲清楚，让其从小就明白做人的道理，做一个健康向上的人。

孩子的叛逆是自然规律，并不可怕，只要我们认识规律，掌握方法，加上对孩子的爱，孩子就会平安度过叛逆期，因为爱是自私的，是伟大的，爱的力量是无限的，让我们在教育孩子方面，携手共进，多看、多想、多做，让我们的孩子在逆境中健康成长。

精心设计开放题 培养学生创新思维

刘 明

所谓开放性练习是指一个数学问题，它的答案不是唯一或者有多种解法。开放性的题目大多包括：一题多解、一题多问、一题多变等等，因而它的解题策略也是多种多样的。因此，在教学中精心设计开放性练习，给学生提供一个能够充分表现个性，激励创新的空间，让学生自己动手、动脑、动口，让学生自己去发现问题和解决问题，是培养学生创新思维的有效途径。

那么应如何设计开放练习，培养学生的创新思维呢？

现实生活中的实际问题，因其信息的多元化，形式是多样化的。

一、开放条件

在设计开放试题时要冲破原来的设计模式，可以是条件不足，或没有给出条件，需要学生根据部分问题情景，填充合理条件或者让学生自己根据一道题，自己变换已知条件，由一题进行多种训练的方法。例如，每人每天大约吃大米 450 克，一个食堂有 80 人，一个月大约需要大米多少千克？

这里的一个月可以按 31 天计算，也可以按 30 天、29 天、28 天计算。教师不但要满足学生怎么填，而且要让学生说出为什么这样填，使学生的思维灵活、畅通、合理。

还可以给出多余性的条件，也可给以隐含规律和条件，让学生主动地去筛选或寻找条件，进行创造性学习。例如：一个长方形的花圃，长是 15 米，截了一个最大的正方形后四周围上篱笆，篱笆长多少米？

乍一看这道题只有一个条件，似乎无法解答，但我们只要画一张示意图，利用正方形四条边都相等的特征，就能直观地看出篱笆的长度就是原来长方形的两条长边之和，即 $15 \times 2 = 30$ 米。

二、问题开放

传统的习题中，问题一般是固定的，学生可以根据问题进行分析，找条件，然后把条件综合起来解决问题，形成了比较单一的思维模式。因此在开放性习题的设计中，可先提问题再解决问题。根据同样的条件往往可以提出许多不同的问题，这样学生思考的空间就比较开阔。

引导学生综合以前学过的知识，使学生产生一系列的联想，从不同的角度提出问题，并予以解答。既可锻炼学生的思维能力，同时，又让不同经验和能力水平的学生，通过自己的思考，提出自己的见解，感受到成功的喜悦。这也充分体现出面向全体学生，因材施教的教学思想。

三、解法开放

"一题多解"是加深和巩固所学知识的有效途径和方法，充分运用学过的知识，可以从不同的知识、不同的策略，从多个角度进行思考探索，这有利于学生加深理解各部门知识间的纵、横方向的内在联系，更有利于知识的迁移，在问题解答出现开放的同时，还能受到一些基本数学思想的熏陶。所以教师在教学过程中要多挖掘一些行之有效的一题多解例题和习题，使学生的思维应变能力得到充分的锻炼和培养。例如，在教学"梯形的面积"一课时，向学生提出能不能用以前学过的方法来推导梯形的面积公式这个问题，然后分小组动手操作学具，把梯形转化成以前学过的图形，推导出梯形面积的计算公式，结果是：

（1）把两个完全一样的梯形拼成一个平行四边形；（2）把一个梯形剪拼成一个长方形；（3）把一个梯形剪拼成一个平行四边形；（4）把一个梯形剪成平行四边形和三角形；（5）把一个梯形剪成两个三角形；（6）把一个梯形剪拼成一个三角形。

通过一系列的剪拼活动，使学生运用多种不同的方法推导出梯形的面积计算方法。这样，通过学生努力探索，求异创新，使他们的创新思维得到培养。

为使学生思路扩散，有时可在原问题基础上作进一步要求，如问一问，"你怎么想的？""还有不同的方法吗？""看谁想得多""看谁想得巧"，等等。只要是学生的解题策略合理、正确，就要给予肯定、鼓励，如果能独辟蹊径，那更要提倡。再如，在教学比较分数的大小时，让学生自学、讨论、探索。

一题多解是学生求异、创新思维的最好体现。教师应提倡学生尝试用不同的方法思路去解决同类型的问题，以培养学生思维的灵活性。

四、结论开放

结论的不确定或不唯一，是开放性习题的显著特征之一。这样的开放性题目具有一定的神秘色彩，正符合小学生的年龄特点，能增强小学生积极思考，独立探究的能力。例如，在学习了长方形面积后，设计如下的探索性习题：周长是 16 厘米的长方形，面积是多少？先要学生画出一个周长为 16 厘米的长方形，结果各人画出不同的长方形，进而要求算出不同长、宽的长方形的面积。

这时，教师启发学生：观察这个表，使学生看到：长方形的周长相同，它的长和宽不一定相同，面积大小也不相同；当长方形的长、宽相等时（正方形），面积最大。这样，学生通过主动学习、研究学得的知识深入了；在这个过程中，他们既用了（发散）思维，又用了求同（集合）思维，思维能力也发展了。

又如，为绿化校园，路遥带 12 元钱去花市买花。花市中出售的月季花 0.6 元一盆，茉莉花 1 元钱一盆。如果要求刚好把钱用完，而且不能只买一种花，该怎么买？（请你设计不同的方案）

再如，在教学分解因数后，可以设计这样的题目：128 人参加广播操表演，请你设计一下，可怎样排队？

这类题要求学生根据问题情景，全方位思考问题，确定符合要求的多个答案。这种题目能促进学生创新思维的发展，让学生多训练这种题型，有助于学生思维的灵活性和变通性，有助于创新精神的培养和实践能力的形成。

五、问题情境开放

结合学校举行的"元旦"游园活动，老师应该给学生上一节元旦游园活动课。学生对这个题材很感兴趣，同时对活动中的方案设计也抱有积极的热情，当老师提出举行元旦活动可能会碰到哪些数学问题：（1）整个活动几时开始，几时结束，一共经过多少时间？（2）共有哪些活动项目？各个项目活动时间大致是多少？（3）活动经费有多少？活动经费如何使用？活动满分是几分？得多少分会得奖？共有哪几个获奖等级？有哪些奖品？奖品如何分配？……学生提的问题与老师事先考虑的并不完全一致，但课堂是学生学习的主阵地，老师要充分捕捉学生的问题展开讨论，于是老师积极鼓励同学提出问题，并根据学生提出的问题，请同学们解决。同学们合作，任选其中1—2个问题进行设计，设计形式由学生来定，可以是线段图，可以是表格，也可以是图案或文字等。学生展示了自己设计的作业，大胆表达了自己的想法。在设计方案中，学生聪明才智得到高度发挥，个性得到弘扬。这样的教学能捕捉学生不断表现出来的思维火花，让它燃烧。

六、时空开放

有些练习的内容，可以让学生走出教室，走出校园，亲自去观察、实践，收集材料，统计数据，归纳整理，编制应用题，最终解决问题，学以致用，体会数学学习的乐趣。例如，学生学习了简单的统计图表知识，开放学生学习空间，改变了以往从课本到作业本的传统作业模式，布置家庭作业时，我让学生根据生活实际中的信息编制统计图表。利用数学课时间进行交流汇报，师生共同讲评，从中选择一部分作业在数学园中展出。有的同学调查自己居住 单元用水情况，如：61幢一单元12月份用水情况：101：10吨；201：12吨；301：8吨；401：9吨；501：11吨。先制成统计表，然后绘成统计图，再编成应用题，如果每吨水1.95元，一单元12月份共付水费多少元？照这样计算，一单元一年要付水费多少元？

由于作业设计与生活实际紧密联系，很有创意，极大地调动了学生的学习热情，学生主体意识得到了体现，自觉地参与知识的应用，培养了学生简单地搜集、分析、处理、交流信息的能力。

综上所述，开放性练习给不同层次的学生学好数学创造了机会，给学生创造一个能够展示自我的空间，不仅能锻炼学生的思维，培养学生思维的灵活性和深刻性，而且能诱发学生的创新思维，使每个学生的积极性、创造性得到保持与发展。

家

导语

大唐学府把学校作为家来经营，让每一个在这里读书的孩子吃得好、住得好、玩得好，幸福生活，健康成长。教师具有父母、朋友、导师三重角色，悉心关爱每一个学生。"家"是一个使人魂牵梦绕的字眼，是一个温暖得让人眼睛湿润的字眼，又是一个美好得令人幸福陶醉的字眼，还是一个深刻得教人感怀不已的字眼。回家，语言简洁而质朴，却能触摸到人心中最柔软的部分，令人心旌摇荡，充满温暖和感动。

无论灵魂飘荡到何处，只要想起它，就会穿越时空的隧道，让你的心灵寻找到一个情有所依的幸福的归宿，那就是家。天底下还有什么比"家"更能让人魂牵梦萦，百转千回？"回家"就能诠释了一切的真谛，"家"的感觉真好！

为留守儿童营造一个温馨家园

创建爱心家园，培育留守儿童

——向市县领导汇报材料

大唐学府校长　王勇基

尊敬的主席、各位副主席、各位委员：

　　大家好！我汇报的题目是：创建爱心家园，培育留守儿童。

一、关注留守儿童，成就大唐学府

　　伴随着我国改革开放的大潮，特别是城镇化进程的加快，大批农民远离本土，涌入城市务工经商，他们被称为"进城务工人员"。这一新的社会群体的出现给教育带来了前所未有的新问题，即农民工子女的教育问题。资料显示，我国目前大约有5800万这样的留守儿童，他们大部分父母双双外出务工经商，自己和爷爷奶奶或姥姥姥爷生活，有的被寄养在亲戚家里。与其他正常儿童相比，他们有更多的缺失：首先是家庭的缺失，他们得不到父母的精心呵护，生活也得不到应有的照顾。其次是感情的缺失，他们有了苦恼无处倾诉，有了心事无人交流。再次是教育的缺失，正在成长中的少年儿童，不但需要教师的教育，也需要家长的教育，需要家长的监护和引导。由于"留守儿童"存在以上问题，所以很容易导致他们在成长中的人格缺陷，有的"留守儿童"变得孤僻、消极、自卑，有的则变得放任自流，我行我素，沾染上不良习惯。这一社会问题已经引起党和国家领导人以及各级党委、政府的高度重视，正在或逐步研究制定相应的法律法规和政策解决。但这个问题将会伴随着我国改革开放的进一步深化、城镇化建设进程的加快而长期存在，日益突出。如何弥补留守儿童的家庭、情感、教育等方面的缺失，并进行适当的教育，已经成为我国当今教育特别是基础教育领域研究的一个重要课题，也成为各级各类学校特别是全寄宿制学校教育面临的一个现实难题。

大唐学府"立足县城、面向农村、服务百姓、关注留守儿童"，秉承"让更多的孩子享受更好的教育"的理念，追求"教育助人、教育富民、教育强国"的教育理想，确立"以人为本、以德治校、科学管理、和谐发展"的治校方略，积极实施素质教育，办学特色突出，走出了一条"学校像家庭，老师似家长"的"封闭式管理、开放式办学、家庭化住宿、军事化就餐、生活化德育、项目化推进"创新管理的新路子。学校创办八年来日益发展壮大，留守儿童逐年增多，现已达到在校生1200人，其中留守儿童占总数的接近70%，近800人。留守儿童教育取得一个又一个可喜的成绩，孩子们学习进步，健康成长，家长省心、放心、开心。2009年，大唐学府被评为中国教育创新示范单位；2010年，被评为中国民办特色学校；2011年，被评为"全国百家书香校园"，县委、县府授予我校"教书育人先进单位"和"教学工作先进单位"称号。

二、情系"留守儿童"，创建爱心家园

近年来，在各级领导的高度重视和县妇联的亲切关怀下，我校关爱留守儿童教育工作又有了新的突破。2011年7月，县妇联刘玉红主席应邀参加山东大学"爱的翅膀"支教团与大唐学府联合举办的第八届"大唐之夏"夏令营开营仪式，刘主席深入了解我们大唐学府的办学模式和对留守儿童的教育方式后，给予高度评价并提出了许多宝贵意见。之后市妇联李欣副主席在县委组织部张部长、县妇联领导的陪同下深入考察了大唐学府的经营理念和办学模式，随后市妇联项启荣主席亲自深入大唐学府检查指导工作，关爱留守儿童。在市县妇联多次调研的基础上，根据留守儿童的实际需求适时制定出台了关于创建"留守儿童爱心家园"活动方案，组织爱心人士捐款捐物，各级媒体广泛宣传报道，并选定在大唐学府创建了临沂市第一家"留守儿童爱心家园"。县妇联联合县城管局、电信公司、移动公司等单位为"爱心家园"送来了煤气灶、锅碗瓢盆等厨房用具和免费无绳电话，妇联领导还和我们一起深入城乡农村走访留守儿童家庭，了解留守孩子的家庭状况。

2012 年 1 月 7 日，市妇联在大唐学府隆重举行"留守儿童爱心家园"启用仪式，市委副书记李峰百忙中亲临现场并作重要讲话，充分肯定了郯城大唐学府关注留守儿童教育的做法，号召全市各县区学习推广郯城大唐学府的经验，市妇联主席项启荣、市直相关部门的负责人和各县区领导出席了启用仪式，爱心企业老总们向"爱心家园"捐赠了书籍、电脑、电话、空调、文体器材、办公及生活用品。项启荣主席亲自主持了启动仪式，县委书记、县人大常委会主任刘纪民作了重要讲话，县妇联主席刘玉红及县有关单位领导参加。大唐学府充分利用"爱心家园"这一教育阵地，经常开展阅读、亲情视频通话、心理咨询、文体活动、过集体生日等内容丰富多彩，形式生动活泼的各种活动，各县区及有关学校纷纷来大唐学府参观学习。

2012 年 3 月 31 日，市人大常委会副主任冯安、市政协副主席王晓曼、市妇联主席项启荣带领市直有关单位领导和爱心企业的老总在县人大常委会党组书记、副主任杨增花，县政协主席解广琴，县妇联主席刘玉红，县教育局局长朱怀亮等领导的陪同下，又一次来到"留守儿童爱心家园"，为大唐学府 3 月份出生的 41 名留守儿童过了一个隆重热烈、亲情感人的集体生日，使全校师生特别是过生日的留守儿童受到了一次深刻而生动的教育，进一步推动了大唐学府的各项工作特别是留守儿童工作的有效开展。

三、滋养"留守儿童"，管好"爱心家园"

大唐学府"留守儿童爱心家园"是与我县其他三所兄弟学校"留守儿童爱心家园"及其他县区的八所"爱心家园"同时启用的，也是我市唯一一家建在民营学校的"爱心家园"，今后全市还将建设越来越多的"爱心家园"。我们深知办好"爱心家园"的意义和责任，深感身上担子的分量，所以我们会进一步努力探索经营方式方法，不断完善管理规章制度，调整优化领导班子，充分发挥"爱心家园"的"爱心"和"家园"作用，让"爱心家园"真正成为学生，特别是留守儿童道德修养和心智启迪的地方。

留守儿童历来是各类学校最不愿接受的群体，父母长年不在身边，亲情温暖的缺失，造成大多数孩子表现为思想消极，学习倦怠，成绩不佳，甚至惹是生非。面对从全国各地纷至沓来的留守儿童，大唐学府的老师把学生当作自己的孩子，自己就是学生的家长。按照学生个性特点的不同，将其组建为由较好管理经验教师做家长的"学生之家"，并将"家"营造为一个和谐温馨、充满勃勃生机的家，一个有父母殷殷关爱和无私照顾的家，一个有朋友和长者的家，一个有文化氛围和灵魂的家。每一位老师都付出比他人更多的努力与奉献。大唐学府的教师有着三种身份和角色——生活上像父母一样关心、照顾每一个学生，有爱心；学习上像朋友一样帮助学生克服困难解决问题，有诚心；树立人生目标理想、确立正确价值观方面是导师，帮学生规划人生和目标，有责任心。

与一般的寄宿制学校不同，大唐学府针对留守儿童的特点实行"家庭化住宿"。即打破传统的同班同舍的做法，把高年级和低年级同性别的学生搭配安排在同一宿舍，学生宿舍也用家来命名，如"鲁迅之家""诺贝尔之家""华罗庚之家""居里夫人之家""丁肇中之家"等，不仅给学生以激励和教育，还潜移默化地泽润着学子们的身心发展。每个家庭分为若干个小单元，精心选配一位有文化、有亲情、有经验、会管理的生活老师担任"家长"，同时推举一名大同学任"学长"。"家长"负责这个家庭孩子的生活起居，帮助孩子解决日常生活中遇到的一切问题，配合班主任、科任教师培养教育孩子成长。"学长"积极配合"家长"，密切关注家庭成员之间的关系，管理这个家庭的学生。每个宿舍下铺住着低年级的小弟弟或小妹妹，上铺住着高年级的大哥哥或大姐姐，大同学自觉主动地照顾小同学。长期生活在一起，孩子们之间有了相互依赖感，小的称呼大的为大哥哥、大姐姐，大的称呼小的为小弟弟、小妹妹。这种家庭化的住宿是一种创新，适合于从小学到初中的九年一贯制学校，高年级的学生得到了锻炼，低年级的学生有了依靠，而相互之间的亲情又营造了家庭成员之间的温馨。作为生活教师的"家长"，弥补了父母不在身边的缺憾。有的孩子拿着老师的照片回家，带着一种满足感告诉自己的爸爸妈妈："这是我在大唐学府的爸爸、妈妈，他们对我可好了！"良好的家庭环境，给孩子们创造了宽松和谐的成长空间，老师的言行，不仅教会了孩子怎样做人，还感染了孩子。每天的亲密接触，给了孩子爱的机会，孩子们在赏识和被尊重中以自己的健康成长来回报社会，回报老师，回报父母，回报和自己朝夕相处的伙伴。长期生活在这样的氛围中，孩子们学会了关心长辈、爱护他人。与此同时，学校还加强了学生社团建设，活跃社团组织活动，经常性地举办了各种艺术节，举行师生书法美术作品展览、优秀备课作业展览，开展科技制作、集邮收藏；开设阅读课、故事课、形体课、国学课等校本课程，允许学生自由选修，给学生创建多元发展的广阔空间；开展"普通话质量月"活动，建设家庭图书馆，形成"书香家庭"，让学生在家的氛围中感受文化的魅力；建设班级图书角，形成"书香班级"，引导全体师生讲普通话，写规范字、做文明人……此外，还通过设立书香学生、书香教师、书香家庭奖励基金，开展师生才艺展示、演讲比赛、诗文朗诵活动，用文化的力量向着更高的层次推进。

有了爱心家园，学校就有了一块留守儿童的"心灵圣地"，他们就可以在这里比在校园里更自由、更开心、更自我，他们在图书室尽情地阅览，在博弈室用心厮杀，在科技室埋头钻研，在乒乓球台前一比高低，在亲情室与父母沟通，在心理聊天室与老师说悄悄话……

四、关爱全体学生，扩大"爱心家园"外延

大唐学府在班级管理上针对留守儿童的特点，创造了许多行之有效的经验。例如二年级班主任巩振荣老师把班级管理家庭化，取得了很好的效果。其具体做法是：

1. 班主任做"代理妈妈"。低年级孩子对父母的依赖更强，乍离开家，他们的心神处于惶恐不安之中。针对这一现状，巩老师在主题班会上宣布："从今天起，我就是你们的妈妈，你们就是我的孩子，班级就是我们的家了。"在之后的生活中，巩老师给孩子们辅导功课，帮他们洗涮，和想家的同学谈心玩耍；对犯错误的同学，苦口婆心，晓之以理，动之以情；对待学生的生活随时注意天气变化，提醒他们增减衣服……同学们打心眼儿里认同了这个"代理妈妈"，有了委屈愿意向她倾诉，想家了也愿意在她面前撒娇。

2. 组长变成了"小家长"。巩老师把全班学生根据各自的意愿分成五个小组，每组选一个比较受欢迎的同学担任组长。但是，不再叫他们组长，而是给他们冠以"大哥""大姐"的称呼，称他们"小家长"。老师告诉全班同学，爸爸、妈妈不在身边，都要听哥哥、姐姐的话。"小家长"们也要像爸爸、妈妈一样照顾自己的弟弟、妹妹。称谓的转变，使同学们充满了新奇，离家后的失落感得到了弥补。学习上，"小家长"检查督促学生作业；课间，"小家长"组织同学游戏；生活上，"小家长"帮助老师检查个人卫生。这些"小家长"在检查、督促其他同学的同时，也能够以身作则，自律意识明显增强。各小组同学在"小家长"的带领下，真切感受到了班级的温暖，精神面貌有了很大的转变。

3. 人人有"家庭表现小档案"。把学生每天的表现如实记录下来，记录时就以向爸爸、妈妈汇报的口气，如"妈妈，您的儿子××今天得到了老师的表扬，因为他作业认真，回家，您要亲他一下"等等。这样的话让孩子们感到振奋，从而激励他们更加认真地学习。每当有家长来看望孩子，老师就让孩子自己拿着"小档案"去给父母看；每次开班会，都让"小家长"汇报"家"中的情况，作出以褒奖为主的评价。

4. 表现好的可以获得与家人通话的奖励。孩子给家长打电话是很正常的。但在学校寄宿的孩子如果天天给家长打电话就是问题，一方面会增加话费的开支，另一方面他们的父母都远离家乡在外地打工，经常打电话会使他们对孩子放心不下，不能安心工作。巩老师充分利用孩子们渴望给家长打电话的心理激励他们上进：只要表现好，就可以获得与家人通话的特别奖励。表现好坏的评定，要参照"小档案"的记录。孩子们为了获得这一特别奖励，都努力克制自己的思念之情，方方面面奋勇争先，努力表现自己。老师抓住这一教育契机，予以引导，然后兑现自己的诺言，让表现好的孩子给家长打个电话。而学生往往是先向家长炫耀自己得到的特别奖励，再与家人说其他内容。这一举措，使孩子们更快、更自觉地融入班集体中，充分体现了大唐学府"令家长省心、放心、开心"的办学目标。

5. 让孩子们在小游乐园中摆脱想家的烦恼。每天紧张的学习之后，都有一节活动课。这是一个学生融入学校的好机会。刚入学时，一些学生想家，心情郁闷。可是当他们和同学们一起游戏时，这种心情很快就被抛到脑后，玩得不亦乐乎。

"爱心家园"的创建，使得班主任做班级工作的思路又开阔了，他们每月从"爱心家园"借来图书丰富自己班的图书角，他们聘请"爱心家园"科技室的小专家作为本班的科技顾问，他们可申请在"爱心家园"为部分学生提供"加餐"，他们还可以奖励更多的同学多去一次"爱心家园"……

五、悉心照料、亲情沟通，依恋"爱心家园"

"留守儿童"的家庭大多是比较困难的，而作为民办学校的大唐学府也需要收取一定的学费。什么原因能使"留守儿童"的家长愿意把孩子送到大唐学府来？大唐学府总结这是"穷人经济学"，任何一个送孩子来大唐学府读书的家庭都没因孩子花学费而家境变得贫困。究其原因是学校这种管理模式从宏观上解放了生产力，变过去一个妈妈照顾一两个孩子为一个老师照顾五六个学生。妈妈从纯粹的消费者变为财富的创造者，她们的劳动收入一部分培养孩子，剩余的用于家庭开支，替代了爸爸劳动收入的一部分开支，结果家庭财富积累有了一个质的增长。更为可喜的是学校办得好，家长放心，学生的妈妈随爸爸到城市工作，解决了两地分居的难题，使得夫妻双双共同学习进步、共同干事创业、共同为社会的和谐作出了贡献。所以虽然公办学校免收学费，但并没有影响大唐学府的招生，反而学校越办越好，学生越来越多，健康发展。

学校还十分重视"家庭"文化建设。每个"家庭"的墙壁上都张贴着孩子们亲手制作的各种漂亮的剪纸和绘画作品，墙壁上开设了"真情沟通"栏目，上面写满了孩子对爸爸、妈妈和老师的真诚祝福。生活老师工作之余和风细雨地给学生讲解新鲜的知识、故事，倾心扮演好老师、家长、朋友三重角色。学校的一个个"家庭"让孩子们享受到了天伦之乐。每当早晨起床的时候，孩子们会向"家长"问好，亲切地称呼"爸爸、妈妈"，偎依在老师的身边，让老师给整整衣领、梳理头发。每当晚上从教室回到"家"的时候，总是缠着老师讲故事，老师早已给每个孩子打来了热水让孩子洗脚。在爱的滋润下，孩子们逐渐养成了自己整理内务的习惯和互相关心、互相体贴、互相照顾的习惯。

为了使留守儿童长期在学校生活而不腻烦，长时间在同一环境中却能经常感觉到新鲜，老师们住在"家"里和孩子们一起生活，全身心投入、全方位关注、全过程欣赏、全人格理解，确保每一名学生在"家"能吃好、住好、玩好、学好。接送学生时有专人护送，照顾学生有专门的生活老师负责，帮助学生按时起床，按时就寝，按秩序洗刷，督促学生勤洗衣服，勤剪指甲，勤理发，勤洗澡，协助孩子保管好衣物，整理好内务，养成良好的生活作息习惯，让每一名学生在学府生活温馨舒适，学习积极努力，习惯素养良好，品行健康发展。

尽管如此，老师的爱还是不能完全替代父母、亲人的爱，每星期六是大唐学府学生家长接待日。过去，家长来看学生，很多是到大门口或小树林会见孩子，如今有了"爱心家园"，家长就可以坐在"爱心家园"舒心地与孩子交流，有时还会看见个别孩子依偎在妈妈的怀里。来自济南的周嘉哲同学72岁的姥爷怎么也不明白女儿为什么把自己的儿子从省城的重点小学转到大唐学府，专程来陪读一段时间，等孩子进教室后就来"爱心家园"读书看报，他观察了十几天，感受很深，写下了这样评价："大唐学府是一个具有文化品位与精神感召力的场所。整个学校，就是张扬个性的、自然奔放的、发展成才的、幸福快乐的乐园。而王勇基先生是一个心怀高远、事业心强、意志坚定、追求卓越的优秀校长。"小周嘉哲也常到"爱心家园"找姥爷聊天。

六、培育国家栋梁，倾情爱心家园

作为临沂市心理学会会员，我把自己办公桌搬到"爱心家园"，亲自"坐镇"心理咨询室，在"爱心家园"和校园里，与大小不一的中小学生聊天，我觉得，自己就是孩子们心灵的靠山，就是要为他们撑起一片蓝天，为他们营造一个温馨的家，为他们铺就一条越走越宽的人生之路。

本着"为孩子的幸福人生奠基"为着眼点和落脚处，大唐学府创设人文的温馨环境，实现处处皆教育、事事皆育人的教育场、学习场和成长场。学府从不放过任何一个教育契机，从一点一滴做起，比如让每一面墙壁说话，让形象生动、鲜明活泼的图画和人生格言时时砥砺师生们的道德情操。特别注重细节化的人文关怀，如在校园几个主要路口都安装上高架路灯，给厕所安装声控灯，给各个教室、办公室配上电取暖炉，校园内建起了方便师生的服务部，配置公用电话、校讯通，方便学生与家长及时沟通等，以有形或无形的方式，给学生们塑造一个文明、安全、积极、向上的成长环境，从而为学生的一生可持续成长与发展奠定坚实基础。学府还实施了"经典诵读"工程，引导学生广泛阅读中外文学名著，诵读《三字经》《弟子规》《大学》《孟子》《中庸》《二十四孝》等国学经典篇章，促进留守儿童精神面貌的改变和思想境界的提升。

大唐学府还为学生开辟"第三课堂"。改造宿舍、修建运动场、新建水冲厕所、洗浴中心，学校养鸡、养雉、养猪、养猫、养狗、养鱼、养鸟，种花、种草、种树、种菜、种粮，让不同年龄的孩子特别是留守儿童在这里都能找到家的感觉和温暖，使他们贴近生活，贴近自然。创设环境育人的生态时空，让静谧、优美、高雅的环境陶冶莘莘学子的情操，净化他们的心性，美化他们的心灵，丰富他们成长的多元人生，流水无痕，潜移默化地影响着学生们的成长。每个年级一片树林，每个班级都经营着一处花园或草坪，每一名学生都管理着一棵树，并挂牌与小树共成长；曲径通幽的小树林里设有多个读书角、英语角，在共成长的氛围中增智塑品。每一方空间在大唐的教育设计中，都化为学生成长的摇篮、学习的天地、快乐的家园。

留守儿童教育最忌空洞说教。学校每学期都成功举办读书报告会、专题讨论会、演讲比赛、知识竞赛、化妆表演、故事大赛、科技制作展示等活动。连续两年成功举办了"大唐学府友谊节暨物品交换大会"，师生亲切地誉为"唐交会"。"唐交会"上，模拟真实的交易场景，各种琳琅满目的物品，还设有小小工商所、税务所、物价所、大唐银行、大唐典当行、市场监管等模拟市场的各个经济服务部门。活动场面相当火爆，学生人头攒动，叫喊叫卖、讨价还价、竞相叫价，热情迸发，"交易"活跃。在活动的参与过程中，学生们不仅淘到自己需要而别人闲置的物品，增加了彼此的友谊，更重要的是学习到了经济贸易、市场开发、环境保护等相关方面的知识，增强了社会交往、社会生活能力和市场经济意识，感受到了劳动的艰辛和快乐，也为今后全身心投入学习和生活增添了力量，丰富了知识，增加了人生阅历。通过组织学生开展丰富的活动，每天学生们在多彩的游戏中玩得乐不思蜀，不再想家了。一位刚上初一的学生在日记中写道："通过'唐交会'，我体会到了父母挣钱的不容易。"

"农村的孩子也是孩子，所有的孩子都应该受到良好的教育。"这是大唐学府创新办学的原动力和共同愿景。让农村留守儿童实现人生的最大价值是大唐学府的教育理想。在共同的追求中，一大批有理想、有热情、有爱心的贤达俊彦云集到大唐学府，共同实现着办一所优质学校的梦想，共同打造着"大唐东典"的优质教育品牌，共同分享着教书育人的无上荣光。并以自己的言传身教滋润着、陶冶着、影响着大唐学子的幸福成长，用智慧与心血丰富着"爱心课堂、微笑教学、和谐教育、科学发展"的科学内涵，用真情实践为基础教育带来更多的思考与惊喜。每年中考结束，60% 以上学生考进重点高中读书。家长们大都惊喜于孩子的成绩："只想着上大唐学府，别让孩子学坏了，没寻思着还能考上重点高中，真是感谢大唐学府！"大唐学府正以开拓创新的勇气，务实求真的作风将学校办成"学生成长学校：给孩子一个幸福的家；教师发展学校：给老师一个理想的平台；家长提升学校：给社会一个满意的选择"。

大唐学府从国家的需要和民族的未来出发，从孩子的一生成长和众多的家庭幸福出发，俯下身子，全身心地为留守儿童服务，让每一位走进大唐学府的孩子，都能享受成长的幸福。教师们在校长办学思想的引领下，立足实践，大胆创新，选准"人生、人情、人性、人和"的本真角度，真诚地呵护关爱每一名学生，让学生都能"静下心学习、张开嘴说话、抬起头走路、挺起胸做人"，在学校"身有所安、心有所定、情有所依、志有所向、神有所往"。众志成城，按照学府提出的"没有教不好的学生，只有不合适的教育"和"建校 50 年能培养出获诺贝尔奖的学生"的教育信条，扎实践行新时期让农村留守儿童接受优质教育的历史使命。我们坚信：有党和政府的坚强领导，有县妇联和有关部门的大力支持，有广大家长的信赖理解，我们有决心、有信心、有能力不断探索留守儿童教育新方法、新途径，培养教育好农村的留守儿童，开创大唐学府办学新成绩，为国家分忧，为政府解难，为百姓育才。

坚持内涵发展，让每一个孩子放飞理想

——在大唐学府第九届家长委员会上的讲话

大唐学府校长　　王勇基

今天我们应该怎样培养孩子，培养什么样的孩子？

——题记

尊敬的各位委员、亲爱的同学们、老师们：

上午好！

十分感谢大家在这寒冷的天气里，百忙当中从全国各地赶回孩子的学校，参加每年一届的家长委员会大会，与我们商讨教育大计，共同托起明天的太阳。

今天我讲的题目是《坚持内涵发展，让每一个孩子放飞理想》，所以我要先讲一个小故事给大家听，相信在座的每一位都有同感，因为时代赋予我们思考的空间和行动的可能，家长也是因为有梦想、有理想才把孩子送来大唐学府的。

四十多年前有一个六岁的小男孩，跟随父亲在田里劳作，小男孩总是东张西望问这问那，父亲早已被问得不耐烦了，生活的困窘使他早没有了闲情逸致，这时天空中突然响起一阵"嗡嗡"声，小男孩抬起头来，看见一个银白色的东西从天空中飞过，惊奇地问："爸，那是什么？"

"飞机。"

"飞机能干什么？"

"飞机能运输物品，也有能载客的，坐飞机比坐汽车、火车都要快得多。"

"那我长大了要坐飞机！"

嘭！小男孩的头被父亲重重地打了一下，父亲随口说了一句："瞎说，净说些不着边际的话。"

男孩小声嘀咕"我非坐飞机不可！"……

十五年前的一天下午，一封来自国外的信让老汉惊喜，出国两年的儿子就要回来了，上面写着×年×月×日到北京国际机场。急不可待的父亲按时赶到机场，当看见从飞机上走下来的儿子时，老汉突然心头一酸，流下了两行热泪："我儿子就该坐飞机，而我就该种地，因为我从来就没有敢想过什么！"

各位家长，各位老师，"想过什么"，就是梦想什么，联想什么，幻想什么，理想什么。几百年的中国没给老百姓想什么的机会，也从来没有现在这么富足，这么自由，这么让人可以"想什么"的时候。温家宝总理倡导"仰望天空"，那是一种境界，那是一种修为，那是一种责任。当今时代，能吃饱喝足的我们应该怎样培养孩子，培养什么样的孩子，才能让我们满意，这是我和大唐学府的同事们共同探索的课题，相信也是家长们、专家们所思考的问题。当北大的学生将写有"仰望天空"四个字的书法呈给总理时，总理却又俯身写下了"脚踏实地"四个字回赠，这是总理对年轻人的嘱托，是老人对孩子的期望。几十年来我们大唐学府的老师们特别是受过苦、挨过饿的老教干、老教师们都怀揣梦想、不断探索，一直都想寻找一个理想的教育场所，培养理想的学生。多少年的总结、探索提升形成了大唐学府的教育模式和"大唐东典"的教育品牌，我们基本找到了适合当前形势的基础教育之路了。

刘瑞峰校长的报告，代表四位学部负责人较为系统地汇报了学校经营的状况：从学生到老师，从生活到学习，从吃、穿、住、行到辅导、考试，再到选修课、活动课以及各种比赛、展示，从教学到管理，从安全到特色，从常规管理到文化建设等各方面向家长代表们汇报了一年来特别是下半年的工作。徐祗本校长较为概括地介绍了我们教学教研、教学督导的情况，同时也汇报了我校下一步教科研的思路和奋斗目标；王树玉老师简要汇报了监事会、党支部一年来的观察及最近走访的情况，反映了广大家长的心声和对大唐学府的期望。

几位同学和老师的发言从不同层面、不同角度汇报了他们的学习、生活、成长、发展过程及工作状况，让家长们从各个角度了解学校、了解学生、了解孩子的成长环境和育人氛围。

"农村的孩子也是孩子，农村的孩子也应该受到良好的教育。"这句话是我想办学的发源地，办一所像北京景山学校、上海育才学校那样好的学校的梦想是我的原动力，为此一大批在原工作岗位上作出优异成绩的教师、教干、职工走进了大唐学府，用他们的言传身教浸泡着、熏陶着、影响着大唐学子的成长。大唐学府从门卫到校工，从后勤伙房工人到后勤校长，其成年孩子没有不是大学毕业生的，更何况在一线课堂教书的教师和近二十位成功校长的家教经验、教育智慧沐浴着大唐学子的成长，让他们在这里虽有与父母离别的痛苦，却有和师长相伴的快乐；虽有被规范的不适，却有被宠爱的幸福；虽有无法随心所欲的不自由，却有精心安排的选修课。我们改造宿舍、修建运动场，新建水冲厕所、洗浴中心，我们养鸡、养雏、养猪、养猫、养狗、养鸟，种花、种草、种树、种菜，使不同年龄的孩子们在这里都能有一种家的感觉，让他们贴近自然，贴近生活。我们开设学生超市、图书馆、科技室、画室、舞蹈房，办食堂、卫生室、幼儿园、活动中心，无不是用教育的视野去审视、去操作、去探索。

近年来公办学校办学条件越来越优越，他们没有的，我们也得有，他们所有的我们必须好、精，他们办不到的，我们要千方百计办到，所以我们选择了"封闭式管理，开放式办学，家庭化住宿，军事化就餐，项目化推进"的管理模式和"学生成长学校，教师发展学校，家长提升学校"的经营策略，逐渐探索出自己"加强'四人'意识，实施'五所'教育"的教育原则，形成"和睦、和善、和谐"的校风和"自觉觉人、成人达己"的教风，以及"团结、合作、发展、创新"的学风。我们用一生去践行"诚、公、明、仁、达"的校训，为家庭培养好孩子，为社会培养好公民，为国家培养好栋梁。

各位家长，各位老师，2010年7月13日至14日的全国教育工作会议和年初的中国教育发展中长期纲要都给教育赋予了新的使命，也重新为民办学校的发展提供了空间和努力的方向，"不走在前列就会死"这是去年此时我的感悟，这就是民办学校的现实。我们依然要艰苦奋斗，我们依然要战战兢兢、如履薄冰，我们依然要时常反省，我们依然要刻苦努力，精心呵护每一个孩子，我们依然要有奉献精神和教师独有的成就感，我们依然要加强与学生父母的联系，用耐心和细心，知识和智慧为家长提供参考、资讯，为孩子策划学习、成长、发展的幸福人生，为社会提供一个满意的教育选择。

古代成功的教育告诉我们，教育要"少儿养性，童蒙养正，少年养志，青年修身，成年立业"。我们要完善过去总结的教育经验和方法，要加大传统文化教育和艺术教育的力度。去年春节，我88岁的二大伯在聊天中一句"有我在，中国不亡"让我感动，回校在网上搜索，知道是抗战前夕著名的教育家南开大学校长张伯苓的话："中国不亡有我在"，一句话感动了千万人，激励了千万人。这就是教育的力量。其实，我们的国家还不富强，还很脆弱，还有我们努力、行动和发展的空间。

今后我们要加强学生家长委员会的工作，让更多有知识、有能力、有成就的家长走进校园、走进课堂、走进考场、走进杏坛，与我们一道培养孩子，让家长与老师一起分享"得天下英才而教育之"的快乐。

要强化督导室的督促、指导、引导功能，加强教育教学常规的检查与指导，把每一位教师的教育教学过程的成绩积累起来，丰富我们的资源。成立科研处，更大范围探索新时期学校育人的策略和方法，用科学精神和科学方法去探索和实践适合我们学生成长的理论和经验。

要寻找机会建设有利于我们师生身心健康发展的生产基地、学习基地、实践基地，让我们的学生吃得更好，学得更好，长得更好，活得更好。

要聘请更多的专家、教授来我校讲学、实验、分析、总结，为学生成才、成杰指点江山，为教师生存、发展画龙点睛。

要进一步加强学校管理，用科学实用的方法提高效率，减少浪费，让师生享受更高层次的校园生活。

要建立一套系统的评价机制，对我校不同的学生、老师、学生家长进行科学的评价和奖励，让学生学有希望、长有目标、成有发展，让老师有所提升、有所发展、有所成就，让家长省心、放心、开心。

各位家长、各位老师：父母是孩子的第一任老师也是一生的老师，父母修为的高度往往就是孩子发展的高度，老师是孩子成长的加油站和方向标，老师的误导可以使学生进监狱，老师的教导可以使学生受益终生。我们肩负着家庭、学校、社会的未来和希望，我们要当心、要用心、要细心啊。

最后，我要强调的是学校、家庭和社会融为一体、目标一致、措施得当的教育才是最好教育，而我们正是在这方面做着最大的努力，我校的留守儿童多、生源面广，所以没有现成的例子可以借鉴，我们只有向其他行业，古今中外的教育案例去学习、研究，成熟了、有把握了才用于实践。比如我们的家庭化住宿，我们开设的故事课、军事课，都是教学多年思考与论证的结果，事实上也很有效，将来你会看到一个更好的孩子。

当然学校还有很多不足与困难，特别是经济的困难，困扰着学校的成长与发展，这一切都需要我们全体家长的鼎力支持和全体教职工耐心的工作和积极奉献。

各位家长、各位老师、同学们：新的一年又来了，我们又聘请了教育界许多成功的内退校长、特级教师和骨干教师，他们50岁出头，刚过不惑之年，知道怎样才能培养出优秀学生，他们已走过"名与利"的困扰，正是沉下心来，静心研究教育、探索教育规律的年龄。

我们期待着，新一轮教育浪潮激励着孩子们的成长，我们盼望着孩子明天的成就，回报父母的微笑，我们等待着学生未来的辉煌照耀着母校的眼睛。

祝大家新年快乐，全家幸福，再创佳绩。

发光的棒棒糖

孙鸿利

前不久的一天晚上，我和同学买了几只棒棒糖，吃完后将棒棒扔到了地上，忽然发现棒棒奇迹般地发出了粉红色的光芒，在漆黑的夜晚像萤火虫一样煞是好看。我感到很奇怪，不由得将它捡了起来，想探个究竟，可我和同学看了半天也弄不清楚这是为什么。

带着这个疑问，第二天我俩来到科技活动室请教老师。见到老师，我们把昨天晚上遇到的现象向老师描述了一遍，老师听完后朝我们微笑着点点头说："以前都是老师直接将答案告诉你们，现在我想让你们自主探究，因为这是一个研究性学习的好机会，行不行？"

我们自己怎么研究呢？这时忽然想起用老师的电脑上网查一查的办法。我俩怯生生地将想法告诉老师，出乎我俩的意料，不仅得到了老师的批准，还受到老师的表扬，夸我们有办法，会学习。

我们先到百度网站上搜索"棒棒糖"，可搜到的都是卖各种棒棒糖的厂商或广告。老师告诉我们，要查这方面的知识，必须想好搜索的"关键词"，并且最好到"百度百科"或"百度知道"中去搜索，老师又说这可能和荧光棒是一个原理，于是我们进入"百度知道"，改关键词为"棒棒糖发荧光"，这时我们惊奇地发现，网上也有很多人在探究这个问题，也有热心的专家解答网友的提问。屏幕上出现好多相关信息，我们选择一条可能给我们答案的信息，打开后一切都明白了。

原来，这种棒棒糖的柄（棒棒）中放置了一个薄壁玻璃管夹层，夹层内外隔离了过氧化物和酯类化合物以及荧光染料。当棒棒被摔或折弯后，内部的玻璃管破碎，两种化合物混合在一起而发生化学反应，将反应后的能量传递给荧光染料，荧光染料便发出荧光。

如果想延长发光时间，可将其放入冰箱冷冻，以减缓化学反应速度，等用它发光时，再把它拿到常温下，就可以继续发光了。

那么，荧光物质自身不发光吗？荧光物质发光时有辐射吗？对人体有伤害吗？我们又产生了这样的问题。老师就启发我们："一开始的时候棒棒发光吗？""是摔到地上以后才发光的吧？"我俩都不好意思地笑了，为自己不动脑子分析而难为情。老师告诉我们："是的，荧光粉本身是不发光的，也没有辐射，它发光是依靠别的辐射源对它的激发，比如受电子撞击或强光照射。例如，电视机荧光屏中就有荧光粉，日光灯管中也有荧光粉，平时是不会自行发光的，只有通电或强光照射，才会发出荧光。通常在强光照射后其荧光只能维持很短的时间。所以像带'夜光'功能的钟表，其荧光粉中往往混有微量放射性物质，这种物质能够长时间不停地放射以激发荧光粉发出荧光。由于其辐射剂量较小，所以对人体伤害可以不考虑。"

老师又告诫我们，化学物质一般对人体都有毒害作用，所以不要将棒棒糖柄中的液体弄到皮肤上，更不能用牙咬碎而弄到嘴里。

从科技室回来的路上，我们感觉到生活中处处有科学，只要我们留心观察身边的事物，主动探究，就会学到很多知识，明白很多道理。

（指导老师　吴清欣）

快乐的收获

马士虎

那天下午，我和孟祥勇得到了一个意想不到的惊喜：老师告诉我们要到县实验一小参观科普活动。我们一行 15 人，在王校长的带领下，乘车前往。我们一路欢声笑语，不一会儿就来到目的地，校园里面有一座巨大的假山，非常美丽壮观。吴老师让我们排成一队，先欣赏科技展作品。这里的展品有很多，首先映入眼帘的是一块重 33 公斤的南丹铁陨石，听介绍说，它们不是地球上的物质，而是从太空中掉下来的。我用力搬了一下，咦，这个天外来客还真重，对我们小学生来说是无法搬动的。

再往前走，我们看到了一个叫作"概率"的科技展品。它的主要构造是，里面有很多小钢珠，还有一个沙漏形状的钉板，不管你怎样翻转，钢珠每次掉下来都是中间多两边少。虽然看得眼花缭乱，其实它是有规律的，所以它叫作"概率"，即统计规律。

"穿针引线"你听说过吗？这可不是一般家庭里的穿针引线。我给你们介绍一下吧！它的主体是一个箱子，箱子前后各配有一个镜片，可以透视，箱子里面有些什么东西不得而知。前镜片上还有一块板，板上有一个小洞，即"针眼"；另有一根绳子。实验开始了，吴老师把绳子递给一位同学，让同学站在镜片前边，手伸到后边，从后镜片中的洞里将绳子穿过去。看似简单的问题，可这个同学被绕晕了，眼睁睁看小洞在这边，可他的手却不知怎么伸到旁边去了。因此，不管这个同学怎么穿，总是穿不过去。这就是"穿针引线"。实验做完了，却不知手与眼为什么"步调不一致"。

接下来，这个科技作品更加神奇，叫作"人体导电"。它的构造是一个透明的玻璃箱，里面有一架玩具飞机，飞机底下连接着导线；箱子前面还有两个铁制的把柄，你把手轻轻地放上去，玩具飞机的螺旋桨便开始转动，我也不知道是怎么回事。

　　这次科普活动使我收获了快乐，也收获了知识。我希望下次科普活动再去观赏一下，以便开阔视野，增长见识。

（指导老师　吴清欣）

远方有我的母亲

学生　周　淙

妈妈，我记不清这是第几次在作文中写到您了。亲爱的妈妈，我想问您几个问题，新加坡是否像我们的祖国那样温暖？说一句实话，如果自己的妈妈能和自己生活在一起的话，那我就是这世界上最幸福的人了。

妈妈，您知道吗？在我们匆匆分开之前，我还有好多好多心里话没向你倾诉，今天，我要一吐为快……

妈妈，我们分别已有八年有余了。都八年了，几乎连一次电话都没有通过……我很怀念跟您在新加坡的那段美好时光。您还记得吗？那时候，您摇着摇篮，唱着儿歌，哄着我睡觉；带我去海边散步，用面包屑去喂那些因太饿而狼吞虎咽的大海龟；能在餐桌上抢着吃肉，一点也不觉得毁损自己的形象……那时的生活多么美好，幸福像祥云一样包围着我们。可是那些麻烦的事扼杀了我们天真、充满童真童趣的童年，我也不像以前那样快乐了。

有一次，您去上班了，给我们准备好了早餐，饭菜非常好吃，我和哥哥很快就吃完了。到了中午，我又累又饿，于是我便光着小脚丫，向厨房走去。厨房里什么也没有，我只好躺在沙发上看电视。

一个小时，两个小时，三个小时，您还是没有回来，我就像热锅上的蚂蚁——急得团团转。好不容易熬到晚上，哥哥都累得睡着了，我却睡不着，因为我害怕……突然，门"吱呀"响了一声，妈妈回来了！我急忙跑过去迎接妈妈，却不小心摔倒了，妈妈赶紧把我扶起来，问："摔疼了吧，看你多不小心！"接着又说："对不起啊，孩子，中午不吃饭，一定饿坏了吧？妈妈给你们做饭去！"于是妈妈便拖着疲惫的身躯走进厨房……

　　"宝宝们哪，吃饭了！"不知过了多长时间，突然从厨房里传出了妈妈的声音。我叫醒哥哥，一起去享用晚餐。进了厨房，一阵阵香气扑鼻而来。美滋滋地吃着香甜可口的饭菜，我开心地笑了……

　　夜晚，我终于在那舒适而又温暖的小床上睡着了。睡梦中，我又见到了您……

把爱和善良种在孩子心田

徐祗本

一项调查资料显示，74.5%的孩子经常挨父母的打，几乎没挨过打的孩子占25.5%，从来没有挨过打的仅占14.25%。

从以上数据表明，中国家长对孩子的暴力行为仍然非常普遍，但这一问题至今没有引起足够重视，关于家庭暴力的立法讨论了多年，依然不见踪影。

中国自古信奉"不打不成才"，所谓"棍棒之下出孝子"。这种传统观念至今在很多家庭、家长中依然受宠。甚至有的家长说什么"三天一顿打，孩子进清华"，由于这种错误观念作祟，有的家长用绣花针穿刺不听话的儿子的耳朵，更有甚者把孩子打成残疾乃至打死。

为什么家长认为打孩子是天经地义的呢？因为他们没有把孩子看成一个独立的个体，没有把孩子当作一个有自己的尊严和人格的人。中国古代"父为子纲"，孩子不过是家长的私有财产，父亲可以随意安排子女的生活、教育和婚姻，甚至"父令子死，子不得不死"的腐朽思想在一些地方还有市场。

在很多欧美国家，父母对孩子的暴力伤害是违法的，情节严重者还会失去监护权，甚至被追究刑事责任，要坐大牢的，而在我们中国，家长对孩子的暴力虐待则往往不被追究，认为是家庭私事。

有的家长声称："打是让孩子接受教训。"当然有时候是这样的，但更多的时候这种观点只是一种托词，家长是通过打孩子来发泄自己隐藏的愤怒。很多家庭常常发生这样的景象：丈夫在外面不顺心，受了气，回家拿妻子出气，妻子转而拿孩子出气，孩子没办法只好拿狗出气，狗则去欺负小猫，一级压一级，弱肉强食，这样的家庭何时有和谐、民主、平等。这种暴力传递与循环既损伤了孩子的心灵，又危及家庭幸福。

有的家长担心，如果自己总是用暴力解决问题，孩子以后会不会上行下效，同样崇尚用暴力解决问题的方式。

孩子不一定会这样，但这种可能性会大大增加，暴力往往产生暴力，衍生恐惧、欺骗……许多家长以为暴力可以解决问题，然而事实上并非如此。暴力只是暂时"制止"了问题，不仅没有解决问题，反而会导致更多、更复杂、更棘手的问题。

中国社会之所以充满暴力和欺骗，假冒、伪劣之所以盛行，人的尊严之所以被漠视乃至践踏，是与孩子从小受到的教育分不开的。有人往往把问题归咎于体制，这固然没有错，但体制是一个个的人组成的，责任最终只能由具体的人来承担。作为一个具有自由意志的个体，我们每个人都参与了这个机制的构建和维护。因此，家长对孩子的教育至关重要，不仅有利于个人的成长，对社会也有利。因为家庭不仅是社会的细胞，也是教育的起点。

"教，上所施下所效也。育，教之使作善也。"许慎在《说文解字》中对于教育的解析诠释了教育者的职责和宗旨。

我们需要来一场心灵的革新，消除弥漫于自己身边的暴力与暴戾，让爱从我们身上往孩子身上传递，把美好和善良种在孩子心田。

让爱伴随学生成长

李传芳

本学期，我担任大唐学府四年级的生活老师，在这一学期和一群天真可爱的孩子朝夕相处，每天看着他们一点点进步与成长，心中既有做"母亲"的幸福与喜悦，又有做教师的神圣与自豪，回顾一年来的工作，感到做生活老师的最大秘诀就是一个"爱"字。

一、师爱，学生成长中的导航灯

虽然我不是一名文化老师，但这些孩子，平日远离父母在校寄宿，作为负责他们日常生活中的"妈妈"来说，我们的一言一行都将影响着他们，做学生成长的导航灯，培养学生健全的人格和良好的行为是生活教育的重要内容。

良好的开端是成功的一半。我非常注重在平时培养孩子的行为习惯，耐心指导他们保持个人卫生，指导帮助他们叠被子铺床单，每天晚上给孩子盖被子，白天给他们洗衣服，等等。关心爱护每个孩子是我的责任，要让学生吃得香、睡得好、身体健康，感受到学校浓浓的家的气氛。

二、母爱，学生心灵中的一缕阳光

平时，我总是把这些学生当成自己的孩子。聪明听话的孩子人人都喜欢，这是人之常情，但对那些调皮任性、表现欠佳的孩子，我投入了更多的关爱。

有一次，我在宿舍发现一个孩子把不喜欢吃的零食扔到垃圾桶里，我没有批评他，而是耐心地给他讲了贫困山区的孩子饭都吃不饱、水都喝不上，更上不起学的事……谈话之后，这名学生很快养成了节俭的习惯，而且学生成绩也很快提高了。还有一位新生，因为刚入校，不适应新的环境，又哭又闹想回家，问我要手机和他妈妈打电话。我就和他谈话，你来到这里老师就是你的"妈妈"，你给妈妈打电话既影响了学习和休息，也让妈妈更加放心不下。孩子动情地说："老师妈妈，我喜欢你，也喜欢上了这里的学习和生活，我会进步的。"孩子的一番话让我感受到母爱的力量原来如此伟大。

三、友爱，师生之间的一座彩虹桥

我虽然年龄稍大，但是努力成为孩子们的朋友，是我工作中的一贯追求，孩子的衣食住行，点点滴滴都放在我的心上。在日常工作中，我特别注意与孩子沟通交流，做他们的知心朋友，互相倾诉心声，让我这份友爱天天伴随他们快乐生活成长。

记得有次午餐，我发现少部分学生没有吃餐盘的鱼。我一问学生，原来他们怕鱼刺，老师小时候就怕鱼刺。于是我告诉他们怎样挑鱼刺，并且扮着鬼脸演示给他们看，看到孩子们这么相信我这个"大朋友"顺利地吃下第一口鱼时，我激动的泪水在眼眶里打转……

一滴水能折射太阳的光芒，一位生活老师看起来那么平凡，那么不起眼，但我依然尽心尽职。我要尽心让孩子们欢心，家长们自然放心，学校也就会越办越好。我会努力珍惜这份工作，并一如既往地把它做好。

大唐学子的一天

董密龙

从睁开惺忪的眼睛，到晚上熄灯睡觉，一天的日常生活对于一个普通老百姓来讲，没有什么必须遵守的严格条文和硬性规定。而在大唐学府，对一名学生来讲，他一日学习生活的时时刻刻、一举一动都有规章制度规范着，让我们了解一下这个过程吧。

一、起床、内务整理、洗漱

清脆的号音，唤醒了沉睡的太阳。学校的一日生活开始了，听到起床的音乐全体学生迅速起床，先进行内务整理——叠被子。这样做，一是培养学生平时良好的生活作风，培养对任何事都认认真真、仔仔细细的态度。二是培养学生的紧迫感，要求自己有多严格，被子就要叠多好。其实叠被子就是叠"心情"、叠"态度"、叠"素质"。室内要保持清洁、整齐，物品要按统一规定放置。走出宿舍进入洗漱间，要求学生注意遵守秩序，维护公共卫生。洗漱后，毛巾、牙具等用品不允许随便乱放，应该按规定放置得整整齐齐。

二、出操、晨读、课间操

听到早操号令，全体师生迅速到指定地点集合，由正副班主任带队清点人数，跑步带入操场。在那宽敞的操场上出操时，你会感到大唐学府强大的生命力，你会听到他的心脏在跳动，你会看到他的步伐在前进，你更感到学生的朝气蓬勃，你会从中悟出大唐学府为什么会有那么大的吸引力。

进入教室，你会听到学子们琅琅的读书声，教室是学生掌握知识技能、开发智力、培养能力、提高各方面的重要场所。学子们通过上课，使人生实现根本转变，使理想扎根于沃土，使青春放射出光华。

课间操以班级为单位做广播体操或跑步，看一行行一排排，整齐划一的青春舞步，显得那么有活力。

三、就餐

按规定时间准时就餐，开饭时间通常不超过 30 分钟。就餐时以班级为单位，整队由正副班主任带往餐厅，依次进入。不准在餐厅门口解散或拥挤。同时你能听到悦耳的歌声。就餐时要遵守餐厅规则，不准大声喧哗，保持安静。就餐后个人将餐盘放到指定位置，自行离开，值日生擦桌子、拖地板。

四、午睡

午睡可 让学生保持旺盛的精力，迎接下午的学习。午睡时停止各种活动保持安静。午睡起床后，迅速整理内务，做好上课准备。

五、晚自习

晚自习用于学生自学，老师辅导，不准迟到、早退，不经批准不得延长时间，教学楼到时统一关灯锁门。

六、就寝

就寝前十分钟通常发出就寝预备哨声，听到预备哨声，学生应迅速做好就寝准备，洗脸、刷牙、洗脚等。听到熄灯号后，统一熄灯就寝，不准讲话，保持宿舍安静，校领导和学生处值班人员会配合生活老师督促学生按时就寝，并检查就寝情况。

平凡的一天伴随着学生甜美的梦乡过去了，大唐学府将迎来更辉煌灿烂的明天。

宿舍管理体会

董密龙　　王惠云　　陈　宇

学生宿舍是学生生活时间最长、出入最频繁的场所，是传递信息、交流思想、探讨问题的又一课堂。它对学生的健康成长、良好行为习惯的养成及校园文化的形成起着举足轻重的作用。做学生工作就是要坚持"以学生为本"，做到尊重、理解、关心、服务学生，营造出高品位的宿舍文化氛围，让学生在这个氛围中去思考、感悟、净化灵魂，升华人格，从而促进学生的全面健康和谐发展。

俗话说"无规矩不成方圆"，管理总是表现为对管理对象的某种要求。没有要求，就谈不上管理的效能。因此辅以严格的军事化管理规定。

在实践中我们都有这样的体会——教育不是万能的。无论我们怎样苦口婆心，怎样晓之以理、动之以情，总会有个别学生疏而不通，依然我行我素，违反宿舍规定。针对违纪行为的实际情况，有针对性地向学生宣传《学生宿舍管理条例》《文明宿舍评比管理制度》《违纪学生处理管理规定》等，使学生养成良好的行为习惯和健康的人格。

同时宿舍是我们了解学生思维，掌握学生心态，培养学生集体主义情感，树立良好的道德风尚，帮助他们树立崇高的人生理想，增强社会责任感的重要场所。人性化的管理，对每个住宿学生要心中有数，要不厌其烦地与重点学生谈话。将严管和深爱贯彻于宿舍管理全过程，形成和谐的宿舍文化氛围。同学之间和谐共处，互相信任、互相关心、互相帮助的宿舍人际关系是我们寄宿制宿舍和谐发展的关键所在。

日常生活中，在"服务育人、管理育人、环境育人"的大方向下，要做到亲情服务、感动服务、微笑服务。细微之处见真情，一句话、一个动作、一个眼神都在潜移默化地教育着学生。

一句话："大风降温，注意添加衣物。""下雨了，小心路滑。"……一个动作："捡起无人注意的纸屑。""捡起学生晒衣架上掉落的衣物。"……一个眼神：可以是鼓励的、表扬的、肯定的……认真探索新时期学生宿舍新模式，树立以人为本的观念，调动学生的积极性、主动性和创造性，切实为学生创造良好的生活环境，为和谐校园的建设、为学校的发展创造良好的条件，这是我们宿舍管理员应该思考并且努力的方向。

一个充满爱的温馨家园

学生家长　曹　坤

吾女初长成，在大唐学府幼儿园依次上了小班、中班、大班，回味女儿在这几年的生活，点点滴滴无不充满了爱与温暖。

还记得那次幼儿园举行的趣味运动会，没召开之前孩子像迎接一个大型活动一样认真准备着，充满了兴奋与向往。运动会期间，老师们仔细地为孩子们化妆，发放道具，孩子们认真地表演体操，饶有兴趣地参加比赛。我的心里充满了感激。感激来自这一良好的创意，给每位孩子提供了一个展示自己的舞台，也给了父母与孩子交流的平台。那天很冷、下雨，我和孩子没有感到丝毫的冷。幼儿园精心筹备，当天还提供了热茶水，让我从嘴里暖到心里。大雨即将来临时，王校长果断停止了比赛。这种充分为孩子考虑的做法，尤其让参加运动会的家长们感动。提前结束的运动会算是一点遗憾，但领到奖状的孩子们依然高兴。

孩子是不会说谎的，就像《皇帝的新装》里那个说真话的小孩。回家后仍记得夸大孙老师如何耐心细致，小孙老师舞蹈跳得多么好。幼儿园里加餐有水果，女儿个头小吃不下，大孙老师十分关切地一分为二，女儿后来逐渐喜欢上了吃水果。一分为二，是爱，是温暖。小孙老师的孔雀舞，让孩子羡慕万分，也展示了老师高超的素质。

这里，爱与温暖无处不在。在你接送孩子时，老师们脸上的笑容里，在你给老师打电话时听到的那亲切的话语里，在你听孩子表达的只言片语中。

大唐
—— 一个充满爱与温暖的家，孩子成长的摇篮

王新军

由于子心小的时候性格内向，不愿和小朋友交流，因此在她即将入园的时候，作为家长，我和她妈妈费了不少心思。我们认为幼儿园是孩子生活中的另一个家，在这个有很多小朋友的大家庭中，子心可以脱离父母替她安排一切日常生活的心理依赖，学会自立、自强，学会与小朋友相处，养成一种有别于父母的另一种生活方式和习惯。入园前，我们就开始考察幼儿园，希望可以给子心找到一家适合她身心健康发展的幼儿园。我们一家家看来，却发现大多数的幼儿园只注重给孩子灌输知识，很少给孩子自由发展和交往的空间。活动时间，都是把孩子留在教室里看电视。

当我们来新区幼儿园的时候感到眼前一亮，我们看到老师（当时小班的高老师和张老师）正在和孩子们做游戏，孩子们一个个从滑梯上向下滑，滑到中间高老就用一只手把孩子拦下来，另一只手里拿着识字卡。如果孩子认识就让他滑下去，不正确的，老师读一遍，孩子读两遍，再让孩子滑下去。我们非常高兴，一下就被这种教育方式吸引了，我们心想，终于给孩子找到了适合发展的幼儿园了。

事实证明，我们当初的选择是正确的。子心入园三年来，我们经常听到从她嘴里随意说出来《三字经》及连我们也记不住的成语接龙，还有她高兴时随意唱出来的优美儿歌；子心的性格也变得非常开朗、活泼，还经常参加幼儿园的各种舞蹈表演。

作为家长，我们非常感谢给予子心良好教育的各位老师，特别是孙敏老师，是你每天给予孩子阳光般灿烂的笑脸，是你让孩子学会和小朋友交流、

与人分享，善待、尊敬长辈等一切在家学不到的东西。

祝愿新区幼儿园越办越有特色，越来越红火！愿各位老师生活更加丰富多彩。

我家有女初长成

学生家长李奕的妈妈

时光飞逝，女儿李奕三年的幼儿园生活即将结束。女儿由一个胆小爱哭的小丫丫成长为爱说爱笑、活泼可爱、乐于助人的小姑娘。幼儿园是孩子们从家庭走向社会的第一站，在大唐学府幼儿园老师的精心呵护下，我们的宝贝女儿健康快乐成长，在幼小的心灵中留下了美好的童年回忆。

李奕 2007 年夏天入园，也是大唐学府幼儿园第一批孩子。从开始每次送到幼儿园就哇哇哭着找妈妈，到每天早晨睁开眼睛就想上幼儿园，仅仅用了两天，宝贝女儿就喜欢上了这个快乐的小集体。女儿喜欢舞蹈，听到音乐就想跳舞。上幼儿园后，老师很快发现了她的特长，并进行了重点培养。入园三个月，李奕就踏上了演出的舞台。第一次站在舞台上，看着舞台下面无数双眼睛，胆小的女儿哇哇哭着要找妈妈。在老师的鼓励下，女儿重新站到舞台上，伴随着音乐欢快地跳起了《泼水舞》。在我的记忆里，这次女儿上舞台是第一次哭，也是最后一次哭。如今的李奕已经成为舞台老手，她们班的舞蹈之星。

在大唐学府幼儿园近三年的生活中，幸福快乐伴随着女儿成长。幼儿园通过蒙氏教育，让孩子们在游戏中学习生活常识和生活习惯。通过定期的家长会和亲子游戏，老师和家长实现了充分的沟通、共享教育。每次活动王校长都亲临现场参加，与家长老师进行沟通交流，获得了家长的一致好评。

每当有人问女儿在哪个幼儿园学习，她总是自豪地大声说"大唐学府幼儿园"。

凭着一腔滚烫的母爱

田艳艳

时间在指间滑过，转眼间一个学期即将过去，从最初对工作的迷茫到现在取得的成绩，要感谢领导对我精心的栽培以及各位老师的热心帮助。阿兰之家能取得如今的成绩，凭我一个新来的生活老师是做不到的，是李老师教给了我工作的经验，还有徐老师的耐心指导让孩子们养成良好的生活习惯，是大家的共同努力才使阿兰之家在这么短的时间内取得如此优秀的成绩。

刚来大唐学府时，看到天真活泼的孩子们，我决心把这份工作做好。在四（2）班孩子们心里，徐老师是他们校园里的妈妈，孙中山之家是他们第二个家。刚搬来阿兰之家第一个晚上我看到孩子们都用排斥的眼神看着我，没有一个孩子和我说话，我心里特难过，越是这样，我心里越是有了一股信念，一定要用我的爱心征服这群孩子。让孩子们在最短的时间内接受我，我才能够做好他们心目中的妈妈、老师、朋友。

起初我留意观察每一个孩子，因为我要在最短的时间内掌握他们的脾气、性格。经过观察，我觉得这些孩子需要的不是严加管教，不是斥责，而是我一个善意的微笑、一个欣赏的眼神、一颗可以包容他们的爱心。一段时间过去，在班主任王老师的协助下和我悉心的照顾下，我发现孩子们看我的眼神变了，眼睛里不再是排斥。一天下午，我去食堂打饭，看见莫永琪和李佳优在打稀饭。我问他们俩："怎么到食堂来了？你们还小应该在教室里吃饭，这里是大哥哥、大姐姐吃饭的地方。"他们说："老师您照顾我们太辛苦了，我们很想帮您做点事情。"听着他俩的话语我知道他们都接受了我，从那以后，每天晚上他们回到宿舍里围着我说教室里发生的趣事。听着他们让人啼笑皆非的话语，看着他们滑稽的动作，我心中的幸福感油然而生。在内务整理中，我发现有的孩子被子整理不好，我耐心地教他整理好自己的床铺；有的孩子不经常换洗衣服，所以每次洗衣服的时候我都要挨个检查谁的衣服没有换；早上起床时我要先出去感受外面的气温，再告诉孩子们穿适合自己的衣服。我告诉孩子们整理床铺时同学之间要互相帮助，还要互相监督谁没有洗脸刷牙，逐渐培养他们良好的生活习惯。晚上熄灯之后孩子们都不愿意马上睡觉，我从爱心家园借来故事书，每天晚上洗漱完毕，我讲故事给孩子们听，让他们早点休息。孩子们洗澡的时候我挨个给他们搓背。从洗浴中心回到宿舍后，我拿扫帚扫地，好几个孩子都抢着我手里的扫帚说："老师，您挨个给我们搓背太累了，您休息吧！"看着孩子们心疼我的眼神，我的心被这种眼神所触动，我只是对他们付出我作为生活老师应该做的，用一颗做母亲的心来呵护照顾他们。

现在孩子们能够感受到我对他们的爱，看到这些懂事的孩子，再苦再累，我的心里也是甜的。夜里我给他们盖被子的时候，看到睡得香甜的他们，我忘记了身体上的疲劳，我的心里感觉幸福极了。

特别的爱给特别的你

刘维侠

　　苏霍姆林斯基曾说过：从我手里经过的学生成千上万，奇怪的是，留给我印象最深的并不是无可挑剔的模范生，而是别具特色，与众不同的孩子。

　　的确，这一届的学生与以往任何一届都不相同，因为这个班是在 2009 年 8 月新组建的一个班级，我记得开学第一天班里来了九位同学，在后来的几天里，陆续又来了几个，共有 19 位同学。那几天，每来一位新同学，我就高兴得不得了，觉得我们的队伍又壮大了，可是随之而来的众多的烦恼劈头盖脸而来。学生刚来想家、闹情绪的每天都有，往往是哄好这个，又哭了那个，最严重的是有位同学天天绝食，闹腾了近一个学期；还有就是好奇感十足，每天都有一小串学生这跑一头，那钻一头，兴奋得不行。最让人头疼的就是课无法上，学生没有上课意识，往往是铃声响完半天了，教室里还在乱成一锅粥，跑的跑、跳的跳、说话的、唱歌的、尖叫的、敲桌子、砸板凳，反正是干什么的都有，就像到了孙悟空的花果山一样热闹。好不容易让他们安静下来，却发现根本无法进行正常教学。上语文课，有近十位同学不会拼音，会的同学读课文也是一个字一个词地往外蹦，连句子都读不顺，更别说有感情了。数学就更不要提了。我清楚地记得当我问十八除以六等于三这个算式中谁是被除数时，19 个人中说错了的竟有 17 人之多！面对这样一群无组织、无纪律、知识几近空白的孩子，我每天除了安排他们的吃住、组织课堂纪律外，还时不时地跑出去哄劝安慰哭闹的孩子，还要去墙上拽下企图越墙逃跑的，着实让我很苦恼，这也让我产生了退缩的念头。我只是一个平凡的小老师呀，又没有魏书生、李镇西等那些名师的教育水平和智慧，怎么敢拿孩子的前途开玩笑呢？这时，王俊民校长、王主任、徐涛老师及马老师等几位领导都开导我、帮助我，说学生底子薄领导心里都清楚，你只管放心大胆地干，只要让孩子们在这儿开心，先能留得住就行，以后再逐步提高，月考时不与平行班级横评。我决定打破常规，用一种特别的爱送给我这群特别的孩子。经过观察，我发现这群孩子有思想偏激型、放任自流型、性格孤僻型、沉溺网络型等几种分类，怎样让这一盘散沙式的班级变成一个班风正、学风浓、集体荣誉感强的健康班集体呢？我觉得用心而教、用心力行、用心反思，才是对他们的尊重。唯有从内心尊重他们、体谅他们、关心他们，才能把握住那些平淡而又容易溜走的教育契机，才能践行化腐朽为神奇的教育。回想起来，我应该是做了以下几方面的工作。

一、倾心关注，稳定军心

每天一到校，我就来到学生中，与他们形影不离，利用一切时间去关心他们，与他们进行交流，讨论课堂上的疑难问题，评价他们课堂上良好的表现，关心他们的身体，提醒他们应该注意的生活问题、学习问题等，这样既了解了学生的学习、生活情况及思想状态，又拉近了师生的距离，稳住了大多数同学的心，让他们放下了对学校、老师、同学们的戒备心，让他们有了安全感、依靠感。两年来，孩子们真的是把我当成了他们的亲人、朋友、可信赖的人。

二、发挥"引子"的作用，建章立制

朱阿伟同学，在这儿值得一提，可以说他是这个班级的有功之臣。他在三年级时就来我校就读，2008 年上五年级时因病休假，2009 年开学时，他因为复读来到我们班。我和刘老师把他当成了宝贝，觉得要把这个班级整顿好，得发挥他这个"引子"的作用。我们让他讲述学校的吃、住、学等各方面的情况，让他为同学们做表率，同时任命他为班长，管理班级的一切事务。几周下来，情况大有好转，再后来人员增多时，我们总是让表现好的、资格老的学生去催化，效果蛮好的。就这样，我们班的纪律大有好转，在此基础上我们又制定了切实可行的班规班纪。两年来，我班多次被评为优秀班集体，我想这是与朱阿伟这个"引子"分不开的。我曾想过，以后再组建新班时，我要建议从老班级中抽选优秀干部到新班中当"引子"，这种方法值得一试。

三、及时激励，促进内涵外导

无论是口头的评语，还是期末的书面评语，都是学生能力的可证实性依据，老师注意了评语中的激励，学生就会表现得非常积极，从而激励他们的上进心、增强他们的自信心和自尊心，以达到转化的目的。因此，在教育学生时，我喜欢用正面的激励语言来鼓舞他们的士气。还记得组建新班后的第一次集体活动是军训会操表演，我们班和另外三个五年级班相比，那真是一个天上一个地下，真的没有可比性，我知道我们是稳拿倒数第一了，但是我不能让同学们有这种感觉，我对他们说："同学们，你们是好样的，这几天的进步速度应该是全校最快的！如果我们再努力些，极有可能拿得第一名！"孩子们只顾着乐，根本不去考虑与别班的差距，觉得自己的班真是第一似的。在这种情况下，我要保护他们的积极性呀，明知比不过人家，还是要积极筹备。当时我们在东校，没有做训服，我就利用午休时间跑到现在我们这个学校，找到我刚送入六年级的那个班借服装。说实在的，那个班的孩子们对我挺有感情的，一听说我要借服装，二话没说纷纷把自己的服装拿来，还专门找了个纸箱帮我装上，怕我准备不足，又搜集了一包红领巾让我带上，以备不时之需。现在想起来，真让我感动！就这样忙活了一中午，到了比赛时，我们班同学一身漂亮的迷彩服让其他班的同学羡慕得不得了，我们班的同学们出尽了风头，过足了瘾，公布名次时，他们全然不关注成绩，还沉浸在风采十足的兴奋情绪中。在接下来的"十一"歌咏比赛中，我又给同学们鼓劲，"同学们，上次比赛咱们让全校师生刮目相看，这一次咱们可要大显身手，让他们再震撼一次吧！"同学们群情激奋，劲头十足，我根据班级同学个大有力、好叫好吼的特点，和吴琼老师商量着定了个简单易唱，只要吼出来就成的革命歌曲《士兵小唱》作为参赛曲目，还临时加了几个动作，他们虽然有点怯场，但还是很镇定地把曲目完成了。下来后，有几位同学向我说："老师你看，我紧张得汗都出来了。"我说："没事，以后锻炼得多了，就不紧张了，你们唱得很好，我很满意。"至于名次我根本就没去听，因为我知道，无论我给孩子们多大的鼓励，他们的水平在那儿，我清楚，名次是与我们无缘的。可那一次，我还真就错了，当王俊民校长宣布我们班是第一名时，我们都很平静，完全没有别的班拿第一时的兴奋劲。因为孩子们在原来的学校很少举行这些活动，他们的竞争意识不强，而我是不敢相信，回到教室后，我问同学们，"咱们真的拿了第一名了吗？"一个同学拿着奖状给我看，"老师，真的是第一！""第一？那咱们也要欢呼一下呀，来，一起喊'耶'！"紧接着，我又说："同学们，通过这次比赛，我们应坚定一个信心，我们不比任何一个班级差！只要我们认真、努力，我们一定会进步得很快的，相信自己吧！"然后我们在一起规划了班级的奋斗目标，发挥个大力气大、积极热情的优点，在本学期把纪律、卫生、三操质量提上去，争取每月的流动循环红旗落户我们班，每个学期的班平均成绩都要有进步，争取毕业时与其他班级相差十分左右。事实证明，我们的目标实现了，我们班不仅经常获得循环红旗，还在后来的国学诵读、生态校园、书香校园、第一届唐交会中取得优异的成绩！本学期第一次月考，我们班有一位同学排名全校第十，毕业考试中，有三位同学进入前十名，期末考试中，常识科获四个班第一！虽然只是副科，但它代表了我班在学习上的成就，我依然很激动！正是因为一次的第一，带动了我们班级的良性循环，我很感激那个第一！

在这两年里，即使孩子们犯了错误，我也总是采取"缓一缓""避一避""绕一绕"等方式进行绿色批评，让他们能从心里接受批评，从而改正不足，促进他本人乃至全班级的进步！

四、以常新的知识带动学生

随着科学技术的飞速发展，学生们获取知识的渠道越来越宽，他们的知识面也越来越广，作为老师也应顺应时代的潮流，用孩子喜欢的方式去引导、教育他们。在我们班，有个"质疑台"和"回音壁"栏目，就是仿照 QQ 聊天设立的，同学们可以把班级内的突出问题及个人的疑问、困惑出示在"质疑台"中，同学们可采用跟帖的形式发表自己的见解，还真解决了不少的问题，我们经常采用 PK、侃大山、实话实说等形式来解决学习、生活中的问题。仿照"快乐向前冲"的排名方式，开展最佳值日班长、最佳值日小组的评选，选出周冠军、月冠军、总冠军，还评选感动班级的十大人物，自制奖状、奖品予以奖励，很受同学们的欢迎。

五、家校联合，给学生创造良好的努力学习氛围

孩子学习不好或行为习惯不好，得到最多的就是老师和家长的训斥、讽刺和挖苦。这种情况下，孩子想保住自尊和面子，总是要采取偏激或恶劣的方式来保护自己。因此每当有家长数落孩子时，我总是及时接过话头，夸孩子这段时间又有了哪些新的进步，哪些好的表现，直到说得家长怒气消失了，孩子的脸色也好看了，就借故把孩子支开，然后与家长进一步交流。我常给家长们打这样一个比方：咱们居家过日子，总是想多赚钱，让家人吃好穿好、住得好，但是如果这个愿望达不到时，是不是也很难过，很无奈？同样，你的孩子也是有上进心的，也很爱你们，也想拿个好成绩向你们汇报，可是因为能力上的差别或知识水平的差别，或者是学习方法的问题等原因，他们拿不到优异的成绩，他们也很难过、很无奈，不是吗？学生的无奈正如咱们的无奈呀，请多给他们时间、机会吧！我班倪港辉的父母在我的多次劝说下，终于肯当着孩子的面表扬他了，他很高兴。期末考试成绩前进了几个名次，还拿了奖金，一家人高兴得不得了。

忙碌、充实的两年结束了，班内的每一位同学都有了可喜的变化，我觉得每一位同学的成长过程都是一个令人回味的小故事，很精彩，很让人振奋。下面，说说其中的几位吧，我给这几位同学的小故事分别加了一个小标题。

第一位："好男儿志在四方。"

我说的这位好男儿是我班的第一名，就是前面提到的月考前十名、毕业

考试全校第三名的杜瑞同学。他是属于性格孤僻、压抑型的孩子，在学校几乎从不与人说话，有时我想找他聊天，他总是躲避。有时正吃着饭，我上前与他说句话，他竟然连饭也不吃就跑掉了。对于这个孩子，我总是找不准与他交流的方式、机会，好在他学习很好，也遵守纪律，我也就省了不少心。可是上学期收缴学费时，我却着了他的道，险些让他流失，同学们的学费都交上了，他的家长却还是不见踪影，我就让他打电话，他拿着手机就跑向一边，一会儿回来告诉我"我爸明天来"。就这样打过几次后，就是不见家长来，后来我亲自打电话才得知，他不想在这上学了，所以每次总是让他爸别来。这可是头一次碰到这样的情况，我问原因，他爸爸说："他说和同学处不来，还恋家，又心疼家里拿那么多的钱，负担重。"于是我和他爸谈了他的学习情况，建议他做通孩子工作，在这儿继续上，争取个好前程，他爸答应了。我又对他说，你爸明天要来交钱，他答应着，我又说："可是你爸说你不愿意在这儿上，所以不知该不该来交。"他说："没有，我想在这里上。"这下我可蒙了，不知信谁的好，想再与他多说几句，他转身就跑，也不搭理我。寒假家访时，我和王俊民校长去了他家，见到了他的爷爷和哥哥，看样子家庭状况的确不好，后来打手机也没人接，我想这个算是完了，疼得我一个假期都没过好。开学后我又给他爸爸打电话，终于说服他爸送他来，第二天来时，正巧我不在学校，徐涛老师费了很大的劲才把他拖进学校。我了解到他很欣赏我们的班长，就把班长调成他同位，慢慢地适应后，我又找他谈心，这次他没拒绝。我与他谈他的家庭，谈他的孝顺，谈他的学习、未来……他有一搭没一搭地听。多次谈心后，他终于接受我的建议，立志好男儿要志在四方，安心学习，用实际行动回报父母的爱。我尽心辅导，同时任命他为学习委员，让他多参与班级管理。渐渐地，他变得开朗了，有时能见到他与其他同学说笑的场面了。对于他是否留校的问题，这次我接受了教训，不再让他打电话，而是在大多数同学都缴完的情况下，直接与他的父母沟通，做通工作后，我还是忐忑不安，直到有一天，刘老师告诉我杜瑞交上学费了，我还是不敢相信，最后去财务室证实后，我一颗悬着的心才终于落下来，终于把这个好苗子留下来了！见到他时，我一握拳说："好男儿志在四方，好好干，三年后一中见！"他也笑笑握握拳说："好男儿志在四方！"

第二位：你是幸福的，我是快乐的。

管天增生活在单亲家庭，家里除了爸爸外，还有个单身的大爷、老顽童似的奶奶。爸爸靠在附近打零工支撑着家，这个孩子属于学困型，又自卑。我告诉他，人的命运是可以改变的，但是要靠自己的实力，你要对自己有信心，老师会帮助你的。后来，他决定不参加每天下午的选修课，跟着我补习数学，看到他那么爱学，我也乐得教他。可是我发现他的接受能力太差，而且还有许多知识断层，看他一脸着急的样子，我总是故作轻松地安慰他："没关系，你不是做对了一题了吗？你明天肯定能做对两道题！"就这样补了两年课，他在最后的一个月里像复苏的雄狮，一跃成为全班第十名。在写给我的赠言中，他说："谢谢你，老师，感谢您这两年来对我生活上的照顾和学习上的帮助，我穿着的毛衣很温暖，我取得了好成绩，很幸福，长大后，我一定会回报你的，您辛苦了！"孩子啊，你如果是幸福的，我就是快乐的！

第三位：真心英雄。

孟非凡上三年级时去少林寺习武，去年秋天转入我班，一段时间后，我发现他江湖气息浓厚，偏激逆反，随意性强，脏话连篇，经常有同学告状说他打骂同学，拿别人零食、物品。我找他谈话，他总是一副吊儿郎当的样子，说"我没有"或"哦，我知道了"，还曾经与几位老师顶撞，影响极坏。后来，我发现他特别爱干净，就选他当值日组长，可能从来没当过官吧，他很激动，干活特卖力。可是第二个星期，他就找我辞职"不干了，同学们都不听我安排"。我问清楚情况后说："你很负责任，但要注意方式方法，不能说脏话呀！"然后教他如何指挥、安排。他学得很快，我表扬了他，他很高兴也有点害羞。他说："老师，你不知道，我从来没让人表扬过，被表扬的滋味挺好的。"可能是觉得官小不过瘾，他又向我请缨要担任纪律委员一职，我说你可要把自己的言行改造好了，否则别人不服你。后来真的出现他只管别人不管自己的现象，他偏激的毛病又出现了。别人一说他，他就马上动手，我劝他几次也不见效。后来，我利用班会课让学生无记名投票评选我班"我最讨厌的人"，并说明理由，收齐后我粗略一看，就他得票多，于是我把票往教室的办公桌抽屉一放，没再公布。两天后，他去办公室找我说："老师，看来我还真得改一改了，要不还真待不下去了。"我问："为什么？"他说："我偷看了选票，唉，就我的多。"我问他："看后有何感想？"他说："挺难受，很不好意思。"我给他讲众怒难犯的意思，告诉他真正的英雄应是光明磊落、行得正、做得端、有阳光气息的男子汉。他认真听着，也思考着，后来他变了不少。六一儿童节时，我说你发挥特长，来一段武术表演吧，起初他不敢答应，后来我说真英雄显本色的时候到了，不要扭捏，学学朱阿伟、襁昌月等同学，应做到哪里召唤哪里去，既是对班级的热爱，还能改变同学的看法，他一听就满口答应了。两天时间内，拿出了一套像样的武术表演，震惊了全体师生，获得了阵阵掌声，而他却摔得骨头痛，我和同学们向他表示感谢，他眼里闪出了泪花，说："老师，我明白了什么是英雄，我要做真心英雄！"

再次回顾，把特别的爱给了这些特别的孩子，孩子们是快乐的，我也是快乐的！

如何培养留守儿童自理自立的能力

董密龙

人生存和发展的基本条件是生活自理能力，留守儿童走向社会必须具备这种能力。提高留守儿童生活自理能力，是大唐学府教育中的一项重要任务。针对留守儿童的现状，我校对留守儿童从以下几方面着手。

一、培养留守儿童良好的生活习惯

留守儿童良好的生活习惯主要体现在生活自理能力、良好的卫生习惯、勤俭节约的习惯等方面，具体表现为：

1. 生活上的事自己解决

大部分留守儿童，一直没有离开家长独自生活过，被子家长叠，衣服别人洗，甚至书包也让父母收拾，物品用到哪里放到哪里，自己不会整理，一旦寄宿，学校就无法适应。针对这样的情况，在开学之前利用军训时间，安排班主任、生活教师和教官进行专门辅导。先从铺床叠被，洗衣刷袜、收拾碗筷、物品摆放等方面进行示范指导，再让学生自己做，同时安排评比检查，评出文明宿舍和优秀成员，让学生懂得自己的事应由自己完成的道理。

2. 养成良好的卫生习惯

宿舍卫生能自己打扫，做到地面洁净，物品摆放整齐有序规范；讲究个人卫生，勤洗脚刷牙，换洗衣裤；在饮食方面，不吃"三无"食品；在公共场所，如宿舍、餐厅、教室等，不随地吐痰，不乱涂乱画，不乱丢纸屑。

3. 养成勤俭节约的习惯

在生活中，要勤俭节约，穿着朴素，进出寝室要养成随手关门、随手关灯、随手关水龙头的良好习惯。"行为养成习惯，习惯形成品质，品质决定命运"，朴素的生活习惯能培养留守儿童的精神意志。良好的生活习惯不仅体现一个人的涵养，更能表现一个人的生活态度。要求学生从现在做起，时时刻刻做起，落实到生活中的点点滴滴。

4.树立榜样，不断激励

榜样的力量是无穷的。留守儿童生活自理能力培养也一样，我们每月、每学期评比"文明宿舍""劳动模范"等，这些先进对学生起着激励和感染作用，整个集体就会呈现出积极向上、争优奋进的良好风气。

大唐学府无差生，每一个学生都有上进心，他们会以追赶榜样为目标，努力照他们的样子去做，进步都很大。在榜样的影响下，他们慢慢地养成了良好的习惯。

二、建立和完善寄宿制管理制度

我校已有近十年寄宿制管理的历史，我们一直对学生进行生活自理、自立能力的培养探索和研究，并采取了一套比较完善且行之有效的管理措施，制定了一系列的规章制度，如《宿舍管理条例》《卫生检查评比制度》《文明宿舍考核细则》等。新生一到学校报到，就人手一份，并安排时间进行专门的学习。制度保证，对教育学生学会独立生活，养成良好的生活习惯等方面起到了良好的引导作用。

每年在学生开学之前，我们生活教师要安排好宿舍名单，贴好床卡，落实好舍长，并要求舍长安排好宿舍值日。制度第六条规定：被子叠成豆腐块，棱角分明，摆放统一，床单平整无褶皱，枕头一律放在床的另一头。还有鞋子、衣服要按规定地方摆放，寝室人员要轮流值日，负责寝室清扫。

我们还开展每月一次的文明宿舍评比活动，表彰先进，对问题宿舍提出整改措施，将留守儿童的住校表现纳入班级考核和留守儿童的思想品德考核。大唐学府将对全宿舍成员给予物质奖励，并作为年终评优、评干的重要依据。通过活动，不仅培养了留守儿童的自信心和荣誉感，也培养了留守儿童热爱生活、热爱集体的思想感情。培养留守儿童的审美观念，动手、动脑能力，提升了留守儿童的整体形象。

实践证明，寄宿制教育的实施，把留守儿童自理、自立能力的培养带到日常的生活之中，对他们独立的生活自立自理能力的培养起到了十分重要的作用。

三、发挥生活教师在寄宿制教育中的重要作用

1. 生活教师要发挥表率作用。

教师在教育工作中要"育人教书"，而生活教师在"育人"工作中起到的作用更为重要。寄宿制留守儿童和生活教师的相处时间远远超过在家里与父母相处的时间，生活教师的言行在某种程度上比父母的耳濡目染影响要大。因此作为生活教师，要注重自己的一言一行，不断加强自身的修养。在生活中以自己的良好行为，作为留守儿童学习的榜样。通过生活教师的行为，去感染留守儿童。随风潜入夜，润物细无声。

2. 生活教师要关心指导寄宿制留守儿童的生活。

教给留守儿童正确的生活自理方法。在生活中自理，在自理中生活，培养留守儿童在生活中独立解决问题的能力，使留守儿童获得如何生活、如何自理的方法，这是寄宿制教育的一个亮点。它克服了留守儿童在家中"饭来张口，衣来伸手"的弊病。如何教给留守儿童正确的生活自理方法呢？一是生活教师设计好专题生活讲座，把课堂教学的教学方法嫁接到生活知识的学习活动中，创造轻松、愉快的生活教学情境，让留守儿童用科学的方法去探索生活，解决生活中的实际问题，从而掌握一定的生活自理方法。二是经常给留守儿童讲生活自理的方法，与生活教师互相配合，形成教育活力。三是指导留守儿童自觉参加社会实践活动，在活动中掌握生活自理的方法。

以点带面，突出重点，强化留守儿童生活能力的培养。留守儿童住校后，最棘手的问题是不知道如何安排自己的生活，如同乱麻，理不清头绪。面对这样的问题，生活老师可以借鉴"分层教学法"：一是让留守儿童安心住校，保证吃好、住好，做好寄宿生的思想工作，树立良好的社会形象；二是全面了解寄宿生的生活基本能力，开展"一帮一""结队子"活动；三是

树立榜样，以一个寝室或一个班级作为突破口，搞好试点，然后将取得的经验广泛推广，引导全校留守儿童借鉴、学习。

拓宽培养形式，开展丰富多彩的竞赛活动。一是开展留守儿童生活技能竞赛活动，开阔留守儿童眼界，让所有留守儿童在活动中丰富自己；二是开展文明寝室评比活动，生活教师制订文明寝室的评比方案，组织各班、各寝室认真学习，严格按照评比方案定期评出文明寝室；三是开展文明留守儿童评比活动，让每位留守儿童在评比中完善自己、提高自己；四是引导留守儿童开展社会实践竞赛活动，让留守儿童把自己在大唐学府学习中得到的生活知识应用于实践。

3.掌握信息，加强监督。

良好生活习惯的形成，不是一朝一夕的事，需要持之以恒，并且目标始终如一。对于自制能力较低的留守儿童来讲，即使掌握了技能，也并非一定会有好习惯。养成好习惯最有效的方法就是时时监督，使之持之以恒，自然养成自觉，养成习惯。根据大唐学府寄宿制特点，我们采用：

（1）检查规范化：留守儿童处发放了住校生管理条例，明确留守儿童该做哪些事，老师该帮哪些事，并逐步完善了岗位职责、工作制度、评估标准、奖惩条例，使留守儿童在校生活的各个环节有章可循，有规可守，并有相应的操作流程和评估标准。生活老师每天要对学生内务做检查。每天的检查结果、奖惩名单都在宿舍公布，生活教师都可以及时了解每个学生的纪律卫生情况。我们每学期评比"优秀舍长""文明宿舍""劳动标兵"等，这些先进个人对全体留守儿童起着潜移默化的作用。

（2）作息统一化：大唐学府统一作息时间，留守儿童必须在监督中完成规范的生活动作。如统一起床时间，留守儿童必须在规定时间内起床并整理被褥，做好洗漱，搞好宿舍卫生；晚自习安排以及晚上就寝时间统一。

4.生活老师要经常与学生谈话沟通。

住校生也需要老师的鼓励，生活教师要经常性地与住校生谈话，有成绩，要表扬，鼓励他们再接再厉；有问题，帮助他们找出问题的原因；生活中有困难，要指导他们如何解决。如果生活教师与留守儿童经常沟通，留守儿童就会与生活教师拉近距离，就能调动他们的主动性，他们就会积极想办法把住校生活管理好，自主当家的意识就会逐渐增强，寝室的纪律与卫生的面貌就会有很大的改观。

留守儿童对父母过分依赖，缺乏基本的自立能力锻炼，就会导致留守儿童缺乏独立生活的能力，缺乏生活的责任感，留守儿童走向社会就会遇到各种各样的难以克服的困难。生活的路得靠自己走，只有具备较强的生活自理、自立能力，留守儿童才能走向美好的明天。寄宿制教育是培养留守儿童的自立自理能力的有效途径，而建立比较完善的寄宿制管理措施是培养留守儿童自立、自理能力的保障。培养留守儿童的自理、自立能力，需要我们的诚心、耐心和恒心，还需要我们每个生活教师长期学习和研究。

小猫钓鱼

孙义明

9月27日早晨，当我从梦中醒来时，忽然听到小猫的惨叫声，我和同学惊讶，循声望去，啊！一只漂亮的小花猫，正瞪着两只滴溜溜的大眼睛在期待着什么。它应该是因为觅食或者玩耍爬到高高的银杏树上下不来了。

同学们奔走相告，消息很快传开。大家议论着如何把小猫救下来，因为小猫是可爱的动物，动物是人类的朋友啊！有的同学说："找个梯子。"可是没有那么高的梯子啊。还有的同学说："找个长竹竿把小猫引下来。"

说话间一个年轻老师拿着竹竿上了平房，试图把小猫引下来，眼看着快够着小猫，同学们屏住呼吸，静静地看着，唯恐惊吓着小猫，可是小猫不但不顺竿下来，反而继续向高处爬，几乎到了树梢，可怜的小猫啊！不能再上了，再上就没命了啊！小猫不理解人们的帮助，在高高的树梢上，不时地叫几声，好像在和大家较劲。

一天过去了，营救小猫的计划都落空，大家有些失望，回到宿舍休息，外面下起了毛毛细雨，小猫在树上不时地叫着。我久久不能入睡，小猫不饿吗？小猫会冷吗？半夜起风把小猫刮下来怎么办？小猫的爸爸、妈妈半夜会来救它吗？小猫要能克服能上不能下的缺点多好啊！……天亮了，我揉揉眼，静静地听，怎么听不到小猫的叫声，难道小猫睡着了，还是摔死了？我和同学不约而同来到银杏树下，上下四处寻找不见小猫，小猫哪儿去了？

大家寻找着，疑虑着……这时门卫的老爷爷过来告诉大家说：学着点吧，小猫自己救了自己，凌晨四点多，小猫叫了几声，就从树上慢慢下来了……生活中因某种情绪，我们往往会有许多担心、焦虑，但结果常常是虚惊一场，出乎意料或水到渠成，或瓜熟蒂落，不因人的意志为转移。

对小猫的担忧不就是这样吗？而值得褒扬的是众人对生命的关注关心。

深夜写给网吧中宋涛的一封信

王勇基

宋涛同学：

你好！这两天他们一直在找你，我知道你心中有很多难言的苦衷，但这些都是你未来成功的资本。"自古雄才多磨难，从来纨绔少伟男"。你现在的孤独和心痛，就是未来成功和幸福的基石，但需要你挺住。之所以这次返校学习，我不像以往那样待你，就是因为，要让你知道，做任何事情都应该有代价，你当时执迷不悟地走，就应该有所体会和感悟。如今，你刚要长大，刚要有自己的思想、有思考、有感悟，你却感觉到世态的炎凉，一方面是你所受的家庭教育欠缺，而另一方面你又在咱们学校学习，有好多似乎比你幸福的孩子与你在一起，让你心理不平衡。事实上，假如你父亲不把你送到这里，你就孤陋寡闻，也没有在这里的体验，也就没有对父母的怨言。还记得你写的一些日记、作文吗？我坚信你将来会有出息的，只是还需要时间，还需要你的信心和决心，还需要你的毅力。前几天，我到北京开会，碰到了一个独臂中年，他叫黄友，见到他，一开始没太注意，当看到他美丽妻子写的书《世上没有克服不了的困难》，看了几页，才知道他家境很穷，三岁又失去了一只胳膊，他遭人白眼、唾弃。他想证明自己，他以捡拾垃圾为业，后来还想干大事，结果，18岁就欠下了40.3万元……现在，他是两个大型公司的董事长，他还是励志教育培训大师、国际培训大师、慈善大使。我不好意思地到他面前，让他给签个名，聊了一会儿后，试探性地问，请他做一场报告需要多少钱？他回答说，他做报告从来不要钱，都是免费的，连吃住路费都不要。哇！我的天，我这一次又捡了一个大便宜，不知又会有多少苦命的孩子，受到他的激励而鼓起勇气，重新寻找人生的目标，昂起头，像他一样成为一位勇敢的英雄。

我一直想把这本书借给你看，回来后一直很忙，开学后，你就会看到的。我想，你一定能从中获益匪浅。唉，在咱们学校里就有比你家境还艰难的，他们有的没有家也没有亲人，有的没有父母，有的没有父母另有年迈的爷爷奶奶，还有年幼的妹妹，一个家需要她去操心，他们可能比你还孤独、还痛苦，而你，只不过还是个撒娇的孩子。

我建议你写个方案，用积极的方式去度过你黑色而难熬的大休。

我们外出找你的老师还在一个一个的网吧中寻找……希望这封信能被你看到。

祝你开心、幸福！

爱你、期待你快快长大的校长　王勇基

2012 年 12 月 13 日 22 时 54 分

（谢天谢地，就在我刚写完这封信的时候，手机响了：找到了！所以，我就有心情给大家分享我的快乐了，呵呵！）

父爱如山

孙淑婷

　　"慈母手中线，游子身上衣。临行密密缝，意恐迟迟归。谁言寸草心，报得三春晖。"这是歌颂母爱神圣的一首诗。每当读到这首诗我都会想起我的爸爸，因为他给了我无私的父爱。

　　光阴似箭，岁月如梭。十年的光阴过去了，我已长大，变成了活泼可爱的小姑娘。没有烦恼也没有忧愁，我的生活每天过得丰衣足食。这还要感谢对我无微不至地关爱的父亲。只要是我喜欢的东西，就算再贵，爸爸也舍得给我买。因为从小到大，我仅仅享受过一个月的母爱。因此爸爸总感觉缺欠了什么。是呀，母爱如同河流，无边无际；如同空气，摸也摸不着。我从小到大就欠缺母亲的关心和爱护，在生活中，我常常想我的妈妈长得什么样子。2000年3月27日我出生了，我的出生给家人增添了欢乐，可是医药费却使家人苦恼，因为在我出生不久，爸爸在夜里干活时，不幸出了车祸，需要大笔的钱才可以保住爸爸的命。爷爷奶奶东拼西凑，才凑够了药费。家里已经没有钱了，妈妈又向朋友借了点，以解燃眉之急。虽然爷爷常说："你爸爸大难不死，必有后福啊！"但是，家里一贫如洗了，还欠了大笔外债。姥姥让妈妈离开了我们。

　　几年过去了，爸爸不辞劳苦地工作，夜里连一个完整的觉都没有睡过。最终爸爸干出了一番事业。可是白发却在爸爸的头上安了家。爸爸把我送到大唐学府这所好学校，这里是孩子生活的乐园。我在这里吃得好，睡得香，老师对我体贴地照顾。我在这里交了许多朋友，真的感谢爸爸给我选择了这么好的学校。虽然我和爸爸身处两地，但是爸爸永远在我心中。看到同学们的妈妈来看他们，给他们买好多好吃的东西，给他们零花钱，带他们出去玩，给他们买漂亮的衣服，我虽然羡慕，但不自卑，因为我有伟大的父爱。

所以我要刻苦学习，做一个争气的女儿，不向爸爸索取。将来我能挣钱了，一定好好孝敬爸爸。我要以爸爸的爱为动力，让老爸望女成凤的梦想实现。

我们在这里长大

燕　超

　　时光荏苒，光阴似箭，转眼之间我们已经到了初三。初三，这是一个崭新的阶段，我们都很明白自己马上就要面临中考的挑战，我们也深深地体会了自己身上肩负着父母、老师的期望，然而我们究竟能取得怎样的成绩，考入一所什么样的高中，这一定是叔叔阿姨们关注的焦点问题。

　　新学期开始后，同学们都发生了很大的变化，其中更多的是同学们思想观念的变化。升入初三，每个人都感到了前所未有的压力，紧张的学习时间、繁重的作业、激烈的竞争往往压得同学们喘不过气来，但谁也不愿放弃，谁也不愿做中考的失败者，许多同学都改掉了贪玩的习惯，甚至放弃了自己的兴趣爱好，几乎把所有的时间都投入到学习中去，形成了一种积极向上的学习氛围。每位同学的学习积极性都特别高，像我们年级的周宏涛、朱沈阳、刘兴军、石运幸、冯浩辉、柏路遥等同学更是能早晨5点钟就赶到教室学习。在他们的带动下，所有的同学都能在5点50分之前来到教室读书，同学之间也相互学习、取长补短，在这短短的几个月里，每位同学都取得了不小的进步。

　　学校也十分重视我们这届初三毕业生，校领导多次召开初三任课老师会议共商教育教学问题。各科也配置了辅导老师来帮助我们学习。我们的任课老师也都是教学经验十分丰富的老师，像我们的数学老师杨老师、英语老师李老师、语文老师颜老师等老师都是治学严谨、工作认真的老师，这进一步为我们的升学取得好成绩提供了保障。相信在老师的精心培育下，再加上同学们现在这种学习劲头，一定能在将来的中考中取得优异成绩。

今天的我们深知自己身上寄托着家长的希望和未来。我们也十分感谢家长为我们的成长所付出的艰辛。我代表全体同学向各位家长表示：请您放心，我们做儿女的一定不会让您失望的。

母爱，在手中绽放

王鹏飞

每到大休的时候，梦中的家园也会离我越来越近。

每到这一刻，我坐在车上，看着稍纵即逝的风景，心里没了一丝留恋，惦念着的却是永远守候着的温暖的家乡。一路上的颠簸好像显得异常舒服。

车缓缓驶进村子里，心也自然而然地放下了，好像回到村子里就感觉到了一股久违的安全感。回到家时推门一看，是妈妈在家洗衣服。她看见了我，立刻放下手中的活，马上来迎我，"回来了？""哎。""还好吗？""挺好的。"一些简单的问候，好像每次都是这几句，但是我知道里面包含的内容太多太多了！说完了话，妈妈伸手就要来拎我的包，我说："还是我拿吧！"她说："不用了，你到屋里去吧！"说着，就把我的包拿了过去。这里，我看到妈妈那双洗衣服洗得通红，又有些干裂的手，这让我有些痛心。是啊！爸爸一年到头在外面挣钱养家糊口，是妈妈一个人把家里收拾得井井有条。什么洗衣服、做饭等，都是妈妈一个人干，而我到家时，很想帮她干活。妈妈有时吩咐我干一些轻活，大部分都不让我干，只好安逸地在家里学习，玩乐。说到这里，顿觉有一种愧疚感，是自责，也是对母亲的感激。

如果说家是一艘行进中的大船，那么妈妈就是鼓足劲的船帆。无论风多大，雨有多凶，她依然屹立在海天之间，让你不会在风雨中迷失方向。

就在回家的第二天，妈妈往里屋扛花生，我看见她豆大的汗珠在往下滴，身子一直在晃。我赶忙跑过去扶住袋子，并问妈妈怎么了。妈妈说刚才扛花生时不小心闪了腰。我忙把妈妈扶到沙发上，并给她倒了一碗热茶，我让她坐到一边歇会儿。我又跑到花生袋子前，想帮她扛到里屋，一开始没用多大劲，袋子一动也没动，真不知妈妈平时是怎么扛的。于是，我使出全身的力气，才一点点把袋子搬到屋里。妈妈见到这种情形，说："坐会儿休息休息。"伸手就来拉我，我一把抓住了妈妈的手，坐到了沙发上。看到妈妈那瘦弱的身躯，又不禁看了看妈妈的手。妈妈黝黑的手上，透出几个发黄的茧子。这里我才明白妈妈那"庞大"的力量源泉。

每次回校的时候，妈妈都亲自把我送到上车的地方。临走时，我想到了还有件东西落在下面，妈妈立刻跑过去拿起来。由于妈妈身材不太高，只好把它举起来。当妈妈高高举起的时候，我又一次看到了妈妈的手。这让我产生一种信心，想努力回报父母的信心。当车已经走远的时候，背后只留下妈妈踮着脚尖使劲眺望的背影。

这眺望的背影里，是一部让我终生都读不完的书。

"我的老母亲，我最亲爱的人……"现在只有这首歌能表明我的心情了。妈妈，这是儿子献给您的一首歌，你听到了吗？母子连心，想起您的那双手，我的心，跟您一样疼了。

天大地大，父母恩大

张梦影

世界上最无私的人是谁？——父母。世界上最伟大的人是谁？——父母

——题记

父母难，难！从自己的孩子呱呱落地的那一刻起，父母就踏上了艰辛的路。父母要挣钱，压力很大，本来显得很富态的脸，现在变得骨瘦如柴。每天都忙于事业，手机每天都唱着歌，好像在打扰着主人，希望主人休息一会。可是，爸爸却用铃声来激励着自己，时刻提醒着自己，不要松懈，一家老小还等着我养活呢！而妈妈，本来年轻、漂亮的脸，现在却变得憔悴、苍白了。自从孩子来到人间后，她把钱和心血都用在了孩子身上，化妆品架上空空的，鞋架上只剩下几双布鞋。本来白净的脸上现在却爬满了皱纹，显得苍老了许多。

父母乐，乐在自己的孩子来到人间的那一刻，原本寂静的房子里现在有了哭声和笑声。爷爷奶奶、爸爸和妈妈都围着孩子转，从不嫌烦，一旦屋里没有哭声和闹声的时候，会觉得浑身不自在。他们绞尽脑汁，逗孩子笑。渐渐地，孩子的哭声少了，笑声多了，充满温馨的房子也高兴起来，仿佛有了生机。望着一天天长大，一天天懂事，一天天爱笑的孩子，爸爸妈妈都笑了。因为他们知道，自己的心血没有白费，自己的孩子也很有出息。

爸爸妈妈，你们放声大笑吧，作为女儿的我，有一个心愿：长大后，我会让你们过上好日子的。

父母苦中有乐啊！每天要叮嘱孩子注意这注意那，可每天的善言好语却

被孩子当作无穷无尽的唠叨，没完没了。父母因害怕孩子被伤害，所以总是约束孩子的行为，可有着孩子气的孩子却不理解，有时还会与父母顶嘴，伤心的父母却从不记仇，因为他们知道，等孩子长大后，肯定会明白的。孩子们回到家，严厉的父母要求他们不做完作业不许吃饭，于是，饿着肚子的孩子，很生父母的气，被迫完成作业。即使父母知道这样做，苦了孩子，可是为了孩子的前程，不得已而为之啊！

爸爸妈妈，也许你们不求回报，我也会知恩的，我会用自己的实际行动来报答你们的养育之恩。

我会努力的，尽最大的努力争取上进，好好学习，不让你们失望。遇上你们是我的荣幸，做你们的女儿是我三世修来的福分。茫茫人海，我能够来到这个温馨而和谐、幸福的家，我知足了。有了你们对我的疼爱，无论我走到哪里，家都是我最信赖的避风港。

天大地大，父母恩大。我一天天更加懂得了它的内涵。

爱不一定要说出来

许 伟

爸爸妈妈，你们还好吗？儿子想你们了，虽然不会偷偷地在被窝里流眼泪，但也会在寂寞的夜晚想你们。

爸爸，我想你肯定又变得苍老了许多。您每天都奔波于事业和家庭之间，为了我们这个家，为了我和弟弟，您忘我工作。想起跟您在一起的日子，清晰的是您的背影，而模糊的是您的面孔。您很强壮，我每天感受着您的爱。您每次回来，都会带一点好吃的和好玩的给我，即使偶尔一次没有，你也会在下一个晚上补给我。

我犯错了，您会毫不留情地批评我，并教育我如何去做一个好孩子。当时的我很不理解这种行为，为什么疼爱我的爸爸会变得这么凶？而现在的我，却很想再回到从前，回到那个被您批评的爱的时刻。

现在，我离您远了，往往也只是用电话联系一下，但我知道，您的爱没有变，虽然三言两语的叮嘱，却使我依旧被爱的光环所笼罩。因为爱不一定要说出来，而是要用心去感受。

妈妈，您一定要照顾好弟弟。因为我最近听说，校园伤亡事件比较多。您也要照顾好自己，工作别太劳累了，钱不重要，身体是最重要的。

妈妈，我又想您了。同学们的父母经常来看他们。看到他们高兴的样子，我真羡慕。也就是在那时候除了想念之外，更多的是不理解。为什么要把我一个人放在家学习和生活，我也想和你们在一起，虽然有批评、有争吵，有不愉快，但我也想。以前我是多么笨啊，和你们生活在一起，想着要自由、独立，而现在我不想要这些了，我长大了。我也明白了，你们让我现在一个人面对生活，是想让我以后更好地适应生活。

　　妈妈，我在学校里过得很好，您不用担心。老师很负责，同学们也都很可爱。成绩不用说，在班里可以说得上优秀。我知道我应该努力的方向，不会因为一些困难而退缩，不会因为受到一点阻碍而害怕。我是没有资格让您和爸爸伤心的。

　　爸爸妈妈，您放心吧！我一定会好好学习的。以后的路，我会走得更好。

感恩父母

周文涛

我相信在每一个孩子的心目中，父母是自己唯一的依靠，也是永远的依靠，对他们我们有数不尽的言语，道不尽的恩情。

想想父母的白发，想想他们额头上的皱纹，是什么带走了他们的青春年华？也许你们会说："当然是时间的飞逝。""但真正的祸根"不就是我们吗？父母把我们从幼稚的乐园，带到了学生的天地，其中的艰辛恐怕是我们无法体会到的。我们哭泣时，牵动着父母的心；我们生病时，他们愁白了头；我们淘气时，他们用博大的胸怀宽容我们。我们做事从来不想后果，因为就算出了事，责任也有父母扛着，为了我们，父母可以付出一切，甚至是生命的代价。他们含辛茹苦地把我们拉扯大，不要任何回报，只求我们能平平安安，快快乐乐。我们快乐，他们快乐，每当父母看到自己的孩子满脸笑容时，他们的心也在笑。

为了让我们接受更好的教育，父母不惜代价把我们送到这么好的学校，让我们在舒适的校园里快乐地学习知识、学习本领。

为了家庭的开支，父母在外拼命地挣钱，我们还经常毫不顾忌地向父母伸手要钱。当你接过钱的那一刹那，你想过父母的不容易吗？你觉得对得起父母吗？为了我们父母不知流了多少汗、多少泪、多少血。他们的痛苦，他们的辛苦却统统都掩埋起来，不愿让我们看到。世上还有比父母更亲的人吗？

想到这些，我们是不是觉得愧疚，是该拍拍自己的良心，想想自己是否对得住自己的父母了。父母无私地把爱奉献给了我们，我们是不是得学会感恩呢？"鸦有反哺之义，羊有跪乳之恩"，连普通的动物都知道感恩父母，何况我们是有感情的人呢？同学们学会感恩吧！也许是一顶博士帽，也许是一份录取通知书，也许是一张百分的试卷，也许是一个电话，也许是一杯热茶……我们现在虽然不能给予父母房子、金钱，但我们能让父母疲惫的身躯健活起来。同学们醒悟吧！赶快行动起来，趁父母还健在的光阴，不要等失去了才知道珍惜，那时为时已晚。

我们的父母不容易，再坚强的靠山也会失去活力，不能再让父母忧愁了，他们这辈子承担了太多忧愁，赶快感恩父母的爱吧，用自己小小的爱去一点一点弥补父母无私的恩。

大唐学府 我的家

周宏涛

光阴似箭，日月如梭。不知不觉，三年的初中生活即将结束，细数其间留下的足迹，有着太多的辛酸和磨炼，但更多的则是难以忘怀的温馨。

在这里，同学之间情同手足，老师给予了我们父母一般的爱。学府像家一样的温暖……

前天遇到王校长，校长用他那富有磁性的声音和蔼地问："快中考了，你准备好了吗？"看到我有些踌躇，他说："学习其实很简单，像理化，还有数学都是逻辑性较强的学科，只要你善于推敲，灵活运用，学起来就容易得多了。"

我听了连连点头。他的身份似乎不单纯是校长，更是我们一千多名学生的家长、父母。大唐学府也不再只是学校，更是我们的家啊！

这只不过是温暖学府万花丛中的一朵，每人随手就可以撷取很多很多。上学期最后一次大休，我提前独自来到了学校。恰遇天气骤冷，不小心感冒了，我躺在床上感到无助和孤独。门突然开了，家住学校的黄家振同学进来了。见到我生病，他没留下一句话，转身走了，这不禁让我更加惆怅。然而，四五分钟后，一阵急促的脚步声由远而近，黄家振同学左手拿药，右手端着一杯开水来了。

"家里只有这些感冒药了，快吃了吧。"他急急地说。

我感到一股莫名的温暖扑面而来，感冒好像一下子好了许多。

值班的阿董（董教官，同学们都亲切叫他阿董）也闻讯赶来，带我看医生，看着我吃下药……

一觉醒来，已是第二天早上，我浑身上下无比轻松，感冒全好了，大脑也特别清醒，清楚地记得半夜里有人给我盖被子。

在大唐学府的三年学习生活中感受到了太多的温暖，那是用语言无法描述的。因为学府对我们的恩情，即使蘸着沂河水也写不尽。千言万语汇成一句话：大唐学府，我们温暖的家。

给爸爸的一封信

王康宇

亲爱的爸爸：

　　您好！

　　您在他乡身体还好吗？即将来临的是"六一"儿童节，在这个日子里，我要向您祝福，在我快乐的日子里，希望您也笑口常开。

　　爸爸，您虽然一年才回一次家，但是您每次都带些东西送给我们母子三人。去年，您回来时，给我买了梦寐以求的遥控飞机，还给辛苦勤劳的母亲带来一件漂亮的毛衣，您知道姐姐每天忙着复习，没有时间吃饭，给姐姐买了许多营养品，您给予了我们这么多东西，却未曾给自己买过任何东西。父爱无私，谢谢您，我亲爱的爸爸。

　　爸爸，您还记得我在咱们村上学的情景吗？那时我上课不认真听讲，还总偷偷拿家里的钱花，您发现后，把我叫到跟前，当时我很害怕，怕您大发雷霆，怕您狠揍我一顿，可您却用温和的语言教导我。当天晚上，您为了不让我变成一棵歪树苗，决定不让我在乡下上学，要把我转到大唐学府，接受更好的教育。

　　没几天，我来到了这个温暖的家庭，这里的老师像妈妈似的，天天向我们问寒问暖。在老师精心辅导下，我的成绩突飞猛进，几乎年年都得"诺贝尔优秀奖"。有一次我的作文写得好，老师推荐了两篇作文发表在学校的《大唐杏坛》上，我获得了十四元的稿费。前些天，玉树大地震，学校举行了捐款活动，我得到的稿费终于有用武之地了。在捐款时，我高兴地拿着稿费放进了捐款箱，虽然钱不多，但是代表我的一片心意。捐完款后，妈妈自豪地对别人说："我儿子是用自己挣来的钱捐的。"用自己的稿费奉献给需要帮助的人，是我成长中最快乐的事情了。我的好爸爸，您听到这些，高兴吗？这都是您，背井离乡，在外打工，挣钱，在他乡省吃俭用，才给我提供了这么好的学习环境啊！

　　我的好爸爸，您给予了我幸福，给予了我温暖，可是，白发却在您的头上安了家。如果我将来成为一位作家，那么我一定会把您写进去，让别人知道，我的爸爸是多么伟大，让别人知道，有这样一个爸爸我是多么幸福。

您的宝贝：王康宇

给妈妈的一封信

王　栋

亲爱的妈妈：

　　您好！

　　妈妈，您对我的爱，我刻骨铭心，我对您的感激之情也一言难尽。这些年是您养育了我，使我长大成人，妈妈您辛苦了！

　　妈妈，我在这里生活非常好，您就放心吧！我小时候，您总是帮我穿衣、穿裤，在您的百般呵护下，我渐渐长大了。我深知您的艰辛。爸爸因意外事故离开了我们，原本幸福的家破碎了。您默默地承受着巨大的打击和痛苦，支撑着这个家。您一直强打精神地照顾我。唯恐我有什么压力，您实在对我太好了，您浓浓的母爱一直温暖着我。现在我已经不是从前的我了，我已经从一个懂事的小孩子长成了小伙子，我要帮您顶起这个家，相信您的儿子吧！现在您就是一棵大树，而我就是大树下的小草，您滋润着我，我要不顾一切地努力学习。父母之爱深如大海，我体会到了您的爱是博大而宽厚的。

　　妈妈，您为我付出的爱太多。您每次带我出去玩，我吃东西撕掉包装袋时，您总是让我收拾好，叮嘱我要扔进垃圾箱，不能随手乱扔。当您带我去体育场玩时，每当看到别人丢弃果皮、纸屑的时候，您总是让我捡起来，我却埋怨着："又不是我扔的，为什么要我捡啊？"您总是亲切地对我说："要做一个讲卫生的好孩子。"这句话我至今都铭记在心，也正是因为您的潜移默化，我养成了讲卫生的好习惯，还成了餐厅的小组长呢！

　　亲爱的妈妈，很多家长都不让自己的孩子看电视，可您却很开明，为了培养我，让我了解国家大事，每次大休在家的时候，您都让我看新闻、知天气。当我看到云贵等边远地区的人们忍受着自然灾害折磨的情景时，我流泪了，回到学校义无反顾地捐献了自己的零花钱，当我再次看到听到玉树地震时，我又一次献出了自己的爱心。

生活的担子已经够重的了，我不想加重您的负担。您就不用再为我操心了，我来到大唐学府后各科成绩都有了明显的进步，我还会继续努力的，现在我自理能力很强，学会了自己照顾自己了，一切您放心吧！

妈妈，您辛苦了，我爱您！

祝：身体健康，心情阳光。

您的儿子：王栋

给妈妈的一封信

刘欣悦

亲爱的妈妈：

　　您好！

　　时间过得真快，转眼间我们娘俩已经三个多月没见面了，您在外地工作还好吗？我一直在这里想着您，盼着您，有时候连做梦都梦见您，真希望您能在百忙之中抽出时间前来大唐学府参加家长会。我们母女俩团聚说说知心话。每当看到班里其他同学的妈妈来看望他们时，我心里好羡慕呀！有时也会产生抱怨情绪，心想您为什么不经常来看看我呢？现在我长大了，了解您的苦衷，知道您不是不想来看望女儿，而是苦于路途遥远，实在没有时间。您为我长年奔波在外，非常辛苦，这一切不都是为了我吗？

　　妈妈，为了使您不再为我牵肠挂肚，解除您的后顾之忧，现在我把大唐学府的学习生活情况简单地给您介绍一下。

　　在这里，我学会了学习。我在这里学得很好，很开心。学校的老师爱岗敬业，默默奉献，治学严谨，教学有方。在老师的精心指导下，我的学习成绩有了较大的提高，视野开阔了，知识面拓宽了，学习能力增强了，自学性提高了。学会了读书思考，学会了科学的学习方法，掌握了学习的技巧，我写的作文老师在班里还当作范文来读呢。学校里不光开齐了课程，还开设了多门选修课。课外活动丰富多彩，学校经常举行多种活动，如安全演练、感恩教育，为玉树灾区的小朋友捐款等。现在为庆祝"六一"儿童节的到来，学校在搞排练，这些活动使我在德、智、体各方面都得到了发展，我在这里学习得很充实，这里是我学习进步的乐园。

在这里，我学会了做人。"学高为师，身正为范"，学校的老师言传身教，率先垂范。我从老师们的一言一行、一举一动中得到熏陶，受到教育，懂得做人要诚实守信，尊敬师长、团结同学，勤劳俭朴，与人为善。懂得了主动替父母分忧解难，懂得了"正人先正己，做事先做人"。明白许多做人的道理，在这里我的性格有了较大的改变，与同学和谐相处，关系融洽，亲如兄弟，情如姐妹。我从一个无知的儿童成长为一个文明守纪的好学生。我在这里健康成长，这里是我人生成长的摇篮。

在这里，我学会了生活。我在这里吃得很好，食堂饭菜多样，荤素搭配，营养丰富，味美可口，课间还有点心加餐和新鲜的水果。在家挑食的毛病早已经改掉，吃得又白又胖，个子还长高了呢。我在这里住得也很好，宿舍里卫生整洁，被子叠得整整齐齐，地面扫得干干净净，就像军营里一样，整齐有序。学校老师爱生如子，给我们盖被子，帮我们洗衣服。无微不至地关心照顾我们。冬天寒冷时，我们的宿舍里温暖如春；夏天炎热时，我们的宿舍里清新凉爽。学生生病时，班主任老师关怀备至，体贴入微，嘘寒问暖，端茶送药，这里的老师不仅教我们科学文化知识，而且还承担着父母和朋友的双重责任，既是良师，又是益友，真是不是亲人胜似亲人。通过老师的指导，我良好的卫生习惯已经养成，独立生活和自理、自制能力明显增强。总之，我在这里学得好，吃得好，住得好，在这里快乐地生活，这里是我温馨的家园。

父恩比山高，母爱比海深。您为我的成长含辛茹苦任劳任怨。女儿将铭记在心，我决不辜负您的殷切期望，决心以优异的成绩来回报您的养育之恩。

妈妈，请看我以后的实际行动吧！

祝：妈妈青春永驻，开心快乐！

您的宝贝女儿：刘欣悦

爷爷奶奶：我想对您说

孙淑婷

爷爷奶奶，从出生没几个月到现在，一直是你们把我带大，你们所受的艰辛和劳累，那是我用所有的孝义都无法回报的。

奶奶您知道吗？当我看到您手上破裂的一道道血口子时，您知道我是多么心疼啊，这都是为了让我可以幸福快乐地成长！

还有一次，夜里我感冒了，吓得你们不知所措，是奶奶您抱着我，跑了好几个街，当时正是冬天最冷的时候，我被阵阵寒风弄得又发起了高烧，您和爷爷把衣服都脱下来给我包着，自己身上却只有一件内衣，好不容易跑了那么多路，到了医院，给我看病，为我焦急。可你们不知自己正在热伤中，万分的坚持却抵不住这病痛的折磨，您晕倒了，此时我在心底默默发誓，等我有钱了，我会尽我最大的力量去孝敬您，报答您对我的养育之恩，让您过上好日子，衣食无忧！

到了该上学的时候，您和奶奶为了让我学文化，拼命挣钱，供我上学。

每当我拿着一张张鲜红的奖状出现在您面前时，您脸上露出了笑容，您的辛苦没有白费，您为我感到骄傲，我一定好好学习，考上大学，为家争光，让你们过上好日子。爷爷奶奶，爸爸现在有钱了，可以供你们享福，我还没有长大，但我说的话一定算数。

爷爷奶奶，现在我在这个学校生活得很好，老师疼我，与同学们和睦相处，我每天都沉浸在欢乐中。这里的学习环境很好，老师们不但知识渊博，而且爱生如子。我不懂的问题，老师会耐心地教给我。

爷爷奶奶，自从来到大唐学府，我的成绩突飞猛进，从原来的40分、60

分到现在的 80 分、90 分，直线上升。我每次都能拿到奖状，还有奖学金呢。

这里的老师像您那样好。董老师看到我的手冻破了，把我带到她家里，用热水给我泡，给我抹冻伤膏，对我的关爱无微不至。

宋老师虽然表面上很严厉，但非常和蔼。有一次学知识，我翻来覆去总是学不会，宋老师看见了就耐心地给我讲解。还有李老师、王老师、陈老师对我都很好。

爷爷奶奶，等我长大后，我第一个孝敬的就是你们，我会给你们最舒适幸福的生活。

妈妈，我想对您说

李翔龙

妈妈，我想对您说，谢谢您！感谢您把我送到了大唐学府，送到了这个成长的乐园。

我们的校园里景色秀美，有很多树，有美丽的花坛，有池塘。您在外面做生意不用担心我，我在这里生活得很好，有那么多的老师教我知识，还有许多同学和我一起学习知识、一同玩耍。有了老师和同学的陪伴，我感到快乐和幸福。

在生活上，我们敬爱的孙老师和我们一起住，为的是更好地照顾我们，孙老师每天晚上都会起来给我们盖被子，怕我们感冒。早晨很早就起床给我们打好热水，每天都叮嘱我们多穿衣服。自从进入了三年级，我觉得自己长大了很多，我跟孙老师学会了整理床单、叠被子，我不再让孙老师帮我整理了，因为我觉得自己可以做好这些事情，我要自己照顾自己，要自立。

妈妈在学习上您更不用担心我。我们的老师对我可好了，我们有什么不懂的地方，老师都会认真地给我们讲解，因为老师严格要求，认真讲解，我进步得很快。感谢我的老师们，是他们教会我知识，教会我如何做人。我们还有一个团结的班级，有不会的问题，同学们都会热心地给我讲解。告诉您，我现在已经获得八张奖状了呢！令我感到自豪的是其中有我的努力。

妈妈，每次大休您都从青岛跑来接我，过几天再亲自把我送回来，每次您来接我的时候我的内心都十分感动。感谢您，妈妈！谢谢您和爸爸为了我在外地辛苦地奔波，谢谢您对我无微不至的关心和爱护。请您放心，我在大唐学府生活得很好，我会努力学习，争取用优异的成绩来报答你们。

最后，我想说，爸爸，妈妈。我爱你们，你们辛苦了！同时，我也感谢我的老师们，谢谢你们对我的关心和教育。快到元旦了，祝爸爸、妈妈身体健康，万事如意！祝老师们工作顺利，芝麻开花节节高！祝我们学校越来越辉煌！

身体是本钱，我的老爹老妈

刘维杰

亲爱的老爹老妈：你们好！请允许我给你们这样的尊称，因为血浓于水的亲情缘故吧，对你们的称呼在我的心里早已抛弃了传统的习俗，我们90后的新一代是怎样叫得上口就怎样叫，怎么叫得习惯就怎么叫，怎么叫得亲切就怎么叫。

老爹老妈，你们现在好吗？天气越来越冷了，千万要注意身体，身体是本钱，我的老爹老妈！千万不要让身体太过劳累了，也千万不要牵挂我和姐姐了，常年不在你们身边的我和姐姐，都生活得很好，请你们不要牵挂我们，我们已经长大成人了。

老爹，还记得您跟我说过这样的话："孩子，我们长年在外，感觉对不起你和姐姐……"是的，听妈妈说过，我姐姐小的时候，因为你得干活，姐姐那么小你都没有抱过她。而她该读初中的时候，她想去美澳读书，但是因为种种原因，希望化成了泡影。等她读完初中该上高中的时候，她想去一中读书，但又是由于其他原因，愿望没有实现，结果去了二中。我知道那是你到处托关系找人，但最终还是无能为力，其实，您已经尽了心，您总是责备自己，觉得对不起我姐，现在我替我姐姐跟您说："老爹，您没有对不起她，她现在一切都很好。"

老妈，在我的记忆里，应该是您照顾我最多了，从每一次的大休开学说起，从第一次我生病说起，从每一次我在家吃饭说起，因为老爹得干活，不得不起早贪黑，所以你每一次大休开学都送我，大包小包里总是塞得满满的，您把对我的牵挂也一同塞了进去，沉甸甸的爱装满行程。每一次我生病输液的时候你总是细心地照顾我，陪着我说说话，看见我病得那样，您巴不得自己得了病，也不让我得病。每一次大休回家，您都要让我吃上您亲手做的一顿饭，才心满意足。我记得上次大休，我只是随口说了声"妈，我想吃饺子"？谁料到，您到了晚上还想给我买饺子，我不知道说什么才好。

老爹老妈，你们知道吗？我在学校成绩很优秀，老师说我只要努力就很有出息。所以我就下定决心，为了让这五个月的生活和学习变得更有意义，我会更加努力，走好每一步，让前方的路不再迷茫。老爹老妈，你们就看好吧，我现在早起晚睡，很勤奋，你们的儿子会在中考中取得优异的成绩！

过年咱们又团聚了

李　阳

爸爸妈妈，最近天气有点冷，一定要多穿衣服，小心着凉了。以前很小的时候你们总是那么关心我，现在我长大了，也懂事了，我知道你们其实很不容易，在你们细心的呵护下，我从一个害羞、无知的小女孩逐渐长成了一个活泼开朗的大姑娘了。

张张日历翻飞，我已度过十五个春秋。在这 15 年里也意味着你们为我辛苦了 15 年，劳累了 15 年，操心了 5475 天，照顾了我 131400 小时，我也感动着 7884000 秒。多么惊人的数字！你们为我付出了太多太多！有时候我真的很不忍心，总觉得自己长大了，可以多为你们做一些事，也许是因为太爱我的缘故吧，你们都不让我做，在你们的眼里，我永远是一个长不大的孩子，永远都是那个幼小的丫头。

爸爸妈妈，其实你们错了，女儿已经长大了，知道该面对怎样的挑战，已经九年级了，学校开了 9 次家长会，你们从来都没有参加过，看着别的孩子牵着爸爸妈妈的手，依偎在亲人的怀抱中，在校园中走动，连他们的影子都笼罩着幸福，我好羡慕。站在教室的门口就能看见学校的大门，大门口每天都会有来往的车辆，有时候我多么希望你们的身影出现在那里，每一次偷偷地瞅着门口，每一次都希望落空。我现在盼望着过年，过年了，你们就可以回家了。

爸爸妈妈，你们知道吗？进入九年级了，学习真的很累，但是女儿很快调整了心态。我觉得现在的生活充实而有意义。与七、八年级比较起来，可以说那会儿真是荒废了，我很喜欢现在的感觉，时间永远是那么紧迫，生活永远是那么充实，学习永远是那么有动力。只有 175 天就要中考了，我的目标是一中。虽然学习时间很紧迫，我一定会照顾好自己的，一定会珍惜每一分、每一秒，珍惜现在这个学习的黄金时期，也会延续你们那个还没有完成的梦想。相信我，你们的宝贝女儿一定会梦想成真！

　　值此新年来临之际，祝你们 Happy New Year!

为了这个家

历杰杰

亲爱的爸爸妈妈，你们不要担心我，我在学校生活得很好，很长时间没有看到你们，有点想你们了，你们想我了吗？我知道你们一定会想我的，父子母子连心嘛！对了，告诉你们一个好消息，我在学校又长高了一些，知识也增加了很多。在学校里，我是老师的好帮手，是同学们的好朋友。老师曾经和我说过，在评比优秀班干部的时候，我以全票当选，你们应该为我自豪吧！

最近几天有点冷，你们一定要注意自己的身体，我在学校里不用担心，我会自己照顾好自己的。冷了我会加点衣服的，不过你们的儿子身体很硬朗！

在大唐学府，我和同学们相处得很好。当我有困难的时候，同学们也都乐意帮助我，同学之间相处得就像亲兄弟一样，互相理解，互相包容，互相关心，互相爱护。老师和你们一样的关心我们，疼爱我们。当我遇到困难的时候，在学习上遇到拦路虎的时候老师总是耐心地给我讲解，直到我听懂为止。人的一生能够得到父母的疼爱、老师的呵护、同学的友谊，就知足了。

在这里吃饭很香，每天都能吃上老师、同学给打的饭菜，我每天都吃得饱饱的。在宿舍里同学们相互交流，说说心里话，非常开心。有的同学学习很刻苦，在宿舍里还照着灯学习到深夜（其中就有我）。早晨我也是早到教室的，一天到晚到处都可以看到同学们背书、讲题、做题、讨论的身影，他们是多么地刻苦！我也受到了熏陶。爸爸妈妈，你们说，同学们是不是很棒？对于明年的中考，我很有信心，我已经确定了目标，我要凭着自己的本事考进重点高中。

爸爸，您一定要注意身体！还吸烟吗？吸烟是有害的，酒也要少喝或者不喝。我在学校学了化学课以后才知道吸烟喝酒对人的危害是很大的，等年底我们回家团聚的时候，我一定好好给您上一课，让您知道吸烟喝酒的危害。爸爸听儿子一句话吧，以后不要因为一点小事就和我妈妈吵架，当我看到你们吵架的时候，别提多伤心了！我希望你们不管因为什么事都要心平气和地在一起生活，为了妈妈，为了我，我们都要很幸福地生活着。

微笑，亘古的力量

许　伟

　　西施的一个微笑，让勾践用三千越甲击溃国富民强的吴国；昭君的一个微笑，换来了用千军万马都征服不了的边境五十余年的安宁；貂蝉的一个微笑让吕布这员骁将顿然陨落，让曹操一战成名，天下三分；杨玉环的一个微笑，让整个大唐狼烟四起，满目疮痍……

　　微笑，亘古的力量！

　　简简单单的一个微笑，让饥寒交迫失去信心的人重新站立，让跌入深渊的人再度振作精神，有勇气脱离死亡的魔影。阳光总在风雨后，阳光就是微笑，它给万千人以鼓励，它让万千人鼓舞。简简单单的一个微笑，让失败的人再次扬起头来，再次活出一个堂堂铁血男儿。

　　微笑，亘古的力量！

　　微笑是那黄山顶上栉风沐雨、雷轰电击仍屹立不倒的迎客松；它张开双臂，向游客讲述微笑的真谛；微笑，是诗人杜甫登上泰山之巅俯视天下而发出"会当凌绝顶、一览众山小"的感叹；微笑，是爸爸妈妈在风雨中到校接我时为我打开的那把花纸伞。

　　微笑，亘古的力量！

　　后羿射日的故事告诉我，微笑是一种责任；精卫鸟低飞抓起石子的故事告诉我，微笑是持之以恒，是坚持不懈，是为自己定下的目标奋斗不息；夸父追逐太阳的故事告诉我，微笑是一种精神，是不屈的勇气。

　　好一个为黎民百姓而弯弓！好一个为芸芸众生而填海！好一个为不变的信念而追日！

　　一路斩尽妖魔鬼怪，让妖魔闻风丧胆，这是斗战胜佛的微笑；水泊梁山行侠仗义，是智多星的微笑；为了光复汉室，刘备三顾茅庐，欣然微笑；为了驱除鞑虏，亿万儿女揭竿而起，这是胜利者的微笑。

　　微笑，亘古的力量！微笑，亘古的魅力！

十六岁的花季

张青青

十六岁的花季是美丽的，善变的，自由的，独具个性的。

十六岁的花季是一种非凡的活力。淋淋沥沥的春雨没有夏时的威力，没有秋的幽怨，全在缠绵中孕育着生机，它以细腻的柔情滋润着万物，它以温馨的母爱弹奏着春天的摇篮曲。风姿婀娜的春天是小雨释放自己的季节，十六岁的花季挂满枝头。

十六岁的花季是一种独立的品格，它不俗气，不苟同，它拥有自己独特的思想，超凡的想象，全新的视觉，无论得失，无论荣辱，它都一如既往。十六岁的花季洒脱超然。

十六岁的花季是一种神奇的力量，它能够使你从失败中奋起，从无奈中自拔；它能使你放飞思想，打破常规，找到属于自己的人生定位；它能够使你自信百倍，体验生命的价值；它能够使你无坚不摧，乐观坚强。十六岁的花季五彩缤纷。

十六岁的花季是一种魅力。它以另一种方式展现自己，大放异彩。王祥卧冰，孝传世人；缇萦救父，名传千古。刘胡兰"生的伟大，死的光荣"将自己的青春书写得格外灿烂；谢荣意气风发、勇敢顽强，把自己火红的青春献给了党，献给了革命。十六岁的花季，铁骨铮铮。

十六岁的花季是一笔宝贵的财富。它不是被岁月带走，不能因斗转星移而磨损棱角，不能因日月无光而剥蚀其光泽。它是正处于花季的我们一生中最本色的写照。在记忆的长河中，十六岁是珍珠玛瑙，是绿衣小诗，是人生的十字路口小小的叛逆。十六岁的花季梦想扑鼻。

十六岁的花季是天空中一幅绚丽斑斓的画卷，它将晨曦和暮色穿成了串儿，吐故纳新，扬清彻浊。十六岁的花季走进时间的洪流里。

风的自述

张孟影

大家好，我是风，注意，我可不是简单的风，我是形形色色的风。

春天因为有了我，才那样生机勃勃。

我非常喜欢春天，因为它像刚出生的婴儿一样，一点也不懂事，却散发着一股诱人的气息，我随着这股气息来到了春天，草儿被我吹绿了，一丛一丛的，美极了；花儿被我吹开了，一朵一朵的，香极了；柳树被我吹活了，一棵一棵的，高极了；白天，我伴着花草，一起嬉戏，抚动着杨柳，一起玩耍，邀请着蝴蝶一起飞舞。黑夜，我望着皎洁的月光，与嫦娥一起歌唱。哇！春天真好！

夏天，因为有了我，才那样郁郁葱葱。

春天的声音越来越远，我知道，夏天就要来了。它像正值青春时节的少年，活泼、开朗。我吹过树林，树林变得更浓密了；我吹过池塘，荷花变得更鲜艳了；我吹过太阳，太阳变得更炙热了……当我吹过教室、房屋时，人们更凉快了。望着静静的江水，我犹豫了，到底该不该去打扰他呢？终于我的调皮战胜了我的犹豫，我吹向了江水，果然，江水泛起了一丝丝涟漪，最后，掀起了滚滚波涛，形成了一幅动人的画卷。哇！夏天真"汹"！

秋天，因为有了我，才那样楚楚动人。

我们打着秋的旗号来到了秋天，树叶在枝上，可被我那么一吹，都落了，于是，人把它扫起，用于取暖；菊花本含苞待放，可被我那么一吹，都开了，于是人们用它尊为一景，用它作诗。人们本不知秋天已来，可被我那么一吹，秋天变得更多彩了。哇！秋天真美！

冬天，有了我，才那样美丽"冻"人。

冬天，就像一个年过七旬的老人，白发斑斑，白须飘飘。可它却很坚强、顽固，无论我怎样吹，它都无动于衷，而且好像比以前更加强壮了。大雪纷飞，天气变寒，我忍不住，便又在寒上添了一寒——风寒？我吹，我吹，我吹开了梅花，它在我的重重考验下还那样坚忍不拔，终于，它开了花。我吹，我吹，我吹醒了人类，他们因为我的寒而懂得了人生哲理，从迷茫中醒来。哇！冬天太神奇了。

这就是我，我就是风，我为我是风而感到骄傲和自豪！

笑的诠释

陈俊谕

嘴角高高扬起的弧线，是一道迷人的风景。

——题记

微笑是春天的一朵鲜花，是给人带来甜美的芳香；微笑是夏日的一丝清凉，滋润人们浮躁的心灵；微笑是秋季的一片枫叶，带给人们诗意的遐想；微笑是暗夜里的一支火把，给人以行进的光明。

微笑，是感人的故事。2008 年汶川地震，在一所中学，教学楼将要倒塌的刹那间，一位老师用自己的身躯护住了三位学生。他走了，三个学生得救了，当解放军叔叔从废墟中把他扒出来的时候，发现他是微笑的。他的微笑让三个学生的生命得以延续，他的微笑诞生了一个感人的故事。

微笑是一种境界。南方的一次泥石流过后，救援人员从泥石流中救出一个孩童。救援人员往下挖的时候，发现了下面是孩子妈妈高举的双手。再往下挖，竟然发现了孩子爸爸撑起的"人墙"。父母的嘴角都上扬着，十分安详，在这一丝微笑里，也许有太多的牵挂，太多的放不下，更多的也许是一种超然，一种爱的境界。

微笑是一种胸怀。当同学与你发生冲突时，赠给对方一个会心的微笑，来一次心的交流，或许会避免一次无谓的不快，微笑能让人的胸怀宽若海洋。

在充满挑战性的人生旅途，多一点会心的微笑，将会使你信心百倍地走下去。

爸爸妈妈，我想对你们说

夏广超

亲爱的爸爸妈妈：

你们好！最近身体好吗？生意怎么样？我在这里非常挂念你们。

寒冷的冬天到了，瑟瑟寒风中，我仿佛看到了你们忙碌的身影。一天到晚光顾着挣钱，我心里是多么难受啊！你们不能光想着挣钱，要多注意照顾好自己的身体。不要把手给冻伤了，要多注意安全。

俗话说"父爱如山，母爱如海"。这句话千真万确，您的爱在勤劳的双手里，在每一个寒冷的冬天里，是您用自己的双手去焐暖我的双手，我会记住这些爱。

爸爸，正是因为您把我送到了大唐学府，才让我了解了外面更广阔的世界，才让我感受到家以外的温馨，才让我觉得如鱼得水。

来到学府已接近一学期，在这段时间里，我有千言万语向您们诉说。

一、老师像父母、朋友

以前学校里的老师很严肃，总是板着脸说我们这也不是那也不是，我们不敢靠近他们，而这儿的老师却完全不是这样，他们没有老师的架子，总是一副笑眯眯的样子。课堂上他们精彩独特的讲解让我们流连忘返；课间老师又和我们一起玩耍、嬉笑、谈天说地，不时地帮我们排忧解难；天冷了关注我们冷暖，叮嘱我们多穿衣服，勤烫手，勤搓手脸，吃饭前先喝一碗热汤，等等。有空时还要帮助差生辅导功课，这儿的老师管得太多。我感到他们不光是老师，更像是我们的父母和朋友。看到老师们每天忙忙碌碌，我感到他们实在是太累了，比我们那儿的老师累多了。

二、学校就是我们的家

这儿不光是我们学习的地方，还是我们生活的地方。每天早晨起床以后，我们快速地穿衣，洗漱后把自己的被子叠得方方正正的，统一做好，像一个个即将检阅的士兵，洗漱用品也摆放得整整齐齐，再来到教学区，开始一天的学习生活。一日三餐前我们都要排队，或唱歌或背书，声音响彻云霄，背完后才按次序打饭吃饭，放学后来到宿舍，我们便向生活老师说一天的见闻感受，和他亲亲热热地交谈一番后，才洗漱睡觉。上床后，老师还要检查我们的被子盖没盖好，有时一夜要起两三次。爸爸你说说，是不是有点像自己的家。

三、同学像兄妹

这儿的同学很热情，我刚来时，因为情况很不熟悉，又急躁又害怕，我们班的老同学就和我交朋友，告诉我一些关于学校里的事情，还教我叠被子、整理衣服等，让我在两三天之内就熟悉了学校的一切，从而也喜欢上了这里。我们同学整天生活在一起，已没有了你我之分，我觉得他们不光是我的同学，更像是我的兄弟姐妹！

四、校园生活丰富多彩

为了发挥我们的特长，学校开设了二十多门选修课。有音乐、美术、体育、棋类等各个方面的课程，每天下午都有一段时间专门供我们上选修，我也选了一门自己喜欢的科目，选修课上我们如痴如醉，学得兴致勃勃。为了调节我们的学习生活，学校每周都要举行一次活动，如歌咏比赛、书法比赛、国学诵读比赛等。记得在歌咏比赛时老师给我们排了一个舞蹈，要选六位同学演士兵，我就是其中之一，经过紧张刻苦的训练，我们终于要登台表演了。看到台下黑压压的一片人群，我们几个新生既兴奋又紧张，连老师要求的面带微笑、大方自然都忘记了，只是机械地把动作做出来，下台后，同学们说，一看你们就害怕了，眼都不敢向前瞅，像个小木偶。我一听心想，完了，演砸了。干吗那么紧张啊！幸好主持人公布成绩的时候，我感到成绩不是很差，心情才变好了许多。不过从那时我就想，这次之所以这么紧张，是因为以前我很少参加活动，好在以后会经常有活动，相信用不了多久，我也会像主持人那样大方的。

亲爱的爸爸妈妈，我想对你们说，谢谢你们把我送到了大唐学府，在这里我很开心，很快乐很幸福。我进步很快，相信在下个学期我的成绩会进入前五名的，我有信心！你们就等着我的好消息吧！我会用实际行动来报答你们对我的爱！好了就写到这儿吧！见面后我再把许多乐事和趣事告诉你们，不要等得太急躁啊！

祝你们新年快乐，万事如意，平平安安！

我爱吾师

李扬杰

生活中爱无处不在，关爱自己的人太多太多。有悉心呵护我们的父母，有朝夕相处的同学……而我今天要说的是我默默奉献不求回报的老师。

来到大唐学府，同学之间的友谊让我感受到了家的温暖，而感受最多的则是浓浓的师生情。

"春蚕到死丝方尽，蜡炬成灰泪始干。"不错，老师传授给我们知识，从一个不懂事的黄毛小子到一个初中生，是谁的功劳？是你们，是老师——人类灵魂的工程师。你是我的朋友、师长。问问题时您总能耐心地讲解，课余时间，您和我们促膝长谈。每天深夜休息时，看到办公室的灯光，通过窗户照亮夜空，就像海上的灯塔，指引我们在知识的海洋里继续前行。我知道，您为我们付出了太多太多。千言万语化作一句衷心的感谢。

在众多无私奉献、不求回报的老师中，我所熟悉的一位便是我的班主任——刘老师。他是一位颇具教学经验的老教师。我们班的同学都很爱他。我们爱他，不仅仅是因为他教得好，还因为他很幽默。平时总是面带微笑，使人感到一种无法抗拒的和蔼。他的教学方法独特，上他的课，一点也不感到紧张、有压力，他往往把生活中的例子加入我们的课程，让我们更好地理解和学习，使我们的成绩提高得更快。

是谁传授我们知识？是谁伴我们成长？是谁教会我们做人的道理？又是谁带我们走上成才之路？那个人就是您——老师！

感谢您，我的老师。

谁言寸草心，报得三春晖

刘志伟

　　妈妈，多少年来不管春夏秋冬，您都在辛勤劳动。在平常生活中，您对我多方面进行照顾。每天早晨您都早早起床给我做饭吃。而我总是偷懒，每次都很晚很晚才起床。起床后，还只想着看电视或者玩耍，不知道帮着您干活。现在想起来，我真觉得对不起您。妈妈，您能原谅我吗？

　　在学习上，妈妈对我的帮助也很大。每次大休回家做老师布置的作业时，遇到不会做的题，您总是不厌其烦地给我讲解。有时我写字时间长了，您总是让我出去玩一会儿再写。但是我总是玩了很长时间才回家，回家后，早把写字的事给忘了，这时您就会微笑着责备我，我很羞愧。为了改错，于是在妈妈做饭时，我便去帮妈妈干点活，来讨好妈妈。您不仅在学习上帮助我，而且还教我如何做人。您不让我和品行不良的孩子玩，要多和品学兼优的孩子在一起，您常说"近朱者赤，近墨者黑"。

　　妈妈，我现在在大唐学府生活得很好，您不必为我担心。这几天天气有些冷，您在家里要多穿点衣服，不要着凉。如果身体不舒服了，您要尽快去看医生，不要拖延时间。

　　妈妈，我在这里各方面都很好，老师对我们照顾得很周到。晚上老师经常起床给我们盖被子，我们也学会了照顾自己，我的身体很健康，您不必担心。我在大唐学府还学会了怎样学习，我会得到您想要的理想的成绩的，我一定会拿奖状回家的。现在的我已经长大了，已经不再是以前的"小淘气包"了，现在我是一名真正的小男子汉了。在学校，我已经会打扫卫生了，而且打扫得很干净。每次轮到我值日，扫地、洒水、整理桌凳、擦玻璃，样样都争着干，老师夸我是个爱劳动的好孩子。现在不光做好自己的值日，还主动帮助同学做好值日生工作。

在生活老师的指导和帮助下，我学会了自己的事情自己做，每天按时起床，养成了勤洗脚、勤换衣服、勤洗头的良好卫生习惯。我已经学会了独立生活了，这可全都归功于您把我送进了大唐学府。

妈妈，谢谢您给我选择了大唐学府！妈妈，我爱您！

给妈妈一封信

侯 爽

亲爱的妈妈：

您好！

我好久不曾给您写信了，这是我以女儿的身份来给您写这封信。在这十三年的记忆里，您是无微不至给我关怀的人。

您的汗水哺育了我，您的温暖包容了我，您的伟大在我心目中是不容忽视的，您给我的爱比黄河水还要多，每一滴都是那样伟大。

您刚送我来学校的时候，我对大唐学府非常陌生，什么都不知道。是您告诉我：一定要大胆地去面对，凡事都要靠勇气，我深受感悟。您离开学校的时候，我跑到校门口，望着您离去的背影，情不自禁地哭了。但我要坚强，所以，妈妈您不用担心，我在这里很好。有充满欢乐的校园，有许多知心的朋友，还有像妈妈一样的老师……在这充满勃勃生机的校园里，我生活得很愉快，精神十足。现在我每天功课都能考90分以上了，我非常高兴有三位好老师教我。另外，在生活上，我们的刘老师也把我们的生活安排得井井有条。晚上睡觉的时候我们经常蹬被子，她就定时起来给我们盖被子；每天洗澡的时候，她会给我们打来热水，在生活上给予我无微不至的关心和照顾。因此，妈妈，我想告诉您，在学校里我有很多好老师、好朋友，可以在这里快乐地学习、生活，请您不要为我担心。

妈妈，我记得每次下雨的时候，您都会跑来给我送衣服，有时您的衣服都湿透了，您却说："没关系。"那时我的心里充满了太多的幸福和感动。每当刮风的时候，您都会打来电话问我，穿暖了没有？吃饱了没有？感冒了吗？照顾好妹妹，吃饭别挑食……这一切只有妈妈才知道。

古人说，"少壮不努力，老大徒伤悲"。您教育我要好好学习，虽然您文化不是很高，但同样教育我学习的重要性。

这十三年来，您为我付出了太多的心血，因此您才是我最需要感恩的人。您是世界上对我最无微不至的人，感恩是我送给妈妈最好的礼物。在这个世界上，没有谁必须为我做什么，您虽然有责任抚养我成人，但这不值得我感恩吗？您在学习上、生活上对我的点滴照顾难道不值得我感恩吗？在这里我要感谢您，感谢您对我的养育之恩。

妈妈，我爱您

四（3）班　管梦涵

我有一个美丽善良的妈妈，她关心我，照顾我，非常疼我、爱我。我感到非常幸福！

一天下午，我写完了老师布置的作业，闲着没事做，就想帮妈妈做点事。我刚拿起扫帚想去扫地，妈妈就看见了，就立即放下手中的活，急匆匆地赶过来，心疼地说："呀，我的心肝宝贝，这活太脏，你别干，让妈妈来做。你只管好好学习就行了。"

我当时有些不高兴，心想：妈妈呀，妈妈，你真糊涂呀，我难道只管读好书，其他什么都不做就行了吗？我早晚会长大的，如此下去，今后我怎能独立生活呢？您难道希望你的女儿变成一个高分低能的人吗？您能照顾我一辈子吗？但是，妈妈对我的爱，我是理解的。她是怕我受苦受累呀！记得很小的时候，有一次妈妈带着我去姥姥家做客。姥姥做了好多好吃的饭菜，热情地招待我们。妈妈伺候我吃完饭后，就把我放在沙发上，倒了杯热水放在桌子上，正巧外面来人了，妈妈就出去打招呼了。我当时很小，对什么都好奇，就爬下了沙发，抬手就打翻了水杯，热水流到了我的左胳膊上，疼得我哇哇直哭……妈妈听到了，立刻跑了回来，抱起我边哭边向医院跑去……当后来妈妈听医生说可能会留下疤痕时，就不停地埋怨自己。一直到现在，妈妈还经常责备自己当时的马虎。其实，妈妈，您不要自责，女儿不会怪罪您的，谁会一点错不犯呢？

您越责备自己，我越难受，哪有妈妈不疼自己孩子的，那不是您的错。后来就因为这些，爸爸和妈妈一直没有出去找工作，始终在家照顾我。

一直等到我上学后,爸爸妈妈才开始出去工作。去年的一天,我骑自行车去玩,不小心摔了一跤,把脚擦破了点皮,其实就那么点轻伤,不碍事的。但我有点担心,怕妈妈会责备我。我怀着一颗不安的心回到了家里,妈妈却忙开了:一边让我躺在床上不许动,一边给我包扎。忙了一通后,妈妈就让我在家休息,她自己却骑着自行车到街上买了一些水果和其他补养品,来给我滋补身体。还一边轻轻地摸着我的脸,不停唠叨:"今天你吃苦头了,我的宝贝!"我有点不明白了:我这到底是闯祸呢,还是立功呢?妈妈您可知道我现在就是缺少锻炼,我需要成长呀!

妈妈,在生活的道路上,您为我遮风挡雨,牵着我的手寸步不离,您为我操碎了心。可是妈妈呀,女儿总有离开您的那一天,那时您让我如何去面对生活?如何面对生活道路上的风风雨雨……妈妈?我知道您是爱我的,就因为爱,我要独立,就因为爱,我要自强,就因为爱,我要学好本领回报您呀!

妈妈,我现在渐渐长大了,在老师的教育下,懂得了许多道理,您把我送到大唐学府就是想让我做一个有远大志向,对国家有贡献、对社会有用的人,我知道,您和爸爸在外挣钱不容易。你们是给我创造好的条件,想让我有一个好的学习环境,我不会让您失望的,我要好好学习,将来报效国家,服务社会,报答您和爸爸,将来,我要让你们过上幸福的生活,让妈妈不再受苦,不再受累。

世界上有一种人非常伟大,那就是母亲。世界有一个称呼非常甜美,那就是妈妈!

妈妈,我爱您!

《二十四孝》观后感

六（2）班　严鹏程

"孝"是儒家思想的核心，是千百年来中国社会家庭道德的准则，是中华民族的传统美德。许许多多的故事、孝的感言流传至今，孝文化对家庭、学校和社会产生了巨大的影响。

为此，学校组织了一场极有意义的《二十四孝故事》演讲比赛。通过这次比赛，首先我懂得了百善孝为先。其中《弟子规》中说道："亲爱我，孝何难。亲憎我，孝方贤。"意思是说：父母喜欢我，做到孝顺并不难；做父母的不喜欢我，我还是要孝顺他们，这才是最可贵的。五年级（3）班表演"芦衣顺母"就是这样一个故事。

春秋时期的闵子骞，因生母早年去世，父亲娶了一个后妻。但后妻并不疼爱子骞，只会疼自己的儿子。就这样子骞一直受到后母的虐待，直到有一天父亲得知后，才知道自己的后妻所作所为，便要将她休掉，但子骞却跪下求饶，父亲十分感动就依了他。从此，后母对待子骞就像对待自己的亲儿子一样。

我看完他们表演之后，泪水禁不住流出来，可能是他们演得太逼真了，太有真情实感了吧！

看完了这个故事之后，我明白了许多道理。五年级（3）班的同学们演得非常真实感人。特别是徐莫迪向父亲跪下的那一刻以及父亲抽打自己，露出芦花的那种情景。正是因为他表演得很投入，所以才会使老师和同学流泪不止。

不过最重要的是让我懂得了百善孝为先。如果你用心去领悟"孝"，便能感到"孝"如此感天动地，而又如此朴实简单。如果世界没有了"孝"，那么将成为一个棍棒交加的罪恶世界。同学们！让我们怀着一颗"孝"心去侍奉身边的人，让我们把"孝"这一千百年的美德传承下去，发扬光大！

一瞬间的收获

刘玉娇

幸福、健康、快乐，往往就会在你不经意的一瞬间，而这一瞬间将由你内心的感动凝固为永恒

——题记

清晨，透过窗帘，一缕阳光照耀在我的脸颊，像妈妈的手，一瞬间，我获得了新的一天最初的温暖。我知道，暖暖的朝阳唤醒了我，等待着我的将是更加美好的一天。

落叶纷飞。随风而动，随风而止！哦！我才意识到，秋的步伐已经来到我的身边……进入教室，老师脸上挂着亲切的笑容，关切地说："同学们，天冷了，多添些衣服，千万别感冒了……"一瞬间，心底里的那份感动蓦然涌出。在家时父爱、母爱、兄弟姐妹之爱让我沉浸陶醉。父母的呢喃、唠叨，家人的关爱，让我被包裹在幸福与爱中。现在，老师一句贴心的话，充满了关心、爱护，让我感受到了幸福和温暖，令人沉醉不已。原来，幸福一直在我身边，触手可及。我笑了。

朝露随着朝阳升起而烟消云散，幸福的味道却随着我的微笑充满心间。

常言道："生命在于运动。"

慵懒的我却不擅长运动，甚至不喜欢运动。运动后汗流浃背、劳累的感觉使我对运动更无好感。我喜欢悠闲散步的那种惬意之感，但那一次，却彻底改变了我对运动的看法！

那是一次体育测试，女子400米短跑。上帝！我内心呼喊！这对于我

来说无疑是晴天霹雳。刚刚全体慢跑了三圈，我又是第一组上场的，我很抓狂！但这终究是一场比赛。我站在起跑线上，无奈！箭在弦上——不得不发。一声哨响，我便拼尽全力冲了出去。由于一开始的奋力起跑，200米后，我的力气所剩无几，此时的我心里想过要放弃。眼望着身边坚持的同伴，晶莹的汗珠渗出脸颊，浸透衣衫，但他们眼中却没有丝毫放弃的意思。看着他们的坚持，我心中的敬意油然而生。

我们是同一起跑线上的，开端和终点的距离对我们每个人都一样，不同的只是过程。倘若放弃，你将是完全的失败者；倘若坚持，即使是最后一名，你也是一个完美的失败者。他们令我恍然大悟：坚持，我要坚持；即使失败，我也要成为一名完美的失败者。

再回首，又看到了竭力奔跑的同伴。目光交接，我似乎看到她们瞳孔深处的那份坚持，那份努力。她们微笑着，示意着对我的鼓励，我会意地点了点头。我的身体因这份微笑，这份鼓励，又充满了动力。我竭尽全力，只为冲刺的这一刻，冲！

最后，我出乎意料地跑了第二名。跑完后，身体酸痛，口渴，疲惫，成了我唯一的感觉。看着气喘吁吁的同伴们，那成功的喜悦，努力的汗水，一瞬间，让我感受到了运动的快乐以及它带给我的喜悦。其实，它在无形中还给了我健康的体魄。

健康快乐又出现在我不经意的一瞬间，原来，一瞬间的美好可以成为永恒的感动。

回忆昔日美好的往事，原来那么美好的画面，已经沉淀为我记忆中的最幸福、最快乐的时刻。

回　家

八（2）班　王　静

又到了大休回家的日子。带着一包的脏衣服和一身的汗腥味，我奔回了家。

推开门刚叫了声"妈"，父亲已迎出来帮我提东西。"妈去哪了？"我问。母亲从厨房里探出头，用胳膊擦擦头上的汗。一看她满手的面粉，就知道母亲一定是在烙我最喜欢吃的葱油饼。我刚想去给母亲帮忙，小弟已从屋里"飞"出来，扑到我身上喊道："姐姐，吃苹果。"在外求学的我，每次回家总被浓浓的亲情所包围，特别是上了初二，我更成了家里的中心。我真的有点承受不住这份爱，怕辜负了家人对我的期望。说真的，这种被人宠着的感觉，真是让人喜欢又紧张。

清脆的电话铃声带来了老师的通知：明天回校。第二天我悄悄起床，轻手轻脚地收拾好东西准备返校。但这轻微的声响还是被细心的母亲听到了。她立即披衣下床，问明缘由后，便赶忙为我生火做饭，并埋怨道："这丫头，怎么不早说？"初夏的早晨，凉意仍比较浓，衣着整齐的我不由得打了个寒战，而此时母亲只披了一件外衣。

我想去帮忙，却被母亲制止了。我只好默默地坐着，默默地看着母亲忙碌。母亲先煮好米，又在锅里倒上油，然后拿了鸡蛋，在碗沿上轻轻一磕，倒在碗里，抽两根筷子轻轻地搅拌几下。油热了，母亲把蛋液轻轻地倒进锅里，只听"嗞嗞"几声，蛋液凝成金黄的饼。母亲把饼轻轻弄碎，又倒上煮好的米，翻炒几下，加上香葱、味精，一碗香喷喷的蛋炒饭便出锅了。

母亲给我盛好饭，端到桌上："快吃吧！吃完好去学校。"母亲不善言辞，她盯着我吃了几口，又忙着做家里的早饭。我发现，母亲在忙碌的空隙，总要默默地瞅我两眼。我细细品味着这碗炒饭，也品味着母亲浓浓的舐犊之情。

父亲和小弟也起床了。父亲把我送到马路边，小弟则依偎在我身旁："姐姐，你下次回来后，我们一起玩游戏，好不好？"

吃过饭，拎起包，沉甸甸的。我知道，包里塞满的不只是苹果。

感恩父母

八（3） 沈佳昊

　　当你还很小的时候，父母花了很多时间教你用勺子和筷子吃东西；教你穿衣服、系鞋带、扣扣子、教你洗脸、教你做人的道理。

　　世上最大的恩情莫过于父母的养育之恩，它值得我们用生命去珍惜，用至诚的心去感激，用实际行动去报恩。

　　"羊有跪乳之情，鸦有反哺之义"，而人也应有尽孝之念，莫等到"子欲养而亲不待"，终留下人生的一大遗憾。要想将来不后悔莫及，现在就要从身边的小事去感恩父母，回报父母。回报不一定是物质上的，更多的是精神上的，情感上的。

　　曾记否，父母将你捧在手心，含在嘴里，因为我们是父母手心里的宝。

　　曾记否，父母把无私的爱奉献给我们，因为我们是父母的结晶，爱的延续。

　　曾记否，你讨厌父母的唠叨，无意间，你和父母产生了隔阂，可是总要等到失败后，才知道父母的话都是金玉良言。

　　曾记否，翅膀还未硬的你却想要摆脱父母，展翅飞翔，可是总要等到受伤后，才知道父母的怀抱是最温暖的避风港。

　　我不是作家，不会用优美的词句来赞扬父母；我也不是歌唱家，也不会用唯美动听的音乐来歌赞父母，我只能用点滴行动来感恩父母。

　　生活中你为父母做的每一件小事，其实，都在感激父母。

　　从现在起当父母为你呕心沥血时，对父母道上一句"谢谢"；当父母劳累时，为父母倒上一杯水，给父母捶捶背；当父母还在他乡工作时，给父母打一个电话，捎上一句祝福。

风中传来风铃的声音，似乎在奏响感恩之歌。

感谢父母的唠叨，让你少走了弯路。

感谢父母的鞭策，为你消除前行的障碍。

让我们行动起来，感恩父母。感恩父母给予我们的一切。

星光闪烁

七（2） 王 超

从小到大，我们沐浴过多少爱呢？仔细回想，发现它像天空中那些闪闪发亮的星星一样，不胜枚举。童年的几件小事总是让我在爱中回味无穷。

一杯热茶知冷暖——

一天下午，我放学回家，发现爸爸妈妈还没回来，不禁想到了他们面朝黄土背朝天的艰辛。我想，爸爸妈妈在地里干了一天的农活，一定又累又饿，在他们回家之前，我一定要泡一壶浸透着我浓浓深情的热茶，等他们回来享用。

我烧开了一壶水，放上了茶叶，便翘首盼望着爸妈归来。我等啊等，盼啊盼，到了七点半左右，爸妈终于回来了。看着他们满身的泥土，看着他们风尘仆仆的样子，看着他们憔悴的面孔，我二话没说，立刻送上一杯热茶，面对着父亲亲切地说："爸爸您辛苦了，喝杯热茶吧！"爸爸虽然表面没有笑，但我相信，他的内心一定很高兴！因为我看到了他眸子里转瞬的惊喜。

爸爸喝完后，我又倒了一杯给妈妈，妈妈笑着接过茶，笑得那么甜，那么幸福。

融化的冰激凌——

闷热的空气笼罩了世界，疯狂的太阳炙烤着滚烫的大地，阳光钢针般地攻击着万物，地上的一切显得疲惫不堪。

忽然，我的视线中出现了一把绿色的遮阳伞，在火辣辣的烈日下宛如一片绿荫，我的脚步顿时轻快起来。伞下，一台冰激凌机正在"吱吱"地工作着，我毫不犹豫地将钱塞给了老板。

我双手捧着冰激凌，一个念头在我心中萌发……灼热的阳光一波又一波地冲击着大地，冰激凌美丽的外衣渐渐融化，流到我的手上。

我不由得加快了脚步。一进门就看见了妈妈担忧的表情，我将融化的冰激凌捧到妈妈的面前。这一瞬间，我惊愕了，妈妈的眼睛里闪着亮晶晶的泪花，妈妈颤抖地接过冰激凌，轻轻地咬了一口，将我拥入怀中……

晚风轻轻地吹着，树影婆娑，夜空上无数的小星星调皮地眨着眼睛。一个男孩在这样的日子里长大了……

感恩之心

八（2）班　谢文庆

　　"感恩的心，感谢有你伴我一生，让我拥有勇气做我自己。感恩的心，感谢命运，花开花落，我一样会珍惜。"这首歌使我明白，没有阳光，就没有温暖；没有水源，就没有生命；没有父母，就没有我们；没有亲情友情和爱情，世界就会是一片孤独和黑暗。我们都需要一颗感恩的心。

　　落叶在空中盘旋着，谱写着一曲感恩的乐章，那是大树对滋养它的大地的感恩；白云在蔚蓝的天空中飘荡，描绘着那一幅幅感人的画面，那是白云对哺育它的蓝天的感恩。因为感恩才会有这个多彩的社会；因为感恩才会有真挚的友情；因为感恩才让我们懂得了生命的真谛。

　　从我们第一声嘹亮的哭声起，我们要感恩的人就一个一个在我们成长的路上出现，我们要感谢为我们付出的所有过客。我们要感谢父母一路走来的扶持，我们要感谢老师的谆谆教诲，我们要感谢好朋友一路陪伴我们走过风风雨雨。正因为我们要感谢的人太多太多，所以我们应在心里默默地祝福所有人，不管是失去还是拥有。

　　感恩是发自内心的。俗话说"滴水之恩，涌泉相报"，更何况我们的父母、亲友为我们付出的不仅仅是"滴水"，而是一片汪洋大海。你是否在父母劳累的时候送去一杯热茶，在他们生日时送上一张卡片，在他们失落的时候奉上一句安慰的话语？他们为我们倾注了心血、精力，而我们又何曾记得他们的生日，体会他们的劳累，又是否察觉到那缕缕银丝，那一道道皱纹？感恩需要你用心去付出，去报答，感恩是敬重的，感恩是有意义的。爱让这个世界不停地旋转。父母的付出远比天高，比海深。我们，只知道衣来伸手，饭来张口，似乎又有一条隔离带，让我们变得更自私自利，忘记了父母曾经的付出，忘记了那一次次快乐。学会去感激别人是自己的一份良心，一份孝心，如此才会有和睦，有快乐，有彼此间的敬重。

怀着一颗感恩的心，去对待你周围所有的人吧！

蟾宫折桂，用汗水写满青春

九（1）班　王晨辉

我是九年级一班的学生王晨辉，很荣幸能站在这里发言。首先，感谢各位叔叔、阿姨能在百忙之中抽出时间来和老师们一同关注我们的成长，和我们一起分享收获的喜悦，和我们一道设计未来的宏伟蓝图！你们用行动表达出对我们的关心，对我们来说这就是前进的力量。

时间飞逝，还有半年的时间就要毕业了。我们深深感受到了初中生活的紧凑与充实，便捷与高效，疲惫与欢欣。依稀之间我们已踏上了人生的漫漫征程，曾经的嬉戏玩笑、年少无知，都在学习的紧张与充实中逐渐被抑制和收敛，我们正在一天天走向成熟……

在属于我们美好的青春时光里，很庆幸自己和哥哥、姐姐以及更多的同学能够在大唐学府学习、成长。为此我要感谢我的父母，感谢你们当初为我们选择了大唐学府。这里有的绝不仅仅是一流的硬件设备，更让我们感动的是学校的领导和老师们对我们的无私付出。班主任的谆谆教诲，语文老师充满情趣的教学，数学老师的耐心讲解，英语、物理化学老师的和蔼可亲以及史地生政各科任老师对我们的辛勤培育，我们都感激不尽，铭记在心。当同学们不舒服时老师的嘘寒问暖、悉心照顾，当我们犯错困惑时老师耐心真诚的引导，更叫我们难以忘记。为了使我们在充实、高效、和谐、充满自信的状态下学习，老师们不断督促我们，变着法子说服教育我们接受自主学习。在全体老师的带领下，我们班营造了良好的学习氛围，学会了自主探究，有很多同学能够走上讲台讲课。这不仅锻炼了我们的胆识，更多的是培养了我们挖掘教材，渗透知识，懂得和同学交流的道理。很荣幸在九一班学习，我可以骄傲地跟你说，这里的老师都是一流的。我们亲身感受到了老师的严谨与敬业，感受到了老师对教育事业的全心投入，感受着老师对我们来自四面八方的学生们亲人般的关怀。老师们上课细致、生动、形象，每个同学都在老师的教育、影响下，取得了可喜的进步。

为了每一节课能够上得非常完美，各科老师不知付出过多少。我们谁都不会忘记老师在电脑前查阅资料的忙碌身影，忘不了老师与学生热烈争论的昂扬音调；忘不了老师仔细认真地书写的一本本教案，忘不了餐厅里早早打饭的身影……

大唐学府是我们人生的起点，是我人生旅途中不可或缺的第二个家。在这里，我要代表全体同学向每天牵挂我们的各位恩师说一声："谢谢老师们时刻想着我们，疼爱着我们，你们辛苦了！"也向爸爸、妈妈以及各位叔叔阿姨说一声："你们养育了我们，给了我们生命，把爱给了我们，给了我们一个温暖的家，你们辛苦了！"请你们放心，生活在这样一个幸福的大家庭里，我从心底感到快乐。早晨我们6点前就来到教室学习，6点半准时跑操，晚上加了一节自习课。有人说初三是一段苦旅，但在这苦旅中我发现苦中有甜，因为我们寒窗苦读，有许许多多慈母般爱护我们、严父般要求我们的好老师，有我们知心的好同学。我们这个班级的全体同学每天进进出出教室，非常和谐，同学们相处得十分融洽，如同兄弟姐妹一般。期中考试我们全班的成绩都很理想，得到了校领导的表扬。大唐学府的饭菜很可口，也很有营养，和其他中学相比，大唐学府的饭菜可以说没得比，大唐学府养育了我们，让我们都不知不觉长高了许多。

作为即将毕业的初三学生，我们的首要任务就是学习。但究竟应该怎样学，我想劳逸结合是个不错的方法。考试前临时抱佛脚固然有用，但功在平时。我认为抓住了课堂的45分钟，每天将应该学习的内容掌握，认真独立完成作业，考试前才不会手忙脚乱。

再有半年，我们即将经历中考，无论成功还是失败，无论能否蟾宫折桂，我想，态度是成功的动力。老师们经常告诫我们：态度决定一切，态度决定高度，积极端正的态度是取得一切胜利的保证。现在，我已经从懵懂走向成熟，从无知走向理智，从浅薄走向充实。即使前路充满风雨荆棘，我们将不改美好的初衷，不改年轻的勇锐，以更加自信、更加坚强的心态去迎接美好的未来。大唐学府"诚、公、明、仁、达"的校训和"和睦、和善、和谐"的校风，已经成为我们身上永久的烙印。

尊敬的各位领导、敬爱的老师，亲爱的爸爸妈妈、叔叔阿姨，你们为我们创造了如此好的学习环境，对我们寄予了殷切的期望。请你们放心，我们决不会辜负你们的期望！展望未来，面对即将来临的一次次检验和挑战，我们一定会加倍努力，奋力拼搏，争取以优异的成绩向你们汇报，报答学校和老师们的教育之恩，报答家长们的养育之恩。成功的路上难免会布满坎坷与荆棘，但我们更清楚：不经历风雨怎么见彩虹！请相信，我们早已用汗水写满无悔的青春，明年的中考，我们一定榜上有名！我的发言完毕，谢谢大家的聆听！

爱心家园，温暖我一生

李雨婷

敬爱的各位叔叔阿姨，亲爱的老师、同学们：

大家好！

我是来自大唐学府四年级一班的李雨婷。非常感谢你们，从百忙之中抽出时间专门来看望我们这些孩子，你们是我们心目中最好的好心人。

从小我就跟爸爸很亲，爸爸很疼爱我，还经常搂着我睡觉，在他的心里，我就是他的心头肉，是他的心肝宝贝。自从我爸爸去年去世以后，妈妈就把我和弟弟、妹妹托付给了奶奶，自己去了上海打工。奶奶年纪大了，也没法照顾我，妈妈就把我送到了大唐学府。

刚进学校的时候我就总闹情绪，因为自从我失去爸爸以后，我就好像失去了一切，脾气也不好，经常想家，经常闹，就是变着法子想回自己的家，变着法子想和自己的亲人在一起。想一想曾经和爸妈在一起的日子，那时候，我们家多么幸福和快乐啊！开家长会的时候，当我看到别的小朋友的爸爸来到了学校，和妈妈一起幸福地看着自己的孩子，笑得多甜啊！我是多么羡慕呀！我好想每天一睁开眼睛就能看见爸爸，早晨第一声听到的就听到妈妈的声音，第一个看到爸妈的笑容，我好想每天放学都能见到爸妈忙碌的身影，我好想像原来那样，每天夜晚能在爸爸宽大的怀抱里幸福、平安地入睡，我好想做错事被爸爸心疼地批评一顿，也好想取得好的成绩被爸爸表扬，我好想啊！我好想心里有了什么不愉快的事跟亲人们诉说啊！可是这小小的愿望却无法实现了。我曾经抱怨老天对我太不公平！为什么让我这么小就失去爸爸，失去最疼爱我的亲人！

来到了大唐学府。来到了爱心家园，我又重新找到了家的温暖，感受到了这里给了我百般的呵护。爱心家园为我们创造了良好的学习条件和生活条件。这里的老师不是亲人，胜似亲人。

每次来爱心家园，心中就有说不出的喜悦，感到离妈妈近了许多。因为在这里，老师就像妈妈一样让我们自由地读书、打球、玩呼啦圈，最让我兴奋的是可以随意地给妈妈打电话，偶尔还可以让老师帮着与妈妈视频聊天。

我们班主任刘老师对我像对亲闺女一样，她那样关心我，那样地疼我。我亲眼看到刘老师的女儿杜新月姐姐来找她，想跟她聊聊天，可能是想刘老师了吧，可刘老师心思却在我们这些孩子身上，没几句就把杜新月姐姐打发走了。虽然杜新月姐姐上初二就在第一排教学楼，可是不常见刘老师，杜新月姐姐曾经埋怨刘老师说："你对我还没你对你班的孩子好，我怀疑我是不是你亲生的！"

我感觉爱心家园就是我的家，刘老师就是我的亲妈妈。刘老师经常找我谈心，跟我说说话，我烦了她也不烦，虽然我妈妈远在上海，可是刘老师分明就是我的亲妈妈，陪伴在我的周围。

我们常来"爱心家园"的伙伴们一起读书，互相关心，互相照顾，像一个大家庭。我喜欢爱心家园，爱我们的老师。一个月又一个月过去了，我也适应了这里的一切，学习也很快乐，成绩也很好。

我想告诉各位叔叔阿姨，告诉老师们，我已经变得坚强了。我想告诉自己，不光今天坚强，今后每一天都要坚强。

真的很感谢大唐学府，感谢爱心家园，感谢这里的亲情视频通话、心理咨询、文体活动、过集体生日等丰富多彩、形式生动活泼的活动，让我们的生活不再孤单，感谢刘老师。

刘老师，让我叫您一声妈妈，好吗？

亲爱的叔叔、阿姨，妈妈老师，有了你们的牵挂，我们才能时刻享受到久违的父爱和母爱，才能体会到人间的真爱和真情。你们的爱心将温暖我一生，你们无私的爱将会塑造更多的灵魂。将来我长大了，我会以你们为榜样，用善行去回报社会，把爱心家园的善举和爱心传递下去。新年快要到了，我想给各位叔叔阿姨、老师们提前拜个年，祝你们新年快乐，好人有好报，好人一生平安！

温　暖

周　淙

记得我在家乡的大唐学府上小学的时候，有一个人给了我无微不至的关怀与照顾，每每想起她来，心中总是暖暖的。她就是我母亲般慈爱的班主任——宋老师。

她是我有生以来遇到的第一位终生难忘的好老师，她的教育令我刻骨铭心。在我伤心时，她给了我心灵上的慰藉；在我失望时，她给了我振奋人心的鼓励；在我成功时，她给了我诚恳的告诫……在她的帮助下，我茁壮地成长着，进步着……

在一个严冬的清晨，早读后，我和同学们像往常一样到操场上去跑步。刺骨的寒风呼呼地刮着，我的手以看得见的速度裂开了好多小口子，疼痛难忍。于是我就不断地搓着手，想暖和暖和，可没想到，这一冷一热的，我的手就更难受了，又疼又痒。宋老师大概是看见了我私下搞的"小动作"，朝我这边跑了过来，关切地问我："你的手怎么了？怎么老搓来搓去的？"我立刻就用另一只还算"健全"的手把伤口捂了起来。我不想让老师知道我的手破了，不是因为怕被老师骂，而是怕被老师发现后再为我操心，我觉得我已经长大了，不应该事事都让老师为我费心了。于是我就若无其事地答道："呃……没事！"我本以为这样搪塞着也就过去了，但是我打的小算盘马上就被老师的慧眼识破了，也许是我的神情不自然或是语言上的支支吾吾吧。老师见我不知所措的样子，仍旧不依不饶地问我："是不是冻着啦？！把手给我看看！"还带着一种命令的语气。我不肯，老师就假装生气道："快点！是不是屁股又痒痒了？"虽然我知道一向疼爱我的宋老师是一定不会打我的，但我还是把那只冻得活像红烧猪蹄的手伸了出去。宋老师望着我的手，眼圈顿时红了起来……

下操以后，宋老师把我带到了教室后面，向一个盆里倒了些热水，让我烫烫手，然后老师又给我抹上了护肤霜。她抹得是那样用心、那样仔细，以至于我的手立刻就不疼了，真的。没想到宋老师竟然是这样一位可亲可敬的老师！当时真忍不住想叫她一声"妈妈"。之后，她甚至把自己的唯一一副手套也给了我，这可是老师的手套呀！我要是戴上了，那老师戴什么？她的手也会像我一样被冻着的！我怎么都不肯戴，但是宋老师还是坚决地把手套戴在了我的手上。我狠狠地给了自己一拳，心想："我又给老师添麻烦了，都怪我自我保护能力太差，没能保护好自己，这下又连累老师了……"我真是恨死自己那双不争气的手了！等到第二节课下了之后，下楼去上操时，我看见了宋老师的身影，那是多么瘦小的身影啊！我仿佛看见老师的白头发又多了，眼眶中不禁噙满了泪水……

跑操时，刺骨的寒风迎面直扑了过来，但我戴着老师的手套，却一点都不觉得冷。我知道，这温暖是老师给我的。而一旁的宋老师，又把她那双娇小的、红彤彤的手往袖筒里缩了缩，我的泪水终于滑下了脸庞……

老师啊老师！如果我有幸再当一次您的学生，我一定会好好珍惜和您在一起的每一寸光阴！我绝不会辜负您！亲爱的宋老师，我会永远把您珍藏在心里，也让那份温暖伴我永远、永远……

▍社会

导语

在校园，仅仅阅读教科书，仅仅做参考习题，听不到窗外的声音，看不到校外的世界，这样的老师和孩子是难以真正成长。外面的世界很精彩，学校里面经常很无奈。怎样让学生和老师能够看到外面的世界，聆听窗外的声音，能把社会优秀的教育资源整合到学校的教育中，这是王勇基校长的追求，这是"大唐东典"教育的追求，这是大唐学府健康、和谐、科学发展的原动力。

大唐学府成功举办感恩报告会、法制教育报告会、专题讨论会、演讲比赛、辩论比赛、征文竞赛、知识竞赛、化妆表演、故事大赛、科技制作展示等活动。特别是大唐学府物品交换大会，模拟真实的交易场景，学生在参与过程中学到了税务、工商、市场、环境保护等方面的知识，感受到了劳动的艰辛和快乐，增强了社会交往能力。

教育部人文社会科学研究规划基金项目

（编号 10YJA880065）

"乡村学校本土化课程资源的开发与利用研究"实施方案

（实践探索部分）

如果政治家或教育家，站在乡村外头说："我给你们办一个小学吧"，一上手即与其本身隔离，一定是办不好的。

——梁漱溟

一、课题的提出

本课题的研究对象为农村乡镇及其以下的中小学校。

一提到乡村教育，很多人会立刻想到"落后"两字，即硬件教学设施匮乏、师资队伍薄弱、财政投入过少、生源质量不高等不利因素。显然，这是一种以城市学校的建设标准看待乡村学校的视角，将乡村学校置于一种被动、弱势的地位，置于一种"被怜悯"的地位。这种观察问题的角度固然有其正确性，但城市学校与乡村学校建设不应该套用一个标准，乡村教育有其自身的特色和优势，深入挖掘乡村学校建设的优势和特色应成为乡村教育改革发展的应有之路。

事实上，当前我国教育的发展存在明显的城乡同质化倾向，人们理想化地认为，只有乡村学校达到城市学校的建设标准才是教育的公平，只有乡村学校"赶上"城市学校的硬件配置才是教育发展的理想目标。这固然有其正确的一面，但忽视乡村教育的独特存在，忽视乡村教育发展的特殊性，忽视乡村学校如何走个性化、特色化发展之路，无疑是研究乡村教育的偏颇。

必须看到，乡村中小学有其特殊而丰富的教育教学资源，有得天独厚的自然资源，有取之不尽的地方人文、社会资源，还有教师、学生身上潜在的民风、民情、民俗优势。充分开发利用这些以乡村文化为载体的具有本土特色的课程资源，使教育向民间、向地方开放，促进乡村学校的特色化、个性化建设，无疑是当前乡村教育改革发展的突破口。

本研究将在已有研究成果的基础上，充分利用沂蒙山区的红色资源优势、文化传统优势、乡风民情特色和自然资源优势，建立乡村学校本土课程资源的分类模型，研究不同类别课程资源的开发利用模式，是面向乡村学校课程管理与建设实践的边开发、边利用的行动性研究。

二、课题研究的实践意义

本研究的价值主要体现在其实践意义，即在大量调查研究的基础上，厘清不同类型农村社区课程资源的内容，挖掘其教育内涵，探讨相应的利用模式，激发出学校校长、教师的课程主体意识，形成"一校一模式"的个性化课程资源开发利用模式，促进地方中小学的特色化发展。在当前条件下，立足乡村教育现实，挖掘乡土文化的教育价值，对促进乡村学校的建设和发展，促进人才培养质量的提高具有重要的现实意义和实践价值。

具体表现为：

1. 学校特色化、个性化发展的需要。

乡村教育的发展必须立足乡村教育的实际，特别是乡村本土蕴藏着丰富的课程和教学资源，充分开发利用这些课程资源，使教育立足民间文化、立足地方特色、立足教师学生的现实生活经验，激发出学校校长、教师的课程主体意识，才能走出一条有特色的乡村学校发展之路。

2. 提高课程实施质量的需要。

厘清不同学校所在社区本土课程资源的内容，挖掘其教育内涵和教育价值，探讨相应的利用模式，激发学生的学习兴趣和学习潜能，激发学生文化意识的主体自觉，促进学生人文素养的形成，才能实现乡村学校课程实施质量的全面提高。

3. 农村教师走向专业化发展的需要。

农村教师走向专业发展的动力机制在哪里，发展的起点在哪里？这是当前农村师资队伍建设中必须回答的问题。然而，环境的相对封闭、信息的相对贫乏、资源的相对短缺，往往使大量农村教师失去了发展的信心、热情和勇气。可在乡村学校里默默奉献的老师们，背负着千百万农民望子成龙的梦想和国家民族振兴的希望，承载着中国 70% 的基础教育的重任，他们需要发展，也能够发展，更应有一个很好的发展。

事实上，农村教师大多生于斯、长于斯、学于斯、教于斯。他们对农村这块厚土有着最深的感情，对乡土文化有着最透彻的理解和感受，这儿是他们生命的根。激发教师们的课程主体意识，把他们熟悉的乡土文化、乡土情感和乡土情怀融入课程理解和课程实施之中，恰恰是教师专业发展的起点。他们会从这里感受到职业活动的兴奋和自信，找到自身成长的"根"，树立自己职业生命的理想，享受职业生活的幸福，实现自身生命的价值。

4. 社会主义新农村建设的需要。

乡村学校开发利用本土化课程资源，可促使学校从社会边缘走向社会中心，成为社区文化、文明的会聚点，引领社区文化的发展。可以激发乡村孩子们热爱家乡、关心家乡、建设家乡的朴实情怀，成长为乡村建设薪火相传的有生力量。

三、乡村学校本土课程资源的基本内容与开发维度

课程资源的内容十分丰富，按照不同的标准可以划分为不同的类型。如果按照课程资源的功能划分，可分为素材性资源（课程的素材或直接来源）和条件性资源（实施课程的必要而直接的条件，如人力、物力、财力等）；按照课程资源的空间分布划分，则可以分为校内课程资源和校外课程资源。[①]

乡村学校本土课程资源来源于地方丰富的乡土文化，所以研究乡村学校

---

① 钟启泉. 新课程的理念与创新 [M]. 北京：高等教育出版社，2002.161.

本土化课程资源的开发与利用规律，首先要搞清乡土文化的构成要素及其相互关系。

中国的乡土文化博大精深，既有渊源的悠久历史，又有不同地域、不同种群的个性和特色。厘清乡土文化构成的基本要素及其关系是研究乡村学校所拥有的本土课程资源的基础和前提，也是探讨如何挖掘这些资源的参照系和有效利用这些资源的坐标。

俗话说：一方水土养育一方人。这句话启示我们，乡土文化是一方水土上的这一方人在悠久的历史长河中积淀形成的文化，是与这方人的生存、生产、生活相联系的文化。据此，我们认为对乡土文化的构成研究可以从自然、社会、人三个维度进行抽象分析，建立不同区域个性化乡土文化要素分析的模型。同时文化又是一个具有时代特征的概念，即使同一区域的文化，不同时代有着不同的内涵，所以应该将"传统""现实"作为乡土文化因素分析的时间维度。这样由区域社会的"自然环境""社会环境"和"人"构成的空间横轴与"传统""现实"构成的时间纵轴相结合，就构成了乡土文化要素分析的理论模型。不同的要素相互交叉、相互作用，形成了各地丰富多彩、千姿百态的乡土文化。按照这个模型分析各地的乡土文化，可以为乡村本土课程资源的开发提高理论上的参照，最大限度地保证乡土文化不遗不漏地运用到学校人才培养之中，促进本土课程资源的充分开发和有效利用。

具体内容见下表：

乡土文化要素分析的理论模型表

	自然环境	社会环境	人		
			生存	生产	生活
传统	风水文化 星座文化 地质地貌 奇石古树	地方戏曲 名人典故 民族节日 传说故事 革命传统 历史文物 生肖文化	传统民居 传统服饰 饮食文化 传统家具 姓氏文化 交通工具	民间艺术 传统工艺 传统农具	宗教信仰 风俗习惯 （婚丧嫁娶） 方言俗语 饮食文。

续表

	自然环境	社会环境	人		
			生存[1]	生产	生活
现实	自然环境 山川河流 气象气候 自然灾害 禽兽虫鱼 花草苗木	民风民俗 民歌民谣 经典对联 （春联挽联） 儿童游戏 地方名人	中医偏方 饮食特色 流行服饰 住房特色	生产方式 能工巧匠 作物特产 家禽牲口 地方企业 致富能手	生活习惯 职业分布 社会事件

四、乡村学校本土课程资源的利用途径与策略

这部分研究主要是面向教育实践的变革，探讨本土课程资源在乡村学校建设中的具体运用途径和策略，是本课题研究的主体部分，也为深化本课题的理论研究提供实践依据和现实参照。

博大精深的乡土文化可以渗透到乡村学校人才培养的各个环节和各个方面，从不同层次、不同侧面促进乡村学校的改革和建设，促进人才培养质量的提高。具体地说，可以在以下几方面展开研究和探索。

（一）学科课程的实施。

"学科课程的主导价值在于传承人类文明，使学生掌握、传递和发展人类积累下来的文化遗产"。[2] 学科课程体现国家对所有学校人才培养质量的基础要求和基本标准，是学校人才培养的载体。学科课程的实施是学校教育教学活动的基本途径，是学校人才成长的奠基石。乡村本土课程资源在学科课程的实施中有着广阔的应用空间，可以渗透到学科教学的每一方面。具体表现为：

---

[1] 发下为《现代汉语词典》的解释。生存：保存生命，活在世上；生产：用工具创造各种生活资料和生产资料；生活：人的各种活动，包括家庭生活、职业生活和社会生活。

[2] 钟启泉，等. 为了中华民族的复兴，为了每位学生的发展 ［M］. 上海：华东师范大学出版社，2001:56.

1. 立足现实问题，揭示学习任务。

学生学习的动力直接来源于学生已有的认知结构或生活经验与新的学习任务之间的矛盾。特别是在课堂教学的开始环节，依据师生熟悉的本土资源，结合学生的实际生活经验，提出与学习任务相关的问题，引导学生在质疑讨论中明确新的学习任务，对调动学生的生活积累，明确学习目标，激发学习热情，均具有重要的作用。

案例1 "米"的认识[①]

在教学"米"的认识时，利用学生已有的知识"厘米"，让学生动手去测量教室的长，在测量过程中感受到用"厘米"做单位太麻烦，从而产生学习较大的长度单位的兴趣。这样既为学生学习新的数学知识做好了铺垫，又充分调动了学生探索学习数学知识的积极性和兴趣。

2. 丰富感性经验，促进知识理解。

按照建构主义的理解，学生的学习过程是运用已有的知识经验建构新知识的过程。这里学生原有的知识经验是学生同化理解新知识的逻辑起点。下面的教学案例尽管教材内容不同，教学对象各异，但都注重学生的本土生活经验在理解学科知识中的作用，以感性的经验夯实学生认识的基础，以实际生活中的具体现象深化学生对理性的学科结论的理解，均产生了良好的教学效果。

案例2 "保护环境"教学片断

有的老师在教学人教版《思想品德》教材九年级第四课第二节"保护环境"[②]时做了如下探索：

师：今年云南遭受百年一遇的干旱，同学们感受应该很深。特别是生活在山区的同学，这样干旱的天气，对你们周围的环境和生活造成了哪些影响？

生：我们村已经没有水喝，而且还发生了几次野火，村寨周围几乎都

---

① 熊俊. 数学之生活感悟［J］. 新课程研究·基础教育，2008（12）.

② 张飞. 例谈贫困民族地区思想品德课如何面向学生生活世界［J］. 全球教育展望，2010（7）：89.

变成黑色，家里到处落满灰尘，而且这几次野火都是我们村的村民烧荒引起的，太让人气愤了。

生：我们家的羊和牛，由于没有足够的水和草料，现在都已经皮包骨头，看着都让人心疼呢！

生：我们家种下的麦子已经枯死，颗粒无收，今年家里肯定要断粮几个月了，这可怎么办呢？

……

师：是啊，在贵州和云南的许多地方，旱得连泥浆水都喝不上。许多你们的同龄人，已经好几个月没有洗澡和洗脸。下面请大家看一组图片（用多媒体播放最近抗旱救灾图片）。大家看了这些图片有什么感受？

生：老师，那些人生活太艰苦，我们比起他们来要幸福得多啊。

……

师：（向学生介绍专家分析的导致西南大旱的原因后）当人类一次又一次吞咽破坏环境的恶果时，我们很多缺乏环境保护意识的人，还在做着乱砍滥伐、四处烧荒、破坏环境的事。那么作为祖国大家庭一员的我们又该为保护环境、为建设美好家园做些什么呢？

生：我觉得我们回家应该向家长宣传森林防火知识，改变过去烧荒习惯，不要再开荒。

生：在学校洗手应该尽量节约用水，随手关水龙头。

生：我认为应该加大执法力度，加强环保监督，关停一些污染严重、效益低下的企业，处罚各种恶意破坏环境的违法犯罪行为。

生：在我们家乡应该加大退耕还林，多植树种草，绿化荒山，只有这样才能使家乡的水患洪荒问题得到解决。

生：我们要建立生态农业种植模式，不能再走先破坏再治理的老路。

……

教师小结后布置作业：同学们周末回家，认真调查你们村寨周围的环境破坏情况后，自己设计一个改变你们村寨周围生存环境的小方案，下周的课上交流展示。

这个教学过程从开始到结束是与学生真实的生活体验相结合的，让学生在对干旱后果的切身体验中认识环境保护的作用，这样的教学给予学生的不仅仅是环境保护的知识，更多的是学生环保意识的生成和强化。

案例3　初中物理《杠杆》教学

在初中物理《杠杆》一节教学中，可以引导学生分析生活中常见的用棍子撬动大石头、用扁担挑水、用羊角锤拔钉子、儿童玩跷跷板等活动的共同特征，进而分析抽象出杠杆原理。

河北师范大学教育硕士杨秀君在其研究中，曾把"生活中的杠杆"这个作业留给石家庄市××县××乡中学初三（6）班的学生，一周后，学生们交上作业，其中一份如下，足见学生对杠杆原理的深刻理解。

杠杆与生活

在我们的日常生活中有很多东西应用到杠杆的知识，杠杆在我们的生活中有着非常重要的作用。

杠杆在我国古代就已经有应用，古人还总结出了"短轻者上，长重者下"的规律。古希腊学者阿基米德也曾说过："给我一个支点，我能撬起地球。"

在我们的生活中，随处都可以见到杠杆，如家里种地用的铁锹、独轮车、小推车、粪叉等。我们发现一个现象，家里用的普通剪刀，还有园林工用的剪刀，把柄比较长，用起来省力；而裁缝和医院手术用的剪刀，把柄比较短，可以省距离。缝纫机的脚踏板也是杠杆，还有铡草用的铡刀，修理工用的钳子、扳手等，开瓶盖用的起子，起钉子用的羊角锤……

现在大多数家庭已经用上了自来水管，但还有少数家里用压水机，压水机上的压杆也是杠杆。还有喷雾器上的压杆也是一个杠杆。称东西用的杆秤、天平无疑也是杠杆。天平是一个特殊的杠杆，它的动力臂和阻力臂相等，是一个等臂杠杆。另外，在人们移动重的东西时，也会用到杠杆，比如移动大石头、大木头，往往在石头或木头下放一硬杆撬它，这根杆就起到杠杆的作用。

我们的学习用具也有用到杠杆的，比如裁纸用的小铡刀，钉纸用的订书机等。我们每天上学骑的自行车也有很多地方用到杠杆，比如车闸等。

杨丽莎同学给我们讲了一件很有意思的事也和杠杆有关系。一次她和妈妈在门口用麦子换大米，那个小贩在称麦子时，悄悄在地上吐了口唾沫，然后把秤砣偷偷往吐过唾沫的地方一放，一小块泥巴就粘在了秤碗上。他满以为自己做得天衣无缝，可没想到这一切都被小丽莎看在眼里。她心里一琢磨，根据杠杆的平衡条件，秤陀上粘上东西，在称麦子时，顾客就吃亏了。她悄悄把这事告诉了妈妈，妈妈当场揭穿了小贩的阴谋。那小贩一个劲儿说自己是无意的。

回家后丽莎妈妈认真地说："你们学的东西还真管用。"丽莎很高兴，我们听了也很兴奋，真正体会到知识是有用的。

案例4　近似值

用四舍五入法截取数的近似值时，是"入"还是"舍"，只取决于去掉部分的首位数字是大于5、等于5，还是小于5，而与其后的各位数字无关。但在实际问题中，在截取近似数时，不管其余部分上的数是多少，都向前一位进1，这种方法叫作进一法；在截取近似数时，不管其余部分上的数是多少，一概去掉，这种方法叫作去尾法。

为此，下列具有实际生活背景的问题设计可以帮助学生理解：

（1）国庆节五（1）班16名同学到世界之窗游玩，每3个同学一条船，需要几条船？

（2）夏铭用彩纸折叠纸飞机，每5张纸折一架，34张纸可以折几架？

（3）张华带了11元钱去买钢笔，每支钢笔2.5元，他最多可以买几支？

（4）妈妈要将3.2千克的油分装在几个瓶子里，每个瓶子装0.5千克，问至少准备几个瓶子？

（5）包扎一个礼品盒需装饰带0.42米，2.4米装饰带可以包装几个礼品盒？

（6）开学的时候，老师带了20元去买《口算训练》，该书每本3.50元。老师可买回多少本《口算训练》？

这些生活中学生亲身经历的数学问题可以帮助他们轻松地理解"进一

法"和"去尾法",同时增强他们数学学习的兴趣。

3.渗透本土素材,充实学习内容

在学科教学中,渗透地方乡土文化资源,可以丰富、充实课程内容,拓展学生学习的知识来源,更好地丰富学生的。

案例5　《优美的民间艺术》①

在湖南长沙市开福区捞刀河镇的一所中学,教师在《优美的民间艺术》一课教学时,就为学生们请来了两位民间艺人:七十多岁的周正宏老人和周五爹老人。周正宏老人的山歌、小调在该地县具有一定的影响力;周五爹老人的书法、山歌、花鼓戏更是一绝!他能即兴作词、吟诗,令人敬慕不已。

外貌淳朴的老人震撼了学生们!学生们不但亲身领略了民间艺人的精彩表演,同时也对民间艺术有了更高的感性和理性的认识。同学们开始以新的目光,重新审视自己所生活的小镇——捞刀河镇,这个在省级地图上都不太好找的地方。随后学生们还兴致勃勃地模仿山歌、小调的旋律,创编表演起来:

"哎!今天教室里外好热闹呢,

学生老师围好多,

里三层加外三层呢,

艺术氛围到高潮呢,

请问我们觉得好不好呢?"

案例6　农村体育资源②

在《体育与健康》学科,农村的自然环境为开展户外运动提供了良好条件。学校附近的山坡可以开展越野跑、上坡跑等运动;草地是天然的足球场;山地可以开展爬山、定向越野等;河流、小溪可以开展漂流、赛龙舟、游泳等运动;树林是进行"警察抓强盗""打仗"游戏的最好场所。同时,

---

① 钟传志.农村中小学艺术课程资源之构建［J］.江西教育学院学报（社会科学），2007,28（4）.

② 胡达道,等.农村学校体育课程资源现状及开发策略［J］.教育学术月刊,2009（11）:77.

让学生置身于自然环境中，可以缓解学习紧张的压力，培养和激发学生对体育的兴趣；还可以提高学生对当地环境、气候的适应能力和野外生存生活能力，培养学生热爱自然、保护自然的意识。

案例7　幼儿园课程开发乡土化[①]

寿光市充分利用得天独厚的农村自然资源优势，推进学前教育课程开发乡土化，总结出了"八个一活动"和"一物多玩法"教学模式，在课程开发和办园理念上走出了一条以乡土价值为本位的特色发展之路。

"线儿挂在大小指，小指拇指去勾线，中指撑中指忙，拇指去穿中指线，拇指线儿绕着放，小兔耳朵晃几晃。"别以为孩子们只是在唱儿歌，他们还随着歌声有节奏地穿织着手中的毛线。动作和歌声同起同落，最后每双小手上都竖起了一对"兔耳朵"。

这是寿光市田柳镇中心幼儿园的一节活动课，老师正领着孩子们"翻花绳"。线儿是自备的，歌儿是自编的，一首儿歌，一个玩法，一根毛线能在孩子们手上翻变出50多种形象。在他们身后的墙上，张贴着由树叶、碎布粘制而成的各种图案，窗台上摆放着泥巴、易拉罐和庄稼秸秆做成的各种小玩意儿，整个布置看起来朴素而雅致。

田柳镇中心幼儿园园长葛汝霞说："我们根据自己教师和幼儿园的实际情况，充分发挥教师特长，挖掘本土资源，在实践中摸索并总结出一团毛线、一个皮球、一根跳绳、一个沙包、一根皮筋、一张纸、一团泥和一个环的'八个一'活动。"

对于农村幼儿园来说，这些取自身边的活动无疑具有很高的"性价比"：农村幼儿园教师具有丰富的乡村生活经验；田野里的树皮、树枝、麦秆、玉米皮、农作物种子等都能成为孩子们活动所需的天然材料，容易搜集，并且不用投入大量资金；各类游戏来源于民间，生活气息浓郁，易学易做。

寿光市还将蕴藏于民间的童谣、游戏融入了幼儿园的一日活动中。在教学过程中，这8个活动中的每个"一"都可以根据需要进行变通和组合，具

---

① 翟博，等．破解"寿光模式"：为孩子投资就是投资未来［J］．中国教育报，2010(1)．

有广阔的游戏拓展空间，有利于培养孩子的探索精神和创新能力。

这种做法在稻田镇幼儿园被称为"一物多玩法"：一堆沙子，孩子们可以挖地道、造河渠、筑城堡，还能筛沙子、运沙子，淘宝贝、印花瓣；一个简单的竹梯，孩子们可以做双脚、单脚跳，走平衡，抬花轿，攀高峰等游戏。花样繁多，玩法各异，让人目不暇接。

以"八个一活动"和"一物多玩法"为代表，寿光市在农村学前教育课程开发和教学理念上形成了自己的特色。魏秋红说："最简单、最常用的东西，只要我们教会孩子学会思考，就能变成促进孩子健康快乐成长的最好的玩具。这种符合农村幼儿园实际情况的做法也让农村幼儿园走上了个性化发展的路子，就是适当地保留了我们的'乡土味'。"

4.融合课堂与生活，强化体验学习。优化学习过程首先是将课堂教学活动的过程与学生熟悉的生存、生产、生活过程相协调，打通科学世界与儿童生活世界的界限，让学生在熟悉、亲切的学习环境中感受科学世界，理解科学世界，进而创造科学世界。这不仅增加了学生生活经验的积累，更有利于优化学生的学习活动过程，在过程的经历中学会思考，学会认知。

案例8　生活中的《统计》

例如，在人教版教材第一册第93—94页《统计》时，吉林省的孙凤香老师就创设了这样的情境，让学生在熟悉的生活场景中理解数据及其关系[①]：

师：下面是四年级摘松果比赛的统计表。

班级	一班	二班	三班	四班
数量	30	39	35	

师：谁能根据这个表格提出数学问题？学生观察、讨论、汇报：

①哪个班摘的松果最多？

②一班比二班少摘多少个松果？

③一班和二班共摘多少个松果？

④四班摘了多少个？

---

① 孙凤香．浅谈创设课堂教学情境 [EB/OL].http://club.jledu.gov.cn.2010–10–12.

师：如果说，四班得第二名，你能猜出四班摘多少个？

学生小组讨论、汇报：

①二班摘了 39 个是第一名，三班摘了 35 个是第三名，四班是第二名，应该是 38 个。

②还可以是 37 个、36 个。

根据表格的内容来提数学问题，对一年级的学生来说是富有挑战性的，特别是"四班摘的松果是多少个？"这一开放性问题，引发了学生的好奇心和好胜心，调动了学生积极参与学习的积极性和主动性。

其次，开放学生的学习空间，尽可能地打通教室与外部世界的联系，让学生在一个更加广阔的天地里学习学科知识。把校园、图书馆、体育场、农贸市场、风景名胜等变成学生学习、求知、感悟生活的课堂。

案例 9　"生活处处有作文"

临沂市兰山区白沙埠中心小学姜自卫、范建玲老师主持的"生活处处有作文"课题组，星期天布置让学生"帮妈妈做一件事"的作文，学生们从生活中感受到了情感，传递了情感，这作文的题材就找到了。一个叫黄梅的同学真实地写出了她的感受[①]：

"今天妈妈让我写完作业去看弟弟，我想这可比学习好玩多了，于是，马上写完作业，抱起可爱的小弟弟，我要亲身体验一下当小保姆的感觉了。弟弟一会儿抓这，一会儿抓那。我教弟弟唱儿歌，他哭了，怎么了？饿了？我抓紧给他和奶粉，凉一凉，好了，可他不喝，哭得更凶了。呀，又拉又尿，怎么办，我无法下手，急得满头大汗。看弟弟成了个泪孩子，我又心疼又着急。这时妈妈来了，我把刚才的一幕告诉了妈妈，可妈妈说我小时候比弟弟还淘呢！我才不吱声了，我理解了妈妈，感受到了妈妈是多么不容易。如今我长大了，应该多体谅妈妈。"

经过长时间的探索，该校构建了一至六年级的系列化习作教学体系：

---

① 姜自卫，范建玲 ."生活处处有作文"课题研究报告 [EB/OL].http://edu.kz-school.net.2008-11-20/2010-12-30.

低年级引导学生从生活的实际出发结合教学内容以写话为主，每周一次至两次写话，老师给予批改，鼓励，教他们认识生活，学会生活，会写生活。

中年级以活动作文、观察作文为训练主线，结合学校开展的一周一次活动，如"三八献礼"等，活动结束后，让学生写出自己活动的过程与感受。

高年级以身边的素材、组材的综合训练为主，写下自己的作文小册子，并为自己的作文起了优美的名字。每学期每生要编出自己的两本作文集。作文的内容反映了身边的生活，从生活中找到了丰富的题材，学生的组材各有特点，有的还配上精美的图画，在学生自己编写的作文集中，既有课本安排的课后内容，也有根据季节、时令、节日等观察及各种活动内容，还有想象性内容、续写集、缩写集等，充分调动了学生的习作积极性，不同程度不同层次地提高了学生的语言表达能力、寻找素材的能力，培养了及时提笔做笔记的习惯。

秋天带领同学们去果园、去河边、去田野找秋天的果实，然后回来写找到的《秋天的果实》，写后马上分组进行争论式的，开放式的课堂修改讨论，每人都可当小老师充分发表自己的见解，优化了小学作文教学的过程。下面是一个小组的评改争论①：

一个同学读："未走进果园，一股浓浓的果香扑鼻而来。"一个同学补充："我使劲地吸住鼻子，生怕这香味溜走。"一个同学说："对，我马上向前跑去，尽情地享受这浓浓的果香。"根据同学们的争论补充，他们各自完善了他们那种急于到达果园的心情。再往下评改更是精彩，一个同学读到，"看啊，这苹果树上的苹果挤挤挨挨的，好像争着向秋天献礼"，那个同学又补充说："它们是在把美丽的脸蛋露出来和我们比美"，有的说："那红富士苹果像是喝醉了酒，红光满面。"有的说，那是刚刚搽过了胭脂……张月说："我觉得涂宝丽同学写的那片葡萄非常逼真，颜色用得恰当。"姜

---

① 姜自卫，范建玲."生活处处有作文"课题研究报告[EB/OL].http://edu.kz-school.net.2008-11-20/2010-12-30.

姗说黄梅的那一片柿树写得更好，比喻恰当。"大大小小的柿子像一盏盏小灯笼挂满枝头，远远看去，就像一片燃烧的火焰。"通过点评、争论、补充，使同学们都能得到补充，互相提高。

教学过程中，紧密结合儿童的现实生活，让学生在感悟生活、反思生活中表达自己对生活世界的真实理解和感受，孩子们就会在这种真实的生活世界里学会知识、理解知识、应用知识，也丰富着他们自己的精神世界。

案例 10　谁都可以妙笔生花

网友静听花语在他的新浪博客中有一篇博文《谁都可以妙笔生花》，记述了自己在小学语文教学中的一个片段，就恰好说明了引导学生反思、感悟、表达自己真实生活的教育价值[①]：

我对孩子们说："请从这些词语中自由选择 5 个词写一段话，至少要用到 3 个四字词。"

不到一分钟，一个平时学习不太认真的男孩子举手了。他站起来说："我在家里为所欲为，调皮的事我做起来不在话下，把爸爸气得火冒三丈，眼冒金星，但是我有奶奶撑腰，爸爸无言以对。"

孩子们听得哈哈大笑，当然，对他的"杰出"表现，我给予了充分的肯定与表扬。看来，这孩子平时不爱做作业，不是他的天性太懒，而是我的作业没有吸引力。这孩子写的看似逗笑，实则也是他的亲身经历。他在家的确很调皮，妈妈为了他的教育伤透了脑筋，因为妈妈不能批评孩子，奶奶喜欢无理取闹。后来经过妈妈不屈不挠的斗争（据说如果谁再干涉她教育孩子，以死相逼迫），终于取得了孩子的教育权。

还有一个孩子写得更有趣，也是一个平时不太出色的男孩子写的。"星期天，我去探访外公。走过一片幽静的树林，渡过一条微波粼粼的小河，路上的风景真美啊。刚进外公的家门，就听见小孩子的哭声，原来我正好遇见了小弟弟的降生，看来我和他有不解之缘。"这个孩子写得简直是一篇微型小说。

---

① 新浪博客：http://blog.sina.com.cn/532365058meiling。

一个女孩子介绍爷爷的一段话我也觉得非常有趣："我的爷爷是非常能干的人，虽然年纪大了，但是干起农活来不在话下。他非常关心我，每个星期送我上学接我放学回家。暑去寒来，爷爷显得非常苍老了，我也非常心疼他，我下定决心，好好学习，有朝一日，好好报答他。我时常会和爷爷吵两句嘴，我的伶牙俐齿让爷爷无言以对。爷爷有许多特别的行为，相处时间长了，我也学会了爷爷的一些'身段'，时常在奶奶面前表演，逗得奶奶哈哈大笑。"这个孩子通过这段文字写出了爷爷的特点，同时也写出了她和爷爷之间的深情，让我惊叹。

一个喜欢象棋的小姑娘写了这样一段话："从小我就和象棋结下了不解之缘。有一次，我一反常态，挑战邓小黄，我在那里认真琢磨如何打败他，以失败告终。我发誓我一定要把他打得落花流水。于是我每天专心训练，暑去寒来，我的水平与日俱增。现在，我打败他不在话下。"

总之，孩子们在这个训练环节，兴味盎然，效果不错。我想，以后的教学中，我还应该从作业设计方面多下点功夫，孩子不爱做作业，是因为作业太枯燥无味了，包括我们平时的习作练习，也应该注意选择孩子们喜欢的对象让孩子们去写。

5.开展综合实践，拓展学习视野

就是将学科知识运用到生活实践中，让学生在原汁原味的生活情景中综合运用课本知识，在运用中深化知识，在活动中历练才干，不断提高自身的综合素养。

案例11　语文综合实践活动生活化研究

山东蒙阴县界牌实验学校"小学语文生活化实践研究"课题组开展"语文综合实践活动生活化"专题研究，实施"语文综合实践'三旅延伸'"策略[1]，把学校生活、家庭生活、社会生活有机融入语文学习中，实现了听说读写有机结合，使学生进行全面的而不是片面的，整体的而不是局部的，网络式的而不是直线式的，能动的而不是被动的语文学习。学生们在实践中历

---

[1]　"小学语文生活化实践的研究"课题研究报告。

练，在"用"字上下功夫，在升华认识的基础上表现生活。实施了以课堂语文学习为圆心，向学生生活的各个领域延伸的"三旅延伸"策略，它是学生走向自然，走向社会的旅程，是心理成长的旅程。实现了课内外相融合，多元化、多样化的文化积淀和思想交融，促进了学生和谐发展。

具体地说，"三旅延伸"策略包括：

（1）文本拓展之旅。它是源于教材、前伸后延的实践活动，是课堂学习的扩展和延伸，学生在拓展之旅的过程中，动手做、动脑想，在实践中加深感受，积淀语感，扩大信息容量。课文学习前走进生活，观察生活、体验生活、积累生活。课文学习后，在阅读文本的基础上，利用文本表达上的含蓄朦胧处或留下的空白处，让学生用自己的生命体验去诠释、补充文本，或展开想象的翅膀去充盈、丰富文本。配合教材开展系列活动，通过"趣味引入—片段欣赏—角色再现—故事浏览—创作听评—作品推荐"等一系列活动，让学生进行听说读写的综合实践活动。

（2）童年自然之旅。呈现的是学生假期外出旅游活动的收获。学生在游历山川、饱览山河的同时，为提高旅游价值，丰富文化内涵，围绕"优美景致、物产采撷、风土人情、历史文化"四个方面，将自己游历祖国大好河山时拍摄的照片展示出来，与同学们分享旅行的快乐；将旅行归来后所见、所闻、所思、所感用"童年之旅"小报记录下来，更充分体验、领略祖国大好河山的奇秀壮美；举办旅游实物展览会，为伙伴们打开一扇感受祖国文化博大精深之门；围绕一个地域、一种物产、一种风俗、一种建筑等进行深入研究，真正领会各地的文化精髓，感悟到精神、品质。这种与生活紧密结合的实践活动，帮学生树立了正确的价值观，提升了学生的生命价值。

这里，结合学校的生态馆、蝶趣园，开展了专题"蝶趣之旅"活动。生态园中有活体蝴蝶园、蝴蝶标本馆及其他自然奇观，把这丰富的教育资源与实践活动紧密结合，使学生受益匪浅。包括：

导游参观，锻炼口语表达。让学生做生态园的讲解员，在准备的过程中，收集资料，编写导游词，在为同学、家长、来宾一次次的讲解中，提高语文能力。导游参观，让学生对神奇的自然界充满了好奇，激发了学生探究的欲望。

学科整合、深入研究。根据不同年龄学生的兴趣点，选择不同的研究专题进行研究性学习。低年级学生在美术老师的指导下侧重于蝴蝶画的绘制，画面下一行行拼音短句，写出了孩子们对蝴蝶的喜爱赞美之情。中年级学生通过咨询科学老师和上网查阅资料，了解蝴蝶的生长过程；或结合自己最为喜爱的一种蝴蝶做深入的研究，了解它的产地、特点、分布情况……创作蝶诗、蝶趣小报。高年级的学生广泛收集古今中外赞美、描写蝴蝶的美文、诗篇做成文摘，从蛹化蝶的艰难的历程感悟出蝴蝶的品质，写出对人生的感悟。有特长的学生在老师的指导下，创作"蝶歌""蝶舞"，制作蝴蝶标本画。蝴蝶的研究给学生以做人的启迪，升华了学生对生命价值的感悟。

（3）童年社会之旅（即社会调查）。此类实践活动常以"小记者在行动"的形式进行。学生自由组合小组，确定研究主题，主题涉及社会生活的方方面面，如：肯德基该不该吃？网络的悲与喜；连战大陆行；名人与名泉；等等。学生的调查不拘形式，不受限制，不受束缚，用童眼看世界，自由表达对生活的感悟。调查归来，学生还像模像样地写出了调查报告。报告中大量的调查过程记录，充足的事例，翔实的数据，旗帜鲜明的论点，显示了学生综合能力的提高。学生置身于动态、开放的学习环境，在无拘无束中学得主动，学得积极，每位学生都成了学习的主人，在这一过程中培养了科学的探究精神、默契配合的合作意识。

6.巧用生活工具，丰富学具教具。

农村学校最大的优势就是可以就地取材，像树枝、木板、草绳、竹枝条等可以再利用，这些多余的闲置的物品都可以用来制作学科教学中所需要的学具或教具。

案例12　《体育与健康》中的就地取材

在《体育与健康》课程中，可把树枝按照现状制成高跷等；草绳扎成草绳球；木板块做成长木展板；竹条做成弓箭、跨栏架等；草藤做成藤圈；树枝做成弹弓；竹竿和木棍做成武术棍、体操棒；木块做成"棱板"；木桩打在地上形成"梅花木桩"；家用扁担可以作为"担架"……另外，利用校园的自然斜坡开展上坡跑、下坡跑；学校平坦的地面，可以用作羽毛球场、游戏场所；可以利用校园的树木设置单杠、爬杆等。

（二）校本教材的开发建设。

美国教育家泰勒指出，任何课程设计都必须回答四个问题，即为什么教、教什么、怎么教？如何评价教的效果。这四个问题构成了著名的"目标""内容""组织"和"评价"模式，被认为是课程开发与设计的基本步骤。校本课程开发具有课程开发的一般特点，无疑也应从这四个方面研究探讨校本课程建设的问题。

乡土文化，作为乡村学校所独有的本土化课程资源，是乡村学校校本课程建设的基本素材，也是乡村学校校本课程建设中取之不尽的资源宝库。

虽然不是所有的校本课程都一定要有配套的教材，但校本教材仍是校本课程建设的奠基工程，对规范校本课程的实施具有不可替代的作用。

校本教材建设，应在统筹兼顾国家和地方课程的基础上，突出乡村学校的本土化特色，实现校本课程独有的育人价值。

1.校本教材建设的原则。

（1）以乡土资源为依托。校本教材内容要体现自身的特色，切忌与国家课程、学科课程交叉重复。要立足本地乡土文化的特点和实际内容，建设自己独有的内涵。

（2）以育人功能为导向。校本教材建设的根本目的是育人。要从本校学生的思想实际、学习实际和人文素养、科学素养提升的实际需求出发，确定课程类别、选择教材内容。

（3）以学生活动为主线。校本教材的内容组织和编写要突出学生学习的主体地位，力避直线式、逻辑式陈述，把校本课程变成学科课程，变成学生死记硬背的"死书"。

案例13　蒙阴县野店中学校本教材

蒙阴县野店中学开发建设了系列化校本教材，其《家乡篇》包括野店概况、野店群崮、野店地貌景观、野店崮顶文化、野店道教文化、野店历史人物、野店美丽传说、野店诗文碑文、野店英模人物、野店风物特产及爱家乡、爱校园、爱国家等 11 节。

每节内容包括基本内容、实践活动等，在"实践活动"中专门增加了活动中"注意安全"的提示。

2. 校本教材编写的组织结构。

为了体现上述原则，校本教材在每一主题的编排中要反映学生学习的要求，以学生的认知、实践活动序列为参照，组织编排教材内容。具体可以参照下列模式展开：

（1）"基本阅读"。为学生提供该专题最基本的阅读材料。这些材料要通俗易懂，避免生涩枯燥的字词（不可避免者应加上详细的注释、说明或注音），符合学生的阅读实际，增强阅读效果。

（2）"我的补充"或"我也知道"。教材中留出适当的空间，让学生补充完善自己所闻、所见的相关内容。这样学生就不仅仅是教材内容的接受者，也是教材的"编写者"。

（3）"我的实践"。在这儿让学生写出自己或小组相应的实践活动计划或方案。教材中可以包含对学生活动的指导和注意事项的提醒。

（4）"我的认识"或"我的感想"。学生在这儿可以尽情地抒发自己的认识、体会、感受，内容可长可短，只要是学生想说的都可以在这儿尽情发挥。

这样的校本教材真正体现学生学习的主体地位，反映学生学习的需要，规划学生学习的过程，就不再是供学生死记硬背的"死书"。

（三）综合实践活动的组织与实施。

《基础教育课程改革纲要（试行）》(2001) 中要求基础教育阶段"从小学到高中设置综合实践活动课程，基本内容包括信息技术教育、研究性学习、社区服务与社会实践以及劳动与技术教育"。综合实践活动的开设，打破了学生活动寓于教材、教室的空间限制，帮助学生体验生活并学以致用，推进学生对自我、社会和自然之间的内在联系的整体认识与体验。综合实践活动作为面向学生生活，立足学生实际，以学生自主活动、自主学习为特征的一门综合性课程，为充分发挥利用各地本土文化的价值和作用，促进学生创新精神和实践能力的提高提供了充分的空间和保证。

乡村学校可根据地域的不同，更好地把乡土文化应用到综合实践活动中。以农村学生独特的生活体验、个性化的精神感受和田园式的视野，去研究世界、感受世界，学习知识，增长才干。

1. 研究性学习。

研究性学习是指一种与接受式学习相对的学习方式，学生基于自身兴趣，在教师指导下，从自然、社会和学生自身生活中选择和确定研究专题，主动地获取知识、应用知识、解决问题的学习领域。

乡村学校开展研究性学习要以农村学生的生活环境为背景、通过综合实践活动把本土化的课程资源与学习内容整合为一体，促进学生综合素质的提高。例如立足语文学习的需要，可以开展收集谚语农谚、纠正常见错别字、整理楹联春联等活动；结合学校运动会，组织"运动会上找数学"的活动；在学生掌握了小数四则运算的基础上，组织开展"算算我家的日常开支"的活动等等。

案例14　《蔬菜与我们的生活》教学活动设计方案 ①

一、参与年级：四年级

二、选题的由来：蔬菜是我们生活所必需的一种食物，蔬菜里含有人体需要的各种营养，它不仅能给我们人体补充许多营养，而且，还能给我们补充许多微量元素。可在生活中我们有的孩子却不喜欢吃蔬菜，在我带学生参加经典国学比赛回来，和学生一起吃饭时，发现许多的学生都不喜欢吃蔬菜，就是吃蔬菜的同学也只是吃一两种，存在比较偏食的现象。为了让我校的学生合理地平衡膳食，促进身心健康的发展，培养他们爱吃蔬菜、常吃蔬菜的好习惯，我设计了这次《蔬菜与我们的生活》的综合实践活动。而且这个主题活动对于我们农村孩子来说是比较感兴趣和容易操作的。

三、活动总目标。

---

① 树林小草的博客：http://blog.sina.com.cn/1234567bml，2010-11-02。

1.通过活动，知道蔬菜的种类，并认识各种蔬菜；了解知道蔬菜所含的营养成分，及对人体的各种好处。

2.了解本地各种蔬菜的种植方法及季节。

3.了解不同蔬菜的烹饪方法和各种蔬菜最营养的吃法，学会一些蔬菜的简单烹饪方法。

4.通过实践活动，走入生活，学会收集处理信息的方法，增强与同伴合作探究的实践能力、交往能力、语言表达能力及合作精神。

5.了解蔬菜的营养价值，对自己在生活中的饮食习惯有所感悟，进而养成喜欢吃蔬菜和不偏食的习惯。

四、活动形式。

1.组织形式：采用个人活动、小组活动和班级活动相结合的方式。

2.实践形式：收集蔬菜的各种资料和信息。调查和访问、研究、小组合作和交流，规划表达和反思。

五、活动时间安排

1.活动准备阶段：第9、10周。

2.活动方案实施阶段：第11、12、13周。

3.活动评价、总结阶段：第15、16周。

六、活动过程：

第一阶段：活动准备阶段

1.确定主题，制订活动方案：用比赛回来吃饭的情境激起学生对蔬菜的研究，确定研究主题"蔬菜与我们的生活"。

2.学生进行分组，分工。教师确定组长，其他同学自愿选择组长，老师按学生能力适当调整，全班共分为5个组，并由组内同学共同商定取一种以蔬菜为名的名字，如白菜、胡萝卜、西红柿等。

3.拟写活动方案，明确各组的研究课题。

4.聘请校内外的指导老师：（1）指导学生选择指导老师；（2）指导学生拟写聘书；（3）指导学生收集聘请指导老师的各种资料。

活动具体过程：教师指定5个组长，其余同学自己选择组长，学生选择组长时教师适当进行调配，全班 36 个同学分成六大组。每组 7—8 人，并为小组分别选定一个以蔬菜为题的个性化名字（如白菜组、萝卜组、西红柿组等等）。引导学生将提出的问题进行合并并归类，提炼出调查研究课题：①蔬菜的种类等。②蔬菜所含的营养价值。③蔬菜对人的作用。④蔬菜的烹饪方法。⑤蔬菜的种植季节和方法。⑥现在有哪些反季节蔬菜？⑦同学们最喜欢吃的蔬菜。

再由组长根据本组同学的爱好及特长，从五个问题中确定一个本组喜欢的问题，在组长的召集下，小组讨论，制订研究计划。确定研究的内容，由大家一起讨论提出研究的课题，从中确定自己小组的小课题，各自相对独立地开展研究活动，制订具体的活动方案，明确小组成员的具体任务及分工合作事宜。

第二阶段：活动方案实施阶段

1.深入社会生活，收集资料。

2.学生在小组内交流收集整理资料。

3.学生在小组内部、小组之间交流资料。这个阶段最少重复两次。

活动具体的过程：研究过程中，课题组成员各有独立的任务，既有分工，又有合作，各展所长，协作互补。实践活动采用个人研究与小组集体讨论相结合的"开放式作业"形式，小组成员需要围绕同一个研究子课题，各自收集资料，开展探究活动，取得结论或形成观点。

①学生小组成员利用课余时间到图书室、网络、菜场、菜地收集有关资料。

②学生采用调查法、采访、上网等形式收集资料。

③学生将收集到的资料汇总给小组长，小组长加以选择，分类整理。

④教师集中检查进程，并加以辅导，利用网络、个别谈话方式进行单独指导。

第三阶段：总结与交流阶段

1.形成成果

各小组通过各自不同的形式，交流所形成的成果，可以是食物、图片、报告、总结。

2. 小组之间开展总结性交流

3. 评价

4. 活动延伸

（1）设想：不吃蔬菜会给我们带来什么样后果。

（2）撰写倡议书：倡议每个同学多吃蔬菜。

（3）总结并撰写报告。

调查结果要以书面形式反映出来，通过 5 个组的全体成员讨论或辩论，分享初步的研究成果。各小组通过开展研究活动，在指导老师的帮助下，他们各自完成研究报告。并带来收集的资料、图片、照片、实物等。为了分享各小组的活动成果，利用活动课，组织他们进行成果交流。由组长执笔撰写成文，反复修改后，教师验收。

2. 社区服务与社会实践社区服务与社会实践是指学生在教师指导下，走出教室，参与社区和社会实践活动，以获取直接经验、发展实践能力、增强社会责任感为主旨的学习领域。

案例15　聚焦生活垃圾

让学生走出校园走进村落，收集有关垃圾处理的资料、调查周边环境的污染情况，说说垃圾给我们造成了什么严重的破坏。立足于家庭，查看垃圾及处理情况。利用已有的知识，对垃圾进行分类、统计，并根据统计结果设计处理方案。

案例16　红领巾文化大集

可以组织专场义卖活动。家乡特产、学生字画、手工艺品等均可成为推销品。

义卖现场，学生们有秩序地摆地摊，或吆喝，或招呼，使出浑身解数介绍说明各种产品的特性……

义卖所得的现金可以捐赠给当地那些最需要帮助的孩子。

案例17　莱芜黄庄镇丈八丘小学的"种子画"

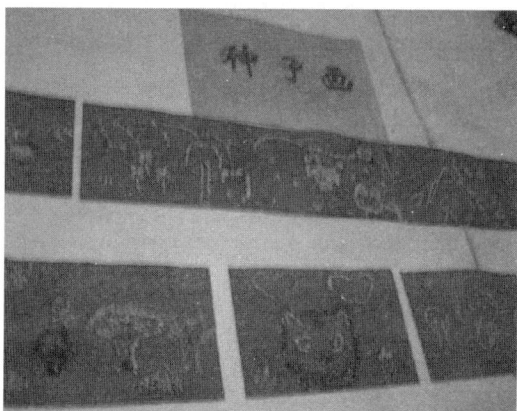

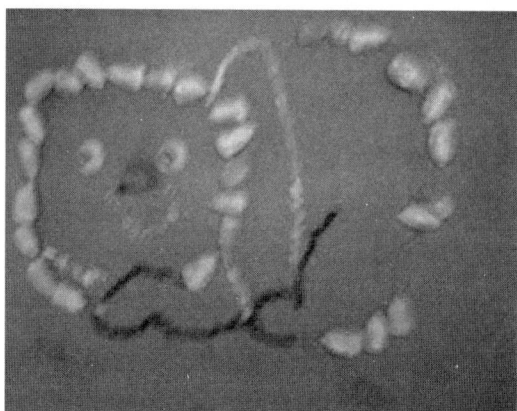

3. 劳动与技术教育

劳动与技术教育是以学生获得积极劳动体验、形成良好技术素养为主的，以操作性学习为特征的学习领域。农村小学周围有着肥沃的土地、成片的农田、多样的动植物，将这些丰富的自然资源运用到劳动与技术教育中，可凸显乡村教育的实践性和创造性。

4. 信息技术教育

信息技术不仅是综合实践活动有效实施的重要手段，而且是综合实践活动探究的重要内容。既包括发展学生利用信息技术的意识和能力，还包括发展学生对浩如烟海的信息进行整理、识别、筛选以及反思、辨别等能力，形成健康向上的信息伦理。

很多农村学校现在已经配备了标准的计算机网络教室等硬件设备，通过组织开展综合实践活动，可以充分发挥这些设备的价值与作用，提高其利用率和使用效益。学校可根据学生的兴趣和发展的需要，利用计算机反映农村的生活、解决现实问题。

（四）校园文化建设。

苏霍姆林斯基说："要使学校每一面墙壁说话，发挥出人们期望的教育功能。"[1]校园文化以一种隐性课程的方式出现，它对学生起着潜移默化的影响，在校园文化建设的过程中要将育人作为出发点和归宿点，以学生作为校园文化建设的主体，经过多年的培育、沉淀和积累，形成各校独特的校园文化。

乡村学校的校园内文化建设要走自身的特色化发展之路，这样才能符合农村儿童的实际，适应农村儿童发展的需要，更好地服务于学校教书育人的目标。在具体建设过程中，要贯彻下列原则和要求。

1. 地方性原则。

每一所学校的历史传统、地理环境、自然资源等不同，各个学校的校园文化建设应表现出其独特性。农村山水是他们生活的环境，花鸟虫鱼草随时可见，所以要从学校实际出发，根据当地所处的地域环境，彰显自己学校的特色，形成自己的特色文化。只有这样，才能各自弘扬优势、挖掘潜力、发挥创造性，才能提高教育质量。

2. 教育性原则。

育人是学校环境建设的目的所在。校园文化以一种隐性课程的方式出现，它对学生起着潜移默化的影响，在校园文化建设的过程中要将育人作为出发点和归宿点，最大限度地挖掘校园文化的育人功能，引领学生健康成长。

3. 主体性原则。

学生是校园文化建设的主体，所以在校园文化建设过程中，要充分依靠学生的力量，尽量发挥每一个学生的主观能动性和创造力，使校园中的每一

---

[1] 苏霍姆林斯基. 给教师的一百条建议 [M]. 北京：外文出版社，2000.

个学生都成为校园文化的建设者。只有当学生的主体性得到了充分发挥，校园文化才能充满生机与活力，学生才能够真正的成长与成才，校园文化的教育性才得以体现。

案例 18 学校绿地变身记

学校占地 30 亩，有 3 个小花园，可是学生似乎对这些小花儿、草地并不是很感兴趣。一次带女儿外出，发现她对果园的喜欢远远超过了花园，我突然意识到：儿童的天性使他们更喜欢可以动手参与、亲身体验的互动环境，而草地对他们来说仅仅是一种摆设，一个没有新奇感的物品而已，我们不是见过孩子在一堆沙子边上玩上一整天也不亦乐乎的场景吗？学校的绿地也是一门课程，为什么不让学校的绿地和孩子们互动起来，让他们动手参与、亲身体验，让他们在与植物对话的过程中感受自然的变化、科学的奥秘、学校的可爱呢？于是我们开始了学校绿地的变身行动。

变身行动一：绿地变成果园。

我们开始动手在一块 600 平方米的草地上种植各种果树，有橘子、柿子、杨梅、黄花梨、樱桃、酸橙、枇杷、金柑、水蜜桃等几十种。五月初，樱桃红透了，六月初杨梅和枇杷成熟了，七月，桃子可以采摘了，八月，黄花梨丰收了，十月，金色的橘子压弯了枝条，十一月，火红的柿子挂满枝头。喜欢往果园跑的孩子越来越多，他们细细地观察，欣喜地等待；他们第一次看到枇杷原来是在冬天开花的，橘子小的时候原来是绿色的，挂在树上的柿子是硬硬的，樱桃从开花到收获仅仅只需要一个半月。学校每月评选一次"校园文明小使者",当选者得到的奖励是:到果园里采摘一个水果。对孩子来说,这是最值得期待的奖励,最让他欣喜若狂的奖励!

今年我们又对果园进行了改建,增加了休闲长廊,栽下葡萄和猕猴桃等藤蔓类水果,学生可以在葡萄架下看书、玩耍。我们在果园里新建了一个"谢师亭"和一个"听雨轩",鹅卵石铺成的小道在果园中穿行,孩子们亲身经历水果的成长过程,教师在果树丛中和孩子们开展综合实践活动,甚至连很多幼儿园的家长都慕名而来,希望能够带孩子经常参观学校的果园。

变身行动二:花园变成菜园。

果园提供给孩子更多的是观察和欣喜,但是从动手参与的角度来说还是不够的。怎么办?一个花园变成了果园,总不能把另外的两个花园变成菜园吧,每一种植物都有它的价值呀!有了!我们用木栅栏在每个花园外面围了一个长100米、宽50厘米的花坛,每个班级认领一块菜地,种上青菜、番茄、黄瓜、茄子、芹菜等蔬菜,也可以栽种西瓜、甜瓜等水果,学校另外在花园里辟了一个角落,栽种科学课需要的桑叶和凤仙花,满足学生探究的需求。小小的一个菜园,激起了学生无限的兴趣,连班主任老师也高兴不已。他们说,终于有一块空间,可以让他们动手,看到植物生长的过程,品尝到自己和孩子们辛勤劳动后收获的甜蜜果实了。

变身行动三:绿化从外包到自己养护。

我们学校参观接待任务较多,学校的绿化要求较高,为此学校把绿化承包给了一家专业公司,一年四季提供各种盆景和花卉。几年下来,钱花了不少,可是却没有一盆花是属于我们自己的,既然孩子们喜欢动手参与,何不把原来承包给公司的绿化自己进行养护呢?在总务主任的倡议下,学校成立了一个园艺养护社团,招收了32名小花工,他们利用每天的社团活动时间给花儿浇水、施肥、修枝、整叶、换盆,学校还专门为这个社团新建了一个50平方米的阳光房,作为他们的活动基地。每个班级也开始自己栽种花卉,聘请园艺社团的孩子担任技术指导,遇到花卉"病危时"可以送到"阳光花卉住院部"进行治疗。在他们的努力下,学校的花卉由原来的一无所有到现在的2000多盆。懂得花卉养护和喜爱花卉的孩子越来越多,每个班级绿意盎然，孩子们把对花卉的喜爱延伸到了小动物，每个班级都养殖了各种小动物，有小鱼儿、泥鳅、小蜗牛、蚕宝宝等，下课时经常可以看到孩子们围在这些小动物旁边细细地观察，开心地讨论。

我们把绿地作为一门探究性课程来开发，不在乎绿地是否美观，在乎的是学生在这样的平台上是否真情投入、探索参与。在实践中，孩子与大自然零距离接触，不仅收获了成功的喜悦，还亲身经历了动植物生长过程的细微变化，学校的一景一物都与他有对话、有交流，他们在与动植物对话的过程中感受自然的变化、科学的奥秘、学校的可爱，他们的心灵会更加健康、更加阳光，更富有责任感。

（作者：浙江省宁波市北仑区蔚斗小学严雪霞，《中国教育报》2011年3月29日9版）

4. 先进性原则。

社会在发展，校园文化建设也会随之变化，并体现出发展性、动态性特点。因此，校园文化建设要与时俱进，在内容上要坚持时代旋律，体现发展主体；在形式上要开拓创新，培育时代精神。校园文化在形成过程中，不仅要注意坚持以往成功的经验和方法，吸收优秀学校先进的校园文化，也要注意不断地创造与时代发展相适应的新的内容和方法。所以，在校园文化建设中一定要坚持传承与创新相结合：一方面，要尊重学校历史，要客观评价前人，要延续以往传统；另一方面，又要结合时代特点，与时俱进地给已有的校园文化赋予新的内涵和精神。

5. 连续性原则。

校园文化需要建设，需要培育、沉淀和积累，绝非一朝一夕之功。任何一所学校文化的形成必然要经历一个较稳定的倡导、追求、践行、凝练、再实践、升华、发扬光大的过程，这个过程可能是一个漫长而反复的过程，是一个循序渐进的过程，必须持之以恒地努力才能获得实际的效果。

附：校园文化建设项目举例

建设主题	认识家乡、热爱家乡、建设家乡		
项目名称	项目形式	基本内容	建设方法
社会生活（传统）	展板	名人典故；神话传说；革命传统；历史文物；地方名人；民族节日；古代建筑；民间工艺；传统农具；传统交通工具；传统服饰；传统家具；民风民俗；中医偏方；宗教信仰	设立开放性展板，由学生收集、整理，通过绘画、照片、文字等形式分批展出
社会生活（现代）	展板	生活习惯；职业分布；新农村建设成就；社会事件；流行服饰；生产方式；能工巧匠；地方企业；致富能手；特色住房	同上
自然部分	展板	自然环境；山川河流；奇石古树；气象气候；自然灾害	同上
动物部分	橱窗（展台）	花鸟虫鱼；飞禽走兽；家禽牲口	设立开放性橱窗，由学生收集并制作标本或模型，分批展出
植物部分	橱窗（展台）	野花野草；作物特产	同上
励志名言	标语	民谣；谚语俗语；经典对联	由学生收集、整理，以标语形式定期更新
民间歌舞	表演	地方戏曲；民歌；儿童游戏；风俗习惯（婚丧嫁娶）	请有特长的老师或地方能人组织学生训练表演

案例 19　陕西"生态校园创新工程"

杨凌西大寨中学生态校园美观大气的卫生厕所

范家寨中学同学每天都可以喝上半斤学校自产的鲜羊奶

范家寨中学八年级学生在生态果园学习果树嫁接技术

案例 20　孩子们学习"二人转"①

---

①　平凡一生 :http://527709200.qzone.qq.com。

五、课题研究的实施原则

本研究要严格遵循教育研究的基本规范，在新课程理念的指导下，立足每所学校、每一学科的实际，开展个性化、创造性的研究和探索。具体地说，要贯彻落实下列原则和要求。

（一）基本规律与个性化探索相结合的原则。

开发与利用乡村本土课程资源有其基本的规律和规范，像乡村本土课程资源的挖掘分析模型、各类资源的有效利用模式，以及课程资源的类型与其相应利用模式之间的关系等，都存在一般意义上的开发与利用规律。但本课题的研究不是也不应该是设计一个统一的模式，然后由各实验学校"按图施工"，而是各实验学校根据自身特有的资源优势和特色，立足本校的发展基础和建设实际，进行个性化的探索和研究。否则，本研究的生命力将不复存在，教育研究与实践的活力将不复存在，本课题的设计研究的宗旨和目标也会失去。

（二）整体推进与局部探索相结合的原则。

乡村学校本土课程资源的开发可以融入乡村学校建设的方方面面，其利用的范围和途径可以涉及学校人才培养的每一环节。既有学科课程的实施，也有学校校本课程、活动课程的设计与实施，更能渗透到乡村学校文化建设的方方面面。但本课题研究不追求"大而全、假大空"的目标，我们希望有关学校能够立足本校的基本条件和师资队伍建设实际，开展有针对性的某一方面的探索和实践，以保证课题研究取得实效。

（三）乡村文明与城市文明相统一的原则。

强调乡土文化在学校建设中的教育价值和作用，不是否定现代城市文明的意义。相反，探讨本土课程资源的挖掘与利用，恰恰是为了让农村学生用自己熟悉的生活经验、思维方式去更好地同化、理解、建构现代城市文明，使他们的童年生活与现代文明有机地融为一体，健康丰满地成长，既掌握走遍天下的知识技能，又具有"永不迷路"的精神智慧。

所以，研究探讨乡村学校如何开发利用本土课程资源，并不否定乡村学校的其他探索和改革，这只是学校改革发展的有机组成部分，不可能是也不应该成为乡村学校建设的全部。

（四）理论研究与实践探索相结合的原则

新课程实施以后，人们对课程资源的开发与利用已是耳熟能详。但针对乡村学校的本土文化和学生成长的需要，哪些资源具有现实的教育价值、应该选择哪些资源、如何利用所选资源等，都没有也不可能有现成的答案。这就需要我们深化理论的学习与研究，站在现代课程论、教学论研究的新思想、新方法之上看待、审视我们面临的教育教学问题。同时，理论不可能给予所有现实问题以现成答案。特别是教育发展到今天，面对急剧变革的社会对教育培养目标不断提出的新要求，面对教育对象的新特点、新思维，任何教育问题都不可能有统一的解决模式和不变的答案。这就需要我们在实践中探索、在实践中创造，以创新的教育实现教育的创新，以理想的教育实现教育的理想。本课题研究的过程正需要基于这种指导思想，面向教育实践、立足教育实际，不追求理论的博大精深但求实践中的切实有效，不拘泥于已有的模式框架但求能够"自圆其说"。

说明：本方案中引用的"案例"是为了说明本课题研究的理念和精神，不是本课题研究的成果，未必能真正体现本课题研究的真正要求，往往缺乏典型性。我们期待着在深入开展本课题研究的基础上，创造出与沂蒙文化相适应的大量典型案例。

附件 1

项目编号：

山东省基础教育科学"十二五"规划

2011 年度课题开题报告

课 题 名 称：全寄宿制学校对农村留守儿童成长影响的实验与研究

课题申请人：王勇基

所 在 单 位：山东省郯城县大唐学府

填 表 日 期：2011 年 11 月

山东省基础教育科学规划管理办公室

一、课题研究人员基本信息

主持人	王勇基	年龄	48	工作单位	郯城大唐学府
职务／职称	校长／中教高级	性别	男	联系电话	13365390660
专业	教育原理	学位		E-mail	Wyj1963@163.com

课题申请人已承担、参与教育教学研究项目及完成情况			
项目来源	项目名称	批准时间	完成情况
全国教育科学"十五"规划教育部重点课题	培养学生四会能力的和谐教育实验（课题批准号：DHB010639）	2002.8	发表多篇论文，并于2006年4月通过专家鉴定，并获得结题奖
中国教育学会"十一五"重点课题	提高教学效率，减轻学生负担的整体建构和谐教学实验	2006.9	出版专著一本，并于2011年4月通过专家鉴定，并获得结题奖
教育部人文社会科学研究规划基金项目编号：10YJA880065	乡村学校本土化课程资源的开发与利用研究	2011.4	刚开始研究

课题组主要成员基本情况（不含主持人）					
姓名	性别	年龄	职称	所在单位	专业
刘瑞峰	男	55	中教高级	大唐学府校长室	语文
皮现武	男	56	中教一级	郯城育才中学	英语
于凤耀	男	52	中教高级	郯城职教中心	化学
梁绍栋	男	51	中教高级	郯城美澳学校	物理
吴清欣	男	46	中学一级	郯城大唐学府	物理
周建忠	男	51	中教高级	郯城县教育局教科室	化学
刘成付	男	42	中学一级	枣庄市峄城区	语文
郭金平	男	45	中教一级	郯城县教育局职教科	科长
张方伟	男	41	中教一级	郯城县教育局基教科	科长
徐　涛	男	32		大唐学府学生处	数学
董密龙	男	37		大唐学府宿管科	军事
宋作鹏	男	46		大唐学府工会	数学
高奎善	男	43		大唐学府教导处	数学
杜森山	男	44		大唐学府科研处	数学
李文芳	女	45		大唐学府教导处	英语
徐敏水	男	48	高级人师	大唐学府人事科	语文
王俊民	男	55	小教高级	大唐学府督导室	语文
胡振宇	男	56	中教高级	郯城实验中学	地理
徐彬勤	男	52	中教高级	大唐学府中学部	语文
徐祇本	男	56	小教高级	郯城一小	小语
王玉国	男	43		大唐学府小学部	小数
孙宜峰	男	50	中校军衔	大唐学府总务处	副校长
杜奎之		51	中教高级	大唐学府家长委员会	秘书长

二、本课题选题的目的及意义

伴随着我国改革开放的大潮，特别是城镇化进程的加快，大批农民远离本土，涌入城市务工经商，他们被称为"进城务工人员"。这一新的社会群体的出现给教育带来了前所未有的新问题，即农民工子女的教育问题。"进城务工经商人员"的子女被分为两种类型：一种是生活在城市的"流动儿童"，他们虽然生活比较简陋，但他们每天都生活在父母身边，能享受到家庭的温暖；在新的《义务教育法》的保护下，他们能免费进入城市的中小学，同城市的孩子一样享受着比在农村更好的义务教育。另一种是仍然生活在家乡的"留守儿童"，资料显示，我国目前大约有5800万这样的留守儿童，他们大部分父母双双外出务工经商，自己和爷爷奶奶或姥姥姥爷生活，有的被寄养在亲戚家里。与生活在城市的"流动儿童"相比，他们有更多的缺失：首先是家庭的缺失，他们得不到父母的精心呵护，生活也得不到照顾。其次是感情的缺失，他们有了苦恼无处倾诉，有了心事无人交流。再次是教育的缺失，正在成长中的少年儿童，不但需要教师的教育，也需要家长的教育，需要家长的监护和引导。因为"留守儿童"存在以上问题，所以很容易导致他们在成长中的人格缺陷，有的"留守儿童"变得孤僻、消极、自卑；有的则变得放任自流，我行我素，沾染上许多不良习惯。这一社会问题已经引起党和国家领导人以及各级政府的高度重视，正在或逐步研究制定相应的法律法规和政策，逐步解决。但这个问题将会伴随着我国改革开放的进一步深化、城镇化建设进程的加快而长期存在，日益突出。如何弥补留守儿童的家庭、情感、教育等各方面的缺失，并进行适当的教育，已经成为我国当今教育特别是基础教育领域研究的一个重要课题；也成为各级各类学校特别是全寄宿学校教育面临的一个现实难题。

本课题选题的目的是在我们多年研究的基础上，进一步探索寄宿制学校怎样运行才能够最大限度地给学生提供良好的学习、生活、心理环境，使他们能够健康快乐地成长，同时又能使其养成良好的学习、生活、行为习惯，能够树立正确的价值观、人生观和世界观，让他们懂得做人的道理与举止，做事的策略与方法，交往的原则与礼仪，治学的态度与信心，发展的目标与方向。明确个人在家庭、班级、学校、社会、国家的地位，以及与之的关系和责任，使其成为真正对家庭、社会、国家的有用之才。

其意义就在于通过本课题的研究，能够用科学研究的方式方法将过去多年总结的一些办学经验、措施和方法，在新一轮实验与研究的过程中，通过博采众长、去粗取精、去伪存真、探究解析的过程，进一步凝练成为一种办学的理论与实践、策略与模式、理念与思想，以实现办学之初学校"为我国中小城市、乡镇的教育发展提供一个可资借鉴的发展个案"，"把学府办成教师心情的桃花源，事业上的归属地，智慧和才能的舞台；也是学生学习、生活、成长的乐园、家园、智慧园；同时让家长感到自豪、幸福、津津乐道，更是教育专家、教授教育思想的实验田和传播地。"

本课题的研究成果将给全国广大留守儿童教育的研究者与实践者提供一些全新的思路与方法，以及一些成熟的运作方式，使其少走弯路，减少麻烦，提高效率，从而减轻教师与学生的思想负担。同时也使广大留守儿童的成长享受到更好的教育。

三、与本课题相关的国内外研究现状概述

近年来，农村留守儿童教育已成了人们普遍关注的问题，有的研究学者甚至尖锐地指出：农村留守儿童问题是我们教育工作者当前和今后相当长时间内一项义不容辞的责任。近两年，国内教育界有不少学者热切关注这个问题，但像我们这样真正零距离接触农村留守儿童家庭环境、生活状况和学习成长的研究者并不多。我们有理由也有条件对他们的教育方法和途径进行研究，摸索出一套适合我们本地状况的关于"留守儿童"教育的方法和对策。我们搜索到的已有研究主要有以下一些：

1. 中央教科所"十五"课题规划《中国农村留守儿童教育问题研究》。

2. 2004 年以后，中央教科所、江苏、河南等地的个别学者，对农村留守儿童的一般问题进行了研究。

3. 2005 年 6 月，尹前军发表于中央教科所《新教育》杂志《关于留守

学生的研究》认为，农村留守学生学习上有困难，心理上有问题，自理能力差，提出"要改善学生寄居环境、学校要主动营造良好学习氛围"。

4. 2006 年 1 月，英国救助儿童会、安徽省社科院、安徽省保障学会调查认为，留守儿童群体最令人担忧的现象是他们在学校接受教育方面的欠缺。

5. 中国农村留守儿童问题研究"十一五"课题研究。

6. 为留守儿童撑起一片蓝天，（临沂日报，2007.7.12，作者：王勇基、王学英）

7. 和睦和善和谐（现代教育报，2008.3.31）、全国农村教育与管理研讨会典型材料（现代教育报，2008.4），作者均为王勇基、徐敏水。

8. 农村留守儿童现状及教育策略初探，（日期：2008-06-10，作者：李辉琦）

9. 构筑一片蓝天，放飞教育理想,（现代教育报,2008.11.10，作者：王勇基、刘瑞峰）。

10. 三校合一，大唐学府发展之路——山东省郯城大唐学府留守儿童成长学校初探（现代教育报，2008.11.24，作者：王勇基）。

11. 和谐社会与未成年人思想道德建设——以四川农村留守儿童为视角，作者：高培文。

12. 华东师范大学国际与比较教育研究所的教育论文《浅谈"留守儿童"教育》。

13. 让留守儿童享受更好的教育——山东省郯城大唐学府特色教育纪事（教育文摘周报，2009.6.8，作者：朱毅）。

14. 中国农村留守儿童教育问题分析及其政策选择（中国教师，2009 年第 15 期）。

15. 为留守儿童撑起一片蓝天——大唐学府教育纪事（36 万字专著，光明日报出版社，主编：王勇基）。

16. 关爱留守儿童，让教育的天空洒满阳光——记山东省郯城大唐学府的特色办学之路（学习报，教育世界，2010.9.17，作者：周华、罗旺）。

17. 关注农村留守儿童的教育问题（作者：杨素萍）。

18. 农村留守儿童教育问题探析（作者：谢太平、汤祖传、吴玉）。

19. 解决农村留守儿童教育问题的现状（中国网）。

20. 农村留守儿童教育现状研究（作者：谢妮、申健强、陈华聪）。

21. 农村留守儿童教育策略初探，《现代教育教研》，2011 年第 2 期。

22. 农村留守儿童教育问题研究（作者：周林、青永红）。

23. 高度高位高尚——山东郯城大唐学府办学思想与创新发展解读中国（教师报，2011.11.9/2011.11.16，作者：张静）。

24.《共富大家谈——关爱留守儿童：创富之路的道德高低》访谈节目，重庆电视台，2011.11.15。

四、本课题研究的主要内容及创新点

当今开放的中国，经济快速发展，农村人走南闯北干事创业、打拼谋发展的家长，在成就自己的同时，不愿看到留守在家的孩子荒芜了思想，荒废了学业。孩子的成长不容等待，尽管上至国家，下到地方都出台了系列的普惠性政策，但家长、孩子们期待的是有真正适合孩子生长、发展的学校——有"家"的温馨关爱，有仁爱的特色教育。在十余年投身民办教育事业的建设、发展，先后参与建设山东三所大型民营学校和现代教育集团的大唐学府创办人、校长王勇基的以"立足县城、面向农村、服务百姓、关注留守儿童""让更多的孩子享受更好的教育"办学思想主导下，大唐学府自主发展走出了一条"学校像家庭，老师是家长"的"封闭式管理、开放式办学、家庭化住宿、军事化就餐、项目化推进"创新管理的新路子。学校创办八年来日益发展壮大，留守儿童逐年增多，现已达到在校生总数的 70%，留守儿童教育取得一个又一个可喜的成绩，孩子们学习进步，健康成长，家长省心、放心、开心。

家庭化住宿，使孩子们找到了"家"的感觉。留守儿童历来是各类学校最不愿接受的群体，父母常年不在身边，亲情温暖的缺失，造成大多数孩子表现为思想消极，学习倦怠，成绩不佳，甚至惹是生非。面对从全国各地纷至沓来的留守儿童，大唐学府在王勇基校长的带领下，把学生当作自己的孩子，自己就是学生的家长。按照学生个性特点的不同，将其组建为有相对管理经验教师做家长的"学生之家"，并将"家"营造为一个和谐温馨、充满勃勃生机的家，一个有父母殷殷关爱和无私照顾的家，一个有着朋友和长者的家，一个有文化氛围和灵魂的家。每一位老师都要付出比他人更多的努力与奉献，大唐学府的教师有着三种身份和角色：生活上像父母一样关心、照顾每一个学生，有爱心；学习上像朋友一样帮助学生克服困难解决问题，有诚心；在树立人生目标理想、确立正确价值观方面是导师，帮学生规划人生和目标，有责任心。与一般的寄宿制学校不同，大唐学府针对"留守儿童"的特点实行"家庭式住宿"，即打破传统的同班同舍的做法，把高年级和低年级同性别的学生搭配安排在同一宿舍，学生宿舍也用"家"来命名，如"鲁迅之家""诺贝尔之家""华罗庚之家""居里夫人之家""丁肇中之家"等，不仅给学生以激励和教育，还潜移默化地泽润着学子们身心健康发展。每个家庭分为若干个小单元，精心选配一位有文化、有亲情、有经验、会管理的生活老师担任家长，同时推举一名大同学任学长。"家长"负责这个家庭孩子的衣物换洗和生活起居，帮助孩子解决日常生活中遇到的一切问题，配合班主任、科任教师培养教育孩子成长。学长积极配合"家长"，密切关注家庭成员之间和谐的关系，管理这个家庭的学生。每个宿舍下铺住着低年级的小弟弟或小妹妹，上铺住着高年级的大哥哥或大姐姐，大同学自觉主动地照顾小同学。长期生活在一起，孩子们之间有了依赖感，小的称呼大的为大哥哥、大姐姐，大的称呼小的为小弟弟、小妹妹。这种家庭化的住宿是一种创新，适合于从小学到初中的九年一贯制学校，高年级的学生得到了锻炼，低年级的学生有了依靠，而相互之间的亲情又营造了家庭成员之间的温馨。作为生活教师的"家长"，弥补了孩子们父母不在身边的缺憾。有的孩子拿着老师的照片回家，带着一种满足感告诉自己的爸爸妈妈："这是我在大唐学府的爸爸、妈妈，他们对我可好了！"良好的家庭环境，给孩子们创造了宽松和谐的成长空间，老师的言行，不仅教会了孩子怎样做人，还感染了孩子。每天的亲密接触，给了孩子爱的机会，孩子们在赏识和被尊重中以自己的健康成长来回报社会，回报老师，回报父母，回报和自己朝夕相处的伙伴。长期生活在这样的氛围中，孩子们学会了关心长辈、爱护他人。与此同时，学校还加强了学生社团建设，活跃社团组织活动，经常性地举办各种艺术节，举行师生书法美术作品展览、优秀备课作业展览，开展科技制作、集邮收藏；开设阅读课、故事课、形体课、国学课等校本课程，允许学生自由选修，给学生创建多元发展的广阔空间；开展"普通话质量月"活动，建设家庭图书馆，形成"书香家庭"，让学生在"家"的氛围中感受文化的魅力；建设班级图书角，形成"书香班级"，引导全体师生说普通话，写规范字、做文明人……此外，还通过设立书香学生奖励基金、书香教师奖励基金、书香家庭奖励基金等，在开展师生才艺展示、演讲比赛、诗文朗诵活动，用文化的力量向着更高的层次推进。学校还加强区域内外的校际交往和学术交流，用全新的校园文化营造全新的育人时空，彰显文化育人的特殊功效。家庭化班级管理，弥补了学生感情的缺失。大唐学府在班级管理上针对"留守儿童"的特点，形成了许多行之有效的方法，使孩子们感受到家的温暖。例如二年级班主任巩振荣老师把班级管理家庭化，取得了很好的效果。其具体做法是：1. 班主任做"代理妈妈"。低年级孩子对父母的依赖更强，乍离开家，他们的心神处于惶恐不安之中。针对这一现状，巩老师在主题班会上宣布："从今天起，我就是你们的妈妈，你们就是我的孩子，班级就是我们的家了。"在之后的生活中，巩老师给孩子们辅导功课，帮他们洗刷，和想家的同学谈心玩耍；对犯错误的同学，苦口婆心，晓之以理，动之以情；对待学生的生活随时注意天气变化，提醒他们增减衣服……同学们打心眼儿里认同了这个"代理妈妈"，有了委屈愿意向她倾诉，想家了也愿意在她面前撒娇。2. 组长变成了"小家长"。巩老师把全班学生根据各自的意愿分成五个小组，每组选一个比较受欢迎的同学担任组长。但是，不再叫他们组长，而是给他们冠以"大哥""大姐"的称呼，称他们"小家长"。老师告诉全班同学，爸爸、妈妈不在身边，都要听哥哥姐姐的话。"小家长"们也要像爸爸妈妈一样照顾自己的弟弟、妹妹。称谓的转变，使同学们充满了新奇，离家后的失落感得到了补偿。学习上，"小家长"检查督促学生作业；课间，"小家长"组织同学游戏；生活上，"小家长"帮助老师检查个人卫生……这些"小家长"在检查、督促其他同学的同时，也能够做到以身作则，自律意识明显加强。各小组同学在"小家长"的带领下，真切感受到了班级的温暖，精神面貌得到了很大的转变。3. 人人有"家庭表现小档案"。巩老师给每个同学都建立了一个"家庭表现小档案"。"小家长"把学生每天的表现如实记录下来，记录时就以向爸爸、妈妈汇报的口气，如"妈妈，您的儿子××今天得到了老师的表扬，因为他作业认真，回家，您要亲他一下"，等等。这样的话让孩子们感到振奋，从而激励他们更加认真地学习。每当有家长来看望孩子，老师就让孩子自己拿着"小档案"去给父母看；每次开班会，都让"小家长"汇报"家"中的情况，作出以褒奖为主的评价。4. 表现好的可以获得与家人通话的奖励。孩子给家长打电话是很正常的。但在学校寄宿的孩子如果天天给家长打电话就是问题，一方面会增加话费的开支，另一方面他们的父母都远离家乡在外地打工，经常打电话会使他们对孩子放心不下，不能安心工作。巩老师充分利用孩子们渴望给家长打电话的心理激励他们上进：只要表现好，就可以获得与家人通话的特别奖励。表现好坏的评定，要参照"小档案"的记录。孩子们为了获得这一特别奖励，都尽力克制自己的思念之情，方方面面奋勇争先，努力表现自己。老师抓住这一教育契机，予以引导，然后兑现自己的诺言，让表现好的孩子给家长打个电话。而学生往往是先向家长炫耀自己得到的特别奖励，才与家人说其他内容。这一举措，使孩子们更快、更自觉地融入班集体中，充分体现了大唐学府"令家长省心、放心、开心"的办学目标。5. 让孩子们在小游乐园中摆脱想家的烦恼。每天紧张的学习之后，低年级都有一节活动课。巩老师认为这是一个学生融入学校的好机会。刚入学时，一些学生想家，心情郁闷。可是当他们和同学们一起游戏时，这种心情很快就被抛到脑后。

"留守儿童"的家庭是比较困难的，而作为民办学校的大唐学府也需要收取一定的学费。什么原因能使"留守儿童"的家长愿意把孩子送到大唐学府来？王勇基校长说这是"穷人经济学"，任何一个送孩子来大唐学府读书的家庭，都没有因孩子花学费而家境变得贫困。究其原因是学校这种管理模式从宏观上解放了生产力，变过去一个妈妈照顾一两个孩子为一个老师照顾五六个学生。妈妈从纯粹的财富消费者变为财富的创造者，她们的劳动收入一部分培养孩子，一部分用于家庭开支，家庭财富积累有了一个质的增长。更为可喜的是学校办得好，家长放心，学生的妈妈随爸爸到城市工作，解决了两地分居的难题，使得夫妻双双共同学习进步、共同干事创业、共同为社会的和谐作出了贡献。所以虽然公办学校免收学费，但并没有影响大唐学府的招生，反而学校越办越好，学生越来越多，健康发展。这与学校实行"留守儿童"的家庭化管理有关。学校十分注意家庭文化建设。每个家庭的墙壁上都张贴着孩子们亲手制作的各种漂亮的剪纸和绘画作品，墙壁上开设了"真情沟通"栏目，上面写满了孩子对爸爸、妈妈和老师的真诚祝福。生活老师们在工作之余，和风细雨地给学生讲解新鲜的知识，倾心做好老师、家长、朋友。学校的一个个家庭让孩子们享受到了天伦之乐。每当早晨起床的时候，孩子们会向"家长"问好，亲切地称呼"爸爸、妈妈"，偎依在老师的身边，让老师给整整衣领、梳理头发。每当晚上从教室回到"家"的时候，总是缠着老师讲故事，老师早已给每个孩子打来了热水，让孩子洗脚。在爱的滋润下，孩子们逐渐养成了自己整理内务的习惯和互相关心、互相体贴、互相照顾的习惯。

　　大唐学府从国家的需要和民族的未来出发，从孩子的一生成长和众多的家庭幸福出发，俯下身子，全身心地为了留守儿童服务，让每一个走进大唐学府的孩子，都能享受成长的幸福。教师们在校长办学思想的引领下，立足实践，大胆创新，选准"人生、人情、人性、人和"的本真角度，真诚地呵护、关爱每一名学生，切实让每一名学生都能"静下心学习、张开嘴说话、抬起头走路、挺起胸做人"，在学校"身有所安、心有所定、情有所依、志有所向、神有所往"。众志成城，按照王勇基校长提出的"没有教不好的学生，只有不合适的教育"和"建校50年能培养出获诺贝尔奖的学生"的教育信条，朝着"大唐"的前进方向，扎实践行新时期留守儿童优质教育的历史使命。

　　为了使留守儿童长期在学校生活而不腻烦，长时间在同一环境中却能经常感觉到新鲜，老师们住在"家"里，和孩子们同吃，同住，同活动，确保每一名学生在"家"能吃好、住好、玩好、学好，全身心投入、全方位关注、全过程欣赏、全人格理解。接送学生时有专人护送，照顾学生有专门的生活老师负责，帮助学生按时起床，按时就寝，按秩序洗刷，督促学生勤洗衣服，勤剪指甲，勤理发，勤洗澡，协助孩子保管好衣物，整理好内务，养成良好的生活作息习惯，给低年级学生讲故事、看电视，让每一名学生在学府生活温馨舒适，学习积极努力，习惯素养良好，品性健康发展。

细节决定成败，小事体现精神。大唐学府以"为孩子的幸福人生奠基"为着眼点和落脚处，创设人文的温馨环境，实现处处皆教育，事事皆育人的教育场、学习场和成长场。学府从不放过任何一个教育契机，从一点一滴做起，比如让每一面墙壁会说话，让形象生动、鲜明活泼的图画和人生格言时时砥砺师生们的道德情操。注重细节化的人文关怀，如在校园几个主要路口都安装上高架路灯，给厕所安装声控灯，给各个教室、办公室配上电取暖炉，校园内建起了方便师生的服务部，配置公用电话、校讯通方便学生与家长及时沟通等，都在以有形或无形的方式，给学生们塑造一个文明、安全、积极、向上的成长环境，从而为学生的一生可持续成长与发展奠定坚实之基。学府还从阅读经典开始，着眼于留守儿童的未来发展和一生幸福，实施了"经典诵读"工程，引导学生广泛阅读中外文学名著，诵读《三字经》《弟子规》《大学》《孟子》《中庸》等国学经典篇章，促进留守儿童精神面貌的改变和思想境界的提升。

大唐学府还不惜斥巨资打造校园环境，为学生开辟"第三课堂"。改造宿舍、修建运动场、新建水冲厕所、洗浴中心，学校养鸡、养雉、养猪、养猫、养狗、养鱼、养鸟，种花、种草、种树、种菜、种粮。王勇基校长充满激情地说："让不同年龄的孩子特别是留守儿童在这里都能找到家的感觉和温暖，使他们贴近生活，贴近自然。"创设环境育人的生态时空，让静谧、优美、高雅的环境陶冶莘莘学子的情操，净化他们的心性，美化他们的心灵，丰富他们成长的多元人生，流水无痕、潜移默化地影响着学生们的成长。记者看到，每个年级一片树林，每个班级都经营着一处花园或草坪，每一名学生都管理着一棵树，并挂牌与小树共成长；曲径通幽的小树林里设有多个读书角、英语角，在共成长的氛围中彰显增知塑品的进取精神。每一方空间在大唐人的教育设计中，都化为了学生成长的摇篮、学习的天地、快乐的家园。

留守儿童教育最忌空说教，活动是最好的载体。学校每学期都成功举办"阅读节"、读书报告会、专题讨论会、演讲比赛、辩论比赛、征文竞赛、知识竞赛、化装表演、故事大赛、科技制作展示等活动。今年 5 月 17—19 日还隆重举办了大唐学府首届友谊节暨物品交换大会（"大唐"人亲切地誉为"唐交会"）。"唐交会"上，模拟真实的交易场景，不仅有琳琅满目的物品，还设有工商、税务、物价、银行、市场监管等真实市场的各个经济服务部门。活动场面相当火爆，学生人头攒动，热情迸发，竞相叫价，"交易"活跃。在活动的参与过程中，学生们不仅淘到自己需要而别人闲置的物品，增加了彼此的友谊，更重要的是学习到了税务、工商、市场开发、环境保护等方面相关知识，增强了社会交往、社会生活能力和市场经济意识，感受到了劳动的艰辛和快乐，也为今后全身心投入学习和生活增添了力量，丰富了知识，增加了人生阅历。组织学生开展丰富的活动，每天学生们在多彩的游戏中玩得乐不思蜀，已不再想家了。一位刚上初一的学生在日记中写到："通过'唐交会'，我体会到了父母挣钱的不容易。"

大唐学府学校文化日臻完善，充分发挥文化育人的作用。不仅学校文化有声有色，班级文化、"家庭"文化、餐厅文化、办公室文化也都开展得丰富多彩，到处荡漾着团结合作、永争一流的音符。优美整齐的校园，温馨怡人的环境，不仅名扬山东，就连远在江苏、安徽、北京、黑龙江、浙江等地的家长，也慕名送来了孩子。这更加激励着王勇基带领着大唐人本着留守儿童一生发展，放眼学生的未来，以文化力量和科学视野实现对学生成长、成才的教育。

"农村的孩子也是孩子，所有的孩子都应该受到良好的教育。"这是大唐学府创新办学的原动力，也是全体"大唐"人的共同愿景。让农村留守儿童实现人生的最大价值是王校长和大唐人的教育理想。在共同的追求中，一大批有理想、有热情、有爱心的贤达俊彦云集大唐学府，共同实现着办一所优质学校的梦想，共同打造着"大唐东典"的优质品牌，共同分享着教书育人的荣光，并以他们的言传身教滋润着、陶冶着、影响着"大唐"学子的幸福成长，用智慧与心血丰富着"爱心课堂，微笑教学、和谐教育、科学发展"的科学内涵，用真情实践为基础教育带来更多的思考与惊喜。每年中考结束，90%以上学生考进重点中学读书。家长们大都惊喜于孩子的成绩："只想着上大唐学府，别让孩子学坏了，没寻思着还能考上重点高中，真是感谢您、感谢大唐学府！"大唐学府正以创新的勇气，务实求真的作风将学校办成"学生成长学校：给孩子一个幸福的家；教师发展学校：给老师一个理想的平台；家长提升学校：给社会一个满意的选择"。

我们从学校教育的角度看，目前农村留守儿童在校表现令人担忧，教育工作者期盼加大对这一特殊群体教育方法研究的力度，以实现教育和谐、均衡发展。留守儿童的不良行为习惯、学习困难、心理健康障碍等问题日渐突出，克服这些问题关乎民族的未来和祖国的前途，教育工作者面临的形势严峻，任重道远。保障留守儿童接受义务教育问题凸显，不仅为政府和社会关注，更是我们教育者必须面对的难点和亟待解决的问题。为关爱留守儿童，构建和谐教育，促进教育均衡发展，实现教育公平，我校蕴酿并积极开展关于农村留守儿童的教育方法与途径的科研课题研究。

本课题研究领域为学生德育与心理健康教育及课改实验相结合，侧重于实践的探索，具有对学生实施品德行为养成教育、素质提高、后勤管理服务等的综合研究性质。

结合我校全寄宿制的特点，全体教职员工研究农村留守儿童群体的生活、学习现状，寻找他们在成长过程中的情感、管理、教育等方面的缺失，总结他们的心理成长与正常少年儿童之间存在的差异及规律，进而分析农村留守儿童心理健康等问题的成因、矫治的方法，依靠学校全寄宿制教育资源优势，采取有效措施，从班主任的德育方式方法、教育行为养成、学科教学帮扶学困生、转化弱差生、创建和谐温馨的留守学生之家，到后勤服务管理全方位关注留守儿童少年成长的教育，形成教育合力，促进他们健康成长，全面提高办学质量，真正实现教育均衡发展。

1. 课题研究的范围

（1）农村留守儿童的心理健康问题

（2）农村留守儿童的关心照顾问题

（3）农村留守儿童的行为习惯养成问题

（4）农村留守儿童的学习方式方法问题

（5）农村留守儿童的生活管理问题

（6）农村留守儿童教育的社会责任问题

（7）农村留守儿童的团队意识教育问题

（8）农村留守儿童的成长环境问题

（9）农村留守儿童的生命安全问题

（10）农村留守儿童的假期生活问题

（11）农村留守儿童的青春期教育问题

（12）农村留守儿童与其他儿童怎样交往问题

（13）国防教育课对留守儿童成长的影响实验与研究

（14）农村留守儿童的心志教育问题

（15）独生子女教育问题

（16）适合留守儿童教育的教师应具备怎样的素养?

（17）留守儿童家长教育问题

（18）探索古训"幼儿养性，童蒙养正，少年养志，成年养德"在新时期学校内的适应规律

（19）新形势下农村寄宿制学校教育学

2. 子课题及其研究内容和参研人员：

（1）班主任对留守儿童心理健康的研究。

①心理健康问题表现；②心理健康问题成因；③心理健康问题策略。

（2）思品课教学加大留守儿童政治思想教育。

①理想前途教育；②法律规章教育；③典型任务宣传；④留守儿童行为剖析、引导。

（3）班务工作、团队、思品教学深入开展留守儿童行为习惯养成的研究。

①不良行为习惯的表现形式。②形成不良行为习惯的因素：家庭教育缺乏、隔代监护、社会责任意识淡薄。③学校教育对克服不良行为习惯的重要作用。④纠正不良行为习惯的途径与方法。

（4）学科教师在教学中关注留守儿童的方法与途径研究。重点方向是：优化教法、注重学法、转化弱差的方法。

①关注学习动机；②留心情绪变化；③引导积极向上；④克服厌学弃学；⑤转化弱差、优化教法；⑥加大教学实践。

（5）共青团、班级组织关爱留守儿童的方法探索。

①加大宣传力度；②美化学习生活环境；③开展捐资助学；④创建留守学生温馨之家；⑤活动形式多样、内容丰富多彩。

（6）后勤服务管理关爱留守儿童的方法研究。

①安全第一；②食堂生活服务；③公寓环境舒适，学生到校如归家；④加强集体和个人卫生工作。

五、本课题研究的可行性分析（有利条件、难点及对策）

1. 我们学校确立了"以人为本，以德治校，科学管理，和谐发展"的治校方略。王勇基校长把学府定义为"一群追求教育理想的人共同开展的一项多角度、多层次、全方位的教育实验"。老师和家长是办学的合伙人，只是分工不同，教师在学校教育激励孩子、照顾关爱孩子；家长集中精力做事，供应孩子的教育消费。大家都是助人者自助，都是各司其职，各尽其责，发挥优势。"送人玫瑰，手有余香。"谁都帮助别人，谁都被别人帮助，谁都不坐吃山空，谁都创造财富。这就是生存链条，这就是合作双赢，这就是生命的愿景。学校的定义为本课题的研究提供了理念上的支撑。

2. 我们学校的办学定位是"立足县城，面向农村，服务百姓，关注留守儿童"，教育追求是"为国家育才，替政府分忧，给百姓解难，为留守儿童撑起一片蓝天"，教育理念是"让更多的孩子享受更好的教育"。我们面对的学生百分之九十来自农村留守家庭，零距离地与农村留守儿童打交道，这对于我们研究其教育策略有得天独厚的优势。

3. 办学实践中，我们规范化的学校管理，高质量的教育教学，人性化的关怀服务，充分彰显了学校高度关注学生"人生、人性、人情、人和"的情结和使学生"身有所安、心有所定、情有所依、志有所向、神有所往"的教育原则。学校对家长的教育消费精打细算、合理运作，把经济效益发挥到极致，千方百计让学生吃得比在家里好，住得比在家里好，玩得比在家里好，学得更比在家里好，学生的心情好、学习好、成长好。八年的办学实践为本课题的研究积累了翔实的第一手资料。

4. 我们学校从领导到教师，从教学一线到后勤服务，从班务、学科教学到团队工作，大家早已经投入关注留守儿童、寻求教育方法途径的研究中，第一手素材充分，案例充足。

5. 我校教师年轻化趋势明显，知识丰富，敢想敢干，作风踏实，善于总结，勤于动脑动手，有能力实施课题。

6. 学校领导思想开放，理念超前，创新意识浓厚，从人力、物力、财力上强力支持课题研究，这将是该课题成功的根本保障。

六、本课题研究的方法和步骤

研究对象：全校各年级各班的留守儿童，全县兄弟学校的留守儿童。研究思路：课题研究按照"认识—实践—再认识—再实践"的策略，围绕"调查（发现问题）—论证（确立课题）—设计（制订实验方案）—分析（留守儿童行为习惯归类）—行动（寻找留守儿童教育方法与途径）—反思（研讨交流经验教训）—总结（提炼、验证策略、形成成果）—推广（运用研究成果）"等八大环节展开。

课题研究的方法：

1. 对留守儿童成长教育教学实验法

采取和城乡留守儿童对照实验法，观察实验的效果。这样能保证实验的信度和效度，说服力强。

教育实验是通过对某些影响实验结果的无关因素加以控制，有系统地操纵某些实验条件，然后观测与这些实验条件相伴随现象的变化，从而确定条件与现象间因果关系的一种研究方法。例如，影响学生成长的因素有很多，如学生的家庭因素、知识基础、智力因素、学习兴趣、读书习惯和积累、教学方法等。

2. 调查法、观察法、测试法

为了了解留守儿童成长的经历，还要采取调查法、观察法和测试法。对城乡留守儿童都要测试各方面能力。每个学期都要测试和调查，要注意保留好原始数据。

3. 个案研究法

在实验的过程中不仅要了解留守儿童的整体情况，还要研究个别学生的情况，如通过对个别学生的研究（包括座谈、观察、家访等），了解学生在实验中的真实感受，并做好记录。要通过事例说明实验的效果。并通过了解学生的情况不断改进实验措施。

4. 教育统计法

在实验的过程中要注意积累数据，在实验前对城乡留守儿童都要测试能力，作为实验的起点（前测），每个学期都要进行能力测试。每次测试和调查的数据都要保存好原始资料（包括成绩册和问卷表），不断进行对比，研究实验的效果，并不断改进。

研究周期：2011年11月至2014年10月。计划每学期为一研究对比总结阶段。

实施步骤：

1. 确定实验学校、班级，成立课题组（2011年11月）

我们计划在大唐学府小学部和中学部及部分兄弟学校探讨留守儿童教育实验效果（计划中具体到实验教师的名字、职称、学科，各实验班级的年级和人数，成立课题组，明确各自的分工，进行严格的对照实验）。

2. 培训实验教师（2011年12月）

我们计划在寒假前及寒假期间培训首批参加实验的老师，通过多种形式，培训首批实验老师，要求实验教师在实验的过程中不断学习、思考、实践、总结与创新。

3. 各子课题开题（2012.2—2012.4）

各子课题项目组讨论在不同层面影响学生成长的课题内容及实施方案，分别邀请临沂大学、县教育局专家及本课题组领导小组成员，举行子课题开题报告，落实实施计划。

4. 各子课题组成员分别进行实验与研究（2011.4—2013.4）

根据整体建构的原理，实验教师不管是否教文化课，都要把整个被试人员关注到位，认真研究他们的个性特质，任课教师要研究本人学生所需要的课程、教材的编排意图和知识结构，在吃透教材的基础上设计出本学科（团队）整个学段的知识树（知识建构图）和每册教材的知识树。主要学科的知识树要张贴到教室的墙上，便于学生平时学习。每个学期开始，教师首先要引导学生学习整个学段的知识结构和整本书的知识结构，从整体上把握教材。其他教师要根据学生特点及其所需内容组织相应的活动或座谈，及时了解学生的思想动态，制订相应的计划，组织学生开展有意义的劳动、竞赛、比赛，为需要的人们送温暖等活动。

5. 反思总结，讨论提升（2013.4—2013.6）

组织师生书写参与各类活动的心得体会，发现的问题及科研札记，组织各个子课题组开展交流活动，互相启发、互相借鉴、互相指导，共同进步；收集优秀教研论文与其他研究成果。

6. 总结经验，以利再战（2013.6—2014.4）

写出本课题实验研究报告，讨论入编《论文集》的优秀实验论文，筹备出版新书，便于在更多的学校推广。

7. 出版新书、录制各科典型课例、活动光盘，保存档案（2014.6—2014.9）

七、本课题预期成果形式描述

课题研究预期成果：

1. 研究对象的心理素质明显提高、行为习惯明显好转、学习情绪和成绩明显提升。

2.班风正、学风浓、校风好，校园稳定安全，环境和谐舒适，师生风正心齐，努力实现"为留守儿童撑起一片蓝天，为留守儿童营造一个温馨家园，为留守儿童铺就一条越走越宽的心路"三个阶段的顺利跨越。

3.以课题研究推动学校质量提升，课题结题之日，应该是大唐学府步入新辉煌的开始。

4.形成研究专题论文集若干期、出版正式论著。

5.发表一批价值较高的理论成果。

主要阶段性成果预期：

1.起始阶段（2011.11—2012.01）：规划、调研、确立课题方案、培训人员、形成基本资料，填表上报，申请立项。由科研处承担。

2.初研阶段（2012.02—2012.08）：开展研究，总结研究得失，形成首批研究资料，由课题组完成。

3.深研阶段（2012.09—2014.10）：深入研究，基本形成报告框架，提出有价值的成果（研究观点），编辑论文专集、专著。课题组完成。

八、本课题组成员分工

组长：

王勇基：负责本课题组的总体把握，协调、调度工作，组织讨论论证、开题、结题等工作。

副组长：

刘瑞峰：协助组长做好组织、协调工作，负责审阅各子课题组书写的报告、论文、文章等。

副组长：

皮现武：协助组长做好科研计划、立项开题、结题等督促、检查和指导工作，英语学习方法指导与培训工作。

各文科组成员：

于凤耀：农村留守儿童的心志教育问题的研究

梁绍栋：学校的吃、穿、住、行方式对留守儿童成长的影响问题的研究

吴清欣：农村留守儿童教育的社会责任问题

周建忠：教师培训，数据分析，信息传递，总结升华

刘成付：农村留守儿童的心理健康教育问题探索与研究

郭金平：公办、民办学校留守儿童升学就业观念的差异调查研究

张方伟：基础教育学校留守儿童的教育情况调查

徐　涛：寄宿制学校内如何培养留守儿童的团队意识

董密龙：国防教育课对留守儿童成长的影响实验与研究

宋作鹏：本校运营机制对留守儿童的生命质量与安全意识的影响

高奎善：适合留守儿童教育的教师应具备怎样的素养？

杜森山：农村留守儿童与非留守儿童交往要注意的事项

李文芳：本校留守儿童的青春期教育问题探索与研究

徐敏水：农村留守儿童的假期生活与其成长问题的探索与研究

王俊民：本校教育教学模式对独生子女成长的影响

胡振宇：本校第二课、第三课堂对留守儿童的行为养成习惯的影响研究

徐彬勤：本校校本课程开发、实施对留守儿童成长的影响研究

徐祇本：本校学校文化对留守儿童的成长影响的研究

王玉国：大唐学府对低幼留守儿童的生活管理对学生成长的影响

黄　芳：幼儿期留守儿童与非留守儿童的差别研究

孙宜峰：全寄宿制学校学生在校生活的管理与探索

杜奎之：全寄宿制学校学生家校联系与沟通的研究与探索

九、学术研究道德承诺书

促进基础教育科学研究事业的健康发展，坚持诚信科研，杜绝学术腐败，提高学术道德修养，维护人民教师的良好形象，我谨向山东省基础教育科学规划管理办公室作出如下学术道德承诺：

1. 不抄袭、剽窃、侵吞他人的学术成果；

2. 不伪造、篡改实验结果，不伪造创新成果；

3. 不伪造或者篡改数据、文献、注释，捏造事实；

4.未参加创作，不在他人学术成果上署名；

5.未经他人许可，不擅自使用他人署名；

6.没有其他学术不端行为。

本人将认真履行上述承诺，如有违反，愿接受责任追究。

承诺人（签字）：

年　月　日

鲁妇发〔2012〕14 号

关于印发《山东省家庭教育研究课题指南（2011—2015）》的通知

各市妇联、家庭教育研究（促进）会、各位会员：

为配合新一轮家庭教育规划实施，进一步推动全省家庭教育理论研究的发展，更好地发挥家庭教育理论研究为家庭教育实践提供理论支持和决策参考的作用，省妇联、省家庭教育研究会编制《山东省家庭教育研究课题指南（2011—2015）》（以下简称《课题指南》）。现发布如下：

一、研究方向和范围

（一）家庭教育法律政策研究

1.家庭教育立法研究

2.国家、地方家庭教育发展的政策研究

（二）家庭教育理论研究

3.家庭教育学科建设研究

4.多学科、跨学科的家庭教育基础理论研究

5.中外家庭教育比较研究

6.家庭教育在国民教育系统中的地位与作用研究

7.家庭教育工作目标、指导课程与评价体系研究

8.家庭教育史研究

9. 家长素质与家长教育研究

10. 中小学幼儿园家长委员会的设置研究

（三）家庭教育实践研究

11. 家长学校课程与教材建设研究

12. 网络家长学校的发展思路研究

13. 流动与留守儿童家庭教育研究

14. 0—3 岁儿童家庭教育研究

15. 未成年人心理健康与家庭教育研究

16. 青少年犯罪与家庭教育研究

17. 社会主义核心价值体系融入家庭教育的研究

18. 全国未成年人家庭教育状况抽样调查研究

19. 不同年龄段儿童的家庭教育研究

20. 不同地区（少数民族地区）儿童的家庭教育研究

21. 不同群体子女的家庭教育研究

22. 早期家庭教育的误区与对策研究

23. 隔代家庭教育的指导研究

24. 新兴媒体对未成年人的影响与家庭教育研究

25. 80 后家庭教育的现状、问题与对策研究

26. 中等职业学校学生的家庭教育研究

27. 家庭教育的策略与方法研究

28. 家长学校办学模式研究

（四）家庭教育工作研究

29. 家庭教育指导服务体系的建构研究

30. 家庭、学校、社区家庭教育网络的建构研究

31. 家庭教育工作参与社会管理创新路径研究

32. 社会工作与家庭教育研究

33.《全国家庭教育指导大纲》实施研究

34. 社区家庭教育指导与服务研究

35. 家庭教育工作队伍的职业化、专业化发展研究

36. 儿童与家庭教育工作创新案例研究

37. 有中国特色的家庭教育管理体制研究

二、选题要求

1. 围绕当前家庭教育事业发展和改革中的重大问题，具有较大的学术创新、决策咨询与实践应用价值。

2. 能反映当代中国家庭教育的研究水平，具有前沿性、时代性和创新性。

3. 参照《课题指南》，自行确定具有一定研究基础的课题。

三、申报要求

1. 申报研究课题一般以各地家庭教育研究会、单位、团体、学校及内设机构为申报单位或责任单位，亦可以课题组或个人名义申报。请各市家庭教育研究（促进）会至少组织申报 3 个课题。申报单位或责任单位、课题组负责人负责督导课题的实施。

2. 填写《山东省家庭教育研究会家庭教育研究课题申报表》（见附件，以下简称《课题申报表》）。

3.《课题申报表》需一式三份，以文本寄送山东省家庭教育研究会秘书处，同时提交电子文件。于 4 月 30 日前报送（寄）至省家庭教育研究会秘书处，逾期不予受理。

四、课题管理

1. 本会将专门成立课题评审专家组对所申报课题进行评审。立项课题将在山东妇女网和山东省网上家长学校公示，接受社会监督。

2. 立项课题分重点课题与一般课题。所有课题都将实施开题前培训、中期检查、结题鉴定验收、成果推广应用等工作。课题成果经本会组织专家鉴定验收后，发给《结题证书》。

3. 课题成果可以是学术专著，也可以是研究报告、典型经验、学术论文，以及具有创新价值的编著、家长学校教材等。

4. 本会对立项重点课题，提供专家指导，经专家组评审通过结题的，评选出一、二、三等奖予以奖励。

5. 本会对课题成果具有优先使用权，并将组织课题研究成果评奖活动。

五、其他事项

1. 课题接受社会监督和举报。凡属弄虚作假、剽窃行为等，一经发现查实，取消课题立项资格。

2. 凡属已有研究成果的课题和在其他国家、省级部门已经立项的课题，本会不再受理申报。

3. 立项课题一般应在 1 至 3 年内完成研究任务。无故不按期完成又未说明原因的课题，将予以通报，并取消其继续申报课题的资格。

联系人：张金宁　张爱梅

电话：82034321

地址：济南市纬一路 482 号省委院内省妇联儿童部

邮编：250001

邮箱：clrx@263.net

附件：《山东省家庭教育研究会家庭教育研究课题申报表》

山东省妇联

山东省家庭教育研究会

2012 年 3 月 26 日

山东省家庭教育研究会家庭教育研究课题

申报表

课题名称：**流动与留守儿童家庭教育研究**

申 请 人：**王永吉**

单 位：**郯城大唐学府**

通讯地址：**山东省郯城县皇亭路西首大唐学府**

联系电话：**0539-6102519 手机 13365390660**

电子信箱：**wyj1963@163.com**

申报时间：**2012 年 4 月 29 日**

山东省家庭教育研究会家庭教育研究课题申报表

课题名称	流动与留守儿童家庭教育研究				
主持研究单位	郯城县妇联		完成时间		2015.4
课题申请人	性别	年龄	职务	职称	工作单位
王永吉	男	49	校长	中学高级	郯城大唐学府
课题组成员	姓名	性别	年龄	职务	职称	工作单位
	李同胜	男	48	教师	教授	临沂大学教育学院
	刘玉红	女	47	妇联主席		郯城县妇联
	梁绍丽	女	47	教师	中学高级	郯城实验中学
	刘瑞峰	男	55	教师	中学一级	郯城街道办初中
	皮现武	男	55	主任	中学高级	郯城育才中学
	吴清欣	男	45	校长助理	中学一级	郯城大唐学府
	高奎善	男	43	教导主任		郯城大唐学府
	王玉国	男	43	分校主管		郯城大唐学府

课题名称				流动与留守儿童家庭教育研究		
主持研究单位				郯城县妇联	完成时间	2015.4
课题申请人		性别	年龄	职务	职称	工作单位
课题组成员	宋作鹏	男	46	工会主席		郯城大唐学府
	徐涛	男	32	团委书记		郯城大唐学府
	李文芳	女	46	女工委员		郯城大唐学府
	曹开慧	女	31	教师		郯城大唐学府
	田学秀	女	38	教师		郯城大唐学府
	刘维侠	女	37	教师		郯城大唐学府
	杜森山	女	45	教导主任		郯城大唐学府
	张方伟	男	40	基教科长		郯城县教育局
	于秀彩	女	40	副科长		郯城县教育局
	郭金平	男	42	成教科长		郯城县教育局

一、课题申请人和课题组成员近年来承担的主要课题

课题名称及类别	课题负责人	批准时间	批准单位	完成情况
培养学生四会能力的和谐教育实验	王敏勤	2002.8	全国教育科学"十五"规划教育部重点课题（课题批准号：DHB010639）	发表多篇论文，并于2006年4月通过专家鉴定，并获得结题奖
提高教学效率，减轻学生负担的整体建构和谐教学实验	王敏勤	2006.9	中国教育学会"十一五"重点课题	出版专著一本，并于2011年4月通过专家鉴定，并获得结题奖
乡村学校本土化课程资源的开发与利用研究	李同胜	2011.4	教育部人文社会科学研究规划基金项目编号：10YJA880065	正在研究
全寄宿制学校对农村留守儿童成长影响的实验与研究	王永吉	2011.11	山东省基础教育科学规划管理办公室	刚开始研究

二、课题申请人和课题组成员近年来取得的与本课题有关的科研成果

作者	成果名称	成果形式	发表刊物或出版单位	发表时间
王永吉	为留守儿童撑起一片蓝天	论文	临沂日报	2007.7
王永吉	和睦和善和谐	论文	现代教育报	2008.3
王永吉 刘瑞峰	构筑一片蓝天，放飞教育理想	论文	现代教育报	2008.11
王永吉	三校合一，大唐学府发展之路——山东省郯城大唐学府留守儿童成长学校初探	论文	现代教育报	2008.11.24
王永吉	为留守儿童撑起一片蓝天——大唐学府教育纪事	36万字专著	光明日报出版社	2010.3
王永吉	安得爱心千万颗，庇护留守一家亲	电视访谈上下两集	中国网络电视台产经台华人频道	2012.3.
王永吉	使命	电视访谈	中国网络电视台产经台先锋中国频道	2012.4

三、本课题研究的国内外现状及发展趋势

近年来，农村留守儿童教育已成了人们普遍关注的问题，有的研究学者甚至尖锐地指出：农村留守儿童问题是我们教育工作者当前和今后相当长时间内一项义不容辞的责任。最令人担忧的是，留守儿童的家庭和家庭教育问题，是留守儿童成长的最大障碍，因此研究农村留守儿童家庭教育及对策是刻不容缓的大事。

近两年，国内教育界有不少学者热切关注这个问题，但像我们这样真正零距离接触农村留守儿童家庭环境、生活状况和学习成长的研究者并不很多。我们有理由也有条件对他们的家庭教育、教育对策、方法和途径进行研究，摸索出一套适合我们本地状况的关于"留守儿童"教育的方法和对策。

我们搜索和阅读到的已有研究主要有以下一些：

1. 中央教科所"十五"课题规划"中国农村留守儿童教育问题研究"。

2. 2004 年以后，中央教科所、江苏、河南等地的个别学者，对农村留守儿童的一般问题进行了研究。

3. 2005 年 6 月，尹前军发表于中央教科所《新教育》杂志"关于留守学生的研究"认为农村留守学生学习上有困难，心理上有问题，自理能力差。提出"要改善学生寄居环境、学校要主动营造良好的学习氛围"。

4. 2006 年 1 月，英国救助儿童会、安徽省社科院、安徽省保障学会调查认为：留守儿童群体最令人担忧的现象是他们在学校接受教育方面的欠缺。

5. 中国农村留守儿童问题研究——"十一五"课题研究。

6. 2006 年，农村寄宿制学校留守儿童情况的调查研究（朱霞桃）。

7. 2007 年，农村"留守儿童"家庭教养方式的现状研究（王娜）。

8. 2007 年 7 月，为留守儿童撑起一片蓝天（临沂日报，王永吉，王学英）。

9. 2008 年，农村留守儿童家庭教育短缺之调查与思考——以苏北泗洪县为中心（倪春虎）。

10. 2010 年 3 月，《为留守儿童撑起一片蓝天——大唐学府教育纪事》（专著，光明日报出版社，王永吉）。

11. 关爱留守儿童，让教育的天空洒满阳光——记山东省郯城大唐学府的特色办学之路（学习报，教育世界，2010.9.17，作者：周华、罗旺）。

12. 2010 年，农村留守儿童教育策略研究（赵越）。

13. 2011 年，农村留守儿童教育研究（王谊）。

14. 2011 年，农村留守儿童家庭教育问题及思索（黄淑珂）。

15. 2012 年 3 月，《安得爱心千万颗，庇护留守一家亲》（中国网络电视台财经台华人频道电视访谈上下两集）。

16. 2012 年 4 月，《使命》（中国网络电视台财经台先锋中国频道电视访谈，王永吉）。

四、本课题研究的目标及预期效果

伴随着我国改革开放的大潮，特别是城镇化进程的加快，大批农民远离本土，涌入城市务工经商，他们被称为"进城务工人员"。这一新的社会群体的出现给教育带来了前所未有的新问题，即农民工子女的教育问题。"进城务工经商人员"的子女被分为两种类型：一种是生活在城市的"流动儿童"，他们虽然生活比较简陋，但他们每天都生活在父母身边，能享受到家庭的温暖，能享受到稍好一点的家庭教育；在新的《义务教育法》的保护下，他们能免费进入城市的中小学，同城市的孩子一样享受着比在农村更好的义务教育。另一种是仍然生活在家乡的"留守儿童"，资料显示，我国目前大约有5800万这样的留守儿童，他们大部分父母双双外出务工经商，自己和爷爷奶奶或姥姥姥爷生活，有的被寄养在亲戚家里。与生活在城市的"流动儿童"相比，他们有更多的缺失：首先是家庭教育的缺失，他们得不到父母的精心呵护，生活也得不到照顾。其次是感情的缺失，他们有了苦恼无处倾诉，有了心事无人交流。再次是教育的缺失，正在成长中的少年儿童，不但需要教师的教育，更需要家长的教育，需要家长的监护和引导。由于"留守儿童"存在以上问题，所以很容易导致他们在成长中的人格缺陷，有的"留守儿童"变得孤僻、消极、自卑，有的则变得放任自流，我行我素，沾染上许多不良习惯。这一社会问题已经引起党和国家领导人以及各级政府的高度重视，正在或逐步研究制定相应的法律法规和政策，逐步解决。但这个问题将会伴随着我国改革开放的进一步深化、城镇化建设进程的加快而长期存在，日益突出。如何弥补留守儿童的家庭、情感、教育等各方面的缺失，并进行适当的教育，已经成为我国当今教育特别是基础教育领域研究的一个重要课题，也成为各级各类学校特别是全寄宿学校教育面临的一个现实难题。

本课题选题的目的是在我们多年研究的基础上，进一步探索寄宿制学校怎样运行才能够最大限度地弥补流动、留守儿童家庭教育地缺失，给学生提供较为良好的学习、生活、心理环境，使他们能够健康快乐的成长，同时又能使其养成良好的学习、生活、行为习惯，能够树立正确的价值观、人生观和世界观，让他们懂得做人的道理与举止，做事的策略与方法，交往的原则与礼仪，治学的态度与信心，发展的目标与方向。明确个人在家庭、班级、学校、社会、国家的地位，以及与之的关系和责任，使其成为真正对家庭、社会、国家的有用之才。

其意义就在于通过本课题的研究，能够用科学研究的方式方法进行留守儿童家庭教育问题研究，总结和探究出一些应对措施，同时将过去多年总结的一些办学经验、措施和方法，在新一轮实验与研究的过程中，通过博采众长、去粗取精、去伪存真、探究解析的过程，进一步凝练成为一种办学的理论与实践、策略与模式、理念与思想。

本课题的研究成果将给全国广大留守儿童教育的研究者与实践者提供一些资料和借鉴，也会给他们提供一个全新的思路与方法，同时也使广大留守儿童的成长享受到更好的教育。

五、本课题研究的主要内容与方法

本课题研究的主要内容：

1. 本校近 800 名流动与留守儿童的家庭经济状况分析

2. 本校流动与留守儿童的家庭教育背景研究

3. 流动与留守儿童对家庭教育的理解和依赖研究

4. 寄宿制学校以怎样的模式才能弥补家庭教育的缺失？

5. 什么样的教师才能教好家庭教育缺失的流动与留守儿童？

课题研究的方法：

1. 调查法、观察法、测试法。

为了了解留守儿童成长的经历，还要采取调查法、观察法和测试法。对城乡留守儿童都要测试各方面能力。

2. 个案研究法。

在实验的过程中不仅要了解留守儿童的家庭教育整体情况，还要研究个别学生的家庭教育情况，如通过对个别学生的研究（包括座谈、观察、家访等），了解学生在实验中的真实感受，并做好记录。要通过事例说明实验的效果，并通过了解学生的情况不断改进实验措施。

3. 教育统计法。

在实验的过程中要注意积累数据，在实验前对城乡留守儿童都要测试能力，作为实验的起点（前测），每个学期都要进行能力测试。每次测试和调查的数据都要保存好原始资料（包括成绩册和问卷表），不断进行对比，研究实验的效果，并不断改进。

4.利用学校家长委员会会议及家长会等形式进行互动式访谈和调查研究。

六、课题最终成果

本课题最终成果拟有以下几种方式：

1.家庭教育专家报告会。在课题研究过程中，我们会通过主题班会、主题校会、专题会议的形式召开不同层次的学生家长会议，传播我们的研究成果。

2.学术讨论会我们拟邀约不同行业、不同职业的留守儿童家庭教育研究者参与我们的研究活动，发表各自的经验和见解，并进行书面资料的交流。

3.写出本课题研究报告，讨论入编《论文集》的优秀实验论文，筹备出版新书，便于在更多的学校推广。

4.出版新书、制作活动光盘，保存档案（2014.7—2015.2）。

七、课题研究的实施步骤、时间安排及经费来源

研究周期：2012年5月至2015年4月。计划每学期为一研究对比总结阶段。

实施步骤：

1.确定实验学校、班级，成立课题组（2012年5月）。

我们计划在大唐学府小学部和中学部及部分兄弟学校探讨留守儿童家庭教育研究成果（计划中具体到研究人员的名字、职称、学科，各实验班级的年级和人数，成立课题组，明确各自的分工，进行严格的对照实验）。

2.培训实验教师（2012年6月）。

我们计划在暑假前及暑假期间培训首批参加实验的老师，通过多种形

式，培训首批研究人员，要求研究人员在实验的过程中不断学习、思考、实践、总结与创新。

3. 子课题开题（2012.7—2012.12）。

各子课题项目组讨论，在不同层次家庭的家庭教育状况进行研究。分别邀请临沂大学、县教育局专家及本课题组领导小组成员，举行子课题开题报告，落实实施计划。

4. 子课题组成员分别进行实验与研究（2013.2—2014.4）。

根据整体建构的原理，实验教师不管是否教文化课，都要把整个被试人员关注到位，认真研究他们的个性特质，家庭教育情况、特点，及时了解学生的思想动态，制订相应的计划，组织学生开展有意义的劳动、竞赛，为需要的人们送温暖等活动。

5. 总结经验，以利再战（2014.5—2014.7）。

写出本课题研究报告，讨论入编《论文集》的优秀实验论文，筹备出版新书，便于在更多的学校推广。

6. 出版新书、录制各科典型课例、活动光盘，保存档案（2014.7—2015.2）。

7. 结题（2015.3 以后）。

我们学校从领导到教师，从教学一线到后勤服务，从班务、学科教学到团队工作，大家早已经投入了关注留守儿童、寻求教育方法途径的研究中，第一手素材充分，案例充足，我校教师年轻化趋势明显，知识丰富，敢想敢干，作风踏实，善于总结，勤于动脑动手，有能力实施课题。

学校领导思想开放，理念超前，创新意识浓厚，从人力、物力、财力上强力支持课题研究，这将是该课题成功的根本保障。

探秘"大唐东典"教育的真谛

陶继新　王勇基

大唐学府位于山东省临沂市郯城县，是一所高定位、低收费大型公益性的寄宿制民办学校。始建于 2004 年，由最初的一个班发展到现在集幼儿园、小学、初中于一体的综合学府，在校学生 34 个班 1360 余人。

大唐学府关注留守儿童，主要目标就是为留守儿童创建一个家庭化学习环境，促进学生与同学和老师之间建立良好的关系，按照"诚、公、明、仁、达"的校训，不断追求"教育助人、教育富民、教育强国"的教育理想，努力提高教学水平，突出教学特色，为山东大学学生提供社会实践基地，并成为多个国家级重点课题的实验单位。

一、矢志不渝的教育情结

【王勇基】我出生在农村的一个小学教师家庭里，母亲也读过几年书，从小受到了良好的教育，读高中时我的理想是做一名中学教师，上大学时就想着毕业后办一所小学校。工作后一直很努力，教学成绩也很好，很受领导的赏识，家长的认可，学生的爱戴。1998 年受邀走进民办学校，这也是我实现教育理想的开始。

【陶继新】一个人要想在自己所从事的工作中作出一定的成绩，首先就要热爱它。您是热爱教育事业者，所以，作出成绩就有了一种必然。同时，您也是一个敢于挑战自我的人，大胆地走进民办教育学校之中。其中定然会有在公办学校收获不到的东西，也会有不少意想不到的艰辛与困难。

【王勇基】在民办学校工作和学习这些年，开阔了眼界和视野，思考的面也越来越广，感受到基础教育特别是农村基础教育应有很大的发展空间，但也意识到企业家办学理念和校长、教师办学理念的差异，很难契合，所以有很多大型私立学校倒闭，根源就在这里。

【陶继新】不身在其中，是很难体会到您所说的这段话的深意的。可企业家更多想的是挣钱，教育家想的是办好学校，两者是很难吻合的。双方各怀"希望"，最终只有分道扬镳，学校倒闭从一开始就埋下了失败的种子。这也许就是您自己立志办学的重要原因吧！

【王勇基】陶老师你说得太对了！大多数企业家办学的目的追求经济效益，要求回报周期短，他们在短时期内看不到经济效益就着急，而真正的教育工作者要按教育规律办事，往往会出现意见相悖的现象，如果办学者不是高度信任校长，学校必定办不长。

【陶继新】许多学校创办之初，企业家与校长都满怀希望，对办学过程中可能出现的问题没有足够的心理准备。当问题出现时，又很少从自身寻找原因。特别是企业家，他们在短期内没有期待的资金回收，就会着急与生气，以致与校长反目成仇。如果开始的时候将困难想得充分一些，企业家有教育情怀，校长又懂教育，学校也是可以办好的。山东省德州跃华学校、威海市第二实验小学就办得非常好，受到了当地老百姓的认可，且呈蒸蒸日上的态势。

【王勇基】也有举办者就是教育工作者的，校长也是有教育梦想的人，而且经济基础比较好，董事长和校长合作很好的学校。我们大唐学府虽然起点低，条件差，但是举办者、校长合二而一，又有比较丰富的办学经验、明确的教育理想和办学目标，我们基本上是形成了一套方案以后，才开始创办学校的。把办学称作一个综合性、全方位、多角度的教育实验，是有血有肉，有情有义、有灵气的大篇章，所以发展得很顺利。

【陶继新】成功的经验说明：教育人办教育，投资虽然很少，甚至连校舍都是租用的。只要他们痴情于教育，形成有效的制度文化，能更好地发展教师，有效地培养学生，在老百姓中有了美誉度与信赖度，也就有了持续发展的必然。

【王勇基】我们大唐学府开始办学的时候有很多人持怀疑的态度，信心不足，但我郑重地告诉他们："中国如果条件允许，最后剩一所民办学校那就是大唐学府。"这就是我的信念。

【陶继新】开始人们的怀疑当在情理之中，因为临沂当时曾是民办学校发展最快的地方，可是，就在很短的时间内，不少却一个个倒闭了。这在一些人的心里注入了一个民办学校办不好的负面信息。而您坚信能够成功。"逆"风而上，气魄非凡。更重要的是您不但目睹了一些民办学校的失败，有时还是身在其中。您真正了解他们失败的内在原因，并寻到了不败以至走向成功的路径。所以，也就有了大唐由无到有、由小到大、由弱到强的发展之路。

二、留守儿童的成长家园

【王勇基】办学之初只想着办一所学校，面向农村老百姓的孩子，也是我们学校生存的基点。学校办起来之后我们很快发现，农村大量的留守儿童迫切需要我们这样的寄宿制学校，所以我总结了大型民营学校成功的办学模式，借鉴 SOS 儿童村的管理经验，针对留守儿童父母关爱缺失和家庭教育严重缺乏的现实，确立了"三校合一"的经营策略，即"学生成长学校，给孩子一个幸福的家；教师发展学校，给老师一个理想的平台；家长提升学校，给社会一个满意的选择"。

【陶继新】关注农村大量留守儿童，需要一种教育情怀。这种情怀，恰恰是学校发展的内在动力。没有一定数量的学生，民办学校也就失去了存在的基础。当下留守儿童是不少，可是，不关心他们的学校，是留不住他们的。尽管有的虚假宣传在开始的时候也会收到一些学生，可是不会太久，事实都会给这些虚假一个巨大的反驳，会让作假者品尝到自己种下的苦果。

（一）为留守儿童撑起一片蓝天

【王勇基】随着社会的不断发展，学校应该越来越成为学生成长的地方，不仅仅是学习知识，应该在做人、做事等方面得到发展。由于是全寄宿制学校，我们在学生的吃、穿、住、行、玩、创、学等各方面都进行有益的探索，目前市、县各级党委政府、妇联、教育主管部门多次到我们学校开展关爱留守儿童活动，兄弟县区妇联、教育局学校领导纷纷来参观、学习。

【陶继新】留守儿童到了学校，不但等于到了家，有了一种温馨的感觉，更到了他们成长的摇篮之中，有了持续发展的可能。你们让孩子们学到了必需的知识，更让他们学会了如何做人。这恰恰是他们的家长无能为力又最最期盼的。这样，他们可以放心地在外地工作，并对学校怀有深深的感激。这种感激，则会化成语言向外传播，于是，大唐学府就有了越来越好的口碑。民办学校办得好不好，家长的评价是一个最为关键的指数。你们之所以越办越红火，就是得到了家长的信任与支持。

（二）为留守儿童营造一个温馨的家

【王勇基】纵观古今中外名人大家成长的背景，他们都有一个良好的家庭教育或成长环境，因此我们要让学生感觉到家的温暖，体会到"父母、爷爷、奶奶、兄弟姐妹"的亲情感受，强调教师要做好"父母、朋友、导师"三种角色。同时我们用心研究、开发校本课程、创新完善学校文化，用教育的视野举办各种活动，建设各种场所，如餐厅、卫生室、洗浴中心、服务部、洗衣房、养殖园、种植园等，让学生在学校除学习文化课外还能掌握基本的生活技能和生活常识，提高处理成长过程中所遇到的各种问题的能力，学会求助，学会合作，也能体会到助人为乐的成就感和幸福感，增加生存能力和抗挫折的能力。

【陶继新】您所说的这个家，不是小家，而是大家。不只是人数多，更重要的是内涵丰富。这些孩子在学校里有了更多的兄弟姐妹，有了不同角色的"家长"，有了更多营养的滋润。他们不但感到温暖，更感到与大家共同成长的快乐。所以，他们在学校里时间虽然很长，非但不会感到寂寞与单调，反而感到生活丰富；不仅自己学到了东西，也与同伴分享了成长的幸福；不但感受到了走向成功的喜悦，也拥有了悦纳挫折的心理。对于他们，学习就不再是一场又一场的心力交瘁的苦役，而是变成了一次又一次的成长之旅。而且，学习因其内涵了成长需要的全部营养，也就有了全方位的发展，也就有了走向未来的发展潜能。

三、为留守儿童铺就一条越走越宽的路

【王勇基】从报纸、电视上看有很多成绩非常好的学生长大后往往因为某件事情想不开很纠结，甚至得了忧郁症，严重者会自戕。我们认为这是因为让这些人成长的有利因素太少。鉴于此，我们切实加强校本课程的开发与建设，开展多种多样的选修课、活动课、社会实践课，与国家课程相得益彰。合理安排学生每天每周每月的学习与生活，使其健康成长，全面发展。如小学的故事课，聘请国家一级播音员，绘声绘色地讲解，使学生既感受到语言的美，又增长见识和知识，这是当前大多数学校孩子享受不到的幸福课堂。每周一次的故事课，是学生们的最爱，故事老师也就成了他们心目中的"神"。

【陶继新】单调的课堂教学，特别是教师讲起来没完没了且毫无生气的课堂，对于学生来说，无疑是一种负担，甚至感到痛苦。一天如此，天天如此，几年如此，心理出现问题，也就不足为怪了。只有在课堂上让学生成为主人，并开设丰富多彩的校本课程，学生才能体味到学校学习与生活的快乐，心理才能阳光灿烂，才能拥有一个快乐的当下与幸福的未来。你们的学生之所以那么快乐与自由，与你们课堂教学的生动与校本课程的丰富有着一种内在的联系。学生几乎没有不喜欢故事者，让他们聆听国家一级播音员所讲的故事，当然就会沉浸其中，就会乐此不疲。而且，这些故事不但有动人的情节，还有美好的思想。学生在听得入神的时候，也会入境，也会在不知不觉中受到美好思想的熏染，从而逐渐地提升自己的人生境界。

【王勇基】再如我们学校的家庭化住宿，其实也是学生成长的课程。小学的每个宿舍都是一个家，用名人的名字命名，如诺贝尔之家、居里夫人之家、丁肇中之家、俞敏洪之家等，让宿舍有魂。每个宿舍有一名生活老师当家长，负责他们的起居生活、讲故事、缝缝补补、唠唠叨叨，给学生以关

爱；每个宿舍有一至两名学长，有的是高年级在低年级任学长，让学生成长有伙伴、有引领。每学期更换宿舍布置，这样既有不变的文化，又有新鲜的氛围，使学生有一个良好的成长环境。最重要的是学生的起居按军事化要求整理被褥，长此以往养成良好的习惯。对于中学宿舍，我们实行教官制管理，教官每星期上一节军事课，宿舍管理作为军事课的一部分即内务管理。每学期我们搞一次生活自理比赛，比赛内容包括叠被子、整理床铺、洗衣服，学生做得有声有色，比赛过后由学校安排隆重的颁奖典礼。

【陶继新】学生对于名人，多有一种崇拜情结，以名人名字命名学生宿舍，可以让他们的偶像作为自己的人生榜样，并会形成一种积极的心理暗示，于是，学习努力了，习惯更好了，品德更优了。

你们的生活老师就像学生的妈妈，从各个方面对学生进行无微不至的关怀，让他们天天沐浴在幸福之中。小孩子是不能离开母爱的，尽管他们的母亲不在身边，可是，生活教师却让他们有一种不是妈妈，胜似妈妈的感觉。这样，有利于学生健全人格的形成，有利于心理的健康。而小时候的心理健康，不但会让他们当下快乐，还会在其未来的生命历程中不断地延续。

军事化管理，对于独生子女来说，可以更好地让他们养成良好的习惯。上次去你们学校采访的时候，看到孩子的被褥叠得整整齐齐，其他用具摆放得有条不紊，这是孩子在家庭里做不到的。长期如此，就会习惯成自然，甚至将这些良好的习惯带到家里。家长感到孩子在你们这里长大了，懂事了。于是，他们就放心了，对学校更加信任了。

【王勇基】陶老师说得极是。又如我们学校开设的象棋课，全校有一百多名选修象棋的学生，每学期都举行棋王赛。我们发现，下棋好的学生往往是能坐得住的学生，为此我们聘请了临沂市象棋冠军，经常让他给学生高手下指导棋。我们也请县象棋协会在学校举办全县的象棋精英比赛，让学生长见识、长经验、长水平。类似的活动课如乒乓球、排球、羽毛球、围棋、舞蹈等比赛经常举行。总之给学生提供多元的成长因素，让他们课余生活丰富多彩，减少成长的烦恼，我们认为这就是素质教育的体现。

【陶继新】象棋课的开设，不但让学生产生兴趣，还可以延长其有意识注意力的时间。下的次数多了，时间长了，注意力也就增强了。注意力好了，再学习其他科目的时候，也会比较专注，就会取得比较好的成绩。

参加各种各样的活动，会让学生感到学校生活更加有趣。而且，活动多了，非但不会影响学习，还会促进其学习效率的提高。因为这些活动可以调节学生学习的紧张情绪，可以增强他们的体质，这样，再学习文化知识的时候，就会相对高效。

二、富有人性的学校管理
（一）教师的管理

【王勇基】作为一个热爱教育的教师，我一直没离开过课堂，我想把学校办成教师心灵的桃花源，事业上的归属地，智慧和才能的展示舞台。所以对教师的管理是相对宽松的。我把教职工定位为和我一起创业的同志，是学校大家庭中平等的一员，教师和校长要资源共享，教师的家庭和学校共同发展，培养教师终生热爱教育服务学生的主人翁意识，同时也在学习生活、物质、文化等方面让教师感受到团队的优越，共享的快乐。

【陶继新】一个懂教学的校长，在对教师谈起教学管理的时候，就会让老师们更加信服。经常听课，才能让校长更懂教学，才能在教师那里更有话语权。同时，校长应当融入教师之中，校长不是官，而是业务上的骨干，是教育教学的领头人。有了这种思考与定位，您的管理才有了更浓的人情味，也就得到了老师们的信任。

【王勇基】我们对教师的工作实施"千分"制考评，学生评教占200分，教师互评有10项占300分，教干考评占500分。学校实行"校长负责制、岗位责任制、结构工资制、末位淘汰制"四制管理，每学期结束，都要进行学生评教、述职、教师互评、领导按规章制度进行考评积分，对于考评差的，新学期就不签合同更不通知来上班了。事实上，民办学校最大的生命力就在于机制灵活。

【陶继新】学生评教，会让教师更加关注学生，更加关爱学生。不关注学生，不爱学生的教师，不管有多大的才能，都是不合格的教师。柏拉图说：“一个民族只有最优秀的公民才有资格当教师。”这里的优秀，当然是最有爱心最有人格吧！

民办学校的教师没有正式编制，可是，他们有了比较高的教育教学水平的时候，可以考国家的事业编。你们不但让他们在学校里好好教书，而且也在培养他们成长，您所说的八年多有一百六十多名优秀教师从你们学校里走出去，这可能会给学校暂时带来一定的损失，但它也给教师的发展提供了一个舞台，也会给学校教师队伍建设带来生机和活力。这是一种境界，如果不是为了教师的成长，不是为了教育事业，是不可能拥有如此胸怀的。

【王勇基】我曾经给自己的定位：做一个新教育、新课程、新形势下的新型校长——思想和理论上引领学校的发展，言论和行动上是教干、教师的导演和服务员。几年来，我们花费几十万元选派教师外出参加各级各类教研活动、学习、培训三百多人次。聘请大学教授、专家学者、优秀教师、名校长来大唐杏坛作报告；每月都请本校优秀班主任、生活老师、骨干教师就某一项活动做专题经验分享，让其他的同事从中学到技巧和方法，同时发言者也得到了锻炼和褒奖。几年来，我们积累了大量第一手教育教学实践经验材料，编印出版 66 期校报、13 本《大唐杏坛》增刊，合计200 余万字，2010 年 3 月光明日报出版社还为我们出版了《为留守儿童撑起一片蓝天——大唐学府教育纪事》36 万字，受到了教育界领导和同人的高度评价。

【陶继新】你们学校为什么发展这么好？因为你们不仅仅使用教师，更是在发展教师。邓小平同志说：“发展才是硬道理。”你们学校教师在发展中，感到了自身的价值，更看到了自己美好的未来。所以，他们工作起来才能“不用扬鞭自奋蹄”。优秀的校长，不是整天盯着教师有没有上班，而是想着法子让教师更好地发展与更加幸福。

（二）学生管理

【王勇基】大唐学府的教育信条是"大唐学府无差生""没有教不好的学生，只有不合适的教育"，每一个学生都是他父母的最爱，把学生当成自己的孩子，站在父母的角度教育学生就会有更多的耐心和方法，站在为政府分忧、为国家培养人才的高度去面对学生，就会发现千差万别的学生也是千姿百态的人才。

【陶继新】学生各有特长，一般文化知识学习好者体育未必好，体育好者艺术未必有特长。教师的责任，就是要"因材施教"，让不同类型的学生，都能在学好基本课程的基础上，更好地发展自己，让其所长更"长"。一些学生在课堂之外有了精彩表现的时候，就会生成一定的自信心与自豪感。这些，不但会让他们的心理更加优质，还会转化为学习课堂知识的另一种动力，还会让其人生变得更加美好。

【王勇基】古训曰："幼儿养性，童蒙养正，少年养志，成人养德"，当前有很多学校教育、家庭教育本末倒置：只重视学生成绩，追求学生技能、艺术的培养，不重视学生人格的塑造、道德的修养。随着孩子年龄的增长，他们越来越会体会到不良教育的苦果。大唐学府的教育首先注重习惯养成，国学经典的熏陶，文明礼貌的规范，理想前途的教育，良好人格的形成，实践能力的培养，优秀学长的引领，给学生提供自我教育、自主思考的时间和空间，这也是我们办学的又一个鲜明特色。

【陶继新】人格与习惯的好坏，决定了学生生命成长的优劣。一些智力与学习成绩非常好的学生，如果没有优秀的思想品质，没有良好的习惯，最终也会步入失败之地。你们关注学生的品德与习惯，当然是抓住了教育的根本。本立而道生啊！他们即使学习成绩不是特别好，未来也一定会发展得越来越好。况且，绝大多数品德好、习惯好的学生，学习成绩也比较优秀。小孩子不但是长身体的时候，也是长知识与提升人格的时候，两者兼备，品学兼优，才更有可能成为未来的有用人才。

【王勇基】以人为本、以德治校最重要的是把学生当成人去对待，把他们当成自己的孩子去呵护、关爱。我们学校"家庭化住宿、学长制管理"，有时不纯粹是"讲理"的，先入校的，或者是高年级的学生与其他学生闹矛盾，可能挨批评就要多一点、重一点，因为他在我们学校时间长、受教育多，应该"严于律己、宽以待人""有理也要让三分"。这往往是对家庭中较大孩子的要求，但目前多数是独生子女的，在家很难"享受"这种待遇了。我相信，以这种方式培养出来的孩子，往往心宽，在社会上、工作岗位上更能受人尊重。

【陶继新】采取这种教育方法，与您在农村且深知兄弟多的家长如何教育是分不开的。我小时候也在农村，家长也是采取这种方法，并且大多数能得到孩子们的理解。我兄弟姐妹六人，我是老大，在很多时候，承担起了父母的责任，心胸也比较宽。现在学校的"老大们"，在自己的家庭是不可能拥有这种"待遇"的。你们为这些独生子女搭建了成为"老大"的平台，这会让他们拥有一个开阔的胸怀，以及关心他人的品质。这不但可以培养他们当下的美好品质，还可以让他们更好地适应社会，以至拥有一个更好的人生。

【王勇基】我校对学生另一种管理是制度管理。学校对学生的制度管理，除国家规定的《中小学守则》以外，还有各种学生常规、职责、管理规定、活动规则、部门管理制度，如《大唐学府学生常规》《大唐学府学生宿舍管理规定》《大唐学府关于违纪学生的处理规定》《大唐学府接送学生管理办法》等，通过行之有效的管理制度让学生在学校成长过程中明白有所为、有所不为的道理。学生在学校里受纪律约束和批评处分，其实就是预防成年后在社会上犯更大的错误。

【陶继新】没有惩戒的教育，不是真正意义上的教育。赏识教育尽管很好，但过犹不及，如果一味地赏识，甚至犯了错误也一意姑息，非但起不到赏识的效果，还会让问题越来越严重。大的错误多是从小的错误延伸而形成的。如果不在从小犯小错误的时候进行必要的惩戒，就有可能为其生命成长埋下犯大错误乃至犯罪的种子。你们制定这些学生规章，既可以让更多的学生容易犯的一些错误"禁于未发"之际，也可以让犯有小错的学生知错而后改。这才是真爱学生，也是真正意义上的以学生为本。

【王勇基】我校对学生的第三种管理是社会管理。我们学校建立了家长委员会，每年召开一次家长委员会会议，每学期召开一次家长会，学校还经常组织学生参加各类社会活动，到敬老院、气象局、医院等场所做义工，搞文艺表演，让学生体会助人为乐的幸福感和成就感。在学校内也开展一些种植、养殖、餐厅卫生、清理厕所等劳动，如我们学校每个班一片园，每个人一棵树（花）的生态校园，让学生见识芝麻、黄瓜、大豆、脆瓜、大蒜是怎么成长的，小鸡、小兔、小狗、小猪、小鱼是怎么长大的。这也是一种对学生的管理，我们叫社会管理。特别是学校的厕所是各班轮流打扫的，这曾引起了个别学生的质疑和讨论，质疑讨论的过程和结果应该是有利于学生成长的。

【陶继新】义工已经成了学生久违之事了，可是，它对于孩子助人为乐品质的形成，却起着非同一般的作用。在美国，高考生要求要有20个义工，并且要计入总成绩。在家里，独生子女多是衣来伸手，饭来张口，享受家长给予的一切，成了天经地义之事。到了学校，这种问题如果得不到有效的解决，长大成人之后，就会出现比较严重的问题。你们是根据当今孩子的成长特点设计了这些活动，从而让他们体验到了在家里没有的高品位的快乐。

在学校里参加一些力所能及的劳动，会让孩子感到劳动不但要付出体力，还可以收获劳动带来的喜悦。这些在自己家里不会劳动的独生子女，会因在学校里热爱劳动而感到自豪。这种劳动还会内化成一种品质，到了家里，他们也会主动参加一些劳动，让家长惊诧于孩子的成长之快。学校，不应当只是孩子学习知识的场所，还应当是他们了解社会、走向社会的一个过渡。你们，则为他们提供了这片活动的天地。

【王勇基】学校每年举行的夏令营活动都是山东大学、清华大学、中国海洋大学的大学生支教团为主来组织参与的。他们每年一个专题，让农村的孩子与名校的大学生接触，增长见识，开阔视野，缩短差距，近距离接触提高自信心，更重要的是这些大学生与学生们结下了浓厚的友谊，分别时痛哭流涕，让人感动，他们互换 QQ 号、电话号码。我校学生经常还会收到来自大学生们的小礼物和鼓励短信，这种引领甚至超过了父母的唠叨、老师的教诲。

【陶继新】这些支教的大学生，多是思想品德优秀者，在夏令营期间，他们用自己的言行，来有意无意地影响你们的学生，让孩子们在这种特殊的环境里，自觉不自觉地提升自己的思想境界。同时，这些大学生的知识也是比较丰富的，你们的学生会从他们那里学到平时课堂上学不到的东西。这会在孩子们幼小的心里播下一颗努力学习的种子。《学记》有言："独学而无友，则孤陋而寡闻。"这些大学生眼界开阔，你们的学生在与他们交流的过程中会大开眼界。不但会让农村孩子增长见闻，对他们的人生成长也会起到潜移默化的作用。

【王勇基】我们学校的学生管理的第四种方式是自主管理。我们充分利用学生会、少先队、班干部、路队长、宿舍舍长等学生干部、学生社团进行自我管理、自我教育。我们经常组织不同的学生干部进行培训，让他们在做中学，学中做，使他们对人生、对成长、对友谊、对礼谊有所感悟、有所认识、有所理解。比如我们一年一度的"大唐学府友谊节暨物品交换大会"简称"唐交会"是学生的最爱，学生各班成立公司或超市，经营者、管理者、参与者都是以学生为主体。一千多人的大会，几十个摊点，井然有序，让老师吃惊，让义工们惊诧，学生们通过讨价还价，不一定能挣来"钱"，但能体会到"市场""经商"的"苦与乐"。他们写的日记和作文是鲜活的、精彩的，有一个初一的学生这样写道："通过'唐交会'，我体会到了父母挣钱的不容易。"

【陶继新】魏书生在当班主任与校长期间，之所以能够走进"无为而治"的境界，关键就是学生学会了自主管理。家长与老师往往低估学生的管理能力，过多地越俎代庖，让他们本来就有的管理能力处于沉睡状态。如果有效地培养孩子们的自主管理能力，他们就会还给大人一个又一个奇迹惊喜。

（三）后勤管理

【王勇基】"车马未动，粮草先行"。要想有一个和谐、人文、生态的校园环境，后勤管理某种意义上说应该是第一位的，许多大型民办学校的垮塌，后勤管理跟不上也是重要的因素之一。我们学校的后勤管理都是用教育的视野进行的。吃饭是第一件大事，所以师生的吃饭是学校后勤管理的重头戏，学生一日三餐两点，按食谱就餐，教师分到各个班级与学生同吃、同住、同劳动，每天如父母一样的老师让学生看在眼里记在心里，长此以往，师生情胜似父子情、母子情，而每天学生到办公室给老师送去一个水果，又让老师体会到教书育人的乐趣。

服务部、卫生室、洗浴中心等各个部门也都是用教育的方式对待学生的，这就是服务育人。曾经有个学生叫王明超，他拜烧锅炉的徐师傅为师，学习烧锅炉一个多学期。

【陶继新】寄宿制学校的学生在学校里的生活，比起一般学校更为重要。你们的后勤工作有两个特点：一是饭菜优质，油是最好的油，菜是最好的菜，面是最好的面。这样，孩子们的健康就有了保障。二是师生一起就餐，就如家庭一样，教师就像家长，很多问题，在吃饭的时候，就轻而易举地解决了。这也密切了师生之间的关系，从而让学生有了一种师爱无处不在的感觉。

（四）课堂管理

【王勇基】我们学校形成的教育品牌是"大唐东典"，于 2009 年 3 月在国家工商总局商标局成功注册，其内涵是"爱心课堂、微笑教学、和谐教育、科学发展"。无论怎样，学校教育的核心是课堂教学。针对全寄宿制学校的特点，我们要求教师必须以父母的心态对待孩子，以修行者的耐心教育孩子、辅导孩子。认真备课、批改作业，在课堂上充分调动学生的积极性，开展自主探究、合作学习、分组讨论、展示交流等。教师是课堂教学的组织者，是导演者，是这堂课师生学习共同体的首席。我们提倡学生做老师的老师，老师做学生的学生，这样，学生学得主动、有趣，老师教得虽然吃力，但有挑战性、有新意。

【陶继新】在课堂上，你们提倡学生做老师的老师，老师做学生的学生，这很有挑战性。首先，要解决教师的思想观念问题。很多时候，教师是要让位于学生的，可以让学生走上讲台，甚至让学生反驳教师，乃至将学生的所知讲说给教师。没有"弟子不必不如师，师不必贤于弟子"的思想，就不可能做学生的学生。其次，学生要想做老师的老师，也不是简单的事情。他们要很好地备课，更好地学习知识，学会教课。在一些课堂教学改革做得非常成功的学校，学生表现出来的精彩常常令老师匪夷所思，自愧不如。这会大大增强学生学习的自信心，会让课堂变得摇曳多姿，会让学生学习走进物我两忘的境界。

三、指向未来的宏远规划

【王勇基】陶老师，我们办学之初，就想办一所与当前所有公办学校和私立学校不同的新型学校，探索我国当前农村，特别是寄宿制学校的经营管理模式，总结经验教训，给更多的办学者提供可资借鉴的资料和经验，为我国的基础教育提供个案，为想做教师的后来者提供榜样。目前，我们也是在摸着石头过河，正处在探索发展之中。我们已经参股经营"姜湖贡米"，几千亩的优质水稻既是我们良好大米的生产供给基地，也是学生学习实践的劳动基地；我们吃的面粉也是由厂家专门生产的无任何添加剂的纯面粉；我们养殖的母猪，每年能提供三十多头猪崽，成年后是伙房有力的补充；我们还有蔬菜基地、渔业合作社等供给基地，这是我们探索学校的发展模式之一。办学这些年也有了一些经验，写了一些文章，但只是浅尝辄止，还远远不够。我们计划陆续出版《学校·家·社会——为留守儿童营造一个温馨的家》、《现在·我·未来——为留守儿童铺就一条越走越宽的人生之路》，让全国5800万留守儿童的教育者和关注者有所借鉴、有所收获。

【陶继新】起始阶段就有一个远大的理想，办学过程中积累了丰富的经验，现在又有一个宏远的规划，这当是干事业者必备的品质。相信您会带领你们的教师，真正为留守儿童更好地营造一个更加温馨之家，从而走出一条更加宽广也更加美好之路。

立足本土，尊重个性

——以大唐学府为例浅析乡村特色校园文化建设

胡振宇

　　校园文化，顾名思义，是以校园为地理环境圈，以学生为主体，全校师生在长期的生活中所共同创造的以校园精神为主要特征的群体文化，包括物质文化、精神文化、制度文化和活动文化四个相互影响、相互促进的方面。它具有一种不可替代的隐性教育力量，对于各方面正处在发展中的中小学生而言，影响深远。

　　大唐学府位于山东郯城城乡接合部的吴庄村，与郯城县气象局毗邻，坐落于极具生命力的沂沭河冲积平原上。办学八年来，坚持正确的办学方向，全面实施素质教育，致力于学生优秀品质的培养，为学生的健康成长奠基。由建校之初的 1 个班、30 多名学生的城中小巷，到占地四万多平方米、拥有 33 个教学班、1300 多名在校生的学府，由生存于多元办学机制的夹缝中名不见经传的民办学校，发展至集学前教育、小学教育、初中教育于一体，享誉省内外的名校。

　　针对学生中留守儿童多、成长环境各异的特点，大唐学府遵循学生身心发展规律和日常生活特性，积极贯彻"教育助人、教育富民、教育强国"的教育思想。坚定践行"以人为本、以德治校、科学管理、和谐发展"的治校方略，落实"关注学生的'人情、人生、人性、人和'，让学生'身有所安、心有所定、情有所依、志有所向、神有所往'"的教育原则，积极整合教育资源，深入探索寄宿制学校留守儿童养成教育的方法与途径，努力实施"封闭式管理、开放式办学、家庭式住宿、军事化就餐、生活化德育、项目化推进"的管理策略，在第二课堂中延伸学生行为习惯的养成教育，培养学生的良好习惯，促进学生全面健康和谐发展，为学生的养成教育搭建广阔的平台。

一、优化校园建设，创建绿色环境

环境对人的发展起着不可低估的作用，"孟母三迁"的故事流传至今，也给我们带来一些启发。同样一个整洁优美、生机盎然、和谐有序的校园环境有着春风化雨、润物无声的作用。建校以来，学校努力创建绿色、温馨的校园环境，凸显校园文化艺术氛围，让民族灿烂文化、优秀传统、深邃思想等潜移默化地熏陶学生心灵，使学生在优美的校园环境中受到感染和熏陶，触景生情，因美生爱，从而引发学生爱校的内动力，培养良好习惯。

（一）人人努力，美化校园

我校将构建立体的绿化体系为目标，以绿色为主色调，师生动手，种植结合，经过全体师生的共同努力，绿化工作粗具规模。首先，强化校园的植被种植。一百余棵高大挺拔的杨树、垂柳环绕校园，形成空间的第一维度。根据北方冬季严寒的气候特点，我们将四季青翠的马尾松、广玉兰、长青女贞移植于校园，为萧瑟的冬季增添了无限的绿意，形成空间的第二维度。

其次，开发利用好校园空地。因地制宜，因河为池，在荷花池中栽植了莲藕和芙蕖，形成空间的第三维度。以班为单位开辟了润园、馨园、瞻园、冶春园、畅想园、紫藤廊等园地，形成空间第四维度。

学生在倾注精力挥洒汗水的同时，探索生命的奥秘，寄托生活的情愫，感悟生命的真谛，在生态的天堂上放飞着人生理想。如是健康优美、富有生活气息的校园环境陶冶了学生情操，美化了学生心灵，激发了学生灵感，启迪了学生智慧，对学生审美习惯的培养起到了无可替代的作用。

（二）人人献力，净化校园

净化是绿色校园的基础。一个清洁、干净、卫生的校园是学校文明的起点，是学生养成良好行为习惯的开始，也是滋生文明的种子。

首先做好校园净化的常规工作。如做到"五无"，即地面无杂物痰迹，墙面无污渍，门窗无积尘，桌椅无刻印，卫生无死角。建立校园卫生常规管理制度，包括公共卫生区域的划分、卫生打扫制度及其责任制的建立等，使学生懂得劳动的辛苦，自觉爱护环境，自觉维护良好的卫生秩序等。

其次建立垃圾回收、废物利用的有效机制。由学校倡议、班级落实，敦促学生把平时的矿泉水瓶、废纸等攒下来，回收后的钱捐给校爱心基金会，以帮助身边的贫困生或捐给灾区的小朋友。这样不仅树立学生的资源回收再利用的意识，增强环保信念，还培养了学生的爱心，可谓一举两得。

（三）师生合力，校园育人

学校旨在构建生态校园、平安和谐校园，立体的布局和不同品种的选择种植，使校园一年四季绿意盎然、花香四溢。学生可以在生态园中种花、种菜、种树，针对不同植物，由教师引导学生一起观察、比较，拓展学生的知识视野。比如柳树，让学生在课下收集柳树和冬青的资料，查找它的别名、生长条件、分布、用途、柳文化（包括插柳、折柳、射柳、赏柳、喻柳、古诗中对柳的赞美）等。根据这些资料，为柳树做一个简介小档案，挂在柳树枝干上。由此，学生不仅了解了柳树和柳文化，还有助于学生探究能力的提高；还可以在养殖场里喂鸡、喂鸭、喂鹅，养猪、养狗、养猫，贴近生活，让自己的童年不仅有书香，更有弥足珍贵的真实生活体验。

此外，做好学校休闲文化建设。如在校园里安置一些座椅，以供学生休息或读书；另外还可以在几棵大树间设置秋千，以供小学生玩耍；等等。通过校园环境的净化、绿化、美化，构建花园式的绿色学校，校容校貌都体现出美的韵味，满足师生的生活、活动和审美的需求；通过开发校园内的闪光点，让校园的每一处都体现出人性化，使学生在求知、求美、求乐中受到潜移默化的启迪和教育。

二、打造书香校园，尽享读书之乐

雨果说：书籍是造就灵魂的工具。培根说：读书给人以快乐，给人以光彩，给人以才华。可见，读书不仅能提高人的素养，还能塑造人的灵魂，使人称之为人。一个养成了读书习惯的人是一个自由而幸福的人。读书应成为一种习惯，对老师是这样，对于正在发展中的小学生而言，读书更是非常有必要。通过建设浓郁的阅读氛围、整合丰富的阅读资源、开展丰富多彩的读书活动，让阅读成为师生最日常的生活方式进而推动书香社会的形成。著名教育家朱永新曾经说过：无限地相信书籍的力量是我教育信仰的真谛之一，一个学校可以什么都没有，只要有为学生的精神成长而准备的书，那就是教育。一个人的精神发育史实质上就是一个人的阅读史；一个民族的精神境界，在很大程度上取决于全民族的阅读水平；一个没有阅读的学校永远不可能有真正的教育，一个书香充盈的城市必定是一个美丽的城市。打造书香校园就是倡导师生共同读书，学会思考、质疑，共同在读书中进步，共享读书的快乐。

（一）营造浓郁的阅读氛围。

学校充分利用校园设施进行教育资源整合，挖潜创新，让校园的每一个角落都融入文化和艺术。

一方面，做好学校墙壁文化建设。把校园内的墙壁充分利用起来，力求在学生经过的任何地方，进行全面铺展，点面结合，让每一面墙壁会"说话"，对学校的墙壁进行文化着装。中学部教学楼上书写着"诚、公、明、仁、达"的校训，鼓舞师生传承民族美德和自强不息的民族精神；各种功能室都端正地悬挂着对学生成长有感染熏陶作用的条幅；每个宿舍都建成宋庆龄、柏拉图等名人之家；为营造校园艺术美的文化氛围，我校重点构建了以孝文化为主题的《二十四孝》文化艺术长廊。在教室、办公室、实验室悬挂名人画像，将古今中外杰出人物画像、简介和成就介绍给学生，使之了解他们对人类进步所作的伟大贡献，激励学生的进取创新精神，陶冶为人民服务的高尚情操；在厕所内用彩喷技术把精选出来的相关交通、消防、饮食、网络、用电及防溺水、防雷击、防地震等安全知识的精彩图文制作成匾额，让优秀的安全文化时刻警醒着学生——尊重自然、珍爱生命！

另一方面，为了使师生的文学功底有用武之地，学校办有自己的校报。老师和学生都可以发表作品，比如读后感、自己的读书手札、某篇文章某个观点引发的思考质疑、身边的人与事等，老师也可以把学生的优秀作文发表到报上，校方印刷并下发到各班传阅。这样不仅使师生体会到读书带来的成就感和荣誉，还激励师生继续读书创作。

（二）整合丰富的阅读资源。

加强书香校园建设。全校范围内开设了《三字经》《千字文》《论语》等"经典诵读"国学课，按年级分类诵读不同经典。从实践经验来看，中小学生"读经"对于增加学生识字量，提高记忆力、注意力，促进人格成长都有一定的促进作用。将国学经典作为学校内传统文化教育、学校德育的补充，这一点是值得肯定的。

丰富校园藏书量。为提供给学生丰富的图书，扩大他们的阅读面，图书馆每年均添置四五万元的新书，对现有存书不断添置充实，为师生订购不同类型的书籍、报纸、刊物；图书馆每日开放，以方便学生借阅，促使学生对读书的爱好成为首要爱好；引导学生明白"尽信书则不如无书"，追求真知、真理、真实，在读书时要学会思考。这样一来，图书馆的书目不断更新、充实，也扩大了师生对书的选择面。

此外，班班皆设图书角，各有一个书柜，方便师生随时取阅、交流。每个教室内皆辟有一个"好书每天推荐"专栏，由学生轮流每天更新。在每次语文课前，由一名学生讲个小故事或讲诵一段喜欢的句子等，奏响课前的优美旋律。

（三）开展丰富多彩的读书活动。

大唐学府建校伊始，就确立了以人为本的教育理念，教育者对学生"全身心投入，全方位关注，全过程欣赏，全人格理解"。为了让学生"抬起头来走路，张开嘴来说话，静下心来学习，挺起胸来做人"，学府九年一贯制地开展了中华经典诵读活动，让文化艺术之美启迪学生心灵真善美，提升学生良好习惯养成内涵。

晨读。每天早晨操前半小时，由班主任和学生"小老师"组织本班学生进行经典诵读、齐读、领读、对读等，学生记忆能力显著提高，背诵的记忆量大幅度增加。优美的节律、丰富的文化内涵滋润着学生的心灵。

诵读校本课程。学校根据不同学年学生生理和心理特征以及认知规律，开设了每周一节的"国学"校本课，诵读指导组织制订课程计划、方案，由专职教师授课，纳入教学常规管理之中，成为一个有规划的传统学科体系，学生在诵读校本课中，记忆、理解、交流、合作，提升了诵读境界。

看护诵读。结合学校寄宿生看护工作的实际情况，每周利用星期三、六的最后两节课时间，引领学生开展诵读心得交流、诵读艺术表演、诵读手抄报展示等活动，极大地激发了学生诵读的主动性，提高了学生诵读的兴趣，延伸了诵读内涵。

经典诵读表演。学校将每年的 5 月和 10 月确定为"经典诵读艺术月"，开展"古诗词书画赛""诵读文化比赛""诵读心得演讲会"等艺术活动。在艺术教师的指导下，学生将文化经典以舞蹈、器乐、书画、演唱等形式展示出来，增强了文化经典的感染力，陶冶了学生热爱文化经典的情感，深化了对文化经典的理解，传承了民族文化，培养了学生的创新精神与能力。2012 年 10 月 1 日，学校组织了"欢度中秋·喜迎国庆"诗文朗诵会。金秋时节中国少年儿童文化艺术基金会爱心大使、著名戏剧大师郎咸芬的高足、国家一级演员、淄博鲁艺吕剧团团长陆晓荣女士亲自率团走进大唐学府进行公益慰问演出，演出传统剧《小姑贤》《喝面叶儿》。在和戏曲艺术家们零距离接触的同时，大唐学子同台演出了自编独幕话剧《留守的孩子》《二十四孝之亲尝汤药》，让艺术家和领导在感动之余，对大唐学府的素质教育有了更多的体验。

"读书月"系列活动。每个月设计一个读书主题，如"古诗月之李白"，全校的师生开始查找并阅读李白的诗。在月末，学校组织一个师生共同参加的古诗交流会或者是一个背古诗大赛，总结一下写"思乡"的古诗句有哪些，李白的诗是什么风格等。另外，班级可以根据学校推荐的书目中选取如经典诵读等书籍等作为晨读教材，通过开展"读一读，赛一赛，讲一讲"等方式，加强晨读晨背，熟读背诵加以积累，为学生的成长打好底色。

在文化经典诵读工作中，学校将工作重点放在诵读的实施与管理、诵读习惯的培养与养成、诵读的传承与创新几个方面，突出"让艺术之美传遍心灵的真善美"的特点，提升学生良好习惯养成。在校园诵读活动中，学生不仅从中汲取了中华文化的精华，更把这些做人的道理体现在具体行动中，做到知其义见其行，同学们利用课余时间来到敬老院里为老人服务，帮助打扫卫生，整理内务，端水洗脸、擦手，给老人捶背，为老人们读书读报，孝敬老人成为学生们的道德准则。四川发生大地震，全校师生踊跃为灾区人民捐款达 9168.40 元，学生个个情系灾区，奉献爱心。

在一个洋溢书香气息的校园里，师生们在读书中开阔视野，增长知识，陶冶性情，学会质疑思考，提升自己。

三、注重活动育人，养成良好习惯

学校应充满开心的笑声、充满琅琅的读书声、充满严谨的思考、充满对真理的追求。理想的校园文化，应充满着具有艺术性与思想性的、生动活泼的、丰富多彩的实践活动，这些阅读活动、艺术活动、体育活动、实践活动、交往活动等不仅是学生成长的重要舞台，也是展示学校特色，发挥学校育人功能的平台。所以除了抓好教学外，还应该通过举办丰富多彩的活动来充实学生的课余生活，养成良好习惯，引领学生的成长。

学生良好的行为意识和在生活中的行为表现是不稳定的，可变性较大，要使其成为持续稳定的习惯，必须在日常生活中反复实践。基于以上认识，我校开展"六个一"自主实践活动，在教师指导下，学生根据自己的兴趣爱好和关注点，选择符合相应要求的实践内容，长期坚持，以养成与其相适应的良好习惯。

一套安全本领。指导学生结合自己获得的安全知识和生活中可能发生的安全威胁，自己制定自我保护措施，严格坚持实践。学生还纷纷为自己制定了遵守交通规则、远离施工现场、拒绝地摊食品、丢弃危险玩具、同学友好相处、自觉列队等安全自护内容，并在教师指导下不断完善，长期坚持实践。在掌握自护本领的过程中，逐步养成了遵规守纪、文明交往、饮食卫生等良好的习惯。

一项体育爱好。为丰富学生的课余生活，增强学生的身体素质，学校开设了田径、篮球、排球、羽毛球、乒乓球、举重、摔跤、自由操、象棋、围棋等体育选修课，学生根据自己的兴趣爱好自愿选择一至两项活动，集中于每星期一、二、四、五、日的第八节课训练。学校还在校园东侧建设了综合体育活动区，设置水泥球场、乒乓球台、联合体育器械和健身器材，集娱乐与健身为一体，满足学生不同体育运动的需要。在长期的锻炼中形成自己的一项体育爱好，养成良好的健康习惯，取得了优异的竞赛成绩：在临沂市第五届全运会上，大唐学府组队代表郯城县参赛，夺得少年组举重和柔道两个团体第三名，有八名同学勇夺金牌、八名同学荣获银牌；在临沂市"华强家居杯"象棋比赛中一举夺得团体、个人两个第一名。

一个艺术特长。实施新课改以来，学校构建舞蹈、器乐、书法、绘画、科技制作、电子琴、竹笛、欣赏8个门类的艺术校本课程。全校学生打破年级界限，自主选择参加学习。并在选修课时间自由进入功能教室，在教师指导下进行艺术特长的选修。近年来共有300余名学生在各级各类少儿书法、绘画、舞蹈、器乐比赛中获奖。如五一班张运祺同学在《沂蒙晚报》举办的"乐居临沂杯"少儿才艺大赛中荣获第二名；在每学期一届的艺术节、师生书画展、科技作品展活动中，学生们全身心地投入，积极踊跃地参加，在提高学生审美能力的同时，培养了学生追求"真、善、美"的优秀品质。

一份爱心关怀。平时，我们发现学生都能准确地说出"孝敬父母、友爱同学"等类似条文，并能积极地讨论，但事实上，能够做到的少之又少。为此，我校要求学生每日做一件关爱他人的小事，"为父母端杯水""我帮同学做点事""给爸妈的生日祝福""小同学的被单我来洗""我给父母做饭吃"，等等，学生将自己的情感认识提升为具体的实践活动，养成热爱劳动，关心他人，奉献爱心的良好习惯。

一份自主作业。学生在遵守《学习准则》要求的同时，学校引导学生每日完成一件自主作业。这份作业与常规作业的不同是学生根据自己当日学习内容，自己编制并进行解答的，可以是书画形式，也可以是动手实践，完成后同学间展示交流，每周选出一份最满意的有创新学习特点的作业交老师批阅并存入学生成长档案。经过一年多的实践，我们欣喜地发现，学生的住宿秩序更好了，自学能力与学习效果全面提高了。在一份份自主作业实践中，学生主动学习的习惯得以形成。

一种环保行动。环境保护得到全社会的认同。从小培养学生环保责任感，在保护环境活动中，养成良好的卫生习惯是我们的又一个关注点。学校开展了"爱家乡、爱校园，从环保开始"的社会实践活动，每个学生自主选择一种环保的卫生运动。学生自发组成"卫生间清洗组""废品回收组""白色垃圾净化组""花草树木保护组""餐厅卫生清理组"等，自觉经营一片园，人人认领一棵树。在文明班级、文明宿舍、文明餐厅、生态角等评选活动中，学生宿舍、各种教室、食堂餐厅、厕所洗手间等经常有主动清扫卫生的学生身影，在教师的引领下学生还经常深入到社区、居民、民巷开展宣传与实践活动。学生热爱劳动、讲究卫生、热爱家乡、热爱集体等习惯逐步形成。

在养成教育工作中，学校还注重社会、家庭、学校统一认识协调运作，形成教育合力。与家长交流学生养成教育方式方法，明确教育内容，把握学生实践在家庭、社会和学校的统一，及时沟通学生养成信息，使学生养成教育在不同环境中成为统一体。

学校常年开展"艺术特长小组""读书兴趣小组""体育技能竞赛""艺术才艺表演""整理被褥比赛""争当升旗手""文明小使者"等活动，激励学生在日常生活中养成自理、自立、自律、自强的品德素养和良好习惯。

四、坚持以人为本，突出人文关怀

学校是师生共同学习成长的场所，是一个目标明确的相互交流思想的学园，是一个大家互相关心、欢庆聚会的乐园。所以，校园文化建设中要坚持以人为本，体现一种人文关怀精神。寄宿制学校的常规管理是一个复杂的系统工程。学校在开展常规养成教育的同时，在寄宿学生"吃、住、行、学、玩"的管理过程中，优化细节管理，强化自我教育、自我管理意识，促进学生良好习惯的养成。

（一）完善管理制度，强化日常检查指导。

增强规范意识。在贯彻《中小学生守则》《中小学生日常行为规范》和《大唐学府中小学生养成教育学生评价标准》过程中，我们结合学生寄宿生活的特点，制定了《大唐学府学生一日常规》，内容包括《学生乘车行为准则》《学生就餐行为准则》《学生住宿行为准则》《学生学习准则》《学生文体艺行为准则》等，对学生日常自我安全保护、文明行为、卫生习惯、主动学习、自主发展提出明确的要求，提高在每一生活细节中的规范意识，引发学生自我管理、自我教育，促进良好习惯的形成。

在细节管理中养成习惯。良好的行为习惯总是在日常小事的反复中形成的。为此，我校注重学生日常行为细节的检查与指导，形成内在的规范意识与外部规范影响的共振。学校建立了"卫生纪律日检查岗""安全行为指导站""行为规范监督岗"等检查指导机制，由教干、教师和学生组成检查、指导、评核小组，对学生日常生活中的行为进行检查指导。与此同时，我们强调教师在养成教育中的主导作用，将培养学生良好行为习惯作为教师教育教学的主要任务，形成学生管理过程中各岗位教师的协同教育行为。例如，在培养学生良好学习卫生习惯中，生活教师、任课教师、心理辅导教师、卫生保健教师等，将保持良好坐姿、坚持"三个一"作为重点，在学生学习的全过程中进行指导，经过几年来的努力，学生学习姿势得到规范，养成了习惯。目前，我校实现了近视发病率几乎为零的目标，全校学生很少有戴上近视镜的。

（二）注重对学生成长的细心呵护。

首先是对学生学习的呵护。"人非圣贤，孰能无过？"何况一个天真无邪的孩子。作为教师，要正视孩子们的错误，善待错误，给学生留有回旋的余地、改过的机会。让孩子们焕发出生命的活力，个性上得到自由的张扬。还要重视学生自学能力的培养，使学生自觉学习，成为学习的主人。

其次是对学生生活的呵护。教师除了呵护学生的学习之外，还要呵护学生的生活。例如，在日常教学中，多与学生交流，了解学生的家庭状况和生活状况。平时也注意观察学生的状态，主动帮助有困难的学生。

最后是对学生心灵的呵护。坚持以德育人，突出以学生为本，以爱育人。爱是师生情感的"保温瓶"。通过爱这座桥梁能缩短与学生的距离，与学生心心相印，息息相关。

（三）建设互尊互爱的人际关系。

首先，构建新型师生关系。在师生关系上，改变以往教师"高高在上"的观念，强调师生平等，建立民主、和谐的新型师生关系。教师要尊重学生，平等地对待每位学生，为每一位学生创设展示自我的机会，与学生建立纯真的友谊，力争做学生的良师益友。这样才能赢得学生的尊敬和爱戴。

其次，建立和谐的同学关系。宽松和谐的人际关系，对小学生的健康成长非常重要。学生不仅需要获取知识，也需要获得友谊，感受快乐。教师要在思想上引导学生，帮助学生树立平等待人、宽容待人的意识。在每次班会前，播放歌曲《相亲相爱的一家人》，来营造和谐的班级氛围，增强学生之间的感情。

最后，建立健康的家校关系。家长和教师共同承担着学生的教育任务。他们目标一致，内容各有分工，时间交替。学校要加强与家庭的沟通，而家庭访问是班主任联系家长、了解学生最常用的方法。大唐学府建校以来一直坚持每学期一次的大型集体家访和班主任平时家访制度。家访时班主任要客观反映学生实际，切忌"告状式"家访。还要向家长介绍家庭教育的正确方法，使家长与学校协调一致，教育好孩子。

结语

乡村校园文化建设是一项复杂而又艰难的系统工程，需要各方教育者和学校的共同努力。虽然校园文化对学生的影响不是立竿见影的，但却是稳定渐进的。我相信，优化的校园文化建设必然会结出人才成熟之果。随着时间的推移，相信乡村学校的校园文化建设必将更上一层楼。

2012 年 7 月 8 日

此生只为教育来

——山东郯城大唐学府校长王勇基的教育追求与实践

《华夏教育》记者 牛 伟

创办于 2004 年 2 月的山东郯城大唐学府，近年来在国内基础教育界声誉日隆，引起社会各界的广泛关注。到底是怎样的教育思想和办学实践让这所地处沂蒙老区的新生学校，在短短九年间成长神速、发展迅猛？带着好奇与质疑，本刊记者日前专赴郯城，采访了大唐学府的创办者、校长王勇基先生。

坦诚地讲，早在两年前记者就已在关注大唐学府，天津教科院基础教育研究所王敏勤教授一直向我推介该校的教育改革，许多主流媒体的报道也令人心生感动。然而更令我关注该校的是：怎样让农村留守儿童享受家的温暖和优质教育，从而实现成人、成才？！

追梦：沿着孩提时代的办学梦一路追寻，有梦就有成功

中国梦，教育梦，我的梦。热情执着的山东汉子王勇基自儿童时代起，便拥有办学校做教育家的梦想。他在 1981 年 12 月 21 日写的一篇标题为《幻想》的日记中，记述了自己的办学梦想。当时他这样写："我的幻想又有了发展——成立一个家庭小学（大唐庄完小分校）。教员：王作桓，大伯，（主），文化水平相当高；王作民，父亲，（主要），小学语文、算数、美术、体育、政治等；杜秀兰，妈，（主要）……"做教育办学校之梦在此时已经有了雏形。

时间追溯到 1998 年，王勇基从体制内的郯城实验中学教导主任位置上毅然退出，应邀加盟民办学校，当了一辈子教师的父亲给了他坚定的支持和

鼓励。从体制内裸退之后的几年间，王勇基先后参与创建了三所投资过亿的大型民办学校。无论是社会效益、经济效益，还是办学成绩都曾引起不小轰动。但"办一所真正教育，让来求学的孩子人人成人、成才、成功的学校"的梦想无时不在他胸中激荡。

23年弹指间过去，岁月没有磨灭他昔日的办学梦想。随着经济社会的发展，农村人员的大量流动，"留守儿童"成为社会各界关注的焦点之一。孩子的成长不容等待，当看到周围的留守儿童缺失父母的陪伴，缺少家庭成长的环境，王勇基梦中"办一所学校，让农村的孩子享受好一点的教育"的夙愿越发强烈，梦境也越发清晰。想好了就干，教育追梦人王勇基于2004年2月再次作出了惊人之举，没钱就借钱五万元，没地没人就从零起步，在古郯大地办起了大唐学府。

办学之初，王勇基就确立了"办一所真正适合孩子生长、发展的学校"的办学目标，打造具有家庭般温馨关爱的特色教育。九年来王校长矢志不渝，始终坚持"服务百姓、关注留守儿童""让更多的孩子享受更好的教育"办学思想，探索出一条"学校像家庭，老师是家长"的"封闭式管理、开放式办学、家庭化住宿、军事化就餐、项目化推进"的创新之路。大唐学府不仅积蓄了育人力量，拓展了发展空间，奠定了坚实基础，更重要的是为我国留守儿童教育作出了榜样和示范。因此，各地的教育行政人员和专家学者、教育同行纷至沓来，学习考察。

一分耕耘，一分收获。大唐学府在王勇基的带领下，先后荣膺"郯城县教书育人先进单位""郯城县平安校园""临沂市首家爱心家园""山东省民办教育优秀办学单位""山东省留守（流动）儿童示范活动站""全国和谐教育先进单位""全国民办学校'守诚信·重教学质量'双保障示范单位""全国教育创新示范单位""全国校园文化建设创新二等奖""全国民办学校先进单位""中国民办特色学校"等称号，尤其是2008年"全国农村教育发展与管理研讨会"上，王勇基的"教育助人，教育富民，教育强国"的理想和追求引起了顾明远、郭振有、姜沛民、朱小曼等领导、专家、学者的高度重视。

实践：办一所陶行知式的乡村田园学校，为留守儿童撑起一片蓝天

在郯城这片古老而神秘的大地上，大唐学府颇具如诗如画般的田园风情。遥想九年前办学之初，学府仅是只有十几间屋、占地不到四亩、开设一个班50名学生的小学校，发展到今天占地4万平方米、建筑面积1万平方米、拥有36个教学班、在校生1360人、教职工198人的全新型寄宿制学校。

学府不仅仅是有了一定规模，重要的是积淀了文化，有了内涵。走进学府，处处能感受到鲜活的文化气息，校门外建有大唐学府青少年活动中心、家长委员会办公室，校园内全都是围绕着学生的成长而时时处处营造出积极向上快乐发展的和谐环境：每一个年级管护一片树林，每一个班级经营一块种植园地，每一名同学认养一棵花木，并将小树挂牌，由专人负责，实现激励价值，与小树共成长；曲径通幽的小树林里，有石凳石桌，呈现温馨怡人的生态环境，其间设有多个读书角、英语角、棋牌桌，让孩子于原生态中悦读书香。教学楼前每个班级都有一块自办黑板报，展示着孩子们的聪颖与灵动。能一次容纳1200人吃饭的餐厅宽敞明亮，食品干净、卫生营养。走进宿舍，记者更为惊讶的是离开父母的孩子是如此独立地将被子叠得有角有棱，把生活用具摆放得整整齐齐，比军营战士都不逊色。

记者随机采访了二年级1班的小强同学，他告诉记者以前在家不会做，是来到学校后在老师帮助下学会的，每次回家都会将床铺整理得干干净净，被子叠得整整齐齐，爸妈都很高兴。王校长说，学府的最大特色就是"家"。一个宿舍一个"家"，将8位不同年龄的孩子编在一个宿舍，老师与孩子同吃同住当"妈妈"，高年级的孩子像哥哥姐姐一样关心照顾着低年级的弟弟妹妹，孩子们在这里不孤单、会生活、享受家的温暖关爱；校内还有1—86岁各年龄段不同身份的人，有兄弟姊妹、有"爸爸妈妈"、有"爷爷奶奶"，其乐融融的大家庭氛围让孩子们的身心快乐健康地成长。大唐人还把学生宿舍分别命名为"鲁迅之家""诺贝尔之家""华罗庚之家""居里夫人之家""丁肇中之家"等，以名人的榜样力量激励孩子健康学习成长。建设"家

庭"文化，制定"家规"，确立"家风"，召开"家庭"生活会，给学生创设一个清洁、安全、舒适的居住环境，良好的"家庭"生活环境，为孩子们营造一个宽松和谐的成长空间。

行走于大唐校园，记者看到：每一方寸之地在大唐人的教育设计中，都恰到好处地成为学生成长的空间、学习的天地、快乐的家园。孩子们在共发展、同成长的和谐氛围中，彰显出增知塑品、积极向上的进取精神。

学府在资金并不宽裕的情况下，不惜花巨资打造校园环境。为孩子们开辟"第三课堂"，改造宿舍、修建运动场，建水冲厕所和新能源洗浴中心，学校养鸡、养雉、养猪、养猫、养狗、养鱼、养鸟，种花、种草、种树、种菜、种粮，在既像家庭更像是个小社会的大唐学府里，这一切不仅能给学生"家"的温暖感觉，更是时时处处地在滋养润泽着孩子们的心灵，同时也是为孩子们动手动脑能力的培养、接触社会提供了一个窗口和平台。

"我们就是要让不同年龄的孩子特别是留守儿童在这里都能找到家的感觉和温暖，使他们贴近生活，贴近社会，贴近大自然。"谈起教育，王勇基的眼里充满激情。在教育理想中建构理想教育，他为学校规划了远景目标，树立了"教育助人、教育富民、教育强国"的教育理想，建构起"立足县城、面向农村、服务百姓，关注留守儿童"的大唐文化，创设环境育人的生态时空，让优美舒适的学习生活环境陶冶孩子们的情操，净化他们的心灵，丰富他们成长的多元人生，这一切若流水无痕般潜移默化地影响着学生们的成长，化作孩子们一生成长发展的精神动力。

大唐人用爱心和责任创造着教育奇迹，关注每一个学生的"人生、人性、人情、人和"，精心呵护每一个学生健康成长，为留守儿童撑起一片蓝天，以实实在在的成绩，赢得学生的喜欢、家长的肯定和全社会的关注。

求索：让孩子成为孩子，不同层次的学生都能成长发展

从教育一线一路探索着走来的王勇基深深懂得，当代教育不再仅是"传道授业解惑"了，更多的则是"服务、激励、影响、帮助"。基于此，他在大唐的发展之初就极力倡导和树立"让孩子成为孩子，让不同层次的学生都能

能成长发展"的育人目标，大力引导教师人人争做"既是引领学生如何做人、教学生学习文化知识的导师，还是学生吃、穿、住、医、生活的'父母'，更是学生游、玩、聊、乐、咨询的朋友"。在大唐学府明德书院采访时，记者看到：孩子们天真的笑脸在阳光下越发灿烂，他们在快乐健康中成长，让人们真切看到了教育的希望，孩子的明天。一群七八岁的孩子很有礼貌地向我们打招呼问好，然后跑过来围绕在王勇基身边，和他开心地拥抱，仿若父子般亲密。孩子们向他汇报，"我今天吃了鱼，还有肉"，"我学会叠被子了"，"我考试得了100分"。孩子们不厌其烦地说着，他耐心地倾听，不时伸出大拇指夸奖。此时此景，让人深为感动。记者了解，在大唐学府，不仅校长、教师，就连食堂工作人员、大门保安都会这样做。也正如2007届初中毕业生张涛所说的那样："在这里老师和父母是两个极其相似的概念。"

在大唐学府，王勇基带领着教师们确立"以人为本，以德治校，科学管理，和谐发展"的治校方略。他曾经这样说过，今天的大唐有一群追求教育理想的人，在团结一心地共同开创着一项多角度、全方位的教育实验。是的，只有志同道合者才能攀得更高、走得更远。王勇基相信，一个人的力量是有限的，只要将教师和家长当成办学路上的同行者、合作者，学校就一定能发展好。他认为，大家只是分工不同，教师在学校教育孩子、照顾孩子、关爱孩子、激励孩子，为教育作出贡献；家长尽其所能，集中精力做事创业，为国家经济建设作出努力。基于此，学校非常注重与家长的紧密联系，定期召开家长会，商讨孩子培养大计。王勇基说，大家都是助人者自助，让劳动者有收获有尊严，特别是家长们对孩子的殷殷期望，是我们做好留守儿童教育工作的不竭动力。

"让孩子成为孩子，每个孩子都能成长发展。"在王勇基的领导和推动下，大唐学府不仅让聪明的孩子在这里学习得更好，智力、品行、习惯得到更好的培养和塑造，就连一些智力较差甚至人格有点缺陷的孩子，在这里也都得到了改善和提升。小学部王校长向记者介绍了一位来自外省的孩子小刚，父母在上海打工，常年看不到亲人。这位内向的孩子从不说话，刚来时整天和小猫玩，后来在老师们的爱心帮助下，小刚不仅爱说话，学习也大大进步了，在六一儿童节联欢会上还进行了节目表演。大唐人就是这样以高质量的教育服务，高品位的教学绩效，彰显了高度关注学生"人生、人性、人情、人和"的大唐文化，描绘着"适合孩子的教育就是最好的教育"的教育愿景，实现着让学生"身有所安、心有所定、情有所依、志有所向、神有所往"的教育宗旨。学校形成了学生健康成长、家校合作和谐、社会关注认可、学校持续发展的良好态势，获得了成人达己、教育助人的良好社会口碑。

主管学校后勤工作的孙校长对记者说，王勇基对自己抠了又抠，从不舍得多花一分钱，却要求给学生吃最好的米面、最好的蔬菜和食用油。千方百计让学生吃得比在家里好，住得比在家里舒适，玩得比在家里快乐，学得比在其他学校更好。

活动是育人的载体，担任多年班主任工作的王勇基深知其要义。他积极倡导并亲自推动、参与学府每学期都要举办的"阅读节"、读书报告会、专题讨论会、演讲比赛、辩论比赛、征文竞赛、知识竞赛、化妆表演、故事大赛、科技制作等活动。尤其是每年都隆重举行的大唐学府友谊节暨物品交换大会（简称"唐交会"）。"唐交会"上，大唐师生模拟真实的交易场景，有琳琅满目的物品，设置工商、税务、物价、银行、市场监管等各个经济服务部门。活动场面相当火爆，学生人头攒动，热情迸发，竞相叫价，"交易"活跃。在活动中，学生们不仅淘到自己需要而别人闲置的物品，增加了彼此的友谊，更重要的是学习到了税务、工商、市场开发、环境保护等知识，增强了社会交往、生活能力和市场经济意识，感受到了劳动的艰辛和快乐。初一学生小郭在日记中有感而发："通过'唐交会'，我体会到了父母挣钱的不容易。"活动实现了育人目的，为孩子们今后走向社会做好了准备。

办出了成绩，社会的关注并没有让王勇基沾沾自喜，相反他更加冷静。他认为："办学决不能像商人那样只盯着经济效益，因为教育本身就是公益性的，我们要在不断满足学生和家长的教育需求的同时，一如既往地注重社会效益，最大限度地发挥民办教育的公益性。要形成学校文化、大唐文化，要让文化的力量影响我们每一个大唐人奋发努力、再接再厉。"

铸品：创建以人为本的学校文化，打造"大唐东典"教育品牌

中国教育需要传统文化，我们要以圣贤为师，以经典为友，享受着儒家的精神食粮，沐浴着道家丹药的滋养，逛着佛家的百货商店，使自己成人、成才、成杰。这是王勇基校长文章中的一句话。他提出要创建以人为本的大唐学府学校文化，提升办学质量和水平，打造"大唐东典"教育品牌，实现教育品牌资源化，让全国范围内的留守儿童都能享受"大唐东典"的优质教育。

王勇基说："我们学校把爱的教育作为整个教育教学的主旋律。"在大唐学府，"书声琅琅歌声扬，老师伴我共成长，成人成才成英杰，创新发展铸辉煌……"倾听这首由王勇基作词的大唐学府校歌时，人们已分明感受到了学府在创设学校文化、滋润孩子成长所做出的探索与努力。在这里，记者看到、听到、感受到的都是"大唐"人的责任与使命。学校文化有声有色，班级文化、宿舍文化、餐厅文化、办公室文化开展得丰富多彩，到处都充溢着家的氛围，人性化的氛围，团结合作和睦相处的氛围，积极向上敢争第一的氛围……以人为本的先进理念，优美整齐的校园，温馨怡人的环境，让远在上海、江苏、安徽、北京、黑龙江、浙江等地的家长也把孩子送来了。

在文化泽润中，师生们不仅成长为"大写"的人，实现了开心生活、幸福成长，而且收获到了实现自身价值的幸福感、责任感和成就感。学生家长吴先生是个地产商，妻子长年有病，不能照顾孩子上学。大唐刚办学时，吴先生就把儿子送来了。八年时光，小吴从一个懵懂儿童，在大唐学府这个"家园""学园""乐园"里成长为一个一米八的风华少年，今年被县一中录取。吴先生深有感触地说："孩子在大唐学府学到了知识，懂得怎样做人，会交往爱劳动，大唐学府是最棒的！"

文化在传承中放大，品德在滋养中升华。大唐人在经典文化的浸润中春风化雨、润物无声地成长着学子，发展着学府，滋养着师生的生命。漫步大唐校园，无论是在教学楼、办公室、走廊，还是种植园、养殖园、师生们

"家"里，随处可见师生有礼貌、有品位的生活着、学习着。文化因素已成为大唐师生生活中不可或缺的一部分，人人浸润在文化氛围里，享受传统文化的滋养，升华人格与精神。

学习是实现不断进步的基础。王勇基不仅好读书，善学习，爱写作，还亲自带领"大唐"人一道学习，共同提升。在采访的当天，记者荣幸地参加了全体教师的培训学习会。会上教师畅所欲言，纷纷发言表达心声。

他一边记录一边不时和教师们探讨交流。民主畅达的干群关系让人肃然起敬。王勇基还善于抓住一切契机为教师搭建发展平台，学府成立了"学士后、硕士后流动站"，对新招聘的大学毕业生进行岗前培训、结对辅导、鼓励进修，支持考研、考公务员、考事业编、考公办教师。建校以来，有6名研究生、6名公务员，17名事业编，187名公办教师从大唐学府步入新的人生轨道。在教师培养上，无论经费多么紧张，王勇基只要出差在外就会购买几十本书回来发给教师，还亲自编辑校本培训教材，印发给老师们。学府至今已经编撰19期精美的《大唐杏坛》学府期刊，72期《大唐杏坛》校报，赠送给家长，实现了家校一起成长进步，形成了家校互动，有组织、有宣传、有发动、有活动、有评价的学校文化。

成人达己，这是王勇基的座右铭。他将办学思想定位在取信于老百姓上，在办学实践中一直奉行取信于老百姓，将大爱融进学校的办学实践。"农村的孩子也是孩子，所有的孩子都应该受到良好的教育。"这是王勇基的心声：用责任和爱心铸造"大唐东典"的优质品牌，在全体大唐人的共同进步中分享教书育人的时代荣光。

创新：以教育科研促进教学发展，不断提升教育教学水平

创新是时代发展的不竭动力，对教育来说更是如此。王勇基以沂蒙老区人特有的坚毅执着精神办教育，将办出一所为留守儿童服务的优质学校作为自己的责任与使命。在王校长带领下，全体"大唐"人心往一处想，力往一处使，立足留守儿童的生命化成长和终身可持续发展，夯实课堂教学改革，以教研促教学，不断探索教书育人的新方法、新途径，推动教育教学实践不

断走向新的高度。

此生只为教育来！将教育视作超越自己的生命，这是王勇基对自己的人生考量。他不囿常规，创新办学理念，带领"大唐"人抓教育教学工作。为了向课堂40分钟要质量，他倡导教师们有计划、按步骤、分层次地开展各种促教、促学活动，亲自落实领导推门听课制度，骨干教师与青年教师进行互听、互评，共同备课，在合作与共享中，增强教育教学能力。通过"走出去""请进来""我来讲"等活动开阔教师的视野，提高教师的能力，每年学校都会选派近百人次参加全国各地的教学研讨会，同时还多次邀请原临沂师范学院院长杨燕钧教授、李同胜教授以及全国各地的教育专家来校听课、评课，进行指导；组织和谐教学研讨会。组织骨干教师到扬州新东方学校参观学习、选派优秀班主任到北京参加由中央教科所组织的"班主任工作经验交流会"，去烟台南山学院参加"中国民办教育南山论坛"，通过学习与交流，不断开阔教师的教育视野，提升教师的教学水平。

"大唐"人积极探索新时期下培养教育留守儿童的新任务、新措施、新方法，通过制订一系列符合学府教育实际而独具特色的教科研计划，比如每学期必开展的"教科研活动月""课堂教学质量月"等来促进和激发全校整体教学质量不断提升。在课堂教学改革中形成了"自主探索，合作交流，个性提高"的教科研工作思路，在稳步有效地提升教师的教学能力基础上，以实践与行动先后取得全国教育科学"十五"规划教育部重点课题"培养学生四会能力的和谐教育实验"先进实验学校，中国教育学会"十一五"重点课题"提高课堂效率、减轻学生负担的整体建构和谐教学实验"的子课题——"整体建构和谐教学的探索"，并通过总课题组组织的专家结题鉴定。继2011年学校被评选为全国百家"书香校园"、全国"中小学心理健康教育示范学校"之后，学校被教育部认定为人文社会科学研究规划基金项目（编号10YJA880065）、"乡村学校本土化课程资源的开发与利用研究"重点实验学校，国家"十二五"规划重点课题"中小学名校、名师、名校长建设的理论与实践研究"重点实验学校。2012年3月20日和4月10日，王勇基分别应中央网络电视台邀请，接受了《华人频道》和《先锋中国》栏目记者的专题采访，并制作了以"安得爱心千万颗，庇护留守一家亲"和"使命"为主题的访谈节目，通过互联网面向全球播放。2012 年 12 月 2 日，中央电视台新闻台播出了采访大唐学府的新闻节目："山东临沂：建立爱心家园，关爱留守儿童。"受到各级政府及宣传部门的高度重视。2013 年 1 月 14 日，临沂市委常委、宣传部长林国华、市妇联主席相启荣、县委书记刘纪民等领导同志来学府与师生一起举行"圆梦行动"，为留守儿童送来了图书、书包、衣服等新年礼物，并为 20 名留守儿童与"爱心妈妈"结成对子。2012 年 11 月，大唐学府被中国关爱农村留守儿童专项基金管委会选定为全国关爱留守儿童示范基地。

"农村的孩子也是孩子，所有的孩子都应该受到良好的教育。"这是以王勇基为代表的大唐人创新办学的原动力，也成为全体大唐人的共同愿景。办一所像北京景山学校、上海育才学校一样的学校，让留守儿童都能实现人生的价值和梦想，让家长不再为孩子的学业担心，这是大唐人肩上的责任和脚下的道路。记者坚信：葆有爱心、勇于担当的王勇基在追梦的路上，带领着"大唐"人一定能将"大唐东典"这个优质教育品牌发扬光大，为我国的基础教育改革与创新带来更多的惊喜与感动！

草根校长 大爱无憾

——王勇基教育创新先进事迹纪实

刘瑞峰　徐敏水

对同事要做到"有福同享，有难我当"；对自己要做到"微笑着，敞开胸怀去迎接一个一个扑面而来的困难和挫折，因为那是我想办好学校的必修课程！"

——摘自王勇基办学之初的日记

王勇基：男，中国民主促进会会员，山东郯城大唐学府董事长、校长，中国教育学会初中教育专业委员会理事、临沂市新专联常务理事、临沂市台联常务理事、政协郯城县常委。2007年中国教育管理杰出人物，山东省优秀班主任，2011年影响山东风云人物；临沂市先模人物、关心下一代工作先进个人、骨干教师，郯城县"十佳教育工作者"、优秀教师。

上高中就想着当教师的王勇基，自1982年专科毕业参加工作以来，先后执教过初中和高中数学，担任过班主任、教导主任、学部主任多年，并担任执行校长、校长工作十一年。在教育教学及管理工作中，结合当地实际，不断整合优化教育资源，积极主动地进行教改实验，获得了可喜的成果。

一、转变观念，积极探索，为民办教育投石问路

凭着对教育的无限热爱和执着的追求，1998年，王勇基放弃了公办学校人们羡慕的领导岗位和舒适优越的生活，毅然决然地投身于民办教育事业，积极探索民办教育规律、教学方法、课程改革、师资培训、学生发展以及优秀特困生的帮扶救助工作，先后参与策划建设了三所投资过亿的大型民办学校。

2001 年，王勇基担任兰陵现代实验学校执行校长期间，不仅注重发展校园硬实力，而且通过校园文化建设提升了软实力，精神文明之花在校园的每一个角落悄然开放。为了更好地呵护孩子，用自己的品行和高尚的人格影响孩子，大胆开设了由小学高年级潜能生组成的"无年级和谐教育实验班"和学龄前"零年级学前实验班"，两个实验班的成立，给予了孩子快乐成长的空间，装点了学生梦想永恒的风景，学校不断发展壮大，教育教学质量深受家长的好评，取得了良好的社会效益和经济效益，为后来筹办大唐学府，为留守儿童撑起一片蓝天积蓄了育人的力量，拓展了发展空间，奠定了坚实的基础。

二、栉风沐雨，乐此不疲，为百姓解除后顾之忧

王勇基当初从实验中学教导主任的位置上急流勇退，应邀加盟民办学校，他的父亲给予了大力支持。在辞去实验中学教导主任职务前夕，他问过自己的老父亲：辞职之后，干部身份、养老保险等有可能就不复存在了。教了一辈子书、有着刚正不阿性格的老人听后顿感不悦："你还想这些，老想着靠国家养活你，没出息！"有他老父亲这句话，王勇基开始义无反顾地投身到民办教育大潮之中。

2004 年春，王勇基胸怀"教育助人 教育富民 教育强国"的教育理想创办了大唐学府。他立下誓言：学武训办学，用井冈山精神、沂蒙精神，把自己多年的全部积蓄和积累的教育智慧、教育经验回报给家乡的父老乡亲，让更多的农村孩子享受更好的教育。他面对"一无场所、二无资金、三无设备"的"裸教"现实，不得不冒着风险，以身家性命作担保，从此走上了一条不归路。没有钱只能借，当然也没有多少人愿意承担这个风险。最后只向他的哥哥借了五万元。办学校可不是一件简单的事情，租用场地，招聘教师，印发宣传资料，哪一样都需要钱。他就每月再借一万，一直借到 20 万元。他的亲友、同学、同事、学生们看他真的干起来了，都深知他的个性、人品和能力，于是开始帮他筹措资金办学。为了宣传招生，他带领几十名学生扛着校旗围着市中心游行，"招摇过市"，从没考虑自己的身份和脸面。王勇基校长一直把武训当成自己的老师和榜样，他认为自己现在因办学遇到

的难处和当年的武训比起来可谓小巫见大巫。大唐学府于是在艰难中诞生，在逆境中起飞，在风雨中不断强硬翅膀。在各级领导的亲切关怀和社会各界、广大家长的大力支持下，大唐学府一路走来，一路风雨，一路收获。九年来，从筹建时只有几十名学生、七八位老师，现在神奇般地发展成为拥有36个教学班，在校生近1400人，教职工203人，占地40000平方米，建筑面积10000平方米的现代化新型学校。在这所学校里，留守儿童入学率占70%以上，达800名，为许多百姓解除了后顾之忧。

三、高山仰止，倾情呵护，建设温馨和睦的精神家园

大唐学府的学生来自不同的省份、不同的地区、不同的乡镇，这些学生长期寄宿在学校，眼前没有亲人的影子，失去了原来家庭所拥有的疼爱与呵护。因此，如何让这些孩子在大唐学府找到家的感觉，是校长王勇基最大的心愿。王校长根据多年的缜密思考和精心探索，针对现在学生的家庭背景、个性化特点，成功地实施了家庭化住宿，学长制管理，军事化内务，全人格发展。将学生宿舍命名为"鲁迅之家""诺贝尔之家""华罗庚之家""居里夫人之家""丁肇中之家""孙中山之家""俞敏洪之家""马云之家"等具有个性化的家庭，每个家庭分为几个小单元，由一位生活老师担任家长，一名大同学任学长，老师负责这个家孩子的衣物换洗和生活起居，帮助孩子解决日常生活中遇到的一切问题。学长积极配合家长，密切关注家庭成员之间和谐的关系。每个家庭下铺住着低年级或年龄小的学生，上铺住着高年级或年龄大的学生，大同学自觉主动地照顾小同学，长期地生活在一起，孩子们之间有了相互依赖，小的称呼大的为大哥哥、大姐姐，大的称呼小的为小弟弟、小妹妹。走进每个家庭，给人一种家的感觉，每个家庭的文化氛围特别浓厚，墙壁上都张贴着每个孩子自己亲手制作的各种漂亮的剪纸和绘画作品，墙壁上开设了"真情沟通"栏目，上面写满了孩子对爸爸、妈妈和老师的真诚祝福。生活老师们在闲暇之余，会和风细雨地给学生讲解新鲜的知识，积极充当家长、朋友、老师三个角色。学校的一个个家庭，让孩子们重新享受到了天伦之乐。每当早晨起床的时候，孩子们会向各个家的家长问

好，亲切地称呼"爸爸、妈妈"，依偎在老师的身边，让老师给整整衣领、梳理头发，每当夜晚回到公寓这个家的时候，总是缠着老师讲故事，老师早已给每个孩子打来了热水，让孩子洗个痛快。在爱的滋润下，孩子们逐渐养成了自己整理内务的良好习惯和互相关心、互相体贴照顾的高尚品行。

大唐学府情系"留守儿童"的先进事迹感动了社会，市、县妇联在大唐学府建起了全市第一家"留守儿童爱心家园"，市、县人大、政协、妇联、团县委、教育局等各级各部门，还有爱心企业的老总高娟、朱呈镕等爱心人士多次为留守儿童举办了"爱在，生日不再孤单"集体生日等活动，这些爱心人士带着书包、相册、毛绒玩具、生日蛋糕、水饺等食品和生日礼物来到孩子们中间，同她们欢聚一堂。活动中，市县领导、爱心人士为孩子们点燃生日蜡烛，唱起生日歌，将切好的蛋糕、煮好的水饺送到每一位孩子的手上，并同他们一起联欢合影留念，气氛热烈而温馨。过生日的"小寿星"们吃着热腾腾的水饺，观看着自编自演的节目，脸上洋溢着幸福的微笑，有的甚至激动得热泪盈眶，虽然父母不在身旁，但是他们的生活并不孤单，因为有各级领导的关心，有社会各界爱心人士的关爱，他们的生活非常快乐。大唐学府有了"老师爸爸""老师妈妈"的亲切称谓。家，让孩子们得到了温暖的归宿。

四、播撒爱心，人文管理，搭建特色鲜明的教育平台

为了让学生在学校学得比在家轻松，成绩比在家优秀，吃得比在家好，住得比在家强，玩得比在家痛快。王勇基校长除了开足开齐国家课程、地方课程外，还根据寄宿制学校大多数是"留守儿童"的特点，开设了富有鲜明特色的拉丁舞、新概念英语、外教口语、个性化快乐阅读和习作、数学奥赛、书法、美术、葫芦丝，田径、舞蹈、球类、棋类等文化艺体选修课，精彩的课堂教学让学生耳目一新。这些来自四面八方的莘莘学子，不断地吮吸着新鲜的知识，不断地品尝着艺术的甘露。他们或醉心于读书，在知识的海洋里如痴如醉地遨游，探索，思考，创新。这所封闭式的学校，以独有的管理方式给学生营造了读书学习的广阔天地，学生没有封闭自己的思想，在和

谐的校园里打开了眼界，进入了一种充满活力、充满真实情感的世界。为了丰富孩子们的校园生活，学府每个学期都举行了生活自理展示、硬笔书法比赛、演讲比赛、广播操比赛、学习经验交流会、法制报告会等有益于孩子健康成长的活动，增设了"科学发展观"课程。为了培养学生的仁爱之心，三次举行为西南干旱地区小朋友捐献一瓶水，献上一份爱活动和"玉树不倒，青海常青"——大唐学府师生为青海玉树大地震捐款暨慈心一日捐，为本校八（三）班白血病患者刘通通同学捐款、为王勤玲老师捐款活动，让学生从小懂得一方有难、八方支援、众志成城、助人为乐的道理。为了拓展学生广阔的视野，培养学生热爱大自然、热爱美好生活的情趣，学府举办了丰富多彩的绿色野营实践活动。孩子们带着一种神秘、一种好奇走进了万亩桃园，在桃林间穿梭，轻轻地拨开桃叶，亲自摘下几个水蜜桃，用水洗一洗，吃在嘴里，甜在心头。走进果园，三个一团，五个一群地散步聊天，让橘红色的光波沐浴在身上，寻觅一份美好的心境是一种享受。大唐学府是孩子们放飞心情的美好世界、情归家园的温馨港湾、心驰神往的圣洁佛地、充实愉快的自由乐园。孩子们只要走进这所校园，都非常珍惜这里的每一天，不管举办什么样的活动，都热情高涨，积极地去参加，不想错过难得的锻炼机会。有了一定的生活积淀，学生才能轻松自如地用自己的笔描绘这个色彩绚丽的大千世界。另外，在不同的季节，根据学校安排的不同活动，有意识地为学生创设了习作氛围，让学生有倾吐的需要和表达的欲望。丰富多彩的校园生活，为学生的生活注入了勃勃活力，也为习作提供了源远流长的一泓活水。

各班每周一节的军事课上，教官与学生都是校园内一道亮丽的风景，笔挺而矫健的身姿是来校参观的宾客最好的谈资。

课堂内外，老师们不断落实、探索、完善学府"大唐东典"教育品牌"爱心课堂、微笑教学、和谐教育、科学发展"的内涵，让歌声、笑声沁入学生的心房，让知识、技能武装学生的身心，让智慧、道德、文明、高雅伴随着学生的成长。

五、送人玫瑰，手有余香，全力构建和谐的美好校园

王勇基校长办学定位于"立足县城、面向农村、服务百姓、关注留守儿童"、在"让更多的孩子享受更好的教育"办学理念主导下，学府走出了一条"学校像家庭，老师是家长"的"封闭式管理、开放式办学、家庭化住宿、军事化就餐、项目化推进"的经营、管理创新之路。学校创办九年来日益发展壮大，留守儿童逐年增多，留守儿童教育取得一个又一个可喜的成绩，孩子们的学习不断进步，身心不断健康成长，家长时时处处省心放心开心。

"人有善愿，天必佑之"。王勇基校长每年都从学校微薄的收益中慷慨拿出钱来救助孤独残疾学生和家庭经济特困生，办学九年来，先后为杜鹃、朱兰兰、李慧敏、宋天增、杜紫薇、程梦歌、赵晨曦姊妹仨等 183 名孤儿、特困生免、减学费生活费 100 多万元。

大爱无憾，感天动地。今年全国两会期间《中国教育报》专版报道"从 5800 万留守儿童，看'大唐东典'教育"，王校长两次做客中央网络电视台做"留守儿童"教育专题访谈节目，又一次引爆各级媒体、网络对"留守儿童"教育问题的极大关注。2012 年，大唐学府先后被评为临沂市关爱困难儿童"爱心集体"、"沂蒙诚信模范"、全国关爱农村留守儿童"百所先进学校"、郯城县教书育人先进单位。2012 年中秋节和 10 月 1 日国庆节，中国教育电视台"中国教育报道"栏目及中央电视台网络台创新科技频道《喜迎十八大专题节目：科学发展，幸福中国》节目组派记者前来大唐学校与留守儿童和孤寡妇女儿童——弱势群体中的弱势群体一起过中秋、庆国庆，给他们留下了终生难忘的幸福回忆。

王勇基校长把学校定义为一群追求教育理想的人团结一心共同开展的一项多角度、全方位的教育实验园。老师和家长是合作办学的合伙人，大家分工不同，教师在学校教育孩子、照顾孩子、关爱孩子、激励孩子。家长尽其所能，集中精力做事，挣钱供孩子上学、消费。大家都是助人者自助，各司其职，发挥优势，送人玫瑰，手有余香。谁都帮助别人，谁都被别人帮助，

谁都不坐吃山空，谁都在创造财富。这就是生存链条，合作双赢和生命的愿景。王勇基校长要求教师做好"父母、朋友、导师"三重角色：既是引领学生如何做人、教育学生学习文化知识的"导师"，又是学生生活中吃、穿、住、医的"父母"，更是学生游、玩、聊、乐、咨询的知心"朋友"。一名叫张涛的同学在给父母的信中感慨大唐学府的老师说："在这里老师和父母是两个极其相似的概念。"

规范化的学校管理，高质量的教学绩效，全方位的生活服务，充分体现了大唐学府高度关注学生"人生、人性、人情、人和"的育人意识和使学生"身有所安、心有所定、情有所依、志有所向、神有所往"的教育原则。在精打细算、合理运作中，低廉的收费发挥到了极致。从学生角度来说，吃得比在家里好，住得比在家里好，玩得比在家里好，学得更比在家里好，而且每天心情又好，一脸的阳光灿烂。从多个角度来说，家长满意、老师高兴，家校和谐，社会认可，学校在快速向前发展。

王勇基校长把"没有教不好的学生，只有不合适的教育"和"建校50年能培养出获诺贝尔奖的学生"作为教育的信条。坚守教育梦想，坚守职业情操，认真搞好教学教研，不断探索教书育人的方法途径，把培养国家建设所需的高水平人才作为自己的目标、责任和办学指南，都充分展示了他的精神追求。王勇基的大脑不停地思索着，努力从传统教育、国学精粹中，从国内外当今教育改革家和学术流派中，从中外教育思想和教育实践中，从多年的苦苦思考和辛勤工作中探求着、总结着、提炼着……孕育出一整套学校运作方案，一系列全新的学校文化不断地践行着、充实着、丰富着、完善着……大唐学府每天都有家长咨询孩子求学并不断地迎来新生：不仅有山东的，还有江苏的、安徽的、四川的、辽宁的、北京的、河北的、黑龙江的、浙江的……他们有的是慕名而来，有的是看媒体宣传而来，更多的是亲友奔走相告而来……奋进中的大唐学府不断地收获着学生的各种喜悦和奖励：县级的、市级的、省级的……不断地送走一批又一批学生：全县第一、全市第一……王勇基和他的大唐学府不断地追求着，期盼着，等待着……

2011年王勇基校长应邀参加了民进中央组织的以原全国政协副主席张怀

西主席为团长的基础教育考察团赴台湾地区考查基础教育。《中国教师报》记者走基层，来大唐学府实地深入采访，并以"高度、高位、高尚"为题连续发表长篇通讯报道。2012 年 8 月，王勇基校长作为山东民进唯一的代表，参加了民进中央举办的"同心彩虹 2012 骨干教师培训班"，受到了民进中央王佐书副主席、社会服务部刘文胜副部长的高度评价，并代表来自全国 29 个省的 30 名民进学员在闭幕式上发言，表达对民进中央领导及培训班的感谢和学习体会，他对于这次学习感到是一个无上的光荣。

面对成绩，自称"草根校长"的王勇基表示：位卑未敢忘忧国，我要把全部的精力投入到新形势、新课程下的新教育之中，将一如既往地端正办学思想，牢记使命，执着追求，为国家育才，替政府分忧，给百姓解难，全力构建和谐的美好家园，让每一个孩子健康快乐成长，为中国农村的基础教育特别是留守儿童教育创造更多的惊奇和欣喜，为我们的学生铺就一条越走越宽广的人生之路。

高度、高位、高尚
——山东郯城大唐学府办学思想与创新发展解读

《中国教师报》记者　张　静

两千年前的孔子，虽生逢乱世，历经磨难，仍以"仁者爱人"为教育之魂，传道、授业、解惑，九死无悔，大化天下，成就万世师表；21世纪的"大唐"人阔步走入新时代，直面留守儿童的成长、成才，关注留守家庭的和谐幸福，创新实施以人为本的爱的教育，以传承历史、开辟未来的豪迈勇气，在和谐与发展、传承与创新的激荡融合之中，思接千载、上下求索新时期优质教育之道，为基础教育的创新发展带来了全新的思考，值得我们研究、学习与借鉴。《中国教师报》以《高度、高位、高尚》为题，对孔子师郯、鹿乳奉母、孙庞斗智的古郯大地上的"大唐"人的办学思想与创新发展予以深度解读——

解读之一：高度重视留守儿童教育，为孩子的幸福人生奠基

21世纪的开放中国，经济快速发展，人员流动空前活跃，走南闯北干事创业、打拼谋发展的家长，在成就自己的同时，不愿看到留守在家的孩子荒芜了思想，荒废了学业。孩子的成长不容等待，尽管上至国家，下到地方都出台了系列的普惠性政策，但孩子们所需要的却是如山东大唐学府那样的真正适合孩子生长、发展的学校——有"家"的温馨关爱，有仁爱的特色教育。大唐学府办学八年来，在十余年置身民办教育事业建设、发展，先后参与建设山东三所大型民营学校和现代教育集团的大唐学府创办人、校长王勇基的以"服务百姓、关注留守儿童""让更多的孩子享受更好的教育"思想主导下，学府自主发展走出了一条"学校像家庭，老师是家长"的"封闭式

管理、开放式办学、家庭化住宿、军事化就餐、项目化推进"创新管理的新路子。

留守儿童历来是各类学校最不愿接受的群体，父母常年不在身边，亲情温暖的缺失，造成大多数孩子表现为思想消极，学习倦怠，成绩不佳，甚至惹是生非。面对从全国各地纷至沓来的留守儿童，"大唐"人在王勇基校长的带领下，义无反顾，别无选择，把学生当作自己的孩子，自己就是学生的家长。按照学生个性特点的不同，将其组建为由有相应管理经验教师做家长的"学生之家"，并将"家"营造为一个和谐温馨、充满勃勃生机的家，一个有父母殷殷关爱和无私照顾的家，一个有着朋友和长者的家，一个有文化氛围和灵魂的家。

而在此方面，每一位老师都要付出比他人更多的努力与奉献——大唐学府的教师有着三种身份和角色——生活上像父母一样关心、照顾每一个学生，有爱心；学习上像朋友一样帮助学生克服困难解决问题，有诚心；在树立人生目标理想、树立正确价值观方面是导师，帮学生规划人生和目标，有责任心。每"家"还都以文学家、科学家的名字命名，比如"鲁迅之家""诺贝尔之家""华罗庚之家""居里夫人之家""丁肇中之家"等，不仅给学生以激励和教育，还潜移默化地泽润着学子们的身心发展。

博学善思、执着坚毅的王勇基校长接受记者采访时说，建校八年来，大唐人在追求"教育助人、教育富民、教育强国"的教育理想中，勤于奉献，百折不挠，在"诚、公、明、仁、达"的校训精神引领下，学校逐步形成"和睦、和善、和谐"的校风，不断朝着"让孩子成人、成才、成杰，让家长省心、放心、开心"的办学目标迈进。目前学校正实施"以人为本、以德治校、科学管理、和谐发展"的管理方略，成功探索并形成了"封闭式管理、开放式办学、家庭化住宿、军事化就餐、项目化推进"的管理模式，大胆实施素质教育和分层次教学，以优质教育彰显鲜明的办学特色、浓厚的文化氛围。

思想的高度，决定视野的宽度。"大唐"人在王勇基校长的带领下，从国家的需要出发，从民族的未来出发，从孩子的一生成长出发，从众多的家庭幸福出发，俯下身子，全身心地为留守儿童服务，让每一位走进大唐学府的孩子，都能享受成长的幸福。教师们在校长办学思想的引领下，立足实践，大胆创新，选准"人生、人情、人性、人和"的本真角度，真诚地呵护、关爱每一名学生，切实让每一名学生都能"静下心学习、张开嘴说话、抬起头走路、挺起胸做人"，在学校"身有所安、心有所定、情有所依、志有所向、神有所往"。众志成城，按照王勇基校长提出的"没有教不好的学生，只有不合适的教育"和"建校50年能培养出获诺贝尔奖的学生"的教育信条，朝着"大唐"的前进方向，扎实践行新时期留守儿童优质教育的历史使命。

走进学府，令人感动。为了使留守儿童长期在学校生活而不腻烦，长时间在同一环境中却能经常感觉到新鲜，老师们住在"家"里，和孩子们同吃，同住，同活动，确保每一名学生在"家"能吃好、住好、玩好、学好，全身心投入、全方位关注、全过程欣赏、全人格理解。接送学生时有专人护送，照顾学生有专门的生活老师负责，帮助学生按时起床，按时就寝，按秩序洗刷，督促学生勤洗衣服，勤剪指甲，勤理发，勤洗澡，协助孩子保管好衣物，整理好内务，养成良好的生活作息习惯，给低年级学生讲故事、看电视，让每一名学生在学府生活温馨舒适，学习积极努力，习惯素养良好，品行健康发展。

细节决定成败，小事体现精神。大唐学府以"为孩子的幸福人生奠基"为着眼点和落脚处，创设人文的温馨环境，实现处处皆教育，事事皆育人的教育场、学习场和成长场。学府从不放过任何一个教育契机，从一点一滴做起，比如让每一面墙壁会说话，让形象生动、鲜明活泼的图画和人生格言时时砥砺师生们的道德情操。注重细节化的人文关怀，如在校园几个主要路口都安装上高架路灯，给厕所安装声控灯，给各个教室、办公室配上电取暖炉，校园内建起了方便师生的服务部，配置公用电话、校讯通方便学生与家长及时沟通等，以有形或无形的方式，给学生们塑造一个文明、安全、积极、向上的成长环境，从而为学生的一生可持续成长与发展奠定坚实基础。

解读之二：高位创建学校文化，促进师生生命成长

"……书声琅琅歌声扬，老师伴我共成长，成人成才成英杰，创新发展铸辉煌……"从这首王勇基校长作词的大唐学府校歌中，人们已经分明感受到学府在创设学校文化、滋润孩子成长方面所做出的努力。是的，学校是育人培才的教育场，不仅承担着教书育人的社会责任，更承担着传承文化、滋养灵魂的民族责任。在这里，我们看到、听到、感受到了"大唐"人的责任与使命。

文化在传承中放大，灵魂在滋养中升华。虽然"大唐"建校时间仅有8个年头，但在自少年想当老师、青年幻想办学、28岁就是省优秀班主任、30岁任重点学校教导主任，独具教育魅力的王勇基校长引领下，学府在经典文化的浸润中，春风化雨、润物无声地成长着学子，发展着学校，滋养着师生的生命。

学校文化不是一朝一夕形成的，但离不开一朝一夕的营建。漫步大唐学府校园，无论是教室、办公室，还是阅览室、走廊，乃至师生们"家"里，随处可见师生徜徉书海的身影。读书已成为大唐师生生活中不可或缺的一部分，人人浸润在书香里，享受经典文化的滋养，升华着人格与精神，实现着"书香校园"人人共建共享的和谐魅力。

校长是一所学校的灵魂。王勇基不仅爱读书，善学习，而且还亲自带领"大唐"人一道学习，共同提升。他经常购买几百本书发给老师或奖励老师，还亲自编辑校本培训教材，印发给老师们或当礼物送给兄弟学校。他亲任营造"书香校园"领导小组组长，并将各学部执行校长都吸纳进来，担任组织工作的副组长，部分中层干部、班主任、语文老师、各年级优秀学生代表也都参与其中，形成了有领导、有组织、有宣传、有发动、有活动、有评价的文化建设氛围。

最是书香能致远，最是书香能育人。在创建书香校园的活动中，学府从阅读经典开始，着眼于学生的未来发展和一生幸福，实施了"经典诵读"工程，引导学生广泛阅读中外文学名著，诵读《三字经》《弟子规》《大学》

《中庸》等国学经典篇章。全校师生积极参与，乐在其中，学在其中，行在其中，收获也在其中。学校文化建设促进了师生精神面貌的改变和思想境界的提升，推动了学校教育科研和课堂教学的创新发展，也为师生们创设了生活、学习、工作的良好氛围，成功地构建起人文校园、生态校园、和谐校园、书香校园的美好生态环境。

大唐不仅建构起学校阅读文化，还不惜斥巨资打造良好校园环境。学府改造宿舍、修建运动场、新建水冲厕所、洗浴中心，学校养鸡、养雉、养猪、养猫、养狗、养鱼、养鸟，种花、种草、种树、种菜、种粮。王勇基校长充满激情地说："让不同年龄的孩子特别是留守儿童在这里都能找到家的感觉和温暖，使他们贴近生活，贴近自然。"创设环境育人的生态时空，让静谧、优美、高雅的环境陶冶莘莘学子的情操，净化他们的心性，美化他们的心灵，丰富他们成长的多元人生，流水无痕、潜移默化影响学生们的成长。记者看到，每个年级一片树林，每个班级都经营着一处花园或草坪，每一名学生都管理着一棵树，并挂牌与小树共成长；曲径通幽的小树林里设有多个读书角、英语角，在共成长的氛围中彰显增知塑品的进取精神。每一方空间在大唐人的教育设计中，都化为学生成长的摇篮、学习的天地、快乐的家园。

德育最忌空洞说教，活动是培养学生全面发展的最好载体。大唐人在2007中国教育管理杰出人物、曾任山东省实验中学济南英才高中执行校长的王勇基校长的活动育人理念引领下，每学期都成功举办"阅读节"、读书报告会、专题讨论会、演讲比赛、辩论比赛、征文竞赛、知识竞赛、化妆表演、故事大赛、科技制作展示等活动。在广泛征得全体师生欢迎的基础上，今年5月17—19日隆重举办了大唐学府首届友谊节暨物品交换大会（"大唐"人亲切地誉为"唐交会"）。"唐交会"上，"大唐"人模拟真实的交易场景，不仅有琳琅满目的物品，还设有工商、税务、物价、银行、市场监管等真实市场的各个经济服务部门。活动场面相当火爆，学生人头攒动，热情迸发，竞相叫价，"交易"活跃。在活动的参与过程中，学生们不仅淘到自己需要而别人闲置的物品，增加了彼此的友谊，更重要的是学习到了税务、工商、市场开发、环境保护等相关方面的知识，增强了社会交往、社会生活能力和市场经济意识，感受到了劳动的艰辛和快乐，也为今后全身心投入学习和生活增添了力量，丰富了知识，增加了人生阅历。一位刚上初一的学生在日记中写道："通过'唐交会'，我体会到了父母挣钱的不容易。"

不仅学校文化有声有色，班级文化、宿舍文化、餐厅文化、办公室文化也都开展得丰富多彩。到处荡漾着团结合作、永争一流的音符。优美整齐的校园，温馨怡人的环境，不仅名扬山东，就连远在江苏、安徽、北京、黑龙江、浙江等地的家长，也慕名送来了孩子。这更加激励着王勇基带领着大唐人放眼学生的未来，以文化力量和科学视野实现对学生成长、成才的教育。

与此同时，学校还加强了学生社团建设，活跃社团组织活动，经常性地举办了各种艺术节，举行师生书法美术作品展览、优秀备课作业展览、开展科技制作、集邮收藏；开设阅读课、故事课、形体课、国学课等校本课程，允许学生自由选修，给学生创建多元发展的广阔空间；开展"普通话质量月"活动，建设家庭图书馆，形成"书香家庭"，让学生在"家"的氛围中感受文化的魅力；建设班级图书角，形成"书香班级"，引导全体师生讲普通话、写规范字、做文明人……此外，还通过设立书香学生奖励基金、书香教师奖励基金、书香家庭奖励基金等，开展师生才艺展示、演讲比赛、诗文朗诵活动，用文化的力量向着更高的层次推进。学校还加强区域内外的校际交往和学术交流，用全新的校园文化营造全新的育人时空，彰显文化育人的特殊功效。

腹有诗书气自华。如今"书香校园"的文化氛围在大唐校园里深深根植、发芽、开花，结果，并散发出优雅芳香。文化升华了师生的生命境界，文化促进了留守儿童品德素质的良好生成；文化力量拓展了师生的生命长度与宽度，实现了一生的可持续发展与成长。在校园文化的泽润中，师生们不仅成长为"大写"的人，实现了开心生活，幸福成长，而且收获到了实现自身价值的幸福感、责任感和成就感。

解读之三：高尚优质夯实基础，缔造"大唐东典"教育品牌

地处沂蒙革命老区的山东郯城大唐学府人，以老区人特有的坚毅精神执着办教育，将办出一所留守儿童的优质学校作为自己的责任与使命，在王勇基校长的带领下，全体"大唐"人心往一处想，力往一处使，立足留守儿童的生命化成长和终身可持续发展，夯实课堂教学改革，坚持以教研促教学，不断探索教书育人的新方法、新途径，推动教育教学实践在区域内不断走向新高度。

教学工作是学校工作的核心，"大唐"人对此非常重视，将教育教学工作视作自己的生命。为了向课堂40分钟要质量，教师出身的王勇基倡导教师们有计划、按步骤、分层次地开展各种促教、促学活动，亲自落实领导听推门课制度，骨干教师与青年教师进行互听、互评，共同备课，在合作与共享中，增长教育教学能力。通过"走出去""请进来"，多次邀请原临沂师范学院院长杨燕钧教授来校听、评课，进行指导，组织和谐教学研讨会，通过学习与交流，不断开阔教师的教育视野，提升教师的教学水平。

搭建教师发展平台，成立"学士后流动站"，对新招聘的大学毕业生进行岗前培训、结对辅导、鼓励进修，支持考研、考公务员、考事业编、考公办教师。建校以来，有6名研究生、3名公务员，12名事业编，178名公办教师从大唐学府步入新的人生轨道。自创办以来，"大唐"人坚持走科研兴校之路，将培养国家建设所需的高素质、高水平人才作为教育目标、教育责任和办学的行动指南，通过制订一系列符合学府教育实际而独具特色的教科研计划，以每学期必开的"教科研活动月""课堂教学质量月"等活动，促进和激发全校整体教学质量不断提升。在学习借鉴区域内外先进教育教学经验的基础上，"大唐"人善于学习，勇于创新，在课堂教学改革中不断探索，形成了"自主探索，合作交流，个性提高"的教科研工作思路，在稳步有效地提升教师的教学能力基础上，以实践与行动先后取得全国教育科学"十五"规划教育部重点课题"培养学生四会能力的和谐教育实验"先进实验学校，中国教育学会"十一五"重点课题"提高课堂效率、减轻学生负担

的整体建构和谐教学实验"的子课题——"整体建构和谐教学的探索"，并通过总课题组组织的专家结题鉴定。继 2011 年学校被评选为全国百家"书香校园"、全国"中小学心理健康教育示范学校"之后，学校又被教育部认定为人文社会科学研究规划基金项目（编号 10YJA880065）"乡村学校本土化课程资源的开发与利用研究"重点实验学校，国家"十二五"规划重点课题"中小学名校、名师、名校长建设的理论与实践研究"重点实验学校。怀揣梦想、勇于担当的"大唐"人在办学过程中，始终以学生全面发展为本，教书育人，在研究当今学校普遍存在的不足和中外优秀教育成果，在学习借鉴杜郎口中学、洋思中学、东庐中学等课改名校的基础上，潜心探索，不断实践，逐步形成了具有"大唐"特色的教育模式和"大唐东典"优质教育品牌。"大唐东典"这一优质教育品牌经过专家、学者认定，已于 2009 年在国家商标总局成功注册。

"农村的孩子也是孩子，所有的孩子都应该受到良好的教育。"这是王勇基和大唐人创新办学的原动力，也是全体"大唐"人的共同愿景，办一所像北京景山学校、上海育才学校那样好的学校，让学生们实现人生的最大价值是王校长和大唐人孜孜以求的教育理想。在共同的追求中，一大批有理想、有热情、有爱心的贤达俊彦云集大唐学府，共同实现着办一所优质学校的梦想，共同打造着"大唐东典"的优质品牌，共同分享着教书育人的荣光。并以他们的言传身教滋润着、陶冶着、影响着"大唐"学子的幸福成长，用智慧与心血丰富着"爱心课堂，微笑教学、和谐教育、科学发展"的科学内涵，用真情实践为基础教育带来更多的思考与惊喜。每年中考结束，90% 以上学生考进重点中学读书。家长们大都惊喜于孩子的成绩："只想着上大唐学府，别让孩子学坏了，没寻思着还能考上重点高中，真是感谢您、感谢大唐学府！"

无边落木萧萧下，不尽长江滚滚来。在王勇基校长的带领下，"大唐"人正以创新的勇气、务实求真的作风将学校办成"学生成长学校：给孩子一个幸福的家；教师发展学校：给老师一个理想的平台；家长提升学校：给社会一个满意的选择"。目前，大唐学府办学条件日臻完善，育人环境不断优化，教育成效日益凸显，获得了国家、省、市、县一个又一个殊荣，先后被评为全国和谐教育先进单位，全国民办学校"守诚信·重教学质量"双保障示范单位，全国民办学校先进单位，2007年校园文化建设创新二等奖，2008年中国教育创新示范单位，2009年中国民办特色学校，2010年中国民办特色学校，2011年全国百家"书香校园"，全国"中小学心理健康教育示范学校"，山东省民办学校优秀办学单位，临沂市"重信誉经营示范单位"，郯城县教书育人先进单位、平安校园、学校管理先进单位、教学工作先进单位，被临沂市教育局、临沂师范学院选定为教育教学实践基地，被山东大学数学院选定为大学生实践基地。

昂首新征程，阔步新发展。在众多的荣誉面前，王勇基和他的教育团队没有满足，也没有停下脚步，而是执着地坚持先进办学理念，践行办学宗旨，不断探索"学校管理上水平，教育质量上台阶，学府发展上档次"的有效途径，不断探索"学校管理民主化，课堂教学现代化，教育科研常规化"的新举措，致力于把大唐学府打造成当代民办基础教育名校。我们有理由相信，王勇基带领"大唐"人在育人育才创新发展的时代教育良田沃土上，根植实践，放歌未来，必将再为新时期留守儿童普遍享受优质教育成为祖国有为之才谱写出新的辉煌篇章！

转自 2011 年 11 月 16 日《中国教师报》

从5800万留守儿童看大唐东典教育

王勇基　刘瑞峰

伴随着我国改革开放的不断深化、经济建设的快速发展，城乡形成了人力资源大流动的时代特色，也遗留了很多流动人口的家庭问题，特别是目前大约5800万留守儿童的教育问题，在国家经济发展中，这种后患问题是绝对不可忽视的，留守儿童教育问题的解决，需要更多有责任的人士为国家去担当。由王勇基带领的郯城大唐学府就在勇敢地担当着。大唐学府认真分析当地留守儿童教育现状，用公益性的事业观、先进性的教育观、民族性的价值观，共同支撑大唐学府的办学，使办学达到了为孩子的幸福人生奠基的高度，达到了促进师生生命成长的高位，达到了夯实发展基础，缔造"大唐东典"优质教育品牌的高尚。如此以文化为爱，以学校为家，以学习为乐的新留守儿童教育景象，将问题神奇地转化为教育提升的机遇，实现了科学发展的教育成果。

勇担时代重任，成就大唐学府

在"进城务工人员"规模越来越大的同时，留守儿童的规模正成比例扩大。自古"清官难断家务事"放到今天的时代，可以解读为政府难以在短时间内完全解决好留守儿童的教育问题，这是一个较为长期的十分艰巨的历史任务，需要巨大的财政投入。而问题不解决不仅仅会使一个孩子成长荒废，而且会让千万个家庭的发展贬值，更会给民族发展的未来造成隐患。这种需要大而化之的问题，有了敢担当、会担当的一群人，也就迎刃而解了。结合科学发展观指导，将问题转化成另一种机遇，化腐朽为神奇，也一定会成为更大的发展动力。

大唐学府在"关于农村'留守儿童'教育的提案"中深刻认识到留守儿童教育的切实问题，比如祖辈人员或亲戚看护，导致心灵心智无法放开，孩子的成长得不到健康引导等。同时大唐学府细致入微寻找问题所在，从政府、学校、家庭各个层面探索，研究有没有力量去担当，怎么投入、怎么做。他们找到解决问题的方法，积极研究出了可行的解决对策。除了从问题产生的三大层面逐个找到方法，还从相互整合优化来寻找出路，同时向外拓展，借鉴更多的企事业单位成功发展经验。比如 SOS 儿童村的模式，用自己的智慧，从能担当到会担当，可以担当，担当成功，这就是大唐学府办学脊梁的准确勾勒。

教育是民族发展的血脉和传承系统，将"留守儿童"教育这项大事业做好，是这个血脉系统免疫力提高的时代需求，而且是一种来自民间教育的本能需求。大唐学府办学出发点为民生所需，教育部门于 2004 年批准创办，是集学前教育、小学、初中于一体的新型寄宿制民办学校，现有 3 个校区，占地面积 40000 平方米，建筑面积 10000 平方米。天津市教科院基础教育研究所所长王敏勤教授和原临沂师院院长杨燕钧教授任名誉校长。校长王勇基是中国民主促进会会员，政协郯城县第五、六、八届委员、九届常委，山东省优秀班主任、原山东省实验中学济南英才高中执行校长，第三届 2011 影响山东 60 风云人物。

替国家分忧，为百姓造福，急社会之所需，解发展之所困，关爱留守儿童，引导其健康的人格成长，弥补留守儿童的家庭、情感、教育等各方面缺失，用全寄宿的办学模式，通过学校这个思想、情志圣地，让为家庭幸福努力付出的外出经商务工的家长有了切实的后方保障。大唐学府潜心经营把学校办成为小家庭之外的孩子的大家庭，以文化为核心，营造"诺贝尔之家""华罗庚之家""居里夫人之家""丁肇中之家""俞敏洪之家""马云之家"等一个个全新的家。办学 8 年来，大唐人在追求"教育助人、教育富民、教育强国"的教育理想中，勤于奉献，百折不挠，在"诚、公、明、仁、达"的校训精神引导下，学校逐步形成"和睦、和善、和谐"的校风，坚定朝着"让孩子成人、成才、成杰，让家长省心、放心、开心"的办学目标努力。学校积极实施"以人为本、以德治校、科学管理、和谐发展"的治校方略，有效推进素质教育和分层次教学，以优质教育彰显鲜明的办学特色和浓厚的文化氛围。

破解当代难题，创新品质教育

问题蕴含着机遇。"留守儿童教育"在称之为当代难题的时候，同时也存在着机遇的一面，问题与机遇总在一念之间。因为特殊的时代遗留现象，而给办学带来了机遇，大唐学府在这种迎着困难而上的发展历程中，正视挑战，发挥智慧，办学思想跳出狭隘的发展框架，紧紧抓住留守儿童家庭教育环境荒芜的机遇，努力开垦全寄宿的"大家庭"文化沃土，将孩子全身心吸引到文化所带给的爱与呵护中，转移情感需求方向，全身心、全方位为留守儿童服务，让每一位走进大唐学府的孩子，都能享受成长的幸福。教师们立足实践，大胆创新，瞄准学生们的"人生、人情、人性、人和"，真诚地呵护、关爱每一名学生，让每一名学生都能"静下心学习、张开嘴说话、抬起头走路、挺起胸做人"，使前来读书求学的每一位留守儿童在学校"身有所安、心有所定、情有所依、志有所向、神有所往"。按照王勇基校长提出的"没有教不好的学生，只有不合适的教育"的管理理念，大唐学府朝着心中的理想，扎实履行新时期留守儿童优质教育的历史使命。

大唐学府的努力感动着关注教育每个层面的人，让学生在如此珍贵的幸福环境中，怀有感恩之心，让学生全面多角度地去享受成长的快乐。大唐学府的管理模式是"封闭式管理，开放式办学，家庭化住宿，生活化德育"，确保每一名学生在"家"能吃好、住好、玩好、学好。父母的工作、学历、阅历和生存压力都制约着对孩子的教育方式、方法和思路。大唐学府的教育是"全身心投入、全方位关注、全过程欣赏、全人格理解"。接送学生时有专人照顾，学生生活起居有专门的教官或生活老师负责，小学生宿舍内都有生活老师与学生住在一起，督促他们按时起床、按时就寝、按秩序洗漱，教育学生勤洗衣服、勤剪指甲、勤理发、勤洗澡，协助孩子保管好衣物、整理好内务，养成良好的生活作息习惯。给低年级学生讲故事、看电视，让每一名学生在学府生活温馨舒适，学习勤奋努力，习惯素养良好，品行健康发展，养成自觉、自理的能力和集体的观念，以及"我为人人，人人为我"的服务意识。每年中考90%以上的学生都能考进重点高中。

大唐学府的教师在清楚自己为什么样的孩子服务的时候，油然而生"幼吾幼以及人之幼"的仁爱之心，将爱的教育融入知识的传播中。大唐学府的办学定位是：校长与教师是合伙人，是相互依赖的关系，是真正的同舟共济、荣辱与共关系。建校以来，有6名研究生、3名公务员、12名事业编制、148名公办教师从大唐学府步入新的人生轨道。怀揣梦想、勇于担当的"大唐人"在办学过程中，始终以学生全面发展为本，教书育人，在研究当今学校普遍存在的不足，借鉴中外优秀教育成果，在学习借鉴杜郎口中学、洋思中学、东庐中学等课改名校的基础上，积极探索科学实用的高效课堂、丰富多彩的校本课程和选修课程，潜心研究、不断实践，逐步形成了具有"大唐"特色的教育模式和"大唐东典"优质教育品牌。"爱心课堂、微笑教学、和谐教育、科学发展"的丰富内涵得到了专家、学者的充分肯定。这一优质教育品牌经专家、学者认定，已于2009年在国家商标总局成功注册。

让家长在为幸福家庭拼搏之后，反省着自己素养的提高，在配合学校教育中不以"留守"为顾虑，而以"留守"为契机，对自身开发第二次成长，这也是大唐学府教育效应延伸的成果。大唐学府积极做好以下工作：1.每月一张联系卡、一张报纸、一封信、一份工作大事记；2.每学期组织召开一次家长会，印发一本教育资料汇报书，进行一次集中家访；3.定期邀请家长听课、评课和监考；4.请专家给学生家长举行教育专题讲座，提高他们的修养。这些举措让学生家长成为学校办学的一种社会参与力量，充分调动家长的积极性，将大唐学府全新的教育理念、办学方式宣传出去，扩大大唐学府的公益范围。在大唐学府办学中，家长不仅可以省心、放心、开心，也自觉自愿地成为"大唐东典"教育的义工。

建构公益教育树立办学典范

从大唐学府用心担当、为国分忧、为民造福，到师生受益、家长参与的整个过程，是一个优美的现代教育公益事业图像，也是大唐学府自然天成的公益义举，才成就了大唐学府的教育品牌，从而在现代教育改革潮流中成为创新教育发展的典范。

大唐学府在短短 8 年时间内，从一所筹建中只有十几间房屋，占地不到一亩，仅有一个班 50 名学生的实验小学发展到今天拥有 32 个教学班、在校生 1260 人、教职工 188 人的全新寄宿制学校，是与大唐学府所追求的教育理想密不可分的。大唐学府不惜巨资打造校园环境，开辟"第三课堂"：他们改造宿舍、修建运动场、新建水冲厕所和新能源洗浴中心，学校养鸡、养雉、养猪、养猫、养狗、养鱼、养鸟，种花、种草、种树、种菜、种粮，校内 1—84 岁各年龄段不同身份的人，有兄弟姊妹、有"爸爸妈妈"、有"爷爷奶奶"，其乐融融的大家庭让留守儿童的心灵不再孤单，这一切都给学生处处皆是"家"，无处不教育的感受。王勇基校长充满激情地说："让不同年龄的孩子特别是留守儿童在这里都能找到家的感觉和温暖，使他们贴近生活，贴近自然。"创设环境育人的生态时空，让优美、高雅的环境陶冶莘莘学子的情操，净化他们的心灵，丰富他们成长的多元人生，流水无痕，潜移默化地影响学生们的成长。每个年级管护一片树林，每个班级经营一处花园或草坪，每一名学生呵护一棵花木，挂牌到人与小树共成长；曲径通幽的小树林里设有多个读书角、英语角、棋牌桌，周边墙壁上有学生自主练笔的一块块黑板报。在共同成长的氛围中彰显增知塑品的进取精神。在大唐人的教育设计中，每一方空间都化作学生成长的摇篮、学习的天地、欢乐的家园。

"农村的孩子也是孩子，所有的孩子都应该受到良好的教育。"这是王勇基校长和大唐人创新办学的原动力，也是全体"大唐人"的共同愿景。在共同的追求中，一大批有理想、有热情、有爱心的贤达俊彦云集大唐学府，用自己的聪明才智、辛勤汗水共同打造着"大唐东典"的教育品牌，共同分享着教书育人的无上荣光。

　　大唐学府八年的探索和实践让我们看到了办学的高度，这种高度来自"大唐人"的民族使命，来自"大唐人"的勇于担当。"大唐东典"教育，让留守儿童看到了光明和希望。2012 年寒假，来自济南的三年级学生周佳哲悄悄神秘地告诉来校看望他的妈妈："妈妈我告诉您，学校好不好不能看楼房好不好，要看校长和老师好不好。"教育先驱清华大学老校长梅贻琦的名言，却让一个稚嫩的 10 岁孩子诠释得淋漓尽致。

　　大唐学府服务的不仅仅是留守儿童需要呵护的身心成长，还有社会发展中留守儿童家庭需要的社会关怀。解读大唐学府的办学思想和创新发展，可以从中深深地感受到知识、文化、关爱铸造的温暖的家，看到孩子们一张张开心的笑脸，更能展望到全国 5800 万留守儿童的美好未来。

2012 年 3 月 8 日《中国教育报》

奇人奇校

——王勇基领导下的大唐学府

崔成林

2012 年 12 月 2 日，偶尔看中央电视台午间新闻，一则《山东临沂：建立爱心家园，关爱留守儿童》的报道，勾起了我美好的回忆：一个颇有传奇色彩的校长——王勇基，一所陶行知笔下的"乡村学校"——大唐学府。

认识王勇基校长，是通过网络，作为博友，只见其文，未见其人，直到 2012 年 8 月底，才有幸见到了这位书生气十足的硬汉子。这次见面，颇有"奇遇"色彩。作为山东省教师远程研修管理团队一员，当时我在济南教育大厦正昼夜奋战，根本没有时间去关注自己的博客：发现邀我去讲座的信息，已经是王校长发帖五天后的事情了。出于尊重和礼貌，我根据王校长留下的电话打过去道谢，并借机说明难处，推迟日程。可攀谈了几句，即被王校长的热情和诚恳打动，令我无法张嘴拒绝。之后，上网收集了大唐学府的资料，不想未看还好，越看越欲罢不能，似乎有股神奇的力量抓住了我的心灵，让我不顾百事缠身，毅然决然地奔赴临沂郯城。

奇人——王勇基

未去讲座先有情。通过网上资料，我发现王勇基校长堪称传奇人物。1998 年前，他已经拥有多项荣誉，山东省优秀班主任、临沂市初中数学教学能手、郯城县首届"十佳教育工作者"等等，个个都让人羡慕。1998 年，凭着对教育的执着追求，他毅然放弃了郯城实验中学教导主任职位，投身于民办教育，先后参与策划建设了三所投资过亿的大型民办学校。曾担任山东双月园学校教导主任，山东美澳国际学校科研处主任，山东临沂现代实验学校兰陵分校执行校长，山东现代教育集团总裁助理、教学总监，山东省实验中学济南英才高中执行校长。在担任兰陵现代实验学校执行校长期间，他大胆开设了"无年级和谐教育实验班"和"零年级学前实验班"，给予孩子快乐成长的空间，取得了良好的社会效益和经济效益。2004 年春，王勇基校长在"一无场所、二无资金、三无设备"的条件下，冒着巨大的风险，创办了大唐学府。为了招生，他曾亲自扛着红旗进行宣传。短短的九年，大唐学府从筹建时的几十名学生、七八位老师，占地不到四亩，已发展成为拥有 36 个教学班，在校生近 1400 人，教职工 203 人，占地 40000 平方米，建筑面积 10000 平方米的现代化新型学校，这不能不让人称奇。

网听为虚，眼见为实。8 月 27 日，克服了诸多困难，我带领团队来到了郯城。王校长亲自迎接，寒暄几句，就被其对教育的炽热情怀所感动。在攀谈中，得知王校长也是 60 年代出生的人，富有"英雄情结"，刘胡兰、焦裕禄、雷锋……深深地印在脑海中。在不经意的言谈话语中，王校长自然流淌出的均是"天将降大任于斯人"的担当，教育报国的赤诚之心令人动容。我们漫步校园，据陪同的学校负责人讲，"大唐学府"中的"大唐"二字，源自学府创办人王勇基先生的家乡名字"大唐庄"。原来王校长出身书香门第，先辈们乐善好施、热心办学、注重教育的事迹在当地传为佳话。儿时的王校长看到乡村教育落后的面貌，从内心深处发出呐喊："农民的孩子也是孩子，理应享受跟城里孩子同等的教育！"1981 年 12 月，还在上大学的他，就幻想着办一所家庭小学"大唐庄完小分校"，并以《幻想》为题写了篇日记。从此，"为农村老百姓办一所像样的学校，让更多的孩子享受更好的教育"的思想，就像一颗种子，在他心中深深地扎下了根。大唐学府创建后，王勇基校长心怀"让孩子享受更好的教育"的淳朴想法，把学校定的办学目标定位于"和睦、和善、和谐"。他提出"诚、公、明、仁、达"的校训，作出了"让孩子成人、成才，令家长省心、放心"的承诺，实施小班额授课，分层次教学，精心呵护每一名学生，让学生在校"身有所安、心有所定、情有所依、志有所向、神有所往"。2011 年《中国教师报》记者走基层，以《高度、高位、高尚》为题连续报道了王校长的事迹。2012 年全国两会期间，《中国教育报》以"从 5800 万留守儿童，看大唐东典教育"为题，专版报道了大唐学府办学业绩，王勇基个人也先后两次做客中央网络电视台专题访谈。2012 年 11 月，大唐学府被中国少年儿童文化艺术基金会、关爱留守儿童专项基金管理委员会选定为关爱基地、示范基地。……"这种情怀，这种业绩，不是奇人是做不出来的！"与我同去的老师们这样评价。

奇校——大唐学府

尽管思想上早有准备，可当我走进这所被庄稼地包围的学校时，还是十分惊讶。惊讶的原因，不是假期内校园里生长起来的荒草，也不是正在施工的学校俨然是一处建筑工地，而是这所学校内养殖场、植物园、荷塘、篮球场……眼前的场景让我想起了陶行知笔下的"乡村学校"。难怪《中国教育报》是这样解读大唐学府的：……他们改造宿舍、修建运动场、新建水冲厕所和新能源洗浴中心，学校养鸡、养雉、养猪、养猫、养狗、养鱼、养鸟，种花、种草、种树、种菜、种粮，校内各年龄段不同身份的人，有兄弟姊妹、有"爸爸妈妈"、有"爷爷奶奶"，其乐融融的大家庭让留守儿童的心灵不再孤单，这一切都给学生处处皆是"家"，无处不教育的感受。……每个年级管护一片树林，每个班级经营一处花园或草坪，每一名学生呵护一棵花木，挂牌到人与小树共成长；曲径通幽的小树林里设有多个读书角、英语角，棋牌桌，周边墙壁上有学生自主练笔的一块块黑板报。在共同成长的氛围中彰显增知塑品的进取精神。在大唐人的教育设计中，每一方空间都化为学生成长的摇篮、学习的天地、快乐的家园。

一所成功的学校，必然有突出的特色。大唐学府的学生，来自不同的省份、地区和乡镇，这些学生大都属于留守儿童。为了让这些孩子在大唐学府找到家的感觉，学校采用家庭化住宿、学长制管理的方式，将学生宿舍命名为"孙中山之家""鲁迅之家""华罗庚之家""俞敏洪之家""马云之家"等具有个性化的家庭。每个家都有一位生活老师担任"家长"，一名大同学任学长，老师负责这个"家庭"里孩子们的衣物换洗和生活起居，大同学自觉主动地照顾小同学。长期地生活在一起，孩子们之间有了相互依赖，小的称呼大的为哥哥、姐姐，大的称呼小的为弟弟、妹妹。宿舍内的文化氛围特别浓厚，墙壁上张贴着孩子们亲手制作的剪纸和绘画作品，墙壁上开设了"真情沟通"栏目，上面写满了孩子对爸爸、妈妈和老师的真诚祝福。生活老师在闲暇之余，会和风细雨地给学生讲解生活常识。每当早晨起床的时候，孩子们会依偎在老师的身边，让老师给整整衣领、梳理头发……在爱的滋润下，孩子们逐渐养成了互相关心、互相体贴照顾的高尚品行。王勇基校长充满激情地说："让不同年龄的孩子特别是留守儿童在这里都能找到家的感觉，是我最大的心愿。"

为了让学生在学校"学得比在家轻松，成绩比在家优秀"，王勇基领导下的大唐学府除了开足开齐国家课程、地方课程外，还根据"留守儿童"的特点，开设了富有鲜明特色的拉丁舞、新概念英语、外教口语、个性化快乐阅读和习作、数学奥赛知识、书法、美术、葫芦丝，田径、舞蹈、球类、棋类等文化艺体选修课，精彩的课堂教学让学生耳目一新。为了丰富孩子们的校内外生活，学府每个学期都举行生活自理展示、硬笔书法比赛、演讲比赛、广播操比赛、学习经验交流会、法制报告会、绿色野营实践等有益于孩子健康成长的活动。整个学校就如一个温馨的大家庭、一个小小的社会，学生在这里不仅能够轻松地学到书本中的知识，又能学到社会的知识，还能学会做人的道理。

王勇基校长把"没有教不好的学生，只有不合适的教育"作为教育的信条，把培养国家建设所需的高水平人才作为自己的目标、责任和办学指南。规范化的学校管理，高质量的教学绩效，全方位的生活服务，充分体现了大唐学府的育人意识。学校少先大队积极开展以"爱校、爱家、爱班"教育，举办"广播操比赛""一棵树、一片林、一块园"活动、"生态校园"活动、"书香校园"活动、"寻找身边的孝行故事"活动、"庆十一文艺会演"等，从学生的一举一动、一言一行入手，使每位学生从小形成良好的行为习惯和文明习惯。

2007年，《临沂日报》发表了《大唐学府为留守儿童撑起一片蓝天》的文章，《中国报道》《新华月报》等报刊先后转载。从此，大唐学府开始蜚声省内外，荣誉接踵而至。郯城县"教书育人先进单位""山东省民办学校优秀办学单位""中国教育创新示范单位""中国民办特色学校"……中央电视台、新华月报、光明日报、中国教育报、中国青年报、山东电视台、临沂电视台等传媒先后对大唐学府的事迹予以宣传报道。《中国报道》给予大唐学府"祖国不会忘记，历史不会忘记，人民不会忘记"的高度评价。大唐学府就如一棵刚出土的幼苗，蕴含着无限的生机，又如冉冉升起的旭日，给农村"留守儿童"带来了温暖和希望。

有"奇人"才能有"奇校"。大唐学府的存在是一件奇事，她的发展更是一件奇事。相信在未来的中国教育舞台上，王勇基校长及大唐学府定会创造出光彩夺目的奇迹，最终实现其教育的理想。

2013 年 1 月《创新教育》

作者简介

崔成林，山东泰安市实验学校教导处主任，山东省教育厅"远程培训课程专家"，获"山东省年度创新人物""山东省创新教育先进个人""山东省十大创新教师""泰山名师"和"泰安功勋教师"称号。

基础教育考察团台湾行

大唐学府校长　王勇基

　　草根校长游台湾：感动、震撼、提升！感动于中国民主促进会中央领导和叶圣陶研究会的领导们的平易近人，热情友善，乐于助人；感动于台湾人民当年抗日的决心和行动；感动于台湾同胞热心和平统一的激情和所做的工作；感动于高山族人民的自强不息和他们所创造的美好的生活。

　　由原全国政协副主席、民进中央原第一副主席张怀西（前排右四）率领的叶圣陶研究会访问台湾成渊高中，前排左四为台湾教师会副会长江文龙先生，中间为成渊高中赵雅芳校长。

震撼于台湾发展的历史；震撼于台湾对中华民族传统文化的保护、发扬和光大；震撼于台湾基础教育的管理机制；震撼于台湾生育政策；震撼于台湾教师的文化底蕴。

提升于眼界的开阔；提升于认识的提高；提升于自己探索的印证；提升于交流的收获；提升于同行者的互助和鼓励。

感谢我的母亲，她给我生命、给我勇气、给我成长；感谢您的母亲，让您健康、让您优秀，让您友善；感谢祖国母亲，让我能够上大学，让我能够当教师，让我能够当校长，让我能够与您结缘，让我能够向您学习，使我能够发展。谢谢您！

愿天下的母亲身心安康，幸福快乐！

王勇基

2011.5.8

朱一多处长对我们关怀备至，和蔼可亲。

李红老师催促报销车票，安排其他工作。

另外还有很多工作人员总是细心、认真地为我们服务，使我一颗飘摇游动的教育之心找到了家，回到了家。这一切的一切使我受宠若惊：民进的领导你们为什么对我这么好？！

幸福于来自天涯海角、祖国各地的民进朋友，包括为我们讲话的老师们是那样的和气，又那样的亲切，那样的真诚，那样的高水平！大家互相帮助、互相沟通、建QQ群、做通讯录、照相、旅游、参观，大家走到一起就形成了一个团队。使我们每一个人开阔了视野，增长了知识，提升了信心，产生了新的思路、新的愿景。我们要把这个培训当作新的起点，我们要把这个幸福再传递、再扩展。

我的幸福还在于从同宿舍的河南南阳孙阳老师那里学到很多东西。他不断探索，不断努力，不断使学校幼儿园、小学、中学、成人等学校起死回生，使其为人民服务，安置几百人就业再就业。去年，当他看到许多老人老无所养时，又办起了养老院，使一百多名老人安享晚年，使他们的子女安心工作，也为我们这个班提供了一个参观学习的平台。

幸福于各位民进朋友推我发言，让我锻炼，表达心声。其实我想大家都和我一样感动、幸福并有话要说。

畅快于能亲眼见到久仰的王佐书副主席，他能替教育说真话。

畅快于能听到王主席讲教育真经，又同时明白了许多道理，打消许多顾虑。

畅快于听教育部曹志祥副主任对近期教育现状的客观分析，让我们不盲目，同时也有信心。

畅快于赵士林教授的国学讲座，使我们知道在学校里开展国学课的重要性和所要把握的一个度。

畅快于聆听吴正宪老师、王铮校长、张思明副校长、刘永胜校长、吴琼老师等专家学者为我们提供了教育、教学、教研的榜样、思路和方法，给我们全方位、多角度、多层面地学习，让我们感悟颇多。使我们能看得见、摸得着、学得进、用得上，使我们原有的知识结构得以梳理、丰富、完善、提升，并产生了一种跃跃欲试的激情。

　　畅快于见到了《中国留守儿童日记》的编者杨元松老师，认识了贵州兄弟学校的领导和老师们。使我们的同学又增加了一百三十多位，使我的思维空间、生活空间得以拓宽，我们大唐学府为了报答民进中央及各位朋友的信任和关怀，决定参与民进中央的支教活动，与金沙县箐门乡中心完小建立联系。并提供我们力所能及的帮助，同时也学习他们的敬业精神。

　　各位老师，各位同学，想说的话很多很多，希望我们以此为起点，开启我们友谊的大门，互相关注，互相支持，互相牵挂，互相走动。

　　让我们的同心去影响更多人的爱心与我们同心。让我们的同心在共产党的领导下与国家同心、与民族同心、与老百姓同心、与学生同心、与留守儿童同心，让我们的彩虹飘得更多、更艳、更美丽。

　　好客山东欢迎您，大唐学府等着您。

　　谢谢！

王勇基

2012.8.26

阳春三月暖意浓 考察交流豫中行

——大唐学府赴河南考察交流纪实

杜森山

2013年3月14日，受王俊民校长的委托，我有幸跟随王勇基校长、孙宜峰校长、梁绍栋校长一行4人，到河南考察交流学习。行程安排是这样的：14日早6点钟从郯城出发，下午到达郑州新密华龙学校会见高林校长，并参观学习该校管理、文化等。第二天早晨6点钟从新密出发，中午到达南阳九隆实验学校，拜访了董事长孙阳先生，并参观了他所创办的幼儿园、小学、技校、养老院、医院等企业。16日早晨6点钟前往周口市淮阳西城中学，参观访问该校，并同董长林董事长进行了全方位的探讨和交流，17日继续在该校学习交流，下午返回郯城。整个考察过程历时4天，行程1700多公里，跨越苏、鲁、豫、皖四省，使我们受益多多、感想多多。

下面我就这次考察交流学习中看到的、听到的、学到的向各位领导和老师汇报一下，有不当处敬请各位指正。

4天的行程，我们参访了3所民办学校，对河南的民办学校有了进一步的感悟和了解。他们优越的办学条件、先进的教学设施、凸显的文化氛围、全面而富有特色的办学理念、精简高效的领导团队等都值得我们去推敲、学习、借鉴。

每到一个学校，他们都以宾客相待，热情有加。3个学校的规模档次、管理方式方法、教育教学理念等各不相同，各有特色。给我的感觉是：新密华龙学校——精致！九隆实验学校——期望！淮阳西城中学——震撼！

14日下午3时左右，我们到达了河南省新密市华龙学校，刚下高速路，高林校长已经在高速路口等待了。热情地寒暄后，高校长就把我们安排到新密最好的酒店吃饭住宿。高校长对王校长带领我们一行的到来非常感动和激动，因王校长对他有知遇之恩、举荐之情，所以高校长对王校长特别敬佩。

吃过午饭后，我们想立刻参观华龙学校，高林校长说来新密不看少林寺太遗憾了，随后请我们参观了少林寺、嵩阳书院。临近傍晚我们才来到新密华龙学校，一进入校园，我们便惊叹华龙学校的魅力。走在校园里，花团锦簇，绿草茵茵，我们感受着一种清新、静谧的学习氛围。她给我的感觉是"精致"：占地20多亩的学校有学生400多人，校园院落整洁、楼房格局合理、校园文化丰富、师生精神面貌焕发、教室素净淡雅、宿舍整齐舒心、食堂干净卫生，真是给人耳目一新，堪称民办学校的精品。

通过与高校长的交流，使我们了解到华龙学校在教学管理上有这样几个特点：1. 每班设两个班主任，不分正负，不设办公室，教室就是办公室，两位班主任都在教室办公，这样做到时时与学生在一起，便于管理学生、亲近学生，发现问题能够得到及时地解决。2. 读书活动开展得如火如荼。所有学生的早读时间都为国学诵读时间，提倡大声朗读；而第一节晚自习时间为课外书籍阅读时间，要求是一定要默读。对于读书的内容，学校有统一的规定，这样便于管理和考评。适值晚自习默读的时候，令我们非常感慨的是看到孩子们专注读书的情景：所有的孩子都坐姿端正、挺胸抬头、目不斜视，眼睛与书本的距离一致，神情坦然，全然是陶醉在读书的乐趣中了。3. 为促进学生各方面的积极性，学校给每一个班级发放了《校园榜样卡》进行积分活动，积分的标准、方式、方法由各个班主任自己掌握。榜样卡分为4个面值：10分、20分、50分、100分。积满5个面值是10分的榜样卡可以在老师那儿兑换一个面值是50分的榜样卡，以此类推，期末以榜样卡的积分多少来评先树优。4. 校园活动丰富多彩。比如每人认领一棵树，并挂"爱心卡"，这不仅赋予了树的尊严，而且让孩子从小就培养了爱心；定力神功大比武，不但锻炼了学生的毅力，而且利于提高学生的课堂纪律，尤其对低年级的孩子效果更好。5. 评先树优活动促进了学校的凝聚力，也提高了学生对自身素质严要求的认识。每学期都评选"校园十大最具影响力的学生"和"校园十大最具影响力的家长",并有图像、文字资料放置于学校的宣传栏,每学期更新一次。6.校园文化具有浓郁的本土气息,具有积极向上的文化氛围。教育教学管理理念、校规校训张贴于宣传栏内,每时每刻都会影响和规范着学生的行为。华龙学校不愧是一所精致的、规范化的学校。

3月15日,高林校长陪同我们一起前往南阳市九隆实验学校。中午时分,我们来到了河南省南阳市。无巧不成书,也是刚下高速,就受到了孙阳董事长的亲自迎接。孙董事长见到王校长后非常激动,真像是见到了多年不见的兄长,激动地握着王校长的手久久不放。来到学校后,孙董事长向我们介绍了九隆实验学校的情况:学校创办时间为一年半,现有学生接近500人,教师34人。因为孙董事长在当地非常有威望,所以家长们纷纷都把孩子送来学习,生源前景非常好。孙董事长因为还有其他企业,不能全身心地为学校服务,况且他谦虚地自认为不是管理学校的行家里手,要想办一所极具影响力的学校,必须要有一位专家型的校长。开始的时候,孙董事长也在苏州请了一位专家做校长,可是不理想,不适合南阳九隆实验学校的校情,因此被辞,至今学校还没有校长,是孙董事长自己兼任的。孙董事长谈笑风生,风趣幽默,谦虚地说自己虽然没有办学经验,不懂教育教学管理,可是每次给教师开会的时候,都有新观点指导老师们的工作,其实他有一个法宝,有一个秘密武器——那就是光明日报社为我们编辑出版的大唐学府红皮书《为留守儿童撑起一片蓝天》这本书。他是现学现卖的,每天晚上他都读这本书。他笑称:至少读5遍了,他读这本书不是泛泛地读,是精读。他把这本书拿给我们看时,我们看到:这本书已经被孙校长翻旧了,有的地方还出现了破损,书的内容很多地方都被圈圈点点。看来,孙董事长确实在这本书上下了功夫。

孙董事长对王校长的崇拜之情流露无遗,他对王校长今天的亲自到来非常感激,并执意要王校长留下一段时间来给他指导工作。孙校长说他不缺资金,缺的是先进的教育教学理念,缺的是适合本校发展的教育型、专家型的校长。他让王校长在九隆帮助他一年,王校长微笑着摇摇头,他又急切地说："帮半年，就帮半年行吗？"王校长还是摇头，孙董事长这时非常着急，恳切地说："王校长，你帮我 3 个月总行吧？就 3 个月，我给你十万元酬金"，王校长还是摇头，说："我没有时间，不能来。"这时孙董事长显得十分失望。

可王校长又说："我虽然不能来，但是以后遇到什么问题，我们可以通过电话或网络交流解决。"孙董事长看到求助王校长无望时，又说："王校长，你不能来，能不能给我派个校长来，咱绝对给高薪。"王校长说："这个可以，我回去看有合适的给你派一个来吧。"这时候，孙董事长的心里才像一块石头落了地。

在孙董事长的陪同下，我们参观了他的企业，有小学、幼儿园、技校、医院、敬老院等。晚上，王校长又给九隆实验学校的全体老师作了一场题为"教育是我的信仰"的专题报告，传授、讲解了一些他对教育、教学的认识和感受，谈了他对新教育理念的解读，受到了孙董事长及全校老师的热烈欢迎。

孙董事长资金雄厚，事业规模虽不很大，但多元经营、相得益彰，不但能互相利用，还便于管理，况且孙董事长为人和善，又致力于做善事，我们对他学校的前景非常看好，他期望有一位好的执行校长，我们也期待他的事业兴旺发达。

3 月 16 日早晨 6 点钟，我们要前往河南省周口市淮阳西城中学。孙董事长也要和我们一同前往，我们的考察队伍越来越壮大了，由原来的一辆车，换成了两辆车，下午 2 点我们来到了淮阳西城中学。

一进校门，就使我感到了极大地震撼：整洁秀丽的校园，熙熙攘攘的学生，拔地而起的教学楼，给我的第一印象是：这绝不是一个一般的学校，她肯定是一个有规模、上档次的学校。抬头看去，在办公楼的显著位置，用电子屏打出了流动的字幕"热烈欢迎山东大唐学府考察交流团"，办公楼的正下方是孔子塑像。

由于董长林董事长在外出发，由执行校长王培鑫接待了我们。他告诉我们：西城中学始建于 2002 年，当时占地只有 7 亩，几十个学生，短短的

10 年间，现在发展到占地 140 多亩，150 多个教学班，7000 多名学生的当地龙头民办学校，这不能不令我们震撼。

我们在王培鑫校长的陪同下，考察了西城中学的校园建设及学校文化：有生态角、塑胶操场、教学楼、餐厅、宿舍楼等等。我们采用了参观、听介绍、互换资料等方式，对西城中学的校园文化、学校管理、特色建设等方面作了比较全面的了解。考察过程中，王培鑫校长热情地向我们重点介绍了西城中学的办学目标、办学理念、办学特色、课程设置，以及提升教学质量和德育管理上的一些做法及学校开展的一些学科竞赛活动等，使我们深刻认识了西城中学的凝聚力，那就是：心往一处想，劲往一处使的团队精神。加上学校优美舒适的校园环境，浓郁的校园文化氛围，始终开放的、生动活泼的课堂教学机制，学生的自主学习、自我服务、自主管理、自我提升的意识，和学校全面关注学生发展的教育教学理念，以及管理上的一些做法让我们受益匪浅。

当我们参观到西城中学的生态角（所有动植物都是样本或模型）时，令我们大开眼界：有静卧草丛的梅花鹿、敦实憨厚的大熊猫、展翅欲飞的白天鹅、光滑油亮的娃娃鱼……几乎所有名贵的珍稀动物，在这儿都能找到。紧连着它们的是一个鱼塘：岸边的垂柳抚着水面，清澈的水底，金鳞在垂柳的倒影中游来游去，就像在丛林中漫步一样，形成了一幅优美的画卷。我们想细细倾听鱼游的声音，心中便有了温柔的清韵；我们想专注倾听鸟儿的声音，然而周围却是如此安静。时间在这儿停滞了，生命在这儿升华了……此刻，我们没有任何杂想，不敢高声谈话，恐怕打破了宁静，惊扰了这些可爱的生灵。

当我们提出要离开的时候，王培鑫校长告诉我们："董校长刚刚来了电话，听说王勇基校长来了，他说今天一定不能让你们走，他要连夜从外地赶回来，董校长一定要和王校长当面交流交流。"

盛情难却，我们在王培鑫校长的安排下，吃住在淮阳最高档的酒店。在当晚的宴会上，王培鑫校长道出了藏在他心底的秘密：原来他对王校长早已仰慕已久，他在北京参加"第八届全国教育家大会"时，听过王勇基校长的报告，对王校长先进的教育教学理念十分钦佩！早就想和王校长交流一些教育问题，今日相见，真是恨晚。王培鑫校长风趣地说：今天能够相见，总算我们也是有缘分的吧。王培鑫校长说了好几次："真没想到，今天真的见到王校长了。"

第二天一大早，董长林董事长就打来了电话，说想尽快与王校长见面。当我们走出宾馆时才知道一场春雨不期而至：一帘杏花雨，一丝、一线，如织、如梦，就这么悄悄地、柔柔地，分明让我们感到一丝柔媚的春色，浸润进了肌肤里每一个细细的毛孔。带着春雨的味道，我们再次来到了西城中学时，董校长早已等在了门前，紧紧握住了王校长的手，第一句话就说："王校长，你真是贵人呢，我们河南有三个月都没下雨了，旱得很呢，你这一来，不仅给我们带来了春风，而且还带来了春雨呢！谢谢你呀，王校长！"。

通过交流，我们才了解到：原来董校长和王校长是"第九届全国教育家大会"的会友。年前董校长还专门带队到我们大唐学府参观交流。对大唐学府的办学模式，对王校长的办学理念非常钦佩。今天，两位教育挚友再一次见面，他们的手握了又握，久久不愿松开。

随后，王校长与董校长在校长办公室举行了座谈。董校长对西城中学所实施的素质教育情况，及学校的办学情况和经验与王校长进行了坦诚地交流。座谈会上，双方就发展民办教育的政策支持、管理模式、教师队伍建设、面临的问题与对策等进行了深入研讨。在谈到有关民办学校的办学体会时，董校长认为，民办学校的良性发展，政策支持是关键，科学管理是核心，队伍建设是根本、理念转变是前提。董校长回答了王校长提出的有关学校课堂改革历程、评价激励措施、教师管理、如何实现价值认同、文化建设等方面的问题。董校长认为，除了政策支持，办学环境相对宽松外，最关键的是校长要有不达目的不罢休的胆识魄力，要执着坚持，强力推进。另外，改变教师陈旧的教育观念，学习、理解、认同先进的教育教学理念，加强培训指导和变革评价机制也必不可少。

当董校长深入了解了王勇基校长的教育信念、教育追求和大唐学府的办学历程后，多次念叨的一句话"你们就是教育家办学，肯定会越办越好的！"

时间过得真快，不知不觉中，王校长和董校长的交流持续了二三个小时。天下没有不散的宴席，我们不得不启程了，董校长再三挽留，虽然两位教育挚友难舍难分，可是我们无法改变行程，只好依依不舍地告别了。

四天的考察学习很快就过去了，但留给我的记忆是永不磨灭的，这次活动使我有几点感受：1.学到了本领（比如高林校长的榜样卡、温暖教育等）；2.增长了见识（南阳的养老院、西城中学的规模等）；3.提高了信心（a十二届全国人大会议答记者问，教育部部长袁贵仁讲他的教育梦时，着重强调了对民办教育的大力支持。b王勇基校长声名远扬，各地民办学校对王校长先进教育教学理念的推崇。作为在王校长身边工作的教师，我们应有自豪感。c对大唐学府今后的发展充满了必胜的信心。d大唐学府成为全国名校的日期指日可待了。）

考察学习使我们受益匪浅。让我们明白了：校长的水平决定学校的水平，校长的高度决定了学校的高度，有好的校长就一定会有好的学校。河南之行，为我们打开了一扇窗，感觉到外面世界的精彩，让我们深刻体会到学校必须创特色、走可持续发展之路，才能成为教师发展、学生成长的乐园，学校才可能成为名校。

我会把我学到的东西应用到教育教学工作中去的，同时也让我明白了，作为在王校长创办的学校中的一名教师，我们应该好好珍惜在大唐的工作机会。我们每个人虽然不能都成为教育家，但是我们一定要成为一个合格的教育工作者。

最后：祝老师们身体健康、工作愉快！

祝大唐学府越办越好、再创辉煌！

谢谢！

附录

大唐学府年表
（2009 年 9 月至 2013 年 4 月）

★ 2009 年 9 月 14 日，郯城卫生防疫站领导来我校举办预防 H1N1 流感专题讲座，并采取有力措施确保师生身体健康。

★ 2009 年 9 月 26 日，各学部分别举行庆祝新中国成立 60 周年红歌演唱比赛。

★ 2009 年 9 月 28 日，学府艺术团去县电视台参加郯城县"迎国庆，祖国在我心中"诗歌朗诵颁奖文艺演出。

★ 2009 年 9 月 29 日，郯城卫生防疫站工作人员来我校为学校进行健康查体。

★ 2009 年 10 月 17 日，学府举行教师课堂教学艺术展示活动。

★ 2009 年 10 月 18—20 日，王勇基校长率部分教师赴天津参加由全国和谐教学研究会主办的全国初中提高课堂教学效率和谐教学研讨会暨天津市东丽区课题研究展示会。

★ 2009 年 10 月 20 日，济南洪恩英语辅导站来大唐学府新区幼儿园开展教学培训活动。

★ 2009 年 11 月初，大唐学府新区幼儿园举办首届趣味亲子运动会。

★ 2009 年 11 月 6 日，共青团临沂市委俞阳书记、志愿者服务部王伟部长、权益部李晓东部长在郯城县委统战部王成春部长和共青团郯城县委书记石启立、团县委副书记杜玉民的陪同下，来大唐学府视察留守儿童工作。

★ 2009 年 11 月 19 日，王勇基校长赴北京参加第六届全国教育家大会。大唐学府被评为"2009 年中国教育创新示范单位"；王勇基校长被评为"100 位新中国成立以来感动中国教育人物"。

★ 2009 年 11 月中旬，学府部分教师赴枣庄参加由中国教育学会举办的"全国一线教育家论坛"。

★ 2009 年 11 月 26 日，大唐学府举办第三届田径运动会。

★ 2009 年 12 月 3 日，郯城县教育局领导来大唐学府进行教育教学年检。

★ 2009 年 12 月，大唐学府在初中部召开第八届家长理事会。

★ 2009 年 12 月 25 日，大唐学府第十二届家长会在各校区召开。

2010 年

★ 2010 年 1 月 8 日，在政协郯城县八届三次会议上，王勇基校长被评为"优秀政协委员"。

★ 1 月 10 日，县卫生局防疫医生来我校为中学部师生进行甲型 H1N1 流感疫苗免费接种。

★ 1 月 18 日，大唐学府被中国民办教育家协会、中国校长协会、中国民办教育报社联合授予"中国民办教育特色学校"荣誉称号。

★ 2 月 23—24 日，学府举行新学期第一次全体教职工校本培训会议。临沂育杰学校高林校长作了题为《做民办教育的理想者》的报告。

★ 3 月 7 日，中国民主促进会临沂市委副主委李红婷教授、秘书长葛怡静率驻临沂市部分委员来大唐学府检查指导工作。

★ 3 月 7 日、11 日，中学部、小学部分别召开新学期开学典礼暨上学期总结表彰会。

★ 3 月 26 日、27 日，小学部、初中部分别举行抗旱救灾捐助活动。

★ 4 月 2 日，大唐学府团委、少先队、大唐学府大队委响应团县委号召，组织优秀团员、优秀少先队员、班干部到马陵山郯城县革命烈士陵园参加植树及"播种青年希望，奉献爱心绿荫"大型签名活动。王勇基校长与同学们一起栽下一棵棵黑松树。

★ 4月13—16日，我校徐彬勤、高奎善老师赴济南参加由中央教育科学研究会、中国关工委全国教育专家指导中心和中国教师教育视频网、北京春之雨教育机构联合举办的全国中学语文、数学名师高效课堂展示观摩会。

★ 4月16—18日，大唐学府组团参加"郯城县'新华杯'中小学生春季田径运动会"，并荣获"体育道德风尚奖"。

★ 4月17—18日，王勇基校长率部分教师赴无锡参加全国中小学德育工作会议，暨修订《中小学德育工作规程》座谈会。

★ 4月20日，大唐学府荣获临沂市"重信誉经营示范单位"荣誉称号。

在"临沂在线"举办的2010年小学生作文大赛中，我校王康宇、宁兴龙同学的作文《难忘的元宵节》《给旱区小朋友的一封信》被选中并刊载。

★ 4月30日，由临沂市常委慕增利副市长题写书名、光明日报出版社出版的光明教育60年系列丛书之一《为留守儿童撑起一片蓝天——大唐学府教育纪事》出版发行。

★ 5月8日，大唐学府举行"玉树不倒，青海常青"向青海玉树灾区献爱心慈善一日捐活动。

★ 5月9日，王勇基校长作为特聘嘉宾参加临沂师范学院举行的2010届本科毕业生专业职业生涯设计及论文答辩评审工作。

★ 5月28日，大唐学府在县影剧院举行"庆六一文艺演出"活动，县政协、团县委、县委宣传部、县教育局及有关部门领导和学生家长一起观看了演出。

★ 5月29日，大唐学府第十三届家长会在各校区举行。

★ 6月3日，中共郯城县委宣传部、统战部、郯城县政协的领导来学府参观考察。

★ 6月25日，香港联成国际教育首席顾问、西点执行学院邓成伟先生来学府讲学。

★ 6月29日，学校举行"真情无限生命如歌——为刘通通同学捐助活动"，师生共捐款1.5万余元，为我校7年级患白血病的刘通通同学送去浓浓的师生情。

★ 7月12—15日，王俊民校长代表大唐学府应王敏勤教授邀请赴黑龙江黑河参加全国和谐教育学会组织的"中俄教育交流展示会"，并随团到俄罗斯参观考察其基础教育实施现状。

★ 7月16日，大唐学府临沂工作室正式成立，标志着大唐学府"为城里孩子开辟乙方快乐天地"活动正式启动。

★ 7月17日，山东大学数学学院学生社会实践基地揭牌典礼暨第七届"大唐之夏乡村少年宫"夏令营开营仪式在学府举行，共青团郯城县委书记石启立、大唐学府校长王勇基及山大数学院党委副书记徐晓霞和团委副书记杨媛出席了典礼并讲话。

★ 7月24日，临沂电视台"教育在线"栏目组来大唐学府采风。

★ 8月16日，苍山县智慧幼儿园全体教师来大唐学府幼儿园观摩学习。

★ 8月24日，幼儿园黄芳园长赴临沂参加市教育局组织的幼儿教育专家讲座培训。

★ 8月26日，幼儿园教师赴临沂参加市教育局组织的教学技能培训活动。

★ 8月31日，1200余名学子从四面八方汇聚大唐学府，开始了2010—2011学年度上学期的学习生活，小学部中高年级搬迁至总校驻地，实现了教育资源的再次整合。

★ 9月11日，学府召开新学期开学典礼暨上学期总结表彰大会，王勇基校长发表重要讲话。

★ 9月18日，临沂师院李同胜教授来大唐学府，并为老师们做了《实现新课程的教学技能——问题与对策》培训报告。

★ 10月25日，吴清欣老师赴临沂20中参加"山东省初中物理优质课评选"教研活动。

★ 10月26日，中国关心下一代工作委员会公益文化中心报告团来学府，举行"激发孩子持久的学习动机"报告会。

★ 10月26—28日，杜奎之老师赴杜郎口中学参加"全脑英语培训"，观摩"三三六"高效课堂教学模式。

★ 10 月 28 日，郯城县象棋大赛在大唐学府明德书院，学府获得全体总分第三名的好成绩。

★ 10 月 29—31 日，王勇基校长赴北京参加"中国教师专业发展论坛"。会议期间王勇基校长与顾明远教授就留守儿童的教育问题进行了深入探讨。

★ 10 月 30—31 日，幼儿园黄芳院长赴济南参加"2010 中国幼教高峰论坛"。

★ 11 月 6 日，幼儿园师生举行低碳环保手工制作作品展，及教育成果展示活动；大唐学府名誉校长原临沂师院院长杨燕均教授来学府调研。

★ 11 月 7—8 日，学府举行 2010 年秋季田径运动会。

★ 11 月 18 日，县教育局督导室领导来我校检查督导。

★ 王勇基校长入选由政协山东委员会研究室、《发现》杂志社、中华人物丛书编委会联合编辑出版的《政协委员风采录》。

★ 11 月 23 日，初中部教师到育才中学参加 2010 青年教师优质课展评活动。

★ 11 月 30 日，学府举行"好歌大家唱"校园歌曲大赛。

★ 12 月 16 日，郯城县教育局批复大唐学府关于成立党支部的申请报告。

★ 12 月 25 日、28 日，学府举行第九届家长委员会全体会议；召开第十四届家长会。

2011 年

★ 2 月 12—14 日，研究制订学校工作计划及修改相关规章制度。

★ 2 月 21 日，县教育局领导来我校视察新学期开学情况。

★ 2 月 28 日，学校隆重举行 2010—2011 学年度第二学期开学典礼暨第一学期总结表彰大会。临沂市教育局督导团共青团郯城县委领导、"郯城论坛"义工朋友亲临大唐学府关爱留守儿童。

★ 3 月 15 日，学府举行教师培训会议，全体教职工参加培训。各学部分头部署开展学校常规管理月活动，学校上下掀起自觉养成良好学习习惯、行为习惯的热潮。

★ 3 月 21 日，县教育局督导室施利宝、王磊、乌延昭等领导莅临大唐学府检查职教招生工作，我校职教招生工作进展顺利。

★ 3月24日，为了深入贯彻落实县政府关于加强学校安全工作的通知精神，中学部举行安全逃生紧急疏散演练。

★ 3月25日，大唐学府被《学习报教育世界》编辑部评为全国百家"书香校园"。

★ 3月28日，我校宋作鹏、张云、田学秀、杜森山同志一行四人赴济宁参加"全国中小学一线教育家论坛"。

★ 4月24—25日，梁绍栋校长、徐涛、彭芬、徐敏水、曹可慧老师一行五人赴天津参加全国第二届"说课标、说教材"大赛，并取得优异成绩。

★ 4月25日至5月3日，王勇基校长应邀参加中国民主促进会中央委员会组织的"基础教育考察团"，赴台湾考察。

★ 4月28—29日，大唐学府体育代表队一行二十六人赴杨集中学参加全县中小学田径运动会，取得优异成绩。

★ 5月6日，教师校本培训，王勇基校长报告赴台湾考察基础教育情况。

★ 5月8—10日，县政协办公室、县电视台"政协委员风采"摄制组来大唐学府录制王勇基校长专题片。

★ 5月12日，全县民办学校现场会在大唐学府举行。

★ 5月17—19日，大唐学府举重队代表郯城县参加临沂市举重锦标赛及五运会选拔赛，一举夺得全市第一名。大唐学府举行首届友谊节物品交换大会。

★ 5月22—25日，大唐学府柔道队代表郯城县参加临沂市柔道锦标赛及全市五运会预赛，一举夺得全市第一名。

★ 5月22日，中学部举行红歌歌咏比赛，小学部举行广播体操比赛。

★ 5月25日，隆重召开第九届大唐学府家长委员会第二次会议。

★ 5月26—27日，大唐学府隆重举行中小学文艺会演，幼儿园、明德书院在县影剧院举行庆"六一"专场文艺演出。

★ 5月30日，召开大唐学府第十五届家长会，聘请全国著名心理学专家刘希良老师来大唐学府举行"成长的路，感恩的心"大型报告会。

★ 6月9日，召开骨干教师培训会，临沂大学李同胜教授作"中小学课程资源的开发与利用"培训报告。

★6月17日，王勇基校长一行三人赴枣庄参加枣庄实验学校十周年校庆庆典。

★6月21日，我校优秀学生代表和教师代表参加县中小学师生经典诵读竞赛，并取得优异成绩。

★6月22日，大唐学府"庆祝建党九十周年"系列活动之一——书画家笔会，我县著名书画家罗鸿杰、朱利和、刘友仁、郝敬涛、姜德生等挥笔泼墨，描绘丹青，热情讴歌伟大、光荣、正确的中国共产党。

★6月27日，我校幼儿园、小学、初中同学参加全县中小学英语口语大赛，分别取得优异成绩。

★6月29日，大唐学府中考实现历史性飞跃，有4名同学中考成绩突破700分，徐凯总成绩726分，据初步统计，一中、二中、美澳正榜录取我校新生65人。

★6月29日，王勇基校长应邀参加县委统战部举行的建党九十周年各界人士座谈会，并作重点发言。

★7月3日，大唐学府教师参加全县小学师生"经典诵读"荣获一等奖。

★7月13日，第八届"大唐之夏"夏令营、山东大学领导、团县委副书记杜玉民、县妇联主任刘玉红、大唐学府校长王勇基、"爱的翅膀"支教团全体成员及全体营员出席开营仪式。

★7月25日，党支部召开会议吸收工玉国同志加入党组织，这是大唐学府创办以来，特别是批准建立党支部以来纳新的第一位预备党员。大唐学府排球队代表郯城县参加临沂"中国体育彩票杯"初中生排球比赛，夺得全市第一名，载誉归来。

★7月28—30日，大唐学府学生一行9人走进山东大学。山大有关领导和师生热烈欢迎同学们的到来，并组织一系列丰富多彩的活动，为第八届"大唐之夏·爱的翅膀"夏令营画上圆满句号。

★8月7—17日，我校六位教师赴河北省邢台市参加中国教育学会举办的为期五天的"全国名师名校名校长"重点实验课题开题报告。

★ 8 月 21 日，组织大唐学府部分老教师王树玉、马宝生、杨介英、梁绍丽、孙宜峰、刘瑞峰一行六人赴韩国学习考察。这是大唐学府发展的又一个重要标志。

★ 8 月 23—25 日，大唐学府举办专家报告会，全国著名教育专家、北京青大教育研究院副院长陈庆军，原临沂师院院长杨燕钧教授，临沂大学李同胜教授分别作学术报告。郯城一中、二中、美澳及其他驻城学校部分教干教师一起聆听报告。

★ 9 月 1 日，王勇基校长参加临沂市第一届新社会阶层专业联合会会议。新学期开学，举行军训成果展示。

★ 9 月 5 日，县教育局职成科郭金平科长、杨恒伦科长等来学校检查工作。

★ 9 月 6 日，县委、县政府隆重召开庆祝第 27 个教师节总结表彰大会。大唐学府被评为"全县教书育人先进单位""全县教学工作先进单位"，徐涛被评为"全县先进教师"，一并受到县委、县政府的表彰奖励。

★ 9 月 7—8 日，大唐学府明德书院和中小学各部分别隆重召开新学期"开学典礼"。

★ 10 月 10 日，中学部召开初三学生迎接中考动员大会，表彰奖励月考成绩优秀的学生和进步较大的同学。

★ 10 月 13—14 日，《中国教师报》记者张静"走基层"，来大唐学府进行为期两天的采访座谈。

★ 10 月 16 日，大唐学府投资 10 万元大型太阳能洗浴中心正式投入使用，这标志着大唐学府师生服务工作又上一个新台阶。

★ 10 月 18 日，学校投资 5 万元，新购置一台大型洗碗机，进一步改善了学校的后勤服务设施，提高了工作效率。

★ 10 月 20 日，学校投资近 10 万元，新购置了一辆 34 座校车。

★ 10 月 30 日，大唐学府举行青年教师才艺展示。

★ 10 月 31 日，大唐学府全体教职工培训会议：徐涛老师汇报赴北京参加第八届教育家大会的情况；徐彬勤、高奎善、于凤耀老师分别汇报了赴罗庄、苍山参加全市教研活动和杜郎口中学学习考察情况。

★ 11 月 13—16 日，中学部梁绍栋校长和团委书记徐涛赴江苏泰兴洋思中学学习培训。

★ 11 月 19 日，我校举行秋季趣味运动会。

★ 11 月 20—21 日，王勇基校长率刘瑞峰、皮现武等赴济南参加山东省"十二五"基础教育科学重点课题开题报告会。

★ 11 月 28 日，全校各学部任课教师全员讲课比赛开始。王勇基参加民进临沂市委代表大会和全县政协换届工作会议。

★ 11 月 30 日，济南市一著名企业家从新西兰网上考察了大唐学府后，把其儿子从省城历下区燕山小学转到大唐学府三年级就读。这标志着大唐学府发展到了一个崭新的层次。

★ 12 月 8 日，省、市、县三级食品卫生检查团来大唐学府检查。

★ 12 月 10 日，市、县妇联在大唐学府建立"留守儿童"工作站，并着手筹建"爱心家园"。

★ 12 月 13 日，市妇联来大唐学府检查"留守儿童工作站"及"爱心家园"筹备建设情况。

★ 12 月 25 日，大唐学府召开第十届家长委员会会议。

★ 12 月 20—31 日，大唐学府举办科技艺术节、文艺会演、国学经典诵读、师生书画展、作业备课展。

★ 12 月 30 日，召开大唐学府第十六届家长会。

★ 12 月 31 日，迎新年文艺专场演出。

2012 年

★ 1 月 7 日，临沂市妇联、沂蒙晚报首批"爱心家园"启用仪式在大唐学府举行，临沂市委副书记李峰、县委书记刘纪民分别作重要讲话，市委办公室、妇联、文明办、教育局、财政局、民政局领导参加，县委办公室、宣传部、教育局、财政局、民政局领导陪同。

★ 3 月 20 日，中央电视台网络台华人频道，4 月10 日，先锋中国频道先后邀请王勇基校长就留守儿童教育做访谈节目，并分别以《安得爱心千万颗、庇护留守一家亲》和《使命》为题在央视网络台上线。

★ 3 月 8 日，全国两会期间《中国教育报》以《从 5800 万留守儿童看"大唐东典"教育》为题，全面报道大唐学府。

★ 3 月 31 日，市人大常委会副主任冯安、市政协副主席王晓曼、市妇联主席向启荣、朱老大董事长朱呈镕等领导及爱心人士来大唐学府给留守儿童过集体生日。县人大主任刘纪民、常务副主任杨增花、县政协主席解广勤、县妇联主席刘玉红、县教育局长朱怀亮、县城管局长王国富等领导陪同。

★ 我校职教招生超额完成任务。

★ 我校六年级学生孙清华代表全县近十万名少先队员参加临沂市第五届少代会，他的提案是《关爱留守儿童成长，实施城乡换位教育》。

★ 我校 118 名学生参加中考，一中、二中、美澳正榜录取 75 人，三中正榜录取 30 人，共有 111 人升入重点高中，高中升学率 94.1%。

★ 成功举办第九届夏令营。山东大学支教团第五次来大唐学府支教，同时中国海洋大学、中国矿业大学的支教团也来大唐学府为留守儿童献爱心。

★ 8 月 19 日，大唐学府荣获中国少年儿童文化艺术基金会关爱留守儿童专项基金管委会颁发的"全国百所关爱留守儿童优秀学校"，杜娟同学荣获"全国十佳自强奋进留守儿童"称号，王勇基校长被评为"全国十大关爱留守儿童杰出人物"。

★ 8 月 20—25 日，王勇基校长作为山东民进唯一代表参加民进中央在中央社会主义学院举办的"'彩虹同心'2012 骨干教师培训班"，并代表来自全国 29 个省的 30 名民进学员在闭幕式上发言，大唐学府受到民进中央领导、培训班学员的高度评价。

★ 9 月 1 日，实现年度开学突破 1250 人的办学目标。

★ 大唐学府自 2009 年提出"三上三下"管理理念以来，内强素质，外树形象，努力探索体现"能者多劳、多劳多得、优劳优酬"的劳动分配原则，逐步实现了"校长负责制、结构工资制、岗位责任制、末位淘汰制"的管理模式，解决了民办学校中高层干部在学校"责权利"与"德望能"的和谐统一，充分调动了全体教职员工的积极性。

★ 9 月 30 日至 10 月 1 日，中央电视台教育频道记者来大唐学府采访，与留守儿童一起过中秋节、国庆节，并录制了《大唐东典》专题节目在创新科技频道中播出。

★ 11 月，大唐学府被中国少年儿童文化艺术基金会关爱农村留守儿童专项基金管委会命名为"全国关爱留守儿童示范基地"。

★ 全国关爱留守儿童爱心明星、淄博鲁艺吕剧团团长路晓蓉率团来大唐学府为师生进行公益慰问演出。

★ 11 月 16—20 日，中央电视台记者来大唐学府采访建设留守儿童学校，探索寄宿制学校管理的经验，并于 12 月 2 日，以《山东临沂、建立爱心家园、关爱留守儿童》为题在新闻直播间播出。

★ 11 月 30 日至 12 月 2 日，王勇基校长参加全国第九届教育家大会，并应邀在大会上做《构建公益教育，树立办学典范》的主题发言，受到与会者高度评价。

★ 12 月 4 日，初中部李印周同学、小学部王雪同学参加上海东方电视台《金星撞火星》节目，表现优秀，受到观众好评。

★ 12 月 10 日，县供电公司、交通局、团县委、县妇联来大唐学府为留守儿童介绍安全用电、交通安全常识，并为留守儿童赠送礼物。

★ 建立正常的学府运营机构体系，强化学生处、人事科、科研处、家长委员会、监事会、督导室、安全办各部门的职能作用。实现学校民主管理、民主监督、高效运营的自动化、常态化。

★ 2012 年 12 月，大唐学府被市妇联评为"临沂市关爱留守儿童、弱势群体'爱心集体'"、被市教育局、沂蒙晚报评为"临沂市十大明星学校"。

★ 学校行政管理再上新台阶。建立良好用人机制、工资发放机制，建设新型食堂、餐厅和办公楼、会议室、招待室，建设粮食供给基地，实现校办产业零的突破。

★ 2012 年 12 月 31 日，校篮球队参加郯城县教育局、体育局、财政局联合举办的"中国体育彩票杯"全县中学生篮球联赛，夺得男子组第七名，并获得"体育道德风尚奖"。

2013 年

★ 2 月 12 日，"好客山东亲情沂蒙贺年会"郯城象棋、围棋大赛在郯城大唐学府举行。

★ 2 月 17 日，大唐学府举行新学期教师培训会。

★ 3 月 2 日，大唐学府举行新学期开学典礼，并对上学期优秀学生、先进集体进行了表彰。

★ 3 月 8 日，大唐学府百余名师生到马陵山参加学雷锋活动，给松鼠浇水施肥。

★ 3 月 29—31 日，王勇基校长率学府骨干教师一行四人赴诸城参加全国首届和谐杯"七说"说课大赛。

★ 4 月 13 日，大唐学府举行第二届知识树设计大赛。

★ 4 月 19—21 日，我校管令健同学在全县中小学田径联赛上，勇夺初中组男子铁饼、铅球两项冠军。大唐学府代表队荣获"郯城县体育道德风尚奖"。

★ 4 月 20—21 日，全国和谐教学法创始人王敏勤教授率天津普育学校校长、老师来大唐学府送课，并作了关于"七说"的学术报告。

铸梦大唐

——大唐东典教育品牌践行录

（第三册）

为留守儿童铺就一条
越走越宽的人生之路

中国文史出版社

图书在版编目(CIP)数据

为留守儿童铺就一条越走越宽的人生之路 / 王勇基
主编 . —— 北京 ：中国文史出版社，2022.7
(铸梦大唐)
ISBN 978-7-5205-3539-7

Ⅰ . ①为… Ⅱ . ①王… Ⅲ . ①民办学校－学前教育－
郯城县－文集②民办学校－中小学教育－郯城县－文集
Ⅳ . ① G612-53 ② G632-53

中国版本图书馆 CIP 数据核字 (2022) 第 092187 号

责任编辑：窦忠如
特约编辑：邓文华　张幼平

出版发行：中国文史出版社
社　　址：北京市海淀区西八里庄路69号院　邮编：100142
电　　话：010-81136606　81136602　81136603（发行部）
传　　真：010-81136655
制　　版：北京方舟正佳图文设计有限公司
印　　装：廊坊市海涛印刷有限公司
经　　销：全国新华书店
开　　本：700*1000　1/16
印　　张：17.75
字　　数：262千字
版　　次：2022年9月北京第1版
印　　次：2023年2月第2次印刷
定　　价：120.00元（全3册）

编　委　会

主　编：王勇基

副主编：刘瑞峰　梁绍栋

编　委：吴清欣　宋保武　王玉国　吴凤军

　　　　王开春　徐祗本　杨俊飞　王庭胜

　　　　林森山　徐　涛　刘玉林　郑明星

　　　　刘维侠

大唐东典教育集团董事长
大唐学府校长

王勇基

先生

大唐学府学子的《木兰辞》配乐诵读节目在全县首届经典诵读大赛中荣获一等奖

"科普大篷车"进校园

科学探究　奥秘无限

乐器演奏与孔雀舞

相声演员

主持人的风采

舞之韵

力与美

活力四射

立德树人铸魂筑梦,成人成才德育为先。《德育报》演讲团副团长吴碧先生给我校种下"德育树"

道德为第一智慧,爱国为第一道德。

培养社会主义事业建设者和接班人——少先队入队仪式

大课间操练就强健体魄

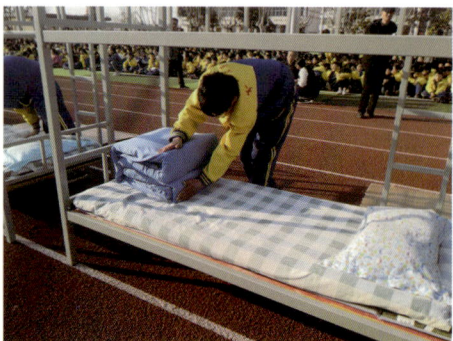

生存生活教育——自理能力比赛

友谊节物品交换大会:播种友谊锻炼社会实践能力

传统武术的精气神

"我志愿加入中国共产主义青年团！"

大唐东典教育集团各幼儿园亲子运动会

舞蹈中的韵律美

读万卷书　行万里路
——优秀学子游学活动

广播操比赛中的团队精神

绿色校园、生态家园

荷花池　紫藤廊

书香校园、文化家园

图书馆　阅览室

平安校园、和谐家园

文化墙

音乐教室

舞蹈教室

美术教室

紫荆盛开　垂柳依依

学生宿舍井然有序、干净卫生

传统文化　浸润心灵

大唐学府南校区教学楼

郯城大唐学府中心校区教学楼

大唐学府费县校区教学楼

郯城大唐学府中心校区鸟瞰

郯城大唐学府中心校区西大门

大唐学府北校区（国学实验部）教学楼

山东东典家政服务有限公司

大唐学府中心校区塑胶运动场

大唐学府中心校区篮球场

郯城大唐学府信息技术教室

大唐学府中学物理电学实验室

县级优秀教师

县级优秀班主任

2019—2020学年（上）开学典礼暨第35个教师节庆祝大

校级优秀教师

大唐学府优秀班主任宋振凤老师

大唐学府优秀班主任孟凡红老师

大唐学府优秀教师宋作鹏老师

大唐学府优秀教师李玲玲老师

大唐学府优秀教师薛映梅老师

大唐学府优秀教师米庆菊老师

大唐学府学生王双双（美国老年学博士）

大唐学府毕业生王静（就读于北京第二外国语学院）

大唐学府毕业生王英男（就读于山东大学）

大唐学府毕业生李印阔（就读于重庆大学）

教书育人
先进单位
中共郯城县委
郯城县人民政府
二〇一九年九月

郯城县宗教界"庆国庆 促和谐"合唱比赛
优秀组织奖
中共郯城县委统战部
二〇一九年九月

2018年郯城县工商联儒商商会
暖冬行动 爱心大使
郯城郯工商联儒商商会
二〇一八年十二月

郯城大唐学府
2019好服务承诺品牌
沂蒙晚报社
2019年3月15日

先进基层党组织
中共郯城县委教育工作者委员会
二〇一九年六月

二〇一四年度中学（中职）
五四红旗团委
共青团郯城县委
郯城县教育体育局
二〇一五年四月

郯城县青少年科普教育基地
TAN CHENG XIAN QING SHAO NIAN KE PU JIAO YU JI DI

山东师范大学
公共管理学院雨点公益
志愿者服务基地

聘书
王永吉同志：
兹聘任您为中国管理科学研究院咨询部
教育管理专家。
特发此证

中国管理科学研究院咨询部
二〇一七年十二月

山东省省级教学成果奖获奖证书
获奖成果：全寄宿制学校对农村留守儿童成长影响的实验与研究
获奖者：王永吉 张学智 刘瑞坤 张方良 郭全平 黄国国
获奖等级：二等奖
证书编号：JJ20180359
山东省省级教学成果奖励委员会

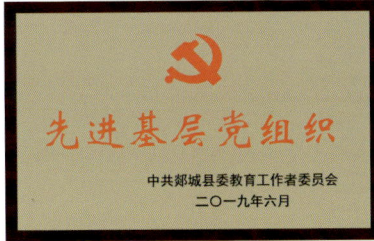

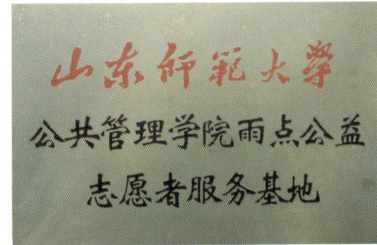

部分荣誉展示

读《铸梦大唐》 思教育人生

王淑清

在举国喜迎党的二十大召开及郯城大唐学府迎来 18 岁生日之际。由大唐东典教育集团董事长、大唐学府校长王勇基先生主编、中国文史出版社出版的大型教育类丛书《铸梦大唐——大唐东典教育品牌践行录》顺利出版了。这是大唐学府的一大喜事，也是郯城县、沂蒙老区乃至全国基础教育领域的一大喜事。

《铸梦大唐》丛书共分三册，分别是《为留守儿童撑起一片蓝天》《为留守儿童营造一个温馨的家》《为留守儿童铺就一条越走越宽广的人生路》。全套丛书共收录文章 300 多篇，近 80 万字。所选文章包含教育管理、班级管理、教学感悟，工作总结、课题研究、学生作品、家长来信、媒体报道等诸项内容。文章作者有大唐学府聘请的名誉校长、大唐东典教育集团的各级领导，有普通的班主任、教师、生活老师，有积极参与家校管理的家长，有主流媒体的记者，也有不同时期在大唐学府求学的学生。丛书所选作品题材广泛、形式多样，既有散文、诗歌、小说、报告文学，也有随笔、日记、书信、课题研究等。朴实无华的文字、丰富多彩的内容，记录了大唐学子成长的点点滴滴，记录了大唐教师发展的点点滴滴，记录了学生家长提升的点点滴滴，也记录了大唐学府 18 年创业历程的方方面面。

读过《铸梦大唐》，让我们看到了一块闪耀在红色沂蒙南端的金色教育品牌——大唐东典。大唐东典传承于伟大的沂蒙精神，扎根于厚重的古郯大地，汲取于源远流长的齐鲁文化，成长于坚定的教育信仰。大唐东典的教育内涵是"心教育、新未来"，在实质上是与"老子教孔子""孔子教郯子""王阳明教弟子""陶行知办晓庄师范"等中国式教育一脉相承的，是本土的，是中国的，更是世界的！

读过《铸梦大唐》，我们看到了一所以"教育助人、教育富民、教育强国"为教育理想的、飞速发展的大唐学府。这所学校由王勇基校长于2004年一手创办，他的办学目标是"让孩子成人、成才、成杰，让家长省心、放心、开心"。是一所集学前、小学、初中为一体的全日制寄宿民办学校。办学18年来，学府由小到大，稳健发展，已实现集团化运营。现有中心校区、国学实验部、费县大唐学府、济南精英学校、师郯幼儿园、舜杰幼儿园、郯子国学研究院等多个校区及多个加盟学校。郯城大唐学府占地面积168亩，建筑面积3.2万平方米，现有教职工268人，57个教学班，在校学生2300人。作为一所地域名校，大唐学府已声名远播，饮誉齐鲁，走向全国。

有一个梦想，办一所学校，让农村孩子享受好一点的教育；有一种责任，为留守儿童，撑起一片蓝天；有一种力量，时刻作用于他的行动，那是他对教育的崇高信仰。

——王勇基《教育是一种信仰》

读过《铸梦大唐》，我们认识了一位"以教育为信仰"、有教育情怀的传奇校长——王勇基校长。王校长出生于郯城县李庄镇大唐庄耕读教育世家。1982年专科毕业任教至今。先后就读于临沂师专、曲阜师大、华东师范大学、华东师范大学研究生院。在职研究生学历。中学高级教师。中国民主促进会会员。郯城县九届政协常委，临沂市十五届政协委员，社会荣誉数不胜数。他从教四十年来，一直笃行不怠、踔厉奋发、痴心不改，常以"现代武训"自励。王校长的很多学生已经成为大学校长、教授、硕士、博士，中小学教师、校长、医生、干部、科学家、艺术家、企业家……可谓"桃李满天下"！很多朋友问他为什么做起事情还是那么有激情，他回答说："共产主义是我的理想，教育是我理想的具体体现，也是我的信仰，我想为党和国家培养更多更好更优秀的人才！我还想把多年积攒的经验和智慧，人脉与资源分享给全县公、民办学校，推进公、民办学校资源共享、融合发展的区域性'郯城模式'，为尽快实现县委、县政府建设'教育强县'做出应有贡献"。

"爱自己的孩子是人，爱别人的孩子是神。"我不是神，但我却真爱我的学生。

——《让生命绽放出灿烂的花朵》（省级优秀教师梁绍丽老师）

今天／我真的成为一名教师／于是啊／历经岁月洗礼的年龄／同样充盈着太多的期许／但，那不是为自己／那就是希望／我的孩子们快快长大、早立、奋起、出息。

——《一生的期许》（县级优秀教师田学秀老师）

班主任工作是琐碎的，也是充满乐趣的。在学校班主任就是学生最信任的人，我们只要用真心、诚心、耐心对待每一个孩子，就会收获很多的幸福。作为教育者，我们就要通过千百次的努力去让坚冰融化，通过千百次的努力去拨开学生眼前的层层迷雾。在班主任工作中，我不能做得最好，但我一定会尽心尽力，无愧于自己、家长和孩子们。

——《一路走来、甜蜜如斯——与学生共同成长》（张怀蕾老师）

作为生活老师，我们不仅要照顾孩子们的吃喝拉撒，把宿舍打扮得像家一样温馨、清洁卫生，还要教会他们做人的道理，怎样做有道德、有品质、有教养的人。当看见孩子们的改变，健康、快乐地成长时，我们倍感欣慰，觉得为孩子们付出的一切，都是值得的。

——《生活老师的心声》（孙思玲老师）

读过《铸梦大唐》，眼前浮现一个拼搏奋进在国家基础教育特别是农村基础教育最前列的人民教师群体——郯城大唐学府全体教师！他们爱生如子、无私奉献，用辛勤的汗水、浓浓的大爱培育祖国的花朵，用实际行动铸就了大唐学府今天的辉煌！他们有的是从教40余年、远近闻名的中小学优秀校长、教师，有的是年富力强的中年教师，有的是刚刚走出大学校门的青年老师。但他们都以校为家，视学生如亲人，甘为平凡，无怨无悔。读着这一段段从心灵深处流淌出来的文字，我们怎能不为之感动、为之动容？

爸爸妈妈，感谢你们为儿子选择了大唐学府，让我赢在了人生的起跑线上。选择大唐学府，我快乐，儿子不会辜负您的期望，我会在这片沃土上沐浴着阳光雨露茁壮成长，让自己的人生更加辉煌！爸爸妈妈请为我加油吧！

——《选择大唐、我快乐》（周建伟）

在这里，我学会了做人。……懂得了做人要诚实守信，尊敬师长、团结同学，勤劳俭朴，与人为善。懂得了主动替父母分忧解难，懂得了"正人先正己，做事先做人"。明白许多做人的道理，在这里我的性格有了较大的改变，与同学和睦相处，关系融洽，亲如兄弟，情如姐妹。使我从一个无知的儿童成长为一个文明守纪的好学生。我在这里健康成长，这里是我人生成长的摇篮。

——《给妈妈的一封信》（刘欣悦）

读过《铸梦大唐》，我们看到了一群在大唐学府幸福成长的孩子，他们有的是留守儿童，有的甚至是孤儿、是弃婴、是残疾智障儿童，但他们有幸走进了大唐学府，在这里，他们找到了"家"的感觉。这里的每一位老师都是他们的朋友、家长和导师，让留守的他们不再孤单。读懂了孩子们的心声，我们也就读懂了这所让孩子们心驰神往的校园。

更重要的是，读过《铸梦大唐》，让我们学习到了众多优秀教师多年的教学经验和班级管理经验。为教师业务成长提供了优质的教材。读完《让数学课堂焕发生命力》《当班主任与学生一起成长》《自主学习放羊论》《爱泡磨导善》《五小措施，营造温馨的家》《五心育桃李》《校园生活剪影》

等众多优秀的文章，深深感到这些文章观点独到、条理清晰、语言流畅、知识性强、实用性强，都是值得我们学习和推广的法宝。从某种意义上讲，这些文章也集中体现出大唐学府教师队伍的素质和水平。文章中所呈现出的高尚的职业素质、深厚的文化素养和广博精深的专业知识的确给人带来一种仰之弥高的感觉。

总之，《铸梦大唐》丛书的出版，再次向大家生动展示了大唐东典教育内涵深厚的学府文化，充分展示了大唐学府的办学"软实力"。系统地总结和提炼了大唐学府教育模式（也称郯城模式）的方方面面，进一步丰满了大唐学府教育助人、教育富民、教育强国的理想和信念。为把"大唐东典"教育品牌打造得更加成色十足，把大唐学府打造成中国基础教育的小岗村并把"郯城模式"推向全国奠定了坚实的理论基础和实践基础。

世纪征程，波澜壮阔。我们相信，丛书的出版，再次为全国各地热爱教育的人们了解大唐学府打开了一扇门，必将引起各级政府和更多专家、教授和领导对大唐学府、对留守儿童的关注和关爱，更多留守儿童的命运将得到质的改变。

千秋伟业，浩荡前行。我们相信，在党和政府的有力支持下，在王勇基校长的正确领导下，"家、校、政、社"共同牵手，美丽的大唐学府的硬件建设也将得到进一步提升；这里将真正成为莘莘学子"校园里的大千世界、心田里的多彩梦想"；大唐学子将成长得更健康，更快乐，更幸福；大唐学府将走得更高更远；大唐东典教育品牌将更加熠熠生辉！

（作者系北京市海淀区巨山小学原校长、全国优秀校长、北京师范大学校长领导力与管理哲学高级课程班特聘指导专家）

大唐东典教育赋

郯城大唐学府创办十五周年庆作文以记之

（代序）

刘瑞峰

旭日东方，大道其光。马陵苍苍，沂沭泱泱。少昊古地，银杏之乡。有斯学府，郯城大唐。办学兴教，追逐梦想。立足县城，面向城乡。服务百姓，强国兴邦。立德树人，大爱承当。圣人杏坛，万代敬仰。武训义学，千秋流芳。东典宏教，育在大唐。万千少年，麇集向往。成长摇篮，学习殿堂。壹拾伍载，雪雨风霜。艰难困苦，道阻且长。从无到有，从弱到强。倍道而进，铸就辉煌。影视网络，杂志报章。社会赞誉，百姓褒奖。

以人为本，以德为纲。科学进取，和谐向上。教师发展，学生成长。家长提升，办学方向。更多孩子，优教共享。"三和"校风（和睦、和善、和谐），蔚成风尚。"五字校训"（诚、公、明、仁、达），谨记心上。让孩子成人、成才、成杰，人生方向。令家长省心、放心、开心，父母期望。"四人"意识（人生、人情、人性、人和），情亲守望。"五所教育"（身有所安、心有所定、情有所依、志有所向、神有所往），开来继往。家长期待，学生渴望。"大唐学子，诚实勤奋，团结合作，发展创新，讲究孝道，为国为民，明理明德，成己成人"。学子誓词，掷地铿锵。"执着追求，愈益奋进，筚路蓝缕，探索创新，关爱生命，教书育人"。学府精神，红色传扬。步入学府，人生起航。撑起蓝天，放飞梦想！温馨家园，幸福成长！人生路遥，携手远方！谦谦学子，自立自强。为国读书，中华富强。大唐育我，我誉大唐。

管理封闭，办学开放。兄弟姊妹，济济一堂。项目推进，引领学长。

服务优质，安全保障。俊彦云集，敬业爱岗。学博德厚，素质优良。信仰笃定，奋发图强。自觉觉人，为师素养。成人达己，努力方向。学有优教，育有良方。亦师亦友，胜似爹娘。微笑教学，爱心课堂。同课异构，教学相长。分组教学，异步异方。深化教改，提升质量。强化科研，文道兼尚。合作学习，互助互帮。学习金塔，天天向上。莘莘学子，健康成长。昂首做人，挺起胸膛。今朝懵懂，未来栋梁。

登高远眺，神怡心旷。校园信步，情愉身畅。清流鱼跃，悬铃燕藏。莺歌蝉鸣，烟柳杏黄。舞姿翩翩，诗书琅琅。天籁阵阵，宛转悠扬。丰富多彩，选修课堂。特色活动，展示特长。生命律动，更高更强。百姓子弟，圣贤学堂。桃红李白，生命苗长。果实金黄，雪瑞梅香。培士育才，幼苗茁壮。凌霄紫藤，缘木攀廊。玉兰盛开，丹桂飘香。戏水童趣，乐哉荷塘。鸟鸣平仄，花吐芬芳。松柏岁寒，竹菊傲霜。生态校园，满庭书香。鸿鹄比翼，凤凰竞翔。楼高基牢，材大苗壮。大唐诸师，孜孜矻矻。冀盼诸生，竞竞强强。有教无类，自立自强。牢记使命，深孚众望。生生不息，薪火传扬。弦歌不辍，经典永倡。厚德载物，继承炎黄。十年寒窗，一朝金榜。光宗耀亲，无愧祖上。

服务百姓，功德无量。分忧政府，饮誉八方。为国育才，勇于担当。上绍圣贤，垂范榜样。非己之功，家国增光。天生雨露，润泽一方。英才崛起，爱洒大唐。载入史册，誉满大唐。师生幸哉，教育荣光。学府发展，校长冀望。众望所归，师生向往。江河恒久，日月永光！幸甚之致，祖国不忘！人民不忘！历史不忘！

嗟夫！东典教育，任重道长。磨砺以期，续写华章。百年学府，千年大唐。

目 录

烂漫人生路 越走越宽广

——山东省郯城大唐学府打造"大唐东典"
民办教育品牌纪实

刘瑞峰 宋宝武

八百里沂蒙，钟灵毓秀。曾孕育了宗圣曾子、孝圣王祥、智圣诸葛亮、书圣王羲之等众多历史名人。沂蒙也是一片红色热土，抗日战争期间，沂蒙人民浴血抗战，奏响了一曲曲感天动地的壮歌。解放战争时期沂蒙儿女奋勇参军参战，迎来全国的解放。刘少奇、徐向前、罗荣桓、陈毅、粟裕等革命前辈在这里留下光辉足迹。郯城大唐学府就诞生在这片富有革命传统、地灵人杰、文化厚重的沃土。办学十四年来，大唐学府"不忘初心、牢记使命"，传承红色基因，立德树人，为国家培养出一大批品学兼优的学生。

落实"全教会"精神，尊师重教改革创新

习近平总书记在全国教育大会的讲话中指出："教育是国之大计、党之大计。教育是民族振兴、社会进步的重要基石，是功在当代，利在千秋的德政工程，对提高人民综合素质、促进人的全面发展、增强中华民族创新创造能力、实现中华民族伟大复兴具有决定性意义。""国将兴，必贵师而重傅"。教师"一个肩膀挑着学生的未来，一个肩膀挑着民族的未来"。对教育最大的支持，给教师最好的礼物，莫过于尊师重教。我国高度重视提高教育投入，提高人民教师的地位和声望。自2012年以来，我国财政性教育经费支出占国内生产总值比例均超过4%，党和国家持续对教育的投入不断激励和鼓舞着无数教师安心从教、热心从教，在三尺讲台上传播知识、传播思想、传播真理，在学生人生路上引领思潮，塑造灵魂。今年全国教育大会指出

"全党、全社会要弘扬尊师重教的社会风尚，努力提高教师政治地位、社会地位、职业地位，让广大教师享有应有的社会声望，在教书育人岗位上为党和人民事业作出新的更大的贡献"，从国家繁荣、民族振兴、教育发展的大局出发，深刻阐释了教育工作和教师工作的极端重要性，对尊师重教发出了深情号召，对广大教师提出了殷切希望，为进一步加强教师队伍建设、弘扬尊师重教社会风尚提供了重要遵循。

"教育改革，制度先行"，没有好的制度，就无法释放教育活力；"经师易求，人师难得"，没有好的老师，就没有好的教育。大唐学府将学校体制机制建设、提高教师的职业素养和专业精神置于重要位置。全国教育大会后，大唐学府把全国教育大会的相关文章编纂成册，人手一册，认真学习，爱不释手。从校长到基层教师，无不欣喜于这次"全国教育大会"，感到这次"全国教育大会"就是我们党和国家的"教育自信"！就是我们今后办学的最大靠山，促使我们办学有目标、有规范、有坚持、有价值、有意义。学校多次集体学习这次大会的内容和精神，对照国家领导人讲话查找差距，优化学校顶层设计方案，并组织教干修改《大唐东典教育规范》，修订《大唐学府积分制实施方案》。正如《人民日报》所说"三尺讲台系国运，一寸丹心铸民魂"，大唐学府的教师均认为为国家培养合格的接班人和建设者，责无旁贷，使命在肩。

学习国家教育方针政策、领导人讲话精神只是大唐学府紧跟国家教育步伐、自我完善的一个缩影。在日常工作中，大唐学府将教师集体学习常态化，及时为教师"补钙""充电"，形成国家政策、教育方针、重要会议及讲话精神的集体学习、共同讨论机制；多次考察国内外优秀院校，汲取符合学校实际的有益教育方法和教学内容，见贤思齐，博采众长；眼睛向下，深入学生，设立学生意见箱，在日常行为规范订立与课程设置方面，充分考虑学生意见和诉求……大唐学府从国家教育使命高度、院校培养体制机制深度、学生意愿和接受度等多方面考量，改进与创新并重，为提升教育质量、培养高素质人才、建立教育强国的教育目标努力前行。

心系留守儿童，"爱"铸教育梦想

大唐东典教育集团董事长兼校长王勇基，是中国民主促进会会员，中国教育学会会员，全国教育管理杰出人物，临沂大学客座教授。他出身教育世家，立志"此生只为教育来，一腔热血为国民"，竭其全力为儿童、家长、国家精心办学，几代人对教育梦想的追求在他身上得到了传承和光大。

当前中国有近 700 万农村留守儿童。保障留守儿童的生活和安全，对其进行教育和管理，直接关乎社会的稳定、教育的公平和民族的未来。

一向具有崇高教育信仰、心怀大爱、情系留守儿童的王勇基从实际出发，创办了以留守儿童为主体的学校——大唐学府。他立志把自己多年来积累的教育智慧、曾任中学高级教师、山东省优秀班主任等教育经验回报和奉献给家乡，为留守儿童撑起一片蓝天。

王勇基校长心系"留守儿童"、"爱"播家乡的先进事迹感动了社会，并得到了各级党委、政府的高度重视和大力支持。市、县妇联在大唐学府建起了全市第一家"留守儿童爱心家园"；市、县党、政、群团组织多次来大唐学府视察与指导，一起商讨留守儿童的教育问题，并为留守儿童捐款捐物，和孩子们一起开展各项有意义的活动。

几十年来，王勇基校长矢志不渝地坚守教育为民的理念，苦心探寻教育规律，先后在公办、民办学校作出了优异成绩，得到了社会各界的认可。王勇基校长接连被评为第三届影响山东风云人物、山东省经济文化建设模范、中国教育管理杰出人物奖、100 位新中国成立以来感动中国教育人物、临沂市统一战线先模人物，并两次应邀做客中央网络电视台做"留守儿童"教育专题访谈节目。2017 年 12 月，王校长被中国管理科学研究院聘为"教育管理专家"。在王校长的带领下，学校以德为首，以人为本，以爱促教，将大唐学府打造成学生学习修身、增长才干的乐园。王勇基校长带领师生不断创新教育理念，积极探索实践，使大唐学府走出一条具有公益特色、品牌效益的特色教育之路。

传承经典，立德树人

人无德不立，国无德不兴。大唐学府以立德树人为根本，将德育置于教育工作的首位。少成若天性，习惯如自然，中小学时期是培养学生德行的最佳阶段。学府遵循青少年思想形成和发展的规律，结合我国道德传统和中华文化，以贯古通今的德育内容，循序渐进的教育方法，为学生打好崇德向善的品德底色。

德育工作从童年抓起。传统文化筑基，教学内容梯次设置，根据学生知识积累和接受程度，学府的"国学教育实施方案"规定：一、二年级诵读《弟子规》，三、四年级诵读《三字经》，五、六年级诵读《大学》，七、八、九年级则诵读《中庸》和学府编选的《论语·孟子选编》，使学生受益于传统文化的滋养和熏陶，汲取成长的道德力量，养成优良品行。

德育工作从身边开始。学府以《学生日常行为规范》为基础，结合寄宿制特色，将德育生活化。要求低年级学生注重学习站姿、坐姿、行姿、着装仪表、举止言谈、礼仪；中年级学生注重培养热爱集体、尊敬师长、诚实守信、团结友善、乐学善思等行为品格；高年级学生注重严守规则、遵纪守法、爱护公共财物和公共环境等社会公德，使学生由浅入深地养成良好的卫生、学习、生活习惯。

2017年12月21日，大唐学府专门邀请中国《德育报》"立德树人"演讲团副团长、中央电视台《影响力人物》专访嘉宾、书法家吴碧老师为师生及家长作《播下梦想的种子》演讲，并种下"德育树"。吴碧老师的教育视野、教育境界、教育情怀感动、激励、鼓舞着大唐学府每一位老师。2018年4月，大唐学府又邀请全国优秀教师、知名校长、武汉市优秀班主任蒋自立先生来大唐学府为师生上主题班会观摩课、作《班主任工作艺术》专题报告，使学生、老师深受教育。

2019年4月，邀请全国著名校长包祥先生为全校教师培训；2019年8月邀请《中国教师报》编辑、全国著名语文教学行动研究专家梁恕俭先生为全校教师培训，并提出了一个响亮的口号："做中国教师，传中华大道！"

笃志力行 成就梦想

夫学须志也，非志无以成学。大唐学府狠抓以"立志"为本教育理念的落实，仰望星空，脚踏实地。教育孩子们从小树立远大理想，长大成为国家栋梁之材。

青少年正处于善于模仿、易于塑形的人生黄金阶段，正处于世界观、人生观、价值观形成的重要时期。大唐学府选取不同时代、类型多样的典范楷模、英雄人物，通过课堂教育、推荐阅读名人传记、观看英模人物影像、邀请榜样线上线下交流等多样化的方式，突出榜样特征，放大榜样优点，加深榜样影响力，引导学生学习。学府在为学生树立榜样时，更注重选取学生身边的鲜活教材。学府在培养学生树立雄心壮志的基础上，帮助学生探索实践，向着人生目标迈进。学府开足开齐国家课程的同时，还开设多种多样的选修课、社会实践课，军训课、国防教育课，组织夏令营、游学、参观、考察等活动，培养学生吃苦耐劳精神，锻炼学生坚强意志。根据学生意向，组织学生课堂创建教师、医生、法官、科学家等职业模拟场景，为学生全面发展、实现远大志向构建实践"舞台"。

传承红色基因，爱党爱国爱民

少年儿童将是新时代的建设者、奉献者，将在实现中华民族伟大复兴的中国梦的实践中书写精彩人生。学府注重弘扬主旋律，开展以"爱党、爱国、爱人民"为主要内容的"三热爱"教育。在学府管理、教育、服务全过程培养学生的世界观、人生观、价值观。把"东方文化""井冈山精神""沂蒙精神"内化为大唐学府精神，即："执着追求、愈益奋进，筚路蓝缕，探索创新，关爱生命，教书育人"，培育学生的家国情怀和社会责任感，使学生把个人成长进步与国家富强、民族复兴紧密结合起来。

红色基因，代代传承。王勇基校长常说："爱国主义教育从娃娃抓起，为孩子铺就一条越走越宽的人生之路！"学府组织师生赴淮安、南京拜谒中山陵、周恩来总理纪念馆、参观南京大屠杀抗日战争胜利纪念馆，凭吊先烈，接受爱国主义教育。组织党员教职工赴费县、蒙阴、沂南金乡"大青山抗日阻击战"旧址、孟良崮战役纪念馆、鲁西南战役纪念馆等地开展红色之旅，深入学习沂蒙精神。

牢记使命，率先垂范。王勇基校长以身作则，每年参加党建及统战培训，并及时将所见所学传授给老师、同学，保持学府红色教育常提常新，与时俱进。

以人为本治学，因材施教育人

大唐学府不断探讨和完善"分组教学、分层指导"的课堂教学模式，在开设"无年级和谐教育实验班"的基础上，成功探索出"道场式异步教学法"的学生学习新模式。学生根据自己的知识水平、学习内容、学习进度自主学习。充分实现教师指导的异步化，使学生体验到知识的产生和发展过程，激发了学生学习的积极性、主动性和自觉性，促进了学生成绩的快速提升，同时也印证了"学习金字塔"的记忆规律。

为培养学生的兴趣爱好，发展学生的个性特长，学府开发了拉丁舞、新概念英语、外教口语、传统文化展演、故事、书法、美术、田径、足球、排球、羽毛球、乒乓球、舞蹈、武术、棋类等多种校本课程和选修课。学生自主选择和参与课程后，获得了全面而有个性的发展，实现了知识、兴趣、能力的多重收获。

学府开发校本课程，开设独具教育特色的"第三课堂"：如学生自主经营的"大唐学府可再生资源总公司"，董事长、总经理、各部门负责人皆为学生，独立核算、自主支配营业收入，学府提供专门营业场所和工具。每年5月举办"大唐学府友谊节暨物品交易大会"，各班成立各具特色的商贸公司，学校团委、学生会成立市场管理办公室、物价小组、税务小组、典当行等机构为大会服务。

大唐学府贯彻"学校兴衰，我的责任，大唐育我，我誉大唐"的管理理念，全面推行人性化管理，坚持感情留人、事业留人、待遇留人、文化留人。学校从吃、穿、住、工资、福利、奖金、养老、医疗保险八个方面提高教师的待遇；坚持"请进来、走出去"，为教师培训、充电；加强教学督导与研讨，实现教师资源共享；重视教科研工作，促进学校重点课题的实验与研发；组建"学士后工作站"，创新教师培训模式，增强了教师的成就感、幸福感和对学校的依赖感、归属感。

耕耘十五载，荣誉鉴辉煌

十四年来，大唐学府在教育管理、服务保障、人才培养等方面成绩突出，饮誉沂蒙，蜚声齐鲁，走向全国。中央电视台、齐鲁电视台、《现代教育报》《中国教育报》《中国教育学刊》《创新教育》《教育创新》《华夏教育》《中国教师报》《教育家》《教育学》等媒体纷纷对大唐学府进行专题报道。

大唐学府中考连续四年保持高优生群体、高录取率。2015 年 92 人参加中考，重点高中正榜入学率 97%；2016 年 95 人参考，重点高中正榜录取率 100%；2017 年 97 人参加中考，重点高中正榜录取率为 95%；2018 年 123 人参加中考，考取重点学校 116 人，重点学校升学率 95%；2019 年 143 人参加中考，重点学校升学率仍为 95%。

大唐学府先后被评为中国"智慧教育工程顾问单位""中国民办特色学校""中国教育创新示范单位""全国百家书香校园""全国关爱农村留守儿童百所先进学校""全国关爱农村留守儿童示范基地""山东省民办学校优秀办学单位""临沂市十佳明星学校""郯城县教书育人先进单位""郯城县平安和谐校园""郯城县学校管理先进单位"。特别是 2018 年大唐学府被中科院确立为"中国科学院科普博览示范基地"，获得山东省科研课题特等奖及二等奖。

相信大唐学府的教干教师们，在王勇基校长的带领下，不断学习习近平新时代中国特色社会主义思想，学习和践行党的教育方针和政策，今后在农村基础教育的田野中目标更明确，获得的快乐与幸福也更多。祝福大唐学府，祝福大唐人！

[此文发表在《中国教育报》2018 年 10 月 8 日第 12 版，略有改动]

立德树人 铸魂筑梦

——郯城大唐学府生活化德育特色

刘瑞峰

郯城大唐学府诞生在富有革命传统、文化厚重、人杰地灵、美丽富庶的沃土——山东临沂。大唐学府在艰难中诞生，在逆境中起飞，在风雨中不断强硬翅膀。在各级领导的亲切关怀和社会各界、广大家长的大力支持下，一路走来，一路风雨，一路收获。如今，以"心教育、新未来"（具体表现为：爱心课堂、微笑教学、和谐教育、科学发展）为内涵的"大唐东典"教育品牌响彻山东，走向全国。

以面向农村留守儿童为核心的服务特色

据统计，全国现有农村留守（流动）儿童近 7000 万人，对留守儿童的教育和管理，直接关乎社会的和谐稳定，关乎国家教育公平，关乎民族的未来发展。大唐学府胸怀大爱，情系留守儿童，坚定创办留守儿童教育学校，让更多的孩子享受更好的教育，为留守儿童撑起一片蓝天。

1. 建设"爱心家园"。大唐学府关爱"留守儿童"的先进事迹感动了社会。全市在大唐学府建起了第一家"留守儿童爱心家园"。市、县各级各部门，还有爱心企业、爱心人士经常为留守儿童举办"爱在，生日不再孤单"集体生日等活动，带着书包、相册、毛绒玩具、生日蛋糕、水饺等食品和生日礼物来到孩子们中间，同他们欢聚一堂。活动中，市县领导、爱心人士为孩子们点燃生日蜡烛，唱起生日歌，气氛热烈而温馨。过生日的"小寿星"们吃着热腾腾的水饺，观看着自编自演的节目，脸上洋溢着幸福的微笑，眼里流淌着激动的泪水。虽然父母不在身旁，但是他们的生日并不孤单。有各级领导的关心，有社会各界爱心人士的关爱，再加上大唐学府"老师爸爸""老师妈妈"的温暖陪伴，他们的生活非常快乐。

大唐学府努力把"爱心家园"建成家校联系的纽带和桥梁。加强家校之间的沟通和联系，及时向广大家长汇报学校办学及教育教学情况，主动征询家长对学校办学和教育的意见建议，不断改进学校的管理、教学、服务，提高办学水平，促进学校科学发展。"爱心家园"成了留守儿童心灵的桃花源，师生敞开心扉说悄悄话、拉私房话，让孩子们感受到这里的老师不是亲人胜过亲人。定期组织孩子们亲情视频聊天，给父母打电话，使他们重又找到了亲情，找回了家的温暖，感受到了老师父母般的呵护。每次来"爱心家园"，心中就有说不出的喜悦，感到父母就在身边。真正把"爱心家园"建成学校德育工作的重地。

"农村的孩子也是孩子，所有的孩子都应该受到良好的教育"。这是大唐学府办学的原动力，也是"大唐人"孜孜追求的生命愿景。大唐学府让人们看到了教育的高度，这种高度来自"大唐人"的教育使命，来自"大唐人"的勇于担当。大唐学府让留守儿童看到了光明和希望。2012 年寒假，来自济南的三年级学生周佳哲悄悄地告诉来校看望他的妈妈："妈妈我告诉您，学校好不好不能看楼房好不好，要看校长和老师好不好。"先哲清华大学老校长梅贻琦的名言，却让一个稚嫩的 10 岁孩子诠释得淋漓尽致。新华社《中国报道》如是评价大唐学府："祖国不会忘记，人民不会忘记，历史不会忘记。"

2.营造温馨的"家"。随着改革开放的深化，走南闯北干事创业的家长，不愿看到留守在家的孩子荒废了童年、荒废了学业。孩子的成长时不我待。尽管上至国家、下到地方都出台了一系列的普惠性政策，但孩子们所需要的却是真正适合孩子生长和发展的学校——有"家"的温馨。大唐学府十五年来，在"服务百姓、关注留守儿童""让更多的孩子享受更好的教育"思想主导下，闯出了一条"学校像家庭，老师似家长"的"封闭式管理、开放式办学、家庭化住宿、军事化就餐、项目化推进、学长制引领、导师制垂范、生活化德育"创新管理的新模式，有效地解决了学生与家长分居两地的现实困境。大唐学府开创了"家庭化住宿"新模式，把学生当作自己的孩子。按照学生个性特点不同，将其组建为有丰富管理经验的教师做家长的"学生之家"，并将其营造为一个和谐温馨、充满勃勃生机的"家"、一个有父母殷殷关爱和无私照顾的家、一个有朋友和长者的家、一个有文化氛围和灵魂的家。每一位老师都是学生家长，人人践行着"家庭化住宿，学长制管理"的新思维，付出着比常人更多的努力。教师们有着三种身份和角色：生活上像父母一样关心、照顾每一个学生，有爱心；学习上像朋友一样帮助学生克服困难、解决问题，有诚心；在树立人生目标理想、确立正确价值观方面是导师，帮学生规划人生，有责任心。每"家"都以文学家、科学家的名字命名，如"鲁迅之家""诺贝尔之家""华罗庚之家""居里夫人之家""丁肇中之家"等，具有浓浓的文化气息和激励作用，从小在孩子心灵中种下一颗理想的种子。为了培养学生的责任感和担当精神，学府还创造性地实施教官制，常年坚持开设军事课，进一步培养学生良好的学习习惯和生活习惯，使学生身心素养得到升华和激励。为了使留守儿童长期在校生活不腻烦，在同一环境中能经常感觉到新鲜，老师们和孩子们同吃、同住、同活动，确保每一名学生在"家"能吃好、住好、玩好、学好，充分落实王勇基校长经常要求的"全身心投入、全方位关注、全过程欣赏、全人格理解"。接送学生时有专人照顾，学生生活起居有专门的生活老师负责，督促学生按时起床、按时就寝、按秩序洗刷，教育学生勤洗衣服、勤剪指甲、勤理发、勤洗澡，协助孩子保管好衣物、整理好内务，养成良好的生活作息习惯。给低年级学生讲故事、看电视，让每一名学生在学府生活温馨舒适，学习积极努力，习惯素养良好，品行健康发展。"家庭化住宿"使学生从心灵深处将学校当成自己的家。每次大休在家待不了几天就盼着返校。而毕业的学生也大都经常返校看望老师、看望校园，其情其景让人感动。

以学生综合素质提升为重点的人才培养特色

1.红色基因打好学生人生底色。历史雄辩地证明：没有共产党就没有新中国。今日的少年儿童明天将是新时代的建设者、接班人，担负着中华民族伟大复兴的历史使命，将在实现中华民族伟大复兴中国梦的实践中书写精彩人生。大唐学府在学生中大力唱响"只有共产党才能救中国，只有社会主义才能发展中国"的主旋律，开展以"热爱党、热爱祖国、热爱人民"为主要内容的理想信念教育。传承红色基因，把"井冈山精神""延安精神""沂蒙精神"内化为"大唐学府精神"——"执着追求，愈益奋进，筚路蓝缕，探索创新，关爱生命，教书育人。"积极培养学生的家国情怀和社会责任感，要求学生融小我于大我，把个人成长进步与国家富强、民族复兴紧密结合起来，在学校管理、教育、服务全过程弘扬社会主义核心价值观，注入正能量。王勇基校长常说："爱国主义教育要从娃娃抓起，为孩子铺就一条越走越宽的人生之路！"学校充分利用沂蒙老区得天独厚的红色教育资源，积极对学生进行爱国主义教育，在学生们幼小的心灵中注入红色DNA。组织师生赴淮安周恩来总理纪念馆，到南京拜谒中山陵、参观侵华日军南京大屠杀遇难同胞纪念馆，接受爱国主义教育。组织党员教职工赴费县、蒙阴、沂南"大青山抗日阻击战"战址、《沂蒙山小调》诞生地、孟良崮战役纪念馆、红色影视基地及"沂蒙润松园"等地开展红色之旅，重温入党誓词，深入学习沂蒙精神，让师生切身体验红色文化教育，传承红色精神，将红色教育深度融入学校教育之中。学校还开设红色故事课程，聘请郯城县党史专家、研究人员及各级有关部门领导常年授课，坚定教育方向。组织老师、学生收集身边红色故事，开展祭扫先烈英灵、军训、"庆国庆"爱国主义演讲和红色革命圣地参观访学活动，让师生的心灵受到洗礼，更好地激发师生的工作热情、学习热情和对美好生活的向往。

2. 教育教学筑牢学生成长基础。王勇基校长在第二届中国现代教育校长论坛讲话时这样说："生活化德育应渗透到教育教学全过程，教师应从传授学生知识转变为引导、激励、鼓舞和唤醒学生的心灵，培养出有生命活力、有智慧、有幸福感的学生。"重视学生差异，因材施教。大唐学府在"分组教学、分层指导"，独创"心教育—慢天使"实验班，开设"无年级和谐教育实验班"，成功探索出"道场式异步教学法"的教学模式和学生"自牧式学习"方式。学生根据自己的知识水平、学习内容、学习进度自主学习。在自主学习中遇到问题请教他的小队长，如果小队长解决不了再请教中队长、大队长，仍然解决不了的问题再请教老师。充分实现教师指导的异步化，使学生在自学过程中体验知识的产生和发展过程，极大激发了学生学习的积极性、主动性和自觉性，让课堂焕发出生命活力，促进了学生成绩的快速提升，同时也印证了"学习金字塔"的记忆规律。

3. 校本课程培养学生综合素养。为培养学生的兴趣爱好，激发个性特长，学校开发了拉丁舞、新概念英语、外教口语、传统文化展演、故事、书法、美术、演讲、声乐、器乐、武术、田径、舞蹈、球类、棋类等多种选修课。举行阅读节、体育节、科技节、艺术节、棋王赛、演讲比赛、有奖征文、知识竞赛等，通过个性化的教育，学生们获得了全面而有个性的发展，实现了品德、知识、兴趣、素养、能力的多重收获。

以优化育人为主题的学校文化特色

1. 继承中华传统文化。人无德不立，国无德不兴。大唐学府自建校以来一直以立德树人为根本，将德育置于教育工作的首位。少成若天性，习惯如自然。中小学时期是培养学生德行的最佳阶段，大唐学府遵循青少年思想形成的发展规律，结合中华民族传统文化和道德，以贯古通今的德育内容，循序渐进的教育方法，让崇高的道德品质伴随学生一生。德育从童年抓起，传统文化筑基，教学内容梯次设置，根据学生知识积累和接受程度，学校"国学教育实施方案"规定：一、二年级诵读《百家姓》，三、四年级诵读《三字经》，五、六年级诵读《大学》，七、八、九年级则诵读《中庸》和学校编选的《论语》《孟子》，使学生受益于传统文化的滋养和熏陶，吸收传统文化精髓，汲取成长的道德力量，继承和发扬中华民族传统美德，养成优良品格。

2. 完善学校文化。大唐学府在追求"教育助人、教育富民、教育强国"的理想中，勤于奉献，百折不挠，在"诚、公、明、仁、达"的校训引领下，学校逐步形成"和睦、和善、和谐"的校风，坚定走向"让孩子成人、成才、成杰，让家长省心、放心、开心"的办学目标。积极实施"以人为本、以德治校、科学管理、和谐发展"的治校方略，有效推进素质教育和分层次教学，以优质教育彰显鲜明的办学特色。从国家的需要、民族的未来出发，从孩子的一生成长、家庭幸福出发，全身心、全方位为留守儿童服务，让每一位走进大唐学府的孩子，都能享受成长的幸福。教师们关注学生的"人生、人情、人性、人和"，真诚呵护、关爱每一名学生，让每一名学生都能"静下心学习、张开嘴说话、抬起头走路、挺起胸做人"，在学校"身有所安、心有所定、情有所依、志有所向、神有所往"。按照学校提出的"没有教不好的学生，只有不合适的教育"和"建校50年能培养出获诺贝尔奖的学生"的教育追求，忠实履行新时代优质教育的历史使命。

3. 优化育人环境。大唐学府创设人文的温馨环境，实现处处皆教育、事事皆育人的教育场、学习场和成长场。根据寄宿制学校特点，注重德育生活化。低年级学生注重学习站姿、坐姿、行姿、着装仪表、言谈礼仪；中年级学生注重培养热爱集体、尊敬师长、诚实守信、团结友善、乐学善思等行为品格；高年级学生注重形成遵守法律、严守规则、爱护公共财物和公共环境等社会公德。使学生由浅入深、循序渐进养成良好的道德品质和卫生、学习、生活习惯。学府从不放过任何一个教育契机，从一点一滴做起，让每一面墙壁会说话，一草一木会说话，一墙一壁皆育人。在校园主要路口都安装上高架路灯，给厕所安装声控灯，给各个教室、宿舍配上空调、电视，校园内建起了方便师生的服务部，配置公用电话，建立微信群，方便学生与家长及时沟通等，努力给学生营造一个文明、安全、积极、向上的成长环境。学校还要求全体学生把好习惯带回家，培养学生热爱家庭、孝敬父母、勤劳朴实的优良品格，将道德修养内化为自觉行为。学府上下形成"学校无空地，处处皆育人；学校无小事，事事皆育人；学校无闲人，人人皆育人"的德育氛围。

4. 走进新时代，展现新姿态。大唐学府全体教职员工将在县委、县政府开展的"不忘初心、牢记使命"主题教育活动中认真学习，不断探索落实2018年9月全国教育大会上习近平总书记的讲话精神，做到"九个坚持"，实施"明确目标、科学分析、精准帮扶、微笑教学、健康发展"的新思路，力争把"大唐东典"教育品牌打造成为实现中华民族基础教育的金色品牌。让更多的孩子享受更好的教育。

郯城大唐学府创办于2004年，是一所经县教育行政主管部门批准兴办的集学前、小学、初中教育为一体的寄宿制民办学校。经过15年的探索发展，现有四个校区，占地面积118亩，建筑面积2.3万平方米，开办48个教学班，在校学生1860人，教职工232人。十五年来，大唐学府在教育管理、服务保障、人才培养等方面成绩突出，获誉无数，饮誉沂蒙，蜚声齐鲁，走向全国。齐鲁电视台、中央电视台、《中国教育学刊》《中国教育报》《中国教师报》《教育文摘周报》《现代教育报》《教育学》《教育博览》《创新教育》《教育创新》《教育家》等媒体纷纷对大唐学府进行专题报道。2016年，王勇基董事长荣登《教育家》杂志第3期封面人物，杂志撰文《王勇基：做一名具备教育家特质的校长》，对其教育理念、办学事迹等进行了详细报道。文章指出："一名如教育家般的校长必定具有坚定的教育志向和决心，拥有深邃的教育情怀与追求，也会深刻理解教育的本真。"

大唐学府中考连续保持高优生群体、高录取率。2015年，92人参加中考，重点高中正榜入学率97%；2016年，95人参考，重点高中正榜录取率100%；2017年，97人参考，重点高中正榜录取率为95%，2018年、2019年中考成绩逐年攀高。大唐学府输送到高中并参加2016年高考学生，最高分642分，600分以上7人，本科线以上21人。2017年、2018年、2019逐年攀高，各高中学校领导、老师对大唐学府育人教书的做法给予高度评价和充分肯定。

大唐学府先后被评为中国"智慧教育工程顾问单位"、"中国民办特色学校"、"中国教育创新示范单位"、"全国百家书香校园"、"全国关爱农村留守儿童百所先进学校"、"全国关爱农村留守儿童示范基地"、"山东省民办学校优秀办学单位"、"临沂市十佳明星学校"、"郯城县教书育人先进单位"、"郯城县平安和谐校园"、"郯城县学校管理先进单位"。特别是2018年，大唐学府被中科院授予"中国科学院科普博览示范基地"；

郯城大唐学府申报的"全寄宿制学校对农村留守儿童成长的影响"项目喜获 2018 年山东省基础教育教学成果二等奖；大唐学府与临沂大学李同胜教授主办的项目——"乡村教师联盟"建设的实验研究荣获 2018 年山东省基础教育教学成果特等奖。郯城大唐学府办学十五年走出了一条既不同于公办学校，也不同于其他民办学校的创新之路，为我国农村基础教育，特别是留守儿童教育创造了一种可资借鉴的成功模式。

给学生一个温暖和谐的家

中学部　梁绍莉

每个人都追求幸福，但每个人对幸福的定位是不同的。对于我来说，幸福就是每天能够和孩子们生活在一起。35 年来，我一直幸福地、快乐地当好学生的三个角色：父母、良师、益友。我经营班级有一个追求，那就是力争让每一名学生在我的班集体里都尽可能达到："身有所安、心有所定、情有所定、志有所向，神有所往"，让每个学生都能喜欢这个班集体，热爱这个班集体，真正地感觉到班集体就是他们温暖和谐的家。

在我们学校，好多老师经常问我："你班的学习成绩总是年级第一，各项综合考评总是全校第一，老师们都乐意上你班的课，校外转来的学生也都打听着进你的班。三年下来，你班几乎无人辍学，五十多岁的人了，可看你整天轻松愉快、不急不躁，班级管理得这么好。梁老师，你是怎么管理的班级？"说真的，其实这里是一定要有付出的。我班之所以能像老师们说的那样，主要的原因有四个：

第一，没有爱就没有教育。

第二，没有规矩不成方圆。

第三，和谐的师生关系。

第四，当班主任与他人一起幸福。

一、没有爱就没有教育

全国优秀班主任李镇西老师说："爱是教育的前提，但不是教育的全部，教师的爱是关爱而不是溺爱，教师的爱是大爱、博爱与真爱。"也有人说："爱自己的孩子是人，爱别人的孩子是神。"我不是神，但我却也真爱我的学生。真爱是把别人的孩子当成自己的孩子对待。每学期结束，为了鼓励学生，我总是要拿出几百元钱，到银行换成 10 元的新票子，然后奖励给品学兼优的学生。尤其是年终放假，为了让每个学生都能过个愉快的新年，我从不同的角度评选出不同的星级学生，如：五星级、四星级、三星级、学习之星、美誉之星、劳动之星、体育之星、进步之星、卫生之星、爱集体之星等，从不同的角度对他们进行表扬和鼓励。尽管钱不多，奖品不多，但孩子们却非常高兴，很有成就感，家长们也非常骄傲和自豪。每到冬天，我怕学生感冒，经常在教室里给他们熬上一两周的醋。每到周五担心住校的学生剩下的饭菜不多，经常从家里给他们蒸些米饭，买些馒头和水果。每个月我都给学生过生日，每次买两个大蛋糕。全班同学一起过生日非常有意义，他们真正感觉到家的温暖。因为多数学生都来自农村，父母很少给他们过生日。每年的八月十五，我都要给学生买很多月饼。2007 年 8 月 15 日，我问学生喜欢吃什么馅的月饼？孩子们说，水果馅的。我给他们买了 30 斤水果馅的月饼，每人两块，当时很多走读的学生都把月饼送给了住校的学生。后来听县委的一个家长说，孩子回家非要妈妈给买水果馅的月饼，妈妈说咱家的月饼这么多，为什么非要买水果馅的？原来她是想尝一尝老师买的水果馅月饼是什么味道的。

每逢在外吃饭，我总是把剩下的饭菜带回来送到宿舍给学生吃。我班的鲁同学是个特困生，从小丧母，父亲残疾，家中还有一个七十多岁的老奶奶，家庭十分贫穷。知道后，我告诉他，这三年你的生活费全部由我来提供，那年冬天，我把刚套好的一床新棉被送到了他的家。一天，他七十多岁的老奶奶，步行十几里路，一手提着一捆大葱，一手用手绢包着 4 个咸菜疙瘩来到我家，激动地说："梁老师你真是个好人，我的孙子摊上你这么好的老师真是他的福气。是你救了我的孩子和我的家。我们一辈子都不会忘记你的。"临走时我给她拿了一箱牛奶。我这样做不是因为我比别人有钱，也不是为了让别人夸我好，我是从学生的实际出发，因为有的学生整天吃着咸菜、辣椒，很少见到荤菜。更重要的是，看着孩子们在一起吃着、喝着、玩着，我的心里有着说不出的高兴。学生成为我幸福的源泉，而我却成为孩子成长的依赖和靠山，真心地去疼爱、关心、爱护他们；真正地走进他们的生活，走进他们的内心世界，从身体、学习、生活、思想等各个方面对他们进行"全身心投入，全方位关注，全人格理解，全过程欣赏"，欣赏他们，享受他们，教育他们，尊重他们的人格，容忍他们的过失，承认他们之间的差异，一视同仁，平等相待。电视剧《名校》中张一白老师说过这样一句话，"在老师眼里，没有坏学生，只有犯错误的学生"。在班里，我常和同学们说："老师是圆心，你们是圆上的各个点，离老师距离一样远，在老师眼里你们都是好学生。"因此我班从不按学习好坏排位，一般是四人一个学习小组，好中差都有。我当班主任，我自己认为最成功的一点就是关爱差生，现在说"待优生"。对待家庭贫困的学生或学困生、特困生，我却更像对待体弱多病的孩子一样，倍加呵护，多给他们一些关爱和鼓励，用母亲的温情来融化他们心中的坚冰，让他们在愉快的情绪体验中接受教育，获得成功，使每个学生都能幸福、愉快地生活，健康、快乐地成长。因为这些"待优生"太需要老师们的关注了，在这里我举两个例子来说明。

1. 一个电话带来的反思

一天我在网上看到这样一篇小文章，说一个班主任老师告诉学生说：最近流感很严重，请同学们把电话号码留给我，万一你们感冒了不能来上课，我好打电话问问情况。第二天，班里一个学习较差又调皮的学生真的没来上课，于是老师就给他家打了电话，老师说："这是×××同学的家吗？"那个同学说："老师我就是。"原来他一直待在电话旁边等待老师给他打电话。老师问他："你感冒了吗？怎么没来上课？"那个学生不好意思地说："对不起老师，我没感冒，我只是想证实一下我们这些差生感冒了，你是否也关心我们，也给我们打电话。"一件看似很小的事，却反映了一个很大的问题。看了这篇文章，真的令我很震撼，也引起了我的很多反思。原来落后生是多么希望得到老师的关爱啊！

而我们做班主任的又是如何对待"差生"的呢？是不是你班走了一个差生，你就感到很高兴？岂不知，我们把他们推回家、推到了社会，就给家庭和社会带来了负担。俗话说，挽救一个差生就等于挽救了一个家庭，赶出了校门就等于为社会又造就了一个所谓的"小痞子"，你走在路上就又少了一份安全感，难道这不还是我们的责任吗？这些所谓的"差生"难道不都是我们生产出来的吗？俗话说：好孩子是夸出来的，不是指责出来的。我们要承认学生之间的差异，一视同仁，对他们要多一些耐心和鼓励，你的一句表扬可能会让差生长时间地热血沸腾，也可能改变他的学习态度或一生。因此我一直帮助差生树立信心、克服困难、相信差生只是暂时的。让差生能够反复感受到成功的喜悦，差生就会变成优生。当老师的都知道，能把好学生带的更好，那是称职的老师。而能把中等学生、普通学生，甚至落后学生都带出来，才是一个真正的好老师。

2. 班级里的故事

我班有个叫徐××的同学，学习成绩不太好，但他给老师印象最深的是：非常懂礼貌、爱集体、爱劳动、善解人意，我非常喜欢他。可到了初二，因为课程增多了，他的成绩更差了，而且还偷偷地去上网。一天晚上，我去查宿舍，同宿舍的同学都躺在床上看书，只有他蒙着被子早早地睡觉了。第二天早晨，教室里，同学们都在大声读课文，只有他又在那里呼呼地睡着了。我问他："你昨天晚上是不是没有休息好？是不是上网了？"他一口否定，说自己没有上网，只是肚子痛，夜里去了几趟厕所，没休息好。我相信了他的话，就问他现在是否还疼，用不用去看医生，他说不用。然后我又找同宿舍几个同学了解一下，都说昨天晚上忙于洗漱没注意，只有一个同学告诉我说，昨晚刚放学他就看到一个别班的学生钻到他被窝里睡了，第二天早晨起床的时候，徐××同学回来了，他可能去上网了。知道真相后，我没有生气，又一次找他谈话，告诉他说："老师相信你，你一定会和老师说实话的，今天上午你好好想一想，我等你回话。"下午他送给我一封信，信上他是这样说的："老师你好，昨晚我去上网了，我是找××班的××同学在我床上睡的。老师我对不起你，老师我求你千万不要把这件事告诉我爸爸，要是让他知道，他不但不会让我上学，他还会把我的手指头砍断的，因为我在店子已经上了一个初一，那时我就迷恋网吧，没办法，爸爸才把我送到了这里。这些天，我的网瘾发作，实在是控制不住，可你对我这么好，我实在不想让你生气，所以就想出了这个办法。"我告诉他说："只要你以后不再去上网，我不会告诉你爸爸。"当时他非常激动地说，老师你太好了，我真想叫你一声"妈妈"！我说："可以呀，但我不想有一个上网成瘾的儿子！"他连声："老师我改！老师我一定改！"我说："好，我相信你！"以后有时周六、周日他不回家，我就把他领到自己家玩上一两个小时，以解网瘾，后来他真的改掉了这个毛病。再后来我发现他对乒乓球、篮球挺感兴趣，他个子高，有这方面的天赋，我就鼓励他去学体育，2008年以优异的成绩考上了郯城一中。

一次，我在街上买菜正步行往回走，手里提着两大包东西，这时从对面的三轮车上跳下一个人，紧紧地抱住了我说："老师，我想死你了！"声音特别大，路上好多人都在看，开车的司机也在那里愣住了，那场面真的让我好感动、好幸福、好难忘。试想，如果当初我把这件事草草地告诉了他爸爸，会是什么样的结果？还会有今天这样的师生情吗？如果当初我把他当成差生，不管不问，还会有今天的成绩吗？所以，我们要能容忍差生的过失，不能凡事都告诉家长。作为班主任，我的感悟是：挽救一个差生就是挽救一个家庭。从这些例子不难看出，所谓的差生，是多么希望、多么渴望得到老师的关心、爱护、尊重、信任、宽容和理解啊！

二、没有规矩不成方圆

俗话说："没有规矩不成方圆。"在班级管理中，我始终坚持这样一个原则："抱着走，领着走，学生跟着我走，我跟着学生走。"

1.抱着走，领着走。 初一年级学生年龄小又乍离开父母，这时我们就要当好孩子父母的角色。为了使学生尽快适应初中生活，尽快养成良好的学习和行为习惯，我每接一个班，都是首先制定一系列的班级文化，强化文化育人、环境育人，这也是我管理班级的一大特色。

我们制定的班级目标是：愉快学习、幸福生活、健康成长、全面发展。目的是希望每一个同学在这个班集体里，都能够以良好的心态对待学习，把学习当成一件快乐的事。因为人只有在心情愉快的时候，才能最大限度地接收信息；同学们之间才能够互帮互学、和睦相处，能够感觉到家庭的幸福和温暖，更愿意生活在这个大家庭里，使身心健康成长，德、智、体、美、劳全面发展，从而成为一个德才兼备的有用之人。

我们的班规是：班干部能做的事班主任不做；普通学生能做的事，班干部不做；做了错事要用做好事来弥补。以此来培养学生的自理、自立能力。真正做到：班级的事，事事有人做；班级的人，人人有事做。

我们的班训是：勤奋好学，自强不息。意在告诉学生要勤奋学习，勤能补拙及天才出自勤奋的道理。告诉学生要把学习当成一件快乐的事去做，而真正的学习不仅快乐也很辛苦，还需要同学们有持之以恒、自强不息的精神。

我们的学风是：勤奋、专致、博学、善思。配以学风，我们制定的口号是："不学习就是最大的错误"和"天生我材必有用"。让学生知道，教室是学习的场所，进了教室就要好好学习，不学习就是犯了最大的错误，从而达到"入室则静，落座则学"的境界。可以说我班几乎无一人不学习，借教数学的高老师的一句话说："梁老师的班连傻子都知道学习。"所以无论期中期末考试，我班的成绩总是年级第一，一般8科有6科第一，2科第二或第三，班平均分比别的班级第二名高20分之多。同时还要告诉学生要自信，天生我材必有用有两层含义：一是希望每位老师都相信自己的每个学生都能行；二是自己要相信自己一定能行，对于学生来说，自信就是上帝，自信是学习、做事成功的前提和保障。

我们的班风是：敬、竞、静、净。四个字，简单易记，易于遵守。敬，要求师生之间、同学之间要互相尊敬，多讲礼貌用语，做到文明待人；竞，要求同学在思想、学习、纪律、卫生等方面要人人争上游，处处当标兵，形成一种"比、学、赶、帮、超"的氛围；静，课堂要安静，行为要稳重，特别是女同学，要学会自尊、自爱、自重；净，即生活中要爱清洁，讲卫生，思想品质要优秀。同时我们还加强对学生进行"五学会"教育，即学会做人、学会学习、学会生存、学会健身、学会合作；"五心"即信心、专心、恒心、爱心、诚心及"24字仪表箴言"的培养和教育。告诉学生首先要学会做人，因为德是大方向，将来无论做什么事情都要先以德取人；学会学习，因为 21 世纪的文盲不是目不识丁的人，而是不会学习的人；学会生存，告诉学生不能凡事都依靠父母、老师和他人，要学会自理、自立、自我生存的能力。一个人要学习、要工作，首先要有健康的身体，因此要求每位同学都要学会健身，全面发展，而更重要的是要学会与他人合作，要学习一片瓦的精神，只有合作才能取得成功。我班还是全校唯一的无人监考班级。通过以上班规、班纪的建设，较好地规范了学生的言行，夯实了学生的思想基础。半个学期下来，学生良好的学习、行为习惯已经养成，习惯养成了，班主任管理起来就得心应手，老师们上课就轻松愉快。

2. 学生跟着老师走。到了初二，学生有了一定的学习基础，掌握了一定的学习方法，有了自己的思想和自理能力，但还不够完全成熟，老师不能完全放手，这就要求"学生跟着老师走"，因此，我就要当好楷模，做好榜样。在班里，我不仅给学生立下了规矩也给自己立了规矩，要求学生做到的，自己必须做到；要求学生不做的，自己坚决不做。我还让学生随时监督我的一言一行。每天早上我第一个来到教室帮助同学们打扫卫生，每天晚上我最后一个离开教室。因为自当班主任以来我一直是在教室里办公。建议初一上学期最好在教室里办公，这样不仅可以维持纪律、养成习惯，而且还可以更好地了解教师的教和学生学的情况，发现问题及时解决。平时力争给学生树立一个完美的形象，让学生觉得我就是他们心目中最好的班主任。好多学生家长经常打电话来说："老师，你比我们当父母的对孩子都好，孩子交给了你，我们就放心了。"

3. 老师跟着学生走。到了初三，学生身心已近成熟，有了自己的思想和分析问题、解决问题、明辨是非的能力，而且积累了一套适合自己的学习方法，这时，如果老师还把他们当成小孩子抱着、领着，他们会很烦的，所以班主任就要学会放手，充分发挥班干部的作用，培养学生的自我管理能力，把自己从繁忙的班级工作中解脱出来，真正做到："给学生一个空间，让他们自己往前走；给学生一点时间，让他们自己去安排；给学生一些问题，让他们自己去解决；给学生一个对手，让他们自己去竞争；给学生一个方向，让他们自己去努力、去创造。"让学生真正成为学习的主人，充分相信他们，在信任的同时还要跟在学生的后面及时进行点拨，以防他们走歪路、斜路，这就是所谓的"老师跟着学生走"。

三、和谐的师生关系

在我心里，总是把初一的学生当成自己的子女，真心地去疼爱关心他们；把初二的学生当成自己的弟妹，真正地去保护帮助他们；把初三的学生当成自己的朋友，真诚地去对待他们。

1. 与学生共同营造班级文化。每接一个班，为了给学生创造一个美好、和谐、积极向上的班集体，我总是和学生一起把全班学生和我的照片贴在一起，然后用镜框裱起来挂在教室里，取名为"瞧这一家子"；然后在教室的后墙上用红纸写上"温馨大家庭，和睦一家人"几个字；教室四周找书画较好的美术老师把我班的班规、班训、班风、学风、口号及目标等班级文化用不同的字体写好，并画上画，贴在墙上不同的部位，每当学生走进教室，就给人一种温馨、舒适、漂亮的感觉。于是学生就从心底里喜欢上这个班，愿意在这个大家庭里学习和生活。

2. 与学生一起开展丰富多彩的文体活动。为了融洽师生关系，我经常利用课余时间或班会时间教同学们唱歌、打乒乓球，还利用早读之前的时间给同学们讲一些人生哲理故事。三年初中下来，我至少教给了学生20首歌曲，讲了五十多个故事。2005级我们还改编了一首班歌，名为"0513之歌"。每次期中期末考试结束后，都要为学生举行一次集体活动。记得一次期中考试前，我发现我班几个乒乓球爱好者一下课就往球台跑，我怕影响考试，就在班里对同学们说："如果这次考试我们班还是第一，我就为你们举行一场乒乓球赛，并且谁要是赢了我，以后课间就允许谁去打球。"我知道他们是不会赢我的，因为九五年县全民运动会我就是女子单打第四名。听后，同学们非常兴奋，全力以赴投入复习，结果班平均分高出第二名29分，我如愿给同学们举行了一场乒乓球赛。因为此事，其他年级的乒乓球爱好者都要来约我打球。之后我再到他们班里去上课，觉得他们用异样的眼光看我，听课都很认真，也没有捣乱违纪的。通过开展活动，不仅拉近了师生间的距离，增进了师生间的友谊，同时也使学生懂得了一些做人、做事及学习的道理。比如通过拔河比赛，学生感受到了要想取得胜利，必须心往一处想、劲往一处使，形成强大的凝聚力。这就是团结的力量、合作的结果。通过越野比赛，学生体会到了要完成一件事，达到一个目的，必须要持之以恒等。学习也是如此。

3. 建立"谈心簿"，沟通你、我、他。 为了当好学生的朋友，开学初，我让每位同学建立一个谈心簿。通过谈心簿让学生和我谈自己的思想、学习、生活、情感及家庭等问题。许多同学竟和我谈了一些连和自己的父母、兄弟姐妹都不能说的事。同学们这样信任我，把我当朋友，所以每份谈心簿我都认真去读，有时读到深夜，并给他们写上鼓励的语言或替他们出谋划策，帮助他们分忧解难，当好学生人生的方向盘。由于师生间和谐和善，学生情绪轻松愉快，在我们的班集体里，每个同学都能真正做到"愉快学习，幸福生活，健康成长，全面发展"，每个同学都能达到"身有所安，心有所定，情有所依，志有所向，神有所往"。同学们都喜欢这个班集体，热爱这个班集体，班集体就是他们温暖和谐的家。

4. 通过主题班会，对学生进行情商教育。 我班的主题班会都是由班干部自己去组织、去策划，以此培养学生自主做事，自我感受成功与失败的体验。主题班会是对学生进行情商教育的最好时机，有的孩子智商很高但情商很低。因此每个月过生日，我都让学生自己去组织，包括订蛋糕、租车拿蛋糕、分蛋糕、黑板的布置、生日会的程序等，都由学生自己去安排。第一次我在教室后面坐着，总是有点不太放心，毕竟是第一次，不知孩子们会怎么折腾，结果他们安排的有条不紊。以后每次过生日我都在办公室里待着，班长主动对全班同学进行一次感恩教育。班长说：我们何德何能，老师对我们这么好，这么关心，这么爱我们！我们要拿什么来回报老师？每次同学们总是先把第一块蛋糕送到我的手里， 然后同学们再边吃蛋糕边交流，别提多高兴了，幸福感溢上了每个孩子的脸庞，因为有的孩子长这么大，爸妈从未给过过生日，这种生日是他们终生都难以忘怀的。通过主题班会，我经常和同学们说，要学会感恩，你的出生日是妈妈的苦难日，是她们十月怀胎辛辛苦苦把你们带到这个世界上来的，要感恩父母给了你生命，感恩老师辛勤培养教育，感恩学校给你们提供了良好的学习环境，感恩同学伙伴对你的关心与帮助，将来你们还要感恩社会。

四、当班主任和他人一起幸福

当班主任不仅自己幸福，还应为他人提供幸福。俗话说"送人玫瑰，手有余香"，给予比获得更能使人心中充满幸福感。大家试想，每次领导召开班主任会议，布置了一系列工作，我们都按时并较好地完成，毫无怨言，领导应该感觉到欣慰吧？反过来说，领导布置的各项任务，班主任不去完成或完成得不够好，领导还会高兴吗？所以我们要想让领导舒心、开心、幸福，就只有好好干工作。有一首歌唱得好，幸福着别人的幸福，快乐着别人的快乐。助人者助己。

当班主任还要尽量为同事提供幸福：平时要严于律己、宽以待人、互相体谅、互相帮助、互相提醒、鼓励和启发，让胸怀宽若海洋，用善意的、发展的眼光看待别人。时刻把自己的位置放低一些，像大海一样，只有位置低了，才能容纳百川。

当班主任还要让学生家长感到幸福。给学生家长当好参谋，给他们提供育人的资料和策略、家教的经验和方法，做学生家长的知心朋友。当班主任更重要的是让学生感到幸福，每天很自然地把微笑带进教室，因为微笑是两人间最短的距离。俗话说："不会微笑的人，不要当老师，没有爱心的人，不要当老师。"平时我们还要把好的心情好的事情带进教室与学生一起分享。老师的一个赞美的眼神、一声亲切的问候、一次轻轻地抚摸、一个暖暖的拥抱，都会让学生感到幸福。一个能让学生永远记在心里的老师一定是幸福的。今生为了学生，老师的生命才有意义；今生为了学生，老师因此荣耀无比。

一路走来，感慨颇多。人常说："没有梦想的人生是乏味的，没有创造的生活是平庸的，没有燃烧的事业是无奈的。"生命有限，生命不息，奋斗不止。多年来，我感谢教育这块沃土，因为在这里我找到了人生的价值；感谢教育这块沃土，让我在这个百花园里茁壮、幸福地成长；感谢教育这块沃土，因为正是这平凡的工作让我充实、快乐每一天！

不忘初心　立德树人
——大唐学府国学实验部发展纪实

国学实验部　王玉国

习近平总书记在全国教育大会上的重要讲话，围绕"培养什么人、怎样培养人、为谁培养人"这一根本问题作出了战略部署，明确提出办好教育事业，家庭、学校、政府、社会都有责任，是一项需要共同参与的系统工程。只有分工合作、密切配合、各尽其责，在不同层面寻找不同的教育侧重点，采用不同的教育方法，才能营造学生成长成才的健康环境，才能更好地实现立德树人这一根本目标。为更好地实现这一目标，我校一定要做好第四个五年计划的开局工作。

凡事预则立，不预则废。大唐学府如何发展，一直是萦绕在王勇基董事长心中的大问题。他曾经多次在校委会上和我们说"五年小成、十年中成、十五年大成"的办学目标。围绕这一办学目标，我们学校制定出了三个五年发展规划。每一个五年规划的制定，我们都能立足现实，同时又展望未来。实践证明，通过我们的努力奋斗，这是切实可行的。从初创时的几十名学生，到今天的近 2000 名学生；从偏居府西街一隅，到今天郯城、费县两地四个校区的大唐东典教育集团。每一份成绩的取得，都是每一个五年规划最有说服力的展示。值得一提的是，学府的跨越式发展是在 2014 年我们学校制定《大唐学府第三个五年规划》（以下简称《规划》）后实现的，国学实验部就是根据这一规划统筹布局而成立的。在此期间，我们学校又在原临沂市仇市长的具体指导下推进积分制管理。这一科学管理模式更是为学府的发展插上了翅膀。下面，回顾总结一下国学实验部如何在宏观《规划》的指导下，细化积分制管理并在教学中全面推行，推动国学实验部工作。

《规划》对我们的教育教学方向提出了要求。今年，国学实验部把学习宣传贯彻党的十九大及十九届三中全会、全国教育大会精神作为学校首要政治任务。围绕"培养什么人，怎样培养人，为谁培养人"这一根本问题进行研讨学习，同时在这一活动中进行积分制考核。我们在规范开展"三会一课"的基础上，按照《关于新形势下党内政治生活若干准则》的要求，注重学风求"实"，坚持党性教育，民主评议党员，党员领导干部参加民主生活会、双重组织生活等制度。为搞好学习，学校及时编印了《学习与践行》《践行与创新》两本学习资料，要求大家学深学透。为达到好的学习效果，我们要求全体教师进行学习考试，要求把党的指示贯穿到教学工作当中。老师们纷纷表示要做新时代讲政治、有信念；讲规矩、有纪律；讲道德、有品行；讲奉献、有作为的合格教师。对于教师的学习活动，我们实行动态管理，根据老师参与学习的次数，所取得的成绩，我们划分出不同的等级，本着公正公平公开的原则，予以赋分，记入积分册，作为学校考核评价教师的主要依据之一。

抓党建工作，同时着眼于老师的政治思想教育，最终还要落实到我们日常的教育教学中去。我们的《规划》和"积分制管理"中既有宏观的面上的要求，又有具体到某个点上指导性意见。这一切都让我们的行动有了发力点和落脚点。我们在践行中既有遵循也有所创新，形成了国学实验部生动活泼的工作局面。

《规划》指出：我们要优化学校育人环境，让校园的一草一木、每一块墙壁都会说话，努力营造一个整洁文明又显示学校个性的育人环境。根据这一精神的指导，我们尽可能地为孩子们创造更多更好的生活和学习环境。在生活上，国学实验部育人环境有了极大改观——我们改建宿舍，使之宽敞明亮，阳光充足，环境优雅，同时配备了高标准的床及床上用品、空调、电视和室内热水器等设施一应俱全。我们聘请书画、艺术名家美化我们的校园。他们精心构思，从传统经典中选择最有教育意义的语句书写在校园的墙壁上、园林里。一幅幅精美的图片文字在提升我们的校园层次的同时，让我们的育人环境极大优化。它们恰如其分地出现在学生的视野中，让他们接受到润物无声的教育。

《规划》指出，要不断探索创新，日臻丰富完善大唐学府管理文化、教育文化、服务文化、班级文化、"家庭"文化，建构大唐学府以面向农村留守儿童为核心的服务特色，以学生综合素质明显提升为重点的人才培养特色，以构建温馨家园为主体的学校文化特色。我们经常举办各种活动：除了艺术节、体育运动会、家长会文艺会演这些我们学校的常规活动，我们还经常组织各种知识竞赛，朗诵、演讲比赛，科技讲座，小论文评选，征文比赛、画展、手抄报设计等。这些活动，促进了所有学生个性特长的发展，更激起了孩子们生活的五彩波澜。值得一提的是，为了孩子们更好生活，我们已经接连两次举办了"趣味运动会"。孩子们的动作技巧表现虽然不是很完美，但是他们高涨的情绪、发自内心的快乐、比赛后的满足才是我们最想看到的。

《规划》指出，我们要整合教育资源，形成校本教学特色。课程校本化是学校办学理念的具体表现，也是实现办学目标的载体。学校要认真贯彻落实新课程教学计划，上好综合类课程。同时，要充分开发和合理利用校内外多种教学资源，开发校本课程，建立校本化的课程体系，形成校本教育教学特色。为此，我们设置了丰富多彩的选修课和特色课。今年，我们为这些课程开辟专门的功能教室。象棋室、乒乓球训练馆、美术教室、微机室等，宽大的舞蹈房也投入使用。有了这些教室，学生的选修课更加便利有序，教学效果更好，孩子们更加开心。

教师是教学活动的载体，是最主要的课程资源。为了推进我们的校本课程建设，我们聘请著名少林武术教练任武术课教师；聘请郯城古郯舞蹈艺术学校专业教练任舞蹈教师；聘请省、市、县有关党史、传统文化方面的专家、学者，任红色故事、传统文化课教师；聘请临沂市象棋冠军开设象棋课；聘请郯城县围棋协会秘书长开设围棋课；聘请山东大学硕士研究生开设国学课。在此我向大家介绍一下我们国学特色课的开展情况。在诵读完成《弟子规》后，我们又分层次为学生开设《大学》诵读和《诗经》吟诵两门课程。同学们在老师的引领下熟练诵读经典，并在老师的讲解中体会文学的美好和其中蕴含的人生哲理。经典的学习又为孩子们的人格养成、道德塑造奠基。以上课程的开设，极大挖掘了孩子们的潜能，培养了他们各个方面的兴趣爱好，为他们积极健康人格的养成奠定坚实的基础。这一局面的形成，是我们对《规划》中的要求创新性执行的结果，而在这一过程中"积分制管理"的实行也极大激发了教师们的工作热情，确保了各项工作的顺利开展。

《规划》指出，我们要更新教育观念，提升教师素养；要改进德育方式，增强学府德育工作实效性；要全面深化课程改革，提高教育质量等具体要求。遵循这一要求，我们做了如下工作。

《规划》要求加强班主任队伍建设，要求建立一支有强烈的责任心、崇高的使命感、乐于奉献的班主任队伍。我们认为班主任是教育教学工作的最主要的承担者和实施者，也是实现《规划》、落实"积分制管理"的主体力量。我们告诉大家除了自己所承担的教学任务，班主任还需明确的职责有二：第一，日常生活中时时关注学生的情况。他们的学习、情绪变化、同学关系、身体状况等，班主任都要看在眼里，记在心上，还要随时解决。在完成这一工作时，就是要让孩子有如妈妈的关怀一样的感觉。第二，协调各任课教师做好班级管理工作。为了孩子们的健康成长、快乐学习，我们学校组织了各类丰富多彩的活动。这些活动的举行，固然需要艺体教师为主去进行，但是班主任的协助作用也非常重要。我们要求，学校组织的所有活动，班主任必须旗帜鲜明表示支持，并毫无怨言地协助相关老师组织排练。不许态度消极，不能以影响学习为由影响活动的开展。

《规划》指出，我们要关注学生理想目标、道德品质、日常行为、学习行为、心理健康、思想动态、安全意识、实践能力、创新能力的培养。因此我们认为一切都要从孩子们的独立开始。我们认为从行李的整理、房间卫生的清扫、物品的摆放培养孩子的能力也是班主任工作的重点。我们在学生入学开始就从生活小事入手，经常性地开展各种生活能力竞赛，使学生们初步养成独立自主的好习惯。我们常常听到孩子家长对老师说："回家后，自己什么事都能做，感觉好像一个小大人一样。"这样的话，是对孩子的表扬，也是对我们学校工作的认可。这份赞誉，首先要归功于我们的班主任老师。

在这里，我代表学校领导向大家表示衷心地感谢！在这一过程中，我们把本来只适用于教师的"积分制管理"推广到学生中去。对于那些能够积极主动地去完成老师交代任务的学生，我们根据其接受任务的难易程度予以赋分。这一措施也调动了孩子们的积极性，提升了他们克服困难的勇气，培养了他们的独立自主能力。

《规划》指出，我们要为学生建设温馨家园，要加强学生"吃、穿、住、行、玩、乐、学"的管理。温馨家园需要我们前后勤教师的共同努力，学生能否安心求学大唐学府，就责任划分来说，后勤老师和前勤一线任课教师责任一样重大。学生学得好固然很好，能够做出学生喜欢吃、吃得饱、吃得好的饭菜也极为重要。我们站在学府发展的角度，站在对家庭负责、对社会负责的角度，对全体后勤人员进行认真、全面培训，使他们的技术水平有了大的提高。后勤上下员工，纷纷表态要在饭菜质量、卫生、服务上下功夫，保证学生就餐质量，力求饭菜卫生过关、营养均衡、口味丰富、味道鲜美。相应地，学部的餐厅也进行了升级。现在的餐厅面积相当于原餐厅的二倍，墙壁、地板进行了高标准装修，餐桌、餐具等配备一新，孩子们在更为舒适的就餐环境中吃得更好、吃得更香。

我们对生活老师提出了更高要求。我们要求生活老师都要向孩子们展示出一位温情慈爱的母亲形象。生活老师们纷纷表示，一定会对孩子们言辞温和，面容温婉，时时关爱他们。在具体的工作中，生活老师把自己的工作细化：比如，对学生衣物换洗的频率、睡前故事会的演讲人员安排、被褥床铺的晾晒等都做出了详细安排。总之一句话，我们就是孩子的妈妈，这里就是他们的家。

安全工作作为学校教育的重中之重，我们时刻放在心上，常抓不懈。国学实验部学生的日常作息和课外活动内容丰富，安全工作最难保障。我们要求各位老师全方位监控学生的一切活动，确保把安全事故消除在萌芽状态。学生就寝时，班主任教师和生活老师都认真做好交接和查寝，到宿舍清点人数。之后，值班老师还要不定时地到宿舍进行巡视，看看学生是否睡得好，是否盖好被子，是否有身体不舒服的同学。平时定期给寝室消毒、开窗，让寝室通风透气，保持卫生，空气清新。说实在的，这项工作因为太琐碎，有太多的想不到，所以很难落实到某个人。然而难得的是，没有哪位老师推卸责任，都能积极向我们献计献策，发现一些安全隐患，提出一些可行的解决办法……正因为有全体老师的自我担责，所以才有了学校今天的这个大好局面。

一分耕耘，一分收获。大唐学府赢得了社会的赞誉，获得了家长的认可，更多的家长把孩子送到我们学府求学，而且这些学生都是经过严格的面试、测试都合格后才入校学习。这一成绩的取得，让全体教职员工感受到无限的荣耀。因为，这份荣耀更多来自人民群众、社会各界对我们的信任。

新时代赋予教育前所未有的发展机遇，面对家长的期盼，我们责无旁贷、使命在肩，一定做一个有坚定的理想信念、有高尚的道德情操、有扎实的学识、有仁爱之心的好老师。坚信在大家的努力下、在《规划》指导下、在"积分制管理"的科学运行下，国学实验部的未来定会更加美好！

宝与然的故事

费县校区　杜森山

魏 × 宝是一个非常活泼的孩子；

乔 × 然是一个非常稳重的孩子。

魏 × 宝是一个天天挨老师批评的学生；

乔 × 然是一个常常被老师表扬的学生。

魏 × 宝是一个数学成绩很差的孩子，数学只考 43 分；

乔 × 然是一个数学成绩很好的孩子，数学能考 96 分。

本学期，这两个孩子被分到了一个学习小组，巧的是：原本是同班却从没有任何交集的两个人居然成了同桌。故事从此就开始了：

课堂上，乔 × 然稳如泰山，聚精会神；魏 × 宝如坐针毡，左顾右盼。一节课下来是这样，两节课下来依然如故！

"然，你要帮帮宝！"老师注视着然，目光中充满着期待。"嗯。"然轻轻地咬着嘴唇，腼腆地点点头。课堂上，宝依旧坐不住，然用腿轻轻碰碰宝的腿，向他投来微笑的目光，宝却转脸一瞥，露出反感的眼神……

课堂上，宝依然坐不住，然用腿又轻轻地碰碰宝的腿，向他投来微笑的目光，宝会心地笑了……

课堂上，宝还是坐不住，然还是用腿轻轻地碰碰宝的腿，还是向他投来微笑的目光，并且轻轻地摇摇头又点点头，宝红着脸不好意思地笑了……

此后，然就很少用腿去碰宝的腿了……

课后，然故意找宝玩，宝也不再躲着然。两个人或交谈、或游戏、或一起欢笑、一起读书……

然天天与宝在一起，宝也天天和然在一起，两人的关系越来越融洽了……

从此，课堂上，课间里，甚至去厕所的路上，时常看到他俩在一起的身影：或讨论问题，或说说笑笑，或争论的面红耳赤，但从未"拳脚相向"。

宝的基础太差，然就帮助他学习前面的内容，找到了知识断层，宝感受到了学习并非想象中的那么难，他找到了学习的乐趣，增强了学习的自信，脸上的笑容多了，练习本上的字也越来越漂亮了，挨老师批评的机会也越来越少了。

然的体质太差，宝就在每天的大课间或晚饭后，劝然跟他一起去操场跑跑步、踢踢球。然是懒惰的，常常不愿锻炼，宝总是连拖带拽把他拉到操场上。然的脚也酸过，脚也疼过，但身上的劲却越来越足了，脸色也越来越红润了。

课堂还是那个课堂，操场还是那个操场，魏×宝已经不再是那个一进课堂就犯晕的学生，乔×然也不再是那个一到操场就打怵的孩子了。

读《宝与然的故事》有感

王勇基

太美了，诗一般的文字里，流淌着我们课堂教学改革的魂。清纯的诉说中，飘来了"心教育、新未来"的福音。教育啊教育，本应该就是这个样子的。信任、承诺、自信、坚持，迁善、包容、引领、鼓励，自学、合作、讨论、展示，尊重、多元、互助、共享。

感恩杜森山主任，他创造了一个幸福快乐的"场"；感谢杜森山主任，他信任他、她、他们；感念杜森山主任，他敏锐的洞察力和温暖的心。感恩杜森山主任，大唐学府有这样的课堂和孩子们，您付出了太多的智慧和工匠的心！感恩杜森山主任，您带领大唐学府小学部的同事勇闯世界难题，从此，天下没有难学的数学！

分量

费县校区　杜森山

学校今天上午开始期中考试了。第一场结束后，何仁秋老师突然到办公室来找我，脸色凝重，未曾说话已经泪流满面："杜校长，我要请假。""什么事呀？何老师。"我诧异地问道。"我刚接到我姨的电话，我姥姥去世了……"何老师已经泣不成声了。

我虽然也感到很突然，却连忙安慰她道："不要伤心，何老师，老人家多大岁数了？""八十多了……是姥姥把我带大的。"何老师哽咽道。"哦，也算高寿了，人人都会有这么一天，你不要太伤心，何老师，赶紧回家去看看吧。"我连忙又安慰道。"嗯，谢谢你，杜校长，我走了。"何老师眼含泪花，匆匆下楼了。

我站在办公室门前目送何老师下楼后，转身想回办公室，却看到三年级教室门前聚集了许多学生，正在向这边张望呢，刚才他们的班主任何老师流着泪走开的情景肯定被这群孩子全都看到了。我没多想，赶紧告诉学生："快回教室去，一会还要考试呢。"孩子们却迟迟不肯进教室，看着我却似欲言又止，我又大声催促道："快进教室去，不要影响下场考试，快点！"这时孩子们才心不甘、情不愿地慢腾腾地进了教室。

下午的预备铃刚响过，我正准备下楼，却远远看见一群三年级的孩子拥簇着何老师向教室走来，我很惊讶：何老师怎么这么快就回来了？

相遇后，何老师告诉我说："我到家后去看了姥姥，其实她老人家生病很长时间了，我们一直都在积极治疗，可是还是……"何老师又哽咽了。"老师，你不要哭，不要哭……"一个小女孩伸手去替何老师抹眼泪。

"你应该在家多待会儿，看看有什么事需要帮着做嘛。"我提醒道。"我也是这么想的，想在家帮帮家人们做点事，可是我妈妈跟我说'你回学校吧，你是班主任，今天又考试，班里还有四五十个孩子在等着你呢，家里的事你不用操心，有我们呢，再忙也不能耽误学校里的事情'。我拗不过妈妈，只好赶回学校来了，明天学生考完试后我再回家吧。"

我突然感觉到双眼一热，眼泪差点流了下来：这是一个多么伟大的妈妈呀！在自己失去妈妈的痛苦时刻，却还在想着自己女儿的工作性质与其他工作不同，还在替女儿挂念着班级里四五十个学生的事情，这是何等高尚的情操呀！难怪何老师刚入职不久就被全校所有的教干教师称赞，因为只有优秀的父母才能教育出像何老师这样优秀的老师来！我内心里默默为这样顾大局、识大体的妈妈点赞！

"你回办公室休息一会吧，何老师。"我赶忙说，然后匆匆向楼下走去，因为我怕再耽搁一会儿，我的眼泪真的就会感动地流下来。面对这么优秀的老师，家里出现这么大的事情，却仍然坚持在工作岗位上，我有一种愧疚感。

"杜校长、杜校长……谢谢你！"一个铜铃般的声音从我身后传来。我转身一看，是杜芘灵，号称三年级的"百灵鸟"，性格外向，能说会道。"谢谢我？啥事呀，谢谢我？"我笑问道。

"谢谢你，杜校长，我们何老师又回来了！"杜芘灵满脸喜悦道。"你们何老师又回来了？她去哪儿了？什么呀？你说的啥？我不明白呀？什么事情，杜芘灵？"我一时丈二和尚——摸不着头脑了。"呵呵，上午我们看见何老师从你办公室出来哭着走了，我们认为何老师被你开除了，我们班学生都哭呢。"杜芘灵说着说着又要伤心起来。"什么、什么？这哪是哪呀？我怎么会开除何老师呢？你们怎会有这种想法呢？"我大笑道，"你们全班学生都是这样认为的？""是的，杜校长，上午何老师走后，我们都在教室里哭了，××说可能是因为他成绩不好，何老师就被校长开除了；×××说可能是因为他太调皮，校长就把何老师开除了；××说可能是因为她就餐时说话，被学生处干部抓到了，校长就把何老师开除了；×××说也可能是昨天中午午休的时候他不守纪律，被值班老师发现了，校长就把何老师开除了……总之，我们都认为你把我们何老师开除了，要不，何老师怎么会从您办公室哭着走了呢？我们都很伤心难过，恐怕今后再也找不到这么好的老师了……"杜芘灵噘着嘴委屈地说，"我们宿舍的同学今天中午都没有睡觉，我们都坐在床上闭目祷告呢，求您不要开除我们何老师，我们今后一定听话，不犯错误了还不行吗？这下好了，您真没有开除我们何老师！谢谢您呀，杜校长！"杜芘灵向我一鞠躬后就跑了。我愕然地站在原地久久没有走动：我压根就没有想到三年级的孩子会有这种想法，通过学生们的一个小小的误会，却看出了何老师在学生心目中的分量、看到了孩子们天真可爱的一面、看到了师生感情的真挚。何老师能在短短的两个月时间内与三年级的学生（大多还是新生）建立起这种深厚的感情，这与何老师本身的善良、宽厚、仁慈、博爱，与何老师生活在有良好家教的环境，与何老师拥有知书达理的父母是密不可分的。何老师能到我校工作，是大唐学府之幸、是三年级学生之幸！

学生心中有杆秤，老师们，你了解自己在学生心目中的分量吗？

门帘之殇

费县校区 杜森山

最近几天，齐鲁大地飘起了"五月雪"，铺天盖地的杨絮漫天飞舞，无孔不入，严重扰乱了人们的正常生活。为让学生有一个安逸的学习环境，除号召学生尽量减少户外活动外，学校还专门给各班配置了门帘。

很快门帘就发下来了，由于后勤人员有限，多数门帘的安装工作是由各班老师完成的。很多老师都没安装过门帘，很有兴致地干着这活儿，很快各班的门帘就全部安装完毕，但是在使用的过程中发现存在着不少问题。

每个门帘都是由左右两部分组成的，四周固定在门框上，中间能够打开，便于人们出入。它的关闭是通过小磁石的吸引完成的，想让门帘起到隔离杨絮和蚊蝇的作用。小磁石能不能随时把两扇门帘关闭是关键，其实安装门帘的技巧也就在这儿。

通过各班使用后反馈的信息有三种：有的门帘装得松松垮垮，比较难看，但是还是可以凑合着使用；有的门帘装得很好看，很紧绷，但是学生出入后，门帘不能自动关闭，必须人为地手动才能将两扇门帘关闭好；也有的班级安装的既精致美观，又能自动关闭，很到位，很实用。

经过研究，我们发现：出现这三种情况是有原因的，因两扇门帘的关闭是通过小磁石的自身重力和吸引力完成的，安装松垮的门帘，虽然也固定在门框上，但留有余地，较松散，小磁石能自由下垂，左右两边的磁石接近后，就相互吸引到一起了，起到了关闭的作用；而安装紧绷的门帘，一味追求了美观，钉得较平整，但是由于门帘的四周紧紧钉在门框上，对小磁石有牵制作用，小磁石不能下垂到它应去的位置，门帘两边的小磁石相隔较远，无法互相吸引，所以无法自由关闭，只有手动从两边向中间牵引，才能让两边的门帘重合在一起；而第三种情况是，安装门帘的位置最恰当，既让门帘周正美观，还留有余地让其自由下垂，能自动关闭，这是高手的杰作。

真是生活处处皆学问呀！简单安装门帘的工作，却隐藏着许多道理和自然规律，对门帘的过于控制、要求美观，本意是好的，但是它不符合自然规律，造成它无法自由关闭，其实是对门帘的伤害。就像我们教学一样，始终不敢放手给学生，始终牵制着学生，始终对学生要求严格，始终让学生达到我们想要的标准，这也不想让学生去做，那也不敢让学生去干，以为是对学生的爱护，其实是适得其反，恰恰是伤害了孩子。学生不仅不会向我们要求的方向前进，还制约了学生自身的发展，限制了学生学习的行为，禁锢了学生的思维自由，阻碍了学生的创新行为，摧残了学生的进取精神，只能让学生毫无自己的主见，跟随着老师的指挥棒走，甚至只能让老师被动地推着走，不会自己主动地前进，因为他无法摆脱老师给他们的控制。

如果放松对门帘的控制，让其有自由活动的空间，小磁石按照"重力垂直下落"及"磁铁异性相吸"原理，就会把两扇门帘自动关闭，而非人工手动关闭，这是充分利用了它们的秉性为我们服务。我们只要遵循自然规律，还原事物本性，定会收到意想不到的效果。同样，孩子们的天性是好动、活泼、多思、好奇、善问，我们就应该充分利用他们的这些天性，让他们主动、自觉地学习，巧妙利用孩子们的天性，不束缚他们的手脚，让他们放心、大胆去探索，去追求。

诚然，过于放开手脚，也会出现这样那样的问题，就像过于放松对门帘的控制一样，显得松松垮垮，不美观，甚至还会出现缝隙，不能完全阻挡杨絮和蚊蝇。因此适度控制门帘的松紧度至关重要：既不能太松，引起门帘出现缝隙，对门帘效果大打折扣；也不能过紧，致使门帘无法关闭，失去门帘的作用。

教育教学工作就好比安装门帘，过紧过松都不是最好的办法：过紧，束缚了学生的思维，禁锢了学生的思想，会让学生对学习失去兴趣，只能"被动"地去学习；过松，虽然给了学生充分的自主学习时间和机会，但是会让学生养成懒散的毛病，对任何事不认真，不求甚解，做事无规矩，形成"米沙"并存的情况。因此，适度最重要，既要给学生充分的自由，也要适当控制学生的行为，要想把握好这个分寸，就需要我们总结经验，才能熟能生巧，轻车熟路。

综上所述，在教学工作中，既要让学生放开手脚，又要纠正学生的出格行为；既要培养学生的自主思维能力，教师又要适时点拨；既要把学习的自由权交给学生，又要给其规定自由的范围。就像在篮球场打球一样，在球场内有充分发挥的自由，出界了就是无效球，是败球。

门帘安装的适中，既美观又耐用，是物尽其用，如若过松或过紧，就不能充分发挥门帘的功效，特别是门帘过紧，由于磁石在门框牵引力作用下，不能自由回到在重力作用下该回到的固有位置，长期处在牵引力与重力的拉扯下，门帘的寿命会大大缩短，多数会"英年早逝"。教育教学的过程亦是如此，要松严适度，才能达到最佳效果，力争避免"门帘之殇"情况的出现。

破碎的暖水瓶

费县校区　杜森山

"砰"的一声打破了餐厅的宁静，看着摔在地上的暖水瓶碎片，又看看手里只剩下的暖水瓶"提手"，我愣在了热水炉旁，但是却没有感觉到多么突然，因为我知道这一天早晚都会来到。

这个暖水瓶也算是我的"老伙计"了，那是2017年8月6日我们初来费县校区招生时，在宿舍盛放垃圾的地方捡来的。我不晓得它的前主人是谁，也不知道为啥把它丢到这阴暗的角落，大概嫌弃它破旧，抑或是主人又有了新暖瓶或更高档的储水设备了，总之它是被主人抛弃了。我看它虽然破旧、丑陋些，但盛热水试一试还是保暖的，还能继续使用，再加上当时我也没带来新暖瓶，所以就"慧眼识英才"地"启用"了它，距今已近两年了。

王主任和韩老师一边帮助我清理暖水瓶碎片，一边庆幸地说："还好，热水没有烫到你。"此时我内心感慨万千：使用这个暖水瓶近两年了，我们是有感情的，冥冥之中我感觉到它是不会伤害我的。

我很感激这个暖水瓶，虽然我们是"半路相识"，但它陪伴我在费县校区度过了一个个不眠之夜，见证了我两年来的喜怒哀乐，也及时解除了我身体、心理的饥渴。在校期间，我每天都与它相见，每天都用它装热水，每天都要触摸它几次，它是我接触次数最多的"老朋友"。它天天为我服务，无怨无悔，从不怨天尤人、消极怠工；当然我也一直在百般地呵护它、感激它、使用它，让它体现自己的价值。它虽然不会说话，不会表达情感，却已经真实地成为我的好朋友、好伙伴、好助手、好搭档……我的生活里离不开它。

今天"砰"的一声断送了我们的缘分，我们再也无法朝夕相处了。我有些伤感、有些后悔，更有些自责，因为前些天我就已经发现这个暖瓶出现了一点小问题：它的"提手"有些松动，有一次还脱落了，我给重新安装上了，但没有想办法去固定它。此后我就没有过多地关注它，总认为只要我在装水、提水的时候小心、谨慎些就没啥问题了，毕竟这个"提手"只是一个小部件，又不是瓶胆或瓶壳这样的核心部位，只要它能装水、能保暖就可以了。虽然有时我也会担心"提手"突然脱落，把暖水瓶摔碎了，但总是存在侥幸心理，没有把这个小问题放在心上。其实只要我当时用胶带把这个"提手"固定一下，或更换一个新"提手"，只是举手之劳的事情，就不会出现今天这种不可收拾的严重后果了。唉，一失足成千古恨呀！没想到就是这样一个小小的部件、一个不起眼的"蚁穴"，由于我的一时懒惰、一个粗心造成了今天无法挽回的损失，真让我后悔莫及呀！

由此我想到：一个单位、一个部门，乃至一个家庭，无论一个人的位置是否重要，他都是有固有作用的，就好像一颗螺丝钉，都是整体的一分子。每个人的作用都是别人无法替代的，每个人都会给团队带来贡献或灾难。牵一发而动全身，看似位置可有可无的一个人，其实也有影响全局的能力。一荣俱荣、一损俱损嘛。所以抱团意识、协作能力、团队精神很重要，它是成功的先决条件。

别了，我的暖水瓶；别了，我的老朋友。该来的挡不了，该走的留不住。前世五百次的回眸，才能换来今生的一次擦肩；前世一千年的修炼，才能换来今生的一次碰面。今生的相遇，那是前世修来的福分。我们近两年的"缘分"就这样结束了，虽然我留恋、伤心、自责，但"天数"已定，"尘缘"已了，你不得不离我而去，徒给我留下伤感罢了……

心灵的钥匙

费县校区　杜森山

　　昨天在餐厅吃晚饭的时候，看见一个五年级的学生坐在位子上抹眼泪不吃饭，我端着饭碗边吃饭边走过去，用手轻轻地抚摸他的后背，低下头小声问道："怎么了？小帅哥？怎么抹眼泪呀？"可是我连问他好几遍，他就是不说话。

　　这时他的同桌告诉我说："老师，刚才他在来餐厅的路上与一年级的×××同学发生矛盾了，老师批评他了，所以他生气不吃饭了。班主任老师过来劝他好几遍了呢，他就是不吃饭。"

　　一个五年级大孩子与一年级的小学生发生矛盾，被老师批评是应该的，不管什么原因，大孩子与小孩子发生冲突都应该先批评大孩子的，这是常理。可是这个孩子不但不认错，还闹情绪不吃饭，这就太不对了！应该严厉批评他！

　　可是现在正是吃饭的时候，整个餐厅秩序井然，静悄悄地没有杂音，只听见"唰唰"吃饭的声音，如果在这个时候批评这个孩子，本来他心情就不愉快，他的抵触情绪就会更大，很可能会引来更加严重的后果。况且现在是大家集体吃饭时间，毕竟不是在自己家里什么时候吃饭都可以，在学校过集体生活，过了饭点吃饭就不方便了，当务之急是让这个孩子及时把饭吃了。

　　我一边盯着这个孩子一边思索对策：他正在气头上，这时是不能批评他的，容易火上浇油，更会拒绝吃饭，不如先顺着他、哄着他吃完饭再说。于是我继续抚摸着他的后背，低下头小声说："小帅哥，与你发生矛盾的是一年级的×××呀，我认识他呀，这个孩子太调皮了，我敢肯定这次一定不是你的错，一定是他先招惹你的吧？"就这几句话，我发现这个孩子的眉头一舒、眼睛一动，似乎对我这句话很认可，但是还是一声不响地坐在那儿。我趁势接着说："那是个调皮的孩子，年龄又小，不懂事，他招惹咱，咱也不能跟他一般见识，毕竟咱是五年级的大孩子了，不光不生气，咱还要抽空帮助帮助他呢，帮助他改掉坏毛病呢。谁让你是大哥哥呢，是吧。"说到这里，我看见这个孩子脸色已经好转了，可脸上还是挂着泪珠。

我随手从兜里掏出一张卫生纸，要给他擦眼泪，这个孩子连忙接过来说："谢谢您，老师。"自己擦起眼泪来。

我一看有门，能开口说话了，看来有点被我说动心了。"快吃饭吧，一会饭就凉了，吃过饭咱们再聊聊。"我趁热打铁说道。可是这个孩子似乎欲言又止、欲动还休的样子，依旧不肯拿勺子吃饭，还是默默地坐在那儿，但似乎身体有些移动。我心里突然明白过来：这是个很要面子的孩子，其实心里是想吃饭了，可就是不好意思主动拿勺子吃饭，毕竟同桌有四五个同班同学嘛，刚才还哭得一行鼻涕两行泪的，现在我就只说几句话，就要让他自动拿起勺子吃饭，怕事后同学们嘲笑他，确实让他感到难为情，毕竟咱也是小小男子汉嘛。

我内心一笑，再烧把火吧，给足面子，给他个动手吃饭的台阶！于是我轻轻地拿起他的勺子放到他的手里，说："快吃饭吧，你看，我马上就吃完饭了，一会我到餐厅外面等你，我们再聊聊天，不见不散。"

"哇塞，你好大的面子，还要校长亲自给你拿勺子！"同桌的几个孩子笑道。这个孩子也不好意思起来，抬头看看我又低头说道："谢谢您，老师！"然后羞涩地接过勺子吃起饭来。

饭后，这个孩子如约找到了我，和我谈了很多，还主动承认错误，自我批评没有当好大哥哥，说自己不但没照顾好小弟弟，还跟小弟弟生气、较真，很不对，并表示今后再也不跟小朋友闹矛盾了。

我们当教师的，特别是小学教师，天天与小孩子打交道，一定要摸透孩子们的心理。他们年龄小，解决问题的方法少，一旦遇到复杂的情况，容易钻牛角尖，所以当他们碰到一些似懂非懂的事情时，当他们感觉目标迷茫的时候，当他们想用极端的办法解决问题时，就需要教师采取适当的办法正确引导，帮助他们找到打开心灵的钥匙。

工作中要做到：以情育人、以言导行、以德育人、以身示范。教师要尊重学生，信任学生，保护学生，做学生的楷模。对待学生要"爱"字当先：有错必管、管中有情、情动生心、爱在其中。疼爱自己的孩子是本能，热爱别人的孩子是神圣，教师们都应是神圣之人！

孩子们是成长中的小树，是刚破土的嫩苗，教师就是培育他们的园丁。在教育孩子的过程中，教师要多换位思考，多站在学生的位置上看问题，做学生的知己人、贴心人，多拉近与学生间的距离，就没有解决不了的事情。学生需要教师的呵护，成功的教育就是师生爱的共鸣、心和心的呼应。教育无大事，但教育非小事：从小处说，它牵扯到每个家庭的希望和幸福，从大处说，它决定国家的命运和未来。因此教育工作者的责任是重大的。

孩子们是有自尊心的，并且有些孩子的自尊心还特别强烈。他们年龄小，承受心理压力的能力还很脆弱，往往一件事、一句话就会影响孩子的一生，所以教师们的一言一行都要慎重。有些看似难解决的问题，实则是我们还没找到恰当的方法。因为我们知道：再复杂、再难开的锁，总有一把能打开它的钥匙。

由银杏果的荣辱所想到的……
——再谈"异步教学"

费县校区　杜森山

郯城是"银杏之乡"，早年间的银杏果价格是很昂贵的，达到三十多元一斤。那时候谁家能有几棵银杏树，能够年年卖几百斤银杏果，那是很骄傲、很实惠、很自豪的事情；至亲好友能够送来十斤八斤银杏果，那是很有面子的；谁家请客或喜宴上能够上一碗银杏羹，那是很排场的。时移世易，随着银杏树种植面积的增加，银杏果的价格一落千丈：一元甚至几角钱一斤，直至到了"果落一地，而无人问津"的地步。如今，人们已经不把银杏树引以为荣了，树下的银杏果被脚踏、车碾也毫不为惜，银杏果昔日的高贵颜面尽失无遗！

其实，不管银杏果是昔日的"珍果"，还是今天的"弃果"，其营养价值是不变的，其药用效果和功能是相同的。之所以前后受到的待遇不同，是价格的变化，引起了人们思想观念的转变。而价格却是人为操纵的："物以稀为贵"，多则致贱，让同质同量的银杏果因时间、地点、欣赏人的不同而命运截然相反。

这让我想到了教学工作：我们面对的是千差万别的学生，在不同老师的眼里看到的情境也不一样。面对同样调皮的学生，有的老师认为"无可救药""死狗推不上墙头去"，所以就一棒子打死；而有的老师却认为"聪明之至"，"孺子可教"，潜力很大。

是这个学生在两个老师眼里有不同的表现吗？非也！是这两个老师的教学态度、处事心态、赏识标准及爱心程度不同，造成了对这个孩子两种截然不同的判断。孩子还是那个孩子，是欣赏人的眼光、角度不同罢了。

联想到大唐学府正在推广的"异步教学"法，就是因为我们看到了有的"低差生"不是真的"低差"，而是因老师的业务水平、教学能力、判断标准不同而赋予给学生的"低差"，是人为地贴上了标签，分出了等级。"异步教学"就是要撕掉这个标签，还孩子以本来面目！否则，会葬送多少孩子的大好前途呀！不会因为银杏果价格的高低而改变它固有的营养价值，同样也不能因为一个孩子某一个方面的表现，而全盘否定这个孩子的一切能力。"异步教学"就是让所有的孩子把自己的潜能都发掘出来，只是发掘的有早有晚罢了。

有一段话说得好："每个孩子都是一颗花的种子，只不过每个人的花期不同。有的花，一开始就会很灿烂地绽放，有的花，需要漫长地等待。不要看着别人的'花'怒放了，自己的那朵还没动静，就心里着急。相信每一朵都有自己的花期。细心呵护自己的花，慢慢地看着长大，陪着她沐浴阳光风雨，这何尝不是一种幸福。相信孩子，静待花开。也许你的种子永远不会开花，因为他是参天大树！"

是的，静待花开，这不仅是一种心情，更是一种修养。车行、步行都会到达目的地，只是时间早晚问题。教育绝对应是因人而异的，不能"一刀切"，教育的经验可以借鉴、可以参照，但对不同的孩子，应采取不同的教育方法：因材施教、因人施教、异步施教，教无定法，但教应有法。

孩子学习成绩一般，但只要有学习热情，愿意学习，或者目前因为年龄、心理等问题，还没有对学习表现出特殊的热情，老师们要赏识他们，给他们以自信、自尊、自爱，让他们异步学习，循序渐进，久之，定会增强各方面的能力。

物品价格的高低有时在于识货者，而不在于物品的本身。物品本身价值没变，但赏识者不同，价格就会千差万别。世间先有伯乐，后有千里马：再好的马，如果没有伯乐，跑得再快，也不是千里马，因为没有一展所长的机会，没有人赏识。没有伯乐贴个标签，千里马也就不再是千里马。千里马常有，伯乐不常有。不是有一句话嘛："世界上不是缺少美，而是缺少发现美的眼睛。"我们教师就应该有一双识辨天下英才、发现真善美的眼睛。

"异步教学"——就给了我们这样一双慧眼！

与李潇妈妈的一席话

费县校区　　杜森山

昨天晚上散步时，偶遇四年级学生李潇的爸爸、妈妈，与之一席言，胜读十年书。

通过交流，我感觉李潇的爸爸、妈妈在教育孩子方面有独到之处，他们的一些人生观点、处世方法、与孩子沟通的艺术值得我们老师、家长借鉴。特别是李潇的妈妈比较健谈，说话有条有理，逻辑思维性很强，尤其是谈到对孩子的教育时。

提到本次月考成绩，李潇感觉数学考的不是很理想，李潇的妈妈不仅没有直接严厉地批评孩子，她对孩子是这样说的："没事的，宝贝。你这次没考好，不能说明你学习不好、不能说明你不聪明，只是因为你会做的题目没考到，而你不会做的题目反而考到了，这是偶然，也是巧合，下次再考试时，可能就会正巧考到你会做的题目了。今后多做一些题型，那么不管考什么样的题目，你就都会做了，就一定会考出好成绩！妈妈相信你！"

这段话是多么睿智呀！首先安抚了孩子苦恼、沮丧的情绪："没事的，宝贝。"本来孩子考的成绩不理想，心里是很难受的，如果老师、家长再喋喋不休地说教、批评，势必会引起孩子更多的烦恼，产生抵触情绪，结果会事与愿违；其次是帮助孩子分析失分的原因，那是因为"你会做的题目没考到，而你不会做的题目反而考到了"。这句话多有水平呀！看似是给孩子分析失分的原因，实则是给孩子失分找到一个自我鼓励的借口和理由，既给孩子增加了信心，又给足了孩子自尊的面子；最后的一句话是："今后多做一些题型，那么不管考什么样的题目，你就都会做了，就一定会考出好成绩！”这不仅是教给了孩子学习的方法，还给孩子指明了前进的方向、描绘了美好的前景，其实同时也是对孩子进行了巧妙批评：说明孩子的做题量较少，今后需要多写多练、扩大知识面，告诉了孩子只有勤学苦练，才能取得理想的成绩。

这短短的一段话，既安慰、鼓励了孩子，又巧妙地给她指出了缺点，让孩子乐于接受，还教给了孩子今后提高成绩的方法。家长这种换位思考、站在孩子角度看问题的说辞教育，孩子能不接受吗？

还有一件事，我认为李潇妈妈处理得也非常到位：李潇与妈妈交流，说她的两个好朋友最近有点疏远她，可能是上次自己考试成绩略高于她的两个好朋友造成的，原先她们三个人的成绩都差不多，自从上次她考的好一些后，这两个好朋友对她就不热情了。

李潇妈妈对孩子说：“宝贝，好朋友突然有些冷淡了，是不是你自己哪个地方做的不合适呀？比如，你上次考试成绩好一些，是不是在好朋友面前表现得太激动，让好朋友感觉你在炫耀，瞧不起她们？如果是这样，你就要注意一下自己的言行；如果不是这样，那可能是朋友看到你成绩提高了，感觉与你之间有了差距，她们也想提高，但是不好意思说，你可以主动找她们谈心，帮助她们解决在学习上遇到的问题，你们共同进步，一起提高成绩；如果是同学们看到你的成绩考得好，有嫉妒你的意思，那也是你的朋友想上进的表现，因为你们是同班同学，又是在同一个学习层面上的同学，原本成绩就相差无几，你们之间是最有可比性的，人人都只会与自己相仿层次的人比较高低的，如果层次相差太远，她们就不会有这种攀比心理了。当你领先别人一小步时，别人会嫉妒你；当你领先别人一大步时，别人会羡慕你；当你超越别人一大截时，别人会跟随你。所以妈妈教给你一个更好的办法，就是你可以更加努力地学习，让自己更加优秀、提高到一个更高的层次上，这样同学们对你就不会是嫉妒，而是羡慕你、崇拜你，想结交你了。”

李潇妈妈的这段话可以说瞬间就会让孩子把心中的苦闷解脱出来。首先帮助孩子分析一下是否是由于自己成绩好一些，情不自禁地就会带出骄傲情绪，让别人无法接受造成的，如是这样，要及时收敛；其次是要变被动为主动，"你不理我，我理你"，主动向同学"示好"，帮助需要帮助的同学，大家共同进步；最后一点才是重点，那就是要想让别人佩服你、崇拜你、交往你，那就是要提升自己的档次，让自己变成"高大上"，让别人对你"望尘莫及"，她们就不会产生嫉妒情绪了，只有崇拜、羡慕了。

身教胜于言教！李潇妈妈教育孩子不只是在语言沟通上，在行动上更是身体力行，给孩子做了个好榜样。我们学校每次"大休"时都会给学生布置任务："把好习惯带回家"啦，"我帮爸妈做家务"啦，"我学会洗衣服了"啦，等等。有一次学校安排的"大休"任务是"我给妈妈洗洗脚"活动，李潇回到家后当天晚上就要给妈妈洗脚，李潇妈妈感动得"一塌糊涂"，热泪盈眶。当她伸出双脚放在盛满温水的盆里，被女儿的小手揉搓时，内心是"波涛起伏"，于是娘俩拉起了家常："宝贝，谢谢你呀。""妈妈，我应该谢谢您和爸爸，是你们把我抚养大的，是你们给我一个家，是你们供养我吃、穿、住、学的。""是呀，你这么说，我也想起了我的爸妈，他们也是这样把我们抚养大的，他们在那个年代更不容易、更辛苦呀！""那您给爸妈洗过脚吗？"女儿调皮地问。"洗过。那是我刚刚懂事的时候，看到妈妈干活回家时累得很，我就蹒跚着端来一盆水要给妈妈洗洗脚，我还记得当时妈妈感动得都流泪了。从那以后，我就经常给爸妈洗脚。""妈妈，你真棒！我要跟你学习，今后也要经常给你和爸爸洗脚。""谢谢你，宝贝。可是我现在感觉到很愧疚，好像好长时间没见我妈妈了，也好长时间没给我妈妈洗脚了！唉，今天太忙了。我明天就抽点时间，也去给我妈妈洗脚去。""你真是一个好妈妈！"女儿投过来一脸羡慕和崇拜。

李潇妈妈在教育孩子方面确实有独到之处，虽然有些方法也不是十全十美，但确实也称得上"金玉良言"，值得我们教师、家长们借鉴、学习。

静待花开

——谈我的异步教学

小学部　刘维侠

大家都有过这样的感受：同一个班级里，优差悬殊太大，不好教。我也经常遇到这样的问题，比如，我曾对所带的一个六年级进行摸底测试，结果如下：

程度在五年级（下册）的有：春晖

五（上）：嘉宾、清豪、吴岳、一帆、国昌、云静

三（下）：佳宝

二（下）：刘奇

二（上）：美琪、成浩

全班40人参加测试，竟有11人达不到六年级水平！这着实让老师为难！

幸好我所任教的郯城大唐学府，是一个善于钻研、善于创新的集体。近年来，为了能让孩子们在玩中学、乐中学，激发孩子自主学习的动力，体现高效学习的原则，在王勇基校长的带领下，我们开始尝试同班级不同进度的"异步教学"。

在2015年的六（4）班实验后，效果显著。那批学生有的仅有二年级水平，却用一年时间学完了小学阶段的全部课程；有的临近毕业时，已经学完七年级上册课程。他们的自学能力和学习积极性有了出人意料的提高。

2016年，异步教学在我们小学部教学中全面推开。异步教学的流程大体表现在以下几个环节。

一、摸底测试，清淤见底，找到学生知识断层

一般会先测试本册内容，不合格时再测试前一册内容，测试达到 70 以上算合格。

二、划分学习小组

1.分组要均衡。由 2—6 名能力各异的学生组成一个小组，在促进每个学生学习能力提升的同时，提高整体成绩，获取小组奖励。分组的原则是"组内异质，组间同质"。我将本班学生分成六个大组，每个大组再分成两个小组，小组成员一般不超过四人，这样既减轻了组长的工作量，又能在大组长的协调下有序地开展小组间竞争及大组间竞争。一般要根据学生的成绩、性格、认知特点等因素进行统一分组，不合适的再进行微调。

2.组长要有影响力，负责任。在异步学习中，大、小组长起着调控、督促、指导的作用，所以要选取成绩优秀、作风泼辣、有较高感召力、工作积极负责的同学担任，以确保小组学习的效率与效果。

3.调控要及时，分工要明确。这里的调控，既包括老师对组长的调控，又包括组长对组员的调控。调控好不好，关键看老师和组长对学习中的问题了解多少，这就要经常召开碰头会，及时掌握组内的情况，作出相应的决策，确保异步教学的良性发展。比如，在探究问题时，组长要及时进行分工，从哪位开始先汇报，哪位负责记录，哪位负责发言等，课后还要及时反思，还有没有更好的方法，以促进小组成员的更好发展。

三、异步课堂的操作与调控

1.异步有法也无法。异步的初始模式是十字诀："夯、读、问、做、纠、练、议、编、竞、悟。"

所谓"夯"，就是牢固地掌握基础知识和基本技能，尤其是公式、定义、单位换算要熟记于心。"读"就是读懂题意，读懂算理、法则。"问"就是针对不懂的问题主动请教组长或组内同学。"做"就是自主学习之后的尝试

练习。"纠"就是改正自己的错误方法和错误答案。"练"指的是学习新知后的练习。"议"就是组内或全班对疑难问题进行讨论交流。"编"就是根据错题自己或组内同学编写同类型的习题进行巩固。"竞"就是组内或组际进行竞争学习。"悟"包括每节课对内容和方法的感悟,也包括纠错时的感悟,还包括一个章节之后的感悟。

我个人认为这"十字诀",实则是两种课堂模式,一是新课要采用前五个字,二是巩固练习课则要实施后五个字。总体来说,异步是以这十字诀来具体操作的,但因各年级不同、班情不同,实施时也要因人而异,因班而异。

2.异步十个字,字字皆学问。异步中的十个字,每个字既是一个环节,也是一种要求,更是一种资源。

比如"读"这个字,到底读什么?读到什么程度?如何去读?读出的效果如何?都要做到心中有数,有的放矢,方能有效。在自学比例尺时,本以为孩子们掌握了读法,可以缩短自学时间了。可是,我发现还有同学读不进去,把课本翻过来倒过去,还有的同学急匆匆地看了一下,就忙着做练习题了,更有的同学已经学下一节内容去了。他们的学习效果如何?经过检验,我发现大多数同学只是囫囵吞枣。我问道:"答案都在课本上,你们也读了,为什么还答不上来呢?"同学们都沉默不语……一会儿,一个同学说:"老师,我看不到心里去,看着看着就想别的事了,所以不会。"其他同学好像有同感,一脸的赞同和无奈。"看书走神,那就放声读,像读语文那样大声读,就没空走神了。"话音未落,教室里响起来一片读书声。

几分钟后,同桌互相检查时,都能说出答案来了。我让他们谈感受,几个平时好走神的学生说,这样一读,不注意的地方也读到了,也能理解了。再练习时失误就少了,比我去年教这部分时的效果要好。由此,我想,所谓的"读",有时也是可以读出来的。要因人而异,这未尝不是一种可行之法。

后来,我又琢磨出,有的时候,老师先示范"读",效果也是不错的。在学习六年级下册第六单元"总复习"时,因知识点繁多,比较零散，且多数以整理为主，和以前学习新课的内容又有所不同。所以有好多学生感觉大有"老虎吃天，无从下口"之势，复习效果不太理想。我让学得好、进度快的学生介绍经验，可是他们也说不好。我就说："大家看看老师的学习方法是否可行。这一节内容若是我来复习，我就先看课本出示的几个问题，其实这几个问题就是本节的重点知识，考试时大多以这些知识点的考查为主，然后逐一回顾，对掌握不扎实的问题再查阅资料加以巩固，知识整理成体系后，最后利用课本练习题进行检测，针对突出问题建起错题集。大家觉得这样可好？"不少同学以此法学习，均感到比以前要好得多。有同学还总结出不同课型的不同"读"法，给同学们提供了宝贵的经验。

再比如"议"个环节，它不是孤立存在的，是在练中质疑，疑惑不解时自然就要与人交流，争辩，这就产生了"议"。记得在练习"比例的意义"时，同学们对四组写的"直径一定，圆的周长和圆周率成正比例"产生了异议。争持不下之际，我建议他们小组讨论。当嗡嗡的议论声渐渐地消失时，有同学说"老师，他们的问题不正确。因为圆周率是固定不变的，不符合一个量变化，另一个量也随着变化的特点，所以不对"。我问之前认为对的同学："你们觉得呢？"他们也点头认可。我又问："能不能稍作修改，使它变成正确的呢？"马上有同学站起来说："可以改成圆周率一定，圆的周长和直径成正比例。""这样就对了，不过还可以再简单一些的。"再简单些？大家都皱紧了眉头。一会儿，笑容渐渐爬到一些同学的脸上，大家发现了，圆周率总是固定不变的，所以比值一定也是可以省略的。于是题目又变成"圆的周长和直径成正比例"。陈阳又说："那正方形中也可以说周长和边长成正比例了。"我问大家："可以吗？"同学们都说可以，并说出理由。同学们的思维被激发起来了，又举出了几个这样的例子。大家检查着，争论着，思考着，修正着……我觉得，这样的争论是有意义的，不仅让学生明晰了正比例的意义，而且还学会了学习的方法，经历了知识形成的过程，有了很深刻的体验和感悟。

至于其他几个字，更是字字精深，字字皆有琢磨的价值。琢磨好了，异步就有效果了，琢磨透了，异步就成功了。

当然，这"十字诀"中每个字虽自成一个环节，但也不是孤立存在的，很多时候是并存的，要因时制宜，因课制宜。

四、闯关评价，及时激励

1. 激励是异步的不竭动力。异步要有法，但光有法也是不行的，还要靠积分激励。开始时，我为积分很头疼，算来算去，费时费力，但自从发动大队长后，一切都不需我再劳累了，只要我把积分项目及评价标准说与他们，不用半天，他们就把各项积分算出来，用条形统计图展示在积分栏上。

每次算分，是同学们极为关注的时刻，他们总是三个一群、五个一伙，围在自己的中队长、大队长身边，审视着、比较着，积分出来后，还不时去后面黑板前看看这项，问问那项，找出了自己的优势后，怕人赶上，再继续前进；比出了自己的不足后，埋头奋进，争取赶上大部队。这样，有了积分的激励后，不论处于哪个阶段的同学和小组，都有了新的目标、新的力量、新的斗志，在积分的激励下，继续努力，产生了正能量，学习自然也就形成了一种良性循环。有几位同学在异步学习中成绩突飞猛进。像小涛同学，一直是个中等偏下的水平，经过这段时间的自学，学习大幅度提高，本学期的几次成绩都在九十分以上，还有小其、小成等；就连小春、小雨、小增这些学习进度缓慢的同学，也大有改观，不仅闯关速度加快了，学习也得法了，他们都憋着一股劲，争取再有新的突破呢！

2. 激励要及时，有持续性，方式多样性。当然，为了保持甚至激发他们更大的合作热情，我还会采取周清月结进行加星，其余各组根据本周表现依次加星，每月评出"月冠军"，到期末进行总表彰。

五、不断改进，享受幸福

异步教学在实践的过程中，随着需要也在不断改进。比如，2016年我所带的班，通过几次摸底，发现成绩两极分化严重，所以我采取"组内异质"的分组法：让优生自由学，同步生在老师的辅助下自学，异步生则在老师调控下，由优生辅助学。这样，既缩小了两极的差距，又培养了优生理解、分析、讲述等综合能力。最重要的是有机结合，让他们在交流中互帮互学，达到了共同提高的目的。

而今年所带的班级，在分组上有所调整，因为"组内异质"的分组方式，使组员之间在帮扶上总是出现矛盾。优生的学习积极性高，做题速度快，而待优生正好相反。两者的差距导致优生有时耐心不够，待优生听不懂。优生数落待优生不听讲，不服管；待优生顾及面子更是不买账，所以小组成员之间总会出现这样那样的问题。

我偶然发现几个待优生在一起补课挺融洽的，学得快的很乐意给学得慢的讲题，因为他觉得有一种成就感。再者他们程度相当，讲起来更容易被接受，被辅导者也没有压力，双方都开心快乐，效果还不错。

于是，我就让学生自由结合，按"组际异质，组内同质"的原则分成了导师组、高级组、初级组，并提议随着学习成绩的提高，大家随时可以升级。这一提议得到了同学们的一致认可，极大地激发了孩子们学习的积极性。试行这段时间以来，我感觉到学生的学习状态发生了较大改变，他们的积极性提高了，主动性增强了，学生以放松、愉悦的心情去对待数学学习，体验到学习的乐趣了。

学生们的精彩表现——浮现在我眼前。

情景一：选修课时，初级五组出现了问题，他们在订正基础训练上的习题时，可能因为水平限制，答案不能统一，组长也讲不出个所以然来，就争执开了。

我问明情况后，微笑着看着组长，问他"怎么办啊"？他挠挠头，说"要不换组长吧，我也不会"。"换了还是不会呢？是不是继续换下去？有没有更好的方法？"他笑着，继续挠头，这次是在挠头思考。一会儿，他问："老师，能不能去别组借人？"我对他竖起大拇指，"不走寻常路！"得到我的认可后，他开心地跑到导师组，拉起贵一就走，他们小组的难题解决了。其他小组也纷纷效仿，找到了自己的"外援"，课堂活了起来，效率高了起来。

下课后，天通找到我："老师，导师都给他们组拉走了，我们没找到。""那怎么办？下节课还要看着人家组继续吗？""不行，下节课我们一定要快速去找导师。哦，这样也不行，如果人家比我们还快，又找不到理想的了。老师，现在就找，可以吗？"这个小子！我不由得暗自赞叹他的灵活机动。"当然可以了，再给你支一招，你们若舍不得他走，还可以长期聘任。"天通一听，高兴得一跳老高："行，行，这样我们就不担心他会被别人拉走了。"找外援和提前聘请，折射出孩子们遇到事情能突破常规思考问题了。异步教学，打破的不就是常规吗？

情景二：课间，铄找到我说："老师，这样分组我感觉挺好的，以前我们几个中队长每人负责一个中队，在课堂上指导队员的时候多，没有太多的竞争，现在导师组的成员谁也不愿意落后，你追我赶，特别有劲，改掉了粗心、马虎的小毛病，感觉自己总结能力也提高了。"是呀，高手出招，拼的是细节。这些导师组的成员，放在原来组内，有一种天然的优越感、安逸感，现在把他们放在一起，潜在的危机感激发了他们雄心壮志。他们能主动细心地学习，同时他们层次较高，在交流互动中不断吸取优质营养，也让他们的解题水平和总结归纳能力得到提升。

情景三：学习了解比例以后，我让大家练习。一会儿，有小组长报告："老师，我们给旺讲，他也不做"。我让他过来，看他写的计算过程，让他说每一步的解答根据，发现他还分不清内、外项。他写的步骤只是照葫芦画瓢，完全不懂。我教他认清内项、外项，又讲了方法，然后让他在黑板上做，同时又找出几位和他程度差不多的同学也来板演。当天通又不知道内、外项时，旺马上指着题教了起来，这时的旺，眼神是自信的，语言是流畅的，俨然是一位尽职的小导师。谁能想到整天被别人教导的懒汉，成绩倒数第一的待优生今天竟能主动地、自豪地去辅导别人？他给天通讲完，还不尽兴，又到右边去教小硕……我微笑着看着这一幕，享受着这种喜悦。给孩子一个合适的场所，能激发起学生内心深处的自信和愉悦感、师生共同享受幸福的滋味，这应该是异步教学另一个使命吧。

六、砥砺前行，反思提升

异步进行到现在，暴露出的问题也不少。比如，断层的同学，自学能力也相对很差，尽管有老师指导、组长辅导，可是好多进度很慢，效果也不明显，反而出现自学低年级测试成绩不如跟学本册的成绩高。学生不自信了，老师也不自信了；学生积极性出现滑落趋势；纠错时该如何异步……历经种种煎熬与困顿，抛却前期一些做法，调整思路，我又有了以下几点收获。

1. 注重学习方法的指导。人们常说"学贵得法"。经过观察和研究，我发现大多数学生自学效率不高的原因，主要在于学不得法。没有切合实际的学习方法，学生体验不到探索的乐趣，就无法主动学习。因此，我特别注重引导学生总结，提炼学习方法。每次上课前，我总是找几位同学谈谈上节课中自己的学习方法。大多数同学谈到自己的学习方法都是眉飞色舞，自信十足。因此，课前谈成功的学习方法不仅能给其他同学以启发，供大家相互学习借鉴，而且还能激发起他本人的自信心和学习兴趣，可谓是"一举多得"。

更可贵的是，有同学会说出自己失败的方法！这无疑又是另一种突破，表明这样的同学甘愿抛却"面子"，正视自己的失败，并且勇于把这种失败的教训公布于众，让大家少走弯路。这样的同学，他的探索精神更为可贵！一般这样的同学，我会给双倍加分！

这样一段时间下来，同学们或多或少都掌握了一些适合自己的学习方法，自学起来效果日渐显著。这正应了一句话"磨刀不误砍柴工"。刚开始不要怕学得慢、学得乱，只要能从这样的局面中不断提取有效的学习方法，学生后续的学习就能达到事半功倍的效果。

2. 注重"小导师"的培养。"学习金字塔"中明确提出：教授他人获得知识可达到百分之九十五。加之六（3）班同学多数沉默寡言，所以本学期中，我着重培养同学们与人交流，给别人讲解的能力，在巡视过程中不断捕捉讲解、教授的精彩瞬间，并不时表扬、加星，以促进他们讲解的更大热情。同时，我还注意培养这方面的小导师，先在小组讲，经过一段时间的指导，在全班同学面前试讲，到目前为止，我们班培养出了管羽、沈士成、杜逍遥、王晨、颜培鑫、乔浩然等一大批优秀"小导师"。他们在新课学习中提纲挈领地指导讲，在复习中典型例题总结讲，在试卷订正中错例分析讲，都有板有眼，效果比较好。

特别是前段时间上异步教学汇报课，我找到管羽和杜逍遥，告诉他们在汇报课上由他们分别主持主讲，管羽负责"同步"学习这一块；杜逍遥负责"异步"这一块；我呢，则负责"超前"学习的解疑答惑。在课堂上，管羽同学环环相扣的设计，清晰明确的思路博得了听课老师的一致好评。梁校长说："若每个班多几位这样的小导师，那这个班级就厉害了，这些同学的前途未可限量！"

小导师的培养，的确让学生组织、表达、思考等方面的能力得以提高，更让班级同学在课堂中变得活跃、积极，由原来的"潭平如境"，变成现在的"涟漪阵阵"，有时还会"人声鼎沸"，也算是实现了我们预期的目标。

3."一卷多练"，夯实基础。异步流程中有这样一句话"考纠纠考，八五目标，凡错必纠，温故知新"。

这句话成了我们夯实基础的指南，也成为我们克难制胜的法宝。我不再追求让学生多做多少套题，而是在"一卷多练"上下功夫。其实，一册书翻来覆去就那么多考点，一张试卷涵盖的考点差不多达到百分之九十五。所以，针对一张试卷，我们会反复做，先从分数上卡，不合格者再考，直至考过。然后针对错题，同桌互相讲解，再出相应习题互相检查掌握程度。这种"一卷多练"加上"同桌互考"着实让我们同学受益匪浅，在学校的几次考试中，我班成绩一直比较优秀，由原来的"倒数无悬念"，变成现在的"一鸣惊人"！（三科竞赛时，我们班只有3位同学未获奖，足以证明同学们的成绩有很大进步！）我想，这都得益于"一卷多练"及"同桌互考"。

4.学习感悟促提升。孔子曰"学而不思则罔"，说的是一味学习不思考，就会被牵着鼻子走。我的理解是，学习的知识要善思，而学后的总结感悟更要思考、琢磨，这样才能去粗存精，不断进步，不断提高。自实施异步教学以来，不论是当堂课中，还是一个星期结束，我都会让同学总结一下自己的收获和不足，便于及时调整自己的学法。在最近的一次感悟中，同学们都总结出不下三种对自己有效的学习方法，更是对自己有了一个客观、全面的评价。一位同学说："我的数学不好，但是不敢问，不敢说，在同学介绍学习方法后，我知道要敢于大胆发表意见，不管对错！所以在汇报课上，我大胆举手发言了，当着那么多老师的面回答问题，我很激动，很开心，我觉得这个学期我对数学有兴趣了！"还有一位小导师说：超前自学新课时，不能老想着"这没学，不会等老师讲。而是应静下心来，主动钻研，要用行动说话"！

　　看到同学们的总结，我很激动也很兴奋，因为我看到了不同层次同学的进步，看到了异步学习不容置疑的有效性！我知道，异步教学的枝丫在我的教学中已经散开，我也在享受着这种生命力带给我们师生的喜悦。我们还会默默耕耘，积极探索，不断调整，静待异步教学花开的那一刻！

满天星星伴我行

小学部　刘维侠

　　《课程实施与教育创新》一书中指出：学生评价是对学生的学习进展与行为变化所进行的评价。随着教育观念的更新和发展，评价逐渐由结果的评价，回归到过程的评价，评价方法也趋于多元化。

　　作为一个班主任，在班级管理中，如何运用正确的评价方式，激起同学们的兴趣，促进他们的全面发展呢？经过几年的尝试与摸索，我们班的"加星"评价方式已初见成效，简单一述，与大家分享。

　　最初想到使用"加星"，还是在我所带的数学学科中。为了激励学生保质保量的完成作业，我就买了一些五角星的贴画，规定凡是连续三次作业能得 A 者，可加一颗星。这种方法使学生大感兴趣，作业的整洁性与准确性大幅度提高，效果显著。

　　说到这里，不由得又让我想起小郑"借星"。小郑每每看到同学得星，就羡慕得不得了。可是因为书写不认真，每次找老师面批作业时，总是兴奋而来，失望而归。一天，他郑重其事地跟他同桌说："这一次，我一定要得到星！"然后，他就一笔一画地写起来。用了比平时多一倍的时间，他终于写完了。拿到我面前时，他满脸期待地咧嘴笑着，慢条斯理地说："老师，您看我这次能得上星了吧？"我浏览了一遍，发现这孩子书写真的有进步，可是与其他同学相比，他还有不少差距。我笑着说："嗯，不错，进步挺大的，只要你再努力一下，就能得到星啦！""啊？这次得不到啦？"笑容慢慢从小郑脸上褪去。看到他的表情，我的心一颤，仿佛有个声音告诉我，不能让孩子这么失望！我摸着孩子的头说："小郑，你看这样好不好，这次你进步那么大，我先借一颗星给你，若你继续坚持，这颗星就不用还了；若你书写退步了，你可是要还回来的哟，行不行啊？"小郑一听，还未散尽的笑容又重新爬上脸庞，连声说："行行行，我会继续坚持的。"我拿出一颗红五星，仔细地给他贴到作业本上，然后放到他手里。他拿着自己的作业本，转身手舞足蹈地往回走，脸都笑成了一朵花。大概是怕别人笑话吧，他缩着脖子向后瞅了一眼，发现别人没注意到他，就对着作业本，狠狠地亲了一口，然后双手高举着作业本，一蹦一跳地边跑边喊："哈哈，我得上星啦，噢噢，我得星啦！……"同学们都被他逗笑了，我也掩饰不住，笑了起来。

从此以后，小郑的书写有了持续的进步。一个偶然的机会，我遇到孩子的家长，告诉我说孩子现在已经大四了，正准备考研。聊起这件事，他爸爸一个劲地表示感谢，说孩子到了初、高中，之所以有了很大进步，源于他在大唐学府这几年学习习惯的养成！感谢老师，感谢学校！

这件事让我感悟到，要善于抓住时机对孩子进行的激励性加星，有时会比正常加星产生的效果还要好！

后来，在班级管理上，我也尝试使用加星制度，比如班级的学习、卫生、纪律、三操等的量化上，相关负责的班委同学就采取加星的办法来计分，同学们每天都在关注自己的得星情况，班级的各项管理也就落到了实处。为了更好地体现过程的评价，我们在班中又设置了个人成长记录档案，要求学生把自己的闪光点累积起来，一张好练字卡、一篇好习作、一次好作业等都可以放进去。

那么学生有了好的表现，又如何体现呢？还是采用加星的方法！这些星形式多样，有学习上的"智慧星""勤学星""口算大王之星""计算能手之星""记忆大王之星"等，还有学生在道德品质、交流合作、创新实践等方面的星。星的名字不拘一格，随意又活泼，目的是让学生喜欢这样的称呼，激励他们努力争取。每当学生受到表扬，拿着一张纸到我这里加星时，他们是自豪的、神气的，那种喜悦之情写满脸庞，而当我在学生拿来的加星纸上写下"××同学主动帮助他人打扫卫生，荣获"劳动之星"时，心里也是美的、甜的。因为加星的同学越多，说明我们班级的正能量也越强。

采用加星制管理班级，还要注意及时地进行周清月结。每次班会时，要及时公布得星情况，实行晋级制，评出周冠军、月冠军，最后评出学期冠军和年度总冠军，以此促进学生的持续性和习惯性。

当然，采用加星制后，有些同学还是不能改变以往的缺点和坏习惯，经过商量，我们又推出一种"黑星"制，即连续出现违规违纪的，经同学们评选后，我们也要给他加一颗星，但不是人人羡慕的红星，而是都不想要的黑星。黑星的出现，大大约束了顽劣孩子的性情，使他们都有了不同程度的改观。当然，迄今为止，还没有一颗黑星落入孩子们的成长记录档案中。

总之，自从班级管理使用加星评价机制以来，同学们的热情高涨，积极参与，班风班貌都有了很大的转变，同学们的自律意识大为增强，学习积极性也有了大幅度提高，一颗颗闪亮的红星给他们带来了自信、成功和快乐。

而作为管理者的我，从中也体会到了前所未有的甘甜，提升了管理的技巧与水平。正像王永吉校长所说："我们当老师的，就要学会和学生玩，和他们一起玩学习，玩纪律，让他们在玩中接受教育，增长见识，达到我们育人的目的。"现在，满天星星伴我行，我就尝试着运用"加星制"和孩子们一起玩学习，玩管理。就让这一颗颗充满向上精神的小星星们，继续照亮我们前进的步伐。

让我们的脚步越来越坚定，让我们的路越走越宽，越走越广！

用爱心赢得童心 用真情收获尊重

——我的班主任工作回顾

小学部　刘维侠

作为大唐学府的一员，看到学府正朝着新的高度不断超越，豪气油然而生。回忆自己在大唐的人生经历，更是点点滴滴在心头。

一直以来，我自认为我的班主任工作做得还可以，班级工作抓得有声有色，一直受到领导的认可。可是，到了大唐学府以后，我才发现，我所做的那点工作，连入门也不到，根本就算不了什么的！因为这里的学生大多数是全县各乡镇的留守儿童，他们的学习积极性差，纪律涣散，个性偏激，加之寄宿制的性质，决定了这儿的班主任必须担负起"父母""导师""朋友"的三重角色，其难度可想而知！

十几年我带过数届老生班、两届新生班和现在的这个六年级的新老结合班。一般来说，老生班比较好带，他们在这里时间长，已经养成了良好的生活习惯和学习习惯。新老结合班有一定的难度，但是有一部分老生指导帮助，还是说的过去的。最难带的就是新生班，他们初来乍到，对什么都表现出极大的兴趣，因此，每到上课时，我总得到操场边，或是教学楼后面的一些角落里才能找到他们，往往是找齐了学生，课也快要下了。如何把不同状况的班级都变成班风正、学风浓、集体荣誉感强、流失率小的先进班集体呢？细想之下，我觉得"用心"是根本的法宝。全国劳模李素丽说过："认真做事只能把事情做对，用心做事才能把事情做好。"因此，在认真的基础上，我力求做到"用心"。

一、用心教

无论分到什么样的班级，面对一群怎样的孩子，我从不抱怨，那只会消磨人的意志，削弱你的积极性。我所要做的就是尽快掌握班级的基本情况，制订切实可行的班级工作计划，然后就是铁下心来和任课老师、学生一起努力，共同创造奇迹！

这个时候，我会用亲切的话语、关爱的眼神先安抚好孩子的情绪，让他们尽快适应学校生活，关注他们吃了多少、住的情况、穿的冷暖。事无巨细，细心指点，用自己的真心来感动他们，拉近我与孩子们的距离。

对待生病的学生，我总是忙前忙后，从不疏忽。有一位同学吃了近三个月的药，我一天三次提醒，从不厌烦，以至于后来他停药后，我还倒好白开水喊他吃药，他大笑说："老师，我好了，不用吃了。"我自嘲地说："这叫习惯成自然了！"他妈妈曾握着我的双手说："刘老师，您真的受累了，孩子一天三次吃药，您每次都提醒，我这个当妈的也没做到。大休在家时，我有时还忘了提醒他吃药，您真是操心了！谢谢您！"

我用自己的爱心来感染学生们，在他们的心田播撒下爱的种子。对待闹情绪的孩子，我总是给他们讲道理，帮他们做事情，带他们出去玩，买东西给他们吃，用不同的方式来说服他们、感动他们，直到他们能安心在这上学。比较难缠的，有时竟要用上一个学期的时间。

对待差生，我从不歧视他们，总是给他们以鼓励，给他们以自信，坚持每天利用休息时间替他们补课，帮他们提高成绩。我用自己的耐心和恒心来引导他们，让他们学会适应学校的生活，学会与人相处，学会生活，学会学习，用智慧来启迪他们学会负责，学会自主管理班级。

所谓亲其师而信其道，老师用真情真意关注每一名学生，学生自然也愿意把老师当成最可信赖的人。当孩子整天围着你转了，你还用担心你的班级管理没有实效吗？

在这儿举两个例子来说明。

1.李的检讨书。这个孩子是个纪律性特差、学习又吃力的同学。有一次，他又犯错误。我说："我不管你了。"从不流泪的他哭得稀里哗啦，还写了有史以来的第一份检讨书。全文如下："老师我求求你，能能归我（不能不管我），我心里很难受，我一（以）后不在范借（再犯错）了，在（再）考试我要把数学成绩提到第十名左右，语文和英语提到第二十几名，老师求求你能（不）能给我一次机会，我会好好把握这次机会了。要我在（再）范借（犯错）的话，你就把我撵出这个班。"

2. 赵祥东的决心书。一次举行的歌咏比赛，我班没得到第一，回班级后，不少同学进行反思，写信给我，其中赵祥东是这样写的："刘老师，今天下午的歌咏比赛，我们得到了不理想的名次，但是我们不会因为这次的失败而失去希望。请您相信我们，相信五（1）班，以后不会再失败。请您等着星期六的体操比赛，我们一定会赢的！我们会以实际行动来证明！"事实证明他的决心没有白下！

其实，孩子最是"给个甜枣就吃不了的人"，只要你给他一倍的关心，他会以十倍的热情回报你。所以，只要他意识到你是用心教的，他就会用心去学。

二、用心做

每带一个班级，我都要求自己做到率先垂范，做好学生的榜样。

打扫卫生时，我总是带头先干，边干边教给他们方法；做操时我总是认认真真，力求到位；书写时，我总是力求规范；就连加餐的果皮果核，我也从不乱扔，总是轻轻地把它放进垃圾筐里。

每接手一个新班，我都会不厌其烦地教会学生整理书本的方法，每下一节课就提醒孩子一次，直到他们养成习惯为止。这样的督促，有时都要经历一个学期！

榜样的力量是无穷的，当孩子们看到老师对一些细微的小事都能做到一丝不苟了，他们还有理由做不到吗？因此我们班给人的印象一直是干干净净、整整齐齐的。

三、用心想

曾见过这样一个词叫"博学善思"，说的应该是善于思考、善于反思吧。几年来我养成了这样的习惯，每处理一件事都要想一想，这样是否合适，有没有伤害到孩子？还有更好的办法吗？你对孩子真正了解多少？

每天晚上回家后，还要想当天的事，理一理思路，不仅要反思自己的得失，还要对别人的经验加以反思，使其转化成适合于自己的一种能力。

现在带的这个班级我感觉挺顺手的原因，除了任课老师和生活老师的密切配合，还要得益于反思了几年的经验教训，学习了我校其他先进班主任的经验，在借鉴的同时还加以修改、创新。比如，以前我在班级中开展"一帮一"结对子的活动，效果不是很明显。今年，我不再实行安排制，而是采取"自主结对、竞争上岗"的策略，即待优生在自愿报名的小老师中找自己喜欢的、佩服的小老师，为自己辅导，同时还采取一天一评比的方式，激发他们的积极性，效果就很明显，原来考几分、十几分的同学现在能考到五六十分！（小昊就是使用这种策略受益的典型代表。）

我把心思全用在了班级孩子的身上，自己的孩子却无暇顾及。每次想起，一种锥心的疼痛还会自心底涌起。

记得2006年刚接手班主任工作时，我的儿子还不满周岁。我每天早出晚归，几乎见不着孩子的面。有一次，孩子发高烧，一夜哭闹不止。第二天早上，我起身要走，他爸爸说："平时你不管就算了，今天你就不能请个假吗？孩子一夜折腾得脸色发黄，你也忍心扔下他不管！"我看看孩子，又想到学校里的那帮孩子，就对他爸说："你带孩子去看吧，我班学生还在学校等着我呢，不去我不放心。"然后推车就走。

在路上，我心里也很难受。可是到了学生宿舍，看到孩子们正在整理床铺，便又忙着帮帮这个、看看那个，把家里的事抛在了脑后。

中午回家时，遇到了邻居，她说："你还真坚决，孩子病了还去上课？"我说："没办法，我现在是那个班级的头，不去孩子就没了主心骨。他们的家长多数在外地，人家把孩子交给了咱，咱要不尽心照顾好，见到家长怎么说？再说，自己的良心也会过不去的。"

儿子一岁零三个月，就被送到了姥姥家。我只有到大休时才能去看他。儿子经常会玩着玩着就把玩具一扔，哭着喊着要找妈妈。

一天晚上，十点多钟时，我妈突然打来电话说，儿子下午就开始哭，要找妈妈，后来哭睡了，醒了以后还是不愿意，一直哄不好。最后她说："你就抽点空来看看他吧，怪可怜的。"我让儿子接电话，他一听我的声音，就不哭了，可是却不让挂电话，一挂就哭。于是我就和他不停地说话，一直到他再次睡去。那一夜，我辗转难眠，泪水打湿了枕头……

第二天，我利用午休的时间去看他，当我嫂子说"佳威，你看妈妈来了"时，他一下从沙堆上站了起来，扔掉铲子，站在那儿发愣。想必是他没料到我会去。看到他那模样，我一把抱住他，失声痛哭，边哭边说："儿子，对不起，妈妈天天忙着照顾别人家的留守孩子，没想到却把自己的孩子也变成了留守孩子！"

有人说，"爱自己的孩子是人，爱别人的孩子是神"。我不是神，只是凭自己的一颗良心做该做的事而已。

我没有做神的工作，却体会到了神的快乐。有付出总有回报，我用心付出，用心工作，班级的管理、教学都有了起色，学生的习惯养成了，能力提高了，学习进步了，班级形象树立起来了，优秀班集体的称号一直没间断，有了收获。我也因教育他们、管理他们有了自己的收获，同时也获得了多次外出学习的机会：曾先后赴徐州、北京、枣庄、河北等地学习观摩，给我的教学及班级管理水平注入了新的活力，并不断得以提升。

我还记得一个叫马彤的孩子，因为上网成瘾，刚来时真的可以说是一窍不通。他爸说："刘老师，只要你能让他一个月学会一道题、三个字，我就心满意足了！"后来他不仅戒掉了网瘾，还特别喜欢让我给他补课，成绩突飞猛进。

有一天，我发现教室里我的办公桌上有一个又大又红的苹果，就以为谁忘在那里的，问了半天也没人认领。后来，马彤就说："老师，说不定是同学专门留给你吃的，你就吃了吧。""是你吧？"我说。他赶紧摇头说："不是不是"。我说："既然不知道是谁的，我可不能吃"。

晚自习时我发现苹果上多了一个小纸条，上面写着："老师，是我留给你的，快吃了吧。"一看，就是他的字体，我笑了，没有吃。

第二天下午，苹果上又多了一张纸条，上面写着："老师，求您快吃了吧，再放，就该烂了！"后面还画了一个着急的表情。我故意说："唉，这是哪个同学给的呢？不知道是谁，我不能吃呀。"他一听，赶紧说："老师，是我给的，您快吃吧！"看着他那可爱的样子，我幸福地笑了。那个苹果最后在补课时我们互相奖励着吃掉了。

还记得年前中午，给几个学生补课后，我因劳累趴在桌子上睡着了，朦胧中听到有人在说："小点声、小点声，老师在休息。"叽喳声竟戛然而止，同时感到身上多了件衣服，当时很受感动，那种满足，那种欣喜是无法言表的。

还记得去保卫科，正好遇到了赵祥东的妈妈，她见到我后，惊喜交加，一把抱住我，久久不放开，虽然我早已不教她的儿子，也与她有三四年没见面，但那种亲切感，那种被认可的感觉，竟是那样甜蜜，让我现在想起来还激动不已。

还记得今年母亲节之际，我接到了一个陌生电话，电话那端小心翼翼地问："请问您是刘维侠老师吗？"我说："是呀。"只听那端长出一口气，惊喜地大喊道："刘老师，真的是您吗？我可找到您了！您的号码被我弄丢了，这几年，我一直在找您！终于让我如愿以偿啦！"我有些恍惚，就轻轻地问："你是？""老师，我是张杰呀！您还记得我吗？我可是一直没有忘记您！我还记得，五年级时，那年冬天特别冷，我没有衣服穿，是您冒着大雪自己花钱去西关商场给我买了棉袄、棉裤。您不知道我有多感动。穿着您买的棉衣，身心都暖乎乎的，整个冬天都没觉得冷。"

我依稀记起是有那么一个小孩，父母常年在外打工，他没有厚棉衣，我就去给他买了一身。呵！小孩子一转眼都参加工作了，真是时光飞逝啊！

我正感慨着，张杰说："老师，这么多年来，我心里一直把您当成妈妈，明天就是母亲节了，祝妈妈您节日快乐！"我抑制不住，眼泪夺眶而出！这是欣慰的泪！这是幸福的泪！

我付出了一片真心，赢得了学生、家长更多的真心。这不正是当班主任的意义所在吗？

万紫千红总是春

——大唐学府第八届友谊节物品交换大会纪实

中学部　吴清欣

　　为增进同学友谊，历练人际交往，增强市场规则和市场竞争意识，郯城大唐学府每年一度的"友谊节物品交换大会"（简称唐交会）于 2018 年 5 月 16 日至 18 日如期举行。

　　大唐学府友谊节物品交换大会自 2011 年起开始举办，至今已成功举办八届。每年这个时候，大唐学府校园里人头攒动，热闹非凡。吆喝声、叫卖声不绝于耳，同学们个个兴高采烈，激动异常。有的同学将自己玩过的但还没舍得丢弃的玩具拿来了；有的同学将自己旅游时买下的工艺品带来了；更有心灵手巧的同学将自己精心制作的手工、美工作品也拿出来展示。同学们在开阔眼界、欣赏和赞叹的同时还可以与之讨价还价，将自己心仪的物品买下，舍不得花钱的还可以与他们切磋技艺，请教制作方法。爱好科技的同学可以到科技制作专柜，体验"鲁班锁""航模""蠕虫机器人"等古今中外科学家和发明家的智慧。除了商品交易，还有丰富的美食可以享用：不少同学在美食课上学习的技能这回真是有了用武之地。他们有的包水饺、有的烤羊肉串……大显身手、各尽其能，在展示自己厨艺的同时还有一笔可观的收益，个个忙得不亦乐乎！

　　著名教育家苏霍姆林斯基说："没有活动就没有真正的教育。"大唐学府深刻认识到活动是育人的最好形式和载体，把活动育人写入办学理念之中，并排除一切阻力努力践行这一先进教育理念。据了解，大唐学府每学期都要开展各种丰富多彩的学生社会实践活动，并当作孩子成长必需的重要的课程。这些课程，不仅丰富了学生的校园生活，增加了生活情趣，留下了童年美好记忆，而且锻炼了协调、沟通、语言表达、设计策划等综合能力，更培养了吃苦耐劳、艰苦朴素、自力更生、自强自立的精神。一个同学对我说：自己花十元钱买的商品，拿到唐交会上卖，吆喝了一下午也没卖出去，最后只有降价大甩卖，本来想挣钱的，结果还赔了钱，这时才深深地体会到父母做生意不容易，今后要好好孝敬父母。还有个同学说，今年的唐交会与去年不同，今年不能随便摆摊了，要到"工商所"领取营业执照，还要根据营业额到"税务所"缴营业税，所售商品要保证质量，因为市场监管部门会随时过来检查。还要讲究诚信，否则会有人投诉你。我问他，如果你不承认是你出售的商品，他怎么投诉？这位同学笑着对我说，你 out 了吧？今年所有商品在售出时都要开发票，写清"商家"和"客户"及商品信息。

我想，这不就是真实的市场大模拟吗？我深信：在大唐学府成长的孩子，一定有超凡的才能，将来踏入社会，一定个个都是佼佼者，人生的路会越走越宽。

学习是为了什么

中学部 吴清欣

前一段时间，许多人经常引用台湾著名女作家龙应台先生教育其儿子安德烈的那段话："学习是为了将来有选择的权利，选择有意义、有时间的工作，见识更广阔的天地，而不是被迫谋生。"

就一个母亲，对疏于教育而忽然间已经长大的儿子所说的这段心里话，我表示十分理解，但是就学习的目的定位来说，我认为仍然值得思考和商榷。

我们不禁要问：学习是为了自己吗？是为了报效父母、衣锦还乡、光宗耀祖吗？是为了升官发财、做"人上人"吗？

许多家长教育自己的孩子时总会说："你可得好好学习！不然你就得跟我们一样为别人打工而辛苦受累。好好学习将来才能享福，万般皆下品，唯有读书高，书中自有黄金屋……"若是这样，你可曾知道，民族英雄文天祥的《过零丁洋》"辛苦遭逢起一经"是啥意思？

我觉得这样教育孩子是不妥的，起码不是最高境界。我们要教育孩子：学习的目的不是为了逃离父辈的辛苦和所谓的"享福"，更不是为了升官发财，去做"人上人"。恰恰相反，学习的目的应当是为了自身内心的和谐与崇高，成为一个大写的人，还应当是为了将来有更大的能力去为人民服务，更有能力让人民生活更美好、国家更富强、社会更文明。简而言之就是既要"善其身"，又要"济天下"。就这一点来说，龙应台教育安德烈的那段话还是不能和周恩来总理的"为中华崛起而读书"相比的，也不能和毛泽东主席的"人民至上"的大担当相提并论。

只有立大志，才能更好地激发自己的潜能，更大限度地成就人生和事业。苏轼说："古之立大志者，不惟有超世之才，亦必有坚韧不拔之志。"在我看来，古之成大事者，其"超世之才"不是先天的，而是因为有"大志"且是"坚韧不拔之志"，后有"超世之才"，这个"超世之才"是在为实现伟大抱负而奋斗的征途中磨炼和显现出来的。高尔基也说过："志在顶峰的人，决不会因留恋半山腰的奇花异草而停止攀登的步伐。"志存高远，这是古训。只有高远的志向，才能激发出人更大的潜能，即使没有实现既定目标，"难酬蹈海"，也会在奋斗的征途中领略别样的精彩！ 许多人将人生定位于生存，而不是生活。日本 NHK 电视台拍摄的纪录片《三和大神》，深刻地揭露了游荡在深圳的中国第一代留守儿童，也是第二代农民工"三和大神"们的生存状态，他们就是典型的行尸走肉般地生存。在新中国的红旗下、在走进新时代的今天，这些人是相当可悲的。这固然有一定的社会原因，但更重要的是他们没有理想、没有抱负、没有责任感：对子女不负责、对父母不负责，甚至对自己的生命都不负责。没有理想目标，还像"祥林嫂"一样受"衣锦还乡"等封建思想毒害，是当今社会难以医治的一个尚在流血的伤口。

人当然要生存，但仅仅是为了生存，那是动物的追求，那就会恶意竞争，同类相残，狼性十足。社会上这种狼性的人已经表现出对社会的巨大危害。小偷会残忍地将尖刀刺向见义勇为的好人；人贩子会在光天化日下抢劫儿童，打残后行乞；矿坑中打死同伴冒充事故骗赔款；碰瓷现象使社会出现"扶不扶"的尴尬；偷税漏税逃税成为平常现象，而不屑这样做的人被视为"傻子"……如此种种，极大地损坏了社会诚信度，损坏了国家和民族形象。社会主义核心价值观中提出的"诚信"，也是基于现今社会诚信缺失、道德沦丧而提出的。

人之所以为人，区别于动物，不仅仅因为是灵长类，是智能生物，还因为是文明生物。就在这个意义上，爱因斯坦说："我从来不把安逸和快乐看作是生活目的本身——这种伦理基础我叫它猪栏的理想。"他还说："人只有献身于社会，才能找到那短暂而有风险的生命的意义。"法国批判现实主义作家雨果说："你要了解生存与生活的不同吗？动物生存，而人则生活。"

因此，作为教师和家长，我们要告诉孩子："男儿不展风云志，空负天生八尺躯"，要学习"岳母刺字"教育孩子"精忠报国"。要"以天下为己任"，"先天下之忧而忧，后天下之乐而乐"。正像我们敬爱的周恩来总理，没有子女、没有房产、没有墓地，两袖清风，为人民鞠躬尽瘁、死而后已。习近平主席居庙堂之高不忘江湖之远，在湖南西部贫困的十八洞村对苗族大妈石爬专自我介绍"我是人民的勤务员"。

一个民族的气节，必定要有无数个英雄用生命来奠基。他们生而为理想呐喊摇旗，死则为世人树起一道标杆。"苟利国家生死以，岂因祸福避趋之"，将精神和力量传递给后人。像文天祥、岳飞、林则徐、闻一多、周恩来、焦裕禄……这些民族魂、民族脊梁有哪一个是只想着自己"幸福"的？

一个人只要坚定地树立了远大的志向，那么在通往目标的征途中再苦再难，他也会"敞开胸怀、微笑着迎接一个个困难和挑战（王勇基校长语）"。毫无畏惧，勇敢向前，因为他知道"那是他的必修课"。什么挫折教育、什么孝德教育，都会在往目标奋斗的路上通过自我教育自行完成！中国共产党领导的工农红军，"穿过雪山，就有了风雪的坚韧；走过草地，就有了草地的深邃；翻过大山，就有了大山的抱负；涉过大河，就有了大河的豪迈"。一个人有了崇高的理想，他就不会为一己私利蝇营狗苟，就会自觉地站在民族的立场上，从历史和传统文化中汲取养分，从世界先进文化中汲取营养和智慧、卧薪尝胆、奋发有为，做一个有益于人民的人，在人生的沉落起伏中傲世独立，纵横捭阖，视死如归，成为一个大写的人。

让我们重温马克思的至理名言："如果我们选择了能最大限度地为人类工作的职业，那么重担就不会压倒我们，因为这重担是为所有人作出的牺牲。这时候我们体验到的将不是可怜的、有限的、利己主义的欢乐。相反，我们的幸福将属于千百万人。我们的事业这时候将默默地，也是永远地起着作用。而我们的骨灰将浸湿着高尚的人们的眼泪。"

选修课上的比拼

中学部　吴清欣

　　今天上科技选修课，我发现一个新面孔，我问他叫什么？他说叫郭子豪，我说这名字怎么这么熟悉？好像以前有个学生也叫这名字！他说：叫子豪的很多，这学校就有几个，但不一定是姓郭。我说噢，是这样呀！我又问他家住何方，答曰"郭楼"。我跟他说，人家问你是哪里人，你要跟人说是什么乡镇，什么村，这样人家才明白，比如郯城县某某乡郭楼村。他说：二庙乡，郭楼村。我说，呀！还是兰陵县的？！好啊，我收你这个小徒弟了！只要你愿意来，这里一定有很多让你感兴趣的东西。

　　小学部的同学们这两天都在学七巧板，我于是问他：你玩过这个吗？他说玩过。我说：那太好了，既然玩过，有一定基础，愿不愿挑战一下自己啊？我让他和另一个同学各自拼一个英文字母 T 字（既是陪伴，又是竞赛）。我把书上拼好的图让他俩远远地瞄一眼，随即合上书，我问看清楚了吗？他们说，看清楚了。我问郭，郭……郭什么来，郭德纲？他笑了，说郭子豪，我说，子豪"小帅郭"，你看到了什么？他说看到 T 字的两头都是圆的，又问那第三头呢？是平的吗？另一同学说也是圆的。我问图里的分割线看清了吗？二人都摇头说没看清。我说要的就是这个效果，你们两个根据印象用这七块板拼一个 T 字，敢不敢挑战？他俩都说好的，简单！随后每人开始拼，我就在一旁看，大约 5 分钟过去了，他俩拼来拼去还是没拼出来。8 分钟过去了，郭子豪有点怀疑地问：老师，那个 T 字就是用这七块板拼成的吗？我说，是的。另一同学也问："您确定？"我说："非常确定！"他俩又开始埋头拼图，一次次失败、重来、失败、重来……俩孩子头上冒出汗来。这时我问子豪："你觉得这里面最数哪一块不好拼？总是出问题？"他拿出其中一块，说"这个"。我接过来攥在手中，又去问他那个同学同样问题，他那同学也找出一块不好拼的给我看，这时我把子豪的那片亮出来，让他俩一齐看，啊，原来都是同样的这块！我跟他俩说，您俩都不简单，找到问题的病根了，全是这块惹的祸！

那好，不是这块不好拼吗？那么先把这块放在一边，先捡好拼的拼，最后再把它拼进去。这样，又拼了两分钟，还是不行，我发现小郭多次改不了要先拼那块"问题"板，并且连着几次拼在同一位置。另一位同学也有这样的思维定式。这时我又提醒："人不能老是在同一个地方跌倒！发现放在那里不行，下次一定不要再放那儿了，一定要变化，不能太死心眼噢！"于是他俩将那块调来调去，想尽各种可能性，不断改变位置，改变方向，改变组合方式，不断尝试。我看到他俩那么快速地变来变去，便扶着他俩的肩膀说："佩服，佩服，你是我见过的最有毅力的同学，不气馁，坚持到底就是胜利！"我看他俩尽管挺努力的，但没有科学的方法，思维定式很严重，急于求成，缺乏失败后的冷静分析，缺乏对关键那块问题块的仔细观察和分析，实际上，只要那块板放好了，也就成功了。于是我让他俩都停下来，分析失败的原因，他俩都指着那块关键板说，就是因为它！我说，请仔细观察这板的几个角，一样吗？哪个角最特殊？能不能利用上？一会儿他们发现在所有角中有一直角，我又问，想想 T 字哪儿有直角？能否用上？想象要大胆噢！尝试也要有勇气噢！异想天开也行呵！这时，子豪拼了拼，终于将关键板放对了位置，但拼出的 T 字不对称，立即又找出并改成对称的拼法。最后又整体旋转了 180 度，使从自己方向看去，是一个完美的 T 字！大功告成！心里美美的。

我问他，你有何感受？他说："我发现了不是逻辑的逻辑。"孩子说的话我似懂非懂，但这并不重要。我想，只要孩子在玩的过程中，有所感悟，有所发现，就足够了！

播种强国梦，科技育桃李
——记我校参加临沂市航模竞赛

中学部　吴清欣

2018 年 11 月 10 日星期六，天朗气清，阳光明媚。由临沂市科协、市教育局、市体育局、市"关工委"办公室主办，临沂市科技馆、琅琊新闻网、临沂市青少年科技辅导员协会、临沂二小南京路校区承办的第五届临沂市青少年航空航天模型竞赛暨中国青少年无人机上海邀请赛山东分站赛在临沂市第二实验小学南京路校区盛大开幕。来自临沂市和县区的 113 支代表队的 1082 名参赛队员汇集绿茵场同场竞技。连同教练员、领队、裁判员、新闻媒体和学生家长，人山人海、蔚为壮观。

郯城大唐学府，历来非常重视学生的动手能力、社会实践能力的培养，注重从小培养孩子们学科学、爱科学、用科学的精神，最早开展科技制作与科技活动选修课，专门建设了科技制作活动教室，特聘郯城县科学技术协会的资深专家为孩子们辅导航模和科技活动。这次又派三年级（1）班的陈秋洋，四年级（2）班的尤麟枫，五年级（1）班的王志、王天柱，六年级（2）班的郭子豪，七年级（4）班的李赫，八年级（1）班的朱浩南 9 名同学和学生处主任王慧云老师、科技辅导老师张老师、吴老师、赵老师 4 名教师参加活动，充分体现了学校对学生科技活动的重视。

比赛分两个阶段：先领取指定器材，限时在指定考场制作，由监考官检查盖章、本人签名后方可使用参赛。然后在特定考场由主考官按号逐个参与竞赛，计时员、裁判员给予计时和打分。每名参赛队员有两次展示机会。

作为临沂最具影响力的模型运动赛事，临沂市中小学航空航天模型比赛已连续举办五届。航空航天模型竞赛活动，既有对青少年的体育锻炼，又有综合知识的学习，既注重竞争意识，又崇尚团队合作，充分体现了理论与实践、动手与动脑、室内与户外、体能与智力的结合，是一项典型的综合社会实践活动。对于改革传统教育教学模式、培养青少年动手实践能力、科学探索精神、积极进取意识、科技创新能力、竞争意识、合作意识、团队意识，促进青少年知识与技能、情感、态度、价值观全面发展具有很好的示范作用和十分重要的意义。通过活动，在青少年心里播下了梦想的种子——长大为中国空军和中国航空航天事业贡献智慧和力量的梦想，为发现培养后备人才、实现科技强国梦具有重大战略意义。

每架飞机都要经过精细地裁剪、粘贴、组装、美化、试飞等工序才能完成。这不仅使学生学会了做人、做事，更培养了他们吃苦耐劳、勇于创新、团结合作的精神、认真细致的工作态度和顽强必胜的信念。

今天，他们不仅仅是比赛的竞争者，更是科技模型的爱好者、参与者、共同成长者。赛场上，来自不同学校、不同年级的队员相互交流比赛经验。当竞赛新纪录产生时，全场队员共同为此欢呼；当飞机模型损坏时，是不相识的队员为自己修补飞机；当飞行比赛遇到困惑时，大家焦急地在旁边小声地提醒……一场竞赛重要的是收获优异的成绩，而比此更宝贵的是收获更多的快乐和友谊！

这次竞赛，我校刘翔同学获得纸飞机着舰一等奖，朱浩楠同学获得电动自由飞二等奖。本来还能拿到更多奖项，但有的扑翼机飞行过猛而空中解体，有的因给定器材不配套，更换两次而耽误时间，未在指定时间内制作完成。这些都是今后竞赛时要提醒同学们注意的。

我心志在蓝天

——赴临沂航模竞赛有感

小学部四（2）班　尤麟枫

9月，科技选修课上老师向我们透露：本学期临沂市将举办第五届青少年航模竞赛，让我们好好练习，准备也去参加。我们都想去参加比赛，可老师说得选拔平时表现优秀的同学去。我暗下决心，一定好好学习航模知识，精心动手制作，刻苦练习飞行，争取能被选上，因为我太喜欢航模这项运动了！

国庆节后，学校经过校内初赛选拔，确定了9人参加比赛，很高兴我也在其中。因为我非常喜欢航模运动，这也是我第一次参加这样的大型比赛，所以很想去开阔一下眼界，结交航模方面的高手，所以我非常期待这一天的到来！

11月10日，我们早早就起床，6点半准时出发了。我们分两组各坐一辆车，经过近两个小时路程，来到了期盼已久的比赛场地——临沂二小南京路校区。

临沂二小南京路校区坐落在美丽的北城新区，校舍高楼林立，气势宏伟，设施高端大气上档次。尤其是宽阔的运动场，绿草如茵，400米塑胶跑道真是航模竞赛的好地方，来到这所校区，让人流连忘返。

按照要求，竞赛所用航模必须是现场领取器材，现场制作。我们先去了教室，按照参赛号码找到各自座位，领取了比赛专用航模。我们参赛的项目有纸飞机定点着舰、电动自由飞和扑翼机。我的项目是纸飞机定点着舰。只有20分钟的制作时间。我认真仔细地制作，不时抬头看着钟表。幸好我平时练习得比较熟练，所以提前5分钟就做完了。我拿着考官检查盖章后的模型飞机,飞快地来到操场试飞了几次,老师说效果不错。

9点半,比赛开始了。我的项目是在室内进行的,老师带我们来到多功能大厅。每人有两次放飞的机会,取最好成绩排名。临到我时,我非常激动,对准军舰上白色圆圈中的红色十字线使劲一扔,飞机迅速向目标飞去,可是眼看飞机就要落在最高分值的"靶点"上了,不知怎么回事,就像哪里来了一阵"歪风",把飞机吹到低分区。我失望极了,老师过来安慰我说,不要紧,可能是受"扰动气流"影响的,下次还有机会。你要仔细分析失败的原因。

我又仔细地看了看那架"不争气"的飞机,原来,在我试飞的时候,方向舵落地时被碰歪了一点点。都怪我太激动了,没仔细检查就拿着去比赛了。下次可得注意!这也是经验啊!

下午,比赛进入尾声,我们观摩了大哥哥大姐姐们表演精彩的火箭模型发射和惊险刺激的遥控四轴无人机钻圈竞赛等我们还未学过的项目。老师说:只要我们打好了基础,将来我们也可以参加的,我真是满怀期待!

五点多,在学生处王主任的带领下,我们搭乘赵老师开的学府专车顺利地返回学校。这次比赛,王老师自己还没吃饭就走很远的路为我们买早餐食品。张老师、吴老师还为我们跑上跑下找制作室和竞赛场地,比赛前还鼓励我们,为我们指导,还给我们拿衣服、水杯和提包等。回来的路上,我们都睡着了,蒙眬中醒来,赵老师还在聚精会神地开车,真应该好好感谢他们。虽然我这次离成功只有一步之遥,有点遗憾,但我努力了,我觉得收获很多,开阔了视野,得到了锻炼,也获得了经验。

我心志在蓝天,将来能开着真正的战机在航母上着舰,让老师为我自豪,请相信,我绝不气馁,我会更加努力的!

辅导老师:吴清欣 张兆庚

老师的"七十二变"

小学部　刘春菊

　　我是谁？我常常这样问自己。你不就是老师吗？老师是什么？老师是……有时真的说不太清楚！

　　记得小时候，我最喜欢的一首歌《长大后，我就成了你》，那时候根本不理解歌词所蕴含的深情，可是对老师却充满了崇敬之情。现在长大后，我真的成了歌中的"你"。

　　现在的我和"你"一样，每天都在用爱和真情诠释着自己的岗位，都在变换着多重角色。有很多时候，觉得自己跟孙悟空似的要"七十二变"，充当许多意想不到的身份，感觉好像不知要经过多久的修炼才能成为真正的"你"。

　　寒假过后，我班来了一名新生。这个孩子来上学的头一天，光送她来上学的大人就有七八个，当时我想这个孩子在家里一定是个被宠上天的"娇宝宝"，那么多人围着她转。我接待时便多问了几句，问问一起来的大人和孩子是什么关系？这一问不打紧，一下子推翻了我刚才对孩子的第一看法———来的人群中有孩子的舅舅、舅妈、二姨、三姨、姥姥、姥爷，而年龄最老的两位老人是孩子的爷爷奶奶。我当时也可能是出于第一反应吧，问了一句：孩子的爸爸妈妈怎么没来？没想到这一问直接把他们都问哭了，爷爷这才向我说了孩子的详细情况。就在两个星期前，一场车祸，夺去了孩子妈妈年轻的生命，年仅32岁。留下了两个还不懂事、最需要母爱的孩子，还留下了需要尽孝需要赡养的爸爸妈妈公公婆婆。来读书的孩子九岁，还有一个弟弟才两岁。妈妈就这样走了！带着对亲人的留恋，对孩子的不舍走了！

爸爸也因为妈妈的突然离开，受到打击，一蹶不振，整天不吃饭，迷迷糊糊地就知道睡觉！

爷爷边说边哽咽了，我看到年近七旬的老人在我面前掉眼泪，心里着实不是滋味，没等孩子和家人们开口，我便一把把孩子搂在了怀里，主动跟他们保证：把孩子交给我吧！你们放心，我会照顾好孩子，我会把她当成我自己孩子一样对待的！就这样，这个孩子留在了我的身边。对于我来说，我好想一下子疼她入骨，可能是她的遭遇，一下子触碰到我内心深处的一根伤心弦了吧！

虽然孩子在我的陪同下慢慢阳光起来，也开始说说笑笑了，可是表面看上去不错，谁又能真正知道她心里的想法呢？一天晚上别的孩子都入睡了，我看见她的小被窝一直在动，我就悄悄地走过去掀开她的被子，果然她没有睡，手里拿着一个小手电筒。我问她："你在干吗呢？"她一下子捂住手里的东西，说："老师，我没干吗？"我又说她："不诚实，就不是好孩子，老师也就不喜欢你了哦！"她听我这样说，小心翼翼地拿出手里捂着的东西，我一看，是一张纸条，她小声告诉我："老师，我在给妈妈写信。"当时我的心一震。

接过纸条一看，上面写着："妈妈，我想你了，你想我了吗？你在哪里啊！"看完纸条，我终于控制不住自己，眼泪如泉涌般顺颊而下，真不知道怎么去安慰她！当时我唯一能做的就是紧紧地抱住她，任由眼泪狂飞！等到情绪稍稍稳定下来，我心里突然有一个想法，我问她："孩子，你愿意做我的孩子吗？从今以后我来做你的妈妈，你觉得怎么样？"孩子听了我的话，那似懂非懂的眼神，至今我也忘不了！

我暗下决心，对于这样缺少母爱的孩子，我会把母爱无私奉献给她，只愿她能找回阳光，找回自信！如果她想爷爷想奶奶，那么孩子，你最需要谁的时候，我就是她的谁！

我还是谁的谁呢？唉！身边难忘的事情数不胜数！一个九岁的小女孩，一个正是享受童年欢乐的年龄，我们每天都在一起快乐地生活着，每天上完课她总喜欢偎在我的周围，也不大爱说话，我问她什么，她总是朝我笑，反正心里感觉这个孩子挺招人喜欢，但心里对她又总有一种楚楚可怜的感觉！一天晚上放学回宿舍，我看着她和一群孩子们洗澡、刷牙、上床睡觉，一切都那么平常，可我刚要离开时，突发情况发生了！说实话，我当时吓坏了！我从没见过这种病状———没有意识、迷糊、不清醒，手脚就像是痉挛，四肢一直抽搐，面色青紫，口吐白沫。完全不是那个对我笑得天真烂漫的小女孩了，哎呀！妈呀，这是怎么啦？我一点经验也没有，第一次见到这种病症。我四处叫人，正好有同事见过这种病状，他告诉我不要慌，掐"人中"。我照着同事的话去做，果然，过一会儿她清醒了一点，缓过来了！我才松了一口气，可是也不敢离开，一直陪着她到很晚，看着她慢慢地开始恢复意识，能说话，手脚又能动了，心里悬着的一块石头才终于落地！后来了解到她的这个病叫"羊羔疯"，是先天性的。唉！好惊险！想想当时的恐慌，着实吓坏了，那时那刻，我真希望自己是个医者，面对弱小无助的你，我能帮你解除病痛，你不知道这当时是我多大的心愿！

　　我是谁？我是谁的谁？课堂上，我是为你讲之乎者也、为你解惑的人！课下，我是"孩子王"，是和你们在一起讲故事、做游戏的人！

　　这么多年来，屡屡件件的事情，我从中终于找到了答案——我是一个妈妈、我是爷爷奶奶、我是一个朋友和玩伴、我是一个医生……我更是一个教育工作者！

　　深沉的大爱里最美是你！无私地奉献里最美是你！平凡的坚守里最美是你！勇敢的担当里最美是你！你像星辰缀满天空，像花瓣落满小溪！你是一首赞歌，满腔热血，唱出青春无悔！

开满鲜花的地方没有野草

费县校区　郑明星

作为班主任都曾有过这样的感受：有些学生，智力并不比别人差，但是学习成绩却不是很令人满意。其实这些同学因为没养成良好的习惯，由于纪律差而造成了学习成绩落后。殊不知这些学生中有些是智力超常的孩子，学习的余力多，和同班的学生一起学，学得较快，所以有更多的精力和时间做和学习无关的事情。但老师没注意到这种现象，不注意给他们增加补充学习内容，时间久了才养成了他做事不认真不踏实的习惯。这类学生往往成绩并不优秀，容易粗心，知识掌握得不很扎实，看看都懂，做题却不敢保证全对。其实出现这种现象，更多是老师和家长没充分认识到孩子的潜力造成的。

我班的吴昊鹏同学就属于这样的孩子，刚接手五（1）班的第一周，我就发现他上课坐不住，爱做小动作，随便和同桌讲话，根本不管是不是上课和老师在不在教室，哪里像五年级的学生？作业做得不但潦草而且还不能按时完成。找出上学年的成绩单，分数也不理想。经过一段时间的观察，我发现这孩子心地非常善良，虽然有时不注意冒出几句脏话，但完全是无心的玩笑，自己并不知道会给别人带来伤害。他很有上进心，喜欢被表扬，而且智力非常好，记忆力超常。

我很快和家长取得了联系，了解他在家里的表现。又和数学教师曹老师和英语教师张老师沟通，了解他以前的情况和现在课堂的表现。他的妈妈介绍："这孩子，我们没少表扬他，可不起作用，不是一表扬翘尾巴就是根本不起作用，就是有作用也坚持不了几天。再说他根本没有优点，我们怎么表扬他？"我就和他的妈妈沟通："没有夸不好的孩子！可能是表扬的方式不对，或者是表扬得不到位。"

凭经验，我觉得他一定会有所提高，只是需要时间和契机。我思考着、等待着、观察着、搜索着。终于在一节课后，我发现他在座位上看一本课外书，很专注、很认真，根本没发现我走到了他身边。直到我弯下腰问他看的什么书时，他才下意识地要把书藏起来。

我说："别藏，我只是想知道你看的是什么书。" 他放心了，把书递给我，还对我说："我一天就看了 3 本书呢！"样子很得意。

我故意激他："你看 10 本有什么用？又记不住！不过走马观花罢了。"他当然是不服气的。我就说："我随便找出你看的书中的某个故事名字，你要能说出故事大概的内容，就算你不是走马观花！" "说就说，这有什么了不起的！"

我就找出书中的几个故事题目让他说，结果他真说得头头是道。我佩服得连连点头，并对围观的同学说："吴昊鹏智力超常，尤其记忆力非凡。"他高兴得不得了。我又说："说故事容易，但能一字不差地背诵才是真本事，你若能一天背出 5 首毛泽东诗词，我就拜你为师。"（因为那几日我正读毛泽东诗词，学生看我读也有读的。）

"行！说话算数？"

"当然，我像说话不算数的人吗？"

双休日结束，周日晚上刚到学校，他就缠着我背诵毛主席诗词。结果他真的一口气背出了许多首毛主席的诗词，所以我也就默认他是我的老师了。

能做老师的老师，当然令班内其他学生羡慕，吴昊鹏的心里更是高兴。抽空我就关心他又看了什么书？我们的关系越来越密切了。他也越来越愿意看书，好几次他的妈妈给我打电话，说近来孩子好像变了一个人，总爱看《毛主席诗词选》，正奇怪这孩子怎么有这个爱好呢？我听在耳里，高兴在心里。

几个星期过去了，一次英语课后，学生到我跟前向我告状："吴昊鹏上英语课看课外书，被张老师批评了。"我当然明白如何处理，就把他叫到跟前，把课外书没收了。他很不情愿，别的同学却幸灾乐祸。下课了，他缠着我要他的课外书，我怎么舍得打击他刚产生的兴趣呢？可是若什么课都看课外书当然也不可以，我就给他约法三章，看课外书是好事，但不能在正课时间看，若能按时完成作业，语文课特殊对待，经老师允许可以看。有句话说得好："若要地上不长野草，那你就种满鲜花。"自从有了爱看书的习惯，课堂上昊鹏变得安静了，学习成绩提高了，尤其是作文水平进步明显。元旦放假的那天，他递给我一张纸，说："郑老师，看我写的诗，怎么样？"我看了，明白这是他正在读的一本网络小说的感受，虽然不很押韵，但是每行八个字，整齐的四行，也显得有板有眼，我就笑着对他说："古诗有五言绝句和七言绝句的格式，你这是'八言绝句'，要能再押韵，抄写再工整些就好了！"他高兴地说："送给您吧！"我说："将来你成了大诗人，这可是最好的纪念。"他得意地说："那我再抄写一遍，写得工工整整地送给您吧！"然后他就回到座位上，又认真地抄写了一遍，折得整整齐齐地放到我的上衣口袋里。

在半年的班级工作中，成功的例子还有许多，如教孙钰珩背诵五行、八卦，使他变得更稳重。对钱柳伊情感引导，使她感受到老师的爱和同学的信任，从而增加学习的信心。对潘娜的特殊照顾，使她的作文成绩有了很大的提高，并带动了其他学科成绩的提高；本次期终考试，她的语文成绩获得了班级第二名的好成绩。当然不成功的例子也有一些，有位同学，来到我班一个多学期了，虽然也有这样那样的改变，但效果还不是非常明显，我相信在不断地探索中会有新的变化。

用优美的故事帮助学生铸魂筑梦

小学部　宋保武

　　我是大唐学府的故事课老师，刚来学府时，董事长、校长王勇基满怀深情地告诉我："大唐学府实行的是全寄宿九年一贯制办学模式，对每个学生加强良好习惯的培养，使他们在这里形成良好的世界观、人生观、价值观，让每一个学生都能健康成长，达到成人、成才、成杰，这是我们的办学目标。我们除开足开齐国家规定的所有课程外，还开设故事课……校本课程。你要发挥自己的优势（本人曾在中共郯城县委党史研究室工作20余年，编辑出版郯城党史专著多部，参与修编《郯城县志》等），把中国共产党的历史、优秀的中国民间故事讲述给学生，开启好学生们的人生第一程。要站在为党、为国、为民培养合格人才的角度，上好故事课！"

　　带着领导的重托、牢记家国情怀、心怀家长的信任，我走上故事课的讲台。回顾五年多的教学之路，我真正体会到了王校长的那颗大爱之心、大爱之举——美好的故事可以帮助学生铸魂筑梦！

一、讲好红色故事，把牢正确的政治方向

　　习近平总书记指出："学习党史、国史，是坚持和发展中国特色社会主义、把党和国家各项事业推向前进的必修课。"

　　大唐学府每周为小学生开设一节故事课，每节课上基本讲述两个故事，其中必有一个红色故事。我按照大革命时期（中国共产党的创立）、土地革命战争时期、抗日战争时期、解放战争时期的历史发生时间顺序讲述，在学生幼小的心灵里留下中国共产党走过的光辉足迹。为调动学生学习红色

历史的热情，我注意利用多媒体将红色故事通过电视片、幻灯片等讲述给学生，形成更好的红色教育氛围，耳濡目染、潜移默化。我还注意利用重要节日上好红色故事课。"清明节""七一""国庆节"等重要节日，我会组织共青团员、学生等开展红色故事演讲，掀起学习党史、宣传党史、普及党史的热潮。

在组织好室内故事课的同时，学校还组织学生走进红色教育基地，开展经常性的红色教育活动。近年来，学校每年都组织学生奔赴郯城县革命斗争历史纪念馆、郯城县革命烈士陵园、费县大青山胜利突围纪念馆、孟良崮战役纪念馆、台儿庄战役纪念馆、南京英烈纪念馆等地，进行革命传统教育。

现在大唐学府红色课堂做到了制度化、常态化，通过学生喜闻乐见的多种形式、潜移默化地日益熏陶，把党的光荣传统融入青少年的灵魂和血液，使青少年知党、信党、爱党，永远跟党走。

一位上级领导听过故事课授课情况汇报后这样评价：有毛泽东、周恩来、朱德等老一辈革命家光辉的照耀，有方志敏、杨靖宇、董存瑞、黄继光等无数先烈的鼓舞，大唐学子定会永远跟党走，前途定会美丽光明！

二、讲好爱国主义故事，坚固学生的爱国之志

中华民族历来具有深厚的爱国主义精神，我们的祖先经过长时间发展，锻造了民族统一的早期基础。早在周朝时期，周天子便被尊为"天下共主"，经过战国时期的"礼崩乐坏"，秦始皇又统一天下，建立了中央集权政府。汉承秦制，进一步加强了统一的国家政权。从那个时候起，朝代更迭连绵不断，但中华民族总体上是以统一为大方向，反对和抵制民族分裂、渴望和维护国家统一。苏武、岳飞、文天祥、郑成功等集中代表了中华民族捍卫国家尊严、维护民族统一的精神标识，熔铸了中华民族深层的爱国主义精神追求。进入近代以后，中国日益沦落为半殖民地半封建社会。面对苦难，中国人民以高度的爱国主义精神奋起抗争。辛亥革命推翻帝制、建立民国，试图引领中国走向民主共和。五四运动中热血青年抵制巴黎和会、捍卫国家主权。一场场气壮山河的斗争，谱写下一曲曲可歌可泣的悲壮史诗，无不体现

着中华儿女深厚的爱国主义精神。只有在中国共产党的领导下，中国人民的爱国主义才同革命、建设、改革的伟大实践紧紧联系在一起，为实现民族独立解放、国家繁荣发展、人民幸福生活不懈努力、接续奋斗。

三、讲好人民军队故事，密切军民鱼水情

中国人民解放军在发展过程中，为巩固国防、抵抗侵略、捍卫人民共和国和社会主义制度、保卫人民的和平劳动、维护世界和平与促进共同发展等方面发挥了重要作用，在这过程中涌现出无数个惊天地、泣鬼神的英雄个人、英雄群体。把这些英雄事迹讲给同学们，让孩子们真正理解毛泽东主席所说"没有一个人民的军队，便没有人民的一切"，在孩子幼小的心灵里播下热爱人民军队、拥护人民军队、长大后投入到中国人民解放军这所大学校的种子，对他们的成长是非常必要的。

一位老革命听了我们的故事课，激动地说，就是要这么教育孩子，让他们知道中国人民解放军是人民子弟兵，是老百姓自己的队伍，是我们最可爱、可敬的人！让学生打心眼里拥军、爱军，向往火热的军营！

四、讲好热爱人民故事，永远和人民在一起

我们讲的热爱人民，就是要维护人民群众的根本利益，全心全意为人民服务，以符合最广大人民群众的最大利益、为最广大人民群众所拥护为最高标准。"没有共产党就没有新中国。"我们党是以马克思列宁主义、毛泽东思想、邓小平理论、"三个代表"重要思想、科学发展观和习近平新时代中国特色社会主义思想为指导的、全心全意为人民服务的工人阶级先锋队，是工人阶级和人民群众利益的忠实代表。她除了代表工人阶级和最广大人民群众的利益，没有自己特殊的利益。

习近平总书记在十九大报告中说：中国共产党人的初心和使命，就是为人民谋幸福，为民族谋复兴。因此，在授课过程中，要从古至今，精选上至帝王将相、下至贫民百姓的故事，教育学生只有和民众在一起，自己才有前途，事业才能成功。作为新时代的学生，要时刻牢记党的宗旨，热爱人民、

全心全意为人民服务。只有这样，人生才有意义、价值，在建设祖国的道路上才能不断地取得新的胜利。

兄弟学校的老师们听了故事课后告诉我，有狄仁杰、包拯、海瑞等爱民如子的大臣们作引导，有"为人民服务"的领袖毛泽东、"我是中国人民的儿子"的总设计师邓小平等千千万万个共产党人作楷模，大唐学子一定会热爱人民、奉献人民！

五、讲好家庭伦理故事，促使每个家庭更加和谐幸福

说起家庭，我们感到是那么自然亲切，因为家庭是我们内心深处最看重的地方，"家和"才能"万事兴"。家庭不只是个人奋斗的助推器，更是避风港，是中国人的精神归属。同时，家庭绝不是一个个孤岛；相反，家事连着国事，国事连着天下事。家庭伦理体现的不只是家长里短、儿女情长，更重要的是人与人心心相印、彼此协作的情感共同体，是个人与国家休戚与共、同心同力的内在联系。

讲好家庭伦理故事，首要的是孝道故事。敬老、爱老、助老是中华民族由来已久的人伦道德基础，蕴含着我们民族的高尚情操和传统美德，是我们先辈传承下来的一笔宝贵的精神财富。其次是兄弟姊妹团结友爱故事。再次是亲戚礼尚往来的故事等。这些故事讴歌了我们中华民族的优良传统，能让学生幼小的心灵懂得父爱、母爱的伟大、兄弟姊妹同胞之情、亲戚之间的平等相处等。这样，在他们以后人生的旅途中，对家庭、亲情等关系的处理，就有了良好的基础，也会使每个家庭更加和谐幸福。

孩子们大休回家，把听到的故事讲给家长听，听后的家长这样说，有先贤"十孝"的先例，有陈毅、许世友等老一辈革命家作榜样，大唐学府的孩子们将来一定会孝敬父母、家庭和谐幸福。

六、讲好中外传统文化故事，让学生视野更加开阔

中外传统文化是人类文明演化而汇集成的一种反映民族特质和风貌的民族文化，是民族历史上各种思想文化、观念形态的总体表现。传统文化具有

鲜明的民族特色，历史悠久，内涵博大精深。如我们中华传统文化，是中华民族几千年文明的结晶，除了儒家文化这个核心内容外，还包含有其他文化形态，如道家文化、佛教文化等。

为了让学生对中外传统文化有一个全面的了解，在故事课教材备课时，我会从中外民间传说故事中精选出一部分，取其精华，去其糟粕，对其进行认真修改，最后呈现给学生一篇篇气势恢宏、催人泪下的传统文化故事。

我深深知道，通过释迦牟尼、耶稣、穆罕默德、老子、孔子等中外故事的讲述，会使学生们知晓佛、基督、伊斯兰、道、儒等各家之内涵，会为将来学子们走出家门、走出国门打下坚实的基础。

通过故事课，我们给学生指明了前进的方向，指出了前进的道路。据调查统计，大唐学府创办15年来，未出现一例违法乱纪现象，违反学校规章制度现象也非常少见。

综上所述，针对小学生的思维特点，经常、适时地把各种充满正能量的故事讲述给他们，这对于学生树立正确的世界观、人生观、价值观，帮助学生铸魂筑梦将会起到重要的促进作用。

意犹尽，情未了

中学部　宋作鹏

夜深了，看着办公桌上堆积的试卷，学生近几次的成绩分析表，想到时间已进入 5 月，我的学生还有一个多月就要离开一起生活三四年的学校，无限感慨涌上心头……

我信步来到学生宿舍，走到每一个学生的床前，轻扯一下毛毯、掖掖被角、摸摸孩子的头，丝丝关怀中暗透一种即将离别的伤感。此情此景，让我决心再博一把，让学生因相聚大唐学府而难以忘怀。

第二天早饭后，我遇见班长，便问他道："喂，晓辉，咱班的那片园有没有垃圾啊？""没看呢，老师。"这个学期学校搞一个班级一片园，一个学生一棵花、草、树活动，每一个园、每一棵树都有名字和关爱人。我们班的月季花园在教学楼东侧，不在我们班的卫生区内。因这事，学生处的老师还几次要帮我们调整花园，说毕业班没时间照顾，要帮我们班解决花园的护理。但我一直认为我们经过前一段时间的松土、施肥、浇水，眼看就要鲜花满园，那可是昭示我们中考成功的，不能给别的班级护理，同学们也都赞同。这不，我正好遇见班长和几个同学说："好啊，大家一起欣赏一下。"同学立刻围拢到我的周围，还有几个女生："老师，这个红花开了。""这个也开了。"有一个同学还高兴地踏入花园，嘀嘀咕咕地说："我们把空着的地方也种上吧？"种什么呢"。

第二节课后，团支部书记找我，和我商量："老师，咱种点豆子吧。我看见七年级种豆子了，还有辣椒。""要不咱种瓜吧。"这是燕婷的声音，一个文静的小男孩。

第二天我找来一些瓜种，从住校的于校长那里找来豆种，几个孩子就忙开了，点穴、浇水、放种、盖土。我告诉他们"五月豆，半边露"。要种的浅一点，还做了示范。他们种得很认真。我又告诉他们种瓜时更要少覆土，苗儿才会壮，而且要根据瓜种子的好坏多种几粒，以后间苗的时候，好留下壮苗结大瓜。"老师，你能吃上吗？""咱能吃上吗？""能，一定的。"

此后每天凡是经过花园的同学，大多会慢点走，看一下，秧苗长得怎么样了。苗儿刚出头时就有同学用喷壶给它喷水，之后我告诉他们怎样去苗，压瓜可以压瓜叶或瓜秧，还要选择在傍晚浇水，等等。满园的瓜秧爬满了空白地，学生的学习也如瓜儿一样，日见其升。就这样，伴随着紧张有序的学习，花儿开了，开心的学生也走进了中考的考场，毕业离开了校园。此后每天路过花园，心中总有学生就在面前的感觉，也时而会有学生打电话问我："老师，瓜能吃了吗？""能吃了，来吧！"我笑着在这头回答。

6月底是学生来校填志愿的日子，"老师，瓜能吃了吗！"第一个来到的是团支部书记和他的舍友们，言语中透露着肯定，"能啊，等会啊，要大家到了了才可以吃的。"那一天上午学生们在教室说着自己的收获，临近中午我们一起在"2009级3班毕业留念"的红色条幅上签名，带着满心的喜悦，几个老师跟同学们一起留影，一起品尝我们自己种的脆瓜。

听着学生不尽的话语，心中满是幸福。毕业了，等到瓜收了，你们也就又开学了，欢迎你们常来学校看看，老师也会去看你们的。抬头望向枝头，似有鸟儿在欢唱："飞吧，大地是你们的，天空也是你们的。"

谈"家庭化"住宿
对留守儿童成长的意义

国学实验部　巩振荣

　　留守儿童问题已成为全民关注的社会问题，从各级各类媒体，到各级政府再到社会研究机构都极为关注。"为留守儿童撑起一片蓝天"，是我们大唐学府的办学特色。几年来，学校领导和教师从各个方面对留守儿童的教育进行有益的探索，无论是理论还是实践，成绩可谓斐然。在对他们的教学、生活管理等方面时时关心，事事留意，总结出了很多成功的经验。本文仅从"家庭化"住宿对低幼留守儿童成长的影响这一角度，向全社会关心留守儿童的所有人做个汇报。

　　人生在世，衣食住行，住的重要性自不待言。孩子们离开了家，来到了一个全新的环境。衣服是自带的；饮食有学校的厨师料理；美味可口，接送有学校安排车辆，舒适安全。那么住呢？一、二年级的孩子，六七岁的年纪，在家里也许要在妈妈的拍打下才能入睡。事实也证明，孩子在学校里睡觉还真是问题，并且是较难解决的大问题。幸好，全体教师的爱心、耐心和细心，使我们圆满地解决了这一难题。在此，我们把所取得的一些成功经验，与大家分享。

一、优化宿舍环境，使孩子身有所安

　　夜幕降临，躺在床上，没有了喧嚣，白天因为和同学们一起上课、玩耍而不经意之间忘记的离家的烦恼油然产生，并且会愈渐浓烈。要让孩子们住得开心，身有所安是我们的责任。为此，我们全力为孩子们营造一个优良的居住环境。装饰一新的墙壁、松软又蕴含着阳光味道的被褥、光洁的地板、摆放有序整齐的衣服橱柜、整齐划一的洗刷用品、卫生而又便捷的洗刷间、新安置的冷暖空调……这样舒心的住宿环境，使孩子们产生了如家甚至胜似家庭的感觉，每日安然入睡。

二、营造家庭氛围，使孩子心有所定

孩子们能够认同宿舍生活，认同自己这个新的居住环境，还远远不够。我们还要想方设法为他们营造浓厚的家庭氛围，让他们不知不觉爱上这里。为此，我们要求生活老师告诉孩子"我就是你们的妈妈，我会为你们做一切妈妈该做的事"，并要积极用行动践行自己的话。生活老师为孩子们选出这个大家庭中的哥哥、姐姐、弟弟、妹妹，他们互相关心照顾；指导孩子们学会穿衣，系鞋带；提醒监督孩子们刷牙，睡前洗脚；告诉孩子增减衣物，防寒保暖……孩子在这里生活，感到宿舍真的就如同自己的家一样，原本烦躁的心就会慢慢沉静下来。

三、生活老师亲如妈妈，使孩子情有所依

我们学府要求每一位老师都要扮演学生的"导师、朋友、妈妈"三位一体的角色。对生活老师，"妈妈"更是她们必须倾力投入的角色。孩子回到宿舍，就像是回到自己家中的房间。在家里，睡前是妈妈督促他们去洗漱，在学校是生活老师；在家里，孩子睡着了，是妈妈为他们披被角，在这里是生活老师；在家里，孩子生病了，是妈妈为他们量体温、喂他们吃药，在这里又是生活老师；在家里，孩子成绩滑坡，心情郁闷，是妈妈安慰她、鼓励他，在这里还是生活老师……"这就是我们的妈妈！"孩子们思念父母的情感在生活老师身上得到回应，得到依托，很快忘掉烦恼，投入到新的学习中去。

四、创建宿舍文化，使孩子志有所向

孩子的教育无处不在，无时无处不有。孩子们在优雅的集体宿舍中安然入睡的同时，我们也大力发掘宿舍所应承担的教育功能。每一间宿舍，我们都用一名有影响的科学家或是文学家的名字命名。我们要求生活老师熟知

自己宿舍的科学家的成长足迹、奋斗历程，并要声情并茂地讲给孩子们听。孩子们在多次听讲后，会自然产生对科学家的崇敬之情，会学习他们的奋斗精神。我们在宿舍墙壁上张贴名人名言，激励孩子们的学习；张贴二十四孝图，教育孩子们要爱自己的父母；精选《弟子规》中的一些话，勉励孩子做一个爱学习、懂礼貌的人……耳染目濡，这一切都不知不觉地浸润感染了孩子的心灵。在我们学校，宿舍不仅是孩子的休息场所，更是对孩子进行情感、励志教育的第二课堂。

五、多彩的宿舍活动，使孩子们神有所往

孩子们进入宿舍再到酣然入睡总有一个过程。我们利用这一段时间，组织孩子们搞一些小活动，既激发孩子的活力，又能促进孩子们的习惯养成。生活老师配合任课教师，会精选一些适合孩子们诵读的浅显古诗让孩子们睡前读一读、背一背，表现好的授予"小诗人"称号；经常指定几个孩子们在睡前讲一个小故事，隔几天选出一位"小故事家"；早晨起床时，老师宣布："今天看谁叠被子、洗刷最好最快！"表现好的评为"家庭小明星"……这些活动，搞活了宿舍气氛，冲淡了孩子对亲人的思念，同时又让孩子们学到了知识，锻炼了语言表达能力，养成了良好的生活习惯。看着孩子们在睡梦中嘴角还缀着微笑，有时还能听到孩子在睡梦中欢呼，生活老师感到自己的辛苦得到了最大的回报。孩子们终于爱上了这里，爱上了这个新的家。新的妈妈，同样是作为母亲，哪位老师不感到欣慰呢？

孩子的教育无小事，对于性格孤独、敏感、脆弱、自卑、自负、孤僻、叛逆的留守儿童更是如此。任何一点疏忽和无心的伤害都可能会影响孩子们幼小的心灵。反过来说，任何一个给孩子带来温暖和慰藉的小举措，都会在无形中激励、促进孩子的成长。我们将会在具体实践王校长"五所教育"的过程中，为大唐学府、更为留守儿童的教育作出更多的有益探索，让更多的孩子尤其是留守儿童享受更好的教育。

沟通——爱的桥梁

小学部　孟凡红

一个孩子的健康、健全成长，仅靠学校或家庭单独教育都是不够的。尤其在寄宿制学校，大多数家长为了养家不得不选择外出经商或者打工，孩子自然就成了留守儿童，有的被迫常年寄宿在学校，这时班主任与家长多沟通就显得尤为重要。因为孩子大多数时间在学校，家长想看到孩子在校的表现，大休回家几天交给祖辈看管，爷爷奶奶年龄大，往往监管不到位，因此对于孩子的教育，需要家校两者的合力。这样，教育才会有针对性和连贯性，我们的工作才能达到事半功倍的效果。

在大唐学府工作十几年了，我头脑中时刻保持着这种观念，并通过各种手段密切与家长进行联系沟通。一个良好的家校关系形成后，能对我们的教育工作起到很大的推动作用。对于这一点我深有体会，下面我就如何与家长沟通谈谈一些自己的做法。

一、"尊重"是家校沟通的前提

尊重别人是自尊的表现，也是得到别人尊重的前提，正如常言所说："敬人者，人恒敬之。"尽管在教师与家长关系中，教师起主导作用，但大家在人格上是完全平等的，不存在尊卑、高低之别。因此，教师必须尊重学生家长的人格，特别是要尊重所谓"学困生"和"行为习惯差"的孩子的家长的人格。对教育过程中出现的问题，首先要从自己身上找原因，还要客观地分析问题的症结所在，公正地评价学生的表现和家长的家庭教育工作，与家长共同研究解决问题的方法。教师不要动辄就向家长"告状"，不要当众责备他们的子女，更不能训斥、指责家长。不说侮辱学生家长人格的话，不做侮辱学生家长人格的事。否则会造成教师与家长之间的隔阂甚至对立，还可能引起学生对家长或教师的不满，损害教师的形象，降低教育效果。

二、讲究艺术，巧妙接待不同类型的家长

我班现有 43 名学生，其中有十几名是假期前后来的新生，每个孩子的家庭条件、生活环境各不相同，每个家长的文化水平、素质、修养也各有差异。通过一年的接触，我发现老生的家长对于我的班级工作还是比较支持的，而新生家长对学校教育的配合程度存在很大的差异，因为孩子刚来，他们并不真正了解我们学校的特点。所以，在接待不同类型的家长时必须讲究语言艺术，我采取了相应的策略。

1.对于有教养的家长，尽可能将学生的表现如实地向家长反映，主动请他们提出教育措施；认真倾听他们的意见，充分肯定和采纳他们的合理化建议，并适时提出自己的看法，和学生家长一起，同心协力，共同做好学生的教育工作。我很幸运遇到的绝大多数是有教养的家长，因此他们的孩子也都是懂事的孩子。

2.对于溺爱型的家长，交谈时首先要肯定学生的长处，对学生的良好表现予以真挚的赞赏和表扬，然后再指出学生的不足。要充分尊重家长的感情，肯定家长热爱子女的正确性，使对方从心理上能接纳意见。同时耐心地、热情地帮助和说服家长采取正确的方式教育子女，让家长如实地反映学生的情况，千万不能因溺爱而害了孩子。正像杜主任说的那样，溺爱孩子等于在爱里下了毒。记得去年暑假开学后一周左右，北校区一位老师领来一个从江苏转学来的孩子，名叫李豪（化名）。这位老师告诉我这个孩子应该升二年级了，可是家长要求从一年级重新上。我说你们校区也有一年级，为啥要送给我们呢？郑老师也很诚实，她说："孟姐，不瞒你说，这个孩子基础太差，在我们那里根本跟不上，你们南校不是异步教学吗，就交给你了。"我一看孩子不管成绩咋样，北校不收，我们再不要，孩子岂不是太可怜了？他总得有受教育的权利吧！反正我班里也不缺这样的差生。你成绩差点也不

怕，别撒泼打滚地哭成泪人啊？我绞尽脑汁费九牛二虎之力，总算把孩子哄好了，孩子的情绪慢慢稳定下来。家长又三天两头地打电话说想孩子了，还总要求每天拍视频给她，跟孩子通话也只是问带的零食吃完了没有？还要求老师每天必须给孩子五元零花钱，跟老师通话则是质问老师为啥我的孩子衣服没换，怎么这么脏？看得出，这绝对是一个太过溺爱孩子的母亲。通过观察，我发现李豪身上存在很多缺点，比如懒散、好吃贪玩、不会听课、不写作业……这些情况我必须及时向其家长反映。但怎样开口才合适呢？记得第一次跟他妈妈交流时，我是这样说的："为了欢迎李豪的到来，我特意为他开了个欢迎会，并引导其他孩子跟他交朋友，才来几天，他就已经有几个好朋友了，我发现他的人际关系还挺不错。通过几天与他相处，我发现他有很多优点。比如嘴巴很甜、很有礼貌、上课能坐住了等。晚上睡觉时，我特意去寝室看了，发现他不哭也不闹，适应能力很强……我跟您一样喜欢他，疼他，我们班又多了一个懂事的好孩子。"总之，我讲了孩子的一堆优点，家长也听得笑哈哈的。她说："孟老师，您真好，我还从来没有听到一个老师这样夸过我的孩子。以前那个学校的老师总是批评他，搞得孩子跟老师的关系很僵，而您却那么关心他，看来，我把孩子放到你们学校真的是正确的选择！"这是我与她的第一次交流。在这次交流中，我没有直接数落孩子的缺点，而是尽量发现他身上的优点。这样，孩子的家长对我、对我们学校都留下了很好的印象。她知道尽管她的孩子有很多不足，但老师没有嫌弃他，反而是很重视他，家长自然很放心。在有了良好的印象之后，我再慢慢跟她交流孩子的一些毛病，并且一次只重点讲一个缺点。在接下来的很多次交流中，这位家长的态度都很好，也能虚心接受我的意见，并积极配合我的工作。现在，这个孩子各方面都有了很大进步。家长更加认可我们学校了。

3. 对于学习差，行为习惯也不好的学生，这时我首先告诉家长要对孩子充满信心。家长希望孩子在短时间内就有大的变化，看到成绩没进步就指责抱怨。做班主任最头痛的是面对这样的家长。面对孩子可怜的分数，无话可说；面对家长的失望叹息，无言以对。我们不能光用成绩这一个标准来衡量学生，要尽量挖掘其闪光点，要让家长看到孩子的长处，看到孩子的进步，看到希望。比如我们班去年来的一个孩子张××，他也是从三年级空降到一年级的，可以说没有一点学习基础，在班上属于绝对的学困生，也是最能哭闹的一个。我自觉自己是最能哄好爱哭孩子的，可是面对他我却束手无策，因为这个孩子都十岁了竟然刚刚断奶。在与家长交流时，我给家长灌输这样的思想：不要把自己的孩子跟别人的孩子比，要让他跟昨天的自己比。我们要放大他的优点，少看缺点，只要有进步，哪怕每天进步一点也是好的，要坚信好孩子是夸出来的。所以每当孩子有一点点进步，我就在班里表扬他，并向他的家长汇报。通过多次交流，家长觉得我不仅不歧视他的孩子，反而重视、喜欢他的孩子，这样家长就放心了，对我的态度也格外好。

4. 对于气势汹汹的家长，我都是以理服人。遇到这种情况，要沉得住气。今年暑假前后来了十多名新生，我理解新生家长多数都放心不下孩子，都想每天看看孩子，于是我就会拍一些孩子军训、上课、玩耍的视频发到班级群里。但是班级群也是一把双刃剑，有的家长看到的是孩子在学校里生活学习的环境和孩子们开心的笑脸，而有的家长眼睛盯的是自己孩子的衣服干净不干净？几天没洗澡了？有的就气势汹汹地在群里质问，还发图片说是孩子的衣服足足三天没换了。遇到这样的家长，我就赶紧跟她私聊，我先和颜悦色地和她说，让她不要激动，咱们都是做妈妈的，既然你把孩子送来，说明你是很有眼光的，也是经过考察是信任我们学校和老师的。孩子在家是你们的，在校就是我们的，在家里你看一两个，在校我们看几十个，肯定有不周到之处，也感谢你们给我们提出宝贵意见和建议，我们一定加以改正。但是提建议也要讲究方式方法，不要在群里公开说，以免打击了老师的工作热情，毕竟我们学校的后勤老师都是有很强的责任心的。再说孩子没有换衣服肯定有原因吧，等我跟生活老师沟通以后再给你答复。我跟生活老师沟通后才知道，别的孩子都换衣服了，就是这个孩子死活不换，说是大休留着妈妈洗。这个孩子脾气又很倔，老师怕他哭闹，就没再坚持。事后生活老师耐心做工作，学生终于配合换了衣服。家长也觉得错怪了老师，很不好意思地跟我们道歉。

三、建立多样化的沟通渠道，架起家校沟通的桥梁

教师与家长的沟通不是一件偶然的事情，不要等到孩子出现问题时才进行联系，而要通过多种渠道经常性地保持和家长之间的正常沟通。在工作中，我常利用以下几种手段与家长保持密切联系。

第一，利用每次大休前后家长接送孩子的时间进行简单的沟通，强调一些日常的注意事项。

第二，利用电话沟通。对于工作很忙没有时间来看孩子的父母，我经常利用下班时间有针对性地给家长打电话，十分详细地向家长反映孩子在校的点点滴滴。

第三，利用微信群私聊的方式进行沟通。我经常利用照片、视频不定期将孩子的表现发送给家长，家长也常将孩子们的点滴表现利用小视频的形式反馈给我。现在每个家长对我的工作都非常满意，纷纷说："你的班主任工作做得如此细致，作为家长我们很放心！"

总之，十几年以来，在大唐学府这个大舞台，我跟家长的关系相处得非常好。正是由于我在与家长沟通方面采取了许多灵活、有效的措施，我充分赢得了家长们的支持与信赖。有了家长的大力配合，学生的教育方面也取得了良好的效果。不仅如此，从我们学校毕业几年的学生还想着把自己的弟弟妹妹送来就读，还想着孟老师的好，我想这就是付出就有收获的道理吧。

小学班主任管理工作中的养德"五到"

小学部　李玲玲

一直以来，我觉得班级管理工作是学校工作中极为重要的一项。班风、学风良好、充满正能量的班级，时刻影响着孩子品德养成的方向。下面，便是我在班主任的常规管理中的一些做法。

作为一名老师，第一要做的就是去爱你的学生。而作为小学班主任，这种爱还要深一层。对学生要做到全方位地爱，并且要让你的学生也爱你。师生相互的爱，是教育教学工作的基础。尤其我们大唐学府，学生以留守儿童为主，孩子对情感的渴盼更要求我们多付出一些爱。

小学阶段的孩子，受本身年龄生理特点的影响，对长辈的爱具有敏感性、依赖性。班主任就如他的父母长辈，他只有感受到老师的爱，才会信赖老师、依赖老师，达到"亲其师，信其道"的目的。但老师的爱不同于父母的爱，应具备一定的技巧，曾经在一本书里看到，班主任的爱应包括这样七个要素：理解、尊重、宽容、平等、关怀、给予和责任。

教育过程不仅是知识传递的过程，更多的是师生情感交流的过程。教师对学生的爱，还要爱在细微处。比如我以前教的一名男生，在三年级时头部受重伤，做了两次大手术，住院长达半年之久。由于种种原因，回校后他直接跟班学习，学习上造成了脱节。我们学校每天有一节选修课，学生可以自由选择，能调节学习生活，还能发展自己的特长。这孩子喜欢运动，他自己选择了篮球选修课。但他头部的伤刚愈合，从他身体考虑，我给他换了室内选修课。我觉得有情趣又能锻炼思维的棋类比较适合他。可半年多的养病，他养成了任性习惯，对我的做法大为不满，思想抵触很大。我便带他到篮球场观看别人打球，让他亲眼见到打球时有不可避免的冲撞，他的身体暂时还在保养阶段，冲撞对他来说太危险了；而棋类是室内的两人对弈，既能发展思维能力又能培养良好的竞争意识。经过两种课的相互比较，他认识到我是从关爱他身体健康方面考虑才换的课，他感受到了老师对他的关爱，愉快地接受了，并能积极参与选修课的学习。经过我们师生的一起努力，他的学习成绩也慢慢的有了进步。对于学生来说，关爱往往比说服教育更有力量。所以，我觉得小学班主任应做到的第一到就是爱到。

第二到就是心到。小学班主任的工作是琐碎的，千头万绪。许多事情你得事前想好、理顺，才能有条不紊地进行工作。像我们学校的学生，他们吃、穿、住、行都在学校，班主任方方面面都要照顾到。如组织学生打扫卫生区；餐前站路队、背诵；课间安全管理；三操纪律，课堂纪律，教室保洁；处理其他老师反映的问题，和生活老师交接；给部分学生补充生活、学习用品等常规性工作安排好了，才能保证忙中不乱。还有一些应急性的工作，如临时学校安排的工作，临时调课，接待家长，学生生病、学生矛盾处理等，也要相应地预算在工作中。只有这样，才能保证工作的正常运转。我有一个习惯，每天晚上躺下后，先把一天工作回想一遍，想一想哪方面做好了，哪方面做得还不到位，还有哪个学生有问题要解决，对明天的工作有个大致的安排才安心睡觉。早上五点多醒来，再闭着眼睛把昨天想到的工作过滤一遍，安排好一天工作的主次。我总觉得想到了才能做到。班级内都是小事，却又没小事，一些安全隐患要及时发现解决，这样才能保证防患于未然。解决的是小事，避免的是安全大事。

还有卫生工作，一直是最让班主任头痛的，我也曾困扰不已，后来我发现班内哪儿放垃圾筐，哪儿就脏就乱。尤其夏天，处理不及时，室内还会有异味。我认识到，垃圾筐在室内就是垃圾之源。后来，我班教室内就不设垃圾筐了。卫生清洁效果很明显，学生由不适应到适应，不再乱撕纸，他们会把自己的垃圾带到室外垃圾桶集中处理。室内当然就干净多了。

我们学校平时一天要查两次卫生，一周一次大检查，教室内一天打扫几次，既加重了值日生的负担，又耽误其他学生的正常室内活动。怎么办？

又不能对卫生检查置之不理，让它拖班级工作的后腿。清洁不如保洁，我就在保洁上想办法，让学生课下做到三步：第一步，整理桌洞，课本文具摆放整齐，桌洞内不准存放垃圾；第二步，把凳子推到桌下；第三步，弯腰看一看自身周围有无垃圾，保持干净。一开始，学生老忘记，我就让几个班干部监督执行，坚持不到一周，学生就养成了习惯。现在值日生每天打扫一次卫生，室内就能保持洁净了。像这些小事，只有用心了，想到了，才能做到做好。"心到"在班主任工作中，既能避免忙中出乱，又能减轻工作压力。

小学班主任要做到的第三到是"人到"，我通过工作总结了班主任每天必须到的几个地点：第一，早到教室。这个年龄段的孩子，自我学习、自我约束能力还很低。他们早晨进教室后，如果老师不在场，能拿出课本进行早读的学生很少。他们有的在室外闲逛，有的在室内闲谈喧闹。老师提前到教室，学生进门后会自觉到座位上安静地坐下读书。如果给学生一个明确的诵读目标，晨读效果会更好。第二，必须到的地方是卫生区。打扫卫生要用到大扫帚，学生不会使用，有的甚至拿不动。有的同学就竖着拿，吃力地拖动扫帚。扫的面积小又不干净。还有的同学拿着扫帚这儿扫一下，那儿扫一下，结果扫了好几遍还是没打扫干净。这时班主任应在场，亲手指导示范学生使用扫帚的方法，再教他们怎么按序打扫，省时省力。应适时地对孩子的劳动成果作出评价，让学生在掌握劳动技能的同时，体会到自己的成就感。第三，在餐厅就餐时，班主任每个餐桌都要到。一是观察学生在饮食上有无问题，胃口的好坏能反映学生的健康问题；二是纠正个别学生的偏食。第四，课间时，学生的活动场所要到，观察学生的游戏活动有无安全问题，制止追逐打闹。第五，晚上休息，宿舍要到，及时和生活老师进行交接，把个别特殊学生的情况做一下交代，便于生活老师晚上管理学生。

以上几个地方，班主任最好每天都到。学生每天的学习、生活、安全才能更好地得到保障。"小事不犯，大事可免！"田丽霞老师说过这么一句话。我认为"防患于未然"要比"亡羊补牢"更能有效地保证教育教学工作的正常开展。

小学班主任做到"话到"也很重要，要想让孩子把一种行为养成自觉的习惯，就要有一段时间在别人的提醒下重复地做。这时班主任就要不厌其烦，多提醒孩子几次，直到这种行为固化成习惯。班主任还要不吝表扬的语言，表扬的话到了，更能激励孩子奋斗的目标。再有一些场合，班主任提醒的话要到，如出入教室要有序，别拥挤；餐厅地面滑，进入餐厅走路要慢要稳，端稀饭时，要挨个端，防止碰翻烫伤。宿舍内上下床要抓稳慢上，以防碰倒跌伤；气温有变化，及时让他们增减衣服；生病了及时吃药；等等。话到了，学生才不会因贪玩或忙于别的事情而误事。

还有在其他几方面，话也要到。和生活老师交接时，除了交接学生人数，生病或有特殊情况的学生也要向生活老师说清楚。这样有利于学生 24 小时都有人监管。每天至少和三位以上家长联系沟通，这样，能使家长了解孩子情况，减少担心，也能使我们了解家长，促使其与我们对孩子的教育达成共识。还要及时和代课老师交流，掌握学生学习状态、课堂表现。有一次，语文老师拿徐某的试卷给我看："这孩子，写字进步较大，字词能工整地写下，并且正确率很高。"回教室后我就表扬了他。隔天，他就把语文试卷拿给我看，自豪地告诉我考了 60 分，我抓住契机，及时鼓励他，课上我就发现他比以前认真多了。同时我也体会到和任课老师多沟通，才能对班级形成"齐抓共管"的局面。

小学班主任工作还有一到，那就是"神到"。所谓的神，指的是教师本身言行的影响力。我给学生讲我亲身经历的事："有一天早上上班路上，前方突然出现了一块大石头，我骑车不太快，好险躲了过去，因为急着上班，我就忙着走了。但走了好长一段路，眼前还是那块石头，老想着会不会有人不注意，骑车碰到石头翻倒受伤。又走了一段路，实在忍不住，我又回去，把石头搬到路边绿化带里，然后才高高兴兴上班。"通过这个故事，我告诉学生，"勿以善小而不为，勿以恶小而为之"。

古人云："学高为师，德高为范。"作为教师，不仅要举止文雅，谈吐高雅，更要不断学习，充实自己的学识，提高自己的思想修养。以身作则，洁身自好；以德服人，以身立教，为学生树立楷模形象，用一颗正直善良的心去教导学生，才能让每一个学生拥有一颗正直善良的心。神到，言传身教也。那将会是陪伴学生一生的财富。

以上，是我觉得小学班主任工作中应做到的"五到"。想法还不够缜密，操作上也有待提高技巧性，在以后的工作中要进一步完善改进，在"爱到、心到、人到、话到、神到"的基础上，更好地做好班主任工作。以管理工作为抓手，促进学生好习惯的养成，从而达到立德树人之目的。

爱、泡、磨、导、善

中学部　高奎善

现在，我们大唐学府的学生有 70% 以上的父母都在外打工，孩子都是由爷爷、奶奶或外公、外婆带。由于父辈的文化比较有限，故而影响了对孩子的教育。他们溺爱孩子，孩子伸手要钱，要多少给多少，也不管孩子要钱做什么。而孩子拿钱却不是买学习用品，而是买吃的、玩的，甚至大休期间成天泡网吧。久而久之，孩子的行为习惯变得不规范了。如懒惰、课前不预习、课后不做作业、在家哄老人、在校骗教师、劳动不积极参与、怕脏怕累，对同学不忍让、性情暴躁……针对这些留守学生，老师要有什么样的素质呢？怎样才能使"留守儿童"在校学得好、留得住、行为正、能自强呢？如果教师不了解这部分弱势儿童的学习、生活及思想方面的动态，不去关注、帮助他们的身心发展，将对今后的后续教育和对这部分儿童的健康成长产生较大影响。对于寄宿制学生（留守儿童）的教育，大唐学府王勇基校长对留守儿童有个"爱、泡、磨、导、善"的五字方针。现在我就说一说大唐学府的五字方针。

一、第一方针——爱

爱——就是有爱心。作为留守儿童的老师，要有爱心，要把学生当作自己的孩子一样。在学习生活中，老师只有不断地付出自己的爱，学生也才会渐渐进步起来。有一位教育家说得好："教育没有情感，没有爱，如同池塘里没有水一样。没有水就不能成为池塘，没有情感、没有爱，也就没有教育。"老师和学生同时生活在一个"大家庭"里，老师就应把自己当作这个家的"家长",就应该把自己的父母爱分给学生享受,对学生的合理要求给予支持。如我的学生缺乏笔、本子、橡皮等,我都会拿钱给他们买;学生生病了,我会带他们去看病。和他们拉近距离,做他们的朋友,做他们的爸爸,让他们接近我,让他们感受父爱。我经常跟他们交流,了解他们想什么、要什么?面对孩子,我都是积极营造爱的氛围,想学生所想,急学生所急。

我班有一名留守儿童,2013 年 4 月从济南来到了大唐学府。在他七岁时父母便把他留在爷爷奶奶身边。如今,他已经十三岁了,六年的岁月让他淡化了对父母的感情,疏远了与父母的关系。再加上父母不经常与他沟通,对他的期望值又太高,偶尔给他打个电话,还批评、训斥。年迈的爷爷奶奶又不能给他以正确的教导,他渐渐变成了一名性格孤僻、不守纪律的孩子。我在与他的多次谈话中了解到,他之所以这样,根源在于对父母极大的不满。他在日记中写道:"别的孩子取得好成绩时可以得到爸妈的表扬,退步时也有爸妈的帮助,周末时又有爸妈来看望,而我却是一个无人问津的人。"知道这些,我的心里很不是滋味,于是我对这个孩子倍加关爱,倍加呵护,可是他似乎显得无动于衷。毕竟,再浓烈的师爱也代替不了醇厚的父爱和母爱,让孩子了解父母、体会父母之爱才是解决问题的关键。于是我便寻找各种机会让他来感受父母的辛劳。有一位年轻的妈妈经常抱着未满周岁的儿子到我们学校操场来玩,每次我都让这位同学帮忙带孩子。一个周六下午,我特意做了安排,让这位同学帮年轻的妈妈带了两小时的小孩。之后,我把他叫到跟前,问:"带小孩累吗?"他点点头。我又问:"你带这么一会儿就觉得累,那么孩子的父母要为孩子操劳无休止的时间,他们累吗?"他回答:"当然了。"接着我又说道:"你的父母把你从出生带到这么大,也付出过太多的汗水啊。"他低下头,脸红了。我得知他的父母都在建筑工地干活,就特地寻找一个机会叫他去体验一下建筑工地氛围。一个烈日炎炎的中午,我特意把他带到我校南面的建筑工地,让他目睹建筑工人忙忙碌碌、挥汗如雨的艰辛场面。我顺势教育他,让他想象一下父母在外的工作环境,理解父母为家庭、为孩子而作出的艰辛拼搏。慢慢地,他对父母有了新的认识,他终于明白父母之所以抛下他而外出打工是为了他能够接受更好的教育。与此同时，我悄悄地告诉他的父母，让他们定期与孩子交流，不要批评孩子。渐渐地，他与父母的关系融洽了，自己也变得乐观了，自信了。从这个孩子身上，我体会到教育成功的快乐。

这正验证了蔡元培先生说的一句话："立于儿童之地位体验之，以定教育之法。"

二、第二方针——泡

泡——大爱泡其身。实际是要有耐心。对于留守儿童我们不能心急，学生的行为习惯、成绩的好坏不是一朝一夕形成的，也不是一朝一夕或几句话就能改变的，"冰冻三尺，非一日之寒"。作为老师，我们要有耐心。尤其是班主任，更应该多花时间去了解学生。例如，我的学生不预习课文，我就想办法弥补这一缺陷。针对学生小、无人辅导学习，我每天带学生读书学习，时间一长，学生也养成了自觉读书的习惯。对于学生不做作业或不按时完成作业，我采取的方法是：作业的布置要适量，不能太难，尽量在课堂上完成；不会做的，我个别辅导，或抽会做的学生参与辅导，直至他们把作业完成。时间久了，学生自然也能养成积极完成作业的习惯。对他们施予父母般的爱，怀一颗无私真诚的心，"泡"在学生中间，使每个孩子感觉被爱包围着，从而把班主任当作亲人和朋友，自然而然地接受班主任的教育。事实证明，用爱激发学生的情感，可以得到学生的信任，让他们感受到来自父母以外的温暖，从而促使他们不断进步。

2012 年，我带的新七年级学生杜××，学习习惯较差，成绩很不理想。更让人担心的是，她对学习丧失了信心。对此，我想，应先以师爱的温情感化她、温暖她，让她身有所安，情有所依。于是，我从生活上处处关心她，不放过任何一个对她教育和关爱的时机，及时地提醒她换洗增减衣服，教给她生活的方法与技巧。她没有妈妈，有个爸爸神经还不正常，是个可怜的孩子，我利用一切可利用的机会帮她，给予她无微不至的关怀与呵护。此外，我还从学习上时刻关注她。最初，我一直给她补课，增加她的信心；遇到有难度的问题，我提前给她讲一讲，让她在课堂上的精彩回答博得同学们的掌声，找到成功的感觉，从而激发她的学习欲望。课堂上，我经常给予她一个眼神、一个微笑、一个手势，使她感受到老师时时对她的关注，从而去认真听讲。长此以往，从未间断，孩子也感觉到了老师对她的倾心关怀，学习态度认真了，成绩也如同芝麻开花——节节高。将学生泡在大爱里，终于使学生发生了质的变化。

三、第三方针——磨

磨——真情磨其心。有信心是成功的一半，学生灿烂的生命犹如天然金石，要使其成为夺目的精美艺术品，则需要我们精雕细琢、用心打磨。对学生犯的错误，如果我们一阵狂风暴雨似的批评，也许自己很快意，但不会解决根本问题，所谓欲速则不达就是这个道理。老师必须适时适地地调整自己的工作方法和策略，学会和学生"磨"。

2015年暑假开学后，我接手了一个新班，接班时傻眼了：学生多数是农村的，父母都在外面打工，无人辅导学生的学习，这可怎么办呀？经过多天的接触了解，我感觉孩子们是聪明的，只要老师有爱、有信心，是能够把他们教好的。班上有个学生叫张××，好动，上课不爱听老师讲课，作业不做。怎么办？我首先把这个学生调到第一排坐，上课时眼睛随时都看着他，发现他不听讲课时及时提醒，时间长了，他觉得老师在看着他，自然而然就会养成上课认真听课的习惯。针对他不爱写作业，每天布置的作业要少而且简单，让他觉得好做，解除怕的心理，从而树立他的自信心。现在，他能自觉完成作业，学习也进步了。日久天长，那团穿梭于心海间的友谊之火愈燃愈烈，其他孩子也与我无话不说，我与他们建立了深厚的友谊。这样不断的交流沟通，师生情感融为一体，班级的凝聚力增强了，师生的亲和力增加了，班集体的战斗力提高了。因此，我明白了班主任工作不是蜻蜓点水，浅尝辄止。倘若丢掉一个"磨"字，结果一定会是另一个样子。

四、第四方针——导

导——信知导其行。大家都知道，儿童都有逆反心理，你叫他干的事情他偏不干，你不叫他干的事情他偏要干，处处和老师作对，为此令人大伤脑筋。我认为，师者，范也。班主任老师的"信知"对儿童的影响很重要。"桃李无言，下自成蹊。"如果班主任具备良好的素质，以高尚的人格魅力去感染学生，以渊博的学识去熏陶学生，自成表率，立信于生，以"信知"立足，再对学生作"导"，收到的效果一定很理想。所以，我们要相信自己的德行，对学生因势利导，引导学生走上正路。培养他们科学的世界观，正确的人生观、价值观。引导学生学好各门学科知识，引导看有益书报，引导开展健康的文体活动，等等。深知读书能净化心灵，提高觉悟，于是我经常在闲暇之余读书，与同学交流读书心得，努力做到手不释卷。有时，我将书有意无意地放在教桌上，或学生的座位上，以引起学生的注意，慢慢地激发起他们读书的兴趣。在班级成立图书角，我带头捐了二十余本适于学生读的书，在我的带领下，孩子们也纷纷捐书。为了丰富图书角，我让孩子把平时喝完的牛奶瓶、饮料瓶、废纸等分类存放在垃圾袋里，积攒多了，让孩子们轮流把这些东西带到学校附近的废品市场卖掉，换来钱之后，我又带领他们去买书。除此之外，我还与学生一起到学校的垃圾坑捡拾可卖废品，既培养了孩子勤俭节约的意识，又丰富了班级图书角，两全其美。慢慢地，学生对阅读产生了浓厚兴趣，班级中少了追逐打闹、骂人等不良现象，多了读书的脸孔。受到书的熏陶，学生的思想觉悟不断提高，班级凝聚力不断增强，现在我班几乎无打架现象，并多次被评为优秀班级。

五、第五方针——善

善——善事明其理。我国著名的哲学家冯友兰先生说："精其选，解其言，知其意，明其理。"他认为这才是实实在在的读书，这才会有"入境始于亲"的效果。我很钦佩冯老做学问的态度，觉得从教者也应如此。为师者，只有怀有一种善良的心态走进孩子们的内心世界，"俯下身子看孩子"，叫孩子们接纳你，心里容纳你，才能倾听到孩子的心声，从而做善意的诱导，逐步将他们领向人生的坦途。同时还要善待一切学生，特别是弱势的残疾儿童。

2012 年 12 月 25 日大唐学府文艺演唱会上，李盼盼唱的《隐形的翅膀》引起一阵阵的欢呼声和鼓掌声，全场师生激动得流下眼泪，我也泪流满面。李盼盼是我班的学生，站不稳，说话不清，小时候治疗不及时，留下了后遗症。2012 年 9 月进入我班，刚开始，要进行军训一周，然后再进行军训比赛，以班级为单位。因为想拿第一，班长找我说："老师，咱叫李盼盼不上场吧，学校也知道，也同意？"我说："进了咱班就是一家人，咱叫盼盼上场……"因为她的原因，结果，我们班拿了第二名，全班同学也没有埋怨……

每个学生，无时不在渴求着关爱，希望得到他人的理解与尊重。所以，我们做班主任的要走近学生，触摸到儿童的心灵世界，熟悉他们的心理需求，关注他们的心理动态，给他们曾经冷寂的心灵送去和煦的阳光，对他们施予爱心，经常给予他们温暖。真正做到：泡在其间，和蔼友善，因势利导，关爱无限。

总之，作为班主任，要有对学生的爱心、教育学生的耐心、做事的自信心，只有这样教育、教学，才能收到实效，才能逐步实现教育的目的；也只有这样，才能体会到当老师的幸福。当看到自己的付出换来了学生成功的喜悦时，就会真正体会到劳动的意义，感悟到人生的真谛。我要把所有的精力全身心地投入到教育、教学之中去，用知识去浇灌学生，用爱心去润泽学生，用自己的品行去感召学生，做一个无愧于社会的人民教师。

一路走来，甜蜜如斯
——与学生共成长

国学实验部　张怀蕾

　　斗转星移，岁月如歌。在平淡与忙碌中，一个学期的日子又一晃而过。回想五年前我担任这个班的班主任的情景，仍历历在目。那时的我是时隔五年又重新回到班主任工作岗位，我是既熟悉又陌生，深感责任重大。班主任工作是一项繁琐又细致的工作，当时我怕自己的精力跟不上无法胜任，怕辜负学校领导的信任，幸好在各位任课老师的全力协助下，我的班主任工作有条不紊，学生的学习积极性高涨，班级凝聚力不断增强。今年是我担任这个班班主任的第五个年头，感觉孩子们的成长是不经意的，在不经意间，他们就这么一点一滴地即将结束小学的学习生活。他们长高了，也懂事了，也想得更多了，有时候真的感觉无法像之前那样毫无间隙地和他们沟通了，他们有自己的小秘密了，与他们打交道不仅劳力更劳心了，与他们相处更是斗智斗勇，要让他们与自己交心更是得绞尽脑汁。在这个过程中，我越来越发现，现在的孩子见多识广，有些事情他们比我们大人知道的还多，要想当好这个六年级毕业班的班主任还真是不容易。可以说，在与他们的相处中我也在成长，在摸索着总结经验，与他们共同进步！本班孩子各有各的特点，作为他们成长的见证者，最大的感受是：哪怕是再多的麻烦和辛酸，过后也便是甜蜜的回忆。

　　回顾近五年的班主任工作，让我深切地体会到，只有全班学生和班主任共同努力，增强集体凝聚力，创设融洽的学习氛围，才能促进班风班貌的整体发展，从而使学生在各方面得到进步。回忆五年的点点滴滴都让我记忆犹新。我也一直牢记着王校长的班主任五字真经——爱、泡、磨、导、善。总结起来有以下几点。

一、用爱架起师生之间的桥梁

作为班主任，应该有更广泛的爱，无私给予学生温暖、宽容、理解、尊重和信任。那样学生才会信任你，才会向你敞开心扉。作为大唐学府的班主任，更是身兼数职，既是老师，又是朋友和父母，把爱洒向每一个学生，亲近每一个学生。我们学校每个学期都进新生，大多数新生学习很差，习惯也不好，我经常利用课余时间给他们补课，并适时地和他们谈心，激发他们学习的自信心。怕他们想家，我会在学习和生活上给予他们更多的关注，让他们感受到这个大家庭的温暖。丁蓉教授说，老师的爱就是一个优化生命的过程，要用老师的爱去感染学生。在平时的班级管理中，我就特别注意用师爱去感染学生，教育学生在这个大家庭中，他们就是兄弟姐妹，有了困难要互相帮助。三年级上学期有一名学生不小心摔倒了，脚骨骨折，不能行走。他在那段时间里上下楼、大小便、一日三餐都有学生轮流帮忙，一直照顾到了他能自己行走。只有在一个充满爱的集体，学生才能愉快轻松地学习生活。

二、用心灵去倾听孩子的心声

在寄宿制学校，学生每天面对的都是老师，学生的喜怒哀乐也愿与老师分享。我们班主任都在教室办公，一下课学生就来到我们的办公桌前，叽叽喳喳地说个不停。六年级是学生的世界观、人生观发展变化的重要阶段，同时面临着毕业、升学等问题。随着课时和知识复杂程度的加重，容易产生两极分化，有的学生甚至会感到迷茫。因此，学生毕业前夕的思想工作就显得更加复杂和重要。多与学生谈心，随时掌握学生的思想动态，注重学生的心理变化才能因材施教。我常利用课余时间和学生促膝谈心，了解他们的所思所想。我还用书信的形式与学生交流，如果当面不好说，可以写信放到我的办公桌里，每次大休前每一位同学都要写一写这个大周想要和我说的话，可写心得体会，或自我反思，或疑难问题……我也及时地给予他们回复，这样就能及时对学生进行针对性的教育，减少了大休期间家长打电话反映问题。在这个时候，我就是他们的好朋友，尽量为他们排忧解难。

三、用身边事去教育孩子

班会课有很多人当作是老师的训导课，学生接受教导，然后做好一天的准备。现在，我知道，一味地说教并不能起到很好的效果。我常常引导学生从身边的事情做起，让他们自己分析对与错，自己解决出现的矛盾。例如我班有一段时间经常丢东西，我针对这一事件召开了一次主题班会，把发生的事作了总结，然后让学生分小组讨论解决方法。班会后我又针对这一事件让学生写了一篇习作，充分利用班会等时机针对学生中出现的一些心理问题进行及时引导教育。鼓励学生关心国内外时事，例如前一段时间的公交车坠江事件等，让学生讨论，从中受教。动其情，鼓其气，纠其错，激其向上，用真实的生活直接教育学生。以教育的真诚、细致去塑造孩子们完美的性格。我还利用晨会，要求学生讲英雄的故事，讲具有传统美德的历史人物的故事，在潜移默化中使学生得到教育。

四、用行动去影响孩子

在学校，与学生接触最频繁的是班主任，学生受班主任的影响也最大。学生接受班主任的教育，不只听其言，还要观其行。班主任只有用行动作出榜样，使学生"耳濡目染"。开学初，学生随手扔纸片的不良习惯很普遍，我只是躬身一一捡起，送到教室后面的"垃圾箱"。从此，教室地面开始逐渐清洁起来。此外，要想取得好效果，班主任必须抓住每一个"用手说话"的机会。比如随手排一排桌椅，放学随手关上一扇窗，学生生病了递一杯热水。诸如此类的细节和动作，都能给学生以积极的心理暗示，成为学生模仿的榜样，进而产生"此时无声胜有声"的独到效果。

五、用班规去约束孩子

俗话说：没有规矩不成方圆。一个班级，没有班规，那就是一盘散沙。每一学期开学初，我班都要修订学习班规班纪。遵规守纪是我们班的传统美德，我们需要时刻培养学生各方面良好的习惯，例如上课积极发言，开动脑筋；坐姿端正；作业认真完成，不懂就问；作业格式正确，布局设计合理；关心班级卫生，爱护身边的财物；不随地丢东西；走楼梯注意文明；不大声喧哗等。有了班规，制定了条文，学生就遵照规定去做事，违反了规定就受罚，做得好了就表扬、奖励。特别是运用了积分制管理以后，孩子们的积极性更高了。

六、用小干部去管理班级

一个班的集体面貌如何，很大程度上是由班干部决定的。班干部对班集体有着以点带面的巨大作用。每学期我都会慎重选拔和培养干部队伍，只有这样，班主任工作才能逐渐从繁重走向简单与轻松。我鼓励班干部大胆工作，指导他们如何管理学生。比如早读、大课间、清洁卫生、每周的养成评比我都是交给班干部来组织负责的。我也会"甩锅"给班干部，但不会当着全班批评，毕竟班干部的威望还是要树立。我会私下告诉他们应该怎么改正，争取下次做得更好。每天吃完早饭或晚饭，老师还没到教室时，课代表就会组织同学学习、布置作业，老师不在时教室里也井然有序。当然我在这中间得做好引导、指导、调控的作用。在我班，助手特别多，每个同学都有自己帮助班级、帮助老师的能力。大家各尽所能，找到适合自己的岗位，为他人带来方便，为班级带来荣誉，班级凝聚力也因此更强了。

七、用真诚对待每一个孩子

如果教师以真诚的态度面对学生，学生会逐渐向老师敞开心扉，说出自己心理的感受和看法，使师生之间有深刻的沟通。一名成功的班主任应发自内心地把自己看作是与学生一起探索真理的志同道合者，应除去包装，平等对待学生；即使对再差的学生，也要尊重、理解、关心他。以诚相待，以情相待，以友相待，才会赢得学生的爱戴和亲近。一次课上，我提出一个问题，以前很少主动回答问题的同学居然第一个作答，并且答得很好，当时我以赞许的目光盯视他，还走过去轻轻地抚摸了一下他的头。从那以后他经常举手回答问题，我还发现他上课比之前认真了，表现也比之前出色了。是啊，诚则生信，诚则感人，其道理不言而喻。除此，班主任守信与否决定着他受人信任和尊重的程度。我国伟大的教育家孔子曾说："人如无信，何以自立于天下。"如果教师失信于学生，久而久之，学生对老师的话或视而不见或不予理睬，有的甚至产生抵触情绪。学生的积极性如受到极大的挫伤，将不利于教育教学的顺利进行，古云：教师心不诚，教育则不灵……

班主任工作是琐碎的，也是充满乐趣的。在学校，班主任就是学生最信任的人，只要用真心、诚心、耐心对待每一个孩子，就会收获很多的幸福。作为教育者，我们就要通过千百次地努力去让坚冰融化，通过千百次地努力去拨开学生眼前的层层迷雾。在班主任工作中，我不能做得最好，但我一定会做的更好，尽心尽力，无愧于自己、家长和孩子们。

难忘初心
——给学生一个温馨的家

国学实验部　黄克举

.

当前，我们党正在开展"不忘初心、牢记使命"主题教育，这是激励一代代中国共产党人前赴后继、英勇奋斗的根本动力。我们国学实验部学生处利用本次主题教育的契机，秉持理想信念，坚守初心使命，给学生一个温暖幸福的家。

一、坚守初心，为留守儿童营造一个温馨的家

宿舍是学生的第二课堂，是课堂之外对学生进行思想工作和素质教育的重要阵地。只有为学生提供一个安全、有序、文明、和谐、温馨的生活环境，才能保证学生有充沛的精力和良好的状态投入学习。为了让学生生活的舒适，我们精心布置宿舍，标语字画予人愉悦，启迪心智。哪个宿舍的灯坏了、被罩床单脏了、哪个同学病了……都会得到生活老师和教官的悉心呵护。"大风降温，注意添加衣物""下雨了，小心路滑"是老师们细微之处的真情流露，苦口婆心，晓之以理动之以情，解开学生课上的心结，打开学生的思维之窗。在亲情和微笑服务之中，师生们和谐共处、互相信任、互相关心、互相帮助，使得宿舍变成了一个个温馨的家。

二、担使命，建立健全规章制度，加强宿舍安全管理

1. 建立健全管理制度。建立健全学生宿舍各项规章制度是逐步实现宿舍管理由"人为管理"向"制度化管理""人本管理"相结合的转变。开学初我们便讨论制定《学生宿舍积分制管理规定》《学生宿舍内务卫生评比细则》；

新学期军训期间进行了专题教育，努力共建温馨的家。健全宿舍管理机制包括：教师值班、少先队检查通报现象、表彰文明守纪的宿舍和个人、每个大休评比文明宿舍，让宿舍成为学生的第二课堂。

2. 宿舍安全管理。学生宿舍安全管理对维护宿舍正常的秩序具有十分重要的作用。学生宿舍是学生集中居住的地方，人员密度大，学生大小不一，无论发生什么事故，不但使生命财产直接受到损失，而且会影响学生的学习、生活和学校各项工作的正常进行。从全国中小学发生的治安案例来看，学校中的违法违纪等行为很大一部分是在宿舍发生的。这些充分说明学生缺乏必要的法律纪律观念，缺乏自我保护。一方面切实加强学生网络、防火、防盗、防骗等方面的安全教育，提高学生的安全保护意识，做好宿舍的杀菌消毒工作。另一方面要求生活老师值班。学生上课期间，关锁宿舍门，禁止外人进去；值班老师巡视宿舍，发现安全隐患及时纠正；学生处经常进行危险物品突击检查，以减少避免安全事故发生。

三、找差距，加强学生自我管理宿舍能力

发挥学生的自我管理能力，让学生主动参与宿舍管理。学生自查、少先队检查、男女宿舍之间互查、班与班互查等形式，充分发挥了学生在管理中的自主作用，实现学生的自我教育，自我提高。卫生互查改变了学生由被动接受管理转变为学生自我管理，充分调动广大学生的积极性和主动性，增强了他们的集体荣誉感。通过互查评分，学生们互相学习，取长补短，加强了对老师的了解，促进了文明宿舍的建设。

四、抓落实，宿舍执行军事化管理

宿舍作息制度的管理，即对学生 24 小时内的上课、锻炼身体、就餐、休息等各项活动按时间顺序作出常规性和科学性的安排。在学生宿舍生活秩序的管理中，生活老师同学生住在一起，全天候管理，严格执行作息制度——按时熄灯、制止喧哗、维护宿舍秩序，发挥舍长作用，建立健全管理制度一览表，便于监督检查。

宿舍内务是宿舍管理的一个重要方面，宿舍内务的整洁美观反映出学校良好的校风校貌。新生卫生习惯较差，独立生活能力差。因此，本学期安排郭金铸教官具体负责宿舍内务管理，培养学生独立生活能力，提高养成教育。首先，宿舍内务执行军事化管理，遵循有序、整洁、美观的原则，要求学生严格执行学校《学生宿舍管理规定》。其次，通过生活老师帮教、老生教新生、高年级学生带低年级学生、宿舍之间的互相参观、生活能力自理比赛等各种形式，提高宿舍的内务管理水平。另外，建立健全监督检查制度，教官和生活老师日日检查公布奖评，提高学生的自理能力，培养学生良好的行为习惯。

通过加强对学生的宿舍管理，形成良好的就寝、卫生习惯。做好宿舍常规管理工作，把管理工作做全、做细、做到位。让学生开心、家长放心是我们每一个大唐人的初心；让孩子有一个良好的学习生活环境，使他们健康、快乐、成长是我们共同的使命！

初心不改，使命不渝！

春风化雨，润物无声

——把爱给每一个学生

小学部　王光举

我国近代教育家夏丏尊说："教育之没有情感，没有爱，如同池塘没有水一样，没有水就不能称其为池塘，没有爱，就没有教育。"教师的爱不仅能够提高教育质量，也会促进学生的成人和成才，同时促进学生的身心发展、人格形成、职业选择和人生道路的拓展。

一、"春风化雨，润物无声"，成就一种强大的爱的力量

几十年的教学工作实践，我深深感受到师爱是伟大的、神圣的。它凝聚着教师无私奉献的精神。师爱是"超凡脱俗"的爱，这种爱没有血缘和亲情，没有私利与目的，然而这种爱却有一种巨大的力量。爱就是了解，爱就是关怀，爱就是尊重，爱就是责任。尊重、理解、信任每个学生是消除教育盲点的基础。尊重每个学生的人格，教师与学生虽然处在教育教学过程中的不同地位，但在人格上应该平等，这就要求教师不能盛气凌人，更不能利用教师的地位和权力侮辱学生。理解学生要从孩子们的心理发展特点出发，理解他们的要求和想法，理解他们的幼稚和天真；信任学生的潜在能力，放手让学生在实践中锻炼，在磨炼中成长。只有这样，学生才能与教师缩小心理距离。"谁爱孩子，孩子就会爱他，只有用爱才能教育孩子。"老师要善于接近孩子，体贴和关心学生，和他们进行亲密的思想交流，让他们真正感受到老师对他的亲近和爱。比如，我们班有一个同学的作业经常不能按时完成，有一次我说他，他就冲着我大喊大叫起来，情绪十分激动。我当时也有些恼火，又严厉地训斥了他几句，没想到他竟然当着全班同学的面不给我留

面子地喊了起来，我一看如果再这样僵持下去，不但于事无补，还会使自己下不了台。于是，我让他先回到座位上，冷静冷静。随着上课铃响了，我迅速平静了一下自己的情绪开始上课。而他，整节课一言不发，一直气呼呼地坐在座位上。中午放学，其他同学出去站队准备吃饭了，我轻轻地走到他的座位前坐下来，看到我这样不同寻常的表现，他不自在地动了动身子。时机成熟了，我开始与他交谈，也许是因为冷静了一节课的时间，也许是因为我动之以情、晓之以理的耐心开导，他不再那么激动，不再那么蛮不讲理，慢慢变得理智起来，告诉我没完成作业的原因。我没有插话询问，只是静静地听着。更让我没想到的是，他陈述完事情的经过后，当即就向我承认了自己的错误，竟然还大哭了起来。我看事情已经有了结果，便让他收拾好学具，和他一起到餐厅吃饭，一边走一边告诉他，按时完成作业是小学日常行为规范的基本要求，也是检测对知识的掌握情况，今后一定要按时完成作业。他轻轻地点了点头，并向我保证今后每次作业都能按时完成。在整个教学过程中类似这样的例子还很多，通过耐心细致开导，问题轻松地解决了。我想，这应该就是爱的魅力所在吧！

二、克服偏爱思想，把爱给每一个学生

很多教师在教育教学过程中，对学生的爱存在某些偏差，如对好学生有一种由衷的、过剩的爱；对所谓的差生，则爱不起来，即使有，也不过是一种假扮的、表演式的爱；对一般的，即中间生，因其学习上既不会出现奇迹又不会出现大的问题，在班内是"放心人群"，所以不闻不问，使之产生被遗忘的感觉。久而久之，如果引导不当，好学生往往会产生优越感，甚至会滋生傲气。中等生长期得不到教师的关爱，会产生怨气。而大部分的所谓差生，由于长期坐冷板凳，看不到希望，容易变得灰心丧气。总之，这种偏差如果得不到及时纠正，就会影响学生的进步和成长。因此，一定要纠正这种偏差。这就要求教师拿出真挚的感情，均匀地撒播这种爱，要满腔热情地和每一位学生交朋友，要把教师的感情向中间生和所谓差生倾斜，让每一位学生都感受到教师的爱，让他们在爱的阳光雨露的滋润下，健康成长。如王勇

基校长提出的：在小学数学教学中实施异步教学就体现了对每一个学生的关爱。因为小学阶段是学生身心发展的不平衡期，在统一时间、统一进度、统一标准的班级授课制条件下，学生的情感、意志、能力、智力等方面随着年级的升高，差异越来越明显，学习成绩的差距也越来越大。这与当今社会对人才需求的多样性形成矛盾。依据苏联教育家维果茨基的"最近发展区"、巴班斯基的"优化教学分组教学思想"、赞可夫的"使全班学生（包括差生）都得到发展"等理论，运用自主、合作、探索的基本教学策略，构建分层异步的教学模式，解决"班级集体统一教学与学生个体差异间的矛盾"，从而找到一条适合每个学生发展的新路，更好地开发学生潜能，使每个学生的个性特长更充分地发挥，促进不同层次的学生在原有的基础上获得最大限度的优化发展，把爱给每一个学生。

三、在因势利导中激发学生动力

教师爱学生，体现在如何因势利导，激发学生的动力。我的体会是，首先要尊重孩子的爱好，重视孩子的个性发展。有人说，诺贝尔获得者都是有自己特殊爱好的。一个孩子有正当的爱好是再好不过的事情了，他如果爱好文艺，可以陶冶情操；他如果爱好体育，可以锻炼身体，还可以培养自己的毅力；他如果爱好科技，可以养成钻研的习惯……就怕孩子什么爱好也没有。作为老师，无论孩子哪方面的爱好，只要是正当的，我们都应该鼓励和支持，这是培养人才的重要方面。孩子在这一方面有了成绩，同学们羡慕、佩服，孩子得到了别人的认可与老师的赏识，心理上也得到了满足，有利于孩子的健康成长。所以，作为老师，都希望自己的学生都有各自的爱好，我们的目的不在于他长大后一定要从事这个行当，而在于培养孩子的一种精神，一种对某件事专注的精神，一种有所追求的思想，一种想做事情并能做好事情的信念，一种从爱好中寻求生活乐趣的习惯。这对孩子的一生都是有好处的。其实，这也是顺其自然、顺应孩子的个性发展而做些引导的工作而已。如果限制、压制了孩子的爱好，不利于孩子健全人格的形成，那是很伤孩子的心的。所以一个教师要是真的爱自己的孩子，就要理解他们，设身处地地站在孩子们的立场上去思考、去感受，要用发展的眼光去看每一个孩子。因为尊重学生的爱好，就是尊重他们的内心需求，一个人只有自己的内心需求获得真正的满足，才会对自己充满信心和勇气，这样，才能真正激发孩子积极进取、不断前进的内在动力。在教育教学工作实践中，我体会到：教育者要满怀真情，把爱均匀地洒向每一位学生；要善于发现施爱的目标，找到施爱的接口；从细微处发现学生的闪光点。如果我们能让每一位学生的胸中都有一片灿烂的阳光，那么，我们的教育也一定会阳光灿烂！

心灵与生态共美，汗水与收获同行

——生活化德育教育纪实

徐彬勤

俗语说：种花好，种菜更好。花种得好，姹紫嫣红，让人赏心悦目。蜂来了，与花蕊相拥相吻，窃窃私语；蝶来了，翩翩起舞，与花朵争奇斗艳。菜种得好，鲜绿肥嫩，不仅可供观赏，更可食用。真可谓"春食花，夏食叶，秋食果，冬食根"。种菜的乐趣不只是享用之乐，更在于种菜的过程时时有快乐相伴。在享受种菜乐趣的同时，我们感受了自然之美、劳动之美、收获之美。心灵在活动中得以净化，品格在活动中得以提升。

春二月，一场淅淅沥沥的小雨如约而至，朦胧的校园到处充满了生机。特别是校园内的生态园，春节前新翻起的泥土微微散发着芬芳的气息。选修种植科目的学生们大显身手的机会来了。

雨过天晴，阳光明媚，春风送暖，恰是整地的好时机。要用耧耙将土块荡碎、耧平。看着学生们双手握着耧耙，前腿弓，后腿绷，侧身弯腰，一推一拉那娴熟的动作，个个像种菜园的老把式，我的心中充满了幸福。先前那可笑笨拙的劳作场景又浮现在眼前：每当这时候我便走过去，手把手教他们，首先把握好耙的平衡，控制耙齿的深度，不可过深，也不可太浅。深了拉不动，费力；浅了省劲，但起不到平地的作用。推的时候要轻，要压低手柄。拉的时候要慢，要保持土壤的平整……在教师的指导下，他们慢慢地掌握了劳动的技能。

"老师，地已整平，请验收。"干得可真快啊！看着满是汗水的脸，看着平整细腻的园地，我由衷地赞誉"ok！ok！"，竖起了大拇指。劳动的腰酸背痛早已忘之脑后，一个个叽叽喳喳期盼着何时播种。经过大家讨论，我们决定在园中种植青豆和甜瓜。看来他们不仅掌握了劳动的技能，同时也从劳动中找到了自信，他们想着明天的播种、管理，对收获充满了期待。

等到天气转暖，就可以选择时机下种。俗语说："谷雨前后，种瓜种豆。"春三月校园里百花争艳，杨柳低垂，池塘中泛出了几个圆圆的绿叶。虽然是细弱单薄，可怜兮兮地平卧在水面上，但那颜色确实惹人喜爱。记得刚整地时一个同学就问我：老师，我们什么时候种菜！我随口说了一句：楼后的池塘中小荷露出尖尖角就可以下种了。

为了抢时间我给学生布置了一个任务：给瓜种生芽。为了能生出芽，他们上网查资料，找生物老师当指导，用温水泡种子，将泡好的瓜种用湿毛巾或湿布包好外面用塑料包包着，白天放在太阳下晒，夜间放在被窝里焐。三五天过后，瓜种已长出白白的小芽，白白的，嫩嫩的，有的还穿透了毛巾、布。看着这些小芽，大家高兴极了，他们为自己学会了生芽感到骄傲和自豪，终于可以种瓜种豆了。

一个风和日丽的下午，他们有的捧着瓜芽，有的带着工具，雀跃着来到园地，那些热闹而有序的场面，不亚于当年延安的大生产运动。线绳拉得笔直，30厘米的行距把握的精准，15厘米株距种坑挖得大小一致。有的用桶或脸盆打来水将每个小种坑的水注得满满的，将带芽的瓜种轻轻地插放到泥中，每坑放三到四颗。下一个环节，可是见真功夫的时候了，看大家将碾磨得细细的土粒轻轻地、慢慢地洒在种芽上，细土面将种芽盖好，盖土不要大于1厘米。那情形像是在为种芽营造一个温馨的家。经过紧张而细致的劳作后，大家虽然两手是泥、浑身是土，但每个人的脸上都充满了期待。看着坑中的水浸润着土粒，水渐渐地没了，坑也平了，想着小种芽在土中一定会舒舒服服地睡上一觉。我们乐于等待着。

瓜栽种完了，园地才用了不到一半，另一半该种豆了。相比种瓜，种豆要省事多了。为了让长出的苗儿好看，我还是要求先拉线，保证垅直，再按株距20厘米刨坑下豆，坑的深度3—5厘米每穴2—3粒，然后再用土将坑抚平。很快，大家完成了第一垅，接下来按行距30厘米完成了第二垅、第三垅……真是人多好干活，不到一个小时的时间，我们就种了50颗瓜12垅豆。

接下来的事就是管理了，班长说："我们一人一颗瓜，一组两垄豆。"随后便将种好的瓜和豆分配完毕。

自从瓜豆下地以后，饭后课间总会有人在"馨园"边逡巡，巴望着自个的小苗能最先长出来。一天、两天、三天过去了，教室里有人高兴地说："我的小瓜长出来了。"果不其然，瞧，一个个小生命伸开油绿的巴掌，拱破地皮儿了！我的心也随之膨胀起来。叶芽给大家带来了鼓舞和自豪。瓜长出了苗，但豆仍没有动静，有的学生实在沉不住气，竟用小手扒了起来。他们蹲在地边上，用手轻轻地拨弄着土皮，一个比原来胖了许多的豆娃娃出现了，他们高兴地嚷道"发芽了，发芽了"。在豆子的下方，已长出了一根白白的、嫩嫩的、壮壮的根芽。他们用细土将未出土的小苗盖好，然后才高兴地离开。

在几天的等待后，终于有一天早晨，大家惊喜地发现一行行豆苗已经破土而出了。虽然它们才是两个瓣，但给同学们带来的却是无限的喜悦和期望。十天又过去了，小瓜苗已长出了两三片如钱的叶子，在风的抚摸下不时地摇头晃脑。那些日子，在潇潇春雨里，我倾听它细长身体舒展的声音；在暮春的暖风中，我观察它伸出卷须，感受它生命的颤动。浇水呀，施肥呀，松土呀，搭架呀，小心伺候着，见到小黄花儿了！它擎着闪亮的铜喇叭，吹着收获的序曲。我想入非非了，想到瓜儿的硕大、沉重和甜蜜……半个多月过去了，当同学们大休回到校园时，一簇簇小苗在微风的吹拂下万头攒动，向你点头哈腰，对大家的悉心照顾表示感谢呢。真是"人勤地不懒"，大家给小苗施肥、浇水、松土、除草。虽然吃了不少苦，看着小苗长得旺，心里也着实地高兴，"馨园"成了学校一道亮丽的风景。

又是一个下午，大家聚到了"馨园"边，看着长得很旺的瓜苗，我突然伸手将苗的头一下子掐了下来。学生们惊呆了："老师，你怎么把头给掐了？""为了让它结瓜？"于是我便给他们讲了，当叶子长到四五片时都要打头，这样它才能分叉、长蔓、开花、结果。打头虽然很残酷，但这是规律。老师的话刚落，大家就已将自己瓜苗的头都斩了下来。掐了头的瓜苗在以后的生长中将会怎样呢？请同学们用心去观察呵护。一个星期过去了，豆苗也长得有半尺高了，而瓜苗也长出了两三个新头，与原来不同的是，现在的头不再是向上而是昂着头伸着须向四周扩展，它们现在是在抢地盘。

瓜蔓越长越长了，地面已经很少显露了，细心的同学惊喜地发现，在每个叶芽间出现了一个个像米粒形状的东西——那就是结出的瓜。同学们看着瓜纽，那高兴的样子，不亚于像得到了什么宝贝。在大家天天的注视下，瓜儿渐渐地长出花纹，生满了短短的绒毛。瓜儿快熟了。此时豆子也长得更旺盛了，快看不见垅了。

校园生活剪影

初中部　牛淑慧

本想就这样轻轻地路过你们的世界，不改初心，谁知你们却不期而遇地走进了我的内心世界，铸就了我人生中最美好的时光。我想要铭刻我们师生在一起相处的每一寸光阴。有的就像照片，清晰如昨天；有的让我素描过，经过梦的渲染，更显美幻。

——题记

我是一名平凡的中学教师，我有一群活泼可爱、充满阳光、善解人意又有点儿淘气的学生，我们是一群做事儿勤奋认真又有点儿嘻哈可爱的师生。我们的故事大概就是从我们相识的那一天开始的吧！

我们相识在秋天

初秋的天气似乎和凉爽不沾边，特别是午后两三点大大的太阳挂在天空光芒四射，即使有点儿风也只能称之为热风，要不怎么叫"秋老虎"呢。

广阔的操场上站着一排排整齐的方队，他们迎着太阳练习着军姿，眼睛在阳光的照射下有点儿睁不开，红扑扑的脸蛋上豆大的汗珠儿顺着脸颊往下滚落，青绿色的军训服早已被汗水浸湿。方队中就有我要带的新一届学生，军训就是他们升入初中的第一课。他们还没有意识到他们的学业即将开启新的征程！脸上还充满着稚气，还带着点儿婴儿肥，别提有多可爱了。我远远地注视着他们，有个小胖身体抖动了几下差点没有站稳，估计是累的站不住了吧！又有一个小女生站不住了，累的眼泪混合着汗水流了下来，悄悄地擦了一把，虽然动作很轻但还是被我发现了。不一会儿，又有一个男生报告教官说头有一点儿晕……旁边的同事提醒我，要不要过去安慰一下他们，我的回答是否定的。因为我深深地意识到我可以心疼他们，背后默默地关心他们，但是我也必须要让他们坚强起来，一个团结的班集体是不允许任何一个人掉队的，更何况人生从来都不可以轻易退缩，做我的学生也是一样。同事们笑称我这个班主任当的有点儿"狠"，殊不知我已私下交代好教官，适当的时候把他们转移到树荫下训练；休息的时候，我已提前为他们的水杯里蓄满了绿豆水、买好了雪糕……

整个军训就这样在我的表面严厉、私下关心中圆满结束，一个掉队的同学也没有。虽然个个变得黝黑了许多，但是在我的眼里，他们是最坚强又优秀的学生！这个初秋因为有了他们的点缀而变得更加美好！

暖在手心的温度

没有暖气的冬天似乎格外寒冷，冻得发麻的手指头在黑板上写起字来即使用嘴巴哈过热气儿也依然有点儿抖。也不知道是被哪一个细心的学生发现了，第二天我的办公桌上便多了一杯热水和一张小纸条，上面写着：老师，把装满热水的杯子捧在手里既可以暖手喝又可以暖身哦！

从此，每一个寒冷的清晨，我的办公桌上始终会有一杯冒着热气儿的白开水。这真是一杯神奇的白开水，喝在心里暖暖的，握在手里在黑板上写字似乎也更加有劲了。我喝过各种各样的咖啡饮料和奶茶、各种各样的茶水，唯独这一杯水最好喝。因为这杯水里面掺加了浓浓的师生情。

两盒糕点的故事

朋友圈里看到提拉米苏最近新研制出一种新口味的糕点，据说是用奇异果做成的，口感很好。这顿时引起了我的兴趣，我想品尝一下，当然这么美味的东西又怎么会少了学生的那一份呢。

很不凑巧的是，由于新出的品种价格比其他的糕点要高，所以每天做的也比较少，我只买到了两盒。买到后我就开始纠结，我们班一共四十多名学生，可是点心只有两盒怎么分呢？即使把我的那一份让出来也还是不够，纠结了半天愣是没有想出一个好办法来。我就这么茫然地拎着两盒糕点进了教室，学生们看到我手里的糕点自然是两眼放光。

百般无奈之下，我作出了艰难的选择，把两盒点心奖给本月的优秀学习小组的学生，其他小组同学等到以后有机会了再给买。宣布完自然是几多欢喜几多忧。可是接下来的一幕却给我带来了无限的感动，只见分到糕点的同学拿到糕点后，小心翼翼地把每一块糕点都分成了相同的一小块一小块，然后把它们再分给每一位同学，就这样全班每一位同学都品尝到了美味的糕点，他们吃的是那般香甜，又是那么的开心。我欣慰地点了点头，悄悄地走出了教室。我始终坚信，懂得分享的孩子一定会创造出一个团结有爱的班集体！

最美的背影

料峭的冬天，厚重的雾霾，平时十五分钟的车程愣是走了半小时，因为视线实在是模糊不清，甚至我还走迷路了。眼看着最早的那一节早自习无法看着学生们背书了，我内心更加焦急了。

终于到了学校来，我不及擦拭头发上的雾水，便慌着往教室跑。为了检测一下学生们的自觉性，我悄悄地站到教室的后门准备观察一下，看看他们是否在努力学习。只见课代表正站在讲台上像个小老师一般带领着大家背课文呢，我悬着的一颗心终于放下了一半，心里嘀咕着是不是在"装"给我看呢。走进教室刚坐下，我便发现桌上放着一张小纸条，课代表那隽永清秀的字迹映入眼帘："老师，辛苦了，天气寒冷雾又大，以后你不用再来那么早了，我们会努力学习的，请放心！"一股暖流顿时涌上心头，坐在他们后面抬起头的那一刻，突然发现学生们读书学习的背影真的很美！

我们的故事还有很多，虽然细微平凡但却是我一生宝贵的财富，每每回想起来我们师生所经历的点点滴滴总是那般温馨。学生们常常说遇到我他们很幸运，其实我好想说能够成为你们的老师是一件很幸福的事情。

愿学生们一直阳光，一直优秀！

关注留守儿童

国学实验部　王　萍

新学期，我怀着忐忑和激动的心情，踏入了大唐学府的校门。以前，我在一个小村子工作，让我印象最深刻的就是学生和学生家长之间的联系。很多家长为了给孩子更好的生活，远离家乡，在外面拼搏，因此错过了许多与孩子相处的时光，错过了许多孩子的成长。记得有一次布置作业，让学生回家为父母洗一次脚，然后写一写自己的感受。第二天，交上来的文章五花八门，没有一个是真正有感而发，大多是自己胡编乱造的。经过了解我才知道，这些学生的父母很多长年在外，自己只能跟着爷爷奶奶生活，还有一部分学生的父母下班回家已是深夜，孩子早已入睡。听完这些，我不禁潸然泪下。老师能做的是什么，只能在学生缺少父母陪伴的时候，尽可能地多给他们陪伴和温暖。

来到了大唐学府，我再一次感受到了这里的学生和家长之间的联系，感受到了辛酸与不易。有哪个家长不希望陪伴孩子成长，哪个家长不希望孩子围绕在身旁，哪个家长不希望家里时刻欢声笑语。但是，为了孩子以后更好的生活，为了给孩子提供更好的生活环境，为了让孩子赢在起跑线上，他们只能离开家乡，离开孩子的身旁，去拼搏去努力。所以在孩子们需要温暖、需要关怀的时候，我们老师就起到了至关重要的作用。

许多教育家指出，没有对学生的爱，就不会有真正的教育，爱是教育学生的前提。教师工作时应把爱放在重中之重的位置。对留守儿童来说，他们更缺少爱，更渴望得到老师、同学和社会的关注。因此作为老师，我们要努力从生活上、学习上给他们无微不至的爱，从小事上细节上多关心他们，时刻关注他们的思想变化，及时沟通。

　　开学已经一个多月了，这段时间我感慨良多。我参与了两次接送，发现有的学生的家庭情况让人心酸，父母离婚，长年在外，爷爷奶奶抚养长大，爷爷奶奶年龄也非常大了，身体不好……看到这些情况我更是一种难以言说的心酸。相比他们，我的成长太幸福，我在一个充满温暖和爱的家庭中长大，我也要把这些温暖和爱传递给我的学生们。

　　来到大唐学府，发现我们学校有一个良好的传统，就是利用节假日时间老师会进行家访。看到老师走进学生家里，了解学生的生长环境，更加理解学生，希望我有机会也能够去家访，更好地去了解学生，感受他们的生活。在学校里遇到任何需要帮助的学生，老师都应该伸出援助之手，留守儿童的关爱和关注不是一天两天的事情，而是需要长久的关心和爱护。

　　对于留守儿童的身心健康问题，还需要我们老师和家长的共同努力，要切实可行地沟通。在学校，老师尽心尽力；在家，家长对于自己的孩子应多点关心和爱护。但一定注意不是溺爱，有一些家长可能觉得对于孩子的陪伴太少，所以尽可能在另外一些方面来弥补，这就造成了有的学生在父母的溺爱下产生一些不良行为。身为老师应该通过一些实际行动让学生体会到家长的不容易，不能陪伴是无可奈何。

　　总之，我相信，在我们老师和学生家长的共同努力下，这些留守儿童们也会和正常的孩子一样幸福快乐地成长。

用心教书，用爱育人

——大唐教育回忆录

国学实验部　贾振秀

　　光阴似箭，岁月如雪。转眼间我来到大唐学府四个年头了。回首这几年来走过的路，虽然很艰辛，但更多的是欣喜、是快乐。特别是学校领导及家长们对我几年来工作给予了很多的肯定和鼓励。我深知这既是一种荣誉，又是一种压力与责任。

　　几年来我一直担任班主任，我知道当班主任不容易，当一名寄宿制学校合格的班主任更是不容易。它不仅要求班主任要有强烈的前瞻性，还要把每份工作细致地落实到位；不仅要有无限的爱心，还要有事无巨细的耐心，只有这样才能创造出让孩子茁壮成长的良好教育环境。回想起来，虽然工作不轻松，但是生活很充实，收获也很多。给许多困惑的家庭带来了希望。大家都知道，来大唐学府就读的学生，不是留守儿童，就是家庭缺失爱。为了抓好班级工作，我注意加强常规教育，培养孩子良好的习惯。低年级的孩子，活泼好动，小脑瓜胡思乱想个不停，自控力差，纪律涣散。

　　在常规教育方面，根据我校的实际情况，我每天在学校孩子起床之前来到宿舍，配合生活老师指导孩子内务，怎样叠被子，摆放鞋子、洗刷用品，做到井然有序。在课堂内，我每天坐在班中，从他们的坐、站、举手、排队、用餐等一一教起，经过一段时间的努力，学生从什么都不懂到现在能适应学校的生活了，各方面都有了很大的变化。

　　1. 课上进行趣味教学，尽量吸引学生的注意力，组织好学生的纪律。课后注意观察学生的行为，根据学生的表现在学生中树立榜样。在日常学习中，时刻注意调动学生的积极性，逐渐使学生养成认真听课、认真作业、下课好好休息、讲文明讲礼貌的良好习惯。

2. 关心孩子。爱是无声语言，是教师沟通学生思想和感情的最有效手段。要使学生感觉到爱，必须关心了解每一个学生。关心学生是生活老师的事，也是班主任的义务。每天早晨上班时，我都要做到"一看，二摸，三问"。一看：孩子是否到身，身体、精神、情绪是否正常。二摸：衣服是否合适？小手是否冰凉？三问：身体有没有不舒服？一些学生这样问我，老师你为什么对我们这么好呀？当听到学生这样问我时，我心里就觉得很踏实，似乎有种成就感。低年级孩子对教师特别热情，经常会围着老师转。我就和他们聊天，在轻松的谈话中把握时机，自然而然地提出一些要求，收到了很好的教育效果，同时也满足了孩子愿意和老师亲近的心理。对于个别学困生，细心辅导，每次的作业都要面批，找出知识的薄弱环节，及时进行补漏。课堂上实行分组教学，在小组中互帮互学。培养了尖子生，以好带差，促进双赢的效果。特别是在课堂教学中注重多提问，多检查，有利于帮助后进生找回自信，这种方法大大提高了孩子的学习积极性。

3. 培养良好的生活习惯。寄宿学校文明就餐也是我校一道亮丽的风景线。根据学校的就餐要求，我把学生分成小组，每个小组分管自己的餐桌卫生，要求各组吃不了的饭菜本组解决，每次都做到饭盘干净，地面、桌子干净，这样孩子们既不挑食，又养成了良好的就餐习惯，得到家长们的赞许，也得到了领导的表扬。

4. 大爱无疆，做孩子的守护神。有人说爱自己孩子的是人，能像爱自己的孩子一样爱别人孩子的是神。在我眼里大唐学府的每一位教师都是孩子的守护神，学校每个班级里缺爱的学生数不胜数。我们班的小明（化名）从一年级就在我们班，从小就失去了母亲，没有享受母爱温暖的他对母爱的渴望，没人能懂。记得在一次作文中他写到，从小我不懂事，不知道家是什么，自从来到大唐学府，让我尝到了家的味道，享受到了母爱的温暖——那就是来自老师的关爱。每当大休回家的前一天夜里我就会被噩梦惊醒，在家里自己躲在小屋里，父亲为了生活要外出挣钱。我多想天天待在学校里啊！读到这里，孩子的话深深地刺痛了我的心，从此我就处处关心他，赠送他各种用品，大休时还时常把他带回家，天冷了我会及时给他添衣服，慢慢地他的脸上有了笑容，学习也一天天好起来。

5.家校沟通，促进自信。由于孩子在校时间较长，经常和家长沟通有利于孩子进步。我班的孩子笑笑（化名），一次和同桌发生矛盾，经过和家长沟通，才知道父母离异给孩子带来了困扰。他不和别人聊天，封闭自己，活在自己的世界里。我知道了这件事以后，对孩子进行心理疏导，从学习上多方面指导，课堂上经常提问他，一个学期下来，孩子变成了一个活泼可爱自信满满的孩子。

教育无小事，处处皆育人。大唐学府的每一个角落都开满了爱的花朵——你帮我系鞋带，我辅导你做题，你有难处我来帮，大哥哥扶起摔倒的小弟弟，老师们耐心辅导学生，生活老师给一年级的孩子剪指甲。一声亲切的问候，一个轻轻地抚摸都洋溢着悄无声息的爱。

教师的责任

国学实验部　米庆菊

11月12日，我们学校进行了期中考试。五（1）班的孩子们都很努力，做题时非常细心，成绩也相对理想。但是胡××发挥失常，成绩很差，所以计算"班级平均分"时拖了全班的后腿。我们班本来应该是全年级第一名的，现在屈居第二了。有的孩子开玩笑似的对他说："你可真有本事，一个人就拖了全班的后腿。"还有孩子幽默地说："胡××，你能不能考好些，就算我们求你了，好吗？"更有甚者愤愤不平地说："你的成绩太差，我们班不欢迎你！"

听到这些闲言碎语，胡××心里非常难受和愧疚，感觉对不住班级、对不住同学，觉得自己成了罪人，无颜见人，心情很低落。自从发下成绩单后，他这几天始终无精打采，不想说话、不想学习，甚至连班级的集体活动都不愿参加，整天像丢了魂似的。看来他的心里结了"疙瘩"，有了"心病"，他的这种低落心情，势必会影响到今后的发展，甚至会产生孤僻的性格。

看到这种情况，我感觉有必要对他进行开导，不要再让他意志消沉，要让他重新树立起争胜、必胜的信心！

怎么办呢？哪把钥匙才能打开他心灰意冷的心灵之锁呢？我挠头思索……无意中，我看到了放在办公桌上这次考试的成绩单，眼睛一亮，豁然开朗：我翻找出班级历次考试的成绩单，仔细进行对比，终于有了说服他的办法。我拿着成绩单找到了他，说："你看，这是我们班本学期以来三次考试的成绩单，你翻开看一看，会有什么启示呢？"胡××抬起头看着我，翻了翻成绩单，苦笑着说："老师，我没看出什么，我就知道这次给全班丢脸了。"说完又羞愧地低下了头。

"呵呵，胡××，你这种为自己争光、为班级争荣誉的心情我是理解的，也是支持的！但是你遇到挫折就意志消沉、灰心丧气，我是不欣赏的，是要批评的！你看，"我话锋一转，指着成绩单说，"从这三次的成绩单看，每个人的成绩都不是固定不变的，没有谁每次都是第一名，也没有谁每次都是最后一名。所有同学的成绩名次每次都是在变动的，每个人也都考出过不理想的成绩，只不过这一次是你罢了。这说明什么，说明我们班的同学争胜心强：你追我赶，都不服输，都想为班级争光、为自己争气！今天你的成绩好，我就努力超过你；明天我的成绩好，你又在想办法超过我。这就是竞争，是我们班全体同学积极上进的体现，也是我们班始终能成为'优秀班集体'的原因！否则，"我略一停顿，脸色凝重地说，"如果我们班每次考试，成绩好的同学就是固定的那几个人，成绩差的同学也是固定的几个人，那我们班就完了：人人不思进取，没有了竞争力，没有了斗志，班级也就没有希望了。"

我缓了缓语气继续说："通过这三次成绩单排名的变化，我们可以看出：一次考试不理想，没有关系，今后经过努力学习，下次追上去就可以了。别人落后了能追上去，你也一定能！但是，如果你就这样萎靡不振，那下次你可能还会落后。你说是吗？"听了我的话，看着我递给他手中的成绩单，胡××如释负重，他面带笑容地说："老师，我明白了！您放心吧，我会继续努力的，争取下次考个好成绩！""好！老师相信你一定能成功！老师等着你的好消息！"

心结打开了，我们相信胡××下次的成绩一定会好起来的！我巧妙地借助成绩单，告诉胡××，考试成绩有起伏是很正常的，没有谁永远是"常胜将军"，也没有谁永远是"输家"。这次"大意失荆州"了，只要努力，下次就一定能考出好成绩。我对他的谈话里，传递出的是一种面对失败、面对落后时，要有一个正确的态度，传达了一种积极向上的正能量，起到了开导的作用。人人都有争胜心，特别是孩子们！当遇到挫折时，他们难免会产生失落的情绪，甚至灰心丧气。这个时候，作为老师，我们出言开导他们，告诉他们面对困难、面对失败，应该持什么样的态度，帮助他们树立起正确的人生观，重新树立起对生活、对学习的信心！

这就是我们作为"教师"的责任吧！

接送之旅"初战"告捷

国学实验部　岳俊峰

一、首次接送遇陌路

拿到接送单，我有点"雾里看花"的感觉，红花在哪里我真的不知道。虽说同学遍布好多乡镇，我们也经常在周末挨家旅游，可唯独没有红花的。我着急了，自己晕车转向先不说，关键是这些村庄对我来说太陌生了。我忙去找王校长和徐老师，是否可以调下路线，送老家附近的学生，不巧那里已有合适的老师。我请教徐老师该怎么办，他说孩子们认路，他帮忙找位路熟的司机。哎，只能这样了。

二、精心准备重细节

木已成舟，准备吧。我先找王主任问清各位同学的班主任老师，把他们的手机号存好备用，又用校本广告记上我的手机号，准备发给孩子们人手一张，另外又带了部分接送表，以便补发给丢失的家长。

三、坦诚相告找向导

送孩子的时间到了，令人感到滑稽的是：原来路熟的司机有事，他又帮忙找来一位，对路线并不熟悉，好像只送过一次，我一听就蒙了，这不是"雪上加霜"吗？心想：找徐老师"算账"去。他也很意外，怎么这么巧都赶到一块了。再换车也来不及了，孩子们急着上车。我再次问司机对路线有没有把握，他说差不多。我就告诉同学们，我不认识那边的路，你们要自己认清路，由于不是一个校区，孩子们我只认识一个，徐老师安排几个大点的孩子坐在前面看好路，我们的专车出发了……

四、百家争鸣话家常

为了更好与家长交流，先从孩子了解他们的家庭情况。我看着路单认识每一个同学，并简单询问其父母的职业等，我们渐渐熟悉起来。"哦，谁是张岳某？是不是爸爸姓张，妈妈姓岳呀？""老师，你怎么知道？""哈哈，老师也姓岳，看到这里有本家，当然猜到了。"孩子们你一言、我一语，忙着告诉我，他们那里有东岳庄，西岳庄，村里的人都姓岳。我恍然大悟：怪不得安排我送这路，领导以为我老家是这里吧。孩子们的小嘴像开闸的水一样喷涌而出。我不时提醒他们声音小点，这是在车里。偶尔有说脏话的同学，我给他们讲语言文明的重要性，建议他们学习多用礼貌用语。

每送走一个孩子，我都注意观察他家附近的特点，并在路单上注明，等到时好找。如河北大修厂、快乐网吧、奥龙手机店、门旁大高树、巷内第几家，等等，同时把下车的顺序排好，力争早一些把名字和孩子对应起来。

五、家长理解倍感动

第一家是一个女生的姥姥家，我提着包领着她，一开门，她年迈的姥姥忙着迎向我，看到老人家腿脚不方便，我紧走了几步，说："我把包送到屋里吧。"她用手拉着我，说："你们看那么多孩子，还亲自送到家，真不容易啊！"说得我眼睛湿润了，只觉得工作中的酸甜苦辣都被融化蒸发了。她又让我坐下歇会，我说车上还有学生，以后有空再来坐。

六、群犬狂吠知形象

这是发生在大新庄的事，孩子们再次让我理解了"归心似箭"的含义，刚进村口，我就打听各家的方位。因为这个村有三个孩子，他们几乎是异口同声地说："我家可近了。"既然如此，那就停车吧，省得巷里过车不方便。我们拎着大包小包，像"叫花子"，引得好几条大狗追随着，我让孩子们靠里走别理它们，说实话，我心里虚得很，可又不敢说出来，幸亏有位老大娘及时解围，我才松了一口气。等送完这几个同学，我才发现走了那么多路，其实车停得早了点，让我又练了次"两千竞走"。

七、凯旋心余欢

最后剩下一位徐同学，恰好他家里盖房，父母买东西不在家。我为难了，不见家长我怎能回去。孩子一再说自己长大了，在家等可以，可我总不放心，正犹豫不决，他爷爷回来了，我把孩子交给了老人家。回到车上，我如释重负，心仍被家长们的亲切热情感动着。我告诉自己，以后继续努力，付出总有回报。

倾听学生们的心声

中学部　刘前程

　　我是一个刚入职不到两个月的教师，刚刚从学生的角度转变过来，虽经验不够丰富，但对于班级管理和与同学的交流，多多少少有了一点自己的体验和感悟。

　　初二的学生其实最难管理。初一刚刚进入学校的新生对学校还很陌生，对老师也有一种畏惧感；初三的学生为了中考而"悬梁刺股"，没时间闹出其他的事情；但初二的学生，对学校的了解已经到了一定程度，而且又不畏惧老师，真的是很让人头疼的一件事。而我，偏偏就做了初二班级的班主任。

　　刚开始的时候其实我也很害怕，觉得自己的能力不够，经验不足，不足以做初二班级的班主任，毕竟初二是一个极为重要的年级。可是想到领导对我的信任，我义不容辞地接下了这个活儿。在入职的前一个月我就整天想着在这样一个特殊的学校，如何能很好地管理一个班级？答案就是要倾听孩子们的心声。

　　倾听是一种技巧，是一种修养，甚至是一门艺术。学会倾听应该是每一个教育工作者的责任和追求。莎士比亚说："最完美的说话艺术不仅是一味地说，还要善于倾听他人的内在声音。"

　　在这样一所关爱留守儿童的校园，一定要提前了解班级里面所有学生的家庭状况，因为有些问题与学生的家庭情况都有重要联系。开学之前，我就问学校老师要到了每位学生的父母联系方式，与每一个学生父母都进行一次电话联系。通话内容都很简单，基本上都是问了各位同学的性格怎么样，生活习惯怎么样，学习成绩怎么样？有的家长就主动跟我聊了其他的问题。这里就以其中一个同学的家长为例吧：在我跟唐小豪的爸爸联系、问到学生的成绩时，他的爸爸跟我说："小豪的成绩一直不好，这个我是知道的，所以老师你也不用太在意他的学习，只要他能顺利毕业就好了，我跟他的爷爷都是当兵的，等他毕业了就直接送去部队。"我问他有没有了解孩子是怎样想的。他回答道："不用管他是怎样想的，毕业之后必须送去部队。"

而后，他又跟我说了他的家庭情况，他跟妻子离异了。开学之后我就发现，这个孩子特别不爱说话，上课也很认真，就是积极性不高，感觉有点"自闭"，我就主动问他："小豪你怎么了？"他说："老师，我不想学习。"我问："为什么？"他答道："我爸爸已经把我的未来都安排好了，不管我再怎么努力都无济于事了。"我恍然大悟，孩子没有自己想要的未来，后来我跟他的爸爸联系了几次，好好说明了这个情况。他的爸爸也很明事理，觉得一直都对不住孩子。之后小豪的学习积极性越来越高。我也希望他能在下一次考试中取得好成绩。

关于倾听孩子们的心声，我总结了以下几点。

一、关心孩子们成长的心声

成长是身心裂变的过程，初二的学生正处于青春叛逆期，这个过程充满着困惑和疑虑。随着孩子们年龄的增长，他们慢慢学会了故作深沉、学会将心事偷偷写进日记、学会一个人默默承受。教师要想教书育人，就要有包容的心态，要学会在真诚地倾听中赢得学生的信任，走进学生的内心世界，去抚慰学生成长中敏感又脆弱的心灵。教师要善于把握合适的时机与学生进行倾心交谈，要有"学生出什么错都是有可能的"这种心理准备。对学生的喜怒哀乐感同身受。在倾听中教师的基本态度应该是：

1. 能够接受学生表现出的各种情感；

2. 相信学生可以自行解决问题；

3. 帮助学生从感受中转移，使全部情感转化、散发并发泄；

4. 对学生透露的任何有关生活隐私或者秘密予以尊重。

二、转变教学观念，真诚倾听每个学生的心声

"一千个读者就有一千个哈姆雷特。"我们八年级（3）班有近 40 个学生，每个人各有差异，有不同的性格特征。对于一些问题，他们肯定也各有各的想法，因而在课堂上要转变教学主体。以前是教师授课为主，而今天要接受学生自主探究的学习方式。在教学活动中，学生才是主体，而教师只起引导的作用。在课堂中要让所有的孩子畅所欲言，发表自己不同的或者奇怪的看法，我们作为老师要用心地听，不管是响亮的或是轻微的，正确的或者错误的，理直气壮的或者是胆怯的，每一个学生的发言我都认真听，争取做一个耐心的、真诚的、专注的倾听者，做孩子们的忠实听众，以积极的态度去面对每一个孩子的发言。我们要重视包容孩子们的"与众不同"，鼓励学生"节外生枝"，让学生多发表自己独特的见解。只有这样，学生才感觉自己得到了老师的重视、认可和尊重，才能激发出学习积极性，真正实现教师和学生双方的飞跃和发展。

三、学生犯错时多询问，少责骂

初二的学生正处于青春期和叛逆期，在他犯错误的时候，你如果不问清楚他自己的想法，而只是单纯地责骂他，那么他的逆反心理会更强，以至于犯下更大的错误。

在最近的班主任工作中，我摸索出一套"以爱心感人，以耐心育人"的教育方法。班主任不但是知识的传播者，还是学生的知心人，是导师和楷模。自从我接手八年级（3）班之后，我便发现，这个班级可以说是全年级最乱的班级，纪律最差，卫生最差，学习最差。这对于一个新班主任来说，可以说是很大的挑战。我们班排队去吃饭时总是扣分，学生乱糟糟的，有说话的、有打骂的、有交头接耳的，总之无所不有，就是没有好好站队的。我自认为是脾气特别好的一个人，真的被气到头疼。可是静下心来，开班会的时候，我却说："咱们班这么乱是因为我没有管好，班干部也没起到作用，下面我先惩罚自己。"紧接着我拿着竹竿往自己的手上狠狠抽了五棍，接下来

又把班干部叫上来训了一顿："我自己惩罚自己了,也教训班干部了,接下来如果你们再不听管教的话,就不要怪我了。"学生们都很心疼我,从此以后站队的情况好了很多。

作为一个班主任,不仅要仔细聆听所有学生的心声,还要会掌握所有人的心理,不要打骂学生,要多询问,多用"爱的牢笼"来束缚他们。

我和我的学生们,没有什么惊天地泣鬼神的悲壮故事,我也有气恼、彷徨、发愁的时候,是爱的纽带把我们的心紧紧连在一起。我爱学生,爱在微微上扬的嘴角中;学生爱我,爱在甜甜的问候中;倾听使我们真心互爱,让爱又充满了生活的点点滴滴。

让爱的雨露滋润每一个孩子

费县校区　　宋振凤

"我知道我一直有双隐形的翅膀——带我飞，飞过绝望——"2012 年 12 月 25 日，在大唐学府举办的艺术节上，盼盼以一曲《隐形的翅膀》，获得了观众们热烈的掌声。我一边鼓掌，一边向盼盼竖起了大拇指。看到台上专注、阳光的盼盼，环顾台下热情不减、被感染的师生，我不禁回想起盼盼的成长点滴。

大唐学府的孩子来自全县各地，甚至有来自外省的，时间先后不一、习惯不一，学生的个性也犹如桂林的山千奇百怪、形态各异，以至于给班级管理带来一定的难度。何况是弱势群体呢？但是，每接手一个新班级，我始终如一地把"立德树人"放在首位，不断向学生施爱，努力争取让爱的雨露滋润每一个孩子，让他们找到避风的港湾，及时体验幸福的感觉、被赏识的快乐。盼盼就是其中的一位。

记得当时盼盼的到来，打破了校园的宁静。她犹如一头"洪水猛兽"，成为其他同学茶余饭后的谈资。盼盼是一个残疾女孩，是一个脑瘫患儿，从小被爸爸妈妈扔给爷爷奶奶照顾，父母远在外地干活。这个孩子走路不稳，上楼需要扶着楼梯扶手，拿馒头、拿小勺都拿不稳。人多的时候，被人轻轻一碰她就得转几圈，经常跌倒，尤其是在餐厅，地面比较滑。我的心常常提到嗓子眼。不仅如此，她说话还口齿不清，一句话说很久才能表达出意思。最令人气恼的是，经常有低年级的小同学模仿她，在背后吓唬她。盼盼胆子特别小，常常被吓得哇哇大哭。班级的同学也出现了孤立她的现象，每一次看见盼盼落寞的神情，我的心都在揪紧。孩子在学校受教育的权利应该是均等的，作为弱势群体，理应受到别人的尊重。对孩子天生就残障的一些家长来说，孩子残疾不亚于晴天霹雳，但是他们仍然坦然而坚强地接受了现实。对于孩子来说，身残已经很不幸，若做老师的不能维护孩子心灵的健全，不能给孩子应有的幸福与快乐，而只顾自己的利益，那将会导致孩子失去心灵的健康。精神是一个人的支柱，如果心中这根支柱也倒了，孩子将如何立足于班级、走向社会？作为一名老师，我们又该如何向孩子的父母交代？生活幸福的残疾人不少，成才的也很多，而这些人背后必然都有热爱生活、热爱生命、富有责任心、给予他们力量的父母、老师。教育的最终目的是教会孩子热爱生活、热爱生命。而热爱生命最直观的体现，便是孩子快乐、幸福、健康地成长。

想通了这点，我首先召开了班委会，让班干部说一说盼盼有哪些优点，其他同学又是怎么对待盼盼的，作为班干部的你应该怎么做？因为军训展示的时候，由于有盼盼的参与，我们班级没有得到一等奖，同学们愤愤不平，对她很仇视。同学蹲下，她站着；人家站起来了，她才往下蹲；永远比别人慢，许多同学就有了意见。为了消除学生对盼盼的偏见，我首先肯定了学生的荣誉意识，又引导他们明白这是一种狭隘的集体荣誉意识。一个真正为了团队着想的人应该学会包容他人，并积极地去帮助落后的人，而不是一味地排斥和指责。没有人生下来愿意这样，盼盼本身已经很不幸，但她又是幸运的，能够在大唐学府与大家有缘结识，就是一种缘分，她既然是我们班级的一员，就是我们的家人，对待家人，你们应该怎么做？班干部们纷纷沉默了。最后，王梦同学开口了："老师，我们明白了您说的道理，我们一定学会包容和接纳！"其他同学也纷纷表态：好好做，支持老师的意见，不扯老师的后腿，在以后的班级量化时，争取在其他活动中多得分。接着，我又专门开了女生会议，耐心听取女生的意见。女生们七嘴八舌，首先列举了盼盼好多的优点、闪光点：宽容、大度、聪明、有爱心，上课积极回答问题……对于盼盼的帮扶措施也列出了几大项。她们纷纷表示：盼盼是我们大家庭中的一员，我们有义务、也有责任去帮助她，毫无理由地去善待她，而不是歧视她！思想统一了，就立马行动，女生们与盼盼结成了同盟，例如，餐厅里，拿馒头、盛稀饭，大家忙前忙后。盼盼饭量比较大，但是吃饭比较慢，同餐桌的女孩子每一餐饭都去帮助她。女孩子经常在课间与盼盼游戏，王云还主动要求成了她的同桌。有时遇到部分同学吓唬盼盼时，几位"小辣椒"（黄荣婷、樊钰钰等）不仅毫不留情地给予反击，还给他们讲道理。班会课上，女孩子也大胆地揭露班级里几个调皮孩子的恶作剧，让这几个男孩子当场给盼盼道歉。每一次，盼盼都会咧着嘴笑着说没有关系。看到盼盼慢慢变得开心了，我也经常找盼盼谈心，时刻捉住她的闪光点及时、适时地表扬、鼓励。盼盼很容易满足，笑容时常挂在她的脸上，她走路也能挺起胸脯，高昂起脑袋了！盼盼刚来的时候，由于担心她被人绊倒，没有让她参加课间操和体育课，我发现她经常很孤单地在阳台上观望，眼里露出些许羡慕的神情，我又有些不忍心了。与婷婷几个女同学商议后，我让盼盼也参加了课间操和体育课，虽然心里也是忐忑的。为了保险起见，我提前安排了人员跟踪服务。开始安排同学值日帮助她走路，先是不断搀扶，再后来变成旁边帮助。我要求她课间必须随同学一起锻炼，随我一起跑步，不用太在意别人的眼光。刚开始的时候，她抬腿很困难，渐渐地，她行走顺利了，跑步跟上来了，也就有了自信。(后来，她的父母发现孩子的变化很大，提前两个月便给孩子交了学费并一直在大唐学府初中毕业。盼盼也把自己的亲妹妹送到了大唐学府。现在盼盼已经上大学了。)

在班级里，我经常组织学生进行班级活动。在一次"卡拉 ok 歌咏"活动时，我提前下了通知，让孩子们在大休期间每人准备一首最拿手的歌，并准备好伴奏带，以便展示。大休回来，我发现好多孩子在练歌，就私下里问盼盼准备了什么歌？她羞涩地笑了："老——师，我——怕——同学——笑话我，我没准备！"我心里咯噔一下，自尊心多强的孩子呀！她也属于我们班的一员，怎么能让她孤单地掉队呢？我问她："你喜欢唱歌吗？""喜欢。"她不好意思地低下头。"你喜欢什么歌？""我——喜——欢张韶涵的《隐形的翅膀》。"我笑了，谁说没准备呢？这个孩子在将我一军呢！量小非君子，我得给她一次展示的机会，锻炼她的自信。"你会唱吗？""不会。""宋老师正好会一点儿，我教你好吗？""好！"盼盼爽快地答应了。看到她两只眼乐得眯成了一条线，我心里也乐开了花。盼盼学得很用心，我时常看到她在努力地练习，课间也能发现她嘴里小声哼着歌曲呢！这个看似柔弱的孩子以她的坚强、执着、自信，再一次赢得了大家的认可！成为了草根明星！

　　小草在经受暴风雨的洗礼后会变得更加坚强，每个人都有她潜在的能量，如果我们把爱的雨露遍洒每个角落，滋润每个孩子的心田，小草一定会更加茁壮成长！

让爱融入教育

中学部　田学秀

2004 年 5 月，因为教育的一份执念，带着一份教育的情怀，我走进了大唐学府，时光如逝水，转眼近 16 个年头一晃而过，我也当了 16 年的班主任。大家都知道班主任工作千头万绪，苦乐参半。王勇基校长倡导的班主任工作"十字真经"，即"爱、泡、磨、导、善，赏、启、激、美、达"。今天我在这里只谈"爱"字。

苏霍姆林斯基说过"没有爱就没有教育"，巴特尔也说"教师的爱是滴滴甘露即使枯萎的心灵也能复苏"。可见"爱"是教育的灵魂，没有爱就没有教育。那么作为老师的我，往往对学生投入了全部的爱，可孩子们仍然浑然不知，达不到共鸣。正确的示爱方式应该让学生感受到被爱，从而达到教育的目的，主要从下面几个方面着手。

一、语言的直面表达，向学生传递爱

网络上经常看到这样一句话"爱要大声说出来"。是的，对待我们的孩子首先要做到直抒胸臆：我爱你们。爱是需要表达的，从古至今，从小说到现实，由于这种错失的表白，错失了太多机缘，留下了太多的遗憾。对待我们的学生也是一样，我们爱他们就要告诉他们。这一点我真羡慕我们学校的孟老师，共事这么多年，每每看到她与家长们牵着手的那份亲热那份默契，和孩子们相处那么融洽，我就羡慕不已。我也目睹我们学校好多老师在孩子面前能大声说"孩子我爱你，你真好、真乖、真听话，我好爱你们"，继而看到孩子笑得好开心。这种直白的爱意表达收到的是最快捷的回报，那就是学生的高兴、快乐。试问：整天生活在快乐中的孩子，他们愿意离开我们吗？会哭喊着找妈妈吗？能不努力学习吗？当然不会。所以，面对我们这些天真烂漫的学生们，我们就勇敢地对他们说出"我爱你们"吧！

二、用肢体语言传递爱

前不久，也是在网络上看到这样一个视频：情境中没有任何语言，都是寂静无声，画面中也没有太多的文字语言，只有这么一句话：她缺少一个拥抱。画面初始是这样的：在一群家长拥抱孩子的队列中，除了一个扎羊角辫的小女孩外，所有的孩子都伏在爸爸或妈妈的怀里，陶醉在温暖的爱里，家长孩子那种幸福感溢于言表，只有那位小女孩无助的孤单的下垂两手，低着头站在那里。这应该是幼儿园的孩子在做亲子活动，进行爱的教育吧。画面一转，好像是某个活动结束或是活动中，每个孩子都张开双臂奔向家长怀抱，有位穿幼儿园工装的老师也许是忙于一项事务，看似张开双臂，向小女孩身边走来，小女孩也立刻像所有的孩子一样脸上露出笑容，张开双臂奔向这位老师。遗憾的是这位老师面对小女孩的到来竟然擦肩而过，小女孩那份失望显而易见，垂手低头而立，画面到此定格。看到这儿，我想大家都会有所感触，看到这里此时的我心里像打翻了五味瓶，我不知道这位老师是否看到了这个小女孩？我想她应该是看到的，很显然这个孩子是直奔她来的。对于就在自己眼前渴望爱和温暖的孩子来说，顺手给她一个拥抱怎么了？教育的初衷是什么？本次活动的目的是什么？的确，它对我们触动很大震撼很大，有特殊的教育意义。作为老师的我们，要时刻反思自己，我们理应给孩子一个拥抱，一个充满爱意地抚摸和牵手。特别是针对我们这些寄宿制学校，这些远离父母的孩子们。

三、润物无声地传递爱

诗人杜甫 诗曰："好雨知时节，润物细无声。"针对不同年龄段的学生和不同性格的孩子，表达的方式是不同的。对于初三大部分的孩子来说，如果张口闭口"我爱你们"，再出其不意地给一米七八的孩子一个拥抱，显然是不合适的，有时是适得其反。尤其对于那些慢热型、性格内向、特别是有家庭缺陷性格缺陷的学生来说，更不合时宜，这样的孩子才是我们最棘手的问题，左不是右不是，这样的孩子就要做到润物无声了。就拿我们班毕业的××来说，谈起这个孩子真是有说头了，可以说所有学生身上存在的问题他都有：课堂上一个问题回答不出来就几天不上课，不服从生活老师管理，让睡觉却在宿舍外围溜达一中午不进宿舍，春节后正月十五元宵节看灯买好票说不喜欢看，全县初二考试竞赛不参加。所以对于这样的学生，说教是没有用的，就要用实际行动来感化。节假日由最初的他找我半夜接送车站，变为我主动找他，针对不同的问题换角度，采取适时的关心帮助。历经两年的时间，他在逐渐变化，老师们都说这孩子变了。有爱就有温暖，有温暖就有信心，有信心就会成功。到了初三几乎没发生任何事情，最后他以 596 的成绩升入郯城一中。这个学生三年的成长历程也是我成长提升最快最大的三年，他身上折射出所有问题学生的影子，在此我得感谢有他才成就了今天的我，他让我学会了多方位地了解学生、关心学生、爱学生。不健全的家庭对他来说是不公平的，我们正确的爱他的方式又是公平的，因为有了这种润物无声的爱，才使这个学生健康快乐成长，成就了他也成就了我们自己。

四、不要给学生添加非爱的标签，传递负能量的爱

春秋时期行子的《行语》里说，说你行你就行不行也行，说你不行你就不行行也不行。这个说法显然偏颇，但自有它存在的道理。科学家研究表明：人是唯一接受心理暗示的动物。因此我们对于学生要多些肯定和鼓励，少些打击和贬低。2013 中考我们班升学人数是最多的，数学成绩班平均 89.4 分。2016 中考升学率百分之百。2019 中考我们班 41 人，全校 14 个高分我们班有 8 个，数学平均 94 分。亲其师，信其道。事实证明，有付出一定有收获。若我们时不时用"真笨、脑子有问题吗？你不行、让别人吧、考高中你想都别想"诸如此类的语言，或是一个不信任的质疑甚至厌恶的目光表情对待学生，学生会有怎样的感受？所以给孩子信任、认可和爱的信息，传递正能量的爱，适时的鼓励，是我们教师不可缺少的必备素养。

五、杜绝以爱的名义，给不负责任教育找借口

任何事要做之有度，不可无底线、无原则。对学生要爱，但必要的惩戒也是不可缺少的。例如上课捣乱、违反课堂秩序、完不成作业、不遵守学校班级的规章制度等，不能听之任之。如果不采取适当的措施是万万不可的，我们绝不能以爱的名义放纵他们，不能因为爱而疏于管教。有的孩子通过思想教育是可以改的，有的则不然。针对不同的孩子应该采取不同的措施，这就需要我们深入学生的内心，了解他们的内心世界乃至家庭情况等。更该懂得批评后抚慰，不是给你一巴掌再给你个甜枣而是爱惩相结合，让他领悟明白，受到启发教育。所以说教育是一门艺术、一种能力，而教育的核心就是爱，爱是教育的灵魂。

总之，爱贯穿教育始终。作为老师的我们理应把全部的爱心奉献给学生。任凭岁月更迭，憔悴容颜，而爱永不褪色，只会变得更厚重更深远。

立德树人，铸魂筑梦

——让学生追梦成长、感受幸福

国学实验部　孙玉侠

有人问我为什么能坚守大唐学府班主任这么多年？我要说我最大的动力来自每天都能体验学生成长进步的幸福。作为一名老师，最大的幸福应该是能享受到教育工作的幸福。一旦走上教育岗位，认真工作就是一份责任，用心用力地做好学生的引路人。怀揣一颗爱心，就能感受到教育的幸福，这就是从事教育工作最大的享受。一天天享受教育工作的幸福，用享受的目光来看待我们的教育，我们就会多一种生活的诗意。能从失败中咀嚼快乐，能读懂每一个孩子的脸庞，走进每个孩子的心灵，那时我们就会惊奇地发现：学生的幸福，是教师的幸福；教师的幸福，是感受工作的幸福。在我平时的工作中，这种幸福感就不断充盈在教育生活中。

一、课堂里铸就语文学习的幸福梦

让每个学生在语文课堂感到幸福，是学生学好语文的出发点和根本点。作为一名语文老师，我时常在想"这堂课我幸福吗？""这堂课我的学生幸福吗？"30年的教学工作，我渐渐认识到，什么才是有活力的语文课堂，如果老师只强调知识点的学习和运用，再好的文章也就成了一堆堆没有灵魂的文字段落。

当学习描绘大自然或刻画人物这些课文时，我就让学生体验课文的情境。在课堂上，让那些不同爱好的孩子，以小组为单位自己设计学习计划，不再注重逐句逐段地让学生厘清文章的条理，而是试着让他们在学习阅读课文的基础上，走近大自然，走近作者，用他们自己的语言文字去评论人物，让他们用论辩的形式概括人物的性格，让他们用自己个性化的语言谈感受、说感悟等。尽管那些评论不免幼稚，却不缺乏个性和光彩。让他们自己从不同侧面去尝试，去挖掘文本的内涵，效果很好！课后我想，这才是我理想中的语文课堂啊——因为学了书中的一篇课文，学生爱上了作家的作品，爱上了文学；学生喜欢了遣词造句，喜欢上了自由地表达交谈，喜欢上了阅读和写作。用这样的方法学习语文，会让学生更积极地表达、更激情的张扬个性、更积极的热爱阅读、更积极的喜欢写作。当我们感受到孩子们在语文学习取得的长足进步时，你同样会感受到幸福快乐的！

二、管理中追逐积累点滴进步的幸福梦

面对这么多孩子，这么多繁杂的事情，老师一定得保持爱心满满，耐心期待花朵绽放，需要有阳光的心态。

班级总是存在暂时落后的孩子，这些孩子是我们班主任的"心病"。我在《教育杂志》上看到了这样一则故事：一农夫驱赶两头牛在耕地，一个商人路过，问农夫："这两头牛，哪一头更能干？"农夫说："它们干活都很尽力。"商人听了不解。等休息时，农夫把牛放在一边吃草，回过头来，附在商人耳边说："西边那头更能干些。"商人奇怪的问："刚才你为什么不告诉我？"农夫说："如果刚才我大声对你说，那头牛就会听到。它已经很努力干活了，'差'不是它的错，'差'是暂时的，我们要耐心等待，所以我只能那么对你说，否则它会更失败。"

故事给我很大的触动。现实生活中，我们往往对孩子有很高的期望，把每个孩子都"想象"成天才，想把每个孩子都"塑造"得很完美，自觉不自觉地出现一些"揠苗助长""恨铁不成钢"的言行。我们作为班主任，过多的办法就是这样，把他们提溜得很紧，天天盯梢，吓得学生低着头溜着看你，你想他们能好受吗？这样学生累、家长累、老师更累。这样人为地给孩子造成身心的"伤害"，结果欲速则不达。有位心理医生提出"慢速培养"孩子的观点——凡事不能操之过急、要耐心等待。孩子的成长和花草树木的生长一样，有自己的"花期"。作为班主任，我们应该用心呵护每一朵

"花"，不能急躁。对孩子暂时的缺点与不足，我们要予以理解与宽容。宽容他们的不会读书，包容他们的调皮捣蛋，你要实在不会写的，能写多少是多少。就像我们班的个别同学，他们不认识字，抄词还行。不会做题的时候，与其让他做题，还不如让他手指课文多读几遍，多认识几个字。宽容对待他们时，他们反而很高兴地去读书，积极地为班里做其他事情，他们的自信也来了。因为宽容，你不再为他的"冥顽不灵"而伤脑筋，我们班主任的"心病"也就没了。

习惯的养成教育对班级管理和学生一生的成长与影响是深远的。师生之间的情感融洽关键在于老师有阳光心态，对学生关爱，爱在师生间架起了一座信任的桥梁，它沟通了师生间的思想，协调了师生间的关系，给学生创造了一个温馨和谐的学习生活环境。在这样的氛围中，学生自然也会从教师的关爱中感到温暖、受到尊重，因而热爱、支持自己的老师，热爱自己的同学，关心自己的班集体，学生的积极性、主动性就会得到充分发挥，班级的各项工作就很容易开展，让我的班级管理达到事半功倍的效果。教育无小事。我们的教育教学工作对于细节管理和学生的品行教育是多么重要啊！

"老师，他乱扔垃圾了。""老师，他把我东西弄掉了"……小孩子总有无穷无尽的问题要向老师报告，老师如果事无巨细都要管就很累，效果却不理想，特别不利于培养孩子的良好习惯。为此，每一天的晨会课，就成了孩子们"搭建"的自我管理平台。

我让孩子们把每天生活学习中发现的，想要反映的人和事等及时记录在专门的本子上，晨会时及时反映，并提出自己的希望。"谁上下楼梯时要一步一个台阶，不能推别人，不能从两三个台阶上往下跳，很危险！""吃饭时不要讲话，这样不仅吃得慢，危险性也很高，会把饭菜呛到气管中。"……因为我们的学校是寄宿制学校，吃、穿、住、行、学都在一起，能看到许多老师看不到的，听到许多老师听不到的，从而能"管理"到许多老师所不可能涉及的教育管理中的方方面面。当然，这种做法不是鼓励孩子打小报告，而是在于使孩子们完成从相互管理到自我管理。这样，孩子们会在生活中自觉成为一个有心人，知道什么是对的，什么是错的，在观察评价别人的同时，实现自我教育，自我成长。

孩子们说的内容都是他们所看到、听到或想到的，他们之间无障碍、无压力的沟通，说的内容都来自孩子的生活，其他孩子感同身受，这有利于教师下一步的教育引导。当然孩子们有时也有说的不对的，但也没关系，讲台也同时给对方提供一个辩解的平台。总的来说，孩子们反映的问题可能是个别同学身上的现象，但受教育的却是班级中的每个孩子。

晨会虽然只有 10 分钟，但每天孩子们的正确或错误的言行却可能得到及时反馈，同时孩子们也能正确地了解自己的言行、及时调节自己的言行，作为听众的我，也能及时了解"群众"的声音，对孩子们的很多问题或倾向做到早发现，早解决。而这一切的一切只需要老师提供一个平台——一个孩子们自我管理的平台。

三、享受自己与学生成长的幸福：心态阳光，爱心相伴

我一直认为，一个真正的好老师，是用自己的快乐进步影响学生的，让学生也快乐进步，成为带领学生追求阳光人生的典范。我们既然从事了教师这一职业，就应承担我们相应的责任，我们必须关注学生的学习，关注学生的成长。而且，这种关注，不是停留在口头上的，而应让学生摸得着、感觉到、看得见。例如，随手拾起学生掉在地上的学习用品，耐心回答学生的提问，与学生个别谈话，甚至是面对走廊里的一声问候，哪怕摸一摸学生的脑袋，拍一拍孩子的肩膀，这些都能让学生感觉到老师的关注。拍一拍孩子的肩膀，给予学生一个微笑，我们就能把阳光洒进学生心里，那我们就成了阳光心态的老师。我们必须是一个个阳光心态的老师。追求阳光心态，我们才能营造快乐幸福的课堂；追求阳光心态，我们才能创建快乐幸福的班级；追求阳光心态，我们才能引领学生幸福成长。

让教师享受教育的幸福，让学生享受幸福的教育，在学生的心灵里点亮幸福的灯盏。

用新理念，彰显生命的尊严与价值，感受成长进步的幸福，是师生的共同心愿。

教育是温暖的课堂。温暖自己，温暖学生，温暖学生家长，不应该有对立。它就像小火煨汤：精心熬制，慢慢炖煮，最后，那种特有的香气就会弥漫在你的生命周遭、贯穿你的生命全程，给你带来美丽和幸福。在我看来，从事教育工作，必须学会"爱"，有了爱的情怀，有了阳光的心态才能有润物的积极行为。早读你在后面观看，学生已朗朗在读了，卫生保持比昨天做得更好了，等等。学生星星点点的进步，班级每一个细小成长都可化为甘露，滋润着你这个孩子王的心田，我就会开心，就会微笑；我就会年轻豪迈，就会容光焕发。这就是我的收获，我幸福的所在！这就是我们做语文教师最幸福的收获！这就是我们当老师最无私的回报！

四、享受家校共同进步的幸福：贴心交流，真心赏识

在班主任工作中，和家长的沟通是必不可少的。每一位家长都希望与我们贴心交流，关注自己的孩子，甚至希望我们老师把全部精力都放在自己孩子的身上。而我们联系家长主要的原因，可能就是在孩子没按我们的要求来做事的时候再去联系，这样家长一接到我们的电话就心里发毛，一个是自己最疼爱的孩子，一个是管教孩子的老师，怎么办呢？有的家长，只能是当着老师的面来批评孩子，背着老师的面来指责老师。这也值得我们思考，因为他们接收到的信息都是自己不愿意看到或不愿听到的。换一个角度想，这要是我们，我们会是什么样子呢？真心赏识每一个学生。我班学生中有个调皮的男孩，做题不马虎的时候太少了，课上听讲也总是走神。但是在期中考试还有两天的时候，我发现他这天听得很认真，于是，我就主动打电话和他家长沟通了一下，一句批评都没有，全是表扬，而且是很诚恳的表扬，并恳请家长把我的表扬告诉孩子。家长很高兴，感谢老师对孩子的关注，孩子听了出乎意料的高兴。因为他没有想到，他这两天的表现会得到老师这么大的表扬。以后的几天里，他上课的时候都特别的认真，作业完成得也特别认真，一看就知道得到了家长的帮助与表扬。看来我们把表扬作为与家长联系和沟通的一种重要方式也很重要。与家长的沟通，诚恳的表扬，既能让家长感受孩子的成长，感受这种幸福，也能让孩子感觉到老师和家长对自己的肯定，

从而激励孩子向更好的方向发展。

无论社会如何变化，教师都应具有甘于奉献的无私忘我精神。苏霍姆林斯基说过，一位教师只有把为孩子奉献视为自己的最高享受，才能成为一个真正意义上合格的教师。当我们自觉地将自己的全部精力和感情投入教育事业中并为之奋斗，从中体味孩子成长的快乐，我们才享有了"桃李满天下"的幸福。

从教多年来，不忘初心、立德树人一直是我不懈的追求。在教育这方乐土上，我辛勤地耕耘着、累并快乐着，享受着教育工作的幸福，感受着教育工作的快乐。我，是一名幸福的教师。

润物细无声

国学实验部　许继梅

　　新学期开始了，大唐学府又迎来了一批新的宝贝。孩子们活泼可爱，小脑袋学知识很快，一天到晚胡思乱想个不停，要想管好他们也着实不容易。在班级管理上，我是从两方面着手的：一是严，二是爱。我的严是在课堂纪律上、学习上，在学生的品德上严格要求，而在平时的一些生活小事上，我则突出"爱"字，让学生体会到老师对他的关心和爱护。我的想法是当学生出现错误时，要怕老师，而平时又不能敬而远之，要自觉接近老师，这样就便于师生的交流，感情的亲近，有利于学生的发展。在这里和大家分享其中的苦与乐。

一、习惯的培养

　　孩子的学习习惯养成可以说是整个小学学习中最关键的一项内容。如果说知识技能没掌握好，还可以补一补，可好的习惯没养成，吃亏的可是一辈子。比如说有的学生握笔姿势不对，每节课写字我都提醒，可还是很难纠正。一年级学生主要在于养成良好的习惯，如果养成了好习惯，做任何事情都不会差。所以在平时的学习生活中，我非常注意孩子习惯的培养。

　　1. 自理习惯的培养。现在大多数孩子都是饭来张口、衣来伸手，基本上没有需要自己动脑筋准备的东西。我会根据自己的教学开展准备，比如课前准备铅笔、橡皮、本子等，都要求在课前放在桌角，这样课堂上就很有秩序，还能节省时间，提高了课堂的效率。

　　2. 倾听习惯的培养。我们知道，一年级的孩子年龄小，好动、自控能力差，上课爱做小动作，注意力不集中，40分钟很难做到认真倾听，所以在教学过程中我会创设各种情景让学生认真倾听老师讲课，假如有学生走神了，搞小动作了，我用手有节奏地一拍，不用说，孩子们就会马上改正，认真听课。慢慢地就养成了良好的听课习惯。

3. 写字习惯的培养。一年级学生写字教学非常重要，一年级学生可塑性大，在教学过程中，每个字我都会利用田字格，指导学生看清每一笔在田字格中的位置、大小，书写好的及时给予鼓励，不好的轻轻提醒。在学生写字前培养写字的自我心理准备，让学生掌握写字姿势，提醒握笔姿势。

4. 阅读习惯的培养。一年级学生有一定的拼读能力，我就让孩子借助拼音拼读，要注意不可唱读。读要根据课文的思想感情，读出课文的语气。要让孩子有良好的阅读习惯。读书多的孩子作文一定好，成绩也不会差。现在一年级的孩子识字不多，所以每次学生做题目，我都耐心地解释题目的意思，或者让学生指着题目读一遍，这样有利于孩子养成做题前读题的习惯，同时，鼓励孩子不懂就问。好习惯的培养是一个非常琐碎的工作，需要班主任极大的耐心与细心。我把主要的精力放在孩子每节课的学习上，教他们学会听课，有时，我会针对某个学生不听课而给学生做大量的工作，有时可能还会为了抓住每个学生学会听课而耽误上正课的时间，我坚信一句话：磨刀不误砍柴工。关于小学知识的教学，没有太难的，我们一线的老师能够做到的，就是对孩子的一片爱心、一份责任心。良好习惯的培养还需要随时鼓励，我在班上的鼓励措施有：每天随时在教室后面的墙上贴星星，看谁得的星星多，到期末的时候评比。用这种鼓励措施慢慢带领孩子们走上正轨。

二、抓德育教育

在日常教学中，我教育他们只要心中有爱，一切都是美好的。要用平常心去面对一切，对自己宽容，对别人宽容，同学之间应团结友爱。

三、抓学生的日常行为规范教育

我平时注意做好学生日常行为规范工作，包括学习问题、生活问题、日常行为细节、行为规范、为人处世，等等。还包括每天都有的安全问题、课堂纪律，下课的活动，课间操纪律，排路队的纪律，做眼操等，一步一步地带他们走上正轨。孩子们从幼儿园刚毕业，大唐学府对他们来说是一个全新的环境。有的同学喜欢在课间互相追逐打闹，你推我拽，一不小心，不是碰着别人，就是被别人碰着，非常容易发生意外。针对这些情况，我们制定了班级安全公约，告诉他们什么游戏可以做，什么活动不能做。可是活泼好动是孩子们的天性，所以我就利用晨会、班会等一切可利用的时间教育孩子不可以玩火、玩水、搞电；教给孩子一些基本的自救和自卫常识，如不能跟陌生人走、过路安全；不要在危险的地方玩耍，不能带危险的玩具进入学校；经常教育孩子不要在课间或站队时追逐打闹。

四、卫生习惯问题

教育孩子不要随手乱丢垃圾，这不是哪儿可丢哪儿不可丢的问题，要求孩子养成一个终身受用的好习惯。学校给每个孩子准备一个水杯放在教室桌子上，每天接纯净水喝。在孩子的桌洞里放一点卫生纸以作备用。教育孩子不要乱花零花钱，不买一些三无食品、垃圾食品等。

五、关心学生

关心学生的生活，不仅是生活老师的事，也是我们正、副班主任的事，所以每天早上一到校，我就分别到男女生宿舍看学生，做到"一看、二摸、三问"。看孩子们的情绪是否正常？摸一摸衣服是否穿的适当？小手是否冰凉？问一问身体有没有不舒服？有时，我会利用课间时间帮孩子们剪剪指甲，和他们拉拉家常，了解他们的内心世界。

虽然工作一点也不轻松，但是生活是充实的，收获也是很多的。一个学期在不知不觉中过去了，从学生进校什么都不懂，到现在会认字、会表达、能与老师、同学进行交流、生活基本能自理等，我觉得这个变化太大了。这一学期下来，学生完全适应了学校的生活，并能自觉地遵守学校的各项规章制度。

在今后的工作中我将更加努力工作，不断完善自己，提高自己，尽心尽责做好每一项工作。

生活老师的心声

中心校区　孙思玲

　　我是大唐学府的一名生活老师，在这工作已经有六个年头了。本学期我担任的是5年级3班男生宿舍的生活老师，很高兴能趁这个机会和大家见面，感谢各位家长能从百忙之中抽出宝贵的时间到学校参加家长会，真心欢迎你们的到来。

　　我知道大部分家长常年在外打工，没有时间回家照看孩子。我也是一位母亲，也曾经迫于生计把孩子留在家里出去打工，我深知打工的不易与艰辛，也深知作为父母的那种与孩子分离的痛苦，还有对孩子的思念、牵挂与不舍。对于留守和漂泊，我感同身受，所以我更能体会、理解你们的心情。在这里我要对各位家长们说：请你们放心在外工作，放心把孩子交给我们，我会像对待自己的孩子一样，去关心、照顾和疼爱他们。

　　学校经常有新生入校，特别是在开学之后的一段时间，是生活老师最忙、最辛苦的时候。新生中有的一下子不能适应新的环境就会哭闹，吵着要回家。虽然他们都上小学了，但是真的跟小孩进幼儿园一样。孩子过惯了衣来伸手、饭来张口的生活，习惯了被家人宠着，在家也不受任何的约束，高兴干什么就干什么。另外就是面对新环境、新老师，新同学，一时不适应，心里害怕。这时候我就耐心地开导，想尽办法帮助他们尽快融入我们这个大家庭。

　　有的新生一进入大唐学府就表现得很积极、很优秀，如李××、马××、刘××、周××、房××等，而有的新生刚踏入这个新环境很不适应，这就需要生活老师关爱他们。如张华、杨斌（化名）这两个孩子，我分别陪了他们三个晚上，给他们讲故事、唱歌，还给他们零食吃。看着他们听着我讲的故事、听着我唱的歌渐渐入睡，我想：孩子应该是在我的怀抱中感受到了母亲的温暖，进入了甜美的梦乡。

他们真像刚断奶的孩子一样，依然对母亲非常地依赖、眷恋，渴望再次投入母亲温暖的怀抱。此刻，我就像一位多胞胎的母亲一样，守护着他们，给他们安全和温暖，我一连好几天晚上都是看着他们熟睡后才渐渐进入梦乡。还好，一个星期之后，新来的这些孩子适应了这里的环境。孩子们每次大休回家，不少家长都反映，自己的孩子发生了很大的变化：懂礼貌、讲文明、不挑食、爱劳动，还懂得感恩了，更重要的是在生活中更自立、自理了，家长再也不用为孩子日常生活琐事操心了。

当然，我也遇到一些突发情况。比如冬春交替的时候，流感侵袭，有的孩子体质较弱就容易生病。我印象最深的就是自己紧急处理一个发烧的孩子。孩子下午吃过感冒药，可晚上起热了，吃药也不管用，学校医生也回家了，我只好连忙倒水，又用凉毛巾给孩子敷在额头上降温，半个小时后，再量体温还是 38 摄氏度。我心想：不行呀，离天亮还有好几个小时，可不能拖，不能怕冷，给孩子看病要紧。我帮他穿上衣服，骑电动车带到校外的诊所看病，医生给打了针，又拿了些药，折腾了二个多小时后，孩子终于退热了。当时我连冻带吓直打哆嗦，可能是担心孩子的缘故，感觉更冷。回到宿舍就将近凌晨5点了。我问他头还疼吗？他说不疼了，我就给他倒杯水喝了，然后给他盖好被子，直到看着他睡着，我才松了一口气。过后我才发觉自己也感冒了。虽然身体有些不舒服，但我看着恢复健康的孩子，心里还是充满欣慰。

还有一次也令我难忘。前年深秋的一天，夜里两点，我检查孩子是否蹬被子，把几个尿床的孩子叫醒后，转了一圈闻到臭味，我就拿电筒挨个床铺检查，结果发现有个孩子拉在床上了。我把这个孩子叫醒，起来后可不得了，弄得满床都是。这时我忍不住流下了眼泪，回想自己当了二十多年两个孩子的母亲，也没有当 40 个孩子的母亲这样为难，没有这样操心、费力，有时甚至不被理解。但转念一想：发生这种事情孩子可能也很害怕，担心老师责备他。于是我对他说："没关系，你别出声待在这，我去弄热水给你洗一洗。"洗过后给他换上了干净的衣服，又把床单、被褥全部拿到外面，让他去别的床铺休息，还告诉他，这件事情我会给他保密，让他安心睡觉。天还没亮的时候，我就开始清洗这个孩子弄脏的被褥和床单，并把床抬出去刷了多遍。虽然臭味刺鼻，仍然坚持把床铺处理干净。事情过后，我时常提醒孩子们，如果身体有不舒服，像拉肚子的情况，要及时报告然后去厕所，若不小心拉裤子或是吐在床上都要及时告诉老师，别不好意思说，脏在身上多难受啊！老师不会生气也不责怪你们。这些孩子都很懂事，对我说：老师谢谢您，您辛苦了！您真像我的妈妈一样。我高兴地说："我们是孩子们的老师，也是孩子们的父母，还是孩子们的朋友。"

作为生活老师，我们不仅要照顾孩子们的吃喝拉撒，把宿舍打扮得像家一样温馨、清洁卫生，还要教会他们做人的道理，怎样做有道德、有品质、有教养的人。当看见孩子们的改变，健康、快乐地成长时，我倍感欣慰，觉得为孩子们付出的一切，都是值得的。

亲爱的家长朋友们，通过这一个多学期，相信你们对我们的学校也有了一定的了解。希望我们的孩子能成为一个坚强、勇敢、独立的孩子，能够做到全面发展，为了孩子美好的明天，让我们一起努力吧！

忙碌快乐的生活老师

中心校区　高　祯

我担任的是六年级（2）班、（3）班、三年级（2）班和二年级七个新生总共102名男生的生活老师并兼任洗衣房的洗衣工作。

先谈一下我对本学期工作的感受：一个字"累"，两个字"操心"！五个字"累并快乐着"。

看似简单但实际却烦琐复杂的常规工作要算"内务卫生管理"了。做好一天不算难，但要做好每天就不容易了！我每天早上五点四十分准时起床，督促学生起床，整理内务。学生离开后就是进行内务的评比，所有宿舍要逐间进去检查，内务检查要非常仔细，除了比较容易看得到的地板、床铺以外，像床底、柜顶等这样的隐蔽的地方同样要检查到位，所以内务检查就是在考验你的细心。这样的检查可能有些人会觉得没有必要，但做了这份工作以后你的想法一定会改变。我们检查的目的是为了让学生能养成良好的生活习惯，是为了培养他们认真做事的这种态度。我们用认真的态度来对待这样的检查，学生才能以认真的态度来做内务，虽然每天早上的内务检查有点辛苦，但看到同学整洁的宿舍，锃亮的地板，自己心里还是很开心的。

工作中，我首先确定工作方法，那就是"做好宿舍长的思想工作，让宿舍长带领宿舍的人做好宿舍的内务卫生"。不定时地召集每间宿舍的宿舍长会议，鼓励他们及时改正工作中的失误。早晨生活老师检查各宿舍卫生情况，对好的宿舍予以通报表扬，不足的宿舍则予以批评指正，每天在黑板公布检查情况。除了内务以外，维持纪律也是一项重要的工作。学生午休、晚寝我们都要去巡查，督促学生在规定的时间内安静休息，很多学生都很难做到这一点，所以我们生活老师在午休、晚寝这段时间内有时也免不了大声地呵斥他们。学生开玩笑说："河东狮吼了。"

现在我说一下积分制管理：我们所设置的积分是孩子们在校期间的分值体现。每个楼层以宿舍为单位，每间宿舍评选一个舍长作为管理层，由舍长安排每天的日常值日，宿舍内张贴积分表，积分到个人。为了避免出现乱加分、乱减分现象，确保积分制管理公开、公平、公正，达到"积分有加减，积分看差距，优劣有人评"的效果，我在整个楼层内都设立了一个正确的分值奖惩标准，在实际操作中，我及时监督纠正和督促，每个大休一总结，以积分来衡量反映每间宿舍每个人的综合表现。

具体的积分制管理方法我是分两方面来实施的。

一、纪律

1. 晚休和起床。熄灯前 5 分钟还没到宿舍的学生每次扣 5 分；熄灯后宿舍内大声喧哗者扣 8 分，舍长找不出责任人的，扣宿舍内所有学生每人 2 分，舍长再连带加罚扣 2 分。不按时起床的学生每次扣 5 分。除午休、晚休期间或特殊情况，随便回宿舍的学生扣 5 分。

2. 损坏公物照价赔偿并每次扣该生 5 分（舍长连带扣 2 分）。

3. 不乱拿或偷盗别人的东西，不留宿其他班级学生，否则每次扣该生 10 分。

4. 按时熄灯，节约用水、用电，严禁在宿舍内追逐打闹，否则每次扣该生 5 分。

5. 不能随意挪动床铺，否则每次扣该生 2 分。

6. 每天按时休息，不迟到，休息期间不违反纪律的宿舍，每宿舍每天加 10 分，舍长另加 2 分。

7. 一周之内纪律良好，品德优秀，尊师守纪，团结同学，助人为乐者，并且没有出现扣分现象的宿舍加 20 分，舍长加 5 分。

二、卫生

1. 宿舍内地面、墙壁、门窗干净，不乱扔垃圾，保持卫生工具用后及时清洁整理，保持清洁、摆放整齐。每宿舍每天加 5 分，否则每次扣该宿舍值日生 3 分。

2. 宿舍公共区域卫生应及时、彻底打扫，经常保持干净卫生状态，楼梯楼道地面立面无脏渍。打扫不及时、不彻底者每发现一处宿舍值日生扣 3 分。

3. 不得向窗外倒水、扔果皮垃圾等，否则扣该宿舍每生 2 分。

4. 被褥叠放整齐，鞋、盆、毛巾等物品按规定位置摆放整齐的宿舍，每天加 10 分，否则该宿舍扣 5 分。

5. 严禁宿舍内乱贴乱画，发现一人扣 1 分。

6. 文明入厕，不乱扔厕纸，每发现一例不按要求文明入厕者扣 5 分，并处罚值日三天。值日生要随时清到纸篓、垃圾桶，冲刷打扫厕所，保持卫生间、洗手池内无污垢，保持清洁，每发现一例清扫不彻底的扣该值日生 5 分，并处罚值日三天。不用提醒就能打扫彻底的值日生每次加 5 分。

7. 一周之内宿舍卫生良好，没有出现扣分现象的宿舍加 20 分，舍长加 5 分。

以上各项积分，每大休一总结，奖罚分明，毕竟再大的学生也是孩子，我们用积分来激励孩子们的积极性，也不会埋没优秀的同学。我会根据这一大休期间每个宿舍的综合表现评选出 2—3 个优秀宿舍集体，对其全体成员进行物质上的奖励，让他们懂得：宿舍荣我荣，宿舍辱我辱！团结合作才是最重要的！这一年来的积分制管理，使我的工作变得轻松如意，学生的积极性也大大提高。如今的学生思维比较独立、自尊、骄傲、爱争强好胜，不服管教，对于学生的教育必须因人而异，不能采取一刀切，更要具体问题具体分析，不可采取强制性的高压手段，需要灵活变通，针对不同的个性特征，采取亦刚亦柔的教育方法，把道理与情感沟通结合在一起，多给学生改正的空间。而我们生活老师则需要充分发挥好指导的作用，用更多的鼓励给学生指明方向。

　　人有千差万别，事有千头万绪。工作当中，也经常遇到不顺利的情景。总会碰到少部分"顽固分子"，但作为一名生活教师，我一直保持着足够的耐心和爱心，用技巧和包容去化解矛盾。遇事冷静思考、以爱服人、以理服人，努力扮演好父母、好老师、好朋友等多重角色。

　　认真做好每天的常规工作，做到手勤，腿勤，嘴勤，保持一个健康良好的室内卫生环境。坚持做好早、午、晚清点人数，特别是晚上更要认真仔细，绝不马虎。晚上孩子们回到宿舍，我就挨个宿舍串门，主动和孩子们聊天，主动和孩子们多交流，及时掌握孩子们的思想动态，与学生做到"零距离接触、近距离交流"，和孩子们做到既是良师，又是益友，对学生重复着每天必说的安全教育，提高学生的安全意识，让他们掌握一些自我保护的技能，提高孩子们的自我保护能力。我用自己的细心、耐心、爱心感化了孩子们，让我们相互理解，相互尊重，也使他们感觉到了大家庭的温暖。

　　生活老师的工作是平凡的、琐碎的、辛苦的，做个合格的、称职的生活老师不是件容易的事，我也明白自己的差距所在，但我一定会朝这个方向去努力，以积极的心态，最大的热情投入到自己的工作中去。

随风潜入夜 润物细无声

——七(2)班差生转化纪实

中学部　孟凡云

> 浅望幸福，不写忧伤，红尘三千，不道惆怅，不问花开几许，只求浅笑安然。
>
> ——题记

夜来南风起，小麦覆陇黄。麦子熟了，一个学期进入了尾声。作为七年级的班主任，我知道，初一年级是初中阶段的起始年级，如果起始年级没有带好，就会留下不少后遗症，贻害学校的就不只是一年，而是几年，因此，本学期我除了完成学校布置的各项工作和常规管理外，重点进行了差生转化工作，并取得了很好的效果，现在把情况做一下总结。

一、严以律己，做好表率

班主任不仅仅是一个班级的组织者和管理者，更是一个班级的教育者。和其他任课老师相比，班主任所担负的教育责任更重。因为班主任和学生相处的时间比其他老师要多得多，班主任在学生心目中的威信相对而言要比其他老师高，班主任的一举一动，都将对学生产生较大的影响。俗话说："身教重于言教。"老师的外在行为表现对学生具有一种榜样和示范的作用，会对其产生潜移默化的影响。七年级这一年龄段的学生，他们的生理、心理及综合素质处于迅速发育的时期，思维活跃，但认识比较肤浅；情感丰富，但不稳定；对新事物反应敏感，接受、模仿能力强，但知识较贫乏，辨别是非能力较差；求知欲、成才欲强，但怕吃苦、意志薄弱；自我意识强，但自我认识、自控能力低。"近朱者赤，近墨者黑"，这时候如果有一个正面的榜样树立在他们的身边，那么学生会争相仿效，而在许多学生的心目中，他们都是把班主任作为直接效仿的偶像。试想，如果一个班主任对自己要求不严格，缺乏上进心，整天无精打采，穿着打扮邋邋遢遢随便，这时你无论用多么动听的语言来教育学生，要求他们干净整洁，要有上进心，要高标准严要求，学生会听吗？不但不会听，甚至会引起学生的反感。因此，作为班主任，一定要尊重自己，无论是在穿着打扮方面，还是在言行方面，无论是在教学能力方面，还是在个人修养方面，都要给学生树立一个榜样，真正做到为人师表。

二、平等对待，宽容差生

影响班主任和学生之间关系的一个重要因素就是班主任对待好学生和差生的态度。有的老师认为，偏爱好学生是人之常情，就好比在一个家庭里，有几个孩子，父母最疼爱的肯定是最听话、最乖巧的孩子。但是也正因为这样，有的家庭孩子和父母之间产生了矛盾，孩子和孩子之间也发生了争斗，所以在我们的学校教育中，要避免类似情况的出现。你所面对的不只是几个孩子，而是几十个孩子。你的一举一动，将对其他孩子产生深刻的影响。尤其是当好学生和差生出现同样的问题，犯同样的错误或面对同样的权利时，班主任要一碗水端平，不能出现偏颇，要一视同仁。比如，当好学生和差生出现同样的问题时，你不能因为他是差生而不耐烦，不给他讲解，他是好学生而不厌其烦地给他详细讲解；当好学生和差生犯同样的错误时，你不能因为他是差生而严加指责，他是好学生而装作没看见；当好学生和差生面对同样的权利时，你不能因为他是好学生而多给他些机会，他是差生就剥夺他的这种权利。这样，会使得差生感到老师的不公平，和班主任之间产生一种对立的情绪。因此，我们在对待好学生和差生的时候，要强调平等的原则，甚至于在某些场合，可对好学生更严要求，对差生宽容些。这样就更能赢得学生的信赖，尤其是差生的信赖。差生，由于学习成绩较差，所以他们的心理负担较重，也容易产生较强的自卑感。有些差生自己戏称自己是"被遗忘的角落"。这时，如果班主任能公平的对待每一个学生，给差生和好学生同样的权利和机会，那么，差生就会认为老师对我也很重视，并没有因为我的成绩差而歧视我，从而激发出学习的热情来。

三、坚持不懈，循循诱导

差生最大的特点就是缺乏人生目标，纪律观念淡薄，自控能力差。作为班主任就要反复抓、抓反复。要有长期抗战的思想和意识。我班的颜杰同学，性格特别内向、不爱说话。刚教的时候，感觉是一个很懂事的小男孩。有一次大休的时候，他爷爷打来电话说，孩子在家光玩手机，怎么说也不听，手机玩坏了，不给买不来上学，直到第二天给买个新手机才让家长送来（接送老师去接也不来）。回到学校后，我与他常常交流沟通，倾听他的心声，了解他的内心世界，然后播放一个十岁的残疾男孩如何照顾爷爷，和爷爷相依为命来支撑这个家的视频，来感化他，触动他。经过半年的努力，颜杰的成绩由原来全校四十多名，一步步进到全校前十名的行列，脸上也有了笑容，与同学的交流也多了，我现在经常与他爷爷联系，爷爷非常高兴。外校转来的周卫风刚来到我班不到两个月就逃学多次，还说谎话，作为班主任最头疼的就是这样的问题孩子，学校劝其退学，周卫风妈妈找到王校长说不能离开学校，校长同意后，她告诉我说"孟老师，别说让我缴2000元押金，就是两万，我也要让孩子留在这。"王校长安排老师给周卫风等孩子从小学学起，回到我们班后就什么也听不懂，我就及时采取措施，让他多学语文、地理、政治、历史；在我的英语课上，只学简单的常见的单词，如father、mother、sister、apple、chicken，每节课只学三两个；数学课上，老师在教几何，我就告诉他们只让他认识最基本的如同位角、对顶角、平行线等，让他感到"跳一跳就能摘到树上的苹果"，我还告诉他们，每个星期只要进步一点点，不违反纪律，不打架等，每星期加20分（别的同学10分）作为奖励。就这样，这个孩子有了根本的改变，每天早上打热水给感冒需要吃药的同学和老师喝，中午、下午有时间就为我班同学打饭，现在学校每一位认识他的老师都感觉到孩子进步很大，他的妈妈也不再天天流泪，而是露出幸福的笑脸。

对于其他差生的转化工作，我不苛求具体的时间与地点，时时处处都在进行：自习课、饭前餐后、课余时间、大休期间；教室、操场、餐厅、宿舍，只要有机会就不放弃。精诚所至，金石为开。经过一学期的辛勤汗水，换来班级工作的百花盛开——现在的七（2）班，纪律严明，团结奋进，学风浓厚，班风优良，积极进取。

当然，成绩代表过去，未来任重道远，工作中的失误与不足肯定存在。我要找出这些不足，总结经验，吸取教训，争取来年取得更好的成绩，回报学校、家庭和社会。年年岁岁花相似，岁岁年年人不同。每天面对五十多个孩子，我会说，我很累，但很充实。在以后的班主任工作中，我还需要不断学习教育科学理论，提高自己的理论水平和科学的班级管理水平；同时将继续努力，让所教的每位学生都得到充足的阳光和水分，健康地发展，茁壮地成长。

没有秘诀只有爱

小学部　刘元影

　　我要说的是一件"小"事。"不公平，为什么老是他回答问题！"在课上小组竞争最激烈的时候，新生小豪声嘶力竭地大喊大叫起来，并拍起课桌。我一下子蒙了，每个小组都给同样的机会，怎么就不公平了呢？一瞬间我的火上来了，想狠狠地批评他，可是转念一想，他是新生，刚到学校有情绪有情可原，于是就心平气和地说："那好吧，这个问题你来回答吧！"没想到小豪更激动了："我偏不回答，看到小明我就头疼，我不喜欢他。他们组加分多就是不行。"声音比先前还大，而且哭了起来，把全班同学都吓傻了。我无言以对，气得一时不知该说什么。这时一直在教室后面办公的班主任刘春菊老师走到小豪的面前，和颜悦色地说："小豪你怎么啦？""你管不着。"小豪撂下这句话，飞奔跑出了教室。刘老师迅速地跟了出去……

　　这时吓傻的孩子们七嘴八舌地告诉我。就因为小明说他胖，所以他恨小明。他还说大家都不喜欢他！就连爸爸妈妈都不喜欢他！他说除了他其他人都是坏蛋！……

　　晚饭后，小豪在老生的陪同下来到我面前。这时的他跟上午发脾气的坏小子判若两人，就是一个腼腆的小伙子。"老师，对不起。"看到他红红的泪眼我只说了句以后不要再发脾气了。他点点头。

　　从那以后这孩子变了，看谁都不顺眼的毛病改了，而且乐于助人，上课发言积极，学习成绩稳步提升，经常帮助班里的后进同学。

　　每学期开学时班里都会来几个这样的"特殊"学生。这样的孩子是怎么改变的？刘老师用了什么方法呢？我不止一次地问过她。她总是笑笑说："没有秘诀,只有爱。"

没有秘诀,只有爱。多么平凡的一句话,蕴含着班主任老师的多少辛勤与汗水。

倾听花开的声音
——班级工作心得

小学部　王钦梅

做过班主任的都知道，班级工作是平常而又烦琐的，因为每一天都要面对各种各样的问题，想让每一个孩子茁壮成长，不是简单的问题。班级工作任重而道远，班主任面对的是一群个性张扬的鲜活个体，他们不仅聪明顽皮，而且随时都可能发生意外和惊喜，因此班级工作富有挑战性。在每天的繁杂中，我们时刻体现着自身的价值，我参加工作已经二十多年了，也当了二十多年的班主任，我和我的各位同仁一样，在烦琐中体味收获，下面是我做班级工作的几点做法。

一、精心育花花满园——走进学生的心田

多年的班主任工作告诉我："只要了解学生，亲近学生，只要你真心地喜欢学生，学生就会喜欢你。只要心中充满爱就一定能教育好孩子们。"因此，为了能更加深入地了解学生，亲近学生，我积极深入班级，深入学生，大事小事都要探个究竟。针对学生的特点以及学生中存在的问题，我本着"亲其师，才能信其道"的思想，本着王校长教导的"大爱泡其身，亲情磨其心"的要求精心去做，我利用坐班和课间接近学生，了解学生在学习、生活中存在的问题，从生活上、学习上体贴和关心他们，和他们进行思想交流，让他们感受到我对他们的亲近和爱。特别是对于本学期新进的21名新生，我更是倾注了爱心与耐心，不厌其烦地给他们做思想工作，打消他们想家的念头，尽快融入班级。我班的蔺静、吴国、颜小月同学刚来时个性脆弱，想家严重，我尽可能利用闲暇时间让他给爸妈打电话或开视频，并给他们讲故事

讲道理，很快孩子的思想稳定下来，没事就跟在我后面跟我说悄悄话，并告诉我很喜欢上数学课。"爱泡磨导善，赏其激美达"是大唐学府班主任教导管理学生的法宝。只要我们用心去做，什么类型的孩子出现的问题都会迎刃而解，孩子在大唐学府里都会破涕为笑，开心幸福，不舍得离开学校。

二、尽心施肥花儿壮——尽心辅导学生

学生的主要任务是学习。俗话说夹生饭难熟，由于四年级新进学生近半，很多学生对学习的态度不端正，习惯很差，做事虎头蛇尾。为此本学期我首先教育他们要有明确的学习目的、要端正学习态度、遵守学习纪律。其次指导学生摸索适合自己的学习方法。再次是提高他们的学习自觉性，帮助他们养成良好的学习习惯，以争取提高学生的学习成绩。班级中新生大多为后进生，这些孩子由于在原先的学校养成了做事拖拉散漫的习惯，上课听课精力不集中，学习基础差，初来时总是作业交不上，做题不认真。为此我精心做好后进生的转化工作，做到严中有爱，用自己的一片真诚爱心，去叩响他们的心灵之门，平时生活与学习中多发现他们身上的闪光点。比如对于他们身上出现的不良行为，我没有掉以轻心，发现他们的错误及时指出，利用课余休息时间找他们谈心。在课堂上多给他们创造条件，鼓励他们踊跃发言，捕捉他们的闪光点，及时给予肯定奖励，增强其自信心。我班的徐浩、葛振、黄凡苏、颜小月等同学期中考试都比刚来时有很大进步。我因为有事请了两天假，回来时颜小月等女同学高兴地抱住我说想我了。她们说虽然我不在，她们做了很多数学题，徐浩同学则激动地告诉我说他这两天很听副班主任李老师的话，一点错也没犯并按时学数学。我们从"人情、人生、人性、人和"的东典教育理念出发，真正做到了让学生"身有所安、心有所定、情有所依、志有所向、神有所往"。

三、精挑细选培花干——发展小助手

要搞好一个班的工作，就得有一支能干的干部队伍。本学期开始我就实行了班干部们分工负责，导师制垂范，学长制引领，让班干部明确自己的定

位，还经常教他们怎样做好工作和了解在工作中有哪些困难。教育班干部要以身作则，自己首先要做好，管理他人才能服众。我了解到某个班干部在某项工作上有困难，我就协助他解决，并定期召开班干部会议，表扬鼓励对工作做得好的干部，对做得不够好的班干部提出建议，教育他注意改进，真正做个好干部。经过几个月的培训，班干部不但工作大胆，还做得很有条理，在全班同学中威信也高。我班的徐乐、舒婷、杨国浩、孙慧、杨晓萌等同学做事大胆泼辣有主见，在班里起了很好的引领作用。

四、花开须待拂杂枝——妥善处理学生间的纠纷

四年级孩子年龄尚小，好胜心强，同学之间经常因为一些鸡毛蒜皮的小事争得面红耳赤，闹得不可开交。我班学生调皮的有数个，因此同学间的小摩擦也时常发生，解决学生之间的小纠纷就成了家常便饭。面对他们的不懂事，我是这样做的：首先用足够的耐心倾听学生的诉说，了解事情的来龙去脉。因为学生宣泄了所受委屈，情绪才容易稳定，这样问题就容易解决。如果我们用粗暴的态度对待，会使事情雪上加霜。然后引导学生认识自己的错误，反思自己的行为，培养自我教育能力，让他们凡事都换个角度想想别人，别光想自己。最后切中要害，点明事理，让他们认清这件事中互相存在哪些不对的地方。在处理同学矛盾问题时只要对学生做到"全身心投入、全人格理解"，晓之以理、动之以情，学生最终都会心悦诚服、化干戈为玉帛。

五、姹紫嫣红满园香——做好家长工作

老师要教好学生，除了做好校内的教育、管理外，还要做好校外的工作，要与家长联系，取得家长协助。孩子的教育离不开老师和家长的共同努力。孩子大休期间在家中的表现只能通过家长来获悉，同样学生在学校的表现也应及时反馈给家长，只有双管齐下，才能收到教育的效果。因此，做好家访工作是很重要的。本学期我通过电话交谈、家访、建立微信群等方式与家长形成了畅通的沟通机制。特别是微信群的建立，给我们跟家长的沟通带来了很大便利。在微信上设立了检视点，我们可以对孩子的大休作业进行检

查和督导，孩子也不定时把自己在家的好习惯发到群里。这种心与心的零距离交流，让我们真正成了孩子和家长的良师益友。"全身心投入、全方位关注、全过程理解"，东典教育理念让我们这些做班主任的找到了与家长沟通交流时的幸福感，家长对学校工作也是大力配合。

最后想说的是，班主任工作虽有规律可循，但教育对象是千差万别的。我们只有区别不同情况，做到左思右想、三思而后行，才能找到打开每一把"锁"的"钥匙"，提高班级工作的针对性和成功率。当前，我国正处在加速改革开放的新的历史时期。教育对象的思想观念、道德意识、心理、个性等随着形势的发展而发生着不同程度的变化。因此，我们要把握住时势，更新教育观念、教育内容和教育方法，指导教育实践，不断探索出班级工作的新规律。

我和孩子们一起成长

国学实验部　王满红

　　回顾这几年的班主任工作，我感叹良多。每位班主任都有自己独特的教学方法和管理经验，这里也与大家分享一下我当班主任的一些心得和体会。

　　"学海无涯苦作舟"，老师也是这样。每一位教师都经历过悲喜交错、茫然无助的时候，走上七尺讲台犹如航海，但教海扬帆若能以爱为舟，以勤为桨，定能收获到许多意料不到的惊喜，教学生涯的苦旅也会因此变得充实和快乐。

　　在最初接任二年级一班班主任和语文教学的那一刻，我的心情忐忑不安。说实话，王校长刚通知我的时候，我第一反应就是我能带好吗，我能称职吗，因为原来我教的是数学啊。

　　当我真正走入这个班级时，面对一张张可爱的面孔，面对一双双求知的眼睛，面对一声声亲切的呼唤，我感觉一切都是那样美好，由此我坚信：只要捧着一颗爱心，就能干好自己所爱的事业和工作。老师，特别是班主任，应当是爱的使者，一句话，一个眼神，都应该洋溢着诚挚无私的爱。

　　于是，我走进他们中间，与他们无拘无束地聊天，和他们谈谈他们的爸爸妈妈，说说自己的孩子，聊聊自己的快乐和烦恼，对他们倾注全部热情，亲近他们，慢慢走入他们的精神世界。渐渐地学生越来越喜欢围在我身边，叽叽喳喳讲个不停，身体不舒服了、和同学闹矛盾了，学生都乐意来告诉我。当学生来到我的身边时，无论多忙我都会放下手头的工作去倾听。当他们的生活、学习遇到困难时，我总是竭尽全力地关心他们、帮助他们。苏霍姆林斯基说过，当学生走过来对你说悄悄话时，你的教育就成功了。

因为有爱，所以我自豪！我们班从我刚接后班主任时的二十几个学生，慢慢增加到了现在的四十二个学生。俗话说得好，玉不雕，不成器。学生的教育离不开严格的纪律约束，针对二年级学生辨别是非能力差、自制力不强的特点，我主要做了如下几点工作。

1.制定严格的纪律。但制定的纪律要求学生做到的，班主任自己必须先做到；要求学生不做的，自己带头不做。孔子说："其身正，不令而行，其身不正，虽令不行。"因此，我要求学生做到的，我自己先做到。久而久之，学生看在眼里，记在心上，知道班主任对班级的每样事情都会过问、检查，学生在班级工作上就不会存在偷工减料、偷懒现象。无形中学生会以老师为榜样，坚持做好每一件应做好的本职工作。

2.加大对学生自治自理能力的培养。在这点上，特别要提一提的是班干部的选用，这是让学生自我管理的重要途径。班主任的管理代表的是学校的管理，不论班主任如何和颜悦色都带有不容置疑的权威性，也难免有不被理解和接受的时候，通过班干部的协调，往往能够取得意想不到的效果。班干部起的是协助班主任管理班级，他们接受班主任的指导，又及时向班主任反馈班级情况和同学们的思想动态。他们分工管理班级的各项事务，同时又是一个团结合作的整体。通过一段时间的努力，我们班的孩子各方面的行为习惯都很快进入了正轨。

3."勤字当头"是我的带班之心。我知道班主任是一个班级的统帅，要想带好这个班，腿勤、嘴勤都必不可少。每天我都在教室看他们在干什么，看看他们有没有需要我帮助的地方，有没有注意保持教室的环境卫生，上厕所有没有及时穿上外套，课前准备有没有及时做好。

4."激励教育"是我的施教之本。我对学生的点滴进步都予以发自内心的表扬和赞赏，努力让每个学生都能感觉到自己的进步。让学生体会到老师很在意每一位学生，让他们有一个好心情投入一天的学习。平时在课堂上他们积极发言、课下认真做值日、认真做两操时，我都会给他们奖励一朵小红花。让他们下课后再将我奖励给他们的小红花自己贴在我们班墙上的榜样台上，等谁攒够 20 朵小红花时就可以来领取一支铅笔。我发现这样做充分调动了学生的积极性，他们无论做什么都在争取做到最好。表扬是最不需成本的激励，学生并不在乎奖什么，但他们在乎班主任的态度。要让全班学生都知道，班主任的心里装着每个同学的点滴进步，关注着每个同学的点滴成长。我们班的后进生的学习积极性都提高了很多，主动性也增强了，对学习的兴趣也浓厚了，对自己的要求也严格了。

5. "与家长沟通"是我的动力之泉。家长的支持是我工作最大的动力，有了家长的帮忙，很多事情能取得事半功倍的效果。我利用打电话、班级微信群向家长介绍孩子在校情况、学校对孩子的行为要求；同时不忘夸夸他的孩子，让家长知道老师并没有放弃他的孩子，反而还很重视他的孩子，并把班里全部孩子的分数给家长看，让他明确自己孩子的成绩在班里究竟处在怎样的位置，告诉家长我关心爱护班里的每个学生，对他们的孩子更是倾注了更多的爱。这样家长理解了我的用心，对他们的尊重，对孩子的耐心，自然就会取得家长的理解和配合。通过这些努力，学校、家庭做到了密切配合，更好地教育了学生。班里的宋梓赫同学，父母是开商店的，学习环境导致他注意力十分不集中，从开始上课一分钟都坐不住，回家作业也一塌糊涂，每次测验都不及格。我就及时与家长交流，及时表扬孩子的进步，指出要努力的方面。后来在家长的配合下，这个孩子的各方面表现都慢慢好转，上课小动作越来越少了，作业也越来越工整了，每次单元测验成绩也越来越高，现在已经成为我们班的尖子生了。实践证明这种用真情去感化家长的方式，能收到更好效果。

一分耕耘，一分收获。现在这些孩子已经是五年级的大孩子了，和我的感情也越来越深厚了。总之，这三年以来，我有得也有失，有苦也有甜，但是不论欢笑还是泪水，都将会是我心中最珍贵的收藏！我也会尽我所能帮助孩子们，相信我们的班级会越来越好！

细节定成败 态度书未来

小学部 刘 伟

经过这一学期紧张而又繁忙的工作，我又一次深深地感觉到当一名全寄宿制学校的班主任，特别是要想做一名合格的班主任是一件多么不容易的事。它不仅要求班主任要有高度的责任心，还要事事有前瞻性，也就是一定要想到学生可能做的事或者可能出现的行为，还要把每件工作认真落实到位。作为班主任不仅要有无私的爱心，还要有事无巨细的耐心，只有这样才能营造出让孩子茁壮成长的良好的环境。回想起来，这一学期虽然工作不轻松，但是感觉生活很充实，收获也很多。

一、加强常规教育，培养学生的良好习惯

本学期我新接手的这个班，是一个各方面表现都不太好的班级，没有人想当这个班的班主任，因为这些孩子活泼好动，自控能力又较差，纪律涣散。接手以后，我首先从常规教育方面入手。我几乎每天都在班里讲，从最简单的事做起，进入教室应该做些什么、站队应该怎样站等，到课堂上又怎样听讲、怎样回答问题，用餐时应该怎样做等一些常规。经过几个月的努力，学生基本上都能按常规上的要求去做，各方面都有了很大的提高。在培养良好习惯方面，我主要做了以下两项工作：

1. 让学生对学习感兴趣。在课堂上继续实行分组教学法，引入竞争机制，让各学习小组之间进行竞争、对抗，想办法提高学生的学习兴趣，尽量吸引学生的注意力，使他们能够全身心地投入到课堂学习当中。

2. 树立榜样。课后注意观察学生的行为，根据学生的表现，在学生中树

立榜样。榜样的力量是无穷的，让学生学有目标，赶有标准。在日常生活中时刻注意调动学生的积极性，使学生逐步养成认真听课、认真做作业、下课好好休息等好习惯。在教育过程中，我本着"好孩子是夸出来的"这一教育理念，多表扬，少批评或者尽量不批评孩子，在行动上进行鞭策，使这些孩子在行为习惯上有所改变。

二、要多关心学生，让学生愿意亲近你

我们的学校与其他公立学校不同，是全寄宿制的，这里的孩子远离亲人且年纪小，缺少父母的爱和关心。爱是无声的语言，苏联伟大教育家捷尔任斯基说过："谁爱孩子，孩子就爱他，只有爱孩子的人，他才能教育好孩子。"爱心是班主任工作的前提，只有用"爱"才能教育好孩子，因此班主任要体贴和关心学生，善于接近学生。因为我的年龄关系，好多学生开始不愿意和我交流，觉察到这点后，我就经常主动地找学生交谈，在交流过程中使学生感到班主任是个容易接近、随和的人，这点也是我与这个班前几任班主任的不同点。每天早晨到班级后我都要做到"一看，二摸，三问"。一看：孩子是否到齐，身体、情绪是否正常，有没有洗脸，穿的衣服是否干净。二摸：根据天气的变化让学生增减衣服，预防感冒。三问：哪个同学有没有不舒服的感觉，××同学的病好了吗？还需要吃药吗？等等。现代教育理念认为：成功的教育者必须是深入细致地了解并尊重学生，管理班级的实质过程是教师与学生之间双向感情交流的过程。我们学校的孩子对老师特别有感情，课下经常会围着老师转，我就利用这个机会和他们聊天，在轻松的交谈过程中把握时机，自然而然地提出一些要求，收到了很好的教育效果，同时也满足了孩子愿意和老师亲近的心理。

三、聚集正能量，培养良好的班集体

苏霍姆林斯基说："来自集体的温柔和善良的情感，来自集体的关切，是一种多么巨大的力量啊！它就像一股汹涌的激流撼动着感情最冷的学生。"

培养良好的班集体是养成学生个性的沃土，有了这块沃土，学生的个性

才能百花争艳。集体活动最能培养学生的凝聚力和集体荣誉感，在学校组织的庆国庆诗歌朗诵中，我们班在李克娜、管金章两位老师的精心指导下，排演的《跪羊图》获得了优胜奖。在学校举行的《趣味运动会》上，好多同学为了班级的荣誉顽强地拼搏，取得了较好的名次。这样一次次的荣誉，使学生增加了集体荣誉感，使他们感到在这样的班集体里学习、生活特别高兴与自豪。通过各种集体活动，展示了学生的才能，发展了学生的个性，逐步养成了一个健康向上、团结协作的班集体。

四、示范带头，直观引导

大教育家乌申斯基曾说过："教师个人的范例，对于学生的心灵是任何东西都不能代替的最有用的阳光。"这个年龄段的学生会留心观察班主任的每一个动作、每一个眼神、每一种表情，更有甚者会模仿老师的穿着打扮，会细心倾听班主任的每句话，他们对班主任有着一种特殊的信任和依赖情感。班主任的自身素质、道德修养，班主任的一言一行、一举一动，无形之中都会成为全班几十个孩子的榜样。因此，在班级工作中，我时刻注意自身形象，事事从我做起，率先垂范，潜移默化影响我的学生。凡要求学生做到的，我首先自己先做到，而且要做得更好。每天早晨，我要求值日的学生要提前到教室、到卫生区打扫卫生，我都能第一个到教室或卫生区与学生一起打扫，给学生起到了一个好的表率作用。要求学生讲卫生，不随便乱扔垃圾，我自己就做到不随便扔垃圾，还要做到随手捡垃圾。在我的影响下，我班的大多数学生都能做到讲卫生、讲文明。

五、及时表扬，延缓批评

德国美学家黑格尔说："不应该使孩子们的注意力长久地集中在一起过失上，对此，尽可能委婉地提醒一下就够了。最重要的是，要在学生身上激发出对自身力量和自身荣誉的信念。"如果我班某个同学做了件好事，我会马上提出表扬，这样能给学生起到一个激励作用。老师都知道，孩子事儿多，当老师的又不能不公平处理，这样耽误的时间太多，而且学生因为受了批评，注意力长时间集中在自己的过失上，情绪会受到影响，低落的情绪会使智力活动水平明显下降，课堂吸收率变低。针对这一情况，我采取延缓批评，这样既培养学生愉快的情绪体验，又给予改正和返回的机会，之后老师只要加以指导，就能很好地解决问题。当老师的都知道，在每个班里都有所谓听话的孩子和淘气的孩子。那些听话的孩子，不用我们多说，只要你的一个眼神，一个动作，他们就心领神会，能认真地按照你的要求去做。至于那些不听话的孩子，才是老师平时应多关注的对象。

总之，班主任工作艰巨而又神圣，只要我们时刻把学生放在心上，为学生的健康成长而付出，端正自己的工作态度，抓住课堂教育和活动教育这两条主线，班级管理工作就一定能做好。我还能坚持做到三"勤"，即"腿勤、眼勤、嘴勤"。腿勤就是多往教室跑，多了解学生，走进学生中间，做学生最知心的朋友；眼勤就是多观察学生，注意学生的言行举止；嘴勤就是多说，多和学生谈心、交流。还要做到四"心"即爱心、细心、耐心、责任心，也就是王校长所提出的在教育学生时要从"爱、泡、磨、导、善"这五个方面着手。在工作中不断总结、提炼管理班级的方法，我想我的班级管理工作会越干越出色。

学生伴我一起成长

中学部　秦　月

　　在无数平凡和不平凡的职业中，我拥有宝石般闪亮的职业，我骄傲，我是一名人民教师！在无数奉献和进取的篇章中，我拥有金子般闪亮的一页，我自豪，我把我的爱献给了孩子。时光匆匆，转眼间来到大唐学府已有近六年的时间了，随着第一批学生的长大与毕业，我自己也在不断地成长与完善。是学生让我不断感悟教育的真谛，让我在漫漫人生路途中，知道了爱心与耐心的重要，知道了如何善待孩子、善待生命。

　　回望这六年在大唐学府的点点滴滴，酸甜苦辣，为人师者的种种滋味尝遍过后，我愈来愈感觉到，自己离不开这个职业，因为我爱我的学生。霍姆林斯基说："一个好的教师意味着什么？首先意味着他是这样的人，他热爱孩子，感到跟孩子交往是一种乐趣，相信每个孩子都能成为好人，乐于跟他们交朋友，关心孩子的快乐与悲伤。"其实每个孩子都是一首歌，歌里有天真、有欢乐、有忧愁，也有自己淡淡的悲伤。他们有着自己对人生的浅浅的也是纯纯的感受，有时他们甚至会有我们不曾经历的痛苦和无奈，父母离异，亲人离去……尤其是在我们大唐学府这样的寄宿制的学校，有很多孩子甚至一年也见不到自己的父母。我明白了不要用喋喋不休的说教去堵住孩子的嘴，不要用盛气凌人的姿态压抑他们告白的冲动。有时，我们需要做的只是聆听他们的声音以及背后的声音……所以我学会了耐心聆听。

　　说起"我和我的学生"，一种特殊的感情油然而生。那一个个鲜活的身影、一张张天真的脸庞，那一件件平凡的小事、一个个共同探究的日子，充实着我的生活，丰富着我的人生。我永远也忘不了我第一次走上讲台的情景：毕业七年之后的我机缘巧合地登上了这三尺讲台。可在上课前一天，我突然紧张极了，新的开始，新的学生，真不知道怎么办才好。结果第二天，一走进教室看见那么多双晶亮闪光的眼睛，我的心一下子就开朗了，觉得自己是那么贴近学生……

当学生听说我之前是做翻译的时候，从他们的眼神中我看到了信任与崇拜。一堂课下来，孩子们听得都很认真。下课之后他们围着我问这问那，对我一点儿都不陌生。我被感动了，还有什么比开启孩子的心灵更有意义的呢？爱，在我与学生之间传递，我要为孩子们架桥，让他们登上理想的殿堂；我要为孩子们铺路，让他们感受科学的芬芳。

英国有句谚语说："世上没有不生杂草的花园。"学校是花园，学生是花园里的鲜花，而我们就是打理花园的园丁。埋头苦干拔掉杂草固然重要，但更要学会放眼欣赏竞相开放的花朵，学会发现每一朵花独特的可爱。所以，我学会了如何宽容与爱。

在我和我的学生相处过程中，我不断学习着、汲取着、分析着、变换着、适应着、快乐着、幸福着。校园里，每一个迎面走来的学生都会大声说："老师好！"即使他们不是我所教的学生，即使他们已经长得很高很高了，还是会对我纯真地笑，我更觉得很幸福。毕业了，当我和学生一起留下合影，我仍觉得很幸福。毕业以后，每当周末都会有学生回来看我，我依然觉得很幸福。我知道，我渺小的身影因为有了学生而忙碌活跃，我平凡的人生因为有了学生而充实动人。所以，我是幸福的，因为我和我的学生在一起成长。随着第一批学生的毕业，我又迎来了新的一批我可爱的学生。我们相处得还是那么融洽，亦师亦友，其乐融融。我所热爱的学生，是那样生动地融入了我的生命，一刻也不分离！我将用我的爱与我的智慧，与孩子们共同去编织更加美好灿烂的明天！

全方位地关爱

小学部　杨弯弯

时间总是匆匆而过，回首来到大唐学府以后的工作，有喜悦也有遗憾。但看到自己班的学生在失败与成功中不断摸索前进，一点点地进步，得到老师的认可，心中还是感到丝丝的欣慰。我担任班主任工作已有两年的时间，通过与学生共同努力，在班级管理方面也取得了一定的成效：学生的行为规范基本步入正轨，班级情况正常，各科成绩也在稳步上升。展望未来，我的工作主要是强化班级管理意识，将班级管理再上一个新台阶。我主要从以下四个方面努力。

一、首抓学生正确的学习观念，培养浓厚的学习氛围

抓好课堂纪律，首先做好学生的思想工作，要求学生以同等的眼光看待每一门课。其次，采取相应的奖惩。要求学生课前做好准备，上课学会倾听，及时掌控课堂秩序。让学生在课本或者笔记本上记一些学习笔记，这样才能提高课堂的学习效率。同时加强与任课老师之间的配合沟通，由纪律委员、小组长记录学生的课堂学习纪律情况，及时了解反馈。对于违纪的同学给予一定的批评，并肯定学生的点滴进步，提高其重视度。最后，了解每个学生各学科的学习情况，针对个体制定相应措施，比如我们五年级的个别同学存在二、三年级的基础知识比较差的，我会利用课余时间给他们补相应的基础知识，帮助这些待优生把学习成绩提上去。

二、激发学生的竞争意识

个体之间的竞争是一股巨大的动力，只有在竞争中才能挖掘自己的能力，发现自己的不足，从而达到共同进步。我主要抓住以下两点激发学生的竞争意识：

1. 激发与平行班同学的竞争。注重学生在各项集体活动及竞赛中的表现、班级荣誉的争取、其他任课老师对各班的评价。

2. 设立定期评价制度。对学生个人和小组的各种表现定期评价，使每个学生和小组明确近期优缺点何在，在班上居何位置，从而增强警惕性和进取心。

三、常规习惯，常抓不懈

学生良好的行为习惯的养成不是一节课、一两天说说就行的，它必须贯穿在整个管理过程中。为此，我制定出详细的班规，要求学生对照执行，使学生做到有规可循、有章可依。由于小学阶段学生的自觉性和自控力都比较差，避免不了会出现这样或那样的错误，这就需要班主任做耐心细致的思想工作，不能操之过急。于是，我经常利用班会对学生中出现的问题进行晓之以理、动之以情、导之以行的及时教育，给他们讲明道理及危害性，从而使学生做到自觉遵守纪律。

四、细处关爱，亲近学生

爱，是教师职业道德的核心。一个班主任要做好本职工作，首先要做到爱学生。"感人心者，莫先乎情。"工作中，我努力做到细微处见真情，真诚地关心孩子，热心地帮助孩子。加强与学生之间的感情交流，课上是老师，课下是朋友，让孩子黏着你，你离不开他，他也离不开你。我深信，爱是一种传递，当教师真诚地付出爱时，收获的必定是孩子更多的爱！感受孩子们的心灵之语，便是我最快乐的一件事！

总之，班主任工作是一项很繁杂的工作，要带好一个班的孩子，教育好一班的人，确实不容易。但我觉得，只要自己充满信心和爱心，关心和爱护他们，并严格地要求和教育他们，爱中有严，严中有爱，爱严结合，细致入微，一定会达到令人满意的效果。

拥有爱，一切皆有可能

——浅谈班主任带"心"工作

中学部　李克娜

　　时光如白驹过隙，飞逝而过，转眼来大唐已许多个春夏秋冬。回首过去的点点滴滴，我收获了成长与喜悦，更值得骄傲的是我和孩子们的家长成了好朋友，有的甚至成了知己，无话不谈。在平淡与忙碌的工作中，我始终记得我是一名班主任。回想每个学期和学生在一起的点点滴滴，不禁感慨万千。从接班的不熟悉，到每个学期的磨合，再到最后的坦然相待，我最大的感受就是发自内心的欣慰。回顾每个学期的工作，真的是五味杂陈。我们是寄宿制学校，孩子一天的学习、生活都在学校，这就要求我们班主任时时刻刻关爱学生、关注学生，甚是辛苦。有时候，是些许的抱怨，感觉自己的付出与收获不成正比。即便如此，我还是为孩子默默付出着。累得筋疲力尽的时候，也想过退出。但是看到孩子们天真无邪的笑容，听到孩子一句句"老师别生气，我们以后会听话！我们以后会改正"的时候，我的心被他们一次一次地融化……我平日里不仅要保证上好每一节课，批改好每次作业，而且时刻注意自己的言行举止是否得体，特别是每次上课我从不迟到、下课也不拖堂，及时进入教室与学生打扫卫生，整理物品，一日三餐和学生一起，这样不仅使学生养成了热爱劳动的好习惯，也锻炼了我自己。

一、用心去培养学生的良好习惯

　　记得刚当班主任的时候，带的是小学三年级的学生，学生年龄小，自控能力差。我就从培养他们的良好习惯入手，强化《小学生守则》和《小学生日常行为规范》的训练。另外，我还注意培养学生勤俭节约的好习惯。

因为我们是寄宿制学校，孩子大多数的时间和我们待在一起，这就要求我必须对每个孩子的性格、脾气、家庭状况都了解清楚，只有这样我才能真真正正了解他们，走近他们，和他们成为朋友。因为他们以前的班主任很优秀，所以孩子一开始在内心是排斥我的。记得刚进教室的时候，他们问了我好多问题：例如你会不会给我买零食？你会不会带我们出去玩？你会不会带我们去你家？……我当时的心情真的无法形容，但我还是答应他们我都会做到，并且会对你们更好。看到他们露出了满意的笑容，我的心稍微得到了缓解，但感觉压力大了许多。当时我在心里想，要和这些孩子的心融在一起、想走入他们的内心世界真的不是一件很容易的事。每次看到以前的班主任来看他们，许多孩子都泪流满面时，我很嫉妒！究竟她是怎样做到的？那时我就下定决心：她能做到的我也一定能做到！我私下里想方设法去了解每一位学生，例如单亲家庭、困难家庭……在接下来的日子，我经常带孩子去图书馆、去我家，给小女生买个发卡，晚上在宿舍陪他们很晚才回去。慢慢的一年多过去了，我发现我已经渐渐融入了他们的内心，走进了他们的世界。课下的时候我经常和他们说，如果有什么心事当面不好意思和我说，可以利用小纸条的形式写给我，同学之间发生矛盾我处理得不合适也可以写。在日常的作文训练中，我会让孩子说说心里话，利用这一途径了解孩子这段时间的心理动向。

上学期我们班来了一位新同学，语文第一次测试才得了 13 分。这个孩子行为习惯特别差，满嘴脏话，经过了解才知道是被别的学校开除的。他对我自然而然地就有敌对情绪，从来都不会正眼看我一眼，对我充满敌意。我仔细观察了他一段时间之后，发现他其实很在意其他学生对他的评价。接下来，我把他安排在靠近讲桌的地方坐下，上课前我会提前告诉他，我这节课要提问他，让他认真听讲。就这样我每节课都会表扬他，哪怕他上课只写几个字、哪怕和我目光对视，我都欣喜若狂。我偶尔也会出去给他带回来糖块。慢慢地他告诉我说，在原来的学校老师是不让他参加考试的，从来不会得到老师的表扬，更不会给他糖吃。原来他一直是被遗弃在爱的角落的孩子。我清楚地记得他给我写了六个字"老师您辛苦了"。虽然写错了一个字，还有一个是写的拼音，但是我感觉这是我收到的最好礼物。这样的孩子虽然成绩不好，但是他学会了感恩！

二、平等对待学生

1.我认为师生之间应该建立一种新型的平等关系，始终以一颗宽容的心善待学生，尊重学生的个性，因材施教，使教师的工作得到学生的拥护和支持。

2.走进学生的心灵。学生的心灵是最敏感的，他们能够通过老师对自己的态度来判断老师是不是爱自己，同时他们也希望老师能够时时刻刻关心爱护自己，我们应该蹲下身子和孩子一起来看世界。

有人说，对学生可以没有爱，但要尊重。我却认为尊重就是爱。德国有位著名诗人说过："每个人就是一个世界，这个世界是随他而生，随他而死。黄沙如海，找不到完全相似的沙粒；绿叶如云，找不到完全一样的叶片；人海茫茫，没有两个完全相同的学生。"同样，在我们大唐学府，两个完全相同的学生也是没有的。我们班有位孩子以前经常去办公室找我聊天。但是一段时间之后，我感觉班级的一些小事我竟然不知道，这才恍然大悟，原来好久没见到这位同学来办公室了，我似乎隐隐约约感觉事情可能哪里不对！我找到了这位同学询问，他却不高兴地跑开了，我感觉事情不是我想的这么简单。经过一次又一次的谈话，当我说老师需要他的时候他哭了，原来有一次他去办公室连续三次报告之后，老师都没让他进入办公室，他误认为老师已经对自己厌烦了，自己感觉老师不在乎他了，不需要他了……当我带着他重新站在办公室门前报告、用温柔的声音请他进去的那一刻，我又看到他露出了灿烂的笑容。这件事之后，我在对待全体学生上，尽量做到一视同仁，不偏不倚，努力做到以信任之心待之。其次，在对待后进生上，也同样以信任为前提，从不对他们横挑鼻子竖挑眼，不抱有成见。学生犯错误，我也会心平气和地让他坐下来，想法设法让他开口说话。

三、关心爱护每个学生，用爱心转化待优生

做一名自信快乐、用爱心转化待优生的合格教师是我不断努力的目标。我特别善待班级中的待优生，力图恢复他们的自信，尽可能激发他们的热情。我通常会利用和他们的接触，发现他们如果有点滴的进步，就会在班级内大张旗鼓表扬，让他们成为班级的核心，让他们有自豪感，从而鼓起与其他同学交往的勇气，让他们一点一滴进步！

大唐的班主任，每天都在重复做着最平凡的事情，也就是这些最平凡的事情，也让我收获了许许多多的感动……今年3月，母亲因股骨头坏死住进了临沂市第一人民医院。想起那段时间，我早晨给孩子上完两节课，就开车去医院，下午又忙着开车回来给他们上晚自习，甚是劳累。有一天下午，回来坐在办公室休息的时候，想想躺在医院里不能活动的母亲，想想求知若渴的孩子，我不禁泪流满面，当时感觉真的很无助，力不从心，满肚子的辛酸和委屈，不知该如何说起。身为女儿不能床前尽孝，身为班主任，不能全心全意为孩子服务，很是自责。"砰砰"一阵敲门声打断了我的思绪，我班的一位同学进了办公室。我强忍着泪水，问他发生了什么？这孩子忽然流下了泪。当时的我认为他可能和孩子之间发生了矛盾，就一再地追问他怎么了？没想到他却说："老师你吃饭了吗？"我说："待会吃，你怎么了？"他说："没怎么，我就是想让你吃饭。"听到孩子这么说，我的眼泪又不由自主地流了下来，孩子也流下了泪。此时的我，才注意到我办公桌上的稀饭和馒头……眼前发生的这一幕，让我不知所措，随后又进来了好几个孩子都让我吃饭，并且要看着我把饭吃下去，我不吃，他们就不离开办公室。刘主任和我坐对桌，看到这一幕，她眼里含着泪水出了办公室……现在想想，我真的很后悔，不应该把情绪暴露在孩子面前，让孩子跟着我的情绪走，但同时我又感觉很幸福，在我身心疲惫的时候，有一群孩子在默默地关心着我。

还有一次下大雨，由于早晨来得匆忙，我没带伞。早饭时，孩子们陆续

进入餐厅，当我站在教学楼前，在想着有什么办法去餐厅时，一个熟悉的身影向我跑来，手里拿着一把雨伞。他一定要和我一起撑伞进入餐厅……像这样的事情发生得太多太多，我也每天被这样的事感动着。

班主任的工作千头万绪，为了让班级工作有条不紊，我渐渐学会了把班级管理权交给孩子，让每个孩子成为班级的主人，真正成为班级的管理者。这样班级的孩子人人有事做，事事有人做，班级面貌大有改观。教师每天上课，讲桌上都一尘不染，地面无纸屑，所有的任课老师都感到心情舒畅，都愿意来我们班上课。自从班级实行分组教学、学生参与管理后，我的工作负担减轻了。学生参与管理的积极性得到了调动，自己真正成了班级的主人。

四、注重学生个性的培养

在学习和生活中还要尊重学生独特个性的发展，我在班中不但是班主任，还担任着他们的语文老师。

在语文分组教学中，针对新课的预习和讲解，我都能让孩子积极主动地探索，营造和谐的阅读氛围。学生根据自己对课文的理解提出问题，然后把提出的问题进行解决，自己解决不了的把问题带到整个小组解决然后汇总，有时组与组之间可以互换交流问题。这样，一篇课文就能提出很多不同的问题，然后解决问题，最后组里轮流抽签，学着平时老师的样子登台讲授新课。

我把课堂还给学生，这样学生在课堂上才会敢说、敢想，甚至对同一个问题提出不同的想法。在每个组讲解完他们的知识点后，坐在台下的学生会报以雷鸣般的掌声，台上的学生学着老师的样子对同学提出问题，台下的学生根据自己的预习回答小老师提出的问题，整个课堂都是学生自己完成。为了提高课堂的效率，学生自己制定加分制度，对表现好的小组进行物质奖励。这样在课堂上每位同学都能积极踊跃地参与其中，为小组加分出力，整个课堂都在积极踊跃中进行，在掌声中结束。课堂十分活跃！很多以前不愿回答问题的学生也都表现积极，踊跃参与，展示自己。

我感觉只有在宽松民主和谐的氛围中学习，不同层次的学生的创新意识、创新潜能才会自然而然地发挥出来，他们的知识由此掌握得非常牢固，同时也获得精神上的满足。爱因斯坦曾经说："提出一个问题比解决一个问题更重要。"所以在语文教学中，我就积极引导学生发现问题提出问题并解决问题，真正把课堂还给学生，让学生做课堂的主人。就这样，孩子们也不负众望，成绩都有了很大的提高。经过一个学期的努力，每位同学不仅得到了锻炼，整个班级班风都在提升。

五、培养学生的集体荣誉感

学生有了一定的集体观念，对集体荣誉就会产生较强的共鸣。学生在各项活动中都非常认真刻苦，最后获得成功，并把一张张奖状贴于教室。学生既享受了成功的快乐，又领悟到集体的力量。为了让全体学生团结一致，学校举办各种活动我都积极参与，尽可能让全体学生打成一片，拧成一股绳。不论是军训、运动会，还是其他学校组织的其他活动，孩子们都积极对待，并且取得了优异成绩。我感觉，这对于不想参加活动的学生来说，是一个大的进步，也是良好班风带给他们的影响力和力量。

作为班主任，我时时刻刻不忘与家长保持沟通与联系，我会经常把学生在学校的表现拍成视频发到班级群里，有时会制作孩子们自主学习和讲课的相片发给家长，让家长不在孩子身边也能时刻关注自己孩子的成长。每次召开家长会和家长交流时，面对家长提出的问题我都耐心、细心地回答。孩子在家的表现，我也会通过家长了解，并且让家长配合把孩子做家务的视频发到家长群里。微信成了我和家长朋友沟通的最好方式。

总之，在大唐工作的这几年里，我不断从工作中找出自己的不足，争取努力做得更好。即使过程有时候很艰辛，但是我无怨无悔，因为我付出了一份爱，换来了许多家庭对我的信任。在以后的工作中，我会取长补短，尽量服务到每一位学生。爱是发自内心的，这种爱是无私的，更是伟大的。也正是有了爱的存在，有了爱的升华，我们班在学校举行的各项活动中屡次获奖，优秀班级的流动红旗也一直高高挂在我们班级中……想想自己付出的辛勤汗水，收获着的是孩子们可喜的成绩，收获着的是孩子们丰厚的感情……这一切都让我感到很幸福。我的爱一直在路上！

用心结缘 慧心施教

中学部　李福俊

结缘有多种，古时和尚化缘，与施主结下善缘；从古至今男女相爱，组成家庭，结下姻缘；而我却与几个"小傻子"结下了不解之缘——心缘。

2016 年 11 月 1 日，我接手了在多数人看来是"傻子"的教学班。王勇基校长把他命名为"心教育实验班"。从班级的命名你就会想象出他是一个什么样的班，确切地说，不是一个班，而是由三个特殊的学生和我四个人组成的一个"小家"。在我的家庭成员中，他们每个人都有自己的特殊背景，为了便于表达，我就分别叫他们 A、B、C 三生吧！

A 缘

大唐学府是一所民办学校，生源来自全国各地，主要是留守儿童。A 来自潍坊，今年 16 周岁，身高大约一米七，现在七年级（2）班就读，长期住校，是个看起来长得挺帅的小伙子。我觉得这个孩子挺可爱，上课第一天我对每个学生都进行了摸底，发现 A 不认识一个汉字，只认识阿拉伯数字 1，2……10。你们可能不相信，七年级的学生能不认识一个字？就是我本人也是不相信的，但事实就是这样，不相信也没办法。于是我就从一年级识字开始教起，先学一二三四五六，在书写"四"时，我发现他像画圆一样先一笔写出一个口字，然后再写里面两笔，我就手把手地告诉他笔画、笔画名称，这一天他表现得非常认真。第二天我让他读第一天学过的几个字，他竟坐在位子上不起来，并振振有词地念叨为啥让我读，我不会，就不读。面对这样的学生，我真是毫无办法，在以后连续几天的教学中，更让我头疼的是：每节课上课时，他就让凳子一条腿着地，转来转去，看老师在黑板上写字时，一会儿跑过来一会儿过那去，有时故意用东西砸别人。同学们报告老师，他就是不承认。有时不论课上还是课间，谁要无意碰了他一下，他开口就骂，或拳打脚踢，哪怕是老师在场，也毫不在乎。记得有一次我让他打扫卫生，他把桌子上都给洒满了水，把我的教杆藏了起来，并把粉笔撒了满地。我生气地找到他，问他为什么要这样做，他说不知道，不是他干的。一位年轻的老师气愤不过，让他在教室里做了50个俯卧撑，做完后把他累得满头大汗。我看着他那样，确实心里有点不忍，但也看出他的不服。面对这样的学生，我在反思：他为什么会表现这样？为什么不想学？课后我发现他除了和人打架骂仗外，就一个人在地上玩摔圆牌，于是我走近他说，你一个人玩多没意思，老师陪你玩好吗？他和我讲了玩牌的规则，几天后我们就成了玩牌的朋友。在玩牌上我在另外两个同学面前表扬了他，说他很聪明。我还趁机鼓励他说如果要学习打乒乓球，相信也能打得很出色。在我的鼓励之下，他果然买来了一个乒乓球，我找了一副球拍，课余时间，我们师生俩及同学之间进行了一番较量，有时我又会有意让他赢我几个球，并称赞他进步很快，还说，我相信你，如果在学习上若能肯下功夫的话，也一定能进步很快。课堂上我发现他果真有了很大的转变，只要他会读，我就及时表扬他，并借机让他上讲台领读；默写字词时，即便错了我也不会立即批评他，只说他比以前进步多了，如果再细心点会更好。终于，在我的耐心引导与鼓励下，A生对学习有了信心，上课时再也不捣乱，我为他制定了纪律、卫生、学习三个方面的积分表，时时刻刻在记录着他的成长与变化。每周一统计，再用条形统计图张榜公布。回顾这两年的学习经历，A已经掌握了2000多个汉字，数学已会用笔进行四则运算，会用汉语拼音在手机上打字，发微信和老师、同学、家长进行交流。现在的他再不是一个目不识丁，无组织、无纪律的傻小子了，他是我心目中小家庭里的一员，与我有缘。

B 缘

B是来自杨集镇八年级一名学生，为了使他能打好基础，来我校从七年级开始学习，并由他妈妈陪读。刚来时，他曾翻墙跑过两次，后来和我有缘，他也进入了我的"小家"。这个孩子很憨厚，无论见到了哪个老师，都会主动和老师打招呼，脸上也总会带着微笑，可是有谁会相信八年级的学生会不知道二加二等于几呢？不知东西南北，不认识各种颜色，其实直到现在还有人问我带的那几个"傻子"怎么样了。B给我的印象很好，很诚实，唯有一点不足的是他与A关系很好，不分好坏都去模仿A来做。如果A骂人，他就能原话学着骂；A爬门，他也爬；只要A做什么，他就一定做。根据他的特点，我经常找他聊天，聊了家里的每个人，聊一聊家庭情况，再聊妈妈带他在这上学以及让他知道家长和老师对他的期望。在现实生活中，如何分辨出好和坏，如果在这上了几年的学后，连一个字都不认识，将来长大后会给自己的生活及家庭带来很多的负担和麻烦。当他明白了这些道理后，在学习上开始下功夫了，每天一有空就练习写字，现在已经掌握了2000多个汉字。在数学方面针对他不识数的缺陷，为了适应今后的实际生活需要，我就让他使用手机上的计算器进行加、减、乘、除计算。现在他不仅能象A同学那样使用汉语拼音在手机上打字、发微信和人交流，而且计算也很熟练，并且每天主动打扫卫生。我不禁感慨，在我们的这个小家庭中，他就像我自己的孩子一样，与我和我们这个家庭中的每个人都挺有缘的。

C 缘

C的家离我们学校不远，作为走读生也完全能做到，而在他家附近就有公办学校，他为何会舍近求远，花大价钱来大唐学府就读？原来他是因为打架学习差被开除的学生，别看他个子不高，打架确实有"绝招"。据说全班不挨他打的学生不多，就连邻班的学生也要避让他三分。在他原来的七年级（2）班，他原任的班主任就曾被他推倒在桌子上。只要他认为你是错的你就非挨揍不可，真是防不胜防。在一次大休时，他的家长由于特殊情况未来接他，委托他的邻居把他顺便捎走，邻居由于不知道他上学的名字（大名），喊了他的乳名，他上去二话不说就把人家的脖子给抓出了血，邻居还感到莫名其妙。还有一次，A无意把他关在了门外，进屋后他认为是B关的门，进去后一句话也没说就把B的脸给抓破了。他的绝招就是"不声不响，抓破脸皮"。针对这样的学生，我能不"冒犯"他，不被他抓破脸皮，也许是我和他真的"有缘"吧。

C认识不到100个汉字（不会写），数学只会做加减法，能达到二年级的水平。在学习过程中，我让他带领其他两个同学共同学习，他也觉得他是这几个同学中的"尖子生"。在学习上很有自信心，除了学习汉字外，三年级数学也掌握得很好，但他抓人的坏毛病还没有彻底改掉，所以我要时时刻刻注意他的一举一动，稍有迹象我就立即制止。从这以后，一有机会我就对他进行开导，如果你抓破了其他人的脸，人家若反过来不讲道理也抓你，那样好吗？若继续这样，谁还敢和你一起玩，谁还会和你做朋友？当两个人有意见时，靠打骂是不能解决问题的，要互相尊重，互相体谅，这样才能成为真正的好朋友。通过长期的教育和同学之间的互相帮助，他基本上没有再和同学发生打架抓脸的现象，学习成绩突飞猛进。

总之，在我们这个"小家庭"教学中，我深深体会到所谓的"傻子"不论是什么原因造成的，只要我们有一颗爱的心，不再去伤害他们的自尊，不让他们破罐子破摔，用心去唤醒他们，重新为这些孩子树立自信心，多表扬多鼓励，不用非常的手段去"制服"他们。只要有真心付出，就一定会有所回报。记得C的家长在我接手这个小班以后的一个寒假前，在家对他进行了三年级数学测试，结果全做对了，家长非常满意，并夸赞C确实进步不小。更为难忘的一点是开学第一天，我的家庭成员欢跳着来找我上课，我故意对他们说："我不教你们了，你们回去吧。"他们顿时满脸的失望，异口同声地说："啊！老师，为什么？我们不想回去，我们还要你教！"我看到他们可怜巴巴的表情，既感动又幸福，发自内心的笑了。也许，这就是我们之间的缘分吧，一种心与心互相交流碰撞出来的缘分——心缘！

与温暖同行

国学实验部　王　蕾

张闻天先生说：生命如流水，只有在它急流与奔向前去的时候，才美丽，才有意义！如果将我的前半生比喻成流水的话，那么在大唐学府当班主任的这段记忆，就是我的急流和奔向前去的时候，也是我生命当中美丽而又有意义的时光！

暑假开学前的培训会上，学校领导通知让我当低年级的班主任。刚听到这个消息时，我还在心底偷着乐了半天，因为我这个人除去平时喜欢养些花花草草之外，最大的爱好就是没事时去逗逗、抱抱别人家的小孩子了，我女儿还曾经因为这事，跟我吃了好几天醋呢！但是上任后，我才深刻地体会到当民办学校的班主任，真是酸甜苦辣咸、五味俱全呀！

我常常把这些孩子比喻成一棵树上的叶子，远看相似，其实每一片都是不同的。他(她)们各有特色，各有所长！我班里有个男生特别调皮、淘气，外号"皮猴子"。这孩子脑袋瓜很灵活，但上课自制力和动手能力差，爱做小动作，作业每次都完成不了。他不会系鞋带，但是几乎每双鞋都有鞋带。平时课下他都是躲着我出去玩，因为我一见到他，就要检查他的作业。只要他来找我，只有一件事——系鞋带！有一次我问他：老师天天给你系鞋带，等我老了，头发白了，背也驼了，若是你在大街上遇见我，还能认出我吗？他认真地点点头说：能！虽然日复一日的工作烦琐而辛苦，但是这个"能"字却让我感动，让我心满意足，让我任劳任怨。

我这个人外表看起来平易近人，是个老好人，其实发起脾气来也是很吓人。有一次班里一个女生的家长，给孩子们带来了一大桶星球杯（这玩意可是孩子们的最爱），让我给孩子们分分，他们每人分到一个，个个都是爱不释手！谁知坐在后排的一个女生，在上课时不但把自己的那个先吃完了，还把同桌的也给拿走了！我把那个女生找来后，狠狠地批评了一顿。我以为这孩子最起码两天之内不会理我了，没想到下课后她就走到我面前，并从口袋里掏出了星球杯说：老师这个我没吃，还给我同桌吧，我下次不这样了！你知道我上课时为什么老是看你吗？因为你很漂亮……天哪，第一次被孩子夸，我脸竟然涨得通红，不知是因为我误解了孩子纯真的心灵，还是因为被孩子夸得自信心膨胀！

每一次我请假数天后回到教室里，孩子们都会围过来问我去哪里了，怎么用了那么长时间……每一次我嘴上都会不耐烦，但是心里却觉得很温暖！是啊，心中有阳光，照到哪里都是温暖；眼中有慈悲，落在何处皆是挚爱！

教师这个职业特别是我们民办学校的班主任，很多时候都是报喜不报忧。尤其是当孩子犯错或成绩下滑厉害时，和家长沟通交流这块，既怕自己控制不了情绪，用词不当伤害了家长的自尊，又怕说得太轻，起不了警醒的作用。我教过的一个孩子聪明、帅气，家中还有矿，但老是偷拿别人的东西。我第一次告诉他妈妈的时候，他妈妈说孩子小，好吃是天性。第二次拿同学的钱，我又和他妈妈说，这次他妈妈把孩子接回家，又打又骂又发朋友圈。第二天，娘儿俩来学校跟我说：孩子真的没拿钱。因为她把不锈钢棍子都打弯了，她儿子也没说偷钱，只承认偷吃了同学的零食。第三次，这个孩子开始去办公室偷拿老师钱包里的钱，而这次他妈妈什么也没说，因为办公室有监控，而监控里的孩子就是她儿子……我开班会时经常会和孩子们说，老师是比父母更了解你们的人，而有些父母却不能全面、客观地认清自己的孩子，好像承认了孩子的缺点，就等于被抽了耳光一样。相对来说，老师对待学生则更为理性，更为专业。

每个学生的成长，都离不开学校和家庭的教育，而家庭的教育一定要与学校的教育同步协调才更有利于学生的成长。我心目中的理想教育是：培养真正的人，让每一个教过的孩子，都能够幸福地度过一生。说到底，教育的终极目标就是，让学生感受幸福，让教师享受幸福的教育。

如何做一名优秀的班主任

李 芳

年年岁岁花相似，岁岁年年人不同。由于陈老师考走，我接受了代理班主任，后来军训结束后正式上课，我这个副班主任是真"扶正"了，下面我简单地向大家汇报一下我的工作。

一、不畏炙热搞军训

当我们还沉浸在暑假的欢乐和懒散时，军训已悄然而至。在军训中，我一直坚持效率这个词，既然要练就要拿出精气神，就像真正的军人一样，大力发扬不怕苦不怕累的精神。在教官的严格要求下，在老师的悉心教导下，在同学们的共同努力下，我们班取得了第二名，比第一名少0.02分。尽管不是第一名，但我已经很满意了，我觉得重要的不是结果，而是享受军训的过程。它考验了学生的意志和耐心，也考验了一个班级的团结，目的达到了，也就成功了。

面对着时而酷热难耐、时而又阴雨连绵的天气，按照学校 的安排，下雨时我就在教室和学生一起学《弟子规》，我给学生讲解，让他们理解并去记忆。刚开始我觉得挺简单的，但是后来仔细品味后，才发现每一篇每一段甚至每一句话都包含了极为深刻的传统文化内涵，体现出一些最基本的做人做事的行为标准和道德理念，确实是指导我们日常生活、工作、学习的一本好书。如果我们都能用它来约束自己的言行举止，反省自己的过失并能改正，相信它会为我们的人生带来意想不到的改变。

二、合理整顿班级秩序

首先，要建立一支强有力的班干部队伍，培养他们成为我的得力助手，像孙舒婷、诸葛等同学在这方面就发挥了很大的作用，使班级纪律有了明显改善，几个调皮的同学也有了很大的改变。

其次，养成良好的卫生习惯。我采取谁的地盘谁做主，各人管好各人的一亩三分地，如果谁的位上有垃圾就罚扫地，同学间互相监督。还有一个坏习惯就是扔垃圾就像投篮球一样，结果命中率很低，卫生角一带脏兮兮的，我就反复教育学生把垃圾放进筐里，然后实行承包责任制，责任到人。这招还真管用，没过几天教室就变得干净、明亮和舒适了。

最后，孩子正处于年龄小、好冲动的时期，特别是男孩子在一起自然就会产生矛盾，要正确处理学生的矛盾才能维护学生的安定团结。我班的陈×，脑子特别灵活，成绩在班里也是名列前茅，就是行为习惯不够冷静，脾气上来了，还会用武力解决问题。有一天下了早自习，我在办公室正忙着写东西，忽然好几个同学跑来告诉我："老师，陈×和刘×打架了！"我赶紧跑到教室一看，可了不得了，两人还正厮打在一起，我急忙拉开，两人的眼睛都瞪得好大，彼此充满了仇恨。我再一看，刘×的脸被陈×狠狠地咬了一口，满口的牙印子在脸上是那么清晰，窗台上的花盆也被打掉在地上，说实话，当时我真想狠狠地揍陈×一顿。但是大家都吃饭了，我压住火气，批评了陈×，又安慰了刘×，就让他们吃饭去了。等吃完饭，陈×也反思得差不多了，我还没说什么，他就哭得稀里哗啦地，主动向我和刘×承认错误。然后我又耐心地和他讲了这样做的严重后果，鉴于他的这种恶劣行为，也算是给全体同学敲一下警钟，我让他写了检讨，当着全体同学的面向刘×道歉。检讨很深刻，不仅得到了刘×的原谅，也得到了全体同学的原谅。

三、及时与家长沟通，给学生搭建爱的桥梁

学校教育只有取得家庭教育的配合、支持才能体现良好的成绩，因而与家长沟通是教育的重要环节。针对寄宿制学校来说，与家长及时沟通显得尤

为重要。随着现代通信技术手段的发展，学生家长尽管多数都在外地，但也能经常电话联系，了解学生的思想、生活以及学习情况。我经常采取以下几种方法与家长沟通：（1）尊重家长，礼貌待人，彰显为人师表的风度和人格魅力。黄亚宁是新生，刚来几天，父母就不断打电话咨询孩子在校情况。他妈还亲自来看了两次，临走的时候和孩子说："你在这听老师的话，好好学习，看你老师比妈妈还和气！"听完家长的话，我心里暖暖的，这是家长对我工作的最高肯定与奖赏！（2）谈话讲究策略和方法。就像陈×咬人事件，我首先肯定他的学习成绩，然后又和他父亲说了他的一些坏习惯，家长特别支持，还一再嘱咐我严加管教孩子，有这样的家长支持和理解我，我感到特别欣慰。(3) 虚心听取家长的意见和建议。孩子在家的一面可能会更真实，所以及时听取家长的信息会更有利于了解和管理孩子。比如王×的妈妈问我孩子的成绩是否倒数，我都愣了，不会啊，不是太好也会在中等或者中等以上。他妈妈告诉我他在家不太听话，特别贪玩，一个假期都玩疯了。是啊，孩子渐渐长大，都会有两面性，所以要关注孩子的两面性，帮助他们形成良好的学习习惯。

班主任的工作千头万绪，涉及方方面面，不论是学习还是生活都要面面俱到，从早到晚，一天下来真是疲惫不堪。自从接手班主任以来，嗓子一直就是哑着的，放假歇了这几天总算好多了。虽然每天的生活很平淡，不会经历什么惊心动魄的事情，但是想起这些可爱的孩子，想起这个温暖的大家庭，听着孩子琅琅的读书声，看着孩子点滴的进步，享受着孩子那一声声"老师好"，当疲惫得什么也不想做的时候，这所有的细节就会从心底涌起，让我真正体会到了做老师的幸福。幸福是什么？几乎所有的人都在追逐着人生的幸福，我觉得幸福就是一种感觉。作为一名老师，最大的幸福就是看着自己的学生快乐学习、幸福成长……

经过这半个月的工作和学习，班级各方面都有了明显的改观，在这里我要感谢小学部王校长、刘明老师对我的指导和帮助，还要感谢杨传辉老师的帮助。我知道作为一名新班主任，由于经验不足、能力有限，我还有许多做得不够的地方，比如学生学习的积极性和主动性还要进一步加强和提高等。在今后的班主任工作中，我要向有经验的老教师请教，不断学习新的教育教学理论，更快地提高自身的素质，让自己成长为一名优秀的班主任。

做最好的自己

——新生座谈会发言稿

国学实验部五（3）班　王一诺

大家好！很荣幸我能够代表大唐学府老生在这里发言，更要感谢学校给我这个可以与大家交流"学习心得和生活体会"的机会！

我们在最纯真的年华步入了大唐学府，每个人在这块净土上都有自己的憧憬和梦想，我愿意以一个过来人的身份，分享一下我的所见、所闻、所想。我是大唐学府的老生，来这里已经六年了。这里有兢兢业业、和蔼可亲的教学老师，有做啥啥香的餐厅工作人员，有像妈妈一样体贴入微、关怀备至的生活老师，更拥有着宽松而富有挑战性的环境，深厚而开放的校园文化，严格而又充满人文情怀的管理……

你可以把大唐当成一个无拘无束的游乐场，想唱就唱，想玩就玩，想不学习就不学习。但是，六年的小学生涯结束后，你会发现自己除了一张小学结业证书，其他的什么都没有。浪费了父母辛苦赚给自己的学费，浪费了老师桃李天下的期盼，浪费了自己最美好的童年记忆。真的希望大家不要"少壮不努力，老大徒伤悲。"

大唐也是一个充满硝烟的战场。早晨六点多我们就开始起床与朝霞赛跑，万家灯火时，我们才刚刚走出下了晚自习的教室。所有的努力和付出，只是为了播下这粒梦想的种子，可以生根、发芽，枝繁叶茂！

生活并不尽如人意，肩上有担子，心中有目标，路上有坎坷，生活也是无处不在地考验着我们这群羽翼未丰的孩子。在大唐，也许你可能想家，想妈妈，也可能对陌生的校园环境不适应。但请记住，无论何时何地都要保持一个积极乐观的心态，要相信家长给我们做出的选择。我们应该借助父辈的经验，更好地走完小学阶段！

　　说到这里我不禁有些沾沾自喜，因为我们还小，有更多的时间去锻炼自己，发展自己，规划自己。我们的一切都还刚刚开始：你永远不会知道，明天的你将会站在哪里！借此机会，我想借用莫言的一段话告诫自己和在座的新生：一个人要知道自己的位置，就像一个人知道自己的脸面一样，这是最为清醒的自觉。洗尽铅华总是比随意地涂脂抹粉来得美。希望我们做能做的事，把它做得最好，扣好人生的第一粒扣了。

全寄宿制学校对农村留守儿童成长影响的
实验与研究
——留守儿童的幸福家园

一、实验与研究的目的及意义

伴随着我国改革开放的大潮，特别是城镇化进程的加快，大批农民远离本土，涌入城市务工经商，他们被称为"进城务工人员"，他们的孩子就成了"留守儿童"。据资料显示我国目前大约有7100万这样的留守儿童，他们大部分父母双双外出务工经商，自己随爷爷奶奶或姥姥姥爷生活，还有的被寄养在亲戚家里。与生活在城市的"流动儿童"相比，他们有更多的缺失：首先是家庭的缺失。他们得不到父母的精心呵护，生活也得不到照顾。其次是感情的缺失。他们有了苦恼无处倾诉，有了心事无人交流。再次是教育的缺失。成长中的少年儿童，不但需要教师的教育，也需要家长的教育，需要家长的监护和引导。由于"留守儿童"存在以上问题，所以很容易导致他们在成长中的人格缺陷，有的"留守儿童"变得孤僻、消极、自卑；有的则变得放任自流、我行我素、沾染上许多不良习惯。这一社会问题已经引起党和国家的高度重视，正在逐步研究制定相应的法律法规和政策，逐步解决。但这个问题将会伴随着我国改革开放的进一步深化、城镇化建设进程的加快而长期存在，日益突出。如何弥补留守儿童的家庭、情感、教育等各方面的缺失，并进行针对性教育，已经成为我国当今教育特别是基础教育领域研究的一个重要课题；也成为各级各类学校特别是全寄宿学校教育面临的一个现实问题。

实验和研究成果是在我们多年研究的基础上，进一步探索寄宿制学校怎样运行才能够最大限度地给学生提供较为良好的学习、生活、心理环境，使他们能够健康快乐地成长，同时又能使其养成良好的学习、生活、行为习惯，能够树立正确的世界观、人生观和价值观，让他们懂得做人的道理与举止、做事的策略与方法、交往的原则与礼仪、治学的态度与信心、发展的目标与方向。明确个人在家庭、班级、学校、社会、国家的地位，以及与之的关系和责任，使其成为真正对家庭、社会、国家的有用之才。其意义就在于通过研究，能够用科学研究的方式方法将过去多年总结的一些办学经验、措施和方法，在新一轮实验与研究的过程中，通过博采众长、去粗取精、去伪存真、探究解析的过程，进一步凝练成一种办学的理论与实践、策略与模式、理念与思想。以实现办学之初学校"为我国中小城市、乡镇的教育发展提供一个可资借鉴的发展个案"，"把学府办成教师心情的桃花源，事业上的归属地，智慧和才能的舞台；也是学生学习、生活、成长的乐园、家园、智慧园；同时让家长感到自豪、幸福、津津乐道，更是教育专家、教授教育思想的实验田和传播地"。

二、研究的方法和步骤

研究对象：全校各年级各班的留守儿童，全县兄弟学校的留守儿童。

研究思路：课题研究按照"认识—实践—再认识—再实践"的认识规律，围绕"调查（发现问题）—论证（确立课题）—设计（制订实验方案）—分析（留守儿童行为习惯归类）—行动（寻找留守儿童教育方法与途径）—反思（研讨交流经验教训）—总结（提炼、验证策略、形成成果）—推广（运用研究成果）"等八大环节展开进行。

研究的方法：

1. 对留守儿童成长教育教学实验法采取和城乡留守儿童对照实验法，观察实验的效果。这样能保证实验的信度和效度，说服力强。教育实验是通过对某些影响实验结果的无关因素加以控制，有系统地操纵某些实验条件，然后观察与这些实验条件相伴随现象的变化，从而确定条件与现象间因果关系的一种研究方法。例如，影响学生成长的因素很多，如学生的家庭因素、知识基础、智力因素、学习兴趣、读书习惯和积累、教学方法等。

2.调查法、观察法、测试法。为了了解留守儿童成长的经历，还采取调查法、观察法和测试法。对城乡留守儿童都测试各方面能力。每个学期都测试和调查，注意保留好原始数据。

3.个案研究法。在实验的过程中不仅了解留守儿童的整体情况，还研究个别学生的情况，如通过对个别学生的研究（包括座谈、观察、家访等），了解学生在实验中的真实感受，并做好记录。通过实例说明实验的效果，通过了解学生的情况不断改进实验措施。

4.教育统计法。在实验的过程中注意积累数据，在实验前对城乡留守儿童都测试能力，作为实验的起点（前测），每个学期都进行能力测试。每次测试和调查的数据都保存好原始资料（包括成绩册和问卷表），不断进行对比，研究实验的效果，并不断改进。

研究周期：2011年11月至2017年10月。计划每学期为一研究对比总结阶段。

实施步骤：

1.确定实验学校、班级，成立课题组（2011.11）。我们在大唐学府小学部和中学部及部分兄弟学校探讨留守儿童教育实验效果（计划中具体到实验教师的名字、职称、学科，各实验班级的年级和人数，成立课题组，明确各自的分工，进行严格的对照实验）。

2.培训实验教师（2011.12—2017.12）。我们每年在寒假前及寒假期间都培训参加实验的老师，通过多种形式，要求实验教师在实验过程中不断学习、思考、实践、总结与创新。

3.子课题开题（2012.2—2013.4）。各子课题项目组讨论在不同层面影响学生成长的课题内容及实施方案，分别邀请临沂大学、县教育局专家及本课题组领导小组成员，举行子课题开题报告，落实实施计划。

4.子课题组成员分别进行实验与研究（2012.4—2016.4）。根据整体建构的原理，实验教师不管是否教文化课，都把整个被试人员关注到位，认真研究他们的个性特质。任课教师研究学生所应需要的课程、教材的编排意图和知识结构，在吃透教材的基础上设计出本学科（团队）整个学段的知识树（知识建构图）和每册教材的知识树。主要学科的知识树张贴到教室的墙上，便于学生平时学习。每个学期开始，教师首先引导学生学习整个学段的知识结构和整本书的知识结构，从整体上把握教材。其他教师根据学生特点及其所需内容组织相应的活动或座谈，及时了解学生的思想动态，制订相应的计划，组织学生开展有意义的劳动、竞赛、比赛，为需要的人们送温暖等。

5. 反思总结，讨论提升（2013.4—2017.6.）。组织师生书写参与各类活动的心得体会，发现的问题及科研札记，组织各个子课题组开展交流活动，互相启发、互相借鉴、互相指导，共同进步；收集优秀教研论文与其他研究成果。

6. 总结经验，以利再战（2017.6—2017.7）。写出本课题实验研究报告，讨论入编《论文集》的优秀实验论文，便于在更多的学校推广。

7. 录制各科典型课例、活动光盘，保存档案（2015.10—2018.2）。

三、研究的主要内容及创新点

当今开放的中国，经济快速发展，农村人走南闯北干事业、打拼谋发展，在成就自己的同时，家长不愿看到留守在家的孩子荒芜了思想，荒废了学业。孩子的成长不容等待，尽管上至国家、下到地方都出台了系列的普惠性政策，但家长、孩子期待的是有真正适合孩子生长、发展的学校——有"家"的温馨关爱，有仁爱的特色教育。大唐学府在王勇基校长以"立足县城、面向农村、服务百姓、关注留守儿童""让更多的孩子享受更好的教育"的办学思想主导下，自主发展走出了一条"学校像家庭，老师是家长"的"封闭式管理、开放式办学、家庭化住宿、军事化就餐、项目化推进"创新管理的新路子。学校创办十四年来日益发展壮大吸纳了更多留守儿童接受更好的教育，留守儿童已达到在校生总数的67%，留守儿童教育取得一个又一个可喜的成绩，孩子们学习进步，健康成长，家长省心、放心、开心。

与一般的寄宿制学校最大不同，是大唐学府针对"留守儿童"的实际需要实行"家庭式住宿"。即在选聘一支有爱心能奉献的生活老师、宿管老师的基础上，打破传统的同班同舍的做法，把高年级和低年级同性别的学生搭配安排在同一宿舍，学生宿舍也用"家"来命名，如"鲁迅之家""诺贝尔之家""华罗庚之家""居里夫人之家""丁肇中之家"等，不仅给学生以激励和教育，还潜移默化地泽润学子们身心健康发展。每个家庭分为若干个小单元，分别选配一位有文化、有亲情、有经验、会管理的生活老师担任家长，同时推举一名大同学任学长。"家长"专人专责，负责这个家庭孩子的衣物换洗和生活起居，帮助孩子解决日常生活中遇到的问题，配合班主任、科任教师培养教育孩子成长。学长积极配合"家长"，密切关注家庭成员之间和谐的关系，管理这个家庭的学生。每个宿舍下铺住着低年级的小弟弟或小妹妹，上铺住着高年级的大哥哥或大姐姐，大同学自觉主动地照顾小同学。长期生活在一起，孩子们之间有了相互依赖感，小的称呼大的为大哥哥、大姐姐，大的称呼小的为小弟弟、小妹妹。这种家庭化的住宿是一种创新，适合于从小学到初中的九年一贯制学校；高年级的学生得到了锻炼，低年级的学生有了依靠，而相互之间的亲情又营造了家庭成员之间的温馨。作为生活教师的"家长"，弥补了孩子们父母不在身边的缺憾。有的孩子拿着老师的照片回家，带着一种满足感告诉自己的爸爸妈妈："这是我在大唐学府的爸爸、妈妈，他们对我可好了！"良好的"家庭"环境，给孩子们创造了宽松和谐的成长空间。老师的言行，不仅教会了孩子怎样做人，还感染了孩子。每天的亲密接触，给了孩子爱和被爱的机会，孩子们在赏识和被尊重中以自己的健康成长来回报社会、回报老师、回报父母、回报和自己朝夕相处的伙伴。长期生活在这样的氛围中，孩子们学会了关心长辈、爱护他人。与此同时，学校还加强了学生社团建设，活跃社团组织活动，经常性地举办各种艺术节，举行师生书法美术作品展览、优秀备课作业展览、开展科技制作、集邮收藏；开设阅读课、故事课、形体课、国学课等校本课程，允许学生可以自由选修，给学生创建多元发展的广阔空间；开展"普通话质量月"活动，建设家庭图书馆，形成"书香家庭"，让学生在"家"的氛围中感受文化的魅力；建设班级图书角，形成"书香班级"，引导全体师生讲普通话、写规范字、做文明人……此外，还通过设立书香学生奖励基金、书香教师奖励基金、书香家庭奖励基金等，开展师生才艺展示、演讲比赛、诗文朗诵活动，将文化的力量向着更高的层次推进。学校还加强区域内外的校际交往和学术交流，用全新的校园文化营造全新的育人时空，彰显文化育人的特殊功效。

家庭化班级管理，弥补了学生感情的缺失。大唐学府在班级管理上针对"留守儿童"的特点，创造了许多行之有效的经验，使孩子们感受到家的温暖。

学校十分注重家庭文化建设。每个"家庭"的墙壁上都张贴着孩子们亲手制作的各种漂亮的剪纸和绘画作品，墙壁上开设了"真情沟通"栏目，上面写满了孩子对爸爸、妈妈和老师的真诚祝福。生活老师在工作之余，和风细雨地给学生讲解新鲜的知识，倾心做好老师、家长、朋友三重角色。学校的一个个家庭让孩子们享受到了天伦之乐。每当早晨起床的时候，孩子们会向"家长"问好，亲切地称呼老师"爸爸、妈妈"，偎依在老师的身边，让老师给整整衣领、梳理头发。每当晚上从教室回到"家"的时候，总是缠着老师讲故事，老师早已给每个孩子打来了热水，让孩子洗脚。在爱的滋润下，孩子们逐渐养成了自己整理内务的习惯和互相关心、互相体贴、互相照顾的良好风气。

大唐学府从国家的需要和民族的未来出发，从孩子的一生成长和众多的家庭幸福出发，俯下身子，全身心地为留守儿童服务，让每一位走进大唐学府的孩子，都能享受成长的幸福。教师们在校长办学思想的引领下，立足实践，大胆创新，选准"人生、人情、人性、人和"的本真角度，真诚地呵护、关爱每名学生，切实让每名学生都能"静下心学习、张开嘴说话、抬起头走路、挺起胸做人"，在学校"身有所安、心有所定、情有所依、志有所向、神有所往"。众志成城，按照王勇基校长提出的"没有教不好的学生，只有不合适的教育"理念和"建校 50 年能培养出获诺贝尔奖的学生"的教育目标，大唐学府全体师生，正在扎实践行新时代留守儿童优质教育的历史使命。

细节决定成败，小事体现精神。大唐学府以"为孩子的幸福人生奠基"为着眼点和落脚处，创设人文温馨的环境，实现处处皆教育、事事皆育人的教育场、学习场和成长场。学府从不放过任何一个教育契机，从一点一滴做起，让每一面墙壁会说话，让形象生动、鲜明活泼的图画和人生格言时时砥砺师生们的道德情操；注重细节化的人文关怀，在校园几个主要路口都安装高架路灯，给厕所安装声控灯，给各个教室、办公室配上空调；校园内建起了方便师生的服务部，配置公用电话、校讯通，方便学生与家长及时沟通，学府处处以有形或无形的方式，给学生塑造一个文明、安全、积极、向上的成长环境，从而为学生的一生可持续成长与发展奠定坚实之基。学府还从阅读经典开始，着眼于留守儿童的未来发展和一生幸福，实施了"经典诵读"工程，引导学生广泛阅读中外文学名著，诵读《三字经》《弟子规》《大学》《孟子》《中庸》等国学经典篇章，促进了留守儿童精神面貌的改变和思想境界的提升。

大唐学府还不惜斥巨资打造校园环境，为学生开辟"第三课堂"。改造宿舍、修建运动场、新建水冲厕所、洗浴中心，学校养鸡、养猪、养猫、养狗、养鱼、养鸟，种花、种草、种树、种菜、种粮。王勇基校长充满激情地说："让不同年龄的孩子特别是留守儿童在这里都能找到家的感觉和温暖，使他们贴近生活，贴近自然。"创设环境育人的生态时空，让静谧、优美、高雅的环境陶冶莘莘学子的情操，净化他们的心性，美化他们的心灵，丰富他们成长的多元人生，潜移默化地影响学生们的成长。每个年级一片树林，每个班级都经营着一处花园或草坪，每名学生都管理着一棵树，并挂牌与小树共成长；曲径通幽的小树林里设有多个读书角、英语角，在共成长的氛围中彰显增知、塑品的进取精神。每一方空间在大唐人的教育设计中，都化为了学生成长的摇篮、学习的天地、快乐的家园。

留守儿童教育最忌空调说教，活动是最好的载体。学校每学期都成功举办"阅读节"、读书报告会、专题讨论会、演讲比赛、辩论比赛、征文竞赛、知识竞赛、化妆表演、故事大赛、科技制作展示等活动。每年5月17—19日还隆重举办大唐学府友谊节暨物品交换大会（"大唐"人亲切地誉为"唐交会"）。"唐交会"上，模拟真实的交易场景，不仅有各种琳琅满目的物品，还设有工商、税务、物价、银行、市场监管等真实市场的各个经济管理服务部门。活动场面相当火爆，学生人头攒动，热情迸发，竞相叫价，"交易"活跃。在活动的参与过程中，学生们不仅淘到自己需要而别人闲置的物品，增加了彼此的友谊，更重要的是学习到了税务、工商、市场开发、环境保护等相关方面的知识，增强了社会交往、社会生活能力和市场经济意识，感受到了劳动的艰辛和快乐，也为今后全身心投入学习和生活增添了力量、丰富了知识、增加了人生阅历。通过组织学生开展丰富的活动，每天学生们在多彩的游戏中玩得乐不思蜀，已不再想家了。曾经有一位刚上初一的学生在日记中写道："通过'唐交会'，我体会到了父母挣钱的不容易。"

大唐学府日臻完善学校文化，充分发挥文化育人的作用。不仅学校文化有声有色，班级文化、"家庭"文化、餐厅文化、办公室文化也都开展得丰富多彩，到处荡漾着团结合作、永争一流的音符。优美整齐的校园，温馨怡人的环境，不仅名扬山东，就连远在江苏、河南、安徽、北京、黑龙江、浙江等地的家长，也慕名送来了孩子。这更加激励着王勇基校长带领大唐人本着促进留守儿童一生发展，放眼学生未来，以文化力量和科学视野实现对学生成长、成才的教育。

通过我校全寄宿制管理的深入，全体教职员工研究农村留守儿童群体的生活、学习现状，寻找他们在成长过程中的情感、管理、教育等方面的缺失，总结他们的心理成长与正常儿童少年之间存在的差异及其规律，进而分析农村留守儿童心理健康等问题的成因、矫治的方法，依靠学校全寄宿制教育资源优势，采取有效措施，从班主任的德育方式方法、教育行为养成、学科教学帮扶学困生、转化弱差生、创建和谐温馨的留守学生之家到后勤服务管理，全方位关注留守儿童少年成长的教育，形成教育合力，促进他们健康成长。

四、效果及反思

（一）效果

1. 大唐学府留守儿童的心理素质明显提高。绝大多数学生身心愉悦，热爱劳动，回家能帮家人做力所能及的家务，大多数学生能回家完成"给老人洗脚、剪指甲、叠被子"等活动。行为习惯明显好转，学习情绪和成绩明显提升。组织学生参加丰富多彩的文体艺术实践活动，提升了学生的探索精神、合作精神、互助精神、担当精神。

2. 校风正、学风浓，校园稳定安全，环境和谐舒适。师生风正心齐，努力实现"为留守儿童撑起一片蓝天，为留守儿童营造一个温馨家园，为留守儿童铺就一条越走越宽的心路"三个阶段的顺利跨越。

3. 形成研究专题论文集辑若干期、筹备出版留守儿童学校教育的第二本专著《学校 + 家 + 社会——为留守儿童营造一个幸福的温馨家园》。

4. 发表了一批价值较高的理论成果

（1）在山东教育出版社《教育创新》杂志 2013 年第 1 期上，陶继新、王勇基发表《为留守儿童营造一个温馨的家》；崔成林发表《奇人奇校——王勇基领导下的大唐学府》；学生门龙发表《我不再让爸爸妈妈操心》；班主任马宗顺老师发表《我有三个角色：家长、朋友、老师》；班主任刘维侠老师发表《承托希望不负重托》；张春晓发表《步入大唐，初为人师》；

（2）吴玉荆在 2013 年 9 月山东电子音像出版社出版的图书《当代先锋》中，以《大爱无憾、大善无疆——记郯城大唐学府》为题介绍了郯城大唐学府；

（3）牛伟在 2013 年 12 月《华夏教育》上发表《此生只为教育来——山东郯城大唐学府校长王勇基的教育追求与实践》；

（4）王勇基在《中国教育学刊》2013 年第 12 期上发表《大唐学府民办教育的创新发展之路》；

（5）王勇基在《中国教育学刊》2014 年第 6 期上发表《在教育的广袤田野上播种梦想收获希望》；

（6）王永吉（王勇基）在《神州》杂志 2014 年第 7 期上发表《为留守儿童撑起一片天》及《"草根校长"的教育梦——中国 6100 万留守儿童学校教育模式探索》；

（7）王丽娜、徐敏水在 2014 年 11 月 26 日《教育文摘周报》第 4 版发表《圆梦，只为孩子们如花的笑靥——山东省郯城大唐学府创办十年教育侧记》；

（8）在 2015 年 3 月 8 日的《中国教育报》上，发表著名基础教育专家、天津市教科院原基础教育研究所王敏勤教授的署名文章《沂蒙山区留守儿童的幸福家园——大唐学府留守儿童九年一贯制寄宿教育纪实》；山东教育出版社出版的《教育创新》2015年第6期上，发表我校刘伟老师的《道场式异步教学》；

（9）李可在2016年第3期《教育家》杂志上发表《做一名具备教育家特质的校长》和《让孩子享受更高品质的教育》；

（10）王勇基在《中国网》光明专版发表《"大唐东典"教育展望抢抓新机遇，实现新发展——大唐学府新的十年教育畅想》。

大唐学府办学14年以来，坚持正确的办学方向，全面实施素质教育，致力于学生优秀品质的培养，为学生健康成长奠基，取得了令人称赞的成就。学校先后被评为郯城县"教书育人先进单位""平安和谐校园""学校管理先进单位"，全国民办教育特色学校，临沂市十佳明星学校。2012年12月2日，中央电视台新闻台播出了采访大唐学府的新闻节目："山东临沂：建立爱心家园，关爱留守儿童。"受到各级政府及宣传部门的高度重视。中国民进山东省委为我校免费建设一间高标准计算机信息教室。2015年，大唐学府中考成绩突出：重点高中入学率97%；2013届初三毕业生2016年参加高考成绩卓著，本科线以上21人；2016年中考再创辉煌：95人参加中考，全校100%被我县重点高中录取。2017年中考再创辉煌：97人参加中考，重点高中录取率为95%。

大唐学府始终坚持"安全第一、育人为本"，全力构建"文化校园、书香校园、生态校园，平安和谐校园"，办社会满意的教育，实现又好又快地发展，为留守儿童撑起一片蓝天，给基础教育增添绚丽光彩。

（二）反思

通过十四年的探索与研究，我们逐渐摸索出留守儿童教育是一项艰巨而光荣的任务，政府和社会应该加大留守儿童生活、学习、成长、心理健康、社交能力等多方面的关爱、关注、关心，让他们也成为社会发展的建设者和推动者，而不是拖累者、破坏者。

附录一

大唐学府大事记
2013 年

1 月 25 日，部分师生到郯城二中参加"明行足"举办的"共同托起明天的太阳"大型活动。

2 月 12 日，"好客山东亲情沂蒙贺年会"郯城象棋、围棋大赛在郯城大唐学府举行。

2 月 17 日，大唐学府举行新学期教师培训会。

3 月 2 日，大唐学府举行新学期开学典礼，并对上学期优秀学生、先进集体进行了表彰。

3 月 8 日，大唐学府百余名师生到马陵山参加学雷锋活动，给松树浇水施肥。

3 月 29—31 日，王勇基校长率学府骨干教师一行四人赴诸城参加全国首届"和谐杯""七说"说课大赛。

4 月 13 日，大唐学府举行第二届知识树设计大赛。幼儿园在龙门橡胶坝举行亲子活动。

4 月 19—21 日，我校管令健同学在全县中小学田径联赛上，勇夺初中组男子铁饼、铅球两项冠军。大唐学府代表队荣获"郯城县体育道德风尚奖"。

4 月 20—21 日，全国和谐教学法创始人王敏勤教授率天津普育学校校长、老师来大唐学府送课，并作了关于"七说"和用知识树构建高效课堂的学术报告。

5月7日，大唐学府师生为芦山地震灾区捐款捐物。

5月17—19日，大唐学府第三届友谊节物品交换大会开幕。

6月8日，周大福第105影院落户大唐学府。

6月9日，大唐学府第十九届家长会圆满召开。

6月22日，部分教干教师在郯城美澳学校参加县局组织的《祝您幸福·最家长》家庭教育讲座。

7月15—18日，于校长等一行四人赴江苏洋思中学参观学习。

7月20—23日，徐老师等一行八人赴青岛参加中国——青岛西海岸教育年会暨全国第四届"和谐杯"中小幼说课标说教材展示会。

8月26—29日，大唐学府举行新学期教师培训会。

8月29日，大唐学府党外知识分子联谊会成立。

8月31日，学府举行新学期军训。

9月3日，军训成果展——阅兵式。

9月14日，开学典礼。

9月22日，中国网记者来我校采访。

10月1日，我校举行"迎国庆诗文朗诵歌咏比赛"。

10月15日，市委统战部副部长相斌、郯城县政协副主席郯城县委统战部部长王成春莅临我校检查指导工作。

10月15日，在郯城县党外知识分子联谊大会上，王勇基校长被推选为副会长。

10月18日，临沂电视台记者来我校做留守儿童专题报道。

10月27日，山东民进企联会在大唐学府开展爱心助学捐书活动。

11月1—2日，王勇基校长一行三人赴枣庄舜耕中学参观学习。

11月2日，大唐学府举行青年教师才艺展。

11月19日，大唐学府举行"实现中华民族伟大复兴的中国梦"专题报告会。

11月28—30日，王勇基校长、梁绍栋校长赴北京参加第十届中国教育家大会。

12月3—4日，大唐学府举行学生生活自理比赛。

12月10日，全市党外知识分子统战工作现场经验交流会在郯城召开，山东省委党外知识分子联谊会常务副会长王晓炜、临沂市委常委统战部长张广敬及全市各县区统战部长领导干部一行70余人，在郯城县委书记刘纪民陪同下，来我校党外知识分工作示范基地参观学习。

12月22日，大唐学府第十二届家长委员会在我校大会议室隆重召开。同时科技艺术节拉开序幕，展出了师生书画作品。

12月25日，在篮球场隆重举办了迎元旦文艺会演。

12月28日，大唐学府第二十届家长会隆重召开。同时展出学生科技作品及师生书画作品。

2014 年

1月14日，郯城县政协领导来我校视察指导工作。

2月4日，大唐东典亲子园启动。

2月6日，大唐学府召开校长办公会，研究新学期工作计划，并于7日、8日、9日分别召开了教干会、班主任会、全体教师培训会，学习传统文化和社会 主义核心价值观，促进贯彻新学期学府工作计划。

2月15日，新学期开学。

2月22日，大唐学府举行新学期开学典礼。

3月19日，大唐学府举行首届"道德孝行故事演讲"。

3月20日，省政协领导在市、县领导的陪同下来大唐学府视察指导工作。

3月22日，全国"和谐教育"研究会理事长、天津教科院基础教育研究所所长、大唐学府名誉校长王敏勤来大唐学府考察讲学。

3月23日，郯城县"快乐星期天助学助困"活动在大唐学府举行。

4月8日，大唐学府校本教材之八《沂蒙民间故事》正式启用。

4月11—13日，罗庄区委统战部王部长在郯城县政协副主席、县委统战部长张维明的陪同下来大唐学府考察指导工作。

4 月 17—19 日，教育专家陈庆军来大唐学府考察讲学。

4 月 26 日，大唐学府与河南南阳九隆实验学校结为姊妹学校，大唐东典教育品牌挺进中原。

5 月 9 日，大唐学府重新调整学校领导班子及中层管理人员。

5 月 15—27 日，举办大唐学府艺术节。

5 月 17—19 日，举办"大唐学府第四届友谊节物品交易大会"。

5 月 26 日，民进临沂市委经济支部来我校举办"庆六一，爱心助学"活动，捐助 30 名困难学生。

5 月，王勇基校长一家被评为"郯城县最美家庭"，王勇基同志、梁绍丽同志荣获"临沂市十佳最美夫妻"。

6 月 6 日，我校经研讨，决定购买国家标准校车。

6 月 15 日，王勇基校长代表郯城县参加临沂市统战部举办的"浙江大学临沂市新社会阶层高级研修班"。

7 月 5 日，我校举行新教师招聘会。

7 月 10 日，山东大学"爱的翅膀"支教团来我校义务支教。

7 月 18—28 日，团县委负责组织中国大学生"传媒联盟"在大唐学府开展活动。

8 月，大唐学府组织教干重新修订编纂《大唐东典教育规范》。

8 月 2 日，王勇基校长一行五人赴江苏徐州出访山海学府。

8 月 11 日，上海青少年科学社成员来我校开展科普教育活动。

8 月 20—25 日，新学期全体教师参加"校本培训会议"。

8 月 25—31 日，2014—2015 学年度第一学期学生军训。

9 月 4—5 日，大唐学府东校区、北校区、南校区，分别举行新学期开学典礼。

9 月 5 日，团县委、县妇联组织"我们一起过中秋，关注青少年健康成长，关爱留守儿童"活动，我校学生参加。

9 月 6 日，大唐学府选派教师携子女到临沂参加亲子课程培训。

9 月 10 日，教育局党委领导来我校参加"民主生活会"。

9月12日，临沂市消防大队来我校举办消防安全知识讲座。

9月17日，郯城县人民法院徐丽法官来我校举办《与法同行》法制教育报告会。

9月25日，大唐学府召开新生座谈会。

9月28日，大唐学府举办"国庆诗文朗诵会"。

10月16日起，大唐学府开展"全体教师大练基本功"活动。

10月17—18日，大唐学府举行中小学广播操比赛。

10月20日，省关工委常务副主任张秉德、市关工委主任朱绍阳等，来郯城大唐学府调研留守儿童教育。

10月30日，原县教育局局长李彬到大唐学府，作了以励志为主题的公益报告。

10月31日至11月5日，大唐学府开展"中小学青年教师讲课比赛"。

11月24日，大唐学府召开2015年中考动员大会。

11月28日，王勇基校长应邀参加全国文化教育发展论坛暨2014中国东方文化研究会教育分会年会，并发表大会致辞。

12月3日，大唐学府召开全体师生趣味运动会。

12月11日，大唐学府组织全体学生体检。

12月13日，大唐学府组织全体学生进行"防震减灾、消防自救、紧急疏散、安全逃生"演练。

12月20日，大唐学府全体五年级学生赴马陵山望海楼参加祭孔大典，并诵读国学经典《弟子规》。

12月21日，大唐学府第十三届家长委员会会议隆重召开，科技艺术节拉开帷幕，展出了师生科技、书画作品。

12月25日，隆重举办迎元旦文艺会演。

12月28日，大唐学府第二十二届家长会隆重召开。

2015 年

3月9日，大唐学府组织新生军训。

3月14—15日，大唐学府南、北两校分别举行开学典礼。

3月15—20日，大唐学府举办第四届"东典"杯知识树设计大赛。

3月25日，供电局团委来我校举办"安全知识"讲座；大唐学府对新入职教师进行岗前培训。

3月29日，和谐教学法的创立人王敏勤教授莅临大唐学府听课评课、指导教学。

4月2—3日，"山东师范大学雨点公益志愿者服务基地"在大唐学府挂牌，并携手郯城义工联合会在"暖春行动"中为我校学生捐赠生活学习用品。

4月26日，青岛兰夫公司TA39共青志愿团及来自全国各地义工来大唐学府举办"共同托起明天的太阳"大型公益活动暨六九年级毕业典礼。

5月17—19日，大唐学府"第五届友谊节物品交换大会"如期举办，现场热烈热闹，精彩纷呈。

5月23日，TA40志愿者服务团来大唐学府为七、八年级学生举行"共同托起明天的太阳"公益活动暨七、八年级家长会，同时为我校贫困学生捐助3万元人民币。

5月30日，大唐学府亲子园举行亲子活动及庆六一文艺演出。

6月10日，《课堂内外》公益大讲堂走进大唐学府，杂志社主编乐乐姐姐给孩子们带来了一堂生动、活泼、有趣的作文课。

6月14—16日，大唐学府九年级同学到郯城二中参加中考，八年级在本校参加地理、生物中考。

6月16日，总校区举办"国学经典展演比赛"。

6月28日，山东财经大学教授来大唐学府捐书献爱心。

7月10—20日，山东大学"爱的翅膀"支教团、中国海洋大学"助梦行实践队"来我校参加夏令营并与我校联合举办"纪念抗日战争胜利70周年暨大唐学府第二届校友节文艺演出"。

8月4—10日，大唐学府教师走访我校的优秀毕业生。

8月10—15日，招聘新教师，并对新教师进行岗前培训。

8月17日，校长办公会，研究部署新学期开学工作；费县群星学校加盟大唐学府。

8月20—27日，全体教师新学期校本培训，新学期开学。

8月27日至9月9日，德国科隆英语教育专家Elkc教授在县人社局委派下来我校考察英语教学情况，并对我校英语教师进行培训指导。

8月28—31日，新学期军训。

9月1日，举行军训成果展示和"学生日常行为规范"知识竞赛。

9月6—8日，王勇基校长应邀参加中国民主促进会在江苏师范大学举办的庆祝第三十一个教师节暨2015中国教师发展论坛。

9月10日，大唐学府被评为"全县教书育人先进单位"，高奎善、宋作鹏两位老师受到县委、县政府的表彰，分别被评为县级优秀教师和师德标兵。9月14日，2015—2016学年第一学期开学典礼。

9月16—17日，孙宜峰、梁绍栋、王玉国三位校长参加聚成王牌学习之《九型人格与团队建设》培训班。

10月6日起，大唐学府将陆续进行部分老教师公开课展示。

10月8日，我校组织学生进行常规体检。

10月10日，大唐学府费县校区师生来总校参观游学。

10月11日，临沂大学师范专业部分优秀学生来我校参观学习。

10月16日，山东省政协领导来大唐学府视察指导工作。

10月20日，重阳节之际，王勇基校长带领大唐学府部分师生前往敬老院看望慰问老人。

10月23日，郯城县社会组织联合会第一届一次会员大会召开，王勇基校长当选为郯城社会组织联合会副主席。

10月28日，我校校园微超市开始营业。

10月31日，大唐学府举办全校广播操比赛。

11月3日，全市民生工作会议在临沂召开，大唐学府王勇基校长随县委书记刘纪民、县长刘连栋出席了此次大会。

11月4日，大唐学府师生与郯城一中教师、天原牧场职工举行篮球对抗赛。

11 月 4 日晚,大唐东典学士后课程班开班动员大会。

11 月 4—6 日,王勇基校长参加县委举办的全县统战人员培训班。

11 月 9 日,大唐学府举办学生生活自理比赛。

11 月 18 日,邳州山海学校朱俊海校长带领部分教干教师来我校参观交流。

11 月 20 日,我校刘伟老师等一行四人赴枣庄现代实验学校参加教研活动。

11 月 22 日,枣庄现代实验学校校长王京甲带领学校教干来我校参观学习。

11 月 21—23 日,我校部分班主任赴临沂参加班主任培训班学习。

11 月 24 日,大唐学府小学部举行学生学习经验交流会。

11 月 27 日,大唐学府中学部举行学生学习经验交流会。

11 月 29 日,孙宜峰校长带领"亲子园"部分教师和中小学部分教干去临沂参加王弘琦老师的"国学报告会"。

11 月 29 日至 12 月 2 日,大唐学府部分教干教师赴杜郎口中学参加全国教研活动。

12 月 3 日,我校举办 2015 年冬季运动会。

12 月 15 日,我校隆重召开第十四届家长委员会,并邀请著名家庭教育专家姗姗导师做关于亲子沟通的专题讲座。

12 月 25 日,我校举办迎新年庆元旦艺术节专场文艺演出。

12 月 28 日,我校举办大唐学府第二十四届家长会,同期举办师生书画展。

2016 年

4—10 月,临沂市第六届全民运动会举行,大唐学府共派出 48 名运动员参加,共夺得 10 枚金牌。

7 月 8—23 日,山东大学"爱的翅膀"、中国海洋大学"暑期三下乡实践团"与我校学生共同组织"大唐之夏"夏令营。

7月14日，郯城电视台、郯城义工联、蓝天艺术团与我校夏令营学生举行手拉手联欢会。

7月18—19日，王勇基校长应民进中央邀请，赴昆明参加由民进中央主办的海峡两岸暨港澳地区基础教育交流活动并作重要发言。

7月20—22日，团中央中国青少年研究中心青少年法律研究所所长郭开元教授来我校蹲点调研。

7月30—31日，组织部分教师赴枣庄现代实验学校参加第一届北京大教育现代教育论坛。

8月11—17日，大唐学府费县校区招生工作正式启动。郯城校区20名教干教师组成5个工作组赴费县校区支持招生宣传。

8月21日，枣庄现代实验学校王京甲校长、学部杨慧主任、北京大学教育杜江山校长来我校进行异步教学经验交流工作。

8月28日至9月1日，新学期军训。

9月1日，军训成果展示。

9月1日，东校区搬迁完成；大唐东典明德书院家庭化助读学校成立。

9月5日，大唐学府幼儿园迁往新园——大唐学府国学园。

9月10日，举行新学期开学典礼暨总结表彰大会。

9月17—19日，王勇基校长赴临沂参加山东合一导师班学习。

9月21日，部分教室安装多媒体设备。

9月22日，沂水海川幼儿园、伏羲小学校长殷现礼等来我校参观并申请加盟大唐学府。

9月28日，大唐学府党支部参加县教育系统"两学一做"知识竞赛暨颁奖典礼。

9月30日，大唐学府举行"庆国庆国学经典诵读比赛"。

10月11—14日，北京本果管理咨询公司董事长、科学学习法创始人李清振教授来我校作学术报告。

10月12日，由郯城县委统战部、郯城县社会组织联合会共同主办，郯城县新益民眼科医院承办的 "同心光明行"青少年近视防控公益项目启动仪式在大唐学府举行。

10 月 19 日，大唐学府举行防震减灾、消防安全应急疏散演习。

10 月 23 日，蒙山大洼风景区伏羲学校杨继存校长来大唐学府参观学习，洽谈加盟事宜。

10 月 25—28 日，部分教干教师赴云台山旅游。

11 月 9 日，大唐学府北校区举行生活自理比赛。

11 月 13—14 日，大唐学府 2016 年秋季田径运动会成功举行。

12 月 3 日，大唐学府北校区举行广播操比赛。

12 月 16 日，大唐学府召开第十五届家长委员会，著名亲子教育专家曹慧导师来我校作报告。

12 月 19 日，大唐学府北校区举办学生象棋比赛。

12 月 20 日，大唐学府北校区举办艺术节暨第十五届家长会。

12 月 22 日，大唐学府北校区举行消防、防震安全逃生演练。

12 月 25 日，大唐学府南校区举行 "庆元旦文艺演出"。

12 月 28 日，大唐学府南校区第十五届家长会胜利召开。

2017 年

2 月 25 日，国学实验部举行新学期开学典礼。

3 月 15 日，国学实验部召开新生座谈会。

4 月 2 日，国学实验部全体师生进行宿舍安全应急疏散演练。

4 月 4 日，郯城大唐学府南校区全体师生赴革命烈士陵园祭扫烈士墓，接受爱国主义教育。

4 月 14 日，我校出版课改成果《 "道场式"异步教学资料集》。

4 月 25 日，国学实验部举行生活老师演讲比赛。

5 月 8 日，举行生活老师生活技能比赛。

5 月 18—20 日，南校区举行第七届 "唐交会"。

5 月 27 日，我校在郯城人民广场举行 "传承经典　放飞梦想"庆六一文艺演出暨"千人诵读经典"活动。

6月1日，我校举行"童心飞扬梦想起航"庆六一文艺会演。

6月4日，国学实验部举行第二十七届家长会。

6月22日，县教体局局长张学智来我校检查指导工作。

6月26日，郯城县妇联主席王慧敏、副主席刘凌云等领导来大唐学府陪留守儿童过生日。

7月1日，郯城大唐学府党支部被县教体局党委评为"先进基层党支部"。

7月11—25日，山东大学、中国海洋大学、中国矿业大学大学生暑期社会实践团来我校举办夏令营。

7月17日，郯城县县委副书记陈庆村、县妇联主席王慧敏等领导莅临大唐学府检查指导工作。

8月6日，新一届大唐学府费县校区领导班子成立。

8月12—15日，大唐学府第一批教师年度大内训第一阶段在英才职业学校进行。

8月18日，第一批教师年度大内训第二阶段在临沭县苍马山国际旅游度假区进行。

8月21—24日，第二批教师年度大内训第一阶段在英才职业中专学校进行。

8月27日至9月4日，大唐学府各校区进行秋季军训。

9月5日，原郯城县妇幼保健院周院长来我校为高年级女生举行青春期健康教育讲座。

9月8日，大唐学府南校区举行新学期开学典礼暨表彰大会。

9月9日，郯城大唐学府组织部分教干教师、学生参加临沂市市民大讲堂重阳节孝老爱亲专题活动。

9月11—13日，大唐学府南校区组织部分教干教师赴南京考察学习，接受爱国主义教育。

9月26日，王勇基校长与北京、上海专家到费县校区调研。

9月29日，费县校区"迎中秋庆国庆"文艺会演。

9月30日，总校区、国学实验部举行庆国庆诗歌朗诵比赛。

10月2—3日，大唐学府党支部组织党员干部赴费县大青山、蒙阴孟良崮、沂蒙红嫂纪念馆等地红色基地接受教育，学习沂蒙精神，重温入党誓词。

10月15日，大唐学府被中国智慧工程研究会基础教育专业委员会评选为"智慧教育工程顾问单位"。

10月18日，在县政府的组织下，大唐学府和县职教中心（原鲁南职专）签署校区置换协议，标志新校区建设工作正式启动。

11月4日，大唐学府召开全体党员、中层教干学习十九大精神专题会。

11月8—10日，初中部期中考试，七年级在全县统考中取得优异成绩。

11月21日，初中部举行期中考试表彰会暨学习经验交流会。

11月22日，省、市、县食药监局领导来国学实验部检查工作。

11月23日，原《中国教师报》资深记者茅卫东先生来我校作报告。

11月24日，小学部期中联考；费县校区召开"爱校如家奖"及"品学兼优奖"颁奖会议。

11月25—26日，南北校区第一届趣味运动会举行。

11月27日，各班级召开"珍爱生命远离毒品"主题班会并组织学生参加全国青少年禁毒知识竞赛。

11月30日，费县校区举行生活自理比赛。

12月13日，全国五一劳动奖章获得者、全国100名优秀志愿者、山东省十大孝子、潍坊台胞台属联谊会会长、潍坊市政协常委、山东省新航投资有限公司董事长王新航先生来我校举行"落实十九大精神、践行社会主义核心价值观"报告会。

12月20日，大唐学府王勇基校长被中国管理科学研究院咨询部聘请为教育行业咨询专家。

12月22日，郯城大唐学府第十六届家长委员会会议在国学实验部隆重召开。中国《德育报》演讲团副团长、中央电视台《影响力人物》专访嘉宾、书法家吴碧老师来我校为广大家长和师生作了题为《播下梦想的种子》

的演讲，为教师作了《做有境界的教师》专题报告。同时特聘吴碧老师为大唐学府德育校长。

12 月 28 日，费县校区召开家长会议。

12 月 30 日，郯城大唐学府国学实验部召开家长会。

2018 年

2 月 6—7 日，九年级全体师生年度大内训"领袖素质训练营"在郯城县英才职业中专举行。

2 月 25 日至 3 月 1 日，郯城大唐学府新学期全体教职工业务培训在南校区举行。

3 月 4—6 日，费县大唐学府开始军训。

3 月 6 日，费县大唐学府举行军训成果展示及开学典礼。

3 月 7 日，费县大唐学府举行春季开学典礼及优秀学生表彰大会。

3 月 8 日，郯城县妇联领导来我校慰问女职工。

3 月 10 日，南校区举行 2017—2018 学年下学期开学典礼。

3 月 22 日，王永吉校长、孙宜峰校长参加郯城县工商联组织的考察活动。

3 月 25 日，中国民主促进会山东省委领导莅临我校考察。

3 月 25 日，郯城大唐学府组织部分骨干教师赴临沂参加名师大讲堂《阳光心态与高效执行》专题培训。

3 月 26 日，各校区组织优秀教师公开课巡讲活动。

3 月 28 日，南校区举行 2017—2018 学年下学期新生座谈会。

3 月 30 日，大唐学府党支部参加全县教育系统暨 2018 年党建和党风廉政建设工作会议。

3 月 31 日，南校区举行新学期生活自理比赛。

4 月 2—3 日，南校区举行新学期第一次月考。

4 月 2 日，南校区举行《道场式异步教学》研讨会。

4 月 4 日，费县大唐学府组织新学期第一次月考。

4 月 16—23 日，王勇基校长受邀赴台湾参加由民主促进会山东省委组织的首届鲁台家庭教育研讨会。

4月18—21日，梁校长、黄原老师赴北京参加中科院科普示范基地授牌仪式，我校被中科院评为山东省第一家科普示范基地。

4月23日，国学实验部广播体操比赛。

4月25日，费县大唐学府召开"爱校如家"颁奖大会。

4月25日，全国优秀班主任、著名校长蒋自立先生来我校举行班会示范课并为全体教师作《教师的价值》专题讲座。

5月5日，幼儿园大班、全体六年级、九年级师生共照毕业相。

5月10日，"翰墨写春秋，丹青绘大唐"——我县多位著名书画家走进国学实验部。

5月13日，大唐学府各校区共同举行"母亲节"感恩活动。

5月16日，古郯摄影协会20余名摄影家走进大唐学府南校区。

5月16—18日，大唐学府第八届友谊节暨物品交换大会在南校区举行，吸引了1400余名师生及校外人士参加。

5月17—31日，王勇基校长赴美国参观考察基础教育。

5月28日，国学实验部举办第二十八届家长会。

5月29日，郯城大唐学府各校区选送《木兰辞》等四个节目参加郯城县首届经典诵读比赛，获得一等奖一个、二等奖两个、三等奖一个。

6月1日，大唐学府各校区共同举行庆六一文艺演出。

6月6日，费县大唐学府召开2017—2018学年度下学期家长会。

6月12日，郯城大唐学府第二十九届家长会隆重召开。

6月13日，初中部2015级毕业典礼在南校区会议室举行。

6月17—18日，中心校区组织获得本学期"爱校如家奖"的30余名同学赴南京中山陵、雨花台等地游学。

6月14—16日，我校初中部123名2015级毕业生参加2018年初中学业水平测试。

6月25—29日，王永吉校长赴北京中央社会主义学院参加第二期"临沂市新的社会阶层人士高级研修班"。

6月30日，2018年初中学业水平测试成绩出炉，我校再次取得辉煌成绩，高中升学率超过95%。

6月23日，郯城工商联儒商商会成立，郯城大唐学府当选为常务副会长单位。

7月2日，费县大唐学府暑期招生及夏令营拉开序幕。

7月5—15日，老校区教室、宿舍整体搬迁至中心校区。

7月20日，招聘暑期第一批新教师。

7月27日至8月1日，王永吉校长赴西安交通大学参加郯城县新的社会阶层人士统战工作培训班。

7月15—28日，山东大学、中国海洋大学等高校学子来我校举行夏令营。

7月16—20日，我校15名师生赴济南参加由山东省妇联组织的"爱·圆梦泉城"公益夏令营。

8月3日，郯城大唐学府作为优秀企事业代表，参加儒商商会组织的积分制管理模式推介会。

8月4日，招聘暑期第二批新教师。

8月7—10日，郯城大唐学府在平邑蒙山举办中层教干、骨干教师高级研修班，多家兄弟学校派人参加。

8月16—18日，大唐学府教育集团2018新教师入职培训在中心校区会议室举行。

8月20—21日，新学期开学前全体教职工集训在中心校区会议室举行，原临沂市副市长仇景阳作积分制管理应用专题报告。

8月27日，郯城大唐学府中心校区正式启用，1100余名新生进驻新校区。

8月28—31日，郯城大唐学府中心校区新学期军训在中心校区操场举行。

9月5日，费县大唐学府举行秋季开学典礼及先进师生表彰会。

9月10日，中心校区举行新学期开学典礼暨教师节庆祝大会。

9月16日，中心校区组织各班级优秀学习小组成员120余人到费县奇石城、大青山等地游学。

9月24日，中心校区举行"千名师生共赏秋月"中秋节庆祝活动。

9月29—30日，中心校区举行第一次月考。

10月8日，《中国教育报》整版报道郯城大唐学府品牌建设事迹。

10月11—14日，刘瑞峰校长、徐彬勤校长赴济南参加第十届名家人文教育高端论坛暨名师课堂研讨会。

10月13日，王永吉校长赴泰安参加"山东省新阶层代表人士泰山论坛"。

10月17日，中心校区举行"校长杯"广播操比赛。

10月23—24日，郯城大唐学府2018"校长杯"秋季运动会在中心校区体育场举行，共有来自各校区25支代表队参赛。

10月24日，县委统战部组织社会新阶层人士来中心校区牵手大唐学子举办"大手牵小手，同心向未来"亲子运动会。

10月31日，临沂市第三届台属联谊会第二次会长会议在郯城大唐学府中心校区第二会议室召开。

11月1日，大唐东典教育集团中层领导一行6人在王永吉校长带领下赴北京101中学参加第五届中小学校长论坛。

11月11日，中心校区组织科技活动小组赴临沂参加航空航天模型制作与飞行表演竞赛，荣获一等奖。

11月16—18日，郯城校区组织获得本学期"爱校如家奖"的140余名师生赴北京故宫、颐和园、长城、清华大学等地游学。

11月20日，郯城校区组织中层教干、骨干班主任在中心校区会议室举行"生命之道暨走进新时代要有新活法"研讨会。

11月24日，国学实验部举行"防震逃生、消防"安全疏散演练。

11月27日，中心校区举行"珍爱生命、远离危险 增强安全意识"安全疏散演练。

11月28日，费县大唐学府举行期中考试优秀学生及先进教师表彰会。

11月29日，郯城大唐学府积分制管理落地研讨会在中心校区会议室举行。

12月3日，国学实验部举行"趣味运动会"。

12月14日，由共青团郯城县委、中华财险临沂支公司郯城公司、临沂市交警支队郯城大队、临沂儒将拓展培训中心主办的"牵手关爱、安全同行"公益捐赠活动在中心校区会议室举行。

12月24日，费县大唐学府召开2018—2019年度第一届家长理事会。

12月28日，费县大唐学府举行2018—2019年度第一学期全体学生家长会。

2019 年

2月13日，大唐学府教育集团在中心校区餐厅召开新学期动员会。

3月2日，中心校区举行2018—2019年下学期开学典礼。

3月4日，国学实验部举行开学典礼。

3月7日，举行新生座谈会。

3月7—8日，中心校区举行第一批八年级学生举行"点燃激情，放飞梦想"生命成长训练营。

3月9日，欢迎县教育和体育局派第一书记蔺灼运同志来大唐学府指导党建工作。

3月13日，中心校区优秀学习小组赴台儿庄研学。

3月14日，王勇基校长赴北京中央电视台《东方关注》栏目组接受专访。

3月18日，国学实验部多功能教室、女生宿舍改造开始施工。

3月27日，进行了费县校区第一次月考。

3月28日，举行生活自理能力比赛。

3月31日，中心校区举行生活自理比赛。

4月2—3日，组织生活教师赴蒙山进行拓展训练。

4月14—15日，中心校区举行第二批八年级学生英雄成长训练营大内训。

4月15日，广东省摩天之星李心田老师来我校对中层教干进行阿米巴经营模式内训。

4月16日，中心校区举行九年级冲刺中考誓师大会。

4月16日，大唐学府第一次阿米巴空吧在九号园林举行。

4月21日，河南贝美国际教育集团杜玉琴董事长来我校为中层教干进行股份制经营培训。

4月28日，郯城大唐学府举行2019年新团员入团仪式。

5月1—12日，部分中高层教干赴西欧考察基础教育。

5月8日，举行了费县校区"成绩优秀学生"及"爱校如家奖"获得者表彰大会。

5月15日，中心校区举行广播操比赛。

5月17—18日，大唐学府第八届友谊节暨物品交换大会在中心校区举行。

5月18日，临沂春风心理志愿团第六次与大唐学府部分留守儿童结伴同行活动暨放飞自我在大唐学府中心校区举行。

5月27日，郯城县工商联女企业家商会来我校举办"爱心传递力量、真情点燃梦想"庆六一主题活动。

5月30日，大唐学府国学幼儿园、明德幼儿园"致青春"庆六一亲子活动在中心校区体育场举行。

6月1日，大唐学府第十七届家长委员会第二次会议暨首届大唐东典家庭教育论坛在中心校区大会议室举行。

6月1日，大唐学府中心校区举行庆六一文艺会演。

6月1日，举行费县校区新少先队员入队仪式。

6月2日，举行费县校区家长委员会会议。

6月5日，举行费县校区本学期家长会。

6月10日，大唐学府中心校区召开第三十一届家长会。

6月12日，中心校区为九年级同学举行毕业典礼。

6月14—16日，我校九年级143名同学参加2019年初中学业水平考试。

6月20日，北京市六一教育集团副董事长、北京市六一中学副校长、世界学堂联盟秘书长，北京市中小学外籍学生研究会副会长，《世界学堂联盟》主编、全国著名校长包祥校长来大唐学府传经送宝。

6月21日，全国优秀校长、资深教育家包祥先生来大唐学府举行学术报告会。

7月1日，郯城大唐学府党支部在中心校区会议室召开"不忘初心、牢记使命"庆七一主题党日活动。

7月2日，郯城大唐学府中心校区举行六年级毕业典礼。

7月2—3日，郯城大唐学府各校区举行期末考试。

7月6—9日，大唐学府各校区分16个家访组对所有学生进行家访。

7月8—23日，山东大学、中国海洋大学、青岛科技大学等高校社会实践团来我校参加夏令营活动。

7月10日，王勇基校长赴临沭参加临沂市台属联谊会会长会议。

7月9—12日，费县大唐学府举行第一批新教师入职培训。

7月11日，各校区举行教师述职报告会。

7月12日，各校区举行2019年秋季入学第二批新生入学考试。

7月13日，郯城大唐学府部分领导应邀参加首届全国民办中小学行业年会暨教育资源博览会，王勇基校长参加素质教育峰会校长圆桌论坛。

7月15日，王勇基校长参加全国工商联石家庄民办学校董事长、校长培训班。

7月17日，郯城大唐学府组织全体后勤人员赴微山湖访学。

7月18日，山东东典家政服务有限公司举行第一批新员工应聘面试。

7月19日，部分领导赴济南高新区海川中学、实验中学参观学习。

7月23日，王勇基校长参加临沂市政协十五届二次常委会议。

7月25—30日，中心校区组织九年级组任课教师赴湖南张家界进行访学活动。

8月1日，费县大唐学府举行第二批新教师入职培训。

8月5—8日，郯城大唐学府举行暑假新教师入职培训。

8月17日，学校部分领导赴安徽阜阳颍上县远洋学校参观考察，并介绍大唐学府办学经验。

8月20—24日，大唐东典教育集团举行开学前业务培训。

8月22日，王勇基校长应邀赴微山县璎轩学校为教师作报告。

8月23日，北京华师教育研究院副院长、原《中国教师报》编辑记者、中语会课堂教学研究中心研究员来我校举行专题报告会。

8月22日，郯城大唐学府幼儿园举行大班毕业典礼。

8月24日，郯城县新的社会阶层联合会主办的"新时代、新家长、新未来——大唐东典家庭教育论坛"在国学实验部会议室举行。

8月27日，郯城大唐学府各校区学生报到。

8月28—31日，各校区举行新学期军训。

9月8日，郯城大唐学府中心校区举行新学期开学典礼。

10月23日，王勇基校长参加北京师范大学哲学学院首期"校长领导力与哲学管理高级课程班（PPA）"培训，学习"组织行为学"和"行动学习法"，并担任班长。

附录二

大唐东典品牌文化

教育品牌：大唐东典

（心教育 新未来 / 爱心课堂 微笑教学 和谐教育 科学发展）

教育理想：教育助人　教育富民　教育强国

办学宗旨：让更多的孩子享受更好的教育

办学目标：让孩子成人 成才 成杰　让家长省心 放心 开心

治校方略：以人为本　以德治校　科学管理　和谐发展

经营策略：学生成长学校　教师发展学校　家长提升学校

教育原则：关注学生的"人情、人生、人性、人和"

　　　　　让学生"身有所安、心有所定、情有所依、志有所向、神有所往"

管理模式：封闭式管理　开放式办学　家庭化住宿　军事化就餐

　　　　　生活化德育

大唐学府精神：执着追求　愈益奋进　筚路蓝缕　探索创新　关爱生命

　　　　　教书育人

校风：和睦　和善

和谐校训：诚　公　明　仁　达

副校训：为中华富强而学习

餐训：庄重　宽厚　守信　勤勉　慈慧　阳光

教风：自觉觉人　成人达己

学风：团结　合作　发展　创新

学子誓词：大唐学子　诚实勤奋　团结合作　发展创新　讲究孝道

　　　　　为国为民　明理明德　成己成人

教育信仰：教育是我们的信仰

宣传口号：大唐学府　铸造英杰　千年大唐　百年学府

　　　　　走进大唐学府　步入理想人生

　　　　　为留守儿童撑起一片蓝天

　　　　　为留守儿童营造一个温馨的家

　　　　　为留守儿童铺就一条越走越宽的人生之路

　　　　　大唐信条：大唐学府　和谐发展　（王敏勤教授题词）

　　　　　知识改变命运　素质决定人生

　　　　　大唐学府无差生

　　　　　没有教不好的学生，只有不合适的教育

　　　　　三人行　必有我师

　　　　　不学习就是最大的错误

　　　　　不敬业就失业，不爱岗就下岗

　　　　　谁把苦和累推给别人，谁就把能力推给别人

　　　　　学校兴衰　我的责任

　　　　　大唐育我　我誉大唐

附录三

大唐学府校徽释义
吴清欣

建校 50 年能培养出获得诺贝尔奖的学生

校徽中心，处于主体地位的醒目的拼音字母是 D 和 T，代表校名"大唐学府"中的"大唐"二字。大唐学府创建于 2004 年，学校原名为"大唐诺贝尔学府"后改为简称"大唐学府"。校名中的"大唐"二字，源自学府创办人王勇基先生的家乡名字"大唐庄"。大唐庄是一个民风淳朴、尊师重教、人才辈出之地。王校长出身书香门第、教育世家。先辈们的乐善好施、热心办学、注重教育的事迹在当地传为佳话。儿时的王校长看到乡村教育落后的面貌，从内心深处发出呐喊："农民的孩子也是孩子，理应享受跟城里孩子同等的教育！"从此，"为农村老百姓办一所较好的学校，让更多的孩子享受更好的教育"的思想，就像一颗种子，在王校长心中深深地扎下了根。几十年来，王校长矢志不渝地坚守教育为民的理念，苦心探寻教育规律，先后在公办、民办学校作出了优异成绩。人有善愿，天必佑之。年近四十的他毅然决然地办起了自己的学校。在这里，王校长和他的团队艰苦创业，求真务实，认真践行办学之初的设想：立足县城，面向农村，服务百姓，关注留守儿童。经过多年的奋斗，"大唐学府"已经成为老百姓心中一个响亮的品牌。

大唐的另一个取义是我国的盛唐时期——唐朝。我们都是大唐人的后裔，血液里流淌着富民强国的梦想。新教育肩负着让百年屈辱的中华民族走向复兴的伟大使命。大唐学府在办学之初就把为国家培养杰出人才为己任，响亮提出"力争在 50 年内培养出获诺贝尔奖的杰出人才"。积极探索让学生成人、成才、成杰的教育之路，为后人提供一套可资借鉴的杰出人才培养模式和方法，所以校徽中有"Nobel"（诺贝尔）字样。校徽中的字母 D 的颜色为中国红，象征着坚持共产党领导、坚持社会主义办学方向。红色还代表大唐人干事创业的热心和激情。字母 T 的颜色为黄色，提醒着师生要从祖国悠久的历史、灿烂的文化中汲取营养，继承和发扬中华民族传统文化。Nobel 为蓝色，象征着海洋文化，表示我们的教育要面向世界、面向现代化、面向未来。

校徽的内部的 D、T 二字浑然一体，在其下方的水波的衬托下更凸显出灵气与动感，像是一轮红日从东方大海上冉冉升起，预示着大唐学府蒸蒸日上、稳健发展。校徽外缘用中国传统的毛笔书法书写"大唐学府"四字，下方配有汉语拼音，文字间隔中的五角星，象征着学府中一颗颗科技之星、艺术之星、体育之星……在这里诞生。校徽整体设计取圆形，表示圆满、和谐、吉祥。字母和水波之外都为金色，表征学府的永恒和金子一般的价值追求。校徽整体具有较强的视觉美感和冲击力，易于识别，使人过目不忘。

大唐学府校徽，是学府的象征、师生的最爱，她让我们铭记：大唐育我，我誉大唐！

大唐学府校徽

大唐东典注册商标